程千帆全集

2

程千帆 / 著

校雠广义 目录编

校雠广义 典藏编

凤凰出版社

目　次

校讎廣義・目録編

校讎廣義・典藏編

校讎廣義·目録編

程千帆　徐有富　撰

第一章　目録與目録學

第一節　什麽是目録

目字的本義是眼睛。眼睛是複數，所以人們便用它來標誌複數的事物。如《論語》："顔淵問仁。子曰：'克己復禮爲仁。'……顔淵曰：'請問其目？'子曰：'非禮勿視，非禮勿聽，非禮勿言，非禮勿動。'"①孔子的回答就是克己復禮的項目。録字是录字的或體，原指刻木時發出的聲音，引申就有記録之義。如《周禮》："職幣掌式灋以斂官府都鄙，與凡用邦財者之幣，振掌事者之餘財，皆辨其物而奠其録，以書楬之。"②末二句是説政府財物都要登記，寫在牌上。

這兩個詞用在目録學中，目指一書的篇名或群書的書名，録指叙録，即對一篇詩文或一部書的内容所作的提要。兩者合在一起，就是目録。但它們在古代著作中，有時分指，有時也通用和兼包。凡是開列一書的篇名，並對此書中每篇各作一提要，或僅對此書全書作一提要者，我們稱之爲一書之目録。凡是開列許多書名，而以或簡單或複雜的形式編寫出來的，則爲群書之目録，儘管後者是目録學的主要研究對象，但前者却出現得更早，爲後者所繼承和發展。

---

① 《論語注疏》卷一二《顔淵》。

② 《周禮注疏》卷七《天官·職幣》。

《隋書・經籍志》史部目録類序云:“古者史官既司典籍,蓋有目録以爲綱紀,體制堙滅,不可復知。孔子删《書》,别爲之序,各陳作者之所由。韓、毛二《詩》,亦皆相類。漢時劉向《别録》、劉歆《七略》,剖析條流,各有其部,推尋事迹,疑則古之制也。”這段話指出古代史官通過目録來管理典籍,目録包括《書序》《詩序》等一書之目録,也包括《别録》《七略》等群書之目録,而群書之目録是由一書之目録發展來的。余嘉錫曾明確指出:“目録之學,由來尚矣!《詩》《書》之《序》,即其萌芽。”①並指出:“目録之體,起於《詩》《書》之《序》。”②

漢劉歆《七略》云:“《尚書》有青絲編目録。”③可見,早在西漢,獨立成篇的《尚書》目録確實在流行着。《周禮・春官・外史》云:“外史掌書外令,掌四方之志,掌三皇五帝之書,掌達書名于四方。若以書使于四方,則書其令。”可見“書名”與“書”還是有區别的,該“書名”顯然指書的目録,而非書本身。宋林之奇説:“《書序》本自爲一篇,蓋是歷代史官相傳以爲書之總目。吾夫子因而討論是正之……其文多因史官之舊。”④故清朱彝尊稱:“《周官》外史之職,掌達書名于四方,此《書》必有《序》,而今百篇之《序》,即外史所以達四方者,其由來也古矣。”⑤現存《書序》還存在着一些問題,説它就是“外史所以達四方者”顯然不够準確,説它是《尚書》目録大體上是不錯的。

《漢書・藝文志》六藝略詩類序云:“古有采詩之官,王者所以觀風俗、知得失,自考正也。”周代的采詩之官就是太師,《禮記・王制》云:“天子五年一巡狩。歲二月,東巡狩……命大師陳詩以觀民風。”《漢書・食貨志》亦云:“孟春之月,群居者將散,行人振木鐸徇于路,以采詩獻之大師,比其音律,以聞於天子。故曰:‘王者不窺牖户而知天下。’”太師不僅負責采詩,還要負責爲每首詩確定篇名,以利於相互區别,還要“比其音律”,確定

---

① 《目録學發微》卷一《目録學之意義及其功用》。

② 《目録學發微》卷一《目録釋名》。

③ 《文選》卷三八《爲范始興作求立太宰碑表》李善注引《七略》。

④ 《尚書全解》卷一四《湯誓》。“夫子”指孔子。

⑤ 《曝書亭集》卷五五《書論二》。

篇章數；爲便於瞭解詩的内容，還要爲各詩寫一句簡單的内容提要；還要對所采集到的詩進行篩選，並進行分類編排。這樣便形成了《詩》的最初的一書之目録。而保存至今的《詩序》則經過了魯國的太師、孔子，以及毛亨、毛萇、衛宏等人的加工，已不符合原貌，但是稱其爲《詩經》一書之目録，也還是適合的。①

一書之目録作爲本書的組成部分，是附本書以行的。古書以簡或帛寫，編簡爲篇，卷帛成卷，都不能太長，所容納的字數也就有限。每部較大的著作，都必須分成若干篇或卷。全書完成，然後編定目録，所以它們都在全書之末。今本《周易》經文後有《序卦》一篇，説明六十四卦相次相承之義，可能是現存最早的一書之目録。所以清人盧文弨説："吾以爲：《易》之《序卦傳》非即六十四卦之目録歟？《史》《漢》諸序，殆昉於此。"②所謂"《史》《漢》諸序"，是指《史記》末篇《太史公自序》和《漢書》末篇《叙傳》。在這兩篇序中，司馬遷和班固不但叙述了自己的家世，還將全書各篇名目，按次序逐一排列，並對其内容與評議作了簡要的提示。今據二書各録一例如次：

> 桀、紂失其道而湯、武作，周失其道而《春秋》作。秦失其政，而陳涉發迹，諸侯作難，風起雲蒸，卒亡秦族。天下之端，自涉發難。作《陳涉世家》第十八。③

> 虙羲畫卦，書契後作。虞夏商周，孔纂其業，篹《書》删《詩》，綴《禮》正《樂》，彖系大《易》，因史立法。六學既登，遭世罔弘，群言紛亂，諸子相騰。秦人是滅，漢修其缺，劉向司籍，九流以别。爰著目録，略序洪烈。述《藝文志》第十。④

---

① 詳見徐有富《〈詩序〉考》，載《中國韻文學刊》二〇〇八年第一期。
② 《鍾山札記》卷四。
③ 《史記》卷一三〇《太史公自序》。
④ 《漢書》卷一〇〇下《叙傳》。

古書的目録，本位於全書之後，隨着印刷術的發明，印刷條件的進步，書册制度的變化，爲了便於翻檢，人們便將其由後移前，成爲今天通行的樣子。（與每部書編著完成之後才編定全書目録相同，古代每篇詩文也是在完成後才加題目的，所以也在正文後面。今天之在前面，同樣是出於後人的改動。但如《詩經》，則仍保留着本來面目）關於這一點，盧文弨也説明道：

> 《史記》《漢書》書前之有目録，自有版本以來即有之，爲便於檢閲耳。然於二史之本旨，所失多矣。夫《太史公自序》即《史記》之目録也，班固之《叙傳》即《漢書》之目録也。乃後人……誤認書前之目録，即以爲作者所自定，致有據之妄訾謷本書者。①

以上介紹的是一書之目録的一種形態，即開列篇名，每篇都作提要。還有一種形態則是雖然開列篇名，但並不給每篇作提要，而只是爲全書作一篇總的提要。前一種多爲古書原有，出自作者之手，有如上述；後一種則爲校編此書者所加，並非原書的有機組成部分。這後一種，今天所能見到的，最早的是劉向奉漢成帝之命校理群書時附在每書之後的書録。現在也舉一例如下：

> 天瑞第一
> 黄帝第二
> 周穆王第三
> 仲尼第四（一曰極知）
> 湯問第五
> 力命第六
> 楊朱第七（一曰達生）
> 説符第八

① 《鍾山札記》卷四。

右新書定著八篇。護左都水使者、光禄大夫臣向言：所校中書《列子》五篇，臣向謹與長社尉臣參校讎太常書三篇，太史書四篇，臣向書六篇，臣參書二篇。内外書凡二十篇以校，除復重十二篇，定著八篇。中書多，外書少，章亂布在諸篇中，或字誤以'盡'爲'進'，以'賢'爲'形'，如此者衆。及在新書有棧，校讎從中書已定，皆以殺青書，可繕寫。

列子者，鄭人也，與鄭繆公同時，蓋有道者也。其學本於黄帝、老子，號曰道家。道家者，秉要執本，清虚無爲。及其治身接物，務崇不競，合於六經。而《穆王》《湯問》二篇，迂誕恢詭，非君子之言也。至於《力命》篇，一推分命，《楊子》之篇，惟貴放逸，二義乖背，不似一家之書；然各有所明，亦有可觀者。孝景皇帝時，貴黄老術，此書頗行於世。及後遺落，散在民間，未有傳者。且多寓言，與莊周相類。故太史公司馬遷不爲列傳。謹第録。臣向昧死上。護左都水使者、光禄大夫臣向所校《列子》書録，永始三年八月壬寅上。①

據上文可知，此種一書之目録與《史》《漢》目録有别。它不是將每篇的提要與篇目寫在一起，而是前列全書篇目，後作全書提要。前者爲目，後者爲録，兩者結合而後成爲目録。它先定著篇目，然後説明整理經過，闡述内容，評介作者，以便人們在閲讀本書之前，知道它的大概。所以《漢書・藝文志》説劉向等校書，"每一書已，向輒條其篇目，撮其指意，録而奏之。"②《隋書・經籍志》也説："每一書就，向輒撰爲一録，論其指歸，辨其訛謬，叙而奏之。"③"條其篇目"指目的部分，也就是按照一定順序，將一書之篇目編排在一起；"撮其指意"和"論其指歸，辨其訛謬"指録的部分，也就是對書的作者、内容及整理情況加以介紹。

群書之目録是繼一書之目録而出現的。它記載群書，並按一定的邏輯次序，主要是按學術分類加以排列。在它的發展過程中，産生了或繁或

---

① 《快閣師石山房叢書》本《七略别録佚文》引宋本《列子》。

② 《漢書》卷三〇《藝文志》。

③ 《隋書》卷三二《經籍志》。

簡的三種基本形態:第一種是分類記録書名,大小各類有序,每書有提要,如《四庫全書總目》。第二種是分類記録書名,大小各類有序,但每書無提要,如《漢書・藝文志》。第三種是僅分類記録書名,類序、提要均闕①。這種目録,由於不能辨章學術,早就受到過批評。如《隋書・經籍志》史部簿録類小序説:"漢時劉向《别録》、劉歆《七略》,剖析條流,各有其部,推尋事迹,疑則古之制也。自是之後,不能辨其流别,但記書名而已。"②然而由於編製目録的宗旨、時間、能力等因素的限制,這種單記書名的目録還是普遍存在着。因此,所謂目録實際上就是按照一定次序編排的篇名或書名。它是一部書或一批書的内容和形式的集中反映。

目録一詞最早見於《七略》,其佚文云:"《尚書》有青絲編目録。"③此似指一書之目録,但如前引《漢書・叙傳》,班固自稱其述《藝文志》是爲劉向所校之書編著目録,那就顯然是指群書之目録了。總之,這個專有名詞是在西漢末年劉向、劉歆父子校書的實際工作中,應實際需要而産生的④。它隨着體式的演變,也出現過一些不同的名稱。如明胡應麟《經籍會通引》云:"凡前代校録墳典之書,漢有略,唐有録,宋有目,元有考,志則諸史共之,肇自西京,迄於勝國。"⑤

劉氏父子所撰一書之目録,本稱書録,以録賅目。但因録前有目,所以也可稱爲目録。如《列子》書録,《文選》李善注即稱"劉向《列子》目録"⑥。後人仿效劉氏寫作,體式或稍有變更,録在目前,有的就改稱序録而略去目稱,如陸德明的《經典釋文序録》。也有稱爲録目的,如釋智昇的《開元釋教録》有《歷代所出衆經録目》一篇。還有單稱目的,如王堯臣的《崇文總目》;有單稱録的,如阮孝緒的《七録》。此外班固的《漢書・藝文志》稱志,荀勖的《中經新簿》稱簿,李充的《晉元帝四部書目》稱書目,毋煚

---

① 參閲余嘉錫《目録學發微・目録學之意義及其功用》。

② 《隋書》卷三三《經籍志》。

③ 《文選》卷三八任彦昇《爲范始興作求立太宰碑表》李善注引《七略》。

④ 《四庫全書總目》卷八五史部目録類小序:"鄭元(玄)有《三禮目録》一卷,此名所昉也。"以目録之名起於東漢之末,非是。

⑤ 《少室山房筆叢》甲部《經籍會通》卷首。

⑥ 《文選》卷二二王康琚《反招隱詩》注。

的《古今書録》稱書録[①]，陳振孫的《直齋書録解題》稱書録解題，朱彝尊的《經義考》稱考，錢曾的《讀書敏求記》稱記……總之，凡按一定次序編排的篇名或書名，均可視爲目録，而不在於它是否用了目録這一名稱。

第二節　什麼是目録學

我們知道，科學研究的區分是根據科學對象所具有的特殊的矛盾性。目録所要解决的是不斷增長着的文獻與人們對它的特定需要之間的矛盾。目録學就是研究目録的産生和發展規律的科學，或者説就是研究如何更好地解决不斷增長着的文獻與人們對它的特定需要之間的矛盾的一門學問。它着重研究如何編製和利用各種目録。

中國目録學的發展源遠流長。距今約兩千年的劉向所著《别録》、劉歆所著《七略》已爲中國目録學奠定了堅實的基礎。漢代不少統治者很重視圖書的收聚。《史記・蕭相國世家》載："沛公至咸陽，諸將皆争走金帛財物之府分之，何獨先入收秦丞相、御史律令圖書藏之。……漢王所以具知天下阸塞，户口多少，彊弱之處，民所疾苦者，以何具得秦圖書也。"劉歆《七略》也談到了西漢藏書的盛況："武帝廣開獻書之路，百年之間，書積如丘山。故外有太常、太史、博士之藏，内有延閣、廣内、秘室之府。"[②]從漢武帝元朔五年（前一二四）下詔令禮官勸學，到漢成帝河平三年（前二六）任命光禄大夫劉向校中秘書，約一百年。在這約一百年間，國家積累了豐富的藏書，也做過圖書整理編目工作，如《漢書・藝文志》兵書略序云："漢興，張良、韓信序次兵法，凡百八十二家，删取要用，定著三十五家。諸吕用事而盗取之。武帝時，軍政楊僕捃摭遺逸，紀奏《兵録》。"至於其他圖書，似未經整理編目，難以發揮它們的作用。成帝"好經書"[③]，"精於《詩》《書》，觀古文"[④]，組織了一次大規模的校書工作。其結果便産生了彙編

① 這是稱群書之目録爲書録，和劉向稱一書之目録爲書録不同。

② 《太平御覽》卷二三三引劉歆《七略》。

③ 《漢書》卷一〇《成帝紀》。

④ 《漢書》卷三六《楚元王傳》。

各書提要而成的《别録》，與將群書分類列目，各類分别撰序加以説明的《七略》，對於這次校書的經過及其歷史背景，《漢書·藝文志》的序文作了簡要的叙述：

> 昔仲尼没而微言絶，七十子喪而大義乖。故《春秋》分爲五，《詩》分爲四，《易》有數家之傳。戰國從衡，真僞分争，諸子之言紛然殽亂。至秦患之，乃燔滅文章，以愚黔首。漢興，改秦之敗，大收篇籍，廣開獻書之路。迄孝武世，書缺簡脱，禮壞樂崩，聖上喟然而稱曰："朕甚閔焉！"於是建藏書之策，置寫書之官，下及諸子傳説，皆充秘府。至成帝時，以書頗散亡，使謁者陳農求遺書於天下。詔光禄大夫劉向校經傳、諸子、詩賦，步兵校尉任宏校兵書，太史令尹咸校數術，侍醫李柱國校方技。每一書已，向輒條其篇目，撮其指意，録而奏之。會向卒，哀帝復使向子侍中、奉車都尉歆卒父業。歆於是總群書而奏其《七略》，故有輯略，有六藝略，有諸子略，有詩賦略，有兵書略，有術數略，有方技略。

於此可見《别録》與《七略》正是克服不斷增長的文獻與人們對它的特定需要之間的矛盾的産物。

《别録》《七略》的編纂是爲讀者，首先是爲漢代最高統治者服務的。現存《别録》佚文可以清楚地説明這一點。如《説苑》二十篇的書録云：

> 其事類衆多，章句相溷，或上下謬亂，難分别次序，除去與《新序》復重者，其餘者淺薄不中義理，别集以爲百家。後（案：當爲復）令以類相從，一一條别篇目，更以造新事十萬言以上。凡二十篇，七百八十四章，號曰《新苑》，皆可觀。①

這"皆可觀"三字即説明《説苑》經過整理，對統治者很有參考價值。

---

① 《四部叢刊》影印明鈔本《説苑》卷首。

雖然從漢代開始，中國目録學著作就已相當成熟，但"目録學"却成詞於北宋時代。宋人蘇象先《蘇魏公譚訓》中有一段故事說：蘇頌"謁王原叔（洙），因論政事。仲至（王原叔之子）侍側，原叔令檢書史，指之曰：'此兒有目録之學。'"①從中可以看出早在北宋初年，人們就已經把使用目録當作專門的學問了。

起初，人們往往通過書目的序言來探討與總結目録學理論。如現存梁阮孝緒所撰《七録序》就是我國早期研究目録學理論的重要文獻。它既比較詳細地總結了《七録》之前的目録學發展史，又比較深入地探討了目録分類的原理，而這正是該序的精華所在。

首先，它强調了分類應當根據學術發展、文獻保存的實際情況來進行。如他指出："劉（歆）、王（儉）並以衆史合于《春秋》。劉氏之世，史書甚寡，附見《春秋》，誠得其例。今衆家記傳，倍於經典，猶從此志，實爲繁蕪。且《七略》詩賦不從六藝詩部，蓋由其書既多，所以别爲一略。今依斯例，分出衆史，序記傳録爲内篇第二。""兵書既少，不足别録，今附於子末，總以子兵爲稱，故序子兵録爲内篇第三。""釋氏之教，實被中土，講説諷味，方軌孔籍，王氏雖載於篇而不在志限，即理求事，未是所安，故序佛法録爲外篇第一。"

其次，它還强調了分類應當注意文獻内容，便於檢索利用。如云："王氏圖譜一志，劉《略》所無。劉數術中雖有曆譜，而與今譜有異，竊以圖畫之篇，宜從所圖爲部，故隨其名題，各附本録。譜既注記之類，宜與史體相參，故載于記傳之末。"

此外，《七録序》還注意到類目的名稱既要醒目，又要能科學地概括該類的文獻内容。如云："今所撰《七録》，斟酌王（儉）、劉（歆）。王以六藝之稱不足標榜經目，改爲經典，今則從之。"②這些類目名稱比魏晉時期宫廷藏書目録以甲乙丙丁標目當然是一大進步，同時對後世經史子集的形成也有很大影響。特别是二級類目的名稱對《隋書・經籍志》以後分類表的

① 《蘇魏公譚訓》卷四。

② 《廣弘明集》卷三《七録序》。

影響非常大。

《舊唐書·經籍志》序所保存的毋煚《古今書録序》也是中國目録學史上的一篇重要文獻。

首先,它專門論述了目録學的作用。該序論述了書目有辨章學術、考鏡源流的功能。書目是讀書的嚮導,有文獻檢索作用。書目還能用來報道與瞭解書的内容。該序云:

> 夫經籍者,開物成務,垂教作程,聖哲之能事,帝王之達典。而去聖已久,開鑿遂多,苟不剖判條源,甄明科部,則先賢遺事,有卒代而不聞;大國經書,遂終年而空泯。使學者孤舟泳海,弱羽憑天,銜石填溟,倚杖追日,莫聞名目,豈詳家代?不亦勞乎!不亦弊乎!將使書千帙於掌眸,披萬函於年祀,覽録而知旨,觀目而悉詞,經墳之精術盡探,聖哲之睿思咸識,不見古人之面,而見古人之心,以傳後來,不其愈已!

其次,該序對《群書四部録》作了全面而深入的批評。毋煚參加過《群書四部録》的編撰工作,因此對其缺點比較清楚,並且在《古今書録序》中作了總結:

> 于時秘書省經書實多亡闕,諸司墳籍不暇討論,此則事有未周,一也。其後周覽人間,頗睹闕文,新集記貞觀之前,永徽已來不取;近書採長安之上,神龍已來未録,此則理有未弘,二也。書閲不徧,事復未周,或不詳名氏,或未知部伍,此則體有未通,三也。書多闕目,空張第數,既無篇題,實乖標榜,此則例有所虧,四也。所用書序,咸取魏文貞;所分書類,皆據《隋經籍志》;理有未允,體有不通,此則事實未安,五也。

毋煚批評《群書四部録》的目的是爲了改進自己的工作,這在該序中也作了説明:"永徽新集,神龍近書,則釋而附也;未詳名氏,不知部伍,則論而補也。空張之目，則檢獲便增；未允之序，則詳宜别作。紕繆咸正，混雜必刊。改舊傳之失者，三百餘條；加新書之目者，六千餘卷。”

此外，該序還介紹了《古今書録》與《開元内外經録》的體例與收録文獻的數量。僅以後者爲例：“釋氏經律論疏，道家經戒符籙，凡二千五百餘部，九千五百餘卷。亦具翻譯名氏，序述指歸，又勒成目録十卷，名曰《開元内外經録》。若夫先王秘傳，列代奥文，自古之粹籍靈符，絶域之神經怪牒，盡載於此二書矣。”

宋代鄭樵的《通志·校讎略》是一部目録學理論專著，其目的是爲了改善國家的圖書事業，使圖書能够被充分利用。他在《通志總序》中明確談到了這一點：“册府之藏，不患無書；校讎之司，未聞其法。欲三館無素餐之人，四庫無蠹魚之簡，千章萬卷，日見流通，故作《校讎略》。”

《校讎略》的核心是主張通過科學分類來辨章學術、考鏡源流。其《編次必謹類例論》云：

> 類例既分，學術自明，以其先後本末具在。觀圖譜者，可以知圖譜之所始；觀名數者，可以知名數之相承。讖緯之學，盛於東都；音韻之書，傳於江左。傳注起於漢魏，義疏成於隋唐。睹其書可以知其學之源流，或舊無其書而有其學者，是爲新出之學，非古道也。

他認爲圖書分類也有利於圖書保存，其《編次必謹類例論》復云：“士卒之亡者，由部伍之法不明也；書籍之亡者，由類例之法不分也。類例分，則百家九流各有條理，雖亡而不能亡也。”

就收録範圍而言，《校讎略》的突出優點是强調編次必記亡書，而且略古詳今。其理由一是有利於求書，二是有利於究學。其《編次必謹亡書論》云：“自唐以前，書籍之富者，爲亡闕之書有所繫，故可本所繫而求。所以書或亡於前而備於後，不出於彼而出於此。”復云：“古人編書，必究本末，上有源流，下有沿襲，故學者亦易學，求者亦易求。”正因爲鄭樵主張編次必記亡書，所以他的《通志·藝文略》共著録圖書一萬零九十二部，十一萬零九百七十二卷，基本上做到了記有又記無。

鄭樵對書目的著録項目與著録方法也作了深入探討。有些目録對文獻名稱的著録是不够規範的。他主張統一以書名標目,而不是以作者名標目。其《不類書而類人例》批評了以作者爲標目的做法,指出以作者爲標目不僅使某些書難以按内容分類編目,而且會令人産生誤解。該文批評道:

> 《唐志》以人置于書之上而不著注,大有相妨。如管辰作《管輅傳》三卷,《唐》省文例去"作"字,則當曰《管辰管輅傳》,是二人共傳也。如李邕作《狄仁傑傳》三卷,當去"作"字,則當曰《李邕狄仁傑傳》,是二人共傳也。又如李翰作《張巡姚誾傳》三卷,當去"作"字,則當曰《李翰張巡姚誾傳》,是三人共傳也。

關於提要與附注項,鄭樵特撰《泛釋無義論》一篇,肯定了《隋書・經籍志》"于疑晦者則釋之,無疑晦者則以類舉"的做法。他認爲究竟加不加提要與附注要視具體情況而定,其所撰《書有應釋論》一篇云:

> 蓋有應釋者,有不應釋者,不可執一概之論,按《唐志》有應釋者而一概不釋,謂之簡;《崇文》有不應釋者而一概釋之,謂之繁。今當觀其可不可。

編目究竟需要不需要撰寫提要與附注,要看書目的性質與體例,如善本書目需要對版本的特徵進行描述,當然要撰寫提要或附注,否則會缺乏説服力。而史書中的藝文志是没有篇幅給你撰寫提要的,必要時寫寫附注還是可以的。

著録完畢,形成款目,尚須按照分類表加以排列,方能形成目録。對款目如何歸類問題,鄭樵也作了深入探討。他主張同類書應當集中編在一起,其《校讎略・編次之訛論》云:"一類之書當集中在一處,不可有所間也。"同樣,他也主張儘量把學科内容不同的書區分開來,歸入不同的類别。譬如類書類,鄭樵《編次之訛論》談道:

歲時自一家書，如《歲時廣記》百十二卷，《崇文總目》不列於歲時而列於類書，何也？類書類，謂總衆類不可分也。若可分之書，當入别類。且如天文有類書，自當列天文類，職官有類書，自當列職官類，豈可以爲類書而總入類書類乎？

爲了正確無誤地做好圖書分類工作，他還强調應當深入瞭解書的内容，其《校讎略·見名不見書論》云：

編書之家，多是苟且，有見名不見書者，有看前不看後者。《尉繚子》，兵書也，班固以爲諸子類，置於雜家，此之謂見名不見書。隋、唐因之，至《崇文目》始入兵書類。顔師古作《刊謬正俗》，乃雜記經史，惟第一篇説《論語》，而《崇文目》以爲論語類，此之謂看前不看後。應知《崇文》所釋，不看全書，多只看帙前數行，率意以釋之耳。按《刊謬正俗》當入經解類。

款目歸類完畢，同類之書在排列時，仍應按照一定順序排列，方能做到有條不紊，便于檢索。鄭樵也探討過這個問題。其《校讎略·編次有叙論》云：

《隋志》每於一書而有數種，學者雖不標明，然亦有次第，如《春秋》三傳雖不分爲三家，而有先後之列，先《左氏》、次《公羊》、次《穀梁》、次《國語》，可以次求類。《唐志》不然，三《傳》、《國語》可以渾而雜出，四家之學猶方圓冰炭也，不知《國語》之文可以同於《公》《穀》，《公》《穀》之義可以同於《左氏》乎？

鄭樵認爲目録編制完畢，還應認真做好校勘工作，儘可能避免因疏忽而導致的錯誤。《校讎略·編次之訛論》曾舉例談道：

陶弘景《天儀説要》，天文類中兩出。趙政《甲寅元歷序》，歷數中兩出。《黄帝飛鳥歷》與《海中仙人占災祥書》,五行類中兩出。庾秀才《地形志》,地里類中兩出。凡此五書,是不校勘之過也。以《隋志》尚且如此,後來編書出於衆手,不經校勘者可勝道哉!

鄭樵《通志·校讎略》對圖書編目的每一個環節都進行了探討。正如明胡應麟所説:"鄭漁仲於文史考核最精,《經籍略》後别著《校讎略》一卷,皆前人未發,後學當熟參者。"①

明胡應麟的《經籍會通》《九流緒論》《四部正譌》也對目録學理論作過一些論述。首先,他系統地研究了歷代書目,並依據歷代書目著録,論述了歷代藏書情況及所遭到的厄運,指出:"觀此,則圖籍廢興大概關係國家氣運,豈小小哉!"②

該書還對書目作了分類。嘗云:"書之有目,體制雖同,詳厥品流,實分三種。吴、尤諸氏,但録一家之藏也;隋、唐諸史,通記一代之有者也;《古今書録》《群書會記》,並收往籍之遺者也。"③"吴"指唐人吴兢,撰有《西齋書目》;"尤"指宋人尤袤,撰有《遂初堂書目》,此類顯然指私家藏書目録。"隋、唐諸史",指當時所有的五部正史藝文志或經籍志,此類顯然指史志。《古今書録》爲唐人毋煚等纂,《群書會記》爲宋人鄭樵撰。陳振孫稱其"大略記世間所有之書,非必其家皆有之也"④。《群書會記》如此,《古今書録》也是這樣。此處,胡應麟依收録範圍將書目分成了三類。作者還比較留意闕書目録,嘗云:"前代懸購遺書,咸著條目,隋有《闕書録》,唐有《訪書録》,宋有《求書録》,異時人主留意若此。"⑤胡應麟還特别重視圖書辨僞工作,並編制了辨僞目録《四部正譌》。

《經籍會通》還重點論述了圖書分類。認識到圖書分類與學術盛衰、文獻多寡,以及藏書的實際情況密切相關,他也注意從這些角度來考察歷代書目的分類問題。關於劉歆《七略》,他説:"詳其類例,六藝,經也;諸

---

① 《少室山房筆叢》卷二《經籍會通二》。"《經籍略》"當爲"《藝文略》"。

②⑤ 《少室山房筆叢》卷一《經籍會通一》。

③ 《少室山房筆叢》卷二《經籍會通二》。

④ 《直齋書録解題》卷八《群書會記》。

子、兵書、術數、方技四略，皆子也；詩賦一略則集之名，所由昉；而司馬氏書尚附《春秋》之末，此時史籍甚微，未足成類也。”①關於阮孝緒《七録》，他説：一經典、二紀傳、三子兵、四文集、五技術、六佛、七道。“史書至是漸盛，與經、子並列，而佛、道二家之言大行中國矣。”“蓋秦、漢軍書最盛，故劉、王特列兵家，而術數、方技條流繁衍，至析爲二。梁世稍減，因以兵、子同條，術、數共貫。唐、宋以後益微，遂皆統於子矣。”②

他還注意到綜合性圖書類書的分類問題，宋人鄭寅《鄭氏書目》依據自家藏書的實際情況，將書目分爲七大類，最後一類爲類録。此後明人陸深《陸文裕藏書目》也設有類書類，其序云：“山包海匯，各適厥用，然妍媸錯焉，類書之謂也，故録類書第八。”③胡應麟案曰：“惜余生晚，不獲前輩而質之，惟類書另録最當，與余《山房書目》同。”④他在《九流緒論下》還作了説明：“類書鄭《志》另録，《通考》仍列子家，蓋不欲四部之外别立門户也。然類書有數種，如《初學》《藝文》兼載詩詞則近於集，《御覽》《元龜》事實咸備則鄰於史，《通典》《通志》聲韻、禮儀之屬又一二間涉於經，專以屬之子部恐亦未安。余欲别録二藏及贋古書及類書爲一部，附四大部之末，尚俟博雅君子商焉。”胡應麟在探討辨僞理論與方法、編製辨僞書目録方面成績突出，我們將在辨僞書目録一節專門介紹。

《經籍會通》對書目的著録項目也作了探討。關於書名項，他指出要注意同名異書現象：“陸賈有《新語》，顧譚亦有《新語》；賈誼有《新書》，虞喜亦有《新書》；桓譚有《新論》，夏侯湛、華譚、劉晝各有《新論》；崔寔有《政論》，王肅亦有《政論》；仲長統有《昌言》，王滂亦有《昌言》；賈山有《至言》，崔靈亦有《至言》。六朝好學漢，類如此。”⑤關於著者項，他指出“戰國諸子往往有姓存名缺者，西京諸子又往往有名在姓亡者”“先秦兩漢間子書，名同者甚衆，蓋皆以姓爲稱故爾”⑥。其中尤以同名異人現象值得注意。關於稽核項，作者指出：“凡書，唐以前皆爲卷軸，蓋今所謂一卷即古之一

---

① 《少室山房筆叢》卷二《經籍會通二》。“司馬氏書”指司馬遷所著《史記》。

②④ 《少室山房筆叢》卷二《經籍會通二》。

③ 《少室山房筆叢》卷二《經籍會通二》引。

⑤⑥ 《少室山房筆叢》卷三《經籍會通三》。

軸。至裝輯成帙，疑皆出於雕板之後，然六朝已有之，阮孝緒《七録》大抵五卷以上爲一帙，前代書帙之製僅此足徵。”①六朝書籍當爲鈔本，而非雕版印刷品，稱帙出現在雕版之後，胡應麟所論有誤，但是他已注意到書籍的稽核項問題。《經籍會通》論文獻典藏也頗有成就，我們就不在這裏討論了。

古代目録學理論成就最高的當推清人章學誠的《校讎通義》。其目録學理論的核心與精華在於“辨章學術，考鏡源流”，指出：“校讎之義，蓋自劉向父子。部次條別，將以辨章學術、考鏡源流，非深明於道術精微群言得失之故者，不足與此。”②他還强調指出目録的主要功能在於“欲人即類求書，因書究學”：“古人著録，不徒爲甲乙部次計。如徒爲甲乙部次計，則一掌故令史足矣，何用父子世業，閱年二紀，僅乃卒業乎？蓋部次流别，申明大道，叙列九流百氏之學，使之繩貫珠聯，無少缺逸，欲人即類求書，因書究學。”③編目録爲讀者讀書治學着想，道出了目録的實質。

在編目方面，章學誠要求首先要能在學術上進行分類。他説：“夫著録之例，先明家學。同列一家之中，或從人次，或從時次可也。豈有類例不通，源流迴異，概以意爲出入者哉！”④他批評道：“焦竑以《漢志》《周書》入《尚書》爲非，因改入於雜史類。其意雖欲尊經，而實則不知古人類例。按劉向云，‘周時誥誓號令，孔子所論百篇之餘’，則《周書》即《尚書》也”。“蓋類有相仍，學有所本，六藝本非虚器，典籍各有源流，豈可尊麒麟而遂謂馬牛不隸走部，尊鳳凰而遂謂燕雀不隸飛部耶？”⑤

章學誠還肯定了目録中叙録也即提要的寫作，並指出其頗受《史記》中列傳的影響，指出：“《藝文》雖始於班固，而司馬遷之列傳實討論之。觀其叙述，戰國秦漢之間，著者諸人之列傳，未嘗不於學術淵源、文詞流别，反復而論列焉。劉向、劉歆蓋知其意矣，故其校書諸叙論，既審定其篇次，

① 《少室山房筆叢》卷一《經籍會通一》。

② 《校讎通義》卷一《叙》。

③ 《校讎通義》卷一《互著第三》。

④ 《校讎通義》卷三《漢志詩賦第十五》。

⑤ 《校讎通義》卷二《焦竑誤校漢志第十二》。

又推論其生平，以書而言，謂之敘録可也。”[①]《四庫全書總目》就采用了敘録的體裁來撰寫提要，它代表了古代書目提要的最高水平。

章學誠在目録學上的一個突出貢獻是總結並提倡在分類著録時采用互著和别裁的方法。他在《和州志藝文書序例》中就已説過：“夫篇次可以别出，則學術源流無闕間不全之患也；部目可以互見，則分綱别紀無兩歧牽掣之患也。”[②]他在《校讎通義》中進一步闡述了互著與别裁的重要意義。我們將在本書第八章《目録的編製》第三節《别裁與互著》中作專門介紹，兹不贅述。

此外，他還認識到由於學術的發展變化，分類也必然會隨之改變，指出：“《七略》之流而爲四部，如篆隸之流而爲行楷，皆勢之所不容已者也。史部日繁，不能悉隸以《春秋》家學，四部之不能返《七略》者一。名墨諸家，後世不復有其支别，四部之不能返《七略》者二。文集熾盛，不能定百家九流之名目，四部不能返《七略》者三。鈔輯之體，既非叢書，又非類書，四部之不能返《七略》者四。評點詩文，亦有似别集而實非别集，似總集而又非總集者，四部不能返《七略》者五。凡一切古無今有，古有今無之書，其勢判如霄壤，又安能執《七略》之成法以部次近日之文章乎？”[③]

在如何著録的具體問題上，《校讎通義》也有不少好的見解，兹不繁述。需要特别一提的是，他明確提出了索引編製法，我們將在本書第八章《目録的編製》第四節《序例與索引》中作專門介紹，可參看。

目録學是研究目録産生和發展規律的科學，那麽目録的産生和發展會受到哪些規律制約呢？

首先，在階級社會裏，目録學不可避免地要受到時代的局限和影響，打上一定的階級烙印，爲一定的階級利益服務。例如董仲舒《賢良對策》云：“臣愚以爲諸不在六藝之科、孔子之術者，皆絶其道，勿使並進。”[④]漢

---

① 《校讎通義》卷三《漢志六藝第十三》。

② 《文史通義》外編一《和州志藝文書序例》。

③ 《校讎通義》卷一《宗劉第二》。

④ 《漢書》卷五六《董仲舒傳》。

武帝接受了他"推明孔氏，抑黜百家"①的主張，於是"絀黄老、刑名百家之言，延文學儒者數百人，而公孫弘以《春秋》，白衣爲天子三公，封以平津侯。天下之學士靡然嚮風矣"②。所以劉歆在《七略》中也獨尊儒術，把六藝略列於各類書籍之首。而且在諸子略中，儒家被放在第一位。整個封建社會，儒家思想的内涵雖時有變化，但儒家思想作爲封建統治階級的指導思想，始終處於獨尊的地位，因此儒家經典、儒家學術著作在古代目録子部中首屈一指的地位也始終没有動摇過。

對於其他類目的設置與安排往往也出於政治上的需要。《隋書·經籍志》總序就説過："夫仁義禮智所以治國也。方技、數術，所以治身也。諸子爲經籍之鼓吹，文章乃政化之黼黻，皆爲治之具也。故列之于此志云。"劉國鈞稱："四庫分類序次之原理，一言以蔽之，即由六朝時遺傳來之衛道觀念。申言之則曰尊儒重道觀念。經爲載道之書，故列之于首，其餘皆其支流也。"③

明代一些書目在四部之前增加制書一類顯然也是出於維護封建統治者利益的需要。如焦竑編的《國史經籍志》分制書和經、史、子、集五大類，而且將制書放在首位。其《序》云："今之所録，亦準（荀）勖例，以當代見存之書統于四部，而御製諸書則冠其首焉。"④制書類下分御製、中宫御製、敕修、記注時政等四個二級類目。制書類的設置目的顯然在於尊崇皇權，該類序竭盡歌功頌德之能事，説什麽"我聖祖投戈講藝，間有撰造，朝出九重，暮行四海""迹其震撼、輝煌、魁奇、碩大，雖以凌夸百代而軼駕三王，其何讓之有？列聖代興，著作相望，今備列首篇"⑤。

對於圖書的評價，劉向等也奉行了以是否符合經義爲準的原則。如其《晏子》書録云：

① 《漢書》卷五六《董仲舒傳》。

② 《史記》卷一二一《儒林列傳》。

③ 《四庫分類法之研究》，載《圖書館學季刊》第一卷第三期。

④ 《明代書目題跋叢刊》本《國史經籍志》卷首。

⑤ 《明代書目題跋叢刊》本《國史經籍志》卷一《制書》。

其書六篇皆忠諫其君，文章可觀，義理可法，皆合六經之義。又有復重，文辭頗異，不敢遺失，復列以爲一篇。又有頗不合經術，似非晏子言，疑後世辯士所爲者，故亦不敢失，復以爲一篇。凡八篇，其六篇可常置旁御觀。①

至於清代的乾隆皇帝，那更是自覺地通過編《四庫全書總目》來達到他的政治目的。他一方面借此宣傳他的文治之盛，另一方面則乘機銷毀許多具有民族思想的典籍。這是可以從他的兩次上諭中看得一清二楚的。乾隆三十七年（一七七二）正月初四日上諭云："朕稽古右文，聿資治理……今内府藏書，插架不爲不富。然古今來著作之手無慮數千百家，或逸在名山，未登柱史，正宜及時采集，彙送京師，以彰千古同文之盛。"②乾隆三十九年（一七七四）八月初五日上諭則云："詆觸本朝之語，及此一番查辦，盡行銷燬，杜遏邪言，以正人心而厚風俗，斷不能置之不辦。"③

他的觀點也鮮明地體現在《四庫全書總目》的編纂中，該目卷首《凡例》稱："今所采録，惟離經叛道、顛倒是非者，掊擊必嚴，懷詐挾私、熒惑視聽者，屏斥必力。"例如明著名思想家李贄的《焚書》被列入了《全燬書籍清單》④，其《藏書》六十八卷也僅被列在《四庫全書總目》别史類存目中，而且受到了嚴厲的批評，該書提要稱：

贄書皆狂悖乖謬，非聖無法。惟此書排擊孔子，别立褒貶。凡千古相傳之善惡，無不顛倒易位，尤爲罪不容誅。其書可毁，其名亦不足以汙簡牘。特以贄大言欺世，同時若焦竑諸人，幾推之以爲聖人。至今鄉曲陋儒震其虚名，猶有尊信不疑者，如置之不論，恐好異者轉矜創獲，貽害人心，故特存其目，以深暴其罪焉。

---

① 《師石山房叢書》本《七略别録佚文》。

② 《四庫全書總目》卷首《聖諭》。

③ 《纂修四庫全書檔案》一七七條《寄諭各督撫查辦違礙書籍即行具奏》。

④ 《纂修四庫全書檔案》一四四〇條《軍機大臣奏遵旨將閲看應毁各種違礙書籍黏簽進呈片（附清單一）》。

其次,目録的編製是學術發展狀況的反映,因此不能不受到學術盛衰的制約。譬如《漢書・藝文志》第一部分名爲六藝略,實際上却包括了九種著作,原因何在?張舜徽解釋道:

> 照理論講,六藝略内只列《易》《書》《詩》《禮》《樂》《春秋》便够了,爲什麽定要加以《論語》《孝經》《小學》,序六藝爲九種呢?這是由於《論語》《孝經》《小學》是漢代學童共同誦習之書,是進一步閱讀六經的基礎。加以《論語》《孝經》,漢人稱爲"傳記",傳記所以解經,也是經學入門的課本。所以標名雖稱六藝,而收書並不限於六類,且變成了九種。①

其實,《漢書・藝文志》已在小類之序中談到了這三種書的重要性。如論語類序云:"《論語》者,孔子應答弟子、時人及弟子相與言而接聞於夫子之語也。當時弟子各有所記。夫子既卒,門人相與輯而論纂,故謂之《論語》。"漢代獨尊儒術,《論語》無疑是儒家學派的代表作。孝經類序云:"《孝經》者,孔子爲曾子陳孝道也。夫孝,天之經、地之義、民之行也。舉大者言,故曰《孝經》。"孝道是鞏固封建統治的思想基礎,漢代以孝治天下,從漢文帝開始,皇帝的謚號中都有個"孝"字,如漢孝文帝、漢孝景帝等。漢武帝元光元年初,令郡國舉孝、廉各一人,後來合稱"孝廉"。歷代因之,州舉秀才,郡舉孝廉。這樣做當然會大大提高孝經類著作的地位,《孝經》教育因而得到重視與普及。《漢書・藝文志》小學類序云:"古者八歲入小學,故《周官》掌養國子,教之六書,謂象形、象事、象意、象聲、轉注、假借,造字之本也。漢興,蕭何草律,亦著其法,曰:'太史試學童,能諷書九千字以上,乃得爲史。又以六體試之,課最者以爲尚書御史、史書令史。吏民上書,字或不正,輒舉劾。'"可見,掌握小學知識是成爲封建統治階級接班人的必備條件。正因爲《論語》《孝經》、小學在漢代備受重視,所以被列入六藝略也是很恰當的。

---

① 《中國古代史籍校讀法》第一編第二章第二節《古書的部類》。

某類著作在目録分類體系中的排列順序也與學術發展狀況有關,《易》排在《七略》六藝略中的首位就説明了這一點。《易》學本來的地位並不高,但是在秦始皇焚書坑儒以後起了巨大變化。《詩》《書》、諸子百家等著作都被燒掉了,但是《易》作爲卜筮之書被保留了下來。劉歆在寫給太常博士的信中説:"天下唯有《易》卜,未有它書。"①在這種情況下,《易》的地位獲得了極大的提高,也引起了人們學習與研究的興趣。如《漢書·劉歆傳》就談到"歆及向始皆治《易》"。《漢書·劉向傳》還談道:"向三子皆好學,長子伋,以《易》教授,官至郡守。"可見劉向父子都是研究《易》的專家。這也反映了漢人學《易》的盛況。當然,易類被置於六藝略以及經部的首位,也與其爲哲學著作的性質有關。如《四庫全書總目》經部易類序云:"聖人覺世牖民,大抵因事以寓教。《詩》寓于風謡,《禮》寓于節文,《尚書》《春秋》寓于史,而《易》寓于卜筮,故《易》之爲書,推天道以明人事者也。""《易》道廣大,無所不包,旁及天文、地理、樂律、兵法、韻學、算術,以逮方外之爐火,皆可援《易》爲説。"《四庫全書總目》於春秋類序復云:"六經之中,惟《易》包衆理,事事可通。"這就充分説明《易》爲哲學著作。所以,當六藝略在目録中演變爲經部後,《易》類仍居經部首位,而且這樣做是非常正確的。

再如,統治者喜歡看戲,對戲劇的評價却不高。但是,當雜劇成爲元代標誌性文學體裁後,在目録中不可避免地也得到了反映,甚至出現了元代戲劇專科目録《録鬼簿》。該目著録元代雜劇多達四百五十八種。作者在至順元年(一三三〇)寫的序中説:"余因暇日,緬懷故人,門第卑微,職位不振,高才博識,俱有可録,歲月彌久,湮没無聞,遂傳其本末,吊以樂章;復以前乎此者,叙其姓名,述其所作。冀乎初學之士,刻意詞章,使冰寒于水,青勝于藍,則亦幸矣,名之曰《録鬼簿》。"②近人傅惜華編《元代雜劇全目》著録元人雜劇七百餘種。正是蓬勃發展的元人雜劇爲這些戲劇專科目録奠定了基礎。

---

① 《漢書》卷三六《楚元王傳》附《劉歆傳》。
② 《中國古典戲曲論著集成》本《録鬼簿》卷首。

翻譯西方著作從明代晚期就開始了,諸宗元《譯書經眼録·序》作了概括的叙述:"域外文字譯行於我國,傳播於現今者,如象教經論則始於晉;歐西典籍則始於明。蓋利瑪竇之來我國爲明萬曆九年(一五八一),居廣州二十載乃入京師。其後如龐迪我、艾儒略、熊三拔、鄧玉函、湯若望、南懷仁遂先後繼至,然所譯述大都以宗教、曆數、農學之書爲多。"①大規模、全方位翻譯國外著作則是鴉片戰争失敗之後的事。一些有識之士充分認識到落後挨打的教訓,於是大力提倡翻譯與學習先進國家的著作。正如梁啓超在《西學書目表》自叙中所説:"國家欲自强,以多譯西書爲本;學子欲自立,以多讀西書爲功。"隨着譯書活動的蓬勃開展,譯書目録也大量涌現。其代表作有王韜的《泰西著述考》,康有爲的《日本讀書志》,梁啓超的《西學書目表》及《東籍月旦》,徐維則的《東西學書録》及顧燮光的《增版東西學書録》、沈兆禕等的《新學書目提要》,顧燮光的《譯書經眼録》,還有《江南製造局譯書提要》等。由於圖書内容發生了巨大變化,所以譯書目録的分類體系徹底擺脱了四部分類法的束縛,如《西學書目表》共分三大類二十八小類:

> 一、西學:1. 算學　2. 重學　3. 電學　4. 化學　5. 聲學　6. 光學　7. 汽學　8. 天學　9. 地學　10. 全體學　11. 動植物學　12. 醫學　13. 圖學
>
> 二、西政:1. 史志　2. 官志　3. 學制　4. 法律　5. 農政　6. 礦政　7. 工政　8. 商政　9. 兵政　10. 船政
>
> 三、雜類:1. 游記　2. 報章　3. 格致總　4. 西人議論之書　5. 無可歸類之書

可見,學術的發展狀況不可避免地要影響着目録的編撰工作。

第三,目録的編製是以文獻作爲基礎的,因此也要受到文獻發展情況的制約。學術的盛衰與文獻的多寡密切相關。如兵書在《七略》中之所以

① 《譯書經眼録》卷首《序》,杭州金佳石好樓一九三四年石印本。

單列一略，是因爲從春秋戰國到漢代戰争頻繁，研究軍事的著作甚多，也頗受重視。張良、韓信曾專門整理過，漢武帝時的楊僕還編了部《兵録》。而此後兵書相對地變少了，也就不再單獨成爲一大類。如梁阮孝緒《七録序》所稱："兵書既少，不足別録，今附於子末，總以子兵爲稱，故序子兵録爲内篇第三。"①

特别是藏書目録均根據藏書的實際情況來分類編目。公藏如明楊士奇等於英宗正統六年（一四四一）編的《文淵閣書目》。天字共五厨三百二十二號，收藏的是明帝御製、敕撰、政書、實録等書，因此乾脆設"國朝"一類。文淵閣收藏的地方志特别多，其中來字一厨共一百六十八號，暑字三厨共五百八十四號，往字三厨共五百六十八號，因此《文淵閣書目》新設"古今志""舊志""新志"三類。私藏如明徐𤊹《紅雨樓書目》，雖按經、史、子、集四部分類，但是在子目的設置上却考慮到藏書的實際情況，設了一些新的類目。例如卷二史部專設"本朝世史彙"一類收録了八十五種有關明代的史書。同卷還專設"總志""分省"二目，收了約三百五十種明代方志。

私人藏書自然會體現藏書家的個人興趣與愛好，譬如不少藏書家愛好收藏文學作品。這些文學作品自然會在私家藏書目録中有所反映。這些文學作品會依據編目者不同的理解著録在不同的類目中。有的被著録在已有的傳記、古史、小説等類目中，如高儒《百川書志》卷五史部傳記類收録了李公佐《謝小娥傳》、蔣防《霍小玉傳》等短篇小説，卷八子部小説家類也著録了《剪燈奇録》等短篇小説集多部。此外，有些編目者還新設了傳奇、野史、外史、小史、詞曲等新的類目來著録這些文學作品。就拿《百川書志》來説，其卷六野史類收録了《三國志通俗演義》《忠義水滸傳》兩部長篇小説；外史類著録了不少戲曲、傳奇、雜劇，如《玉簫女兩世姻緣》一卷、《關雲長義勇辭金傳奇》一卷、《蔡伯喈琵琶記》二卷、《王十朋荆釵記》二卷等。小史類著録明代小説多部，有提要稱："以上六種皆本《鶯鶯傳》而作，語帶煙花，氣含脂粉，鑿穴穿墻之期，越禮傷身之事，不爲莊人所取，

---

① 《廣弘明集》卷三《七録序》。

但備一體，爲解睡之具耳。”[①]徐𤊹是閩中著名詩人，特别注意收集文學作品。其《藏書屋銘》云：“詩詞集説總兼，樂府稗官咸備。藏書非稱汗牛，考核頗精亥豕。”[②]如其在子部小説類收小説、筆記五百七十六種，傳奇類收元明雜劇和傳奇一百四十種。

第四，目録的編製還受到人們對文獻的特定需要的制約。既然目録是爲了解決不斷增長着的文獻與人們對它的特定需要之間的矛盾，所以爲了滿足人們不同的需要，人們必然會編製出各種不同要求的目録。這些目録一般都體現了實用性的原則。如汪辟疆先生説：

彼夫但記書名，略存篇卷、作者，而爲之整齊其類例，詳審其出入；因時損益，無泥於前規；本書立論，無取乎偏激。不標辨章道術之旨，自能神其紬繹寸心之用。如《漢志》删存劉《略》，釐定類例，而書名之排比整齊，卷篇之記述詳盡，俾後人展卷瞭然，檢尋自易。此目録家之目録也。

立論必探其源，擇言必準諸史；是非同異，具存於叙論；淵源授受，分疏於書名。如《漢志·總序》之折衷孔子，《諸子略》分論，推言某家出於古之某官，其流爲某家之學；與夫書名下略注授受，如《胡非子》下注云“墨翟弟子”，《蔡公》下注云“事周王孫”之類。分疏雖只數語，而書中旨意，與其學派之所出，略可考見。其可與史傳互參，或書或不書，要能與史互爲表裏。如是，則所謂辨章學術、考鏡源流者，本史家志藝文之天職；溺其職者，則非良史。此史家之目録也。

若夫鑒别舊槧，考訂異同，《漢志》雖啓其先，後人踵其製作。故編纂目録，於其書之爲宋爲元，或批或校，尋行數墨，皆待注明。甚則收藏之圖記，題記之年月，分行標記，纖悉靡遺，徒供鑒賞之資，兼侈收藏之富。追求本旨，非不云廣求舊本，取便校讎，實則於其書之宗旨不遑辨别，徒以典籍爲玩好之具。洪亮吉嘗目此爲賞鑒家，列之五

① 《百川書志》卷六《小史》。

② 《徐氏紅雨樓書目》卷首《藏書屋銘》。

類之末者是已。是爲藏書家之目録。

自《班志》分疏大旨於書名之下，而後世解題、提要之作遂多。唐宋以後勒爲專書者，如晁公武之《郡齋讀書志》，陳振孫之《直齋書録解題》。每書之下，詳加考證。或述作者之略歷，或陳書中之要旨，或明學派之淵源，或定糾紛之異説。他如篇章之真僞，析理之純駁，亦必反覆證明。使承學之士，得所繩準。洵爲目録學之鉅製矣。然其奮臆見之私，抒悱憤之語，洖乖隔而違大道，如清《四庫全書總目》提要之踵例成書者，亦未能免，然體例足以成家法也。是爲讀書家之目録。①

汪先生將目録分爲四家，就是從其功能出發的。而姚名達從讀書治學的角度給目録學所下的定義："目録學者，將群書部次甲乙，條别異同，推闡大義，疏通倫類，將以辨章學術、考鏡源流，欲人即類求書，因書究學之專門學術也。"②也具有實用精神。此外如館藏目録之著録索書號以便借閲，鬻販目録之注明定價以便購置，聯合目録著録參加館代號並附録各種索引以便檢索。凡此種種皆體現了人們對文獻的特定需要。

最後，編目者的專業知識對圖書分類編目也會産生一定影響。《漢書・藝文志》序云："至成帝時，以書頗散亡，使謁者陳農求遺書於天下，詔光禄大夫劉向校經傳、諸子、詩賦，步兵校尉任宏校兵書，太史令尹咸校數術，侍醫李柱國校方技。"③後來劉歆總群書而爲《七略》時，就以劉向所校編爲六藝略、諸子略、詩賦略，任宏所校編爲兵書略，尹咸所校編爲術數略，李柱國所校編爲方技略。鄭樵專門指出："《七略》惟兵家一略，任宏所校，分權謀、形勢、陰陽、技巧爲四種書，又有圖四十三卷，與書參焉。觀其類例，亦可知兵，况見其書乎？其次則尹咸校數術、李柱國校方技，亦有條理。"④可見，編目者的專業知識對分類編目的影響是十分明顯的。再如

① 《目録學研究・目録與目録學》。
② 《中國目録學史・叙論篇・目録學》。
③ 《漢書》卷三〇《藝文志》。
④ 《通志・校讎略・編書不明分類論》。

《七録序》談道:“齊末兵火,延及秘閣,有梁之初,缺亡甚衆,爰命秘書監任昉,躬加部集,又於文德殿内别藏衆書,使學士劉孝標等重加校進,乃分數術之文,更爲一部,使奉朝請祖暅撰其名録。”①祖暅是祖沖之的兒子,著名天文曆算學家,故請他編《梁文德殿五部目録》②中的數術部分,顯然是爲了發揮他的專業知識。

至於編學科目録當然更需要專業知識,例如明代醫生殷仲春編的《醫藏目録》,全書分二十類,每類冠以小序。作者若非精通醫學知識,是很難做到這一點的。古代佛經目録通常都由佛教徒編撰而成,也説明了這一點。在同類目録中,有的水平高,有的水平低,顯然與編目者的專業水平有關。

這都是我們在研究目録學,運用和使用各種目録的時候應當注意的。

---

① 《廣弘明集》卷三《七録序》。

② 《目録學研究》附《漢唐以來目録統表》附説:“據《隋志》阮《録》並云:分術數之書更爲一部,故又稱《五部目録》。”

第二章　目録的結構及其功用

上面已經説過，有一書之目録，主要由一書的篇目及此書之叙録組成；有群書之目録，主要由分類的書目和它的各類之序組成。當一書叙録編入群書目録時，它就成爲各書的提要。書的叙録（提要）和書目的序對於辨章學術是非常重要的，而篇目及書目則更是其基本的組成部分。没有叙録和各類之序，仍然不失爲目録，可是任何目録却不能没有篇目或書目。今將篇目、書目、書的叙録、書目的序四者分别論述如下：

第一節　篇　目

篇目的作用可以概括爲以下幾點：

一是顯内容。章學誠説："古人著書，往往不標篇名，後人校讎，即以篇首字句名篇。"①章氏的話是對的。《論語》頭一篇稱《學而》，因爲它第一句是"學而時習之"；《詩經》頭一篇稱《關雎》，因爲它第一句是"關關雎鳩"。像這樣的篇名是不大能反映内容的。

以後，人的知識進步了，編書的技術也進步了，有許多人著述的時候，知道要確立一個主題，並在篇名中表達出來。因此，有些子書就開始用篇名來表示主題。這樣，主題和篇名就統一了。比如《荀子》第一篇叫《勸學》，通篇内容談學習的重要性，學習的方法，勉勵大家好好學習。再如

---

①　《文史通義》内篇《繁稱》。

《韓非子》有一篇叫《説難》，專門講游説的困難：要考慮怎樣把别人説服，怎樣掌握别人的心理狀態等等。他如《墨子》中的《非攻》，《吕氏春秋》中的《察傳》等都如此。像這樣的一些篇目可以在一定程度上顯示作品的内容，對我們就很有幫助。

二是便稽檢。篇目是稽檢的基礎，有篇目則便於稽檢。這一點，大家都清楚，問題是篇目的編排方法。如《史記》分成十二本紀、十表、八書、三十世家、七十列傳，是依史體分類，爲讀者的稽檢提供了很大的方便。如果方法不當，讀者就仍會感到困難。如張相的《詩詞曲語辭匯釋》雖然分爲六卷，每卷又分列了條目，但其先後排列並無一定的次序，這必然使讀者感到不便。所以中華書局在出版此書時，就爲它編了一個《語辭筆畫索引》作爲附録，以資補救。

篇目的編排，有的按照某種自然次序，如《左傳》就是按照魯國十二公時代先後編年記事的。但絶大多數則依人爲的次序，根據一定的標準來編次。或按分類，或按專題，或按特定的檢索方法，總之是爲了便於稽檢。

三是免錯亂。宋以前印刷術不流行，主要靠傳鈔來流通。一部以簡寫的竹書要分成許多篇，帛書的長度也有限。宋以後刻板印刷的書多起來了，一本綫裝書可以容納好幾卷。如果没有篇目，或者雖有篇目而未編定次序，那就很容易錯亂。從劉向《别録》中可以清楚地看出這一點，如《戰國策》書録云："所校中《戰國策》書，中書餘卷，錯亂相糅。"有的書有"復重"，有的書又"篇少不足"，而且同是一部書，名稱也不相同，如《戰國策》"中書本號或曰《國策》，或曰《國事》，或曰《短長》，或曰《事語》，或曰《長書》，或曰《修書》"①。可見《戰國策》在整理前是多麽混亂。其他書也有這種現象，譬如《列子》"中書多，外書少，章亂布在諸篇中"②。所以劉向等在校書時不但確定了書名、篇名，而且還編定了篇次，後人寫書校書，仿此而行，這就大大克服了錯亂的現象。即使可能發生錯亂，因爲有了篇

① 《四部叢刊》影印元至正本《戰國策》卷首。

② 《快閣師石山房叢書》本《七略别録佚文》，引自宋刊本《列子》。

目，人們也容易發現，並有機會提出疑問加以討論。所以孫德謙説：

> 夫編次而偶或不謹，必將有他人所著誤入此書之中，使其人沈冤千古者。何以言之？韓非之書爲韓而作，蓋憤其國刑賞不明將致危亡，此其用心，固韓之忠臣義士也。觀其《存韓》一篇，則非雖身入於秦猶以存韓爲念。惓惓故國之思爲足敬矣！今首篇爲《初見秦》，勸秦滅韓，是豈非所願出此。幸有《國策》，知爲張儀之議。考古者猶可爲之辨誣，然吾不能不責編次者之過，而使非至於今尚未昭白也。此篇之編入其書，不知出於何人，當非向所爲。《國策》亦向編次，豈有明知是儀而録入非書者？如使果向所編，其失匪淺。甚矣！編次之不可不謹也。①

四是防散佚。没有篇目，書籍就容易散佚。劉向《晏子》書録介紹其整理《晏子》時，"凡中外書三十篇，爲八百三十八章。除復重二十二篇，六百三十八章，定著八篇二百一十五章。外書無有三十六章，中書無有七十一章，中外皆有以相定"②。從書録中可見有的章節中書没有，有的章節外書没有，顯然有散佚。而明載篇目正是防止散佚的重要方法，所以《晏子》書録不僅條其篇目，而且還注明了章數。如：

> 内篇諫上第一凡二十五章
> 内篇諫下第二凡二十五章

再如《説文解字》，許慎除標目外，還在卷末的序中明確寫道："此十四篇，五百四十部，九千三百五十三文，重一千一百六十三，解説凡十三萬三千四百四十一字。"③作者的用心顯然也是爲了防止散佚。

有了篇目、篇次，甚至篇數、字數，檢查一部書，就能比較容易地發現

---

① 《劉向校讎學纂微・謹編次》。

② 《師石山房叢書》本《七略别録佚文》。

③ 《説文解字》第十五下《叙》。

它是否完整無缺。如果缺了,還可以知道缺了哪幾篇。譬如《詩經・小雅》裏有《南陔》《白華》《華黍》《由庚》《崇丘》《由儀》六首詩的篇目,但是有目無辭。這或者由於其辭已經散佚,或者本來就没有。《史記》也是這樣,作者在自序中説有一百三十卷,而其中有十卷有録無書,後經褚少孫續補,因此知道今傳《史記》並非全出司馬遷之手。由此可見,篇目對瞭解古籍的完缺是很有用的。

五是考分合。别裁是書籍著録的重要手段之一。所謂别裁,就是裁篇别出,即將一部整書中某些具有獨立性、獨立價值的部分抽出來作爲一部獨立的書處理。古書别裁是常見的。如將《管子》中的《弟子職》單獨行世就是一例。這種辦法現在也偶爾使用,如范文瀾曾將其《中國通史簡編》中論述唐代佛教的那兩節抽出來,前面加一個序,後面加一個年表,另成《唐代佛教》一書。遇到這種情況,就可以從一部書的篇目中考出其分合關係。南宋朱熹編了部《四書》,其中的《論語》《孟子》原是獨立的著作,而《大學》《中庸》却是從小戴《禮記》中别裁出來的。它們被别裁出來以後又同《論語》《孟子》合編成一部儒家哲學小叢書。因爲《禮記》的篇目裏仍有《大學》《中庸》,這就使我們得以考見它們的分合情況。

再舉一例,《禮記》裏有一篇《樂記》,孔穎達疏引鄭玄《三禮目録》云:

> 名曰《樂記》者,以其記樂之義。此於《别録》屬《樂記》,蓋十一篇合爲一篇。謂有《樂本》、有《樂論》、有《樂施》、有《樂言》、有《樂禮》、有《樂情》、有《樂化》、有《樂象》、有《賓牟賈》、有《師乙》、有《魏文侯》。今雖合此,略有分焉。①

這裏説明《樂記》是把原來十一篇文章合爲一篇的,並列舉了十一篇原目,使人可以知道它是怎樣分合的。如無篇目,則不能瞭解這一點。

六是辨真僞。古書的篇目,往往能提供辨僞的綫索。古人編書是很謹慎的。如宋人重編杜甫的詩集,其次序及篇目主要依據唐人舊本。如

---

① 《禮記注疏》卷三七《樂記》孔穎達疏引鄭玄《三禮目録》。

果又發現了被認爲是他所寫的詩，就采取慎重的方式，編在書末，稱爲“新附”或“附録”，而不和原有的篇章統一編次。這樣，既不至於遺落真的作品，又爲後人留下了重新辨别真僞的餘地。這一事例説明，篇目的排列與辨僞有關。

還有一種情況，即作品亡佚了，篇目却保留着。後來作品重出，真僞有待考定。篇目對於這一工作，也是有幫助的。如《泰誓》本是周初一篇重要文章，《國語》《左傳》《墨子》《孟子》等都曾引用過，後來却遺失了。西漢武帝或宣帝時，發現了這篇佚文，就將它編入《尚書》，流行於世。但東漢學者馬融却著文指出，這篇後出《泰誓》是假的。其《書序》云：

> 《泰誓》後得，案其文似若淺露。又云：“八百諸侯不召自來，不期同時，不謀同辭。”及“火復於上，至於王屋，流爲雕。至五，以穀俱來，舉火。”神怪得無在子所不語中乎！又《春秋》引《泰誓》曰：“民之所欲，天必從之。”《國語》引《泰誓》曰：“朕夢協朕卜，襲于休祥，戎商必克。”《孟子》引《泰誓》曰：“我武惟揚，侵于之疆；取彼凶殘，我伐用張，于湯有光。”孫卿引《泰誓》曰：“獨夫受。”《禮記》引《泰誓》曰：“予克受，非予武，惟朕文考無罪。受克予，非朕文考有罪，惟予小子無良。”今文《泰誓》皆無此語。吾見書傳多矣，所引《泰誓》而不在《泰誓》者甚多，弗復悉記。略舉五事以明之，亦可知矣。①

馬融主要是舉出周漢古書所引《泰誓》之文爲河内女子所得後出本所無，以證明這個本子出於僞造。如各古書所引之文原無篇目，就無從比勘，這是顯而易見的。

七是便輯佚。書散失了，有篇目在，也許可以知其大致内容，且便於從事輯佚工作。從宋朝到清朝，中國的文獻學或目録學有一個分支，就是輯佚學。輯佚就是輯録已經佚亡了的書，簡言之，就是使殘缺及佚亡了的

---

① 《尚書注疏》卷一一《泰誓》疏引。案：今本《尚書·泰誓》也與漢時發現的《泰誓》一樣，不是真《泰誓》。參看《章太炎先生國學講演録·經學略説》、吴承仕《經典釋文序録疏證·注解傳述人·〈尚書〉·〈泰誓〉佚文》。

古書還原。明祁承㸁曾較爲具體地談過輯佚的方法：

> 如書有著於三代而亡於漢者，然漢人之引經多據之；書有著於漢而亡於唐者，然唐人之著述尚存之；書有著於唐而亡於宋者，然宋人之纂集多存之。每至檢閲，凡正文之所引用，注解之所證據，有涉前代之書而今失其傳者，即另從其書名爲録出。如《周易坤靈圖》《禹時鈎命訣》《春秋考異郵》《感精符》之類，則於《太平御覽》間得之；如《會稽典録》、張璠《漢紀》之類，則於《北堂書鈔》間得之；如《晉簡文談疏》《甘澤謡》《會稽行賢傳》《渚宫故事》之類，則於《太平廣記》間得之。諸如此類，悉爲裒集。又如漢唐以前，殘文斷簡，皆當收羅，此不但吉光片毛，自足珍重，所謂舉馬之一體而馬未嘗不立於前也。①

總之，從漢代開始出現的古書注釋中，從漢魏之際開始出現的類書中，從六朝時期出現的"合本子注"書中，都保留了大量古書片斷。此外，一些詩文總集、地方志，乃至筆記小説等等裏面，也都保存着一些散佚了的古書中的某些部分。把這些散在各書中的某一部書的殘餘部分集中在一起，使之復原，當然有利於古代文化的研究。

輯佚工作，可以説從劉向校書時就萌芽了。到了清朝則大規模地進行着，並取得了很大的成績。最有名的是馬國翰的《玉函山房輯佚書》，輯得五百八十餘種；王謨的《漢魏遺書鈔》也輯得四百餘種，黄奭的《漢學堂叢書》輯有二百五十餘種。此外像湯球輯諸家晉史、任大椿的《小學鈎沉》、魯迅的《古小説鈎沉》等，專輯某類著作，也很有名。孫啓治、陳建華編有《古佚書輯本目録》可參看。

古書篇目有助於輯佚是很明白的。如東漢桓譚寫過十六篇《新論》，後來散失了，但這十六篇的題目却保留在《後漢書》本傳李賢注中。清人輯此書佚文，因爲它的篇目具存，據以復原，就較爲方便。

---

① 《澹生堂藏書約・藏書訓略》。

第二節　書　目

書目指群書目録。它是目録學研究的主要對象，我們説明群書目録的功用，也就等於説明目録學的功用。它主要有三點：

一是讀書治學的指南。唐代目録學家毋煚早就認識到不編目録、不懂目録學給讀書學習造成的困難。我們在第一章第二節《什麽是目録學》中，已經引用過他的論述，可參看。清王鳴盛也説："目録之學，學中第一緊要事，必從此問途，方能得其門而入。"①近人汪辟疆明確指出："目録學者，提要鈎玄，治學涉徑之學也。學術萬端，詎能遍識？亡書佚籍，無補觀摩。故必有目録爲之指示其途徑，分別其後先，使學者得此一編，而後從事於四部之書，不難識其指歸，辨其緩急。此目録學之本旨也。"②

讀書治學最好有良師指導，由於不是每人都有幸遇到良師，所以有的學者往往向初學推薦一些導讀書目。張之洞就曾極力推薦過《四庫全書總目》提要，指出：

> 泛濫無歸，終身無得；得門而入，事半功倍。或經，或史，或詞章，或經濟，或天算地輿。經治何經，史治何史，經濟是何條，因類以求，各有專注。至於經注：孰爲師授之古學，孰爲無本之俗學？史傳：孰爲有法，孰爲失體，孰爲詳密，孰爲疏舛。詞章：孰爲正宗，孰爲旁門，尤宜抉擇分析，方不致誤用聰明。此事宜有師承，然師豈易得？書即師也。今爲諸生指一良師，將《四庫全書總目》提要讀一過，即略知學術門徑矣。③

當然這些話現在看來也有不足之處：首先，《四庫全書總目》提要也有錯，如余嘉錫就專門寫過《四庫提要辨證》二十四卷，以糾其誤，補其闕。其

① 《十七史商榷》卷一《史記集解分八十卷》條。

② 《目録學研究·目録與目録學》。

③ 《輶軒語·語學·論讀書宜有門徑》。

次,此書是十八世紀的產物,此後兩百年的學術成果未能吸收進去。第三,主編《四庫全書總目》提要的紀昀重漢學輕宋學,學術觀點上有偏見。但即使如此,現在也還沒有一部著作能够代替它。它仍不失爲一部研究中國古代文化的入門著作。所以魯迅在開給許世瑛的書單中,也説《四庫全書總目》的節本《四庫全書簡明目録》"其實是現有的較好的書籍之批評,但須注意其批評是'欽定'的"①。

目録書打開了我們的眼界,使我們能够瞭解學術的概況。卞孝萱引用吕思勉《自述》云:"至予之學術,則初能讀書時,先父即授以《四庫書目提要》。此爲舊時講究讀書者常用之法,俾於問津之初,作一鳥瞰,略知全體學科之概況及其分類也。"②我們還能從書目中找到自己所需要讀的那些書,並知道在我們所需要讀的那些書中,哪些是基本的,哪些應當先讀,哪些可供參考。比如《説文解字》是治語言文字之學的必讀書,對研究中國古代文化的人也很有參考價值。清人研究《説文》的著作很多,有所謂《説文》四大家。在這些研究著作中,哪一種是最基本的,初學又應先讀哪一種呢?目録學著作會告訴我們:段玉裁《説文解字注》最精詳,應看作研究《説文》的基本著作。他如桂馥《説文義證》,王筠《説文釋例》《説文句讀》,朱駿聲《説文通訓定聲》等各有獨到之處,可供參考。而對於初學者,先讀王筠《説文句讀》比較易於入門③。

即使同一書籍,可能有很多種版本,有的版本經過精心校勘,錯誤較少;有的版本未經校勘,錯誤百出。目録書也會爲我們指出讀哪些本子好,讀哪些本子不好。譬如《書目答問》,有關《十三經注疏》列舉了"乾隆四年武英殿刻附考證本、同治十年廣州書局覆刻殿本、阮文達公元刻附校勘記本、明北監本、明毛晉汲古閣本"。並指出:"阮本最於學者有益,凡有關校勘處旁有一圈,依圈檢之,精妙全在於此。四川書坊繙刻阮本訛謬太多,不可讀;且削去其圈,尤謬。明監、汲古本不善。"④

① 《亡友魯迅印象記》第二十三節《和我的友誼》。
② 《現代國學大師記·吕思勉的自述》。
③ 《汪辟疆文集·讀書舉要》下篇《文字學之部》。
④ 《書目答問》卷一《經部》。

還是王鳴盛在《十七史商榷》中説得好:“凡讀書最切要者,目録之學。目録明,方可讀書;不明,終是亂讀。”[①]許多有成就的學者都將目録當成讀書治學的嚮導,並獲得了成功。譬如黄侃被譽爲乾嘉小學的集大成者,他就在閲讀與研究小學書目方面下過苦功,如他在一九二五年一月二十七日日記中寫道:“閲謝藴山(啓昆)《小學考》(浙江書局),書計廿册五十卷,往者嘗翻檢之,兹擬點勘一過。”此後多日日記均有閲《小學考》的記載。直到二月十日至二月十四日的日記説:“皆閲《小學考》。十四日人定閲竟,共費十一日。”他在研讀史學著作時,則更加自覺地從目録學入手。如他在一九二五年二月七日的日記中寫道:“搜集讀正史參考書目録,别有草稿,明當迻録之。”二月十二日日記復云:“搜集正史參考書目略備,遂治全史。”他研究其他文獻大抵也是這麽做的,如他在一九二九年正月的日記中寫道:“宋人金石書予略備矣,擬依次閲之,次如下:《集古録》《考古圖》《嘯堂集古録》《金石録》《隸釋》《隸續》、王復齋《鐘鼎款識》《歷代鐘鼎彝器法帖款識》。”顯然,這是黄侃爲自己制訂的一份宋代金石文獻導讀書目,而且在這份目録中,絶大部分都是宋代金石目録。

著名目録學家余嘉錫也是一個典型例子,他在《四庫提要辨證序録》中説:“余至略知學問門徑,實受《提要》之賜。”他從十七歲開始研讀《四庫全書總目》提要,經過五十多年的努力,終於完成了《四庫提要辨證》這部九十多萬字的巨著。他深有體會地説:“目録之學爲讀書引導之資,凡承學之士,皆不可不涉其藩籬。”[②]

二是辨章學術源流。汪辟疆指出:“目録學者,辨章學術、剖析源流之學也。不僅爲綱紀群籍簿屬甲乙而設,要必在周知一代之學術,與夫一家一書之宗旨,而後乃可以部次類居,無淩亂失紀、雜而寡要之弊。”[③]復云:“目録之學,與史相緯;其重在周知一代之學術源流,及一家一書之宗趣。”[④]並指出:“目録者,綜合群籍,類居部次,取便稽考是也。目録學者,

---

① 《十七史商榷》卷七《漢書叙例》條。
② 《目録學發微》卷一《目録學之意義及其功用》。
③ 《目録學研究・目録與目録學》。
④ 《汪辟疆文集・讀書舉要》上篇《綱領之部・校讎學纂微》。

則非僅類居部次,又在確能辨明源流,詳究義例,本學術條貫之旨,啓後世著述之規,方足以當之。”①

書目的辨章學術、考鏡源流功能,在很大程度上是通過分類來實現的。宋人鄭樵《通志·校讎略·編次必謹類例論》云:“類例既分,學術自明。”明胡應麟《經籍會通》二也説:“觀其類例,而四部之盛衰始末亦可以概見矣。”

首先,分類是學術發展狀況的反映。正如《四庫全書總目·凡例》所説:“文章流别,歷代增新。古來有是一家,即應立是一類。”關於這一點,詩文評類的逐步確立,就是一個典型的例子。《漢書·藝文志》中没有這一類,因爲當時没有這方面的專著。梁代出現了劉勰的《文心雕龍》與鍾嶸的《詩品》,因爲此類著作比較少,所以被附在《隋書·經籍志》集部總集類。唐代又出現了劉知幾《史通》等史評類著作,於是唐人吴兢《吴氏西齋書目》特設文史類,兼收詩文評與史評著作,此後許多書目都照此辦理。直到《四庫全書總目》將文史類分爲史評與詩文評兩類,前者屬史部,後者屬集部,就相當科學了。朱自清《詩言志辨·序》指出:“詩文評的系統的著作,我們有《詩品》和《文心雕龍》,都作於梁代。可是一向只附在總集的末尾,宋代才另立文史類來容納這些書。這文史類後來演變爲詩文評類。著録表示有地位,自成一類表示有獨立的地位,並如何獲得一般的承認。”可見“詩文評”類的形成過程也是中國文藝理論不斷發展,人們的文藝理論觀念不斷明確、不斷完善的結果。

其次,學術變化了,分類也會隨之變化。孟子類圖書的分類情況清楚地説明了這一點。北宋前的書目,孟子類圖書都被列入子部儒家類。自從宋代元祐年間將《孟子》列入科舉考試内容,因此《孟子》的地位大爲提高,於是南宋尤袤的《遂初堂書目》將孟子類圖書附於論語類,這樣該類著作在書目中也就由子部升入了經部。稍後的陳振孫《直齋書録解題》則乾脆將經部的論語類改名爲語孟類,這樣,孟子類書取得了與論語類書並列的地位。元馬端臨《文獻通考·經籍考》在經部專門設立了孟子類,這表

① 《目録學研究·目録與目録學》。

明孟子類圖書在元代的地位進一步提高。南宋孝宗淳熙年間，朱熹替《禮記》中的《大學》《中庸》做了章句，替《論語》《孟子》做了集注，並且將它們合在一起稱爲《四書》。據《元史・選舉志・科目》可知，《四書》成了元代科舉考試内容，這對明清兩代的科舉考試産生了深遠影響。這樣，明代與清初的一些公私目録就進一步將經部論語類、孟子類或語孟類，改爲四書類了。這一改變，也爲《四庫全書總目》所接受。孟子類圖書在目録分類中的變化，清楚地反映了《孟子》一書在封建社會越來越受到重視的過程。

再次，某類文獻在分類體系中的位置也能反映該類文獻的學術存在狀況。最突出的例子當然是六藝略，也就是後來的經部，始終處於首位，因爲這部分著作是專門用來培養統治階級接班人的。"六藝"原指統治階級接班人應當具有的六種技藝，即禮、樂、射、御、書、數。劉國鈞分析道："四庫分類序次之原理，一言以蔽之，即由六朝時遺傳來之衛道觀念。申言之則曰尊儒重道。經爲載道之書，故列之於首。其餘皆其支流也。"[①]因爲作者討論四庫分類法，所以追溯到六朝。其實《七略》將六藝略放在全目首位，將儒家放在諸子略首位，當然也充分體現了重儒衛道的觀念。

最後，類目名稱的變化也能反映學術的流變。如《漢書・藝文志》有詩賦略，因爲賦是漢代特别發達的文體，也爲漢武帝所愛好。武帝時還專門設立樂府以采歌謡，所以取名"詩賦略"來涵蓋這兩類文學作品是非常恰當的。但是到了魏晉南北朝時期，文學創作得到了肯定，誠如曹丕《典論・論文》所説："蓋文章，經國之大業，不朽之盛事。"文體也有了很大的發展，即以梁代蕭統所編《文選》爲例，該書文體大分爲三十八類。而且作者們普遍將自己的作品編輯成集，希望能够流傳下去，以致出現了梁元帝所説的"家家有制，人人有集"[②]的局面。在這種情況下，書目再用"詩賦"爲名來指稱文學作品，顯然是不够準確的。於是南朝時宋人王儉的《七

---

① 《四庫分類法之研究》，載《圖書館學季刊》第一卷第三期。

② 《金樓子・立言》。

志》將之改爲文翰志，梁阮孝緒《七録》又將之改爲文集録。阮孝緒的《七録序》還作了解釋："王以詩賦之名，不兼餘制，故改爲文翰。竊以爲傾世文詞，總謂之集，變'翰'爲'集'，于名尤顯，故序文集録爲内篇第四。"[①]後來《隋書·經籍志》肯定了《七録》的做法，將文集録改爲集部，遂成定制。

再如，在《漢書·藝文志》中，兵書略爲一大類，下面還分兵權謀、兵形勢、兵陰陽、兵技巧四個二級類目。但是在梁阮孝緒編的《七録》中，將諸子略與兵書略合併成子兵録，而且還取消了原兵書略中的四個二級類目。《七録序》解釋道："兵書既少，不足别録，今則附于子末，總以子兵爲録，故序子兵録爲内篇第三。"[②]類名的變化鮮明地反映了兵書在新的時代不受重視的情況。從此以後，兵書不再成爲一級類目，在四部分類法中僅爲子部的一個二級類目。

書目的著録情況也清楚地反映了某個時期學術發展的狀況與某類學術的發展變化。我們知道西漢前期盛行黄老之術，其關鍵人物，一個是曹参，一個是竇太后。司馬遷於《史記·曹相國世家》贊曰："参爲漢相國，清静極言合道。然百姓離秦之酷後，参與休息無爲，故天下俱稱其美矣。"《史記·外戚世家》復云："竇太后好黄帝、老子言，帝及太子、諸竇不得不讀黄帝、老子，尊其術。"這種情況在《漢書·藝文志》中也得到了鮮明的反映。在諸子略、兵書略、數術略、方技略中都有許多託名爲黄帝的著作。據胡適統計："黄帝一人名下有十二類，四百五十二篇書；又託名他的臣子的書八十七篇。黄帝的君臣共計五百三十九篇。"[③]漢代出現了許多託名黄帝君臣的書恰恰是漢代前期崇尚黄老之術的反映。

統計數據也很能説明問題，如果我們將目録中的相關類目所著録的文獻統計一下，也能反映該類學術的大致面貌。如《清史稿·藝文志》史部目録類著録目録書一三八部；《清史稿藝文志補編》史部目録類著録目録書九六部；《清史稿藝文志拾遺》史部目録類著録目録書七六一部。三部目録共著録清代目録九九五部，可見目録學是清代的顯學。

---

①② 《廣弘明集》卷三《七録序》。

③ 《胡適文集》第五册《中國中古思想史長編》。

如果我們將兩部以上的目録相關類目的著録情況加以比較，就能更清楚地看到某類學術的發展變化。例如我們將《漢書・藝文志》與《隋書・經籍志》中所著録的縱横家圖書加以比較，就會發現縱横家急劇衰落的命運。《漢書・藝文志》諸子略著録“縱横十二家，百七篇”。而《隋書・經籍志》子部著録縱横家“二部，合六卷”。這兩部書，均爲《鬼谷子》。柳宗元云：“《鬼谷子》要爲無取，漢時劉向、班固録書無《鬼谷子》。”[①]明胡應麟《四部正訛》中也指出：“《鬼谷》，縱横之書也。余讀之，淺而陋矣，即儀、秦之師，其術宜不至猥下如是。柳宗元謂劉氏《七略》所無，蓋後世僞爲之者，學者宜其不道。”可見，《漢書・藝文志》所著録的縱横家著作在《隋書・經籍志》中一部都不剩了。這説明秦漢以後，國家統一了，縱横家著作也就没有市場了。

書目所著録的資料也有助於我們對一些學術現象做全面而客觀的認識。譬如《隋書・經籍志》所著録的書雖然絶大多數已經亡佚了，但是《隋書・經籍志》本身却保存了大量文獻信息。就拿南朝人編的總集來説，我們現在見到的只有《文選》與《玉臺新詠》兩部，難道它們是孤立的現象嗎？我們查一下《隋書・經籍志》集部總集類，發現“共有一百七部，二千二百一十三卷，通計亡書，合二百四十九部，五千二百二十四卷”。而這些總集絶大多數都出現於南朝時期。由此可見，《文選》與《玉臺新詠》正是在如此大量的總集的基礎上所産生的佼佼者。

此外，書名、篇卷數、作者、版本、附注、提要等著録項目也透露了大量信息，與學術的發展狀況息息相關。就卷數而言，例如據《隋書・經籍志》記載，注《史記》的只有三家，共九十五卷，而注《漢書》的却有二十一家，共六百二十卷。爲什麽會有這樣大的差别呢？原來《史記》行文偏用單筆，而《漢書》行文偏用複筆。因爲漢代以後寫文章的風氣是由單筆走向複筆，所以在漢魏六朝時，研究《漢書》的人多於研究《史記》的人。再如宋人鄭樵《通志・校讎略・闕書備於後世論》説：“《陶潛集》梁有五卷，隋有九卷，唐乃有二十卷。”陶淵明的詩在南朝時不甚受到重視，鍾嶸的《詩品》僅

① 《柳河東集》卷四《辯〈鬼谷子〉》。

將其列爲中品,劉勰的《文心雕龍》甚至没有提到過他。但是從他的集子的卷數不斷增多可以清楚地看到,隨着時間的推移,陶詩的價值逐步被人們所認識,越來越受到讀者的喜愛。

在著録項目中,特别值得重視的是提要,因爲它往往會對圖書的學術思想與學術淵源作出評價。譬如有人將荀子定爲法家,而劉向所撰《孫卿書録》却説:"孫卿善爲《詩》《禮》《易》《春秋》。……孫卿道守禮義,行應繩墨,安貧賤。……楚有尸子、長盧子、芋子皆著書,然非先王之法也,皆不循孔氏之術。唯孟軻、孫卿能爲尊仲尼。"這些話對我們正確認識荀子的學術淵源顯然大有幫助。

提要除對某書某人進行學術評價外,往往也會對某種、某類學術或文化現象的源流進行梳理,如陳振孫《直齋書録解題》卷十八於汪藻《浮溪集》提要云:

> 四六偶儷之文,起於齊梁,歷隋唐之世,表章、詔、誥多用之。然令狐楚、李商隱之流號爲能者,殊不工也。本朝楊、劉諸名公猶未變唐體。至歐、蘇始以博學富文爲大篇長句,叙事達意,無艱難牽强之態;而王荆公猶深厚爾雅,儷語之工,昔所未有。紹聖後置詞科,習者益衆,格律精嚴,一字不苟措。若浮溪尤其集大成者也。

"楊、劉諸公"指北宋初年楊億、劉筠、錢惟演等。此提要介紹了駢體文的發展簡史,改變了我們的一些習慣看法,作者爲宋人,於宋代駢體文的發展狀況,説得尤爲親切而透徹。

三是科學研究的良伴。由於書目具有指導閲讀,辨章學術源流的功能,這就决定了它同科學研究結下了不解之緣。

首先,編製高質量的目録本身就是極有價值的科研工作。通過書目,我們可以瞭解各個歷史時期文獻的著述、收藏、流傳、存佚的狀況,從而可以窺見各個時代文化學術的盛衰。所以范文瀾對《七略》作了極高的評價,他説:"《七略》綜合了西周以來主要是戰國的文化遺産……是一部完整的巨著。它不只是目録學、校勘學的開端,更重要的還在於它是一部極可珍貴的古代文化史。”①

其次，目録學同從事版本學、校勘學、情報學等學科的科學研究密不可分。例如《西諦書目》中，目録書就占二百九十五種之多。爲什麽鄭振鐸如此重視目録書的收聚呢？一方面因爲目録書可爲科學研究提供重要的綫索，如他在“《録鬼簿》二卷《續編》一卷”的跋中談到了他發現該書時的驚喜心情：“爲余輩所最驚心動魄、相視莫逆於心者，乃是明藍格鈔本《録鬼簿》一書，後附無名氏《續録鬼簿》一卷，爲研究元明間文學史最重要之未發現史料。”②另一方面，檢索其書是否已有目録著録，乃是鑒定版本及其價值的重要手段之一。如鄭振鐸在《石倉歷代文選》二十卷的跋中説：“此《石倉國初文選》二十卷，未見諸家藏書著録。來薰閣主人陳濟川從鄞大西山房林集虚處得之，我一見即驚爲秘笈，亟挾之而歸。價百金殊昂，然不遑計及之矣。”③校勘需要廣聚衆本，相互比較，没有目録學的知識就會寸步難行。此外，目録學同情報學也緊密地聯繫在一起。現在全國、全世界每年都要召開許許多多各種各樣的科學討論會。討論會上所提交的各種論文，不少雖然是以手稿、打印本的形式發表的，也應編成目録供人們檢索、搜尋，如果等待出版社或報刊印出來，那就慢了，落後了。

再次，目録學是各門科學研究的輔助學問。科學研究總是在前人研究的基礎上繼續朝前邁進的。在自己所要研究的領域裏，前人已經取得了哪些成果，一定要心中有數，否則會鬧出“第二次發現新大陸”的笑話。爲了避免這樣的笑話，就必須借助於目録學知識，查閲有關的目録和索引。如果我們從事科研工作而没有一點目録學知識，那就會走彎路，事倍而功半。

四是文獻工作的基礎。目録學是開展與文獻有關的各項工作，如圖書館、圖書的出版與發行、博物館、檔案館等工作的基礎知識。施廷鏞先生説：“書目之於圖書，猶利濟之舟航也。故欲圖書館之克著其效，關於書目的纂輯，不可不求其周備。”④圖書館工作的每一個環節，如采購、編目、

① 《中國通史簡編》第二編第二章第九節《史學》。

②③ 《西諦書目》附《西諦題跋》。

④ 《國立清華大學圖書館中文書目甲編一》卷首《序》。

典藏、流通，無一項能離開群書目録和目録學知識。譬如有人拿一套《四聲猿》求售，本圖書館要不要買，首先應當查一下館藏目録，看一看本館是否已經藏有此書，以免重複收購此書。經查藏書目録，發現本館未藏該書單行本，再查《中國叢書綜録》，發現《誦芬室叢刊》二編等四種叢書裏收有此書。而這些叢書本館均有。如果購書經費緊張，這套書便可以不買了。如果想買，還應當對其版本加以鑒定。經與傅惜華所編《明代雜劇全目》核對，發現該書與該目所描述的明刻本《四聲猿》版本特徵一模一樣，因此可以斷定這套書爲明刻本，屬於善本的範疇。如果考慮善本難得，以免失諸交臂，應將該書買下來。對圖書如何著録、分類、編目，也可以參考已有書目進行。此外像檔案管理、圖書出版與發行、情報收集與利用，以及其他與文獻有關的工作，也都必須掌握和運用目録學知識。

第三節　書的叙録

叙録，或稱提要，或稱解題。目録中凡功用在於幫助讀者瞭解一書内容、價值及作者生平事迹等的介紹性文字都可稱爲叙録或提要。我們將在《目録的著録事項》一章對提要的體例與寫作方法作專門介紹。爲避免重複，此處將側重介紹提要的功用。因爲以《别録》與《四庫全書總目》爲代表的叙録體提要，内容比較全面，所以標題采用了“叙録”一詞。叙録約有以下功用：

一是介紹書的篇目。從劉向《别録》開始，叙録的一個重要内容就是條其篇目。如《孫卿新書》十二卷三十二篇叙録云：“勸學篇第一，修身篇第二，不苟篇第三，榮辱篇第四，非相篇第五，非十二子篇第六，仲尼篇第七……賦篇第三十二。”[①]我們即使没有讀過《孫卿新書》，也會從篇目中瞭解到各篇的大致内容。一些書亡佚或部分亡佚後，我們也能從書目叙録所條列的篇目中，對其内容略有所知。如孫德謙云：

---

① 《師石山房叢書》本《七略别録佚文》，以下所引《别録》均出自該書，不再作注。

> 吾讀《樂記正義》，又知向所條篇目與今本不同者，《正義》云：劉向校書得《樂記》二十三篇著於《别録》。今《樂記》所斷取十一篇，餘有十二篇。其名案《别録》十一篇，餘次《奏樂》第十二、《樂器》第十三、《樂作》第十四、《意始》第十五、《秦穆》第十六、《説律》第十七、《季札》第十八、《樂道》第十九、《樂義》第二十、《昭本》第二十一、《昭頌》第二十二、《竇公》第二十三是也。則向校定《樂記》尚有此十二篇。今無其目者，後儒所删也。①

有了這些篇目，我們不僅能較爲完整地知道劉向所校定之《樂記》的内容，也知道該《樂記》與今傳本《樂記》之間的差異，對我們科研工作當然是有幫助的。

條其篇目，作爲一書之目録，一般都置於卷首附書以行。後世書目提要，也有録其篇目的，如《郡齋讀書志》卷十《説苑》二十卷提要云："漢劉向撰。以《君道》《臣術》《建本》《立節》《貴德》《復恩》《政理》《尊賢》《正諫》《法誡》《善説》《奉使》《權謀》《至公》《指式》《談叢》《雜言》《辨物》《修文》爲目。"我們雖未讀過《説苑》，通過這些篇目，也就知道了該書的屬性。

後人在編目時，遇到一些稀見圖書，也會采用記載篇目的方式來揭示書的内容。如江蘇省社會科學院明清小説研究中心編《中國通俗小説總目提要·凡例》稱："内容提要後，附全書回目，不同版本回目稍有不同者，可在主要版本回目之後注明；差異甚大者，則應分録全目，以資對照。"該書卷首《編輯説明》復云：

> 比起内容提要之經過主觀加工提煉（不論撰稿人如何努力做到客觀、準確），小説之回目則是最爲確定、客觀的材料。根據回目，可見小説的内容、結構，與内容提要，可以相互參證，相輔相成。且回目之增删、歸併、分割，以及文字的更改，又可見不同版本之差異與流變，價值是很大的。孫楷第《日本東京所見小説書目》、譚正璧《古本

① 《劉向校讎學纂微·條篇目》。

稀見小説匯考》都有附全書回目之先例,學者稱便。本書名爲"總目",除了小説之總目之外,又收録每一小説之總回目,似益名實相副。

可見,在叙録中記録一些珍稀圖書的篇目或回目,對讀者瞭解圖書的内容是有幫助的。

二是介紹書的整理情況。從劉向《别録》開始,就在叙録中介紹圖書整理情況。首先介紹版本收集情況。因爲這是整理圖書的必備條件,如《管子》書録云:"所校讎中管子書三百八十九篇,大中大夫卜圭書二十七篇,臣富參書四十一篇,射聲校尉立書十一篇,太史書九十六篇,凡中外書五百六十四篇以校,除復重四百八十四篇,定著八十六篇,殺青而書,可繕寫也。"於此可見,劉向等在收集一書的不同抄本方面下了很大功夫。

其次介紹除復重的情況。張爾田《劉向校讎學纂微·删復重》云:"劉向於《荀子》諸書,其序録中皆云除復重若干篇,固謂諸本之中有相同者,留其一而删其餘矣。吾謂一書之中苟有復重,亦必當删除之。"此外,漢代以前,人們著作權觀念淡薄,各書間相互傳抄也會出現内容重複現象。所以除去重複的内容,整理出一個定本來,是圖書整理的基礎工作。劉向在《别録》中往往對此作出交待,上面所引《管子》書録也説明了這一點。如果整理成定本後,還有内容重複現象,劉向也會在《别録》中加以説明,如《晏子》書録云:"又有復重,文辭頗異,不敢遺失,復列以爲一篇。"從中可見劉向在整理圖書時所采取的謹慎態度。

此外,還要介紹圖書的校勘工作。劉向《别録》對此也舉例作了介紹,可貴的是往往還涉及校勘規律。如《尚書歐陽經》三十二卷叙録云:"臣向以中古文校歐陽、大小夏侯三家經文,《酒誥》脱簡一,《召誥》脱簡二。率簡二十五字者,脱亦二十五字;簡二十二字者,脱亦二十二字。"如《尚書古文經》五十八篇叙録云:"古文或誤以'見'爲'典',以'陶'爲'陰',如此類多。"所説顯然指因形近而誤現象。如《列子》八卷叙録云:"或字誤以'盡'爲'進',以'賢'爲'形',如此者衆。"所説顯然指因音近而誤現象。如《戰國策》三十三篇叙録云:"本字多誤脱爲半字,以'趙'爲'肖',以'齊'爲

‘立’,如此者多。”所説顯然指因壞字致誤現象。

後世目録也有在提要中介紹圖書整理情況的,如《郡齋讀書志》别集類於《沈亞之集》十卷提要云:“此本之後有景文宋公題字,稱得之于端明李學士,編次無倫,蓋唐本也。予頗愛其能造語,然其本極舛誤,頗是正之。且裒其遺闕者數篇,及賀、牧、商隱三詩附于後。”《直齋書録解題》卷十五總集類《文苑英華》一千卷提要談了該書的編纂過程:“太平興國七年,命學士李昉、扈蒙、徐鉉、宋白等閲前代文學,撮其精要,以類分之。續又命蘇易簡、王祐等。至雍熙三年,書成。”

《四庫全書總目・凡例》則明文規定其提要“次考本書之得失,權衆説之異同,以及文字增删,篇帙分合,皆詳爲訂辨,巨細不遺”。如集部别集類十三著録宋張鎡《南湖集》十卷,提要云:“其集久佚不傳,楊士奇《文淵閣書目》雖載有張約齋《南湖集》一部五册,藏弆家亦皆未見。今檢《永樂大典》各韻中,收入鎡詩尚多。評其格律,大都清新獨造,於蕭散之中特見雋永之氣,以視嘈雜者流,可謂翛然自遠。詩固有不似其人者,鎡之謂歟?鎡又工長短句,有《玉照堂詞》,選本多見采録,而原本亦久散佚,謹裒集編次,以類相從,釐爲詩九卷、詞一卷,用存其略。《永樂大典》所載,多題曰《湖南集》,以諸書參考,知爲傳寫之誤,今亦並從改正焉。”這些提要對讀者瞭解圖書的整理情況及其内容與特點都是有幫助的。

三是介紹書的作者。《孟子・萬章下》云:“頌其詩,讀其書,不知其人,可乎? 是以論其世也。”我們瞭解作者的生平事迹,對我們理解他的作品當然是有幫助的,所以從劉向《别録》開始,就十分重視介紹書的作者。如《雅琴趙氏》七篇敘録云:“趙氏者,勃海人趙定也。宣帝時,元康、神爵間,丞相奏能鼓琴者勃海趙定、梁國龍德,皆召入見温室,使鼓琴待詔。定爲人尚清静,少言語,善鼓琴,時閒燕爲散操,多爲之涕泣者。”《雅琴趙氏》七篇雖然亡佚了,但是通過這段作者介紹,也可大致知道該書的形成時間、宫廷宴樂的情況、當時的審美觀點,以及趙定鼓琴的藝術成就。敘録間有考證,往往具有參考價值,如《墨子》敘録云:“太史公曰:墨翟,宋之大夫。或曰並孔子時,或曰在其後。今案《墨子》書有文子。文子,子夏之弟子,問於墨子。如此,則墨子者在七十子後也。”

還有對作者作出評價的,如《别録》於《賈誼》五十八篇叙録云:“賈誼言三代與秦治亂之意,其論甚美,通達國體,雖古之伊、管未能遠過也。使時見用,功化必盛,爲庸臣所害,甚可悼痛。”

後世書目提要也多有作者介紹,有些作者介紹還頗有史料價值。如不少人都不願意接受李清照改嫁的事實,但《郡齋讀書志》别集類《李易安集》十二卷提要稱其爲“皇朝李格非之女,幼有才藻名。先嫁趙誠之,其舅正夫相徽宗朝,李氏嘗獻詩曰:‘炙手可熱心可寒。’然無檢操,後適張汝舟,不終晚節。流落江湖間,以卒。”由於晁公武與李清照都生活於北宋末、南宋初,他所説的情況是可信的。李清照的改嫁並離婚,正表現了她對封建禮教的蔑視與反抗,而不必諱言。

古代的戲劇家是没有什麼社會地位的,一般的史籍也不會爲他們作傳記,而元代戲曲家鍾嗣成所編《録鬼簿》及明初無名氏所著《録鬼簿續編》,不僅將元明戲曲作品編爲目録,還爲不少元明戲曲家撰寫了傳記。整理者於前者提要稱:“《録鬼簿》一書豐富的記載了中國戲曲最稱繁盛時的元代的書會才人、‘名公士夫’的戲曲、散曲作家的生平事迹和作品目録。全書包括作家小傳一百五十二人,作品名目四百餘種;這是今日研究古典戲曲與金元文學的寶貴的歷史材料。”①整理者於後者稱:“全書著録作家從鍾嗣成起,至戴伯可,共七十一人;雜劇作品七十八種;又失載名氏的雜劇作品七十八種。這些珍貴難得的記載,確是今天研究元末明初時北曲雜劇的發展的唯一重要史料。”②今録一例,睢景臣的《高祖還鄉》是著名的套曲,《録鬼簿》在提要中介紹了作者及其寫作情況:“大德七年,公自維揚來杭州,余與之識。自幼讀書,以水沃面。雙眸紅赤,不能遠視。心性聰明,酷嗜音律。維揚諸公,俱作《高祖還鄉》套數,惟公《哨遍》製作新奇,皆出其下。”③可以説,這是有關該套曲唯一的原始資料。

四是評介書的内容。提要一個重要任務是介紹書的内容。如《别録》六藝略佚文於《世本》十五篇書録云:“《世本》,古史官明於古事者之所記

① 《中國古典戲曲論著集成》二《録鬼簿提要》。

② 《中國古典戲曲論著集成》二《録鬼簿續編提要》。

③ 《中國古典戲曲論著集成》二《録鬼簿》卷下《睢景臣》。

也。録黄帝已來帝王諸侯及卿大夫系謚名號，凡十五篇，與左氏合也。”於《戰國策》三十三篇書録云：“其事繼《春秋》以後，訖楚漢之起，二百四十五年間之事。”

後世目録也繼承了這一傳統，如《直齋書録解題》卷五《華陽國志》二十卷提要云：該書“志巴蜀地理、風俗、人物，及公孫述、劉焉、劉璋、先後主以及李特等事。末卷爲《序志》，云肇自開闢，終乎永和三年。”再如《四庫全書總目》子部儒家類著録宋司馬光《家範》十卷，提要稱該書“首載《周易・家人》卦辭，及節録《大學》《孝經》《堯典》《詩・思齊》篇語以爲全書之序。其後自《治家》至《乳母》凡十九篇，皆雜采史事可爲法則者，亦間有光所論説。與朱子《小學》義例差異，而用意略同。其節目備具，簡而有要，似較《小學》更切於日用，且大旨歸於義理”。所以，要知道一書之内容，讀一讀該書提要是個好方法。

從劉向《别録》開始就注意對書作出學術評價了。他當時特别注意區分學術流别，如《列子》八卷書録云：“其學本於黄帝、老子，號曰道家。道家者，秉要執本，清虚無爲。及其治身接物，務崇不競，合於《六經》。”《申子》六篇書録云：“申子學號曰刑名。刑名者，循名以責實，其尊君卑臣，崇上抑下，合於《六經》也。宣帝好觀其《君臣》篇。”

後世書目提要也有討論學術源流的，如《直齋書録解題》卷二十詩集類下《后山集》六卷《外集》五卷提要云：“陳師道無己撰。亦於正集中録出，入《詩派》。江西宗派之説，出于吕本中居仁。前輩固有議其不然者矣。后山雖曰見豫章之詩，盡棄其學而學焉，然其造詣平澹，真趣自然，寔豫章之所缺也。”“《詩派》”指詩歌總集《江西詩派》，《直齋書録解題》卷十五總集類著録。吕本中字居仁，嘗撰《江西詩社宗派圖》，尊黄庭堅爲詩派之祖，又將陳師道列爲二十五名江西詩派詩人之首。“后山”爲陳師道號，“豫章”指江西，黄庭堅是江西人，“豫章之詩”指黄庭堅寫的詩。再如《直齋書録解題》卷二十一歌詞類《樂章集》十卷提要對柳永詞的評價：“其詞格固不高，而音律諧婉，語意妥帖，承平氣象形容曲盡，尤工於羈旅行役。若其人則不足道也。”

五是介紹書的版本。如前所述，劉向《别録》注意對版本的記録。有所謂中書、中秘書、太史書、太常書等,顯然爲不同的官府抄本。有所謂臣向書、臣富參書、大中大夫卜圭書、射聲校尉立書等,顯然爲不同的私家抄本。後世的書目提要記録版本則更加深入,如《郡齋讀書志》卷十七别集類上著録《陶潛集》十卷,其提要云:

> 今集有數本:七卷者,梁蕭統編,以序、傳、顔延之誄載卷首。十卷者,北齊陽休之編,以《五孝傳》、《聖賢群輔録》、序、傳、誄分三卷,益之詩,篇次差異。按《隋經籍志》潛集九卷,又云梁有五卷,録一卷。《唐藝文志》潛集五卷。今本皆不與二志同。獨《吴氏西齋書目》有潛集十卷,疑即休之本也。休之本出宋庠家云。江左名家舊書,其次第最有倫貫,獨《四八目》後《八儒》《三墨》二條,似後人妄加。

該提要已經對版本的特徵進行了研究與描述,而且具有版本鑒定的成分,再如《郡齋讀書志》卷十八别集類中著録《劉綺莊歌詩》四卷,提要云:

> 唐《四庫書目》有《綺莊集》十卷,今所餘止四卷,詩三十二,啓狀四十四而已,惜其散落大半。其本乃南唐故物,紙墨甚精,後題"昇平四年重題",印其文曰"建鄴文房",本内"密"字皆闕其畫,而"超"字不闕,蓋吴時所繕寫也。

作者從目録、紙墨、題識、鈐印、諱字等方面,對該抄本時代作了鑒定。"昇平"似爲"昇元",爲南唐李昪年號。"建鄴文房"爲南唐徐鍇藏書室名。五代吴王追尊太祖武皇帝楊行密,"密"字闕筆,當避吴諱。

清于敏中等於乾隆年間編撰而成的《天禄琳琅書目》是我國第一部官修善本書目。該目對版本的著録已趨向規範化。該書《凡例》規定:"每書首舉篇目,次詳考證,次訂鑒藏,次臚闕補,至考證於鋟刻加詳,與向來志書目者少異,則是體例宜然爾。""至舊人題跋亦爲附録。其用印記,則仿《清河書畫舫》之例,皆用真書摹入,以資考據。"《四庫全書總目》於該書提要亦云:"每書各有解題,詳其鋟梓年月,及收藏家題識、印記,並一一考其時代、爵里，著授受之源流。”今即以《天禄琳琅書目》卷一宋版經部《周易》提要爲例：

是書不載刊刻年月，而字法圓活，刻手精整，且於宋光宗以前諱皆缺筆。又每卷末詳記經、注、音義字數，宋版多此式。其爲宋刊本無疑。琴川毛晉藏書類以甲乙爲次，是書於“宋本”印記之下，復加“甲”字印，乃宋槧之最佳者。（下略）

該提要通過字體、諱字、版式、藏書印等角度加以鑒别，斷定該書爲宋刊本無疑，頗有説服力。

此後，不少版本書目對版本特徵的著録日趨程式化，陳乃乾在《上海書林夢憶録・蠹魚篇》中曾總結並記載繆荃孫對版本著録的格式，今録之如下：

××××幾卷

××撰（撰人上有籍貫或官銜須照原書卷首抄寫）××刊本（何時刊本須略具鑒别力）每半葉×行，行××字，白（或黑）口，單（或雙）邊，中縫魚尾下有×××幾字，卷尾題××××（此記校刻人姓名或牌子），前有××幾年×××重刻序，後有××幾年×××跋。××字××，××人，××年進士，官至××××（撰人小傳可檢本書序跋或《四庫》提要節抄），書爲門人××所編集（或子侄所編或自編），初刻于××幾年，此則××據××刻本重刻者，×氏××齋舊藏，有××印。

此外繆荃孫在所編《清學部圖書館善本書目》等目録中，還依據當時的標準長度單位，清代工部營造所使用的營造尺來記録書籍版框的高廣尺寸。後來王重民《中國善本書提要》采用公制長度計量單位記録版框的高廣，就更加精確、方便了。

六是辨别書的真僞。從《别録》開始，叙録中就有圖書辨僞的内容，如現存《晏子》書録云"又有頗不合經術,似非晏子言,疑後世辨士所爲者,故亦不敢失,復以爲一篇",並且將其區别對待,編爲外篇。《漢書・藝文志》約有十五條附注涉及辨僞問題,其辨僞資料顯然録自劉歆《七略》以及劉向《别録》。劉向父子的辨僞方法側重於内容與語言風格,主觀色彩較爲明顯。

後世書目提要繼承了劉向父子辨僞傳統,不過在辨僞方法上豐富多了,並加强了考訂工作。即以宋晁公武《郡齋讀書志》爲例。作者注意利用目録著録情況來作辨僞工作,如卷一易類著録《坤鑿度》二卷,提要云:"右題曰包羲氏先文,軒轅氏演,古籀文,蒼頡修。按:隋、唐《志》及《崇文總目》皆無之,至元祐《田氏書目》始載焉,當是國朝人依託爲之。"晁氏還注意將一書的内容與他書相關内容加以對照來做辨僞工作,如卷十一道家類著録《鶡冠子》八卷,提要云:

> 至唐韓愈稱愛其《博選》《學問》篇,而柳宗元以其多取賈誼《鵩賦》,非斥之。按《四庫書目》:《鶡冠子》三十六篇,與愈合,已非《漢志》之舊。今書乃八卷,前三卷十三篇,與今所傳《墨子》書同。中三卷十九篇,愈所稱兩篇皆在。宗元非之者,篇名《世兵》,亦在。後兩卷有十九篇,多稱引漢以後事,皆後人雜亂附益之。今削去前、後五卷,止存十九篇,庶得其真。其辭雜黄老刑名,意皆鄙淺,宗元之評蓋不誣。

晁公武往往通過對圖書作者的考訂來辨僞,如卷十三小説類著録《稽神異苑》十卷,所題作者爲南齊焦度。晁公武按曰:"焦度,南安氏也,質訥樸憨,以勇力事高帝,决不能著書。又,卒於建元四年,而所記有梁天監中事,必非也。"晁公武還注意通過對圖書内容的考訂來辨僞,如卷十八别集類中著録《白居易長慶集》七十一卷,提要云:"獨集中載《聞李崖州貶》二絶句,其言淺俗,似幸其禍敗者,余固疑非樂天之語。及考之編年,崖州貶時,樂天没將逾年,或曰浮屠某所作也。"

當然,晁公武也注意從語言角度來辨僞,除語言的時代風格外,他還注意通過對謚號、諱字、地名的考證來做辨僞工作，如卷十儒家類著録《趙岐孟子》十四卷，晁公武認爲其中外書四篇似非孟子作，提要云："今考其書載孟子所見諸侯，皆稱謚，如齊宣王、梁惠王、梁襄王、滕定公、滕文公、魯平公是也。夫死然後有謚，軻無恙時所見諸侯，不應即稱謚。且惠王元年至平公之卒凡七十七年，軻始見惠王，目之曰叟，必已老矣，决不見平公之卒也。後人追爲之，明矣。"晁公武往往還分析作僞的動機，這樣就更有説服力。如卷十五醫書類著録《脉訣》一卷，提要云："題曰王叔和撰。皆歌訣鄙淺之言，後人依託者，然最行於世。"王叔和是西晉太醫令，著有《脉經》等醫書，影響很大，所以《脉訣》託名王叔和撰，當然有利於流傳。

陳振孫《直齋書録解題》在辨僞方面也頗有貢獻，他已注意綜合運用多種方法來作圖書辨僞工作。如該書卷一易類著録《子夏易傳》十卷，提要云："考《漢志》，初無此書。有孫坦者，爲《周易析藴》，言此漢杜子夏也，未知何據。使其果然，何爲不見於《漢志》？其爲依託明矣。隋、唐時止二卷，已殘缺，今安得有十卷？且其經文、彖、象、爻辭相錯，正用王弼本。决非漢世書。以陸德明所引求之今傳，則皆無之，豈惟非漢世書，亦非隋、唐所傳書矣。其文辭淺俚，非古人語，姑存之以備一家。"作者綜合運用查目録、查體例、查引文、查語言、借鑒已有辨僞成果等方法，還是挺有説服力的。宋人的辨僞成果爲明胡應麟的辨僞目録《四部正譌》的産生創造了條件。對胡應麟及其以後的辨僞成就，我們將在下文《辨僞書目録》中作專門介紹，兹不贅述。

第四節　書目的序

叙録用以介紹一書之大要，書目之序則用以介紹群書之概略。今大分爲三種説明如下：

一、全目之序。這是介紹整個目録的説明性文字，通常置於書目卷首。書目普遍具有全目之序，如《漢書・藝文志》序、《七録》序、《隋書・經籍志》序等。後世目録如《四庫全書總目》，書前無序而有凡例，其凡例性質也與之略同。

全目之序起源於劉歆《七略》中的輯略。《七略》事實上只分六類,前面另有一個稱爲"輯略"的總論。故阮孝緒《七録》序云:"(向)子歆撮其指要,著爲《七略》,其一篇即六篇之總最,故以輯略爲名。"①《漢書·藝文志》顏師古注云:"輯與集同,謂諸書之總要。"②所謂總要,就是概論。後世目録,或無大、小類序,但多有全目之序及凡例,即本《輯略》。全目之序往往具有總述經籍功用、文運狀況、學術源流、編纂義例,以及編目緣起的功用。

先談談泛論經籍之功用。因爲是圖書目録,通常會介紹一下經籍的作用。如《隋書·經籍志》序云:

> 夫經籍也者,機神之妙旨,聖哲之能事,所以經天地,緯陰陽,正紀綱,弘道德,顯仁足以利物,藏用足以獨善,學之者將殖焉,不學者將落焉。……
>
> 夫經籍也者,先聖據龍圖,握鳳紀,南面以君天下者,咸有史官,以紀言行。言則左史書之,動則右史書之。故曰"君舉必書",懲勸斯在。……
>
> 夫仁義禮智,所以治國也,方技數術,所以治身也,諸子爲經籍之鼓吹,文章乃政化之黼黻,皆爲治之具也。故列之於此志云。③

從這幾段引文中,我們可以看出,古人編目録,自有其政治立場,目的極爲明確。他們的工作是在正統的儒家思想支配下進行的,是爲統治階級服務的。

再談談闡述文運之狀況。圖書目録通常都是整理圖書的結果,與圖書收藏的情況息息相關。所以一些目録都會在全書之序中總結一下我國古代圖書事業發展的歷史與現狀,從中可以看出歷代文化學術的盛衰。

① 《廣弘明集》卷三《七録序》。
② 《漢書》卷三〇《藝文志》。
③ 《隋書》卷三二《經籍志》。

《隋書·經籍志》序就是一個典型的例子，因文長不録。今以《宋史·藝文志》序爲例：

> 歷代之書籍，莫厄於秦，莫富於隋、唐。隋嘉則殿書三十七萬卷。而唐之藏書，開元最盛，爲卷八萬有奇。其間唐人所自爲書，幾三萬卷，則舊書之傳者，至是蓋亦鮮矣。陵遲逮於五季，干戈相尋，海宇鼎沸，斯民不復見《詩》《書》《禮》《樂》之化。周顯德中，始有經籍刻板，學者無筆札之勞，獲睹古人全書。然亂離以來，編帙散佚，幸而存者，百無二三。①

有些全目之序還會介紹某類文獻的學術源流。如《七録》特别設了《佛法録》與《仙道録》作爲外篇，阮孝緒在序中解釋道：

> 釋氏之教，實被中土，講説諷味，方規孔籍，王氏雖載於篇而不在志限，即理求事，未是所安，故序《佛法録》爲外篇第一。仙道之書，由來尚矣。劉氏神仙陳於方伎之末，王氏道經書于《七志》之外，今合序《仙道録》爲外篇第二。王則先道而後佛，今則先佛而後道，蓋所宗有不同，亦由其教有深淺也。②

"王氏"指王儉，他曾編撰了《七志》。阮孝緒的這段文字談了《七録》收録佛教著作與道教著作，以及"先佛而後道"的原因。蔣禮鴻還專門分析過《七録》收録佛教著作與道教著作的學術價值，指出：

> 學術流派錯綜複雜，隨社會與時代而異，這在目録書中就不能無所反映。好的目録學著作也就有學術史的作用。……如梁人阮孝緒的《七録》有佛、道兩録，這就是佛法東來和古代的道家演變成迷信的

① 《宋史》卷二〇二《藝文志》。

② 《廣弘明集》卷三《七録序》。

道教的反映，爲以前的目録書和《漢書·藝文志》所没有。《漢書·藝文志》裏的道家爲哲學家，而以後的目録書中的道家則有實指神仙家和道士者。①

有些全目之序還要介紹書目體例。也就是介紹所編目録，如何分類，有哪些著録項目，怎樣編排等。例如梁釋僧祐在《出三藏記集序》中談到該目“一撰緣記，二銓名録，三總經序，四述列傳。緣記撰則原始之本克昭，名録銓則年代之目不墜，經序總則勝集之時足徵，列傳述則伊人之風可見”。

還有些目録專門設有《凡例》來交待書目的編撰體例，《四庫全書總目》卷首《凡例》就是一個典型例子。其内容涉及編目的各個方面，今以談款目編排順序一則爲例：

諸書順序雖從其時代，至於箋釋舊文則仍從所注之書而不論作注之人。如儒家類明曹端《太極圖述解》以注周子之書，則列於《張子全書》前；國朝李光地注解《正蒙》以注張子之書，則列於《二程遺書》前是也。他如《史記疑問》附《史記》後，《班馬異同》附《漢書》後之類，亦同此例，以便參考。

有了這條凡例，在編排款目時就容易操作了。

全目之序通常還要交待編目緣起。這對我們瞭解與利用書目是大有幫助的。今以晁公武《郡齋讀書志·序》爲例：

南陽公天資好書，自知興元府至領四川轉運使，常以俸之半傳録。時巴、蜀獨不被兵，人間多有異本，聞之未嘗不力求，必得而後已。歷二十年，所有甚富。既罷，載以舟，即以廬山之下居焉。宿與公武厚。一日，貽書曰：“某老且死，有平生所藏書，甚秘惜之。顧子

① 《目録學與工具書·目録學·目録學涉及學術流派問題》。

> 孫稚弱，不自樹立。若其心愛名，則爲貴者所奪；若其心好利，則爲富者所售；恐不能保也。今舉以付子，他日其間有好學者，歸焉。不然，則子自取之。"公武惕然從其命。書凡五十篋，合吾家舊藏，除其複重，得二萬四千五百卷有奇。今三榮僻左少事，日夕躬以朱黄讎校舛誤。終篇，輒撮其大旨論之。豈敢效二三子之博聞，所期者不墜家聲而已。書則固自若也。倘遇其子孫之賢者，當如約。

"南陽公"名井度，字憲孟，嘗任四川轉運使，主持刊刻過眉山七史。此序讓我們獲知南陽公贈書佳話，顯然也成就了《郡齋讀書志》這部不朽的目録學傑作。

現代所編書目，往往既有序言，又有凡例。如上海圖書館編的《中國叢書綜録》卷首有《前言》一篇，論述了叢書、叢書目録，以及《中國叢書綜録》所要達到的目標與編纂情況。接着又有《編例》十四條，簡明扼要地介紹了《中國叢書綜録》的編纂體例。

二、大類之序。這是介紹目録中一級類目的説明性文字。《漢書・藝文志》《隋書・經籍志》《四庫全書總目》等均有大類之序。大類之序主要任務是介紹每大類書的學術發展歷史。如《漢書・藝文志》將所著録的書分爲六略，每略之後皆有一序。其《詩賦略》序云：

> 傳曰："不歌而誦謂之賦，登高能賦，可以爲大夫。"言感物造耑，材知深美，可與圖事，故可以爲列大夫也。古者，諸侯卿大夫交接鄰國，以微言相感，當揖讓之時，必稱《詩》以諭其志，蓋以别賢不肖而觀盛衰焉。故孔子曰"不學《詩》，無以言"也。春秋之後，周道寖壞，聘問歌詠不行於列國，學《詩》之士逸在布衣，而賢人失志之賦作矣。大儒孫卿及楚臣屈原，離讒憂國，皆作賦以風，咸有惻隱古詩之義。其後宋玉、唐勒，漢興枚乘、司馬相如，下及揚子雲，競爲侈麗閎衍之詞，没其風諭之義。是以揚子悔之，曰："詩人之賦麗以則，辭人之賦麗以淫。如孔氏之門人用賦也，則賈誼登堂，相如入室矣，如其不用何！"自孝武立樂府而采歌謡，於是有代趙之謳，秦楚之風，皆感於哀樂，緣

事而發,亦可以觀風俗,知薄厚云。序詩賦爲五種。[①]

此序扼要地叙述周漢詩賦流别。春秋時代,賦詩言志是一種外交禮節,又是一種外交手段[②]。戰國時代,這種外交禮節和外交手段逐漸取消了,代之而起的是像蘇秦、張儀這樣一些人的長篇辯論。因爲聘問歌詠不行於列國,所以學《詩》之士逸在布衣。也就是王官之學流爲私門之學。他們既然具有這樣一種表達能力,又有失職不平的感慨,因此就由爲國家賦詩而變成自己的創作。接着序文談到楚辭變爲漢賦,同時還講了民間歌謡的徵集。總之,它概括了古代詩歌發展的過程。

再如《隋書·經籍志》經部序實際上是一部經學發展簡史,着重介紹了各時期經學的特點。文中談到西漢人搞繁瑣考證,東漢人喜歡以讖解經,晉人喜歡在經學中融入玄學的成分;而到了南北朝時期,又不重視家法與師承,喜歡翻新出奇,所介紹各時期經學的特點都是缺點,可見一部經學發展史,實際上是人們爲了現實的利益對經書進行曲解的歷史,這對我們認識各時期經學的本質是很有參考價值的。這類例子大致足以顯示出大類之序是怎樣叙述的。

三、小類之序。這是介紹目録每小類(種、類)的説明性文字。《漢書·藝文志》於六略之下,又將所著録的書分爲三十八種,除詩賦略五種外,每種之後均有一序(後來也和大類之序一樣,移到前面)。小類之序針對性更强,也更有參考價值。小類之序注重説明該類學術之流别、特點與得失。如《漢書·藝文志》諸子略縱横家類小序云:

---

① 《漢書》卷三〇《藝文志》。這段話開頭的"傳曰"應該在"不歌而誦謂之賦"的後面。因爲這裏的所謂"傳"是指《詩經》的毛傳。《詩經·鄘風·定之方中》的傳裏講到君子有九能,方可以爲大夫。九能之一是"升高能賦",《詩經》毛傳裏卻没有"不歌而誦謂之賦"這句話,而《文心雕龍·詮賦篇》裏却提到"故劉向明不歌而誦",可見這句大概是劉向《别録》裏的話,而劉歆將它用在《七略》裏面,班固把它保存了下來,傳寫時却顛倒了次序。所以,《漢書·藝文志》原文應該是:"不歌而誦謂之賦。傳曰:登高能賦,可以爲大夫。"

② 關於這一點,朱自清先生的《詩言志辨》研究得比較詳備,可參看。

> 從横家,者流蓋出於行人之官。孔子曰:“誦《詩》三百,使於四方,不能專對,雖多亦奚以爲?”又曰:“使乎,使乎?”言其當權事制宜,受命而不受辭,此其所長也。及邪人爲之,則上詐諼而棄其信。

這裏講了縱横家出於王官,介紹了孔子對外交提出了什麽要求和標準,然後據以評論了它的長處和短處。很短的一段話,就把縱横家基本的東西概括進去了。

後世一些著名的目録,小類之序不甚完整,如衢本《郡齋讀書志》二十五個類目之前有小類之序。現存《直齋書録解題》九個類目前有小序。《文獻通考·經籍考》於每個類目前均設有小序,雖多輯成文,但是頗有參考價值。《四庫全書總目·凡例》稱其“四十三類之首亦各冠以小序,詳述其分併改隸,以析條目”。其餘書目我們就不再一一列舉了。

編目者往往都是專家與學者,他們距離所評論的圖書時間較近,因此他們所寫小類之序頗有參考價值。譬如一提到道家,人們便很自然地將其與没落的奴隸主階級思想聯繫起來。任繼愈曾説過:“老子代表没落奴隸主利益,對新的封建制度的一切都感到不滿,妄想歷史向後倒退。他的社會思想和歷史發展潮流是背道而馳的,因而是落後的、反動的。”“針對新興的封建地主階級積極有爲的政治思想,老子提出‘無爲而治’,實際上就是反對封建地主階級積極地從奴隸主手裏奪取政權,希望大家‘無爲’,從而爲奴隸主保留一定的地位。”①而《漢書·藝文志》諸子略道家類小序的論述則大不相同:

> 道家,者流蓋出於史官,歷記成敗禍亡之道,然後知秉要執本,清虚以自守,卑弱以自持,此君人南面之術也。合於堯之克攘,《易》之嗛嗛,一謙而四益,此其所長也。及放者爲之,則欲絶去禮學,兼棄仁義,曰獨任清虚可以爲治。

---

① 《中國哲學史簡編》第二章第四節《小國寡民的反動社會思想》。

應當説此序對道家的闡述是符合實際情況的。試以《老子》爲例,其三章云:“無爲則無不治。”三十七章云:“道常無爲而無不爲。”四十八章云:“無爲而無不爲,取天下常以無事。”五十七章云:“我無爲而民自化,我好静而民自正,我無欲而民自樸。”可見强調無爲的目的還是爲了“治”,爲了“取天下”,爲了化民、正民、富民,使老百姓淳樸,好管理。可見《老子》研究的確實是統治術。應當説西漢前期運用老子的學術管理國家,實踐效果還是比較好的,自從漢武帝獨尊儒術,進入大有爲時期以後,西漢政權就開始走下坡路了。

如果該小類的學術内容發生了變化,編目者也會在小類之序中加以説明。如先秦時代諸子書很多,後來漢武帝罷黜百家,獨尊儒術,諸子百家的書就很少了。後代目録家只好將一些書籍特少的家合併,統稱爲雜家。《四庫全書總目》子部雜家類小序談到了這一點:

> 衰周之季,百氏争鳴,立説著書,各爲流品,《漢志》所列備矣。或其學不傳,後無所述;或其名不美,人不肯居;故絶續不同,不能一概著録。後人株守舊文,於是墨家僅《墨子》《晏子》二書,名家僅《公孫龍子》《尹文子》《人物志》三書,縱横家僅《鬼谷子》一書,亦别立標題,自爲支派。此拘泥門目之過也。黄虞稷《千頃堂書目》於寥寥不能成類者併入雜家。雜之義廣,無所不包,班固所謂合儒墨兼名法也。變而得宜,於例爲善,今從其説。

於此可見,從部類的分併中還可看出學術的盛衰。

總之,目録諸序每每論述了經籍功用,闡述了文運源流,討論了學術異同、目録義例,這使它成爲目録結構中的不可缺少的部分。

第三章　目録的著録事項

編製和使用群書之目録，必須注意兩件事：一是每一部書在目録中的著録事項，二是每一部書在目録中的分類位置。前者使人們獲得有關某書的若干知識；後者使人們知道，在學術體系中，某書性質如何。

關於著録事項，有繁簡之别，極簡者僅載書名，即只著録書名一項。較完備者，書名之外，兼及篇卷及版本，而且還有附注、提要與案語。這些項目不僅可以記載和研究一書的書名、篇卷、版本，討論其真僞，考訂其存佚完缺，而且對著者之生平與學術也能作出簡要的介紹和評價。現在將這些項目分别説明如次：

第一節　書　名

書名是目録不可缺少的項目，没有書名就没有目録。

早期的古書原都没有書名，現有書名是在文獻整理的過程中産生或確定的。章學誠説："古人著書，往往不標篇名，後人校讎，即以篇首字句名篇；不標書名，後世校讎，即以其人名書。"① 章氏的話是對的，例如《論語》的全部篇名幾乎都摘自開頭兩字，而《漢書・藝文志》所著録的《伊尹》《太公》《墨子》等，則都以作者名爲書名。

這種命名習慣保持了很久。如顧炎武説："五言之興，始自漢、魏，而

---

① 《文史通義》内篇四《繁稱》。

《十九首》並無題。《郊祀歌》《鐃歌曲》各以篇首字爲題。”“杜子美詩多取篇中字名之。如‘不見李生久’，則以《不見》名篇；‘近聞犬戎遠遁逃’，則以《近聞》名篇；‘往在西京時’，則以《往在》名篇……皆取首二字爲題，全無意義，頗得古人之體。”①至於徑用作者名作爲書名的，直到今天仍然是普遍現象，如《魯迅全集》《郭沫若文集》等。

當然，隨着時間的推移，命名方法也逐步考慮揭示論著的内容，並注意宣傳效果。如《莊子》的《逍遥游》《齊物論》，《墨子》的《兼愛》《貴義》，《荀子》的《勸學》《修身》等。張舜徽稱：“若夫諸子自著之文，競立美題以相炫耀者，又未可相提並論也。今以莊周之書論之，自外篇以下，或舉事名篇，或以義標目，或借物立名，或因人爲號，陸氏《釋文》逐篇注明，例固可曉。獨内篇之文，論者謂爲周自著，而七篇皆别立三字爲題，與往世名篇之例絶殊。其意蓋欲立異標新，以震赫天下之耳目。行文既華夸若彼，名篇宜奇詭如此矣。斯又著述升降之機也。”②

劉向等校理群書，定著其篇名和書名，也是一項很重要的工作，前引《列子》書録，可見一斑。再如劉向在《戰國策》書録中説：“中書本號，或曰國策、或曰國事、或曰短長、或曰事語、或曰長書、或曰修書，臣向以爲戰國時游士輔所用之國，爲之筴謀，宜爲《戰國策》。”③可見《戰國策》原有不少書名，而劉向在整理後，却給它取了一個與其内容最適合的名字。

書名是我們瞭解圖書時首先接觸到的，是認識圖書性質和所屬學科門類的最重要的事項。書名往往概括地反映了一部書的内容、體裁與作者。如：

從《説文解字》《歷代茶馬奏議》《攸縣志》《種樹書》《金石録》《元曲選》《詩品》這些書名，我們就可以知道這些書的内容。

從《五經白文》《十三經注疏》《建炎以來繫年要録》《戰國策校注》《鹽鐵論》《小山詞》《欽定曲譜》這些書名，我們就可以知道這些書的著作形式。如果書名在體裁的反映上可能有誤，行家就會提出疑問。如錢曾的

① 《日知録》卷二一《詩題》。

② 《史學三書平議·文史通義平議》内篇三《繁稱》。

③ 《四部叢刊》影印元至正本《戰國策》卷首書録。

《讀書敏求記》關於《杜荀鶴文集》即云:“余藏九華山人詩是陳解元書棚宋本,總名《唐風集》。後得北宋本,繕寫乃名《杜荀鶴文集》,而以《唐風集》三字注於下。竊思荀鶴有詩無文,何以集名若此,殊所不解。”①

書名反映作者的情況要複雜一些:

有反映本名的。如《盧照鄰集》《駱賓王文集》。

有反映字的。如《陳伯玉文集》(陳子昂字伯玉)、《蘇子美集》(蘇舜欽字子美)。

有反映號的。如《清真集》(周邦彦號清真居士)、《白石道人四種》(姜夔號白石道人)、《洪焱祖杏庭摘稿》(錢曾云:“焱祖字潛夫,仕元爲休寧縣尹,著《續新安志》十卷、《爾雅翼音注》三十二卷。所居有銀杏大百圍,故以杏庭爲號,遂名其集。此則其摘稿也。”②)有反映謚號的。如《歐陽文忠公集》(歐陽修謚號文忠)、《宗元集》(唐代吴筠死後,弟子謚他爲宗元先生)。有反映封號的,如《誠意伯文集》(劉基封號爲誠意伯)、《陳思王集》(曹植曾封爲陳王,死後又謚曰思,故史稱之爲陳思王)。

有反映室名的。如《尊白堂集》(尊白堂爲宋虞儔敬慕白居易,因而把自己的書房題名爲尊白堂)、《絳雲樓書目》(絳雲樓爲清初常熟錢謙益藏書樓名)。

有反映官名的。如《高常侍集》(高適官至散騎常侍)、《杜工部集》(杜甫曾任檢校工部員外郎)。

有反映居官所在的。如《韋蘇州詩集》(韋應物曾任蘇州刺史)、《劍南詩稿》(陸游曾在四川擔任地方官、軍官約十年)。

有反映籍貫的。如《河東先生文集》(柳宗元,河東即今山西永濟市)、《王臨川集》(王安石,臨川即今江西撫州)。

有反映寫作和出版時間的。如《元氏長慶集》《白氏長慶集》(元稹和白居易的集子都編纂於唐穆宗長慶年間)。

關於書名,還有兩種錯綜的情況值得注意:一是同書異名,一是同名異書。同書異名是非常普遍的現象,如朱彝尊《經義考》卷一七一《春秋

---

①② 《讀書敏求記》卷四《詩集》。

四》著録《春秋决事》，附注："《漢志》作《公羊治獄》，《七録》作《春秋斷獄》，新、舊《唐書》作《春秋决獄》，《崇文總目》作《春秋决事比》。"再如《紅樓夢》有《金玉緣》《大觀瑣録》《石頭記》《金陵十二釵》《風月寶鑒》《情僧録》等不同名稱。同書異名的情况大致有以下幾種：

一、文質互易。古代多數書名原是很樸素的，後來被改文雅了。先秦子書像《老子》《莊子》《列子》，即用作者名爲書名。因爲《老子》這部書多半是講道德的，漢末邊韶寫了一篇《老子銘》，稱《老子》爲"道德之經"，所以後人就將《老子》改稱爲《道德經》。唐玄宗爲了推崇道教，又依順道教徒將先秦道家算成道教祖師的意見，就把《老子》改稱《道德真經》，《莊子》改稱《南華真經》，《列子》改稱《沖虚真經》。這些是"古人稱名樸，而後人入於華"[①]的例子。反過來也有原來比較文雅，後來改得質樸的。如漢淮南王劉安集門客著《淮南鴻烈》，《漢書・藝文志》將其改稱爲《淮南子》，而現代學者劉文典所撰此書注釋稱《淮南鴻烈集解》，仍用舊名。再如漢初説客蒯通著書，名爲《雋永》，見《漢書》本傳。顔師古解釋説："雋，肥肉也；永，長也。言其所論甘美而義深長也。"[②]這個書名有點廣告性質，而劉歆的《七略》却把《雋永》改稱爲《蒯子》，《漢書・藝文志》因之。

二、偏全互代。以偏概全的，如吕不韋著《吕氏春秋》共分十二紀、八覽、六論，而司馬遷《報任少卿書》云"不韋遷蜀，世傳《吕覽》"[③]，用《吕覽》代替《吕氏春秋》。還有，漢魏六朝時人經常用《離騷》一篇來代替《楚辭》。如《文選》中有一類收入了屈原、宋玉等人作品，但它不叫楚辭類，却稱騷類。《文心雕龍》有《辨騷篇》，實際上却討論了全部《楚辭》。晉人郭璞注《山海經》常常引用《楚辭》，却説"《離騷》曰"云云，但我們核對原文，所引往往不在《離騷》裏，而在《天問》裏，或《遠游》裏。這些都是以偏代全的例子。也有以全代偏的，例如"史記"本來是個通用的名稱，漢朝人提到史記，往往泛指史官所記文獻，並非專指司馬遷的《太史公書》。但是到了東漢末年，這個通行的名字就逐漸成爲《太史公書》的代稱了。

---

① 《校讎通義》卷一《辨嫌名第五之二》。
② 《漢書》卷四五《蒯通傳》顔師古注。
③ 《文選》卷四一《報任少卿書》。

三、删、增、改易。删的例子，如應劭《風俗通義》、班固《白虎通德論》，後來被省稱爲《風俗通》《白虎通》。增的例子，如《詩》《書》《易》，後人爲了尊經，就稱之爲《詩經》《書經》《易經》。而在書名前加上各種冠詞，如皇明、國朝、昭代……；增訂、增集、增修……；校正、校補、校輯……；批評、批點、批注……；評定、評點、評選……；類編、類輯、類纂……；改定、改訂、改修……；欽定、御定、御選……；古本、新刊、續刻……更屬常見。改易的例子，如把《詩經》改稱爲《葩經》（韓愈《進學解》稱："《詩》正而葩。"），把《春秋》改稱爲《麟經》（孔子修《春秋》，絶筆於獲麟）。一度受到關注的南明史料，改名現象更多，朱希祖舉例説：

> 如《明末五小史》之改爲《五藩實録》，《殘明紀事》之改爲《安龍逸史》，《南疆逸史》之改爲《南天痕》，《甲乙事案》之改爲《聖安本紀》，稍易序跋，改題篇目，增損字句或一字不易，即可以誑耀淺學之徒。《見聞隨筆》之改爲《劫灰録》，亦猶是也。①

爲什麽會出現同書異名現象呢？

一是避複求新。一種新版本的出現，出版者都要另取書名，以資別異。如文天祥，自號文山，江西吉水（舊稱廬陵）人，曾擔任過丞相，被封爲信國公，後人又尊稱其爲忠烈公，因此他的集名就有《文山集》《文文山先生全集》《文丞相全集》《廬陵文丞相全集》《文信國公全集》《文忠烈公全集》等各種不同的名稱。

二是書賈射利，隨意妄造。舊時出版商爲了擴大銷售量，故意把一部舊書改個名字，人家錯以爲是新書就會來買。比如"三言二拍"裏的《喻世明言》原名《古今小説》，後來出了《警世通言》《醒世恒言》，書坊就把《古今小説》改稱《喻世明言》合爲"三言"。黄丕烈在談到《北堂書鈔》被改名時説："獨恨書賈欺人，好改易古書名目，一變而爲《大唐類要》，再變而爲《古

① 《明季史料題跋（外二種）·劫灰録跋》。

唐類範》,輾轉滋謬,致失其名。"①葉德輝也指出:

> 明人刻書有一種惡習,往往刻一書而改頭換面,節删易名。如唐劉肅《大唐新語》,馮夢禎刻本改爲《唐世説新語》。先少保公(指葉夢得)《巖下放言》,商維濬刻《稗海》本改爲鄭景望《蒙齋筆談》。郎奎金刻《釋名》,改作《逸雅》,以合《五雅》之目。全屬臆造,不知其意何居!②

刻本之外,鈔本也有這種情形,汪辟疆先生曾講過一個故事:

> 北齊《修文御覽》三百六十卷,書久亡佚。曩居南京,有言金陵大學購得《修文御覽》全帙者,余大驚詫,以爲人間瓌寶也。一日訪劉衡如索觀之,確爲明人舊鈔,凡百許册。展卷則大失望,全書固宋修《文苑英華》也;卷首李昉表文與《英華》全同,但表内書名則易《文苑英華》爲《修文御覽》耳。明人好古,書坊及士人每喜取古書改頭换面,以欺貴官之附庸風雅者,此當是一例。③

又書名前加上許多冠詞往往也是出於贏利的需要。陳源曙也曾舉例説明這一現象:

> 刻書者爲了抬高書的表面價值而牟利於市,常常在書名之前冠上"新刻""重校""繡像"等。如金陵書坊唐對溪刻《白兔記》,卷端題爲《新刻出像音注五代劉智遠白兔記》,説明書中有插圖及音注以吸引讀者;爲了表明該書的重要性在書名前冠"欽定""御批""御纂"等;爲了誇耀本書爲名人所著、所注、所評而在書名之前冠撰者姓、名、字、號、室名、官職、籍貫、地名、謚號、廟號等,或"某某名家評定""某

① 《蕘圃藏書題識》卷六《古唐類範》一百六十卷。

② 《書林清話》卷七《明人刻書改换名目之謬》條。

③ 《汪辟疆文集・讀常見書齋小記・修文御覽》。

某增批”一類詞。[1]

劉咸炘還談到這樣一種情況:“常見書肆中簿記籤題,書名皆爲三字,本四字以上者則減之,本兩字者,則加紙色地名一字以足之,割裂不通,殊堪笑噱。因知《白虎通》《風俗通》之稱,正是此類。坊賈固不足言,乃著録家亦不免此弊!”[2]梁釋僧祐嘗云:“安《録》誠佳,頗恨太簡,注目經名,撮題兩字,且不列卷數,行間相接,後人傳寫,名部混糅。”[3]也指出了這個問題。

三是受到編纂體例制約。古人在編目時,標目體例要大致統一,譬如《漢書·藝文志》諸子略,凡知道作者的大體上以作者爲標目,常常因此對原有書名作了改動。如《七略》“《晏子春秋》七篇”,《漢志》削去“春秋”二字,變成“《晏子》八篇”;《七略》“《新語》二卷,陸賈撰”,《漢志》變成“《陸賈》二十二篇”;《七略》“《孫卿新書》十二卷”,《漢志》變爲“《孫卿子》三十二卷”。

再就是人們在編叢書的時候,也會依據叢書的編纂體例,對某些書名加以改變。如北宋江休復嘗作小説一卷,《續百川學海》丁集作《鄰幾雜誌》一卷,鄰幾是江休復的字。《寶顔堂秘笈》彙集作《江鄰幾雜誌》一卷,因爲作者姓江。《四庫全書》子部小説家類作《嘉祐雜誌》二卷,《四庫全書總目》提要稱“休復殁於嘉祐五年,而是書屢記己亥秋冬之事,即休復未殁之前一年。年月亦皆相應。”“晁公武《讀書志》亦以爲《嘉祐雜誌》即《江鄰幾雜誌》。”宋陳振孫《直齋書録解題》卷十一小説家類、《宋史·藝文志》卷五小説類著録此書,皆作《嘉祐雜誌》三卷。可見《四庫全書總目》編者通過考證,依據該書原始面貌,將該書名爲《嘉祐雜誌》。

四是出於忌諱。忌諱的例子如宋吴曾的《能改齋漫録》,是一部筆記考訂書,一九四九年後重印過。吴曾是個博學的人,這部書還是有參考價值的。但他政治上依附秦檜,聲名很臭。後人重刻此書,就將其書改名

① 《古本書卷端題識》,載《圖書情報知識》一九八二年第三期。

② 《目録學》上編《名目第四》。

③ 《出三藏記集》卷三《新集安公失譯經録第二》。“安”指釋道安,“《録》”指《綜理衆經目録》。

《復齋漫録》,作者姓名則改爲王氏。避諱也是造成同書異名的原因之一,如顔師古《匡謬正俗》,《宋史·藝文志》爲避太祖諱,改“匡”爲“刊”或爲“糾”,結果既著録了《刊謬正俗》,又著録了《糾謬正俗》。

五是由於著録疏忽。汪辟疆先生曾舉一例:

> 唐韋絢《劉賓客嘉話録》一卷,《宋志》既載韋絢《劉公嘉話》一卷,又重出《賓客嘉話》一卷。《劉公嘉話》當即韋氏書。《賓客嘉話》,則諸家著録皆無之,當由他書引用。或稱《劉公嘉話》,或稱《劉賓客嘉話》,《宋志》不及細察,故誤一書爲二書,又脱去劉字耳。①

與同書異名相反,同名異書的現象在古書中也很普遍。同是《敝帚録》,有宋黄庭堅著的,有明吴中蕃著的、陳益著的,有清周慶森著的、趙秉忠著的、陳祚明著的。有些帶共同性的書名,那使用的就更多了。譬如以《宫詞》爲書名的作者就有十餘家之多,習見的有:一、唐王建,二、後晉和凝,三、後蜀花蕊夫人,四、宋王仲修,五、宋張公祥,六、宋宋白,七、宋胡瑋,八、宋周彦質,九、宋徽宗,十、宋王珪,十一、明王叔承,十二、明朱權,十三、清徐昂發等②。如果我們單看書名而不弄清作者,就難免發生誤會。

産生同名異書現象的原因比較簡單。一是偶合,如漢王褒同北周王褒的字都叫子淵,他們的集名都稱《王子淵集》。二是故同,如清孔尚任與劉廷璣是知己朋友,他倆的詩集同時刻於康熙年間,皆爲寫刻本,二集行款版式如一,都命名爲《長留集》③。三是内容相同不宜改名,如許多地方志,它們在不同時期雖有好幾個刻本,但往往用同一個書名,像《高淳縣志》就有明嘉靖刻本、清乾隆刻本、光緒刻本,以及民國七年刻本,四次刻本的修纂者都不同,但書名却一樣。

既然古書名有如此複雜的情況,那麽我們在認識和揭示文獻時,怎樣對待這個問題呢?

---

① 《目録學研究·論唐宋元明四朝之目録》注二十五。

② 《古書同名異稱舉要》同名部分《宫詞》條。

③ 參見《中國版刻圖録》第八四頁《長留集》書影。

最可靠的方法是不但看書名，而且看本書。這是因爲有些書僅從書名是看不出書的内容與體裁的。例如清人陳本禮爲李賀詩作注，由於李賀曾做過協律郎的官，所以取名《協律鈎元(玄)》。再如宋車若水因病脚氣，作書自娱，因名所撰文集爲《脚氣集》。這些書名都不能準確地反映書的内容，因此最可靠的方法還是看本書。鄭樵説：

編書之家，多是苟且。有見名不見書者，有看前不看後者。《尉繚子》，兵書也。班固以爲諸子類，置於雜家。此之謂見名不見書。隋唐因之，至《崇文目》始入兵書類。顔師古作《刊謬正俗》乃雜記經史，惟第一篇説《論語》，而《崇文目》以爲論語類。此之謂看前不看後。應知《崇文》所釋，不看全書，多只看帙前數行，率意以釋之耳。按《刊謬正俗》當入經解類。[①]

此確係經驗之談，而章學誠“看名不看書，誠有難於編次者矣”[②]的感嘆，也非虚語。

但把每一部書從頭到尾看一遍再行分類編目也是比較困難的，甚至是不必要的。要想正確地認識和反映一部古書，除考查著者、序跋、篇目、牌記等外，還應充分利用工具書，特别是各種目録。例如我們在編目時遇到過一部《新校本聖武親征録》。該書封面及書名頁題《聖武親征録校本》，書口題《親征録》。在《中國叢書綜録》中，發現此書又有《聖武親征録》《聖武親征録校注》《元親征録》《校正元親征録》等名。根據該書卷首《綴言》知《四庫全書總目》著録過，於是我們在《四庫全書總目》卷五十二史部雜史類存目一中查得《皇元聖武親征録》，經過核對，才知道正是此書。《總目》對此書的評介，對我們認識和反映它當然是大有好處的。

需要注意的是書名在古書中可能出現的地方很多，如封面、書名頁(即内封面)、目録前後、卷端、卷末、書口、書根、序、跋、牌記等處。新書通

① 《通志・校讎略・見名不見書論》。

② 《校讎通義》卷三《漢志諸子第十四之二十二》。

常以版本記録頁所題爲準,而古書名一般以原書卷端所題爲準。因爲卷端上的書名一般爲編撰者自題,而其他地方的書名往往爲他人(如名人、書賈、刻工、藏書家)所爲,時有删增差異。如果卷端無書名,或書名不適合,也可采用變通方法,但應在附注中説明。例如《唐詩始音一卷正音六卷唐音遺響四卷》各卷題名不同,《序》及《凡例》題作《唐音》,故可著録《唐音》十一卷,附注:"書名據《序》及《凡例》著録。"又如《皇明二祖十四宗增補標題評斷實紀》,書名過於冗長,可據書口所題著録爲《皇明實紀》,而附注云:"卷端題《皇明二祖十四宗增補標題評斷實紀》。"

不斷提高文化修養對判斷書名和書無疑是必要的。汪辟疆先生講過這樣一個故事:

> 前清顯宦,如翁叔平、張孝達、端午橋輩頗好古學、喜收藏,一時都中古籍、金石、碑刻,蒐羅殆盡。外省屬吏欲藉内僚爲援引,往往以金石書翰代土儀,頗投時好。聞某太守至京師,携《欽定四庫全書提要》一部,送某相國,外自署《宋板四庫全書》六字,付琉璃廠裝潢。及呈時,某相國笑曰:"《提要》爲本朝著作,君從何得此宋板也? 此乃無價瓌寶,實不敢收。"某大慙而去,一時傳爲笑談。①

這個例子告訴我們一定的文化修養對我們正確地認識文獻和科學地反映文獻是多麽重要。

總之,瞭解書名的種種情況,對我們認識、著録、檢索古書都是必要的。

第二節　篇　卷

《全國古籍善本書總目著録條例》規定:"書名項:包括書名、卷數、附録等。"例如《金史》一百三十三卷目録二卷,其中《金史》爲書名,一百三十三卷爲卷數,目録二卷爲附録。這就完整地反映了該書的内容、形式和分

① 《汪辟疆文集·小奢摩館脞録·宋板四庫全書》。

量。所以篇卷數在古書著録中是很少被省略的項目。

篇、卷，是古代計算書籍起訖的單位。這個單位有兩層含義：一是表示意義的起訖，一是表示這些意義所依附的物質的起訖。文字的載體先是竹簡，所以稱篇；然後用帛，所以稱卷。後來又用紙，所以今天通稱爲册或本。近人曾樸曾概括地説："古書著之簡册者爲篇，寫之縑素者爲卷。"①章學誠對目録著録上由篇而卷曾作過較詳的説明："後世文字繁多，爰有校讎之學，而向、歆著録多以篇、卷爲計，大約篇從竹簡，卷從縑素，因物定名，無他義也。而縑素爲書，後於竹簡，故周、秦稱篇，入漢始有卷也。……訖於隋、唐，書之計卷者多，計篇者少。"②順便説一下，簡册爲了便於保管也是卷在一起的，這也爲出土文物所證實，如甘肅居延考古隊簡册整理小組説："'候粟君所責寇恩事'册，出土於居延漢代甲渠候官遺址編號第二十二號房屋内，共三十六枚。出土時，分兩部分卷在一起，1—20號爲一束，裹在裏面，21—35號爲一編，卷在外面；36號出於附近。原編繩已朽爛脱落。"③將簡册卷在一起是便於存放，與書籍制度關係不大，因此不能説簡書也可以稱卷。而帛書稱卷顯然與其裝幀形式有關。

篇在最初既是物質材料上的起訖單位，又是意義上的起訖單位。到用帛做書寫材料以後，篇漸漸失去作爲物質材料上的起訖單位的意義，而逐步變爲只代表内容上的起訖，卷却往往只代表物質材料上的起訖了。這是因爲一卷容納的文字内容往往要多於一篇。當然，詳加分别，也有各種情況：有時一篇文章正好寫在一卷帛上，例如《列子》，《漢書·藝文志》著録八篇，而《隋書·經籍志》著録八卷，一篇恰好是一卷。有時一卷帛寫的文章不只一篇，例如《孫卿新書》，劉向所撰書録作三十二篇（《漢書·藝文志》，《孫卿子》作三十三篇，當是附書録一篇），而《隋書·經籍志》作十二卷，可見三十二篇（或三十三篇）只寫在十二卷帛上。《詩經》三百篇，大部分都不長，所以《漢書·藝文志》著録的《詩經》僅二十八卷，平均一卷帛約鈔十篇詩。葉德輝對這個問題談得比較詳細，他説：

---

① 《補後漢書藝文志》卷首《叙録》。

② 《文史通義》内篇三《篇卷》。

③ 《"建武三年候粟君所責寇恩事"釋文》，載《文物》一九七八年第一期。

> 吾嘗謂《吕氏春秋》,每卷月令十二紀後,雜入他文四五篇,其義絶不可曉,後始悟所書月令後有餘幅,故以他文接鈔。迨改爲刻本,遂仍其舊。又悟大、小二戴《記》之分析,初本無所去取,特兄弟分執數卷。習之日久,各自爲學,而小戴先列學官,大戴遂微。然觀大戴三十九篇中,又雜出《曾子》十篇,益信古人鈔書,取便誦習。自卷併爲本,此義益無可考見矣。①

關於篇與卷的關係,余嘉錫還作過進一步的分析:

> 凡以事與義分篇者,文之長短自著書時既已固定,雖僅數簡,亦可自爲一篇。其他則編次之時,大抵量其字之多寡,度絲韋之所能勝,斷而爲篇。及縑帛盛行,易篇爲卷,一幅所容,與簡篇約略相當,故多以一篇爲一卷。然古人手著之文,其始不能規定字數,故有篇幅甚短者,則合數篇而爲卷。蓋過短則不能自爲一軸,過長則不便卷舒,故亦有分一篇爲數卷者,但大抵起於漢以後耳。②

但是,隨着文字載體的變化,卷也由代表物質上起訖的單位,逐步演變爲可以代表意義上起訖的單位。章學誠曾論及這個變化的過程:

> 篇之爲名,專主文義起訖,而卷則繫乎綴帛短長,此無他義,蓋取篇之名書,古於卷也。故異篇可以同卷,而分卷不聞用以標起訖。至班氏《五行》之志,《元后》之傳③,篇長卷短,則分子卷;是篇不可易,而卷可分合也。嗣是以後,訖於隋、唐,書之計卷者多,計篇者少,著述諸家所謂一卷,往往即古人之所謂一篇,則事隨時變,人亦出於不自知也。④

---

① 《書林清話》卷一《書之稱卷》。

② 《目録學發微・目録書之體制・篇目》。

③ 案:元后當作王莽。這是章氏誤記。

④ 《文史通義》内篇三《篇卷》。

當雕版印書，綫裝成册以後，每册仍然分成幾卷，於是，代表書籍物質上起訖的，卷之外又有册，變爲多少兩個層次，而篇則始終代表意義上的起訖。章學誠也談到了這個問題："自宋以來，分卷遂長，以古人卷從卷軸，勢自不能過長。後人紙册爲書，不過存卷之名，則隨其意之所至，不難鉅册以載也。以紙册而存縑素爲卷之名，亦猶漢人以縑素而存竹簡爲篇之名，理本同也。"①章氏還認爲：

> 今既不用縑素而用紙册，自當量紙册之能勝而爲之界，其好古而標卷爲名，從質而標册爲名，自無不可。不當又取卷數與册本，故作參差，使人因卷尋篇，又復使人挾册求卷，徒滋擾也。……卷非一定而不可易，既欲包篇以合之，又欲破册而分之，使人多一檢索於離合之外，又無關於義例焉，不亦擾擾多事乎？故著書但當論篇，不當計卷。必欲計卷，聽其量册短長，而爲銓配可也。不計所載之册，而銖銖分卷，以爲題籤著録之美觀，皆是泥古而忘實者也。②

章氏所説，雖言之成理，可是這種歷史上遺留的卷册參差現象，却仍然一直保存下來了。

總之，在以竹簡爲載體的書中，篇既是意義上的起訖單位，又是物質上的起訖單位。在以帛爲載體的書中，篇是意義上的起訖單位，理所當然地失去了作爲物質上的起訖單位的意義；卷爲物質上的起訖單位，但是不少書一篇即爲一卷，而且在通常情況下，作者也會考慮到内容上的起訖與物質上的起訖的一致性，因此卷在客觀上有時也含有作爲内容上的起訖的意義。在以紙爲載體的綫裝書中，篇爲意義上的起訖單位，册（或稱本）爲物質上的起訖單位，卷則可兼有兩者的性質。

作爲起訖單位，根據物質條件的進步，大體上講，篇最短，卷一般比篇長，所以一卷可以容納幾篇；本又比卷容量大，所以一本可以容納幾卷。比如《四庫全書總目》二百卷，一般綫裝書有好幾十册，商務印書館《萬有

---

①② 《文史通義》内篇三《篇卷》。

文庫》本也裝成四十册，而另一種精裝本只有四册，一九六五年中華書局印的精裝本只有一册。所以編目録或者做解題的人，應對這些分合變遷關係適當寫明，以便讀者。《全國古籍善本書總目著録條例》規定卷數作爲書名項著録，這是考慮到在一般的古籍中，卷保存着較早的物質上的起訖單位的面貌，同時也往往是意義上的起訖單位；册數作爲稽核項著録，這是考慮到在一般的古籍中，册是物質上的起訖單位。這樣規定是合於古籍篇卷流變的實際的。

目録之要記録篇卷册數，首先是因爲這樣可以審查一部書的完缺分合，版本差異。如晁公武《郡齋讀書志》這部書，《宋史・藝文志》傳記類著録《晁公武讀書志》二十卷，目録類著録《晁公武讀書志》四卷，正是由於《宋志》所記卷數的不同，才使我們看到了該書有不同版本。如果進一步研究，就會發現：

> 其書在宋時有兩本：其一爲四卷本，淳祐十年(一二五〇)番陽黎安朝知袁州，刊之郡齋；又取趙希弁家藏書續之，謂之《附志》，所謂袁州本也。其一爲二十卷本，則晁之門人姚應績所編。淳祐九年(一二四九)，南充游鈞知衢州所刊，所謂衢州本也。袁、衢二本，卷數差異，其後希弁得衢本參校，爲《後志》二卷，以補其缺，蓋已非完書矣。馬端臨《經籍考》所引晁説，皆據衢本。如《京房易傳》《宋太祖實録》《太宗實録》《建康實録》之類，其文多至數倍，悉與衢本合。近代王先謙取衢、袁二本合校刊行，而衢本之向稱罕見者，至是乃可讀也。①

據此，我們今天使用《郡齋讀書志》，在一般情況下，只要讀王氏刊本即可。當然孫猛《郡齋讀書志校證》"以衢本爲底本，合校以袁本，參校以現存《讀書志》善本、《文獻通考・經籍考》、前人著述徵引《讀書志》文字、《讀書志》解題所本之史傳序跋以及有關書目"②，質量有了很大提高，且頗便使用。

① 《目録學研究・論唐宋元明四朝之目録》。
② 《郡齋讀書志校證》卷首《凡例二》。

由於著録的卷數不同，還可發現後人改易原書的現象，從而判斷書的價值。黄丕烈《楊仁齋直指方論》十三卷（舊鈔本）題識云：

郡中有外科醫生高某，家多秘本醫學書。相傳有《仁齋直指》，外間皆未之見。及去歲某故，所遺少妾幼子，家中書半皆散佚，而此書亦出。余得寓目，因徧檢藏書家目，皆云《仁齊直指方論附遺》二十六卷，與此十三卷不合。雖曰明人附遺共二十六卷，與十三卷所以異同之故未經剖析，故目録家但知有二十六卷，曾不知有十三卷也。及十三卷之書出，而人反疑其卷帙之少，未敢信爲善本，不之重也。今兹歲初偶於坊間獲明刻本二十六卷者，乃又追踪十三卷之鈔本，始悉改十三卷爲二十六卷者，出於明人。其目録之大小字，或照原、或更改，盡出臆斷，而本書面目盡失。因嘆目録之學爲甚難，苟非博聞廣見，難以置喙。書必原本方爲可貴也。余既收刻本矣，不得不復置鈔本之原書爲如此。①

古書有的卷數甚多，後人刻書任意縮減，這也可以從卷數的著録中暴露出來。清杭世駿指出："《朱子集》多至三百餘卷，明人編定止四十卷。李綱《梁溪集》多至百三十餘卷，《建炎進退志》及《時政記》附焉，閩中改刻，題曰《李忠定集》，亦止四十卷。前後互易，古人之面目失矣。"②在讀書時，碰到這類書，最好要另尋别本，加以比較。

我們還可以根據卷數來判斷著録上的訛誤。劉咸炘説："數目之字，最易訛誤，三脱一畫，則爲二矣，十四之倒，便爲四十。簿目之書，徒列名數，又人多厭觀而易忽者，故歷代簿目篇卷多有歧異，必須目檢本書，互相校正，四庫所録，於此頗詳，若懸據舊文，妄生異論，大不可也。"③這就告訴我們同一書的卷數在著録上的歧異，往往是著録時的疏忽造成的。《四庫全書總目》吴韋昭注《國語》二十卷提要稱："昭所注本，《隋志》作二十二

① 《蕘圃藏書題識續録》卷二《楊仁齋直指方論》十三卷。

② 《道古堂全集》卷一九《欣託齋藏書記》。

③ 《目録學》上編《篇卷》。

卷,《唐志》作二十卷,而此本首尾完具,實二十一卷,諸家所傳南北宋板,無不相同。知《隋志》誤一字,《唐志》脱一字也。"[①]除目驗本書,互相校正外,把幾種目録加以比較也可發現篇卷在著録上的錯誤。例如《吕氏春秋》,在《漢書·藝文志》《隋書·經籍志》《舊唐書·經籍志》《新唐書·藝文志》《通志·藝文略》《郡齋讀書志》《宋史·藝文志》乃至《四庫全書總目》中均著録爲二十六卷,惟有《文獻通考·經籍考》著録爲二十卷,《直齋書録解題》著録爲三十六卷。這兩目可能弄錯了,前者也許脱去了六字,後者也許把二字訛成了三字。

當然古書著録篇卷的情況是複雜的,是不應一概而論的。劉咸炘曾指出某些書的異刻卷數雖少,而内容不減或反而多些的情況:

> 商維濬《稗海》中之《雲溪友議》十二卷,反不及三卷本之足,此豈易知乎?《孔叢子》七卷併爲三卷,《易林》十六卷併爲四卷,卷大減而文固無損也。朱氏《八朝名臣言行録》世傳宋本乃李衡《纂要》,文大減而卷固無省也,此豈易知乎?[②]

所舉雖然是一些比較特殊的現象,但也告訴我們在編目或使用目録時,應采取審慎的態度,最好是進行多本比較。

目録記録篇卷數還有一個重要意義是可以作爲科學研究的依據,並能給讀者以啓發。就拿《漢書·藝文志》來説,六藝略著録"《詩經》二十八卷,魯、齊、韓三家","《毛詩》二十九卷"。這説明三家詩均爲二十八卷,《毛詩》也應當是二十八卷,多出來的一卷可能是《詩序》。此外《詩》類各書的稽核項全都是卷,這説明《詩》類著作確實都被秦始皇燒掉了,流傳下來的《詩》都是漢人根據記憶補寫的,而詩比較簡短,所以特别適合寫在卷子上。再如數術略形法類共著録"六家,百二十二卷"。惟有《山海經》十三篇用的是"篇",其餘各書的稽核項均爲"卷",這表明《山海經》有可能是

---

① 《四庫全書總目》卷五一《國語》二十卷。

② 《目録學》上編《篇卷》。

先秦流傳下來的古書，而其餘的書有可能全是漢人的作品。

如果我們將某些稽核項的數據加以比較，也很能説明問題。如諸子略中“儒五十三家，八百三十六篇”，“道三十七家，九百九十三篇”，“陰陽二十一家，三百六十九篇”，“法十家，二百一十七篇”，“名七家，三十六篇”，“墨六家，八十六篇”，“從横十二家，百七篇”，“雜二十家，四百三篇”。顯然，在九流中，儒家、道家在漢代爲顯學，其餘各家都在走下坡路了。再如鄭樵談道：

> 古之書籍，有不足於前朝而足於後世者。觀《唐志》所得舊書，盡梁書卷帙，而多於隋。蓋梁書至隋，所失已多，而卷帙不全者又多。唐人按王儉《七志》、阮孝緒《七録》搜訪圖書，所以卷帙多於隋，而復有多於梁者。如《陶潛集》，梁有五卷，隋有九卷，唐乃有二十卷。諸書如此者甚多，孰謂前代亡書不可備於後代乎？①

這段話告訴我們，梁代文化事業還是比較發達的，書籍的卷帙甚多。此後由於朝代頻繁更迭，社會動亂，文化事業受到影響，書籍損失已多，而且書籍的卷帙又多不全。唐代文化空前繁榮，所以書籍的卷帙超過了前代。所舉陶集卷數增多之例，雖因古本已亡，不能證實九卷本、二十卷本内容比五卷本多，但前代亡書後世復出的事例，確實是不少的。再如漢代兩部最傑出的史書，文體有所不同，《史記》偏於用單筆，《漢書》偏於用複筆。因爲從漢以來文章由單筆走向複筆，所以在漢魏六朝時，研究《漢書》的人多於研究《史記》的人。據《隋書・經籍志》，注《漢書》者二十一家，共六百二十卷，而注《史記》的只三家，共九十五卷，可以爲證。那個時候，《漢書》研究得好，可以稱爲“漢聖”②——研究《漢書》的聖人。可是没有哪個被稱爲“史聖”的。所以把各種書的卷數統計一下，就可以看出某個歷史時期，孰爲顯學。這也是篇卷所能起的一種作用。

---

① 《通志・校讎略・闕書備於後世論》。

② 《隋書》卷七六《劉臻傳》：“精於兩《漢書》，時人稱爲‘漢聖’。”

第三節 版 本

顧廷龍指出:"版本的含義實爲一種書的各種不同的本子,古今中外的圖書,普遍存在這種現象。"① 在目録中著録版本是讓讀者認識圖書的主要手段之一。中華人民共和國國家標準《古籍著録規則》在著録項目中專門設有版本項。

目録對版本的記録與研究可以追溯到劉向的《别録》。如《管子書録》云:"所校讎中管子書三百八十九篇,大中大夫卜圭書二十七篇,臣富參書十一篇,射聲校尉立書十一篇,太史書九十六篇。凡中外書五百六十四篇以校,除復重四百八十四篇,定著八十六篇。"② 其中"中管子書""臣富參書"等就是指公私各種不同的抄本。故章學誠指出:

> 校書宜廣儲副本,劉向校讎中秘,有所謂中書,有所謂外書,有所謂太常書,有所謂太史書,有所謂臣向書、臣某書。夫中書與太常、太史,則官守之書不一本也;外書與臣向、臣某,則家藏之書不一本也。夫博求諸本,乃得讎正一書,則副本固宜廣儲以待質也。夫太常領博士,今之國子監也;太史掌圖籍,今之翰林院也;凡官書,不特中秘之謂也。③

國家標準《古籍著録規則》指出版本項的著録内容包括版本年代、刻寫主持者、刻書地、版本類型。這在梁釋僧祐著《出三藏記集》的類目、提要、附注中均有反映。如《四十二章經》一卷提要云:"漢孝明帝夢見金人,詔遣使者張騫、羽林中郎將秦景到西域,始於月支國遇沙門竺摩騰,譯寫此經還洛陽,藏在蘭臺石室第十四間中。"④ 從中不難看出譯本的年代、譯

① 《版本學與圖書館》,載《圖書館》一九六二年第一期。
② 《四部叢刊》影印宋刊本《管子》卷首。
③ 《校讎通義》卷一《校讎條理第七》。
④ 《出三藏記集》卷二《新集撰出經律論録第一》。

經主持者、譯經地點以及版本類型。再如《照明三昧經》一卷附注云:"太安三年二月一日出。"①交待了譯經的準確時間。再如《出三藏記集》卷三《新集安公涼土異經録第三》與《新集安公關中異經録第四》,類目明確交待了譯經的地點。可見,《出三藏記集》對版本的記録是相當充分而準確的。

宋代雕版印刷術得到了蓬勃發展,同一書不同版本之間的差異,也反映在雕印本中,宋代的私家藏書目録已經敏鋭地注意到這一點,並且作了記録。葉德輝指出:

> 自鏤板興,於是兼言板本。其例創於宋尤袤《遂初堂書目》。目中所録,一書多至數本。有成都石經本、秘閣本、舊監本、京本、江西本、吉州本、杭本、舊杭本、嚴州本、越州本、湖北本、川本、川大字本、川小字本、高麗本。此類書以正經正史爲多,大約皆州郡公使庫本也。同時岳珂刻《九經三傳》,其《沿革例》所稱,有監本、唐石刻本、晋天福銅版本、京師大字舊本、紹興初監本、監中現行本、蜀大字舊本、蜀學重刻大字本、中字本,中字有句讀附音本、潭州舊本、撫州舊本、建大字本、俞紹經家本,又中字凡四本;婺州舊本,併興國于氏、建余仁仲凡二十本;又越中注疏舊本、建有音釋注疏本、蜀注疏本,合二十三本。知辨别板本,宋末士大夫已開其風。②

宋尤袤的《遂初堂書目》在經總類、正史類、雜史類的一些款目中鮮明地標明了版本,如"川本《史記》""嚴州本《史記》""川本《前漢書》""越州本《漢書》""舊杭本《舊唐書》""川本小字《舊唐書》""川本大字《舊唐書》"等。但是,説目録兼言版本,"其例創於宋尤袤《遂初堂書目》"還不够準確。如前所説,劉向《别録》已涉及版本問題。而宋代在《遂初堂書目》之前,晁公武的《郡齋讀書志》就已注意著録圖書的版本了,石經幾乎都在標目中得

① 《出三藏記集》卷二《新集撰出經律論録第一》。
② 《書林清話》卷一《古今藏書家紀板本》。

到了反映,如《石經周易》十卷、《石經尚書》十三卷、《石經毛詩》二十卷等。一部書有許多注本,通常也會在標目中得到反映,如《郭象注莊子》十卷、《成玄英莊子疏》三十三卷、《吕吉甫注莊子》十卷等。有些版本的特點也會在標目中有所反映,如《點注孟子》十四卷,可見其爲標點與注釋本,晁公武解釋道:"右皇朝熙寧中,蜀州張簡點節經注,附以釋文,以教童子。"①再如《智永千字文》一卷,可見該卷《千字文》爲大書法家智永抄本。

《郡齋讀書志》已運用了"善本"、"唐本"、"古本"、"舊本"、"今本"、"世行本","蜀本"、"夔本"、"吉本"、"泉本"、"高麗本"、"監本"、"史館本"、某某"家本"等概念。晁公武對版本的記録與研究主要是通過《郡齋讀書志》的提要來實現的。如關於《司馬文正公傳家集》八十卷,《郡齋讀書志》云:

> 集乃公自編次。公薨,子康又没,晁以道得而藏之。中更禁錮,迨至渡江,幸不失墜。後以授謝克家,劉嶠刻版上之。②

晁公武已經注意通過目録、題跋、諱字、引文、體例、版本比勘、内容考證等各種方法來鑒定版本,下面即以《劉綺莊歌詩》四卷的讀書志爲例:

> 右唐劉綺莊,未詳其人。唐《四庫書目》有《綺莊集》十卷,今所餘止四卷,詩三十二、啓狀四十四而已,惜其散落大半。其本乃南唐故物,紙墨甚精,後題曰"昇平四年重題",印其文曰"建鄴文房",本内"密"字皆闕其畫,而"超"字不闕,蓋吴時所繕寫也。其詩如《置酒》《揚州送人》,皆不凡,而樂府格調尤高。然史逸其行事,詩中亦不可考。

① 《郡齋讀書志》卷十《點注孟子》十四卷。
② 《郡齋讀書志》卷一九《司馬文正公傳家集》八十卷。

“昇平”從未用作年號，當爲“昇元”，“昇元”乃南唐李昪年號。“建鄴文房”爲南唐徐鍇藏書室名。“密”字避五代吴國太祖楊行密諱，當爲五代抄本。作者綜合運用查目録、審紙墨、考題識、驗鈐印、核諱字、檢詩文、徵史籍等方法，可見他對版本的鑒别還是很細緻的。

時間稍晚的《直齋書録解題》也在版本的記録與研究方面做出了成績。它記録了一些書的出版時間、地點與出版者，如《古易》十二卷《音訓》二卷提要云：“朱晦庵刻之於臨漳、會稽。”朱熹《古禮經傳通解》二十三卷《集傳集注》十四卷提要云：“其子在刻之南康。”漢鄭康成《孝經注》一卷提要云：“乾道中，熊克子復從袁樞機仲得之，刻於京口學宫。”陸佃《爾雅新義》二十卷提要云：“其曾孫子遹刻於嚴州。”等等。這對我們瞭解書的版本，研究宋代出版史是很有幫助的。有的提要還較爲細緻地介紹了書的編輯與出版過程，如《六一居士集》一百五十二卷《附録》四卷《年譜》一卷提要云：

其集偏行海内而無善本，周益公解相印歸，用諸本編校，定爲此本，且爲之《年譜》。自《居士集》《外集》而下，至於《書簡集》凡十，各刊之家塾。其子綸又以所得歐陽氏傳家本乃公之子棐叔弼所編次者，屬益公舊客曾三異校正，益完善無遺恨矣。《居士集》，歐公手所定也。①

有些提要已具有版本鑒定與研究的成分，如卷十六别集類上《唐太宗集》三卷提要云：

唐太宗皇帝本集四十卷。《館閣書目》但有詩一卷六十九首而已。今此本第一卷賦四篇、詩六十五首，後二卷爲碑銘、書詔之屬，而訛謬頗多。世所傳太宗之文見於石刻者，如《帝京篇》《秋日效庾信體

---

① 《直齋書録解題》卷一七《六一居士集》一百五十二卷《附録》四卷《年譜》一卷。

> 詩》《三藏聖教序》，皆不在。又《晉書》紀、傳論稱“制曰”者四，皆太宗御製也。今獨載宣、武二紀論，而陸機、王羲之傳論不預焉。宣紀論復重出，其他亦多有非太宗文者雜厠其中，非善本也。

作者采用查目録、校勘、查對石刻資料與《晉書》中的唐太宗文章等方法對之作了版本鑒定，發現藏本訛謬頗多，遺漏不少，且多有非太宗文混入，因此得出“非善本也”的結論。

陳振孫對版本的記述有時還融入散文筆調，如卷三經解類《九經字樣》一卷提要云：“往宰南城出謁，有持故紙鬻於道者，得此書，乃古京本，五代開運丙午所刻也，遂爲家藏書籍之最古者。”再如卷十七别集類中《蔡忠惠集》三十六卷提要：

> 端明殿學士忠惠莆田蔡襄君謨撰。近世始刻於泉州。王十朋龜齡爲之序。余嘗官莆，至其居，去城三里。荔子號“玉堂紅”者，正在其處。矮屋欲壓頭，猶是當時舊物。歐公所撰《墓誌》，石立堂下。真迹及諸公書帖多有存者。京、卞同郡晚出，欲自附於名閥，自稱族弟，本傳云爾。襄孫佃，唱名第一，京時當國，以族孫引嫌，降第二，佃終身恨之。

此類提要對明徐𤊹《紅雨樓題跋》、清錢曾《讀書敏求記》，以及近人鄭振鐸《西諦題跋》的寫法當有一定影響。

到了明清時代，目録著録版本之風更盛。如明嘉靖年間《晁氏寶文堂書目》，分别按出版時間、地點、出版者、書籍形式於書名下著録了各類版本。一書多本，也一一注明。如《文獻通考》書名下注曰：“内府刻一、閔刻一、南監舊刻一、新刻一。”①此後，明人李鶚翀《得月樓書目》，於書名下常注明宋版、元版、鈔本、活字本等。明末清初著名藏書家錢曾編的《述古堂書目》，也常用附注的方法標明版本。但以上幾種目録都只是記録了部分

① 《晁氏寶文堂書目》卷中《類書類》一百二十卷。

書的版本。

對所著録的書全面記録版本的要算清初季振宜的《季滄葦藏書目》。黄丕烈於嘉慶十年（一八〇五）寫的《季滄葦藏書目跋》云："今春閒居無聊，檢敝簏中有《季滄葦藏書目》一册，其詳載宋元板刻以至抄本，幾于無所漏略。……于今，滄葦之書已散失殆盡，而每從他處得之，證諸此目，若合符節。方信藏書不可無目，且書目不可不詳載何代之刻、何時之抄，俾後人有所徵信也。"①然該目兼用分類、標目、附注等方法記録版本，顯得不够清晰。同年，秦恩復編《石研齋書目》統一用附注方法記録版本，受到了人們稱讚，顧廣圻云："今先生此目，創爲一格，各以入録之本詳注于下，既使讀者于開卷間目憭心通而據以考信，遂不啻燭照數計。於是知先生深究《録》《略》，得其變通，隨事立例，惟精惟當也。特拈出之，書于後，爲將來撰目録之模範焉。"②

明末清初，錢曾所撰《讀書敏求記》則是一部有提要的版本目録，從多方面鑒定了版本的源流與價值。這在前人的基礎上又朝前邁進了一大步。它除評介作者和書的内容外，特别注意從牌記、序跋、板式、字體、紙墨、裝幀、印章等方面來確定版本的年代和價值，同時還指出了祖本、子本、原版、修版的不同。清阮福重刻此書序云："遵王此書述著作之源流，究繕刻之同異，留心搜討，不遺餘力，於目録書中洵爲佳著。"③

目録著録版本，起自私家，其後官書也考究版本。清于敏中等撰《天禄琳琅書目》十卷與清彭元瑞等撰《天禄琳琅書目後編》二十卷，也是兩部有提要的版本目録。葉德輝云：

> 乾隆四十年（一七七五），大學士于敏中奉敕編《天禄琳琅書目》十卷，分列宋板、元板、明板、影宋等類，於刊刻時地、收藏姓名、印記一一爲之考證。嘉慶二年（一七九七），以前編未盡及書成以後所得，敕彭元瑞等爲後編二十卷（光緒甲申長沙王先謙合刻前後編），是爲

① 《蕘圃刻書題識·季滄葦藏書目跋》。

② 《思適齋集》卷一二《石研齋書目序》。

③ 《讀書敏求記》卷末《附録》，書目文獻出版社。

官書言板本之始。①

中華書局編輯部《影印説明》稱《天禄琳琅書目》"以經、史、子、集爲類，每類之中，宋、元、明刊版及影鈔宋本各按時代先後爲次排列，一至三卷爲宋版，著録七十種，附録金版一種；四卷爲影宋鈔本，著録二百零八種，五至六卷爲元版，著録八十一種；七至十卷爲明版，著録二百五十一種"。稱《天禄琳琅書目後編》"體例一依《天禄琳琅書目》，每書首舉篇目，次詳考證，次訂鑒賞，次臚補缺，前人題跋亦爲附録，其印記用真書摹入。共著録宋、遼、金、元、明版書六百六十三部"②。王先謙在刊印兩書《後跋》中稱兩書提要"於刊印流傳之時地、鑒賞采擇之源流，並收藏家生平事略、圖記真僞，研討弗遺"③。

此後，私家藏書目録多注重對版本的研究，其中編制規範而又産生深遠影響的是張金吾的《愛日精廬藏書志》。近人喬衍琯爲該書所撰叙録云："昭文張氏愛日精廬，世代藏書，多到八萬餘卷。……撰成《愛日精廬藏書志》二十六卷，續編四卷。各書著録書名、卷數、版本、撰人外，並迻録古人序跋、名家題識，且别擇頗嚴，不遺不濫，比《經義考》的體例要精審得多。其取舍標準，詳見書前凡例。後來楊紹和的《楹書隅録》、陸心源的《皕宋樓藏書志》，以及近人王文進《文禄堂訪書記》、張元濟《寶禮堂宋本書録》，都依照張氏的辦法。"④

還有一些目録是學習《天禄琳琅書目》采用分類的方式來記録版本的。此類目録中編得最有條理的當推聊城楊氏《海源閣藏書目》。該目按經、史、子、集四部編排，每部又分宋本、元本、校本、抄本四類，顯得非常清晰。

在古籍版本目録中，刻意記録一書不同版本的力作是邵懿辰的《四庫簡明目録標注》。邵氏在案頭置《四庫全書簡明目録》一部，將所見各種版

① 《書林清話》卷一《古今藏書家紀板本》。
② 《清人書目題跋叢刊》十《天禄琳琅書目》等卷首。
③ 《天禄琳琅書目》卷末，清光緒十年長沙王氏刊本。
④ 《愛日精廬藏書志》卷首，文史哲出版社一九八二年影印本。

本都記在有關的標目之下。孫詒讓等許多學者也都將自己所見到的不同版本添注在其稿本或抄本上。邵懿辰子邵伯絅曾於一九一一年將《四庫簡明目録標注》刊版印行。一九五九年，中華書局上海編輯所又出版了邵懿辰孫子邵章加以續録的《增訂四庫簡明目録標注》，且附書名索引及著者索引，使用起來尤爲方便。今舉一例：

王右丞集注二十八卷附録二卷　唐王維撰　清趙殿成箋注

乾隆元年趙氏刊本。抱經云："其校正遠勝舊本，但不得人覆校，故誤字尚多。"有翻刻本。明正德仿宋本，十卷，無注，二十行十八字。昭文張氏有何義門校本。黄氏丕烈有宋麻沙刊十卷本，十一行二十字。明東壁圖書府刊詩集二卷本。弘治甲子吕夔刊六卷本。明嘉靖二十四年顧佃子刊本。明刊套板本七卷，與《孟浩然集》合刊。汪立名刊王孟韋柳本二卷。項氏玉淵堂仿宋刊本六卷，佳，十一行，行二十一字，與韋集合刊。【續録】宋蜀本十卷，題《摩詰集》。汪氏有宋刊十卷本，徐季有鈐記。《天禄目》有影宋刻本十卷，琴川毛氏所鈔。建昌本，題《王右丞集》，與蜀本次序不同。大抵蜀刻六十家集，多異於他處，而此編大無倫次。趙殿成云："須溪本雖不免誤，較他本爲善，王涯游春辭亦未竄入。"涵芬樓藏劉評元刊本六卷。傅沅叔藏元刊本，首題《須溪先生校本唐王右丞集》，八行二十字。明奇字齋本。明嘉靖丁酉南陽府陳鳳刊本，十行十八字，與孟集同刻。明顧可久注説本六卷，九行十七字，附劉須溪評點，表後有"嘉靖已未歲季冬月幾望洞陽書院梓行"二行。《四部叢刊》本。①

類似的目録還有莫友芝編的《郘亭知見傳本書目》，如其卷二經部詩類《毛詩正義》四十卷標目下，即著録了"閩本、監本、毛本、殿本、江西本，明有程應衢刊本二十卷"等不同版本。傅熹年説："先祖逐年南北訪書時，必攜帶筆記和一部莫友芝《郘亭知見傳本書目》。所見善本詳記載筆記

① 《增訂四庫簡明目録標注》卷一五集部二《王右丞集注》二十八卷附録二卷。

上，題名爲《藏園瞥録》或《藏園經眼録》。又把各書行款、牌記、序跋摘要記在《書目》上，題名爲《雙鑒樓主人補記邵亭知見傳本書目》。”[1]其通行本有中華書局二〇〇九年出版之清莫友芝撰、傅增湘訂補、傅熹年整理的《藏園訂補邵亭知見傳本書目》。同樣，傅增湘撰《藏園群書經眼録》也是一部資料豐富的版本目録書。

張之洞的《書目答問》及范希曾的《書目答問補正》注重記録常見而實用的版本。《書目答問略例》云：“多傳本者，舉善本；未見善本者，舉通行本；未見近刻者，舉近日見存明本。”又云：“此編所録，其原書爲修四庫書時所未有者十之三四，四庫雖有其書，而校本、注本晚出者十之七八。”今舉《書目答問補正》卷四集部别集一例：

曹子建集十卷

魏曹植。明仿宋刻附《音義》本。明安氏活字本。漢陽朝宗書室活字版本。補：《四部叢刊》影印明活字本。涵芬樓《續古逸叢書》影印宋大字本。吴興蔣汝藻《密韻樓叢書》覆宋刻本。丁晏《曹集詮評》十卷附年譜，江寧局本。上元朱緒曾《曹子建集考異》□卷，民國間江寧傅春官刻《金陵叢刻》本。順德黄節《曹子建詩注》，商務印書館排印本。[2]

此後，晚清繆荃孫所撰《清學部圖書館善本書目》注意著録書的高廣尺寸及邊欄，在前人的基礎上又朝前邁進了一步。今舉其經部詩類一目爲例：

詩集傳二十卷

宋朱子撰。宋刊大字本。每半葉七行，行大、小十五字，高五寸九分、廣四寸六分。白口，上有大、小字數，有刻工姓名。蝶裝。首行

① 《藏園群書經眼録》卷首《藏園群書經眼録整理説明》。

② 《書目答問補正》卷四《曹子建集》十卷。

> 題“詩卷第幾，朱熹集傳”。今存小雅《鹿鳴》至《四月》，爲卷九之十二；大雅《蕩》至商頌《長發》，爲卷十八之二十。於宋諱玄、畜、匡、樹、殷、徵、慎、敦、鄭、覯（以上諱字皆闕末筆）等字皆缺筆，蓋寧宗時刊本也。楮墨大雅，字畫端好。又每册簽題“《詩朱氏傳》幾之幾”，殆宋槧之極精者。朱熹《詩集傳》二十卷，見《宋史·藝文志》。今四庫所收，尚是通行八卷之本。此雖殘帙，藉見坊刻未並以前廬山真面，豈非至寶！陳鱣《經籍跋文》所見即此本，亦闕。

近人王重民的《中國善本書提要》認真地吸取了前人的成功經驗，著録國内外藏弆的古籍善本四千四百餘種。傅振倫《序》云：

> 綜覽全書的特點：第一，收録之書，凡《四庫全書總目》已有提要者即不再編寫，惟於所缺者補充之，錯誤者釐正之。此書提要還側重於圖書版刻或文字增删的學術價值。第二，每書詳其卷數，每半葉的行數、每行字數、版框的高下大小。第三，書卷首葉詳記作者姓名、籍貫、别號、編者、校者以及子孫、友好與刻印主人的姓名、籍貫、字號、堂名之牌記，牌記之挖改者亦記之；書口刻工姓名亦詳列。第四，每書經一次再印或翻刻，則歷詳其編者、校者、刊印主人及刻工。第五，詳記收藏家的印章及校語。第六，歷次版本必詳作者、編校者、翻刻者的序跋、題識，重要者則録其全文或摘要。從以上六項特點，讀者可以考知圖書刊刻經過，流傳情況，並可考知一書的原本或翻刻本、鈔本、影鈔本孰精孰劣，何去何從。

該書卷末還附有書名索引、撰校刊刻人名索引、刻工人名索引、刻書鋪號索引，以便檢索。

此外，全面反映我國圖書館等公共單位收藏古籍善本實際情況的《中國古籍善本書目》對版本的記録也頗具特色。例如：

> 朱慶餘詩集一卷　唐朱慶餘撰　宋臨安府陳宅經籍鋪刻本　清

季振宜題款　黄丕烈、瞿中溶跋　十行十八字，白口，左右雙邊

一七四七

朱慶餘詩集一卷　唐朱慶餘撰　清康熙席氏琴川書屋刻唐詩百名家全集本　傅增湘校並跋　十行十八字，白口，左右雙邊

一七四八

朱慶餘詩集一卷　唐朱慶餘撰　清初抄本　十行十八字，無格

一七四九

可見，《中國古籍善本書目》對一種書的不同版本皆分開著録，每種版本又對書名、卷數、著作時代、作者、著作方式、出版時代、出版單位、題跋及版式等最重要、最能説明問題的項目進行了記録與描述，因此顯得特别清晰。條目之下附有編號，根據編號還可以在卷末所附藏書單位代號表和藏書單位檢索表中找到藏書單位。

目録著録版本的一個重要目的是提供異本以備校勘之資。備衆本以供校讎，這是從劉向、劉歆開始就已形成了的傳統。古代學者認爲欲讀書就得先校書。王鳴盛曾説過："嘗謂好著書不如多讀書，欲讀書必先精校書，校之未精而遽讀，恐讀亦多誤矣。"因此，他讀書總是"購借善本，再三讎勘。"[①]錢大昕《盧氏群書拾補序》稱：

盧抱經先生，精研經訓，博極群書，自通籍以至歸田，鉛槧未嘗一日去手。奉廩修脯之餘，悉以購書。遇有秘鈔精校之本，輒宛轉借録。家藏圖籍數萬卷，皆手自校勘，精審無誤。凡所校定，必參稽善本，證以他書，即友朋後進之片言，亦擇善而從之。[②]

又清錢泰吉在談到岳珂校刻《九經三傳》的情況時説：

① 《十七史商榷》卷首《自序》。

② 《潛研堂文集》卷二五《盧氏群書拾補序》。

宋岳倦翁刊《九經三傳》，以家塾所藏該刻，並興國于氏、建安余仁仲本，凡二十本；又以越中舊本注疏、蜀注疏，合二十三本。專屬本經名士反復參訂，始命良工入梓。其所撰《相臺書塾刊正九經三傳沿革例》，於書本、字畫、注文、音釋、句讀、脱簡、考異皆羅列條目，可見其詳審矣。①

王鳴盛的理論，盧文弨、岳珂的實踐，都説明了這一點。

著録及引用書籍載明版本對治學著書尤爲重要，余嘉錫論之甚詳：

蓋書籍由竹木而帛，而紙；由簡篇而卷，而册，而手鈔，而刻版，而活字，其經過不知其若干歲，繕校不知其幾何人。有出於通儒者，有出於俗士者，於是有斷爛而部不完，有删削而篇不完，有節鈔而文不完，有脱誤而字不同，有增補而書不同，有校勘而本不同。使不載明爲何本，則著者與讀者所見迥異。叙録中之論説，不能不根據原書。吾所舉爲足本，而彼所讀爲殘本，則求之而無有矣。吾所據爲善本，而彼所讀爲誤本，則考之而不符矣。吾所引爲原本，而彼所讀爲别本，則篇卷之分合、先後之次序皆相剌謬矣。目録本欲示人以門徑，而彼此所見非一書，則治絲而棼，轉令學者瞀亂而無所從，此其所關至不細也。反是，則先未見原書，而執殘本誤本别本以爲之説，所言是非得失，皆與事實大相徑庭，是不惟厚誣古人，抑且貽誤後學，顧廣圻所謂"某書之爲某書，且或未確，烏從論其精確美惡"也。② 然善本不易得，且或不之知，況人之所見不同，善與不善，亦正未易論定。以四庫館聚天下之書，而提要所據，尚不能無誤。著書之人，類多寒素，豈能辨此？惟有明載其爲何本，則雖所論不確，讀者猶得據以考其致誤之由，學者忠實之態度固應如此也。③

① 《甘泉鄉人稿》卷七《曝書雜記》。

② 顧説見《思適齋集》卷一二《石研齋書目序》。

③ 《目録學發微·目録學之體制四·板本序跋》。

目録著録版本對采購及收藏書籍的作用也是極爲明顯的。葉德輝曾舉例説:"明毛扆《汲古閣珍藏秘本書目》(一卷,黄丕烈《士禮居叢書》刻本)注有宋本、元本、舊抄、影宋、校宋本等字。此乃售書於潘稼堂(耒),不得不詳爲記載,以備受書者之取證。"①凡著録爲善本的,現在較大的圖書館都有專門的善本書庫加以妥善保管。

關於版本的著録,明清以來,除見於叙録(提要)中外,也常見題跋中。它們都對書的行款、印記、源流、諱字等詳加記載,今亦舉二篇爲例:

方言十三卷江安傅氏雙鑒樓藏宋刊本

漢揚雄撰。首題"輶軒使者絶代語釋别國方言第幾"。前載郭璞序,及宋慶元庚申李孟傳、朱質刻書兩跋。書中避諱至廓字止。每葉十六行,行大、小均十七字,雙邊、白口。上魚尾上雙行記大、小字數,下魚尾下記刻工姓名。《讀書敏求記》云:"舊藏宋刻本《方言》,牧翁爲予題跋,紙墨絶佳,後歸之季滄葦。"即此本也。有朱大韶、季滄葦等印記。②

孟東野詩集十卷唐孟郊撰

宋刊本,半葉十一行,行十六字,白口,左右雙闌。版心上間記字數,下間記刊工姓名。上魚尾下記"孟詩幾"。原版記葉數,通卷長號,凡一百六十七葉。補版間記卷數,而移葉數於下魚尾下。卷末有"泰興季振宜滄葦氏珍藏"題識一行。黄丕烈跋。鈐有"錢氏敬先""錢氏家藏子子孫孫永寶用"朱文大印,又清季振宜、徐乾學、黄丕烈、汪士鐘及海源閣楊氏父子印。又有安岐、唐良士諸印。

按:此書書版斷爛已甚,一百六十七頁中,原版只十許葉,餘均補版。審其刀法筆勢,當爲江右刊本。海源閣佚書,今歸李木齋師。頃陶君蘭泉已影刊行世,此不詳記。(丁卯十月見於李木齋先生家)③

---

① 《書林清話》卷一《古今藏書家紀板本》。

② 《四部叢刊初編書録》經部《方言》十三卷。

③ 《藏園群書經眼録》卷一二《孟東野詩集》十卷。

《全國古籍善本書總目著録條例》對古籍目録如何著録版本，作了明確規定。版本項包括出版年、出版地、出版者、版刻，並附注題跋校注者。這一事項的著録通常以封面、牌記或書尾所題爲準，但須參考序、跋、名家目録以及有關資料决定。

由上可知，書有異本即有優劣異同。在目録中注明版本，有利於收藏和使用。所以它是一個不可忽略的項目。

第四節　著　者

孟子曰："誦其詩，讀其書，不知其人，可乎？"①顯然，人們早就認識到瞭解作者，對認識其所著書的性質，判斷書的價值是非常必要的，所以從漢代劉向父子撰寫《别録》《七略》開始，中國目録學家就非常注意對著者的著録與介紹。

目録著録著者主要爲了明確著作權的歸屬，也有利於區别同名異書現象。如《漢書・藝文志》六藝略樂類著録"《雅琴》趙氏七篇""《雅琴》師氏八篇""《雅琴》龍氏九十九篇"，再如《漢書・藝文志》六藝略小學類著録"揚雄《蒼頡訓纂》一篇""杜林《蒼頡訓纂》一篇"。書名相同，因爲著録了作者，就將它們彼此區分了開來。《漢書・藝文志》詩賦略中凡未署著者名的往往具有總集的性質，除雜賦類外，他如歌詩類中的"《周謡歌詩》七十五篇"。

目録中著者這個項目也是在編纂過程中形成的。較古老的典籍，往往不題作者姓名，譬如《詩經》大多數的作者是誰，至今無人知道。甚至編者究係何人，也難確認。遲至戰國時代，甚至更晚一些的西漢，有些作者也没有想到在作品上署名。譬如《史記・韓非列傳》説："人或傳其書至秦，秦王見《孤憤》《五蠹》之書，曰：'嗟乎！寡人得見此人，與之游，死不恨矣！'李斯曰：'此韓非之所著書也。'"②可見，《孤憤》《五蠹》等作品，在流

① 《孟子注疏》卷十下《萬章章句下》。

② 《史記》卷六三《老子韓非列傳》。

傳中,是未題作者姓名的。又如《史記·司馬相如列傳》説:"蜀人楊得意爲狗監,侍上。上讀《子虚賦》而善之,曰:'朕獨不得與此人同時哉!'得意曰:'臣邑人司馬相如自言爲此賦。'上驚,乃召問相如。"①如果司馬相如在《子虚賦》中署名,漢武帝當然也不會發出這種感嘆了。

還有,許多古書雖有署名,却是出於後人所加。如《管子》一書經劉向整理,除復重四百八十四篇,定著八十六篇,加以第録。書的作者當然是管子了,然而書中的《小稱篇》却記載了管仲之死,可見《管子》一書是後人編定的,其作者也係後人所加。所以嚴可均説:"近人……謂此書多言管子後事,乃後人附益者多,余謂先秦諸子皆門生弟子或賓客或子孫撰定,不必手撰。"②《荀子》也屬於這種情況,楊倞爲《荀子》作注就指出《大略篇》是"弟子雜録荀卿之語"③。此皆足以説明不少古書的作者是由後人所擬定加上的,其中多半是由編目者確定的。

漢代以來,古書經過整理,有了目録。加上私門著述的興盛,個人意識的覺醒,書籍署名現象逐漸增多。有些書名本身就顯示了作者。例如《抱朴子》乃晉葛洪所撰,因爲他自有此號,即以名書。其外篇《自叙篇》云:"洪期於守常,不隨世變。言則率實,杜絶嘲戲。不得其人,終日默然。故邦人咸稱之爲抱朴之士。是以洪著書,因以自號焉。"④關於書名與作者的關係,我們在《書名》一節已經談過,此不贅述。

現代古籍編目已趨標準化,如中華人民共和國國家標準《古籍著録規則》規定:"著者著録内容及順序爲:著者時代或國别、著者名稱、著作方式。""著者時代一般以卒年爲準,按下列朝代名稱著録:周,春秋,戰國,秦,漢,魏、蜀、吴,晉,南朝宋、齊、梁、陳,北魏、東魏、西魏、北齊、北周,隋,唐,五代,宋、遼、西夏、金,元,明,清。""著作方式一般依原題著録;未題時可參照以下方式著録。撰:著述。編:將多種著作整理、編排爲一種書。輯:收集他人的著述或零散文字,匯集爲一種書。注:對一部書的内容、文

① 《史記》卷一一七《司馬相如列傳》。

② 《鐵橋漫稿》卷八《書管子後》。

③ 《荀子》卷一九《大略篇》楊倞注。

④ 《抱朴子》外篇卷五〇《自叙篇》。

字進行解釋。譯：將一種文字翻譯成另一種文字。修、纂：主要指官修書的著作方式。主持其事爲'修'，實際編寫爲'纂'。繪：插圖、畫譜的創作。書：書法作品的創作。篆刻：璽印的創作。""一般按卷端所題的著者姓名著録；以字號行世的著者按卷端所題的字號著録；僧尼按卷端所題的法名著録。有關情況可在附注項説明。"如：《資治通鑒》二百九十四卷，(宋)司馬光撰。

古代書目的著者著録當然不會如此規範，我們在古籍編目實踐中也會遇到不少困難，劉國鈞曾指出：

> 凡書必有著作之人，故圖書編目必先確定著者之姓名而著之於目，所以判明此書之責任，亦所以便於專研某一人著述者之檢閲。然其事亦非易易，蓋書有僞託者，有嫁名者，有一人而前後更名者，有不著撰人姓氏者，有用别署者，凡此種種皆不能徑照原書逐録，其理甚顯。而一遇此等情形，則不能不參稽考核，以求一致。此編目時所特宜注意者也。①

僞託的目的多半是借名人以傳世。《淮南子・脩務》曾指出："世俗之人，多尊古而賤今。故爲道者必託之於神農、黄帝而後能入説。亂世闇主，高遠其所從來，因而貴之。爲學者蔽於論而尊其所聞，相與危坐而稱之，正領而誦之，此見是非之分不明。"②例如《易經》必託名於伏羲、文王，《本草》必託名於神農，醫經必託名於黄帝，《周禮》必託名於周公，都説明了這一點。這種風氣漢代以後仍然普遍盛行。《晉書・陸機傳》附載陸喜的著述情況道："其書近百篇。吴平，又作《西州清論》傳於世。借稱諸葛孔明以行其書也。"③

嫁名往往出於政治鬥争的需要。我們曾舉《周秦行紀》爲例。梁啓超也舉過一例：

---

① 《中文圖書編目條例草案》上編《著者》。
② 《淮南子》卷一九《脩務》。
③ 《晉書》卷五四《陸機傳》。

> 《涑水記聞》向稱宋時司馬光作。原書雖是真的,許是未定稿。後代的人因爲司馬光聲名大,易於欺世駭俗,於是抽些出來,加些進去,以爲攻擊造謡的工具。其中對王安石造謡特别多,攻擊得特别厲害。平常人駡王安石,無足重輕,若是司馬光駡王安石,那就很有力量了。實則光書雖有,已非原物,光之孫司馬伋曾上奏書,稱非其祖父所作,其故可以想見。現存的《涑水記聞》,攻擊陰私之處頗多。司馬光與王安石政見雖不相合,最少他的人格不會攻人陰私,這是我們可以當保的。後人利用他的聲名,把攻人陰私的話硬派到他身上,這就是因爲造假,使得是非錯亂。①

還有的爲了泄私憤,匿名或嫁名他人以施行人身攻擊。例如唐初歐陽詢不獨書法好,有盛名於當時;學問文章,也爲時人所推許。但有和他懷私怨的人,寫了《補江總〈白猿傳〉》,對他大肆污辱。胡應麟指出:"《白猿傳》,唐人以謗歐陽詢者。詢狀頗瘦削,類猿猱,故當時無名子造言以謗之。此書本題《補江總〈白猿傳〉》,蓋僞撰者託總爲名,不惟誣詢,兼以誣總。"②宋代魏泰也喜著書而嫁名他人。他既假梅聖俞的名字,造《碧雲騢》一書以譏詆當世,又陸續寫書多種借他人之名以行於時。陳振孫《直齋書録解題》引王銍《跋范仲尹墓誌》云:"近時襄陽魏泰者,場屋不得志,喜僞作他人著書,如《志怪集》《括異志》《倦游録》,盡假武人張師正。又不能自抑,出其姓名作《東軒筆録》,皆用私喜怒,誣衊前人。"③

還有一種情況是有些作者,特别是文藝作品的作者,不願列出真名實姓。如《醒世姻緣傳》是蒲松齡著而署名西周生,《花月痕》是魏子安著而署名眠鶴主人,《老殘游記》是劉鶚著而署名洪都百煉生。這當然給著者項的著録造成了一定的困難。

---

① 《古書真僞及其年代·總論》。案:今人鄧廣銘先生對此書真僞有辨正,見《略論有關〈涑水記聞〉的幾個問題》,載中華書局一九八九年版《涑水記聞》卷首。

② 《少室山房筆叢》卷三二《四部正譌》下。

③ 《文獻通考》卷二一七《碧云騢》一卷引《直齋書録解題》卷一一《碧云騢》書録,上海古籍出版社一九八七年版《直齋書録解題》無此條。

此外中國古書署名的複雜還在於一個人的本名、字、號、官名、官所、籍貫等皆可用來署名。有的人别字别號尤多，如宋代朱熹有幾十個别名。如果我們不細加考究就會發生著録上的錯誤。聶崇岐曾舉出了許多例子，他説：

> 藝文志中，凡舉著書人，皆宜以其本名爲主；不得已時，方可改易其名，或以字稱；不可於一志中對一人既稱名，又稱字，前後不侔合也。諸志於修撰時，每以疏略而有一人名字歧出之事。如孔衍字舒元，《隋志》既有孔衍，又有孔舒元；徐廣字野民，《隋志》既有徐廣，又有徐野民……陶弘景一稱陶隱居，《隋志》既有陶弘景，又有陶隱居；商璠本姓殷，《宋志》既有商璠，又有殷璠；章懷太子即李賢，《宋志》既有章懷太子，又有李賢；王正範即王貞範，《宋志》既有王正範，又有王貞範；宋庠本名郊，《宋志》既有宋庠，又有宋郊……釋溥光俗姓李，《補元志》既有釋溥光，又有李溥光。此僅就易知者而言，其不易知者，尚不知凡幾也。①

著録著者姓名同樣應以正文卷端所題爲準，如有版權頁應以版權頁所題者爲準。例如《史記》卷端題爲“漢太史令司馬遷撰、宋中郎外兵曹參軍裴駰集解、唐國子博士弘文殿學士司馬貞索隱、唐諸生侍讀率府長史張守節正義”。其中漢、唐、宋爲著者所處的時代；撰、集解、索隱、正義爲著作方式。《史記》卷端題名清楚地告訴我們司馬遷是作者，裴駰、司馬貞、張守節是注釋者。

新出的古籍多有版權頁，這給我們著録作者帶來了極大的方便。古舊書一般没有版權頁，因此除卷端題名外，還要參照序跋、正文及其他目録、工具書。例如《讀易易知》三十二卷首一卷，卷端題名爲“海虞單恩蘭魁香解”，其餘各卷卷端還有題名爲“海虞宛里山人單恩蘭解”“海虞單恩蘭魁薌輯”，而序言末署“海虞單恩蘭自序”，顯然單恩蘭應爲著者姓名。

---

① 《藝文志二十種綜合引得》卷首《序》。

有的書未署明作者,還得進行必要的考訂工作。例如清宣統元年(一九〇九)修《鎮番縣志》稿本未署纂修者姓名,但據一九二〇年石印本《續修鎮番縣志》卷首載有《光緒三十四年奉文纂修縣志姓氏》,知該志爲常孝義修、彭汝翼纂,而且從《續修鎮番縣志》的《職官表》《宦績列傳》中,我們還可進一步瞭解到常孝義與彭汝翼的生平事迹。當然有些書的著作權問題屬於專題研究的範圍,而且意見又分歧,著録時如果能够根據較爲可信的結論,也就行了。

第五節　附　注

我國國家標準《文獻著録總則》將附注列爲目録的著録項目,指出:"附注項對著録正文進行補充和説明","附注項著録内容必須是著録正文的各項目中没有被反映的材料"①。

附注項古已有之,《四庫全書總目》於《崇文總目》提要云:"考《漢書・藝文志》本劉歆《七略》而作,班固已有自注。《隋書・經籍志》參考《七録》,互注存佚,亦沿其例。《唐書》於作者姓名不見紀傳者,尚間有注文,以資考核。後來得略見古書之崖略,實緣於此。"

我國現存第一部史志目録《漢書・藝文志》是依據《七略》編纂成的,由於受到體例與篇幅的限制,不可能將原書提要著録於篇,所以采用附注的形式保留了一些必不可少的内容。據徐昕統計,"《漢志》總計款目六七七條。其中二二五條有附注,約占總數的三分之一"②。此後,《隋書・經籍志》等史志目録也多有附注。現存第一部佛典目録《出三藏記集》中含有附注的款目也非常多。附注了不同譯本的書名、卷數、譯者、譯經時間、地點,以及對節譯、節抄現象都作了説明。現存宋代兩部私家藏書目録《郡齋讀書志》與《直齋書録解題》是以撰有提要而著稱的,但是其中許多提要實際上都是附注。明代的私家藏書目録,則更加自覺、更加鮮明地利

---

① 《文獻工作國家標準彙編》(一)《文獻著録總則・著録項目・附注項》。

② 《文獻學研究・論〈漢書・藝文志〉附注的價值》。

用附注對著録項目作補充説明，如高儒的《百川書志》利用附注對書名、篇卷及殘缺情況，作者及著作方式，圖書内容及評價，都作了必要的説明。清以後，附注的撰寫越加規範，清初黄虞稷所著《千頃堂書目》的附注非常豐富，涉及圖書内容與形式的方方面面。此後丁日昌的《持静齋書目》也十分重視撰寫附注。近年所編《中國古籍善本書目》也將附注列爲著録項目。直到今天，中華人民共和國國家標準《古籍著録規則》，在著録項目中還有附注，並對附注項著録的内容與方法作了規定。下面，我們就討論一下附注的内容及著録方法。

一、附注書名。書名若有疑問，當通過考證，予以説明。如張舜徽指出：《漢書・藝文志》諸子略"儒家有《高祖傳》十三篇，注云：'與大臣述古語及詔策也。'《孝文傳》十一篇，注云：'文帝所稱及詔策。'此二書而必注明者，蓋恐後人顧其名而視同傳記耳。"①再如《出三藏記集》卷二《新集撰出經律論録第一》著録《内藏百品經》一卷，附注："舊録云：《内藏百寶經》。遍校群録，並云'内藏百寶'，無'内藏百品'，故知即此經也。"如果書内出現不同的書名，應當出注，如《出三藏記集》卷二《新集撰出經律論録第一》著録《阿彌陀經》二卷，附注："内題云，《阿彌陀三耶三佛薩樓檀過度人道經》。"顯然，《出三藏記集》用的是經名的簡稱。

如果一書有不同的名稱，應當注明。章學誠《校讎通義》卷一《避嫌名第五》指出："校書著録，其一書數名者，必當歷注互名于卷帙之下。"事實上我國古代書目也是這麽做的。如《漢書・藝文志》諸子略儒家著録《王孫子》一篇，附注："一曰《巧心》。"《隋書・經籍志》集部總集類著録《詩評》三卷，附注："鍾嶸撰，或曰《詩品》。"佛經有不同的譯本，所以同書異名現象比較突出，如《出三藏記集》卷四《新集續撰失譯雜經録第一》著録《泥洹後諸比丘經》一卷，附注："或云《小般泥洹經》，或云《泥洹後變記經》，或云《泥洹後比丘世變經》，或云《佛般泥洹後比丘世變經》。"再如《出三藏記集》卷三《新集安公失譯經録第二》著録《十夢經》一卷，附注："舊録云：《舍衛國王十夢經》，或云《波斯匿王十夢經》，或云《舍衛國王夢見十事經》，或

① 《廣校讎略》卷末附《漢書藝文志釋例・注記第五・書名易混者加注例》。

云《國王不黎先泥十夢經》,悉同一本。"

如果書名容易引起誤解,最好加個附注。如《漢書・藝文志》六藝略易類著録《古五子》,附注:"自甲子至壬子,説《易》陰陽。"如無此注,我們也許會誤認爲這本書是古代五位先生寫的十八篇文章。如果書名的含義不够明確,加個附注會幫助我們理解。如《隋書・經籍志》史部古史類著録《淮海亂離志》四卷,附注:"蕭世怡撰,叙梁末侯景之亂。"再如《出三藏記集》卷二《新集撰出經律論録第一》著録《合維摩詰經》五卷,附注:"合支謙、竺法護、竺叔蘭所出《維摩》三本,合爲一部。"有了這兩個附注,我們對二書的内容就清楚了。

書名簡潔,若能附注要點,則更有利於讀者對圖書内容與性質的瞭解。如《漢書・藝文志》六藝略春秋類著録《世本》十五篇,附注:"古史官記黄帝以來訖春秋時諸侯大夫。"可見它是我國以人物爲中心、以時間爲序,最古老的史書之一。再如《隋書・經籍志》史部地理類著録《黄圖》一卷,附注:"記三輔宫觀陵廟明堂辟雍郊畤等事。"可見是一部記載漢代長安地區古迹的書。其中對宫殿苑囿記述尤詳。

二、附注篇卷。古籍目録通常要載明篇卷數,用以反映書的内容、形式與篇幅。如《漢書・藝文志》六藝略書類著録《尚書古文經》四十六卷,附注:"爲五十七篇。"可見這部古文《尚書》,有五十七篇文章,被寫成四十六卷。再如《漢書・藝文志》諸子略道家類著録《太公》二百三十七篇,附注:"吕望爲周師尚父,本有道者。或有近世又以爲太公術者所增加也。《謀》八十一篇,《言》七十一篇,《兵》八十五篇。"讀了這條附注,我們對這部書的作者、内容與篇幅,也就有了大致的瞭解。

自從書籍以紙爲載體以後,特别是在普遍使用雕版印刷術以後,書籍的裝幀形式也起了很大變化,一般都采用本或册作爲稽核單位,所以書目中自然會注明本數或册數。明趙用賢撰《趙定宇書目》已普遍附注了書的本數,如總文集類著録了《徽板文選》,附注"三十本",還著録了《瀛奎律髓》,附注"十六本,一套"。到了清代,有的書目已將本數作爲著録項目,如馬瀛《唫香僊館書目》與趙宗建《舊山樓書目》。前者如經部詩經類著録:"《詩總聞》二十卷,宋王質撰,鈔本,六本。"後者如甲部著録:"殿板《十三經注疏》，壹百念本。”

書有附録，也應注明。如《漢書·藝文志》諸子略兵書類著録《吴孫子兵法》八十二篇，附注：“圖九卷。”這條附注告訴我們《孫子兵法》不僅有文章，而且有圖，圖是畫在帛上的，而且有九卷之多，可見圖在兵書中是多麼重要。還有注明目録的，如《隋書·經籍志》史部正史類著録《史記》一百三十卷，附注：“目録一卷，漢中書令司馬遷撰。”還著録《三國志》六十五卷，附注：“叙録一卷，晉太子中庶子陳壽撰。”今本《史記》卷一百三十爲《太史公自序》，《三國志》未見《叙録》，則此《目録》與《叙録》何指還是個值得研究的問題。

如果一部書的篇卷數不同，這表明其版本也是不同的，當然應在附注中説明。如《隋書·經籍志》子部雜家類著録《類苑》一百二十卷，附注：“梁征虜刑獄參軍劉孝標撰。梁《七録》八十二卷。”這説明後人可能依據新的材料對原書有所附益。當然卷數減少的情況則更多，如《隋書·經籍志》集部别集類著録《魏文帝集》十卷，附注：“梁二十三卷。”卷數不同的情況在佛經譯本中更加普遍，如《出三藏記集》卷二著録：《增一阿含經》三十三卷，附注：“秦建元二十年夏出，至二十一年春訖。定三十三卷，或分爲二十四卷。”

圖書亡佚現象非常嚴重，殘缺指書籍部分亡佚的情況。爲了更好地保管與使用圖書，目録首先要注意附注殘缺的情況。如《漢書·藝文志》六藝略春秋類著録《太史公》百三十篇，附注：“十篇有録無書。”《隋書·經籍志》史部正史類著録《吴書》二十五卷，附注：“韋昭撰。本五十五卷，梁有，今殘缺。”

有些書全部亡佚，某些書目也會著録，並在附注中加以説明。如《漢書·藝文志》六藝略春秋類著録《夾氏傳》，附注：“有録無書。”《出三藏記集》非常重視對經書譯本存佚的記録，專門編有闕書目録，此外也在附注中加以説明，如卷二《新集撰出經律論録第一》著録《道意發行經》二卷，附注：“今闕此經。”再如卷三《新集安公古異經録第一》著録的第一部書爲《道地經中要語章》一卷，附注：“今有此經。自此已下，不稱有者，並闕本。”該録共著録九十二部經書，只有十一部注明“今有此經”，可見佛經的古舊譯本亡佚現象是多麽嚴重。

目録記載亡書是極有史料價值的,如《隋書・經籍志》集部别集類著録"晉江州刺史王凝之妻《謝道韞集》二卷",附注:"梁有婦人晉司徒王渾妻《鍾夫人集》五卷、《晉武帝左九嬪集》四卷,晉太宰賈充妻《李扶集》一卷,晉武平都尉陶融妻《陳窈集》一卷,晉都水使者妻《陳玢集》五卷,晉海西令劉臻妻《陳珍集》七卷,晉劉柔妻《王邵之集》十卷,晉散騎常侍傅伉妻《辛蕭集》一卷,晉松陽令鈕滔母《孫瓊集》一卷,晉成公道賢妻《龐馥集》一卷,晉宣城太守何殷妻《徐氏集》一卷,亡。"這些東晉婦女的詩文集雖然全都亡佚了,卻有力地證明了東晉知識女性從事文學創作,並且編輯成集蔚然成風,其社會背景與意義都是值得研究的。

三、附注作者。書目通常以書名爲標目,如果書名没有涉及作者,那麽附注作者對我們瞭解圖書當然是大有好處的。如《漢書・藝文志》六藝略小學類著録《蒼頡》一篇,附注:"上七章,秦丞相李斯作;《爰歷》六章,車府令趙高作;《博學》七章,太史令胡母敬作。"再如《漢書・藝文志》諸子略雜家類著録《荆軻論》五篇,附注:"軻爲燕刺秦王,不成而死,司馬相如等論之。"有些附注雖未説明確切的作者,仍有參考價值。如《漢書・藝文志》六藝略易類著録《淮南道訓》二篇,附注:"淮南王安聘明《易》者九人,號九師説。"再如《隋書・經籍志》經部周易類著録《周易義疏》十九卷,附注:"宋明帝集群臣講。"可見歷代統治者都注意意識形態,注意用經書來統一人們的思想。

書名涉及作者一般都非常簡單,還要通過附注來補充説明。如《漢書・藝文志》六藝略樂類著録《雅琴趙氏》七篇,附注:"名定,勃海人,宣帝時丞相魏相所奏。"該書諸子略儒家類還著録《子思》二十三篇,附注:"名伋,孔子孫,爲魯繆公師。"如果再介紹點生平事迹,那參考價值就更大了。如《漢書・藝文志》法家類著録《申子》六篇,附注:"名不害,京人,相韓昭侯,終其身諸侯不敢侵韓。"可見申不害以法治國還是挺有效果的,該書當是他的經驗總結。再如《漢書・藝文志》諸子略雜家類著録《尸子》二十篇,附注:"名佼,魯人,秦相商君師之。鞅死,佼逃入蜀。"可見商鞅還有個老師爲他出謀劃策,四川先秦就是避難之所,《尸子》一書的思想内容也就可想而知了。對某些作者的情况不甚瞭解，即使在附注中介紹一下作者生活的地區與時代也有參考價值，如《漢書・藝文志》諸子略道家類著録《鶡冠子》一篇，附注："楚人，居深山，以鶡爲冠。"住在深山，還能寫文章，可見是位隱士。該類還著録《鄭長者》一篇，附注："六國時。先韓子，韓子稱之。"這是通過引文考證作者生活時代的例子。

如果作者不可靠，還要通過附注做辨僞工作。如《漢書・藝文志》諸子略道家類著録《文子》九篇，附注："老子弟子，與孔子並時，而稱周平王問，似依託者也。"周平王是東遷的第一位天子，而孔子是春秋末年的人。如果文王與孔子同時，那麽周平王就不可能去問他，所以班固懷疑《文子》似依託。這是從史實的角度去辨僞。再如該書諸子略小説家類著録《天乙》三篇，附注："天乙爲湯，其言非殷時，皆依託也。"這是從語言風格的角度去辨僞。佛經也存在着作僞現象，《出三藏記集》卷五《新集安公疑經録第二》與《新集疑經僞撰雜録第三》實即辨僞目録，有的款目還在附注中作了説明，如後者著録《比丘應供法行經》一卷，附注："此經前題云羅什出。祐案，經卷舊無譯名，兼羅什所出又無此經，故入疑録。"

此外，《漢書・藝文志》往往在附注中注明"有列傳"，也就是指引我們參考《史記》中有關該書作者的傳記，這對我們深入瞭解該書當然是大有幫助的。姚明煇在《漢書藝文志注解》卷三《晏子》八篇提要中説："《藝文》雖始於班固，而司馬遷之列傳實討論之，觀其叙述戰國秦漢之間著書諸人之列傳，未嘗不於學術淵源、文詞流别反覆而論次焉。是以諸子、詩賦、兵書諸略，凡遇史有列傳者，必注'有列傳'於其下，所以使人參互而觀古人師授淵源，口耳傳授不著竹帛者，實爲後代群籍所由起，蓋參觀於列傳，而後知其深微也。"

章學誠在《校讎通義》卷一《避嫌名第五》指出："一人而有多字號者，亦當歷注互名于姓名之下，庶乎無嫌名歧出之弊矣。"如《漢書・藝文志》六藝略儒家類著録《宓子》十六篇，附注："名不齊，字子賤，孔子弟子。"有些同書異名現象就是因爲字號造成的，附注作者的字號，對我們瞭解圖書也是有好處的。如清馮浩撰《李義山詩文評注》又名《玉谿生詩文評注》，如果附注："李商隱，字義山，號玉谿生"，就很容易讓人想到它們是指同一種書。

四、附注版本。版本項要求注明版本年代，出版單位、出版地區，以及圖書在傳播過程中的名家收藏、題跋情況。

附注版本年代。如《出三藏記集》卷二《新集撰出經律論録第一》著録《光讚經》十卷，附注："太康七年十一月二十五日出。"清丁日昌《持静齋書目》經部詩類著録：《毛詩要義》三十八卷，附注"宋刊本"；《詩經義疏》二十卷，附注"元刊本，不甚精"；《六家詩名物疏》五十四卷，附注"明萬曆乙巳刊本"。寫序的時間，往往與版本形成的時間密切相關，因此也會見諸附注，如《千頃堂書目》經部詩類著録《孫鼎詩義集説》四卷，附注："（孫鼎）字公宜，廬陵人，永樂舉人，應天提學御史，正統十二年丁卯序。"附注一些文件的頒布時間，具有同樣的意義，如《千頃堂書目》史部政刑類著録《御製武臣敕諭》一卷，附注："洪武二十一年頒行，凡八條。"

附注出版單位。早期圖書都是以抄本的形式出現的，所以出版單位也包括抄寫者，如《出三藏記集》卷五《新集抄經録第一》著録了不少南齊蕭子良抄本佛經，附注："從《華嚴經》至《貧女爲國王夫人》凡三十六部，並齊竟陵文宣王所抄。凡抄字在經題上者，皆文宣所抄也。"該録還著録《般若經問論集》二十卷，附注："廬山沙門釋慧遠以論文繁積，學者難究，故略要抄出。"雕印本普及以後，抄本依然大量存在，抄本的價值因抄寫者的水平不同而有很大差别，因此名家抄本一般都會在附注中寫明。如清馬瀛《唫香僊館書目》子部小説類著録《歸潛志》十四卷，附注："抱經堂寫本弓父手跋。"抱經堂是清盧文弨藏書室名，弓父是盧文弨的號。他以校勘精審無誤著稱，則該抄本當然是非常可貴的。該目集部别集類還著録《李文賓文集》五卷，附注："唐李觀撰，盧弓父跋，鮑氏知不足齋精抄本。"鮑氏指鮑廷博，知不足齋是其藏書室名。鮑氏知不足齋一向以精抄精校聞名於世。

雕印本與活字本的質量也與出版單位密切相關，如果書目未著録版本，那麽最好在附注中加以説明。如馬瀛《唫香僊館書目》經部群經類著録《十三經注疏》一百二十本，附注"明毛氏汲古閣刊"；集部别集類著録《蔡中郎集》十卷《外傳》一卷，附注"明錫山華氏蘭雪堂活字銅板印本"。外國刊本比較罕見，往往也會在附注中寫明，如《唫香僊館書目》經部論語類著録《論語集解義疏》十卷，附注“日本寬政七年根遜志校刊”。

附注名家校本。無論是印本還是抄本，凡是經過名家校勘過的，都堪稱善本，因此書目比較重視附注名家校本。如《唫香僊館書目》史部載記類著録《華陽國志》十二卷，附注：“顧澗蘋校本。”顧廣圻，字千里，號澗蘋，被譽爲清代校勘第一人，其校本自然十分珍貴。該類還著録《復社紀事》八卷，附注：“長洲沈德潛校。”沈德潛是清代著名學者，著作等身，長洲（今江蘇吴縣）人，熟於復社掌故，所校《復社紀事》當然是相當可靠的。該目史部政書類還著録《大金集禮》四十卷，附注：“錢竹汀先生依金抄本校”，錢大昕號竹汀，是乾嘉時期學者的代表人物，著有《廿二史考異》《元史藝文志》《諸史拾遺》等著作，又有金抄本作爲校本，則該本價值可想而知。

附注圖書出版的地區，頗有利於瞭解版本的質量與特色，還能反映一個地區的政治、經濟、文化狀況。如《出三藏記集》卷三有《新集安公涼土異經録》與《新集安公關中異經録》，這説明早期涼州地區與長安地區地處中外文化交流要道，自然也就成了佛經翻譯的中心，這在附注中也有鮮明反映。如《出三藏記集》卷二《新集撰出經律論録第一》著録《新大品經》二十四卷，附注：“僞秦姚興弘治五年四月二十三日於逍遥園譯出，至六年四月二十三日訖。”後面還小結道：“右三十五部，凡二百九十四卷。晉安帝時，天竺沙門鳩摩羅什以僞秦姚興弘治三年至長安，於大寺及逍遥園譯出。”依據明晁瑮嘉靖間所撰《晁氏寶文堂書目》附注的出版地點，以閩刻本爲最多，可見直到明嘉靖年間，福建之建安、建陽依然是刻書中心。由於南京是明代政治、經濟、文化中心之一，所以明代江蘇地區的刻書事業得到了蓬勃發展，南京、蘇州、無錫、揚州、常州、松江等地都刻了不少書，其總數遠遠超過了閩刻本。南宋以後，杭州不再是政治中心，由於具有優越的地理位置與自然環境，明代杭州的經濟與文化依然繁榮，所以杭州刻本不少。在該書目的附注中難以見到蜀刻二字，這説明蜀刻本遭到元軍的摧殘後，一直未得到恢復。我們發現雲南、貴州、甘肅、廣西等偏遠地區均有刻本，這表明明代雕版印刷術的普及率是很高的。

附注圖書的傳播情況。名家在書上鈐印、題跋、批評的都應當在附注中説明，以期引起讀者的注意。如清丁日昌《持静齋書目》史部政書類著録《五代會要》三十卷，附注："聚珍版本，陳鱣假吴楓周氏明人舊鈔本校過，並補録慶曆、乾道二跋。卷末有鱣朱筆手跋，述此書原委甚詳。卷首有陳鱣圖像及仲魚手校諸印。""聚珍板"指清乾隆時期武英殿聚珍版書，在清代也不是特别的珍貴。陳鱣字仲魚，是清代著名學者與藏書家，由他借明人舊鈔本校過，其版本價值當然提高了許多，而且該書還有他的圖像、藏書印及親筆題跋，這也大大提高了該版本的可靠程度。該書目史部地理類還著録《玉峰志》三卷《續志》一卷，附注："黄丕烈依祝允明寫本過鈔。此書甚核而該，爲崑山考文獻最古之帙。卷後丕烈手跋者三則，其珍重可知矣。"祝允明號枝山，明代著名書法家，黄丕烈據其寫本過録，價值不菲。黄丕烈題跋被譽爲版本的鑒定書，此書有其三跋，當然是值得珍惜的。

評介圖書内容是提要項的任務，如果書目没有提要，附注中略加評介，也頗有參考價值。有的比較簡單，如《漢書・藝文志》諸子略著録《公孫固》一篇，附注："齊閔王失國，問之，固因爲陳古今成敗也。"《隋書・經籍志》史部正史類著録《東觀漢記》一百四十三卷，附注："起光武，記注至靈帝。"後世書目對内容的介紹要詳細一些，如《千頃堂書目》經部詩類著録《汪克寬詩集傳音義會通》三十卷，附注："引古今之書凡百餘家，疑者辨之，缺者補之，朱子之欲更定而未及者，從而正之。"從中可知該書的寫作方法與體例。再如《百川書志》子志農家類著録《齊民要術》十卷，附注："後魏高陽太守賈思勰撰。旁搜經史，遠摭異聞，人力所成，方物自産，花果蔬草之屬，栽種修溉之法，靡不該載，凡九十二篇。"從中可知該書的大致内容。再如《百川書志》卷七子志一雜家類著録《困學紀聞》二十卷，附注："王應麟著。蓋九經諸子之旨趣，史傳制度名物之詳，及詩文議論當後學者，各以類聚，考訂評論，皆出己意，發前人之未發，辭理明達，該邃淵綜，非讀書萬卷，何以能之？凡二十五門。"從中不僅能瞭解該書的内容，還能瞭解該書的特點與價值。

總之，附注是靈活多樣的著録項目，頗有利於我們對書名、篇卷、作者、版本諸項的瞭解，也便於我們瞭解書的内容與特點。

第六節　提　要

國家標準《古籍著録規則》所述著録項目有提要項。提要也有叙録、解題等不同提法，通常指編目者對書的作者、内容、形式所作的描述性、評價性文字。《四庫全書總目》卷首《凡例》對提要内容作了大致説明："每書先列作者之爵里以論世知人。次考本書之得失，權衆説之異同，以及文字增删，篇帙分合，皆詳爲訂辨，巨細不遺。"這一標準通常是難以做到的，所以國家標準《古籍著録規則》還談道："本項著録内容可根據編目要求和書籍情況自由擬定，以簡明扼要爲原則。"這對我們理解與撰寫各類提要是有幫助的。

提要大分爲叙録之體與輯録之體兩類。余嘉錫指出："叙録之體，源於《書》序。劉向所作書録，體制略如列傳，與司馬遷、揚雄《自序》大抵相同。其先，淮南王安作《離騷傳叙》，已用此體矣。"①余氏指出劉向書録的淵源是很正確的，但劉向在總結前人經驗的基礎上又有所發展。他一書整理完畢後，先列全書篇目，後作全書提要。其提要説明了書的整理情況，介紹了書的作者，對書的内容除概括性的叙述外，還作了分析和評價。所以説彙集每書提要而成的《别録》實乃後世提要之始。後來書目提要遂循劉氏遺規，有的對所叙録之書作全面介紹，也有的着重介紹書的内容，或着重介紹書的作者，或着重介紹書的版本以及校勘情況，雖有偏重，但無一不是由《别録》演變而來。

劉向、劉歆父子整理圖書與編寫目録是同時進行的，一部書校訂好了就寫一篇提要，編纂目録時，"又别集衆録，謂之《别録》"②。這樣頗便讀者，直到十八世紀紀昀等編纂《四庫全書》時還是這麼做的，每部書都寫一篇提要擺在各書的前面，同時又將所有提要集中在一起編成《四庫全書總目》。

---

① 《目録學發微·目録書之體制二·叙録》。

② 《廣弘明集》卷三《七録序》。

但是後來也出現了另一種情況:校定書籍並不一定同時編寫目録,兩者於是分工。這樣,某一部書的提要同某一部書的叙録(後人一般稱爲序、跋)就没有必然的聯繫了。分工以後,目録學家在寫某書提要時,就必然要參考原書的序跋,譬如晁公武的《郡齋讀書志》、陳振孫的《直齋書録解題》都已注意使用各書序跋和其他有關資料了。從唐朝起,一直到明清,讀書人都愛寫筆記。筆記無所不談,其中會談到某一部書,或者議論它的真僞、版本的好壞、作家的思想、某人的身世等等。這些散在各種不同書籍裏的材料,對撰寫提要都有參考價值。

由於上述情況,從劉向以來就使用的提要,經過發展,大體可以分爲兩種類型,即鎔鑄材料、獨立成文的綜述之體,與編次材料、述而不作的輯録之體。①

傅增湘對劉向所采用綜述體提要的基本内容曾作過簡要的叙述:"昔者劉向奉詔校書,所作書録,先言篇目之次第,言以中書、外書合若干本相讎校,本書多脱誤以某爲某,然後叙作者之行事以及著書之旨意。"②

可見,綜述體提要除條其篇目外,大致包括三個部分。第一部分談該書的校讎概况,如《晏子》八篇的提要説:

> 右《晏子》凡内外八篇,總二百十五章。護左都水使者、光禄大夫臣向言:所校中書《晏子》十一篇。臣向謹與長社尉臣參校讎太史書五篇,臣向書一篇,參書十三篇,凡中外書三十篇,爲八百三十八章。除復重二十二篇六百三十八章,定著八篇二百一十五章。外書無有三十六章,中書無有七十一章,中外皆有以相定。中書以夭爲芳,又爲備,先爲牛,章爲長,如此類者多。謹頗略椾,皆已定,以殺青書,可繕寫。③

第二部分介紹書的作者,如《晏子》提要復云:

---

① 參閲來新夏《古典目録學淺説》第一章第三節《古典目録學的體制》。

② 《藏園群書題記》卷首《序》。

③ 《四部叢刊》影印明活字本《晏子春秋》卷首。

> 晏子，名嬰，謚平仲，萊人。萊者，今東萊地也。晏子博聞彊記，通於古今。事齊靈公、莊公、景公，以節儉力行，盡忠極諫，道齊國君得以正行，百姓得以附親。不用則退耕於野，用則必不詘議，不可脅以邪，白刃雖交胸，終不受崔杼之劫。諫齊君，懸而至，順而刻，及使諸侯，莫能詘其辭。其博通如此，蓋次管仲。内能親親，外能厚賢。居相國之位，受萬鍾之禄，故親戚待其禄而衣食五百餘家，處士待而舉火者亦甚衆。晏子衣苴布之衣，麋鹿之裘，駕敝車疲馬，盡以禄給親戚朋友，齊人以此重之。①

有些提要在介紹作者的生平時，往往同時介紹作者的學術思想與學術淵源，這對讀者當然很有參考價值。譬如有人把荀子定爲法家，而劉向所撰孫卿書録却説："孫卿善爲《詩》《禮》《易》《春秋》。""孫卿道守禮義，行應繩墨，安貧賤。""楚有尸子、長盧子、芊子皆著書，然非先王之法也，皆不循孔氏之術。唯孟軻、孫卿爲能尊仲尼。""至漢興，江都相董仲舒，亦大儒，作書美孫卿。"②這些話對我們正確認識荀子的學術淵源顯然大有幫助。

余嘉錫先生曾以《别録》佚文爲例，指出劉向叙述作者生平有三種方式③：

一是徵史。劉向作目録時，正式的歷史書只有一部《史記》。如果《史記》有傳，他就不重做了，而直接把《史記》中有關的傳記抄進《别録》。如《管子書録》叙管仲生平就幾乎全用《史記》原文。《四庫全書總目》每言事迹具某史本傳，也師此意。

二是補傳。如果《史記》記載不詳，不合他的要求，或者這部書出於司馬遷之後，那他就另找材料補寫。如《史記》中荀卿的傳記，寥寥數語，且不載其名。《孫卿新書》的書録則云其名況，且增益至數倍。又如尸子，《史記》無傳，《别録》則云："楚有尸子，疑謂其在蜀。今按《尸子書》，晉人

---

① 《四部叢刊》影印明活字本《晏子春秋》卷首。

② 《四部叢刊》影印《古逸叢書》本《荀子》卷末。

③ 參見《目録學發微·目録書之體制二·叙録》。

也,名佼,秦相衛鞅客也。衛鞅商君謀事畫計,立法理民,未嘗不與佼規之也。商君被刑,佼恐並誅,乃亡逃入蜀。”①

三是辨誤。有些材料提到作者的生平有錯誤,劉向遇到這種情況,就特别提出來加以辨正。如先秦子書中,《荀子》《吕氏春秋》都記載鄭國子産殺死了鄧析子,而《别録》中的《鄧析》書録則根據《春秋左氏傳》的記載指出:“子産卒後二十年而鄧析死,傳説或稱子産誅鄧析,非也。”②

顯然,在提要中介紹的作者生平,不論采取何種方式,對讀者都富有參考價值。特别是那些名不見經傳的作者,其生平事迹往往僅保留在目録中。元鍾嗣成在《録鬼簿序》中説:“今因暇日,緬懷古人,門第卑微,職位不振,高才博藝,俱有可録,歲月縻久,湮没無聞,遂傳其本末,弔以樂章,使水寒乎冰,青勝於藍,則有幸矣。”③正因爲《録鬼簿》着意爲戲曲家立傳,所以成爲研究元代戲曲極珍貴的史料。無名氏《録鬼簿續編》也是如此。如其介紹羅貫中云:“羅貫中,太原人,號湖海散人。與人寡合。樂府、隱語,極爲清新。與余爲忘年交,遭時多故,各天一方。至正甲辰復會,别來又六十餘年,竟不知其所終。”④這是有關羅貫中的較早的和罕見的資料。

提要在介紹作者時往往注意介紹作者所處的時代,這也是我們應當注意的。古代常有這種情況:知道作者的名字不一定知道作者是哪個時代的人。而如果僅僅知道作者姓名,對其他情況一無所知,那我們還是不能準確地瞭解某書。相反,如果我們雖然不知道作者的姓名,但是知道該書産生的時代,也即作者所處的時代,那麽就會對我們大有幫助。在這個意義上,同時也只是在這個意義上,推定一部古書的時代往往比確定它的作者更爲重要些。

余嘉錫總結了劉向父子介紹作者時代的四種方式,可供我們參考:

---

① 《史記》卷七四《孟子荀卿列傳》集解引《别録》。

② 《快閣師石山房叢書》本《七略别録佚文》。

③ 《録鬼簿(外四種)》本《録鬼簿》卷首《序》。

④ 《録鬼簿(外四種)》本《録鬼簿續編》。

一曰，叙其仕履而時代自明。如《别録》《管子》録叙其事齊桓公，《晏子》録叙其事齊靈公、莊公、景公，《孫卿》録叙其齊宣王、威王時始來游學及春申君以爲蘭陵令，是也。

二曰，作者之始末不詳，或不知作者，亦考其著書之時代。《别録》《七略》及《漢志》所謂"近世""六國時""武帝時"之類皆是，後之目録家多未留意。

三曰，叙作者之生卒，並詳其著書之年月。此僅見於《七略》之紀揚雄，後來絶無沿用之者。

四曰，不能得作者之時，則取其書中之所引用，後人之所稱叙，以著其與某人同時，或先於某人，在某人後，以此參互推定之。其法亦創於劉向，《漢志》多用之。王儉及晁、陳書目亦頗有類此者，然不能多也。①

第三部分是評介書的内容，如《晏子》提要最後寫道：

其書六篇，皆忠諫其君，文章可觀，義理可法，皆合六經之義。又有復重，文辭頗異，不敢遺失，復列以爲一篇。又有頗不合經術，似非晏子言，疑後世辨士所爲者，故亦不敢失，復以爲一篇。凡八篇，其六篇可常置旁，御觀。②

書的内容涉及方方面面，有的解釋了書名，如《直齋書録解題》卷二十著録《丁卯集》二卷，爲唐代詩人許渾撰，解題云："'丁卯'者，其所居之地有丁卯橋。"該卷還著録《甘棠集》一卷，爲宋代詩人孫僅撰，解題云："以所賦詩集而序之，首篇曰'甘棠思循吏'，故以名集。"有的評介了書的内容，如衢本《郡齋讀書志》卷八著録《洛陽伽藍記》三卷，爲元魏羊衒之撰，讀書志云："後魏遷都洛陽，一時王公大夫多造佛寺，或舍其私第爲之，故僧舍之

① 《目録學發微·目録書之體制二·叙録》。
② 《四部叢刊》影印明活字本《晏子春秋》卷首。

多,爲天下最。衎之載其本末及事迹甚備。”該書卷十著録《新序》十卷,爲漢劉向撰,《讀書志》除介紹編撰緣起、内容及流傳情況外,還評價道:“自秦之後,綴文之士有補於世者,稱向與揚雄爲最。雄之言,莫不步趨孔、孟;向之言,不皆概諸聖,故議者多謂雄優於向。參其行事,則反是。何哉?今觀其書,蓋向雖雜博,而自得者多,雄雖精深,而自得者少故也。然則向之書可遵而行,殆過於雄矣。學者其可易之哉?”

《别録》叙録體提要對後世書目提要的撰寫産生了深遠影響,一些國家藏書目録也撰寫了提要,遺憾的是這些古代國家藏書目録提要多已亡佚,現以尚存一些書目提要殘篇的《崇文總目》爲例,《四庫全書總目》提要對該目的編撰情況作了簡要的介紹:

> 景祐元年,以三館及秘閣所藏,或謬濫不全,命翰林學士張觀、知制誥李淑、宋祁等看詳,定其存廢。訛謬者删去,差漏者補寫。因詔翰林學士王堯臣、史館檢討王洙、館閣校勘歐陽修等校正條目,討論編次,定著三萬六百六十九卷,分類編目,總成六十六卷,於慶歷元年十二月己丑上之,賜名《崇文總目》。

鄭樵在《通志·校讎略·泛釋無義論一篇》中説:“《隋志》於疑晦者則釋之,無疑晦者則以類舉。今《崇文總目》出新意,每書之下必著説焉。據標類自見,何用更爲之説?且爲之説也已自繁矣,何用一一説焉?則於無説者,或後書與前書殊者則强爲之説,使人意怠。”從這段話中,我們可以清楚地看出,《崇文總目》每書都撰有提要,朱彝尊曾明確指出:

> 《崇文總目》當時撰定諸儒皆有論説,凡一書大義必舉其綱,法至善也。其後若《郡齋讀書志》《書録解題》等編咸取法於此,故雖書有亡失,而後之學者覽其目録,猶可想見全書之本末焉。①

---

① 《經義考》卷二九四《著録》。

《崇文總目》的提要後來亡佚了，但是歐陽修《文忠集》卷一二四《崇文總目叙釋》還保留着三十篇二級類目的類序，馬端臨的《文獻通考·經籍考》還引用了不少《崇文總目》的提要，《四庫全書》即據以輯補成《崇文總目》十二卷。從中還略可窺見《崇文總目》提要的面貌。

由《别録》發軔的叙録體提要，至《四庫全書總目》可謂發展到了頂峰。《四庫全書總目》卷首《凡例》云："今於所列諸書，各撰爲提要，分之則散弁諸編，合之則共爲總目。每書先列作者之爵里以論世知人，次考本書之得失，權衆説之異同，以及文字增删、篇帙分合，皆詳爲訂辨，巨細不遺，而人品學術之醇疵，國紀朝章之法戒，亦未嘗不各昭彰癉，用著勸懲。"《四庫全書總目》提要好在語言簡練，有話則長，無話則短，既有一定形式，又不千篇一律。在體裁上十分嚴整，在寫法上又相當活潑。歷來受到很高評價，如余嘉錫《四庫提要辨證》卷首《序録》云："漢唐目録盡亡，提要之作，前所未有，足爲讀書之門徑，學者舍此，莫由問津。"

需要附帶述及的是，有的提要偏重作者傳記而不及其他。如《隋書·經籍志》序稱：王儉《七志》"不述作者之意，但於書名之下每立一傳"①。《七志》已佚，但是有些文獻還引用過它的傳記資料，如《文選》卷二十九張季鷹《雜詩》注引《七志》云："張翰，字季鷹，吴郡人也。文藻新麗，齊王辟爲東曹掾，睹天下亂，東歸，卒于家。"《晉書·張翰傳》的記載明顯不同，略云：張翰在洛陽做官，因見秋風起，乃思吴中菰菜（茭白）、蒓羹、鱸魚膾，曰："人生貴得適志，何能羈宦數千里，以要名爵乎？"人們一般都對《晉書·張翰傳》津津樂道，其實《七志》所説政治原因才符合實際情況。所以王儉《七志》的傳記頗有參考價值。

其後如余嘉錫所説："阮孝緒《七録》，大略相同。及釋僧祐、道宣、智昇之徒爲佛書作目録，皆爲譯著之人作爲傳記。蓋其體制摹擬儒家，故與王、阮不謀而合矣。"②此後《新唐書·藝文志》也偶於書名下附注作者小傳，如其於《丘爲集》下云：

---

① 《隋書》卷三二《經籍志》。

② 《目録學發微·目録書之體制二·叙録》。

蘇州嘉興人。事繼母孝,嘗有靈芝生堂下。累官太子右庶子,時年八十餘,而母無恙,給俸禄之半。及居憂,觀察使韓滉以致仕官給禄所以惠養老臣,不可在喪爲異,惟罷春秋羊酒。初還鄉,縣令謁之,爲候門磬折,令坐,乃拜。里胥立庭下,既出,乃敢坐。經縣署,降馬而趨。卒,年九十六。①

鍾嗣成《録鬼簿》及無名氏編《録鬼簿續編》每於作家名下叙其小傳。明徐𤊹《徐氏紅雨樓書目》特於明詩選部分詳注作者的履歷,皆爲研究元明藝文的學人所特别重視。如《徐氏紅雨樓書目》卷四《明詩選姓氏》有云:"袁凱,景文,華亭人。洪武中徵爲御史。永樂僞狂疾。放歸。有《海叟集》行世。"這種形式的提要比起兼重評介圖書内容及作者生平學術之作來當然相差很遠,但能在目録中保留一些作者生平史料也是難能可貴的。

輯録體提要萌芽於佛經目録。上面説過,書的序跋通常要介紹書的作者與内容,那些撰寫提要的目録學家,自然要參考原書的序跋,而有的目録學家則乾脆把所編目的書的序跋匯集在一起。這就發展了劉向原有的叙録之體。梁僧祐編撰的佛經目録《出三藏記集》共十五卷,其中六至十二卷爲"總經序",即把各經的序文彙集在一起。唐釋道宣編的《大唐内典録》,智昇編的《開元釋教録》也都采用了這個辦法。因爲佛經翻譯過來,譯經的人寫序做了介紹,把這些序抄在一起,附在目録之中,人們看了,就能大致瞭解這些經書的内容及由來。當然,這些佛經目録采用了輯録資料的方法,還不是輯録體提要。

宋高似孫《史略》著録宋以前史書六百餘種,提要輯録相關資料,實開輯録體提要之先河。此後,宋王應麟的《漢藝文志考證》,已將所輯資料彙編在相關標目之下,堪稱典型的輯録體提要,如該書六藝略易類著録《淮南道訓二篇》,提要云:

《七略》曰:"《九師道訓》者,淮南王安所造。"張平子《思玄賦》:

① 《新唐書》卷六〇《藝文志》。

> "文君爲我端蓍兮,利飛遁以保名。"注云:"遯,上九曰:'飛遯,無不利。'《淮南九師道訓》曰:'遁而能飛,吉孰大焉。'"曹子建《七啓》"飛遯離俗"注亦引之。蓋以"肥"爲"飛"。劉向《别録》:"所校讎中《易》傳《淮南九師道訓》,除復重,定著十二篇。淮南王聘善《易》者九人,從之采獲,故中書著曰《淮南九師書》。"《文中子》謂"九師興而《易》道微"。《隋志》已亡其書。

該提要共彙編了六條引文,並加了兩條注釋,談了書的作者、書名的由來、該書的引文、對該書的評價以及該書的存佚情況。此外,作者的《玉海·藝文》大致也采用了輯録相關資料的方法,如卷二十總集文章類著録《梁文心雕龍》,提要云:

> 《南史·文學傳》:劉勰字彦和。天監中,兼東宫通事舍人。撰《文心雕龍》,論古今文體。其序略云:云云。沈約謂深得文理。《隋志》總集類:《文心雕龍》十卷,梁劉勰撰。《唐志》文史類　《史通》:詞人屬文,其體非一,譬甘辛殊味,丹素異彩。後來祖述,識昧圓通,家有詆訶,人相掎摭,故劉勰《文心》生焉。　五十篇,《原道》至《序志》。末各系贊。

《玉海》是一部類書,《玉海》中的《藝文》部分以著録圖書爲主,輔之以文獻資料的編題[1],還不是一部典型的書目。

大規模采用輯録方法,並將輯録範圍擴大到一切有關資料的書目是元馬端臨的《文獻通考·經籍考》。《文獻通考·自序》介紹其《經籍考》説:

> 今所録,先以四代史志列其目,其存於近世而可考者,則采諸家書目所評,並旁搜史傳、文集、雜説、詩話。凡議論所及,可以紀其著

① 編題,文獻學術語,指以一個或幾個主題詞爲著録單位來收録相關資料。

作之本末，考其流傳之真僞，訂其文理之純駁者，則具載焉。俾覽之者如入群玉之府，而閱木天之藏，不特有其書者稍加研窮，即可以洞究旨趣。雖無其書，味兹題品，亦可粗窺端倪。蓋殫見洽聞之一也，作《經籍考》第十八。

輯録體提要對於專家學者讀書治學尤爲方便，因此在目録學史上也産生了深遠影響，清朱彝尊的《經義考》，謝啓昆的《小學考》都輯録了原序及各家考訂文字。近人姚振宗所撰《漢書藝文志條理》《隋書經籍志考證》也是如此。張心澂編著的《僞書通考》與鄭良樹編著的《續僞書通考》均采用了這種方法。因爲他們都使用了原始材料，而且態度謹慎，因此比較可靠。一九四九年後出版了一系列研究古代作家作品的資料彙編，也是這種方法的擴大。

孫詒讓對這種方式作了較高的評價，他説："至於篇題之下，査迻序跋，目録之外，采證群書，《通考》經籍一門，實創兹例。朱氏《經義考》祖述馬書，益恢郛郭，觀其擇撢群藝，研覈臧否，信校讎之總匯，考鏡之淵藪也。"①

姚名達説："我國古代目録學之最大特色爲重分類而輕編目，有解題而無引得。……其優於西洋目録者，僅恃解題一宗。"②中國古代目録學辨章學術、考鏡源流的優良傳統，確實主要是通過提要及書目的序表現出來的，所以自來非常重視運用這種方式來揭示文獻的内容，並把目録是否有這一部分及其水平的高低，作爲衡量一部目録質量的主要標志之一。

第七節　案　語

案，也作按，是查考的意思，如《戰國策》卷十九《趙二》云："臣竊以天下地圖案之。"因爲古代目録，特别是《四庫全書總目》中，使用"案語"，所以本書在行文中統一用"案語"。如果原文用"按語"，我們也將照録不改。

① 《温州經籍志》卷首《序例》。
② 《中國目録學史·結論篇》。

在書目中案語指編撰者對圖書中的某些方面所做的考證與論述。案語並不是書目必備的著録項目，但是一些高質量的書目往往通過案語來表達編撰者的研究所得與獨到的見解，是書目中的精華所在，所以我們也對案語略作介紹。

梁釋僧祐著《出三藏記集》已經出現了案語，如卷二《新集撰出經律論録第一》著録《總持經》一卷，祐案："出《生經》，或云《佛心總持》。"這條案語交代了《總持經》一卷譯自何處，以及不同的譯名。再如卷五《新集疑經僞撰雜録第三》著録《比丘應供法行經》一卷，祐案："經卷舊無譯名，兼羅什所出又無此經，故入疑録。"此案將該經歸入疑僞經録的理由，已開案語重在説明分類理由的先河。

宋人晁公武的《郡齋讀書志》約有四十條案語，如卷四小學類著録《龍龕手鏡》三卷，僧智光爲之序，後題云"統和十五年丁酉"。案曰：

> 《紀年通譜》：邪律隆緒嘗改元統和。丁酉，至道三年。沈存中言："契丹書禁甚嚴，傳入中國者，法皆死。熙寧中，有人自虜中得此書，入傅欽之家。蒲傳正帥浙西，取以刻板，其末舊題云'重熙二年序，蒲公削去之'。"今本乃云統和，非重熙，豈存中不見舊題，妄記之耶？

這條案語考明了智光序的寫作時間，這對我們瞭解《龍龕手鏡》的寫作年代是大有幫助的。文中還引用沈括《夢溪筆談》卷十五中的一段話，介紹了該書在北宋境内的刊刻情況。晁公武還對之作了辨正。

宋人陳振孫的《直齋書録解題》，原本五十六卷，全本已不可見。今所傳二十二卷本，爲清四庫館臣從《永樂大典》中輯出重編而成。其案語有的爲陳振孫所撰，有的爲輯録者所加，前者約有一百七十條。這些案語對圖書的書名、卷數、作者、版本往往有深入的分析，如卷一易類著録《周易正義》十三卷，案曰：

> 《五經正義》，本唐貞觀中穎達與顔師古等受詔撰《五經義贊》，後改爲《正義》，博士馬嘉運駁正其失。永徽二年，中書門下于志寧等考

正增損,書始布下。其實非一手一足之力,世但稱"孔疏"爾。

這條案語對我們客觀地瞭解《五經正義》的編撰者與成書過程,當然是大有幫助的。再如卷十六著録《宋玉集》一卷、《枚叔集》一卷、《董仲舒集》一卷、《劉中壘集》一卷、《揚子雲集》五卷,案曰:

宋玉而下五家,皆見唐以前《藝文志》,而《三朝志》俱不著録,《崇文總目》僅有董集一卷而已,蓋古本多已不存,好事者於史傳、類書中鈔録,以備一家之作,充藏書之數而已。

即以《董仲舒集》一卷爲例,其案曰:

隋、唐《志》皆二卷,今惟録本傳中《三策》及《古文苑》所載《士不遇賦》《詣公孫弘記室書》二篇而已。其叙篇略本傳語,亦載《古文苑》。仲舒平生著書,如《玉杯》《繁露》《清明》《竹林》之類,其泯没不存多矣。所傳《繁露》,亦非本真也。

從中可知,先唐别集亡佚現象是多麽嚴重,現今所見到的傳本多爲輯佚的産物。

《直齋書録解題》的案語最有新意的是對某部書或某些書的分類原因作了説明。如卷五典故類著録了不少通典、會要之類的書,作者云:"凡通典、會要,前志及《館閣書目》皆列之類書。案通典載古今制度沿革,會要專述典故,非類書也。"[①]再如卷六時令類序云:"前史時令之書,皆入'子部農家類',今案諸書上自國家典禮,下具里閭風俗悉載之,不專農事也。故《中興館閣書目》别爲一類,列之史部,是矣。今從之。"此類案語,對《四庫全書總目》案語的寫作産生了明顯的影響。

元馬端臨《文獻通考·經籍考》繼承了晁、陳二書的傳統,非常重視利

① 《直齋書録解題》卷五《國朝通典》二百卷。

用案語來表達自己的研究所得。他在《文獻通考·自序》中説:“其載諸史傳之記録而可疑,稽諸先儒之論辯而未當者,研精覃思,悠然有得,則竊著己意附其後焉。”所指爲整個《文獻通考》的案語,當然也包括《經籍考》的約三百六十條案語。這些案語在前人的基礎上,又朝前邁進了一步。

作者對圖書的學術分類作了廣泛而深入的探討,對於具體圖書的分類作了具體分析。如經部儀注類著録了《考古圖》等四部著作,案曰:“《考古圖》諸書,晁氏以入小學門,陳氏以入書目門,皆失其倫類。既所考者,古之禮器,則禮文之事也。故釐入儀注門。”再如子部雜藝術類著録《古畫品録》一卷,案曰:

> 晁、陳二家書録,以醫、相牛馬及茶經、酒譜之屬俱入雜藝術門,蓋仍前史之舊。今以醫、相牛馬之書名附醫方、相術門,茶、酒經譜附種植入農家門,其餘技藝則自爲此一類云。

凡此皆表現了馬端臨獨立思考的精神,以及依據圖書的學術内容進行分類的追求。

馬端臨作爲一位著名的目録學家,他對學術源流是有着比較深入的瞭解的,如他在子部神仙家類的案語中指出:

> 道家之術雜而多端,先儒之論備矣。蓋清净一説也,煉養一説也,服食又一説也,符籙又一説也,經典科教又一説也。黄帝、老子、列禦寇、莊周之書,所言者清净無爲而已,而略及煉養之事,服食以下所不道也。至赤松子、魏伯陽之徒,則言煉養而不言清净。盧生、李少君、欒大之徒,則言服食而不言煉養。張道陵、寇謙之之徒,則言符籙,而俱不言煉養、服食。至杜光庭而下,以及近世黄冠師之徒,則專言經典科教,所謂符籙者,特其教中一事,於是不惟清净無爲之説略不能知其旨趣,雖所謂煉養服食之書,亦未嘗過而問焉矣,然俱欲冒以老氏爲之宗主而行其教。

短短的一段話就將道教的内涵、發展史,以及各階段的特點介紹得一清二楚,説明作者對道家與道教的瞭解還是非常深入的。

作者對一書内容之介紹,往往也能通過案語進行學術分析,如集部總集類著録《揚州詩集》二卷,案曰:

> 《禹貢》:"淮海惟揚州。"則江湖之間盡其地。自漢以來,既置刺史,於是稱揚州者,往往指其刺史所治而已。漢以來刺史無常治,或歷陽、壽春、曲阿、合肥、建業,而江左復以會稽爲東揚州。自隋以後,始治廣陵。此集之作,自魏文帝詩而下,在當時雖非揚州而實今之廣陵者,皆取之。其非廣陵而當時爲揚州者,皆不復取云。

揚州的歷史沿革非常複雜,案語梳理以後就清楚多了,其所述收録範圍尤其明確。此案語據秦觀《淮海集》卷三十九《揚州集序》節録改寫而成。撰寫案語利用已有資料是常見現象。

《文獻通考·經籍考》的案語還注意做書評工作,而且頗多獨到見解。如經部春秋類著録《春秋决事比》一書,寫的是董仲舒依據《春秋》斷案的情況,反映了漢代通經致用的學風,對此學者們多持肯定態度,馬端臨却在案語中提出了嚴厲的批評:

> 《决事比》之書與張湯相授受,度亦《災異對》之類耳。帝之馭下以深刻爲明,湯之爲獄以慘酷爲忠,而仲舒乃以經術附會之。王、何以老、莊宗旨釋經,昔人猶謂其罪深於桀、紂,況以聖經爲緣飾淫刑之具,道人主以多殺乎?其罪又深於王、何矣。

《四庫全書總目》提要稱《文獻通考》"案語亦多能貫穿古今,折衷至當"①。該評價當然包括《經籍考》的案語。《文獻通考·經籍考》對後世目録産生了深遠影響,朱彝尊嘗云:"見近日譚經者,局守一家之言,先儒

① 《四庫全書總目》卷八一《文獻通考》三百四十八卷。

遺編失傳者十九，因仿鄱陽馬氏《經籍考》而推廣之，自周迄今，各疏其大略。微言雖絶，大義間存，編成《經義考》三百卷。”[①]《文獻通考・經籍考》對《經義考》的影響，除采用輯録方法編纂提要外，也包括撰寫案語。《四庫全書總目》提要稱《經義考》“每一書前，列撰人姓氏、書名卷數。其卷數有異同者，則注某書作幾卷。次列存、佚、闕、未見字。次列原書序跋，諸儒論説，及其人之爵里。彝尊有所考正者，即附案語於末”。據張宗友統計，“《經義考》全文共有 978 則按語”[②]。該書從輯佚、考辨、解説三個方面論述了《經義考》案語的内容，可以參看，我們就不做介紹了。

下面我們就以《四庫全書總目》爲例，談談案語的内容與體例。《四庫全書總目・凡例》指出：“四部之首各冠以總序，撮述其源流正變，以挈綱領。四十三類之首各冠以小序，詳述其分並改隸，以析條目。如其義有未盡，例有未該，則或於子目之末，或於本條之下，附注案語，以明同變之由。”於此可見，《四庫全書總目》的案語，側重於對分類的研究，其置於子目之末的案語，主要討論某類書的分類問題，如子部小説家類雜事之屬末附案語云：

> 紀録雜事之書，小説與雜史最易相淆。諸家著録，亦往往牽混。今以述朝政軍國者入雜史。其參以里巷閒談、詞章細故者，則均載此門。《世説新語》古俱著録於小説，其明例矣。

其置於本條之下的案語，則往往討論該書的分類問題。如子部小説家類瑣語之屬著録《穆天子傳》六卷，案曰：

> 《穆天子傳》舊皆入起居注類，徒以編年紀月，叙述西游之事，體近乎起居注耳。實則恍惚無徵，又非《逸周書》之比。以爲古書而存之可也，以爲信史而録之，則史體雜，史例破矣。今退置於小説家，義求其當，無庸以變古爲嫌也。

---

① 《曝書亭集》卷三三《寄禮部韓尚書書》。

② 《〈經義考〉研究》第五章《論〈經義考〉按語》。

經過如此細緻的辨析,《四庫全書總目》在圖書分類方面總的來説,是相當準確的。

除分類外,《四庫全書總目》案語在辨章學術、考鏡源流方面也下了不少功夫,頗有參考價值。如經部春秋類末所附案語論《春秋》三傳之短長:

> 《春秋》三傳,互有短長。世以范甯所論爲允,甯實未究其所以然也。左氏説經,所謂君子曰者,往往不甚得經意。然其失也,不過膚淺而已。公羊、穀梁二家,鈎棘月日以爲例,辨别名字以爲褒貶,乃或至穿鑿而難通。三家皆源出聖門,何其所見之異哉?左氏親見國史,古人之始末具存,故據事而書,即其識有不逮者,亦不至大有所出入。公羊、穀梁則前後經師,遞相附益、推尋於字句之間,故憑心而斷,各徇其意見之所偏也。然則徵實迹其失小,騁虚論者其失大矣。後來諸家之是非,均持此斷之可也。

《四庫全書總目》案語也注意辨别一書之學術源流,如《孟子音義》二卷的案語,論述《孟子》由子部入經部的原因與過程,就極具參考價值:

> 宋《禮部韻略》所附條式,自元祐中即以《論語》《孟子》試士,是當時已尊爲經。而晁氏《讀書志》,《孟子》仍列爲儒家,至陳氏《書録解題》,始與《論語》同入經部。……考趙岐《孟子》題詞,漢文帝時已以《論語》《孝經》《孟子》同置博士。而孫奭是編,實大中祥符間奉敕校刊《孟子》所修,然則表章之功,在漢爲文帝,在宋爲真宗。訓釋之功,在漢爲趙岐,在宋爲孫奭。

再如《漱玉詞一卷》的案語,對李清照詞集的版本源流作了清晰的論述,對李清照的成就與地位也作了充分的肯定:

> 陳振孫《書録解題》載清照《漱玉詞》一卷,又云"别本作五卷"。黄昇《花庵詞選》則稱《漱玉詞》三卷,今皆不傳。此本僅詞十七闋,附

以《金石録序》一篇，蓋後人裒輯爲之，已非其舊。其《金石録後序》與刻本所載詳略迥殊，蓋從《容齋五筆》中鈔出，亦非完篇也。清照以一婦人，而詞格乃抗軼周、柳。張端義《貴耳集》極推其元宵詞《永遇樂》、秋詞《聲聲慢》，以爲閨閣有此文筆，殆爲間氣，良非虚美。雖篇帙無多，固不能不寶而存之，爲詞家一大宗也。

《四庫全書總目》案語對該目的收録範圍也有所交待。如經部孝經類存目僅著録十一部十七卷，案語作了如下解釋："《孝經》文義顯明，篇帙簡少，注釋者最易成書。然陳陳相因，亦由於此。今擇其稍有精義者，略録數家，以見梗概，故所存獨少。"

文獻作者對我們瞭解文獻非常重要。《四庫全書總目》在考訂作者方面頗下工夫，有時也用案語來記録考證成果。如《三餘集》四卷的作者，《永樂大典》《宋史・藝文志》《國史經籍志》《前賢小集拾遺》《歷代名臣奏議》《宋詩紀事》等書或題黄次岑，或題黄次山，或題黄季岑。《四庫全書總目》編撰者查了《豐城縣志》，才發現該書作者爲黄彦平，案曰：

彦平，字季岑，號次山，登宣和進士，建炎初仕至吏部郎中，出提點湖南刑獄。載其世系名字科第仕履，皆一一條晰。然則撰此書者乃黄彦平，所謂次岑、次山、季岑者，或傳寫訛異，或偶以字行耳。至其集名《三餘》，當取三國董遇三餘讀書之意。

考證作者與文獻形成的時代，與文獻辨僞密切相關，《四庫全書總目》編撰者在這方面也做了大量工作，並在案語中也有所記録，如《古三墳》一卷案曰：

三墳之名見於《左傳》，然周秦以來經傳子史從無一引其説者。不但漢代至唐咸不著録也。此本晁公武《讀書志》以爲張商英得於比陽民舍，陳振孫《書録解題》以爲毛漸得於唐州，蓋北宋人所爲。

此案告訴我們,《四庫全書》本《古三墳》一卷未被引用過,漢唐目録也未見著録,北宋時出現但來路不明,因而判斷其爲僞書。再如《太公兵法》一卷案曰:“此書首列天陣、地陣、人陣之名,其説出於《六韜》。而風雲、日星等占,皆以七言詩句爲歌訣,辭甚鄙俚,其僞託不待辨也。”太公是周初人,而七言詩出現已晚,再加上“辭甚鄙俚”,所以斷定其爲後人僞託。

《四庫全書總目》的案語還對圖書在目録中的編排順序問題,作了説明與規定。其中涉及某類圖書,如僞書、輯佚書的排序問題,如《子夏易傳》十一卷案曰:

> 託名之書有知其贋作之人者,有不知其贋作之人者,不能一一歸其時代,故《漢書・藝文志》仍從其所託之時代爲次。今亦悉從其例。

再如《周易鄭康成注》一卷案曰:

> 前代遺書後人重編者,如有所竄改增益,則從重編之時代,曾子、子思子之類是也。如全輯舊文,則仍從原書之時代。故此書雖宋人所輯,而列於漢代之次。後皆仿此。

顯然,這些規定,既有利於編目,也有利於檢索。

如果某部書在排序問題上有疑問,《四庫全書總目》也會在案語中加以説明。如南唐徐鍇撰《説文繫傳》四十卷案曰:“是書在徐鉉校《説文》之前,而列其後者,鉉校許慎之原本,以慎爲主,而鉉附之。此書鍇所論著,以鍇爲主,故不得而先慎也。”

《四庫全書總目》約有一百八十條案語。大致分爲三種情況,一種是置於某類圖書的提要之後。以“案”字開頭,每行空四格排列,還是非常醒目的。此類案語主要是論述該類圖書的分類原因,如集部别集類圖書後案曰:

> 諸史著録,但有别集、總集之分。《文獻通考》始於别集之内析出

詩集、歌詞、奏議三門。考奏議皆關國政,宜與詔令並爲一類,不宜列之於集。詩集亦屬别集,必欲區分,則有文無詩者將又列文集一門,彌滋繁碎。今移奏議入史部,而别集、詩集則不復區分。惟歌詞體卑而藝賤,則從馬氏之例,别列詞曲一門焉。

如果編撰者對某類圖書的研究有心得體會,也會利用案語來進行説明,如經部四書類圖書後案語分析四書講章的編輯目的、方法、價值,及其旋生旋滅的原因,真是洞若觀火,入木三分:

蓋講章之作,沽名者十不及一,射利者十恒逾九。一變其面貌,則必一獲其贏餘。一改其姓名,則必一趨其新異。故事同幻化,百出不窮。取其書而觀之,實不過陳因舊本。增損數條,即别標一書目,别題一撰人而已。如斯之類,其存不足取,其亡不足惜,其剽竊重複不足考辨,其庸陋鄙俚亦不足糾彈。今但據所見,姑存其目,所未見者,置之不問可矣。

這條案語對我們認識現今各類考試復習資料,仍然具有參考價值。

再如叢書是極其重要的文獻類型,許多難以找到的單本圖書,往往都可以在叢書中找到。《四庫全書總目》子部雜家類雜編之屬圖書後案語談到叢書之祖及其發展與分類情況,就很有參考價值:

古無以數人之書合爲一編而别題以總名者,惟《隋志》載《地理書》一百四十九卷《録》一卷,注曰:"陸澄合《山海經》以來一百六十家以爲此書。澄本之外,其舊書並多零失,見存别部自行者,惟四十二家。"又載《地記》二百五十二卷,注曰:"梁任昉增陸澄之書八十四家以爲此記。其所增舊書亦多零失。見存别部行者惟十二家。"是爲叢書之祖,然猶一家言也。左圭《百川學海》出,始裒諸家雜記。至明而卷帙益繁,《明史・藝文志》無類可歸,附之類書,究非其宜。當入之雜家,於義爲允。今雖離析其書,各著於録,而附存其目,以不没蒐輯之功者,悉别爲一門,謂之雜編。”

第二種是置於某書的提要之後,以“案”字開頭,每行空四格排列,當然也非常醒目。此類案語主要是論述該圖書的分類問題。如子部小説家類著録《南唐近事》一卷,提要後案曰:

偏霸事迹,例入載記,惟此書雖標南唐之名,而非其國記,故入之小説家。蓋以書之體例爲斷,不以書名爲斷,猶《開元天寶遺事》不可以入史部也。

類似的例子還有子部小説家類存目著録的《飛燕外傳》一卷,案曰:“此書記飛燕姊妹始末,實傳記之類。然純爲小説家言,不可入之於史部,與《漢武内傳》同一例也。”

如果某書有些需要説明的問題,也會在該書案語中闡述之。譬如《國語》存在着同書異名問題。史部雜史類於該書提要後案語云:

《國語》二十一篇,《漢志》雖載《春秋》後,然無《春秋外傳》之名也,《漢書·律歷志》始稱《春秋外傳》。王充《論衡》云:“《國語》,左氏之外傳也。左氏傳經,詞語尚略,故復選録《國語》之詞以實之。”劉熙亦云:“《國語》亦曰《外傳》。《春秋》以魯爲内,以諸國爲外,外國所傳之事也。”

有了這條案語,對我們瞭解《國語》一名《春秋外傳》當然是有幫助的。

第三種情況同提要一樣,在標目之後一行,以“案”字開頭,同提要一樣每行空兩格書寫。編撰者徑以案語代替提要,是因爲案語的寫作方法不像提要寫作那樣統一而規範,如先介紹書的作者,再介紹書的内容,然後對書作出評價。案語的寫作往往突出某一個方面,如子部兵家類存目《古今將略》四卷案語重點討論了該書作者問題,指出《明史·藝文志》《千頃堂書目》載此書,皆作馮孜撰,然浙江巡撫采進刊本題馮時寧撰,前有李維楨序，亦稱時寧所作。但是馮孜六世孫馮浩有此書跋，稱時寧妄竊此書。“其語出馮氏子孫，當必有據。然則此書實孜所撰。刊本及序皆僞作，不足信也。”再如集部别集類存目二《明宣宗詩文》一卷案語重點討論了該書的版本：

《明史·藝文志》載宣宗文集四十四卷，今未見傳本。此册僅《廣寒殿記》一篇，《玉簪花賦》一首，詩歌詞曲三十九首，非其全帙也。朱彝尊《明詩綜》所録宣宗詩，多此册所未載，意者彝尊尚及見其集歟？

案語的寫作體例不同於提要，不少款目只有案語没有提要，就幫助我們瞭解圖書而言，其作用往往也不在提要之下。如子部雜家類一著録《鶡冠子》三卷，其案語論述了《鶡冠子》一書在《漢書·藝文志》等書目中的著録情況，劉勰、韓愈、柳宗元對其評論情況，以及其版本的演變情況。其中案語的作者對柳宗元《鶡冠子辨》謂其《世兵篇》多同《鵩鳥賦》，據司馬遷所引賈誼二語，以决其僞，提出了不同看法，指出：

古人著書，往往偶用舊文。古人引證，亦往往偶隨所見。如“谷神不死”四語，今見《老子》中，而《列子》乃稱爲黄帝書。“克己復禮”一語，今在《論語》中，《左傳》乃謂仲尼稱《志》有之。“元者善之長也”八句，今在《文言傳》中，《左傳》乃記爲穆姜語。司馬遷惟稱賈生，蓋亦此類。未可以單文孤證，遽斷其僞。

既然書目著録項目中有提要，案語就應當側重寫自己的研究所得，而不必面面俱到，作一般化的叙述。案語不是書目編纂中的必備項目，因此有研究心得就寫，没有研究心得就不寫。

第四章　目録的分類沿革

我國先民早已形成了對客觀事物分類的觀點，如《周易·繫辭》就有"方以類聚，物以群分"[①]的名言，而《荀子·正名》篇説得尤爲透徹：

同則同之，異則異之。單足以喻則單，單不足以喻則兼，單與兼無所相避則共。雖共，不爲害矣。知異實者之異名也，故使異實者莫不異名也，不可亂也。猶使同實者莫不同名也。故萬物雖衆，有時而欲遍舉之，故謂之物。物也者，大共名也。推而共之，共則有共，至於無共然後止。有時而欲偏舉之，故謂之鳥獸。鳥獸也者，大别名也。推而别之，别則有别，至於無别然後止。[②]

同書《王制》篇還談到"以類行雜，以一行萬"[③]這種邏輯思維上的類推方式。

這種分類的觀點應用於目録的編製上特别重要。首先，它可以把汗牛充棟的典籍按照不同的層次有機地組織起來，做到綱舉目張，執簡馭繁。鄭樵説得好："士卒之亡者，由部伍之法不明也；書籍之亡者，由類例之法不分也。類例分則百家九流各有條理，雖亡而不能亡也。""類書猶持軍也。若有條理，雖多而治；若無條理，雖寡而紛。類例不患其多也，患處

---

① 《周易注疏》卷七《繫辭》。

② 《荀子》卷一六《正名》。

③ 《荀子》卷五《王制》。

多之無術耳。”①

其次,書籍分類本身具有辨章學術、考鏡源流的功能。所以章學誠説:“校讎之義,蓋自劉向父子。部次條别,將以辨章學術、考鏡源流,非深明於道術精微群言得失之故者,不足與此。”②“由劉氏之旨,以博求古今之載籍,則著録部次,辨章流别,將以折衷六藝,宣明大道,不徒爲甲乙紀數之需,亦已明矣。”③又説:“蓋部次流别,申明大道,叙列九流百氏之學,使之繩貫珠聯,無少缺逸,欲人即類求書,因書究學。”④

鄭、章兩家所説,十分明確具體。下面,我們就將古代目録的分類沿革略加論述,使人們知其大概,便於檢索。

第一節　由《七略》到《隋志》

在目録中給群書分類自劉歆《七略》始,《漢書》劉歆傳云:“歆乃集六藝群書,種别爲《七略》,語在《藝文志》。”⑤其文已見前引。《七略》已經亡佚,但據《漢書·藝文志》所載,《漢書》此篇係班固采《七略》而略加增補,《七略》雖亡,而《漢志》俱在,故其分類部次仍是全然可知的。現據《漢志》將《七略》的分類列表如下:

輯略

六藝略

易　書　詩　禮　樂　春秋　論語　孝經　小學

諸子略

儒家　道家　陰陽家　法家　名家　墨家　縱横家　雜家　農家　小説家

---

①《通志·校讎略·編次必謹類例論》。

②《校讎通義》卷一《叙》。

③《校讎通義》卷一《原道》。

④《校讎通義》卷一《互著》。

⑤《漢書》卷三六《楚元王傳》附。

詩賦略

屈賦之屬　陸賦之屬　荀賦之屬　雜賦　歌詩

兵書略

兵權謀　兵形勢　兵陰陽　兵技巧

數術略

天文　曆譜　五行　蓍龜　雜占　形法

方技略

醫經　經方　房中　神仙

略是領域的意思。其《輯略》相當於後世目録的叙例,與分類無關,所以劉歆的《七略》實將書分爲六大類,是一種六分法。

六藝略主要是儒家的經典著作以及學習經書的基礎讀物。六藝略共分九種,前六種爲經,後三種爲傳。章學誠解釋道:

> 六經之文,皆周公之舊典,以其出於官守而皆爲憲章,故述之而無所用作;以其官守失傳而師儒習業,故尊奉而稱經。……至於《論語》《孝經》《爾雅》,則非六經之本體也,學者崇聖人之緒餘而尊以經名,其實皆傳體也(非周公舊典,官司典常),可以與六經相表裏,而不可以與六經爲並列也。蓋官司典常爲經,而師儒講習爲傳,其體判然有别,非謂聖人之書有優有劣也。是以劉歆《七略》、班固《藝文》,叙列六藝之名,實爲九種,蓋經爲主而傳爲附,不易之理也。①

後來,他還進一步解釋道:"六經皆周官掌故,《易》藏太卜,《書》《春秋》掌於外史(掌三皇五帝之書,四方之志),《詩》在太師,《禮》歸宗伯,《樂》屬司成,孔子删定,存先王之舊典,所謂述而不作。故六藝爲經,群書爲傳,劉向叙六藝爲九種,則《孝經》《論語》《爾雅》以傳而附經者也。"②王重民分

---

① 《校讎通義》卷三《漢志六藝第十三》。

② 《校讎通義》卷四《和州志藝文書輯略》。

析道:“這就是説,劉、班用六藝標題,正是以‘經爲主而傳爲附’,因爲六經是本體,故以六經爲名;《論語》、《孝經》、小學三類爲附,故總的標題在名稱上可以不包括它們,而在分類和計數上則可以分別計入,表現了本體和附體的關係,這正是標題和分類最精微的地方。”①

漢武帝獨尊儒術,六藝略因而被列於六略之首,而且儒家也被列於諸子略之首。諸子略包括中國古代哲學、政治、經濟、法律等方面的著作。賦是漢代特别發達的文體,也爲武帝所愛好,武帝時又曾專門設立樂府以采歌謡,所以詩賦單列一略,並僅次於諸子略。兵書略收軍事著作。在戰争頻繁的年代,軍事學對於擴充勢力、鞏固政權很有作用,春秋戰國以來此類書也較多,所以列於數術、方技二略之前。數術略主要是天文曆法、占卜星相方面的書。方技略主要是醫藥衛生方面的書。這兩略反映了自然科學和應用科學方面的著作。但由於古人對科學認識的局限性,其中也摻雜着一些封建迷信的書籍。

《七略》爲什麽要分成六類呢?

首先是學術有不同。《六藝略》的主要部分是王官之學。《諸子略》所收爲個人以及他那個學派著的書,是私門之學。詩賦、兵書、數術、方技則因各有專門,必加分列。

其次是校書有分職。劉向是這次校書工作的主持人,他負責校理經傳、諸子、詩賦,而他不熟悉的兵書則由步兵校尉任宏分校,數術則由太史令尹咸分校,方技則由侍醫李柱國分校。

再次是篇卷有多寡。群經、諸子,性質不同,當然應當分開,至於後世史書出於《春秋》,詩賦出於三百篇,然而《七略》却將史書附在《春秋》之後,而詩賦却自成一略。源流雖同而處理各異的原因就在於篇卷多寡不同。史家之書,自《世本》以下,僅八家四百十一篇,不足成略,如明胡應麟所説:“司馬氏書尚附《春秋》之末,此時史籍甚微,未足成類也。”②而詩賦自屈賦以下,達百六家千三百十七篇,非單獨自成一略不可,如清章學誠

① 《校讎通義通解》卷三《漢志六藝第十三》。

② 《少室山房筆叢》卷二《經籍會通二》。

所説:“詩賦自爲一略,不隸《詩經》,則以部帙繁多,不能不别爲部次也。”①

《七略》的好處有三點:第一,它包括了當時所有的學術,要知道先秦學術的大體情況,除此别無他途。所以王鳴盛引金榜的話説:“不通《漢書·藝文志》不可以讀天下書。《藝文志》者,學問之眉目,著述之門户也。”②第二,它有比較嚴密的分類系統,通過分類,能够反映學術的變遷,横觀可以看出學術的異同,縱觀可以看出學術的發展,這就顯示了中國古典目録學辨章學術、考鏡源流的特點,並給後代建立了模式。第三,《七略》全書分類皆以義(書籍包涵的内容)爲準,而不同時采用體(書籍組織的形態)與義兩個標準。後來的目録,在這點上往往不統一。如《四庫全書總目》的集部,其中《楚辭類》《詞曲類》《詩文評類》是按義分的,而《總集類》《别集類》又是按體分的。體與義在同一級别上並用是不合邏輯的,而《七略》則大體按義分類,没有牴牾。

魏晉時期目録學的最大特點是改《七略》和《漢書·藝文志》的六分法爲四分法。目録是文獻内容和形式的集中反映,文獻的成分變化了,目録的分類勢必也要發生相應的變化。漢、魏、晉以來文學創作日益增多,史學也得到了蓬勃發展,而子書與兵書却相對地減少了。整理圖書的多由秘書郎、秘書監、著作佐郎等擔任,這些人對數術、方技方面的著作既不一定内行,也不一定重視,因此四部分類法應運而生,並對後世産生了深遠的影響。

梁阮孝緒《七録序》概括地總結了魏晉時期四部分類産生的情況:

> 魏晉之世,文籍逾廣,皆藏在秘書中、外三閣。魏秘書郎鄭默删定舊文,時之論者,謂爲朱紫有别。晉領秘書監荀勖因魏《中經》更著《新簿》,雖分爲十有餘卷,而總以四部别之。惠懷之亂,其書略盡,江左草創,十不一存,後雖鳩集,淆亂已甚。及著作佐郎李充始加删正,

① 《文史通義》卷七外篇二《永清縣志文徵序例·詩賦敘録》。

② 《十七史商榷》卷二二《漢藝文志考證》。

因荀勖舊簿四部之法，而换其乙丙之書，没略群篇之名，總以甲乙爲次。自時厥後，世相祖述。[①]

關於鄭默編撰魏《中經簿》的情況，王隱《晉書》説："鄭默，字思元，爲秘書郎，删省舊文，除其浮穢，著魏《中經簿》。"[②]《晉書》鄭默傳引用中書令虞松的話稱贊《中經簿》説："而今而後，朱紫别矣。"[③]孔子説："惡紫之奪朱也。"[④]用"朱紫别矣"來比喻《中經簿》能够把性質相近而實不同的書區分開來，可見鄭默在分類上下了很大工夫。

《中經簿》雖已亡佚，但它對荀勖的《中經新簿》却發生了直接影響。《隋書·經籍志》云：

魏氏代漢，采掇遺亡，藏在秘書中、外三閣。魏秘書郎鄭默，始制《中經》。秘書監荀勖，又因《中經》，更著《新簿》，分爲四部，總括群書。一曰甲部，紀六藝及小學等書；二曰乙部，有古諸子家、近世子家、兵書、兵家、術數；三曰丙部，有史記、舊事、皇覽簿、雜事；四曰丁部，有詩賦、圖讚、汲冢書，大凡四部二萬九千九百四十五卷。[⑤]

對晉《中經新簿》四部分類的構成，余嘉錫作過中肯的分析，他説：

勖之甲部，即《七略》《漢志》之六藝，後世之經部。蓋歷代惟經學著述極富，未嘗中輟，舊書雖亡，新製復作，故惟此一部，古今無大變更。其乙部則合《漢志》之諸子、兵書、數術爲一部（四部中皆無方伎，蓋已統於術數之中），爲後世子部之祖。考漢諸子十家，惟儒、道、陰陽三家有西漢末人之著作（儒家有劉向、揚雄，道家、陰陽並有近世不

---

① 《廣弘明集》卷三《七録序》。
② 《初學記》卷一二引王隱《晉書》。
③ 《晉書》卷四四《鄭默傳》。
④ 《論語注疏》卷一七《陽貨》第十七。
⑤ 《隋書》卷三二《經籍志》。

知作者),餘若縱横、雜家,皆至武帝時止,農家至成帝時止,小説家至宣帝時止。而名、墨二家,則衹有六國人書。可以見當前漢時諸子之學,已在若存若亡之閒。由漢至晉,中更王莽、董卓之亂,其存焉者蓋寡矣。《中經》著録之古諸子凡若干家,今無可考。《七録》子兵録中陰陽部、農部各止一種(此所謂一種即一家,非《漢志》三十八種之種),墨部四種、縱横部二種而已。儒、道、雜三部最多,恐有大半是晉以後之新著。以此推之,晉時子部之書,當亦無幾。此所以合《漢志》四略之書歸於一部也。

《中經新簿》之類例,以分古諸子家、近時子家爲最有條理。蓋自漢而後,不獨名法之學失其傳,即他家亦多無師法,非復周秦之舊。取後世之書强附九流,按門分隸,是猶吕奪嬴宗,牛繼馬後,問其名則是,考其實則非也。張之洞《書目答問》以周秦諸子自爲一類,昔嘗詫爲特識,今乃知源出於勖耳。至兵書之外,又有兵家,不知以何爲别。豈以《漢志》著録者爲兵書(用《七略》之舊名),近世爲兵家耶?然立名未安,此則勖之疏也。①

丙部的史書本附於《春秋》,析出單獨成部,是《中經新簿》的一大成就。漢魏以下,史體日興,史書日多,紀傳編年之外,還有舊事也即故事,雜事略同雜史,卷帙繁多,自不能不單獨成一大類,於是史部就成立了。《皇覽》是類書之祖,當時尚未定其性質,因而在編目時也無法單獨成類,所以附於史部。

丁部包括詩賦、圖讚、汲冢書,相當於《漢書・藝文志》中的詩賦略,即後世之集部。但將汲冢書歸入集部,不少學者認爲是不妥當的,余嘉錫解釋道:

汲冢所得書,《晉書・束皙傳》詳載其目,其中四部之書皆有。

① 《目録學發微・目録類例之沿革》。

《中經》不使之各歸其類，而並附於丁部。王鳴盛以爲不可解[1]，趙翼以爲失當[2]，余謂此無不可解，亦無所謂失當也。蓋當時官收得汲冢竹書，武帝以付秘書，雖以今文寫之，而其簡策必仍藏秘府。以其皆科斗字，不與他書同，故不可以相雜厠，以取原書與所寫之本併貯一處，以便相校讎。以其自爲一類也，故附諸四部之末。猶後世藏書目以宋、元本别著於録，而今之圖書館有善本書庫之比耳。[3]

這裏解釋一下荀勖所撰《中經新簿》以甲、乙、丙、丁分四部的含義。古代人發明了干支，十干與十二支相配合，用來紀年、月、日。所以甲、乙、丙、丁有時具有與數字相同的概念，在使用時往往可以互相代替。許多事物如果在無固定名稱，或不想給它一個固定的名稱，或原來的名稱已亡佚時，往往就用甲、乙、丙、丁來代替。荀勖將《晉中經簿》分成甲、乙、丙、丁四部，説明他在新的書籍分類上構思還不成熟，一時還没有能用經、史、子、集四字來概括各部内容。

總而言之，荀勖及他的《晉中經簿》的主要成就是進行了圖書分類體系的變革，較好地反映了《七略》成書以後三百年内，由於文化學術的興衰所帶來的書籍性質及數量的變化情況，開闢了四部分類法的道路。其中突出的有兩點：一是將史部從經部中離析出來，形成了專門性質最顯著的一個部類。這對以後目録的分類産生了深遠影響。王儉《七志》雖曾將史書同經書重行合併成《經典志》，但没有扭轉史部獨立的趨勢。二是把當時數量減少了的兵書、兵家、數術（也許遺有方技）併爲子部。這樣做也爲後代目録子部内容龐雜開了一個先例。

晁公武的《郡齋讀書志》序談到了荀勖《中經新簿》的分類及其深遠影響，特録之如下：

勖之《簿》蓋合兵書、術數、方技於諸子，自春秋類摘出史記，别而

① 見《十七史商榷》卷六七《經史子集四部》條。
② 見《陔餘叢考》卷二二《經史子集》條。
③ 《目録學發微·目録類例之沿革》。

爲一，六藝、諸子、詩賦，皆仍歆舊。其後歷代所編書目，如王儉、阮孝緒之徒，咸從歆例；謝靈運、任昉之徒，咸從勖例。唐之分經、史、子、集，藏於四庫，是亦祖述勖而加詳焉。歐陽公謂其始於開元，誤矣。今公武所録書，史集居其半，若依《七略》，則多寡不均，故亦分之爲四焉。①

李充《元帝四部書目》對後代的最大影響，如阮孝緒所説，是“因荀勖舊簿四部之法，而换其乙丙之書”②。《文選》注引臧榮緒《晉書》云：“李充，字弘度，爲著作郎。於時典籍混亂，充删除煩重，以類相從，分爲四部，甚有條貫，秘閣以爲永制。五經爲甲部，史記爲乙部，諸子爲丙部，詩賦爲丁部。”③從此以後甲乙丙丁四部的内容就確定爲經史子集，一直沿用到現在了。

四部分類法雖然在它産生以後爲多數官修書目普遍采用，但也還有一些學者在探尋新法。《七志》《七録》就是六朝時期在這方面的代表著作。

《隋書·經籍志》序簡要地介紹了王儉《七志》的産生經過及内容：

宋元嘉八年，秘書監謝靈運造《四部目録》，大凡六萬四千五百八十二卷。元徽元年，秘書丞王儉又造《目録》，大凡一萬五千七百四卷。儉又别撰《七志》：一曰《經典志》，紀六藝、小學、史記、雜傳；二曰《諸子志》，紀今古諸子；三曰《文翰志》，紀詩賦；四曰《軍書志》，紀兵書；五曰《陰陽志》，紀陰陽圖緯；六曰《術藝志》，紀方技；七曰《圖譜志》，紀地域及圖書。其道、佛附見，合九條。然亦不述作者之意，但於書名之下，每立一傳，而又作九篇條例，編乎首卷之中。文義淺近，未爲典則。

---

① 《郡齋讀書志》卷首序。

② 《廣弘明集》卷三《七録序》。

③ 《文選》卷四六《王文憲集序》李善注引臧榮緒《晉書》。余嘉錫《目録學發微·目録類例之沿革》引此文，疑“五經爲甲部”以下乃李善語。此説可從。

《七志》中的前六志恢復了《漢書·藝文志》也即《七略》的分類法，是保守的。突出的例子是它仍將史書收録在《經典志》内，而無視當時書籍的實際情況。但其新增的與附録的部分却很值得重視。

首先，它將圖譜單獨立爲一類，是具有開創性的構思和實踐。這曾受到了宋代目録學家鄭樵的贊揚。他説：

> 古之學者，爲學有要，置圖於左，置書於右，索象於圖，索理於書，故人亦易爲學，學亦易爲功，舉而措之，如執左契。後之學者，離圖即書，尚辭務説，故人亦難爲學，學亦難爲功。雖平日胸中有千章萬卷，及置之行事之間，則茫茫然不知所向。……漢初，典籍無紀，劉氏創意，總括群書，分爲七略，只收書，不收圖，藝文之目，遞相因習。……後之人將慕劉、班之不暇，故圖消而書日盛。惟任宏校兵書一類，分爲四種，有書五十三家，有圖四十三卷，載在《七略》，獨異於他。宋齊之間，群書失次，王儉於是作《七志》以爲之紀，六志收書，一志專收圖譜，謂之《圖譜志》，不意末學而有此作也。①

但對鄭樵的話也要一分爲二，他强調圖對某些學術的重要性無疑是對的。但是第一，並不是所有的書都必需而且能够配上圖的；第二，圖和書往往是不能分割的，爲了使用的方便，似不應將其分别著録。因此王儉、鄭樵將圖譜和書分離，單獨設立一大類的主張，並没有能被後來的目録學家所接受。

其次，《七志》還有三個附録，如《七録序》所云："其外又條《七略》及兩漢《藝文志》②、《中經簿》所闕之書，並方外之佛經、道經，各爲一録。"由漢以來的各家目録，當時就有囿於聞見以至失收的，而後世新發現的古籍，漏列就更屬必然了。廣事訪求，輯補前録，就使得人們能够更全面地瞭解某一特定範疇的文獻，這當然是極好的事。事實上，這就是後世闕書目録

---

① 《通志·圖譜略·索象篇》。

② 兩漢《藝文志》是指班固《漢書·藝文志》和袁山松《後漢書·藝文志》，後者已佚。

（待訪書目）的先驅，也給後來的續補諸史藝文志等工作以啓發。至於附録道經、佛經目録，也是一個特點。在此以前，道經和佛經都各有其單獨的目録。將世俗的和宗教的書編爲一録，王儉是第一次嘗試。

《七志》之後，有創造性的目録是梁阮孝緒的《七録》。《七録》已佚，唐釋道宣的《廣弘明集》卷三收録了它的序（附古今書最），現摘其類目如下：

經典録内篇一

易部　尚書部　詩部　禮部　樂部　春秋部　論語部　孝經部　小學部

記傳録内篇二

國史部　注曆部　舊事部　職官部　儀典部　法制部　僞史部　雜傳部　鬼神部　土地部　譜狀部　簿録部

子兵録内篇三

儒部　道部　陰陽部　法部　名部　墨部　縱横部　雜部　農部　小説部　兵部

文集録内篇四

楚辭部　别集部　總集部　雜文部

術伎録内篇五

天文部　緯讖部　曆算部　五行部　卜筮部　雜占部　形法部　醫經部　經方部　雜藝部

佛法録外篇一

戒律部　禪定部　智慧部　疑似部　論記部

仙道録外篇二

經戒部　服餌部　房中部　符圖部

《七録》把内篇分爲五部，主要根據《梁天監四年文德正御四部及術數書目録》，該目録的作者爲劉孝標與祖暅。《七録序》云：

齊末兵火，延及秘閣，有梁之初，缺亡甚衆，爰命秘書監任昉躬加部集,又於文德殿内别藏衆書,使學士劉孝標等重加校進,乃分數術之文,更爲一部,使奉朝請祖暅撰其名録。

至其外篇佛法、仙道兩録,則根據王儉《七志》中關於佛經、道經的兩個附録。

《七録》分類上很突出的一個特點是務實,即從當時學術發展、書籍數量的實際出發,例如他以佛、道作爲外編,是依據《七志》之以道、佛爲附録。而《七志》併甲乙即經史兩部爲《經典志》,恢復劉歆《七略》之舊,《七録》却未追隨。不但如此,他還把《記傳録》細分爲十二類,就使在《七録》中部帙最多的史書的面貌更爲清晰①。《七録》將《七略》中的《詩賦略》《七志》中的《文翰志》更名爲《文集録》也反映了當時的實際情況,章學誠指出:"魏晉之間,專門之學漸亡,文章之士以著作爲榮華,詩賦、章表、銘箴、頌誄,因事結構,命意各殊,其旨非儒非墨,其言時離時合,裒而次之,謂之文集。"②這種務實精神,對目録分類顯然起了積極作用。

阮孝緒對目録分類理論也很有貢獻,其《七録序》是我國早期研究目録分類理論的非常重要的文獻。我們在第一章第二節《什麽是目録學》中作了重點介紹,可以參看。

在現存目録中,以四部分類,出現較早,影響深遠的當推《隋書·經籍志》。《隋志》序總結了從《七略》到《七録》的分類發展史,《隋志》所確立的四分法,正是吸取前人經驗而有所發展的結果。其序稱:

今考見存,分爲四部,合條爲一萬四千四百六十六部,有八萬九千六百六十六卷。其舊録所取,文義淺俗、無益教理者,並删去之。其舊録所遺,辭義可采,有所弘益者,咸附入之。遠覽馬《史》、班《書》,近觀王、阮《志》《録》,挹其風流體制,削其浮雜鄙俚,離其疏遠,合其近密,約文緒義,凡五十五篇,各列本條之下,以備《經籍志》。

---

① 據阮氏自己的統計,《記傳録》收史書一千二十種,一萬四千八百八十七卷,於《七録》中爲最多。

② 《校讎通義》卷四《和州志藝文書序例》。

《隋志》明確談到它大類的劃分是據《漢書・藝文志》分合而成的，其經部序説："班固列六藝爲九種，或以緯書解經，合爲十種。"其史部序説："班固以史記附春秋，今開其事類，凡十三種，别爲史部。"子部序説："《漢書》有諸子、兵書、數術、方技之略，今合而叙之爲十四種，謂之子部。"集部序説："班固有詩賦略，凡五種，今引而伸之，合爲三種，謂之集部。"此皆可證明其與《漢書・藝文志》的相承關係，同時也説明它在《漢志》的基礎上有很大發展。

由《七略》《漢志》的六分變爲四分，關鍵在於從經部裏析出史部，又把兵書、數術、方技併入子部。而在這兩方面，前人都爲《隋志》做了開闢道路的工作。例如荀勖的晉《中經簿》的丙部就包括史記、舊事、皇覽簿、雜事；其乙部就包括古諸子家、近世子家、兵書、兵家、術數。又如阮孝緒的《七録》，其記傳録即專收史書，其子兵録，諸子就同兵書合在一起。

《隋志》分爲四部，以經、史、子、集取代甲、乙、丙、丁，是受到魏晉時期目録的暗示殆無疑問。至於在細類的劃分上，則取資於《七録》爲多。姚振宗曾指出：

> 晉、宋以來爲四部書目者多矣，至唐初而總覈會歸定爲四十篇，名之曰《經籍志》。以《七録》叙目校之，唯史部之《正史》《古史》《雜史》《起居注》四篇不用阮例，餘或合併篇目、或移易次第，大略相同。[①]

許世瑛對此作了進一步的分析：

> 凡言目録者，莫不以《隋書・經籍志》爲四部目録不祧之祖，於是遂多以爲《隋志》濫觴於荀勖、李充之書。殊不知《隋志》之分四部，固可視爲受荀、李以降撰南朝秘閣書目諸氏之啓示；然此不過空洞之外形耳。究其内容，則《隋志》之四十種，原無大異於《七録》之四十六部（佛道九部除外）。試一較其異同，僅移緯讖入經部，改《記傳録》爲史

① 《隋書經籍志考證・叙本志體製》。

部，删鬼神而增雜史，析注曆爲古史、起居注，併子兵、術技二録爲子部，删雜藝，併卜筮、雜占、形法入五行，合醫經、經方爲醫方，屏道經、佛經目録於志外，如是而已。①

需要説明的是，《隋志》除四部外，還附有道、佛二録，然作者對於道、佛著作，僅分類統計種數、部數、卷數，附於四部之末，而未細列書名，並無實際作用，所以《隋志》實際上仍分四部。

以上就是我國古代目録分類第一階段的大概情形，余嘉錫總結由《漢書・藝文志》到《隋書・經籍志》分類的變化道：

> 合而觀之，七略之變而爲四部，不過因史傳之加多而分之於《春秋》，因諸子、兵書、數術、方伎之漸少而合之爲一部，出數術、方伎則爲五，益之以佛、道則爲七，還數術、方伎則爲六，併佛、道則復爲四，分合之故，大抵在諸子一部。互相祖述，各有因革。雖似歧出枝分，實則同條共貫也。②

《隋書・經籍志》以後，四分法即成了我國古典目録分類法的主流。但是如何用它來範圍包括道、佛著作在内的全部書籍，如何將古代所無之新出書籍按其性質分别隸屬四部，仍然是有待解决的問題。

第二節　四部分類法形成以後的内部調整

四部分類法形成以後便成了中國古代目録分類的主流。史志如《舊唐書・經籍志》《新唐書・藝文志》《宋史・藝文志》《明史・藝文志》，國家書目如《崇文總目》《四庫全書總目》，私家書目如《郡齋讀書志》《遂初堂書

① 《中國目録學史・四部分類法之確立・隋書經籍志與七録之關係》。
② 《目録學發微・目録類例之沿革》。

目》《直齋書録解題》《文獻通考·經籍考》等現存著名目録都采用了四部分類法。

在中國古典目録的分類中,始終由四部分類法統治着,這主要有兩個原因。首先,用四部代替《七略》的六分法是學術發展變化的必然結果。章學誠説:

《七略》之流而爲四部,如篆隸之流而爲行楷,皆勢之所不容已者也。史部日繁,不能悉隸以《春秋》家學,四部之不能返《七略》者一;名墨諸家,後世不復有其支别,四部之不能返《七略》者二;文集熾盛,不能定百家九流之名目,四部之不能返《七略》者三;鈔輯之體,既非叢書,又非類書,四部之不能返《七略》者四;評點詩文,亦有似别集而實非别集,似總集而又非總集者,四部之不能返《七略》者五。凡一切古無今有、古有今無之書,其勢判如霄壤,又安得執《七略》之成法,以部次近日之文章乎?①

其次,四部分類法自魏晉的國家書目到清代修《四庫全書總目》,行之既久,人以爲便,余嘉錫説:

夫部類之分合,隨宜而定。書之多寡及性質既變,則部類亦隨之而變。《七略》之易爲四部,亦勢使然也。四部之法行之既久,人以爲便。其間雖有李淑、鄭樵之徒,紛紛改作,取四部之書離析之爲若干類。然一家之言,人所不用。經史子集之名,遂相沿至今不廢。②

對於比較熟悉古代目録學的人來説,四部分類法是易於編目也是便於尋書的。在經史子集四部中,經部歷代因襲,少有變化,史部專科性强,集部收詩文集也比較明確,其餘統歸子部,再輔以二級類目、三級類目,以免分

---

① 《校讎通義》卷一《宗劉》。
② 《目録學發微·目録類例之沿革》。

類上的粗疏,也自有它的優越性。所以一九四九年後編的《中國叢書綜録》,其子目仍以四部排列,而《中國古籍善本書目》,除叢書外,也按四部分類。這些目録按四部分類排列,再加上書名和作者索引,無論是從分類的角度,還是從書名或作者的角度,檢索起來,都是相當方便的。

四部分類法形成以後,爲了更符合學術發展和文獻存在的實際情況,其内部也不斷地作了一些調整,現將其最主要的條列如下:

首先是佛道著作逐步得到了比較合理的反映。《隋書・經籍志》没有解決如何著録佛道著作的問題。《舊唐書・經籍志》乙部史録雜傳類收仙靈二十六家、高僧十家,丙部子録道家類收道釋著説四十七家。《新唐書・藝文志》丙部子録道家類,收"神仙三十五家,五十部,三百四十一卷。失姓名十三家,自《道藏音義》以下不著録六十二家,二百六十五卷""釋氏二十五家,四十部,三百九十五卷。(失姓名一家,玄琬以下不著録七十四家,九百四十一卷。)"①兩《唐志》這種處理方式的優點是將道佛著作併入子部或史部,成了真正的四部,缺點是没有賦與道佛著作以獨立地位,因而未能鮮明反映出它們的學術特點。所以《四庫全書總目》釋家類序云:"梁阮孝緒作《七録》,以二氏之文别録於末。《隋書》遵用其例,亦附於志末,有部數卷數而無書名。《舊唐書》以古無釋家,遂併佛書於道家,頗乖名實。"②

將道佛經書併入子部,並讓它們獨立成類的,是北宋的國家書目《崇文總目》。《崇文總目》雖未標經史子集之名,不過仍然是按經史子集四部排列的。其六十六卷中,有十二卷爲道書類與釋書類。它們都獨立成類,再不像在兩《唐志》中那樣處於從屬的地位。特别是道書,不僅著録多,而且分類細。因此,鄭樵贊美它極有條理:

> 《崇文總目》,衆手爲之。其間有兩類極有條理,古人不及,後來無以復加也。道書一類有九節,九節相屬,而無雜糅。③

---

① 《新唐書》卷五九《藝文志》。

② 《四庫全書總目》卷一四五釋家類序。

③ 《通志・校讎略・崇文明於兩類論》。

此後,《郡齋讀書志》《直齋書録解題》《文獻通考・經籍考》皆仿《崇文總目》將道佛著作各專設一類於子部。而《遂初堂書目》《明史・藝文志》《四庫全書總目》皆設釋家一類於子部,而將道書附於道家。道書復又附於道家,顯然是道家哲學與道教、神仙家等逐步融合的結果。如《四庫全書總目》道家類序所云:

> 後世神怪之迹,多附於道家,道家亦自矜其異,如《神仙傳》《道教靈驗記》是也。要其本始,則主於清净自持,而濟以堅忍之力,以柔制剛,以退爲進。故申子、韓子流爲刑名之學,而《陰符經》可通於兵。其後長生之説與神仙家合爲一,而服餌導引入之,房中一家,近於神仙者亦入之;鴻寶有書,燒煉入之;張魯立教,符籙入之;北魏寇謙之等又以齋醮章呪入之。世所傳述,大抵多後附之文,非其本旨。彼教自不能别,今亦無事於區分。①

其次是一些類目的學術地位變化了,在分類上也不能不作出相應的調整。例如《孟子》及其注釋等書,北宋以前的目録,如《漢志》《隋志》兩《唐志》《崇文總目》,都列入子部儒家。但是據宋人丁度《禮部韻略》所附《貢舉條式》可知,元祐年間曾將《孟子》列爲科舉考試内容,此後的《貢舉條式》一再重申了這項規定,因此《孟子》的地位大爲提高,所以南宋尤袤的《遂初堂書目》將《孟子》及其相關圖書附入論語類,這樣該類著作在書目中也就由子部升入了經部。稍後的陳振孫《直齋書録解題》則乾脆將經部論語類改名爲語孟類,表明《孟子》不但升入經部,而且取得了與《論語》相提並論的地位。作者在該類小序中説:

> 前志,《孟子》本列於儒家,然趙岐固嘗以爲則象《論語》矣。自韓文公稱孔子傳之孟軻,軻死不得其傳,天下學者咸曰《孔孟》。孟子之書固非荀、楊以降所可同日語也。今國家設科取士,《語》《孟》併列爲

---

① 《四庫全書總目》卷一四六道家類序。

> 經，而程氏諸儒訓解二書，常相表裏，故今合爲一類。①

南宋孝宗淳熙年間，朱熹替《禮記》中的《大學》《中庸》做了章句，替《論語》《孟子》做了集注，並且將它們合在一起稱爲《四書》，影響越來越大。

據《元史·選舉志·科目》可知，《四書》成了科舉考試内容，就依據朱熹的《大學章句》《論語集注》《孟子集注》《中庸章句》，所以馬端臨《文獻通考·經籍考》從《直齋書録解題》例，將《論語》《孟子》合爲一類。明代《四書》地位更高，《四庫全書總目》於《四書大全》提要云：

> 明永樂十三年，翰林學士胡廣等奉敕撰。成祖御製序文，頒行天下。二百餘年，尊爲取士之制者也。其書……初與《五經大全》並頒，然當時程式，以《四書》義爲重，故《五經》率皆度閣，所研究者惟《四書》，所辨訂者亦惟《四書》。後來《四書》講章浩如烟海，皆是編爲之濫觴。蓋由漢至宋之經術，於是始盡變矣。②

這樣，明代與清初的一些公私目録就進一步將古代目録中的論語類或語孟類改標四書類了。如明晁瑮的《晁氏寶文堂書目》、清初黄虞稷的《千頃堂書目》、姚際恒的《好古堂書目》以及《明史·藝文志》等。這一改變，也爲《四庫全書總目》所接受。其類序云：

> 《論語》《孟子》，舊各爲帙；《大學》《中庸》，舊《禮記》之二篇。其編爲《四書》，自宋淳熙始，其懸爲令甲，則自元延祐復科舉始，古來無是名也。……元邱葵《周禮補亡序》稱聖朝以六經取士，則當時固以《四書》爲一經。前創後因，久則爲律，是故難以一説拘矣。今從《明史·藝文志》例，别立《四書》一門，亦所謂禮以義起也。……元明以來之所解，皆自《四書》分出者耳。《明史》併入《四書》，蓋循其實，今

---

① 《直齋書録解題》卷三語孟類序。

② 《四庫全書總目》卷三六《四書大全》。

亦不復强析其名焉。①

《孟子》及其相關圖書在目録分類中的變化,清楚地反映了《孟子》一書在封建社會越來越受到重視的過程。

讖緯之學的盛衰也從目録的分類上反映了出來。《隋書·經籍志》將《七録》術伎録中的讖緯書改隸經部,姚名達對此産生了疑問:"既非聖人之書,何以混列一部?"②其實《隋志》叙録曾介紹過讖緯同經書的密切關係:"起王莽好符命,光武以圖讖興,遂盛行於世。漢時,又詔東平王蒼正五經章句,皆命從讖。俗儒趨時,益爲其學,篇卷第目,轉加增廣。言五經者,皆憑讖爲説。"③此後,《舊唐書·經籍志》《新唐書·藝文志》《直齋書録解題》《文獻通考·經籍考》就都循例設讖緯類於經部了。《直齋書録解題》讖緯類序談到了讖緯的盛衰:

> 讖緯之説起於哀、平、王莽之際,莽以此濟其簒逆,公孫述效之,而光武紹復舊物,乃亦以赤伏符自累,篤好而推崇之,甘與莽、述同智。於是佞臣陋士從風而靡。賈逵以此論左氏學,曹褒以此定漢禮,作《大予樂》。大儒如鄭康成,專以讖言經,何休又不足言矣。二百年間,惟桓譚、張衡力非之而不能回也。魏、晉以革命受終,莫不傅會符命,其源實出於此。隋、唐以來,其學寖微矣。考《唐志》,猶存九部八十四卷,今其書皆亡,惟《易》緯僅存如此。及孔氏《正義》,或時援引,先儒蓋嘗欲删去之以絶僞妄矣。使所謂七緯者皆存,猶學者所不道,况其殘闕不完,於僞之中又有僞者乎?姑存之以備凡目云爾。④

隨着讖緯書的衰微,其餘書目,如《宋史·藝文志》《明史·藝文志》《四庫全書總目》也就理所當然地將其摒除了。

---

① 《四庫全書總目》卷三五四書類序。

② 《中國目録學史·分類篇·五代史志之經籍志》。

③ 《隋書》卷三二《經籍志》。

④ 《直齋書録解題》卷三讖緯類序。

再次是將一些不好分門别類的著作併入雜家。這類書大致有三種情況：一種如名、法諸家，所存著作寥寥無幾，已難自成一類；二是有些著作性質特殊，不能屬於某類；三是某些新興學科的著作起初數量較少，不足成類。雜家在圖書分類中有特别複雜的内藴，它也是經過許多變化而逐漸形成的。《漢書・藝文志》諸子略雜家序云：

> 雜家者流，蓋出於議官。兼儒、墨，合名、法，知國體之有此（師古曰："治國之體，亦當有此雜家之説。"），見王治之無不貫（師古曰："王者之治，於百家之道無不貫綜。"），此其所長也。及蕩者爲之，則漫羡而無所歸心。

這是雜家的最初含義。顧實《漢書藝文志講疏》認爲雜家之學興盛於秦國。他説："夫秦本無儒，異國之士，輻湊於秦，形成帝業，於是雜家之學大盛。《由余》《尉繚》《尸子》《吕覽》先後踵輝，此亦一時之奇觀也。"就拿《吕氏春秋》來説，汪中序《吕氏春秋》云：

> 周官失其職，而諸子之學以興。各擇一術，以明其學，莫不持之有故，言之成理，及比而同之，則仁之與義，敬之與和，猶水火之相反也。最後《吕氏春秋》出，則諸子之説兼有之。①

所以説："雜家者，百家所從入，期於爲治最切，蓋秦學也。"②這是雜家的本來面貌。

我們將《隋志》與《漢志》雜家的序相較，會發現兩者的論點是一致的。但是，如果我們研究《隋志》雜家所著録的圖書，就會發現它們名同實異。《隋志》雖總號雜家，實暗分四目，將内容大大地擴充了。姚振宗曾指出：由《尉繚子》五卷迄《金樓子》十卷，則"諸子之屬爲一類，《四庫提要》所謂

---

① 《述學》補遺。

② 《閑堂文藪・雜家名實辨證》。

雜學之屬是也”。由《博物志》十卷至《論集》八十六卷,則“雜家之不明一體者爲一類,其中亦略有分别,以類相從。故撰人如沈約、盧辯皆前後兩見。《四庫提要》所謂雜考、雜説、雜品、雜纂之屬皆有之”。由《皇覽》一百二十卷迄《書抄》一百七十四卷,則“爲類事之屬,至《唐經籍志》始别爲一類”。由《釋氏譜》十五卷迄《玄門寶海》一百二十卷,則“皆釋家之屬,兩《唐志》皆附於道家之後”①。其中所謂雜考、雜説、雜品、雜纂之屬,類事之屬,釋家之屬皆《漢志》雜家所無。可見諸子雜家之義,漢後已亡。《隋志》已開始將雜家作爲容納不好分類的書籍的淵藪。同名異實,這是雜家的第一大變化。

《舊唐書·經籍志》雜家所著録的内容同《隋書·經籍志》相比,除於子部特立類書一家,出釋家諸雜著附道家之後外,餘仍舊貫。而《舊唐書·經籍志》序云:“雜家以紀兼叙衆説。”②雜家在新的範疇中做到了名實相符,這是它的第二大變化。在這以後,如《新唐書·藝文志》《崇文總目》《通志·藝文略》《郡齋讀書志》《直齋書録解題》《國史·經籍志》之流,就都照此辦理了。

到了明朝,雜家又發展爲兼容諸子。祁承爜《澹生堂書目》諸子類已包含墨、法、名、縱横、雜五家,到了黄虞稷編《千頃堂書目》,子部十二類,其二曰雜家,注云:“前代藝文志列名、法諸家,後代沿之。然寥寥無幾,備數而已。今削之,總名曰雜家。”這一方法也爲《明史·藝文志》所采用。清人修《四庫全書總目》,亦併名、墨、縱横三家於雜家,其類序云:

> 衰周之季,百氏争鳴,立説著書,各爲流品。《漢志》所列備矣。或其學不傳,後無所述;或其名不美,人不肯居。故絶續不同,不能一概著録。後人株守舊文,於是墨家僅《墨子》《晏子》二家之書;名家僅《公孫龍子》《尹文子》《人物志》三書;縱横家僅《鬼谷子》一書。亦别立標題,自爲支派。此拘泥門目之過也。黄虞稷《千頃堂書目》於寥

① 《隋書經籍志考證》卷三〇子部七雜家。

② 《舊唐書》卷四六《經籍志》。

> 寥不能成類者併入雜家。雜之義廣，無所不包，班固所謂合儒、墨，兼名、法也。變而得宜，于例爲善。今從其説：以立説者，謂之雜學；辨證者，謂之雜考；議論而兼叙述者，謂之雜説；傍究物理，臚陳纖瑣者，謂之雜品；類輯舊文，途兼衆軌者，謂之雜纂；合刻諸書，不名一體者，謂之雜編。凡六類。①

所謂雜學，即舊目雜家和學已衰微因而傳書甚少的諸子，雜考以下四家，書是從《隋志》就已經著録了，但一直到了《總目》，其在目録分類中的地位才明確起來。雜編就是叢書，《澹生堂書目》將其在子部單列一類，張之洞《書目答問》將其單列一部。這樣，雜家就兼包了諸子，這是雜家的第三大變化。總之，它由諸子中的雜家逐步變成了容納許多不好單獨分類的著作的雜類。

最後，我們需要着重介紹的一點是四部分類形成以後内部所出現的一些新類目。《四庫全書總目・凡例》説得好："文章流别，歷代增新。古來有是一家，即應立是一類。"②譬如史評類即創設於《郡齋讀書志》，其《史通》提要云："前世史部中有史鈔類，而集部中有文史類。今世鈔節之學不行，而論説者爲多，故自文史類内摘出論史者爲史評，附史部，而廢史鈔云。"③《文獻通考・經籍考》將史評、史鈔合併爲一類。在《四庫全書總目》中，史評復又單獨列爲一類。

再如類書，《隋志》將其附入子部雜家類。唐代類書得到蓬勃的發展，於是《舊唐書・經籍志》設類事一類，收書二十二部，凡七千八十四卷，《新唐書・藝文志》又改類事爲類書，收"二十四部，七千二百八十八卷。（失姓名三家，王義方以下不著録三十二家，一千三百三十八卷。）"④此後各家目録相沿不改，《四庫全書總目》類書類序云：

---

① 《四庫全書總目》卷一一七雜家類序。

② 《四庫全書總目》卷首《凡例》。

③ 《郡齋讀書志》卷七《史通》。

④ 《新唐書》卷五九《藝文志》。

類事之書,兼收四部,而非經非史,非子非集,四部之内,乃無類可歸。《皇覽》始於魏文,晉荀勖《中經簿》分隸何門,今無所考。《隋志》載入子部,當有所受之。歷代相承,莫之或易。明胡應麟作《筆叢》始議改入集部。然無所取義,徒事紛更,則不如仍舊貫矣。①

此外,《四庫全書總目》將集部中的文史類變爲詩文評類,反映了清人對文藝理論著作的範疇與作用的認識更加清晰。其類序云:

文章莫盛於兩漢,渾渾灝灝,文成法立,無格律之可拘。建安、黄初,體裁漸備,故論文之説出焉,《典論》其首也。其勒爲一書傳於今者,則斷自劉勰、鍾嶸。勰究文體之源流,而評其工拙。嶸第作者之甲乙,而溯厥師承。爲例各殊。至皎然《詩式》,備陳法律。孟棨《本事詩》,旁采故實。劉攽《中山詩話》、歐陽修《六一詩話》,又體兼説部。後所論著,不出此五例中矣。宋明兩代,均好爲議論,所撰尤繁。雖宋人務求深解,多穿鑿之詞,明人喜作高談,多虚憍之論,然汰除糟粕,采擷菁英,每足以考證舊聞,觸發新意。《隋志》附總集之内,《唐書》以下則並於集部之末,别立此門,豈非以其討論瑕瑜,别裁真僞,博參廣考,亦有裨於文章歟?②

朱自清也指出:

詩文評的系統的著作,我們有《詩品》和《文心雕龍》,都作於梁代。可是一向只附在總集的末尾,宋代才另立文史類來容納這些書。這文史類後來演變爲詩文評類。著録表示有地位,自成一類表示有獨立的地位,這反映着各類文學本身如何發展,並如何獲得一般的承認。③

---

① 《四庫全書總目》卷一三五類書類序。
② 《四庫全書總目》卷一九五詩文評類序。
③ 《朱自清古典文學論文集·詩言志辨序》。

文史類實際上爲唐代吴兢私家藏書目録《吴氏西齋書目》首創，馬端臨《文獻通考·經籍考》集部文史類序云：

> 宋《三朝藝文志》："晉李充始著《翰林論》，梁劉勰又著《文心雕龍》，言文章體制。又鍾嶸爲《詩評》，其後述略例者多矣。至於揚榷史法，著爲類例者，亦各名家焉。前代志録散在'雜家'或'總集'，然皆所未安。惟吴兢《西齋》有'文史'之别，今取其名而條次之。"

《吴氏西齋書目》所開創的"文史類"，被《崇文總目》《遂初堂書目》《直齋書録解題》以及《文獻通考·經籍考》《宋史·藝文志》《明史·藝文志》所繼承，産生了比較大的影響。至《四庫全書總目》在史部設史評類，在集部設詩文評類，就更加科學了。

還有雜曲歌詞，由於在封建社會長期受到鄙視，一般都不登大雅之堂。由於其迅速發展，它們在某些目録中仍然取得了一席之地。如《遂初堂書目》集部有樂曲類，《直齋書録解題》《文獻通考·經籍考》集部有歌詞類，《四庫全書總目》集部設詞曲類。《總目》詞典類序最能説明封建社會正統觀念對詞曲的看法：

> 詞曲二體在文章、技藝之間，厥品頗卑，作者弗貴，特才華之士以綺語相高耳。然三百篇變而古詩，古詩變而近體，近體變而詞，詞變而曲，層累而降，莫知其然。究厥淵源，實亦樂府之餘音，風人之末派。其於文苑，同屬附庸，亦未可全斥爲俳優也。今酌取往例，附之篇終。①

隨着學術日新月異的發展，一些目録雖然想繼續維持四部，但最終不得不突破四部的樊籬，如張之洞的《書目答問》五卷，除經史子集四部外，新設叢書一部。在這以前，明祁承爜《澹生堂書目》已在子部中創立叢書

---

① 《四庫全書總目》卷一九八詞曲類序。

一類,其《庚申整書略例》云:

> 叢書之目,不見於古,而冗編之著,疊出於今。既非旁搜博采以成一家之言,復非别類分門以爲考覽之助,合經史而兼有之,采古今而併集焉。如後世所刻《百川學海》《漢魏叢書》《古今逸史》《百家名書》《稗海》《秘笈》之類,斷非類家所可併收,故益以叢書者四。①

柳詒徵曾談到清初姚際恒的《好古堂書目》"又於四部外立經史子集總一類,則近世目録家别立叢書部類之濫觴也。"②

《書目答問》進一步將叢書與經史子集並列,獨成一部。它説明道:"叢書最便學者,爲其一部之中可該群籍。蒐殘存佚爲功尤鉅。欲多讀古書,非買叢書不可。其中經史子集皆有,勢難隸於四部,故别爲類。"③姚名達對《書目答問》的分類作了評價,他説:

> 《書目答問》在分類史上之地位,不在創造,而在對《四庫總目》加以他人所不敢爲之修正。以張之洞之權威,《答問》之流行,適值東、西洋譯書日多,四部分類法正苦不能容納之時,纂新書目録者遂得借口另起爐竈,不復依傍《四庫總目》。張氏雖絶對無意於打倒《四庫》,而《四庫》之敗壞自此始萌其朕兆也。④

基本上守四部之舊壘,而在分類上同時作出了新的突破的還有《江蘇國學圖書館圖書總目》。它除經、史、子、集四部外,又新設了地志、圖、叢書三大部。其特點是散新書以歸舊類,其無類可歸者,則立新類以納之。以子部爲例,它除傳統的子部類目外,又新加了工家類、商業類、交通類、耶教類、回教類、東方各教類、哲學類、社會科學類、自然科學類等二級類

---

① 《澹生堂書目》卷首《庚申整書略例》。

② 《姚際恒好古堂書目跋》,載《中央大學國學圖書館第二年刊》第二八頁。

③ 《書目答問》卷五叢書目序。

④ 《中國目録學史·分類篇·對於隋志部類之修正與補充》。

目。所設全新的三級類目則更多，如自然科學類下設總論、物理、化學、生物學、物礦學、地學等。在維持舊的四部分類傳統上，這個書目作了很大的努力。但它也預示着隨着社會的發展、科學的進步，四部分類法爲新的分類法所代替乃是必然的趨勢。

第三節　不守四部成規的分類法

乾隆皇帝曾説："從來四庫書目，以經史子集爲綱領，裒輯分儲，實古今不易之法。"①其實並非如此。《隋志》以後，四部分類雖已定於一尊，但公私目録仍時有不守四部成規之分類法出現。現擇要介紹如下：

宋晁公武《郡齋讀書志》著録《邯鄲圖書志》十卷，其提要云："右皇朝李淑獻臣撰。……載其家所藏圖書五十七類，經史子集通計一千八百三十六部，二萬三千一百八十六卷，其外又有藝術志、道書志、書志、畫志，通爲八目。"②《邯鄲圖書志》今已失傳，但其較早地大膽突破了四部分類法則是顯而易見的。

南宋初年，鄭樵撰《通志》，其《藝文略》盡列古今公私目録所收之書目於一編，今録其分類表於下：

經類第一

易　古易　石經　章句　傳　注　集注　義疏　論説　類例　譜　考正　數　圖　音　讖緯　擬易

書　古文經　石經　章句　傳　注　集注　義疏　問難　義訓小學　逸篇　圖　音　續書　讖緯　逸書

詩　石經　故訓　傳　注　義疏　問辨　統説　譜　名物　圖音　緯學

春秋　經　五家傳注　三傳義疏　傳論　序　條例　圖　文辭　地理　世譜　卦繇　音　讖緯

春秋外傳國語　注解　章句　非駁　音

① 《四庫全書總目》卷首載乾隆三十八年二月十一日上諭。

② 《郡齋讀書志》卷九《邯鄲圖書志》。

孝經　古文　注解　義疏　音　廣義　讖緯

論語　古論語　正經　注解　章句　義疏　論難　辨正　名氏　音釋　讖緯　續語

爾雅　注解　圖　義　音　廣雅　雜爾雅　釋言　釋名　方言

經解　經解　謚法

禮類第二

周官　傳注　義疏　論難　義類　音　圖

儀禮　石經　注　疏　音

喪服　傳注　集注　義疏　記要　問難　儀注　譜　圖　五服圖儀

禮記　大戴　小戴　義疏　書鈔　評論　名數　音義　中庸　讖緯

月令　古月令　續月令　時令　歲時

會禮　論鈔　問難　三禮　禮圖

儀注　禮儀　吉禮　賓禮　軍禮　嘉禮　封禪　汾陰　諸祀儀注　陵廟制　家禮祭儀　東宫儀注　后儀　王國州縣儀注　會朝儀　耕籍儀　車服　國璽　書儀

樂類第三

樂　樂書　歌辭　題解　曲簿　聲調　鐘磬　管弦　舞　鼓吹琴　讖緯

小學類第四

小學　小學　文字　音韻　音釋　古文　法書　蕃書　神書

史類第五

正史　史記　漢　後漢　三國　晉　宋　齊　梁　陳　後魏　北齊　後周　隋　唐　通史

編年　古魏史　兩漢　魏　吴　晉　宋　齊　梁　陳　後魏　北齊　隋　唐　五代　運曆　紀録

霸史　上　下

雜史　古雜史　兩漢　魏　晉　南北朝　隋　唐　五代　宋朝

起居注起居注　實録　會要

故事

職官　上　下

刑法　律　令　格　式　敕　總類　古制　專條　貢舉　斷獄　法守

傳記　耆舊　高隱　孝友　忠烈　名士　交游　列傳　家傳　列女　科第　名號　冥異　祥異

地理　地理　都城宫苑　郡邑　圖經　方物　川瀆　名山洞府　朝聘　行役　蠻夷

譜系　帝系　皇族　總譜　韻譜　郡譜　家譜

食貨　貨寶　器用　豢養　種藝　茶　酒

目録　總目　家藏總目　文章目　經史目

諸子類第六

儒術

道家　老子　莊子　諸子　陰符經　黄庭經　參同契　目録　傳記　論　書經　科儀　符籙　吐納　胎息　内視　道引辟穀　内丹　外丹　金石藥　服餌　房中　修養

釋家　傳記　塔寺　論議　詮述　章鈔　儀律　目録　音義　頌贊語録

法家

名家

墨家

縱横家

雜家

農家

小説

兵家　兵書　軍律　營陣　兵陰陽　邊策

天文類第七

天文　天象　天文總占　竺國天文　五星占　雜星占　日月占　風云氣候占　寶氣

曆數　正曆　曆術　七曜曆　雜星曆　刻漏

算術　算術　竺國算法

五行類第八

五行　易占　軌革　筮占　龜卜　射覆　占夢　雜占　風角　鳥情　逆刺　遁甲　太一　九宫　六壬　式經　陰陽　元辰　三命　行年　相法　相笏　相印　相字　堪餘　易圖　婚嫁　産乳　登壇　宅經　葬書

藝術類第九

藝術　藝術　射　騎　畫録　畫圖　投壺　弈碁　博塞　象經　樗蒲　彈碁　打馬　雙陸　打毬　彩選　葉子格　雜戲格

醫方類第十

醫方　脉經　明堂針灸　本草　本草音　本草圖　本草用藥　采藥　炮炙　方書　單方　胡方　寒食散　病源　五藏　傷寒　脚氣　嶺南方　雜病　瘡腫　眼藥　口齒　婦人　小兒　食經　香薰　粉澤

類書類第十一

類書　上　下

文類第十二

文　楚辭　别集　總集　詩總集　賦　贊頌　箴銘　碑碣　制誥　表章　啓事　四六　軍書　案判　刀筆　俳諧　奏議　論　策　書　文史　詩評

鄭樵曾全面地介紹過《通志·藝文略》的分類系統,指出:

欲明書者,在於明類例。噫!類例不明,圖書失紀,有自來矣,臣於是總古今有無之書,爲之區别。凡十二類:經類第一,禮類第二,樂類第三,小學類第四,史類第五,諸子類第六,星數(案:《藝文略》實作天文)類第七,五行類第八,藝術類第九,醫方類第十,類書類第十一,文類第十二。經一類分九家,九家有八十八種書,以八十八種書而總爲九種書,可乎?禮一類分七家,七家有五十四種書,以五十四種書而總爲七種書,可乎?樂一類爲一家,書十一種。小學一類爲一家,書八種。史一類分十三家,十三家爲書九十種。朝代之書,則以朝代分,非朝代書,則以類聚分。諸子一類分十一家;其八家爲書八種。道、釋、兵三家書差多,爲四十種。星數一類分三家,三家爲書十五種。五行一類分三十家,三十家爲書三十三種。藝術一類爲一家,書十七種。醫方一類爲一家,書二十六種。類書一類爲一家,分上下二種。文類一類分二家,二十二種。别集一家爲十九種書,餘二十一家二十一種書而已。總十二類,百家,四百二十二種(案:《藝文略》實際分類與此有異),朱紫分矣。散四百二十二種書,可以窮百家之學,斂百家之學,可以明十二類之所歸。①

在《通志》中,《校讎略》專門探討了分類理論,而《藝文略》則是他的分類理論的應用。所以我們可以先討論一下鄭樵的分類理論,然後再談談他是怎樣把這一理論運用於《藝文略》中的。

鄭樵首先闡明了我國古典目録學的基本理論,認爲通過科學的分類能够辨章學術、考鏡源流。他説:

類例既分,學術自明,以其先後本末俱在。觀圖譜者,可以知圖譜之所始。觀名數者,可以知名數之相承。讖緯之學,盛於東都。音韻之書,傳於江左。傳注起於漢魏,義疏成於隋唐。睹其書,可以知其學之源流。或舊無其書而有其學者,是爲新出之學,非古道也。②

鄭樵還論述了編次必謹類例,因爲謹嚴的分類有明學與存書兩大功用,因此類例必須依據不同的分類層次把性質不同的學術區分開來,使之各有專門,以便保存和流傳:

學之不專者,爲書之不明也;書之不明者,爲類例之不分也。有專門之書,則有專門之學;有專門之學,則有世守之能。人守其學,學守其書,書守其類。人有存没而學不息,世有變故而書不亡。以今之書校古之書,百無一存,其故何哉?士卒之亡者,由部伍之法不明也;書籍之亡者,由類例之法不分也。類例分,則百家九流各有條理,雖亡而不能亡也。巫醫之學,亦經存没,而學不息;釋老之書,亦經變故,而書常存。觀漢之《易》書甚多,今不傳,惟卜筮之《易》傳。法家之書亦多,今不傳,惟釋老之書傳。彼異端之學能全其書者,專之謂矣。③

①②③ 《通志·校讎略·編次必謹類例論》。

因此,他特别贊賞任宏所校録的兵書,認爲:"《七略》惟兵家一略,任宏所校,分權謀、形勢、陰陽、技巧爲四種書,又有圖四十三卷,與書參焉。觀其類例,亦可知兵,況見其書乎?"①而對於《舊唐書·經籍志》併道家、道書、釋氏爲一類的做法提出了批評:

> 舊類有道家,有道書,道家則老莊是也。有法家,有刑法,法家則申韓是也。以道家爲先,法家次之。至於刑法、道書,别出條例。刑法則律令也,道書則法術也。豈可以法術與老莊同條,律令與申韓共貫乎?不得不分也。《唐志》則併道家、道書、釋氏三類爲一類,命以道家,可乎?②

下面我們看看鄭樵在《藝文略》中是怎樣實踐他的分類理論的。首先,在大類的設置上突破了《七略》與四部的模式。鄭樵認爲:"《七略》所分,自爲苟簡;四庫所部,無乃荒唐。"③他將《藝文志》分爲十二大類,雖然仍置經類爲第一,但却把禮、樂、小學分出,各立一類,與經類並列,反映了他想衝破經部傳統範圍的傾向;雖然仍保存了諸子類,却將天文、五行、藝術、醫方及類書分出,各成一類,與諸子並列,反映了他企圖嚴格按學術立類的努力。對於各類的收録範圍,鄭樵也作了一些探討,譬如類書類,他説:

> 歲時自一家書,如《歲時廣記》百十二卷,《崇文總目》不列於歲時,而列於類書,何也?類書者,謂總類不可分也。若可分之書,當入别類。且如天文有類書,自當列天文類,職官有類書,自當列職官類。豈可以爲類書而總入類書類乎?④

① 《通志·校讎略·編書不明分類論》。
② 《通志·校讎略·編次不明論》。
③ 《通志·校讎略·編次必謹類例論》。
④ 《通志·校讎略·編次之訛論》。

可見作者認定，類目的區分，著録的範疇都應當以學術爲標準，而不應以書籍體制爲依據。

其次，鄭樵十分重視二級類目與三級類目的設置，對於容易混淆的學科，他都努力從分類上加以區别。他説：“編年一家，而有先後；文集一家，而有合離。日月星辰，豈可與風雲氣候同爲天文之學？三命元辰，豈可與九宫太一同爲五行之書？”①因此他在編年一家下分古魏史、兩漢等十五種，在天文一家下分雜星占、日月占等八種，在五行一類下分元辰、三命等三十種。他還指出：“古今編書，所不能分者五：一曰傳記，二曰雜家，三曰小説，四曰雜史，五曰故事。凡此五類之書，足相紊亂。又如文史與詩話亦能相濫。”②所以，他於史類設雜史、故事、傳記三家，於諸子類設雜家、小説兩家，又於文類分設文史、詩評二種。而且他還於雜史、傳記二家之下復分若干種。這樣周密的分類，顯然能使圖書的處理更爲合理。

《通志・藝文略》雖不免牴牾訛謬，但是確如章學誠所説：

> 鄭樵生千載而後，慨然有會於向、歆討論之旨，因取歷朝著録，略其魚魯豕亥之細，而特以部次條别，疏通倫類，考其得失之故，而爲之校讎。蓋自石渠天禄以還，學者所未嘗窺見者也。③

鄭樵在分類的理論和實踐方面所取得的創造性成果是應當充分肯定的。到了清代，章學誠著《文史通義》和《校讎通義》，又修撰《史籍考》等巨型目録，成績和貢獻雖然超過了鄭樵，但鄭樵却爲章學誠開闢了先路。

南宋端平（一二三四至一二三六）間，“莆田鄭寅子敬，以所藏書爲七録：曰經、曰史、曰子、曰藝、曰方技、曰文、曰類”。④ 此或因家藏有限，併《通志・藝文略》十二類而成。禮、樂、小學三類重入經類，天文、醫方二類重入方技類。藝術、方技、類書三類則不入子，而與經、史、子、集四部並

---

① 《通志・校讎略・編次必謹類例論》。

② 《通志・校讎略・編次之訛論》。

③ 《校讎通義》卷首《自序》。

④ 《直齋書録解題》卷八《鄭氏書目》解題。

列,自有其合理的因素。因《鄭氏書目》久佚,無法詳論。

官書目録不守四部成規的代表當推明代的《文淵閣書目》。該目由楊士奇等據文淵閣藏書於英宗正統六年(一四四一)編成。姚名達曾概括地指出它有如下一些特色和優缺點:

> 其分類法雖陋,然能不守四部之成規,實開有明一代之風氣。首曰國朝,特録明帝御製、敕撰、政書、實録等項。此例一開,陸深(《江東藏書目》)、沈節甫(《玩易樓藏書目録》)、葉盛(《菉竹堂書目》)、焦竑(《國史經籍志》)、孫能傳(《内閣書目》)皆仿行勿違,幾成明代衆録之共同特色。次曰《易》《書》《詩》《春秋》《周禮》《儀禮》《禮記》、禮書、樂書、諸經總類、《四書》、性理、經濟。並無經部總名,其善一。禮書、樂書皆後世之作,不雜入禮經,不冒充樂經,其善二。特闢性理、經濟二類,其善三。惟諸經總類實兼收無類可歸之經書,義兼總雜,失之渾沌。次曰史、史附、史雜,漫無界限。次曰子書、子雜、雜附,弊與史同。次曰文集、詩詞,劃出散文,與韻文對立,可稱特識,較之衆録但分總集、别集者精善多矣。次則類書不附於子,韻書不附於經,姓氏、法帖、畫譜(諸譜附)、政書、刑書、兵法、算法、陰陽、醫書、農圃、道書、佛書,各各獨立,不相比附,亦頗合理。尤以政、刑分門,譜、帖異類,爲他録所不及。又因地方志特多,故特分爲古今志(雜志附)、舊志、新志三類。綜其全目,本無深意。較之四部舊法,固如上述,偶有所長,而劣點更多,不足相掩。然有明一代,除高儒(《百川書志》)、朱睦㮮(《萬卷堂書目》)、胡應麟(《二酉山房書目》)、焦竑(《國史經籍志》)、徐𤊹(《紅雨樓書目》)、祁承㸁(《澹生堂書目》)六家仍沿四部之稱而大增其類目外,私家藏書,多援《文淵目》爲護符,任意新創部類,不復恪守四部成規。此在分類史中實爲一大解放,而摧鋒陷陣之功要不能不歸《文淵目》也。①

① 《中國目録學史·分類篇·隋志以後闖出四部牢籠之十幾種分類法》。

清代孫星衍撰《孫氏祠堂書目》是在《四庫全書總目》編成以後不久出現的。它首先打破了權威性的四分法，而創造性地采用了十二分法，今録其分類表如下：

經學第一

易　書　詩　禮　樂　春秋　孝經　論語　爾雅　孟子經義

小學第二

字書　音學

諸子第三

儒家　道家　法家　名家　墨家　縱横家　雜家　農家　兵家

天文第四

天部　算法　五行術數

地理第五

總編　分編

醫律第六

醫學　律學

史學第七

正史　編年　紀事　雜史　傳記　故事　史論　史鈔

金石第八

類書第九

事類　姓類　書目

詞賦第十

總集　别集　詞　詩文評

書畫第十一

説部第十二

孫星衍在《孫氏祠堂書目・序》中還對這部目録設類緣由和收録範圍逐一作了説明，今録二例：

曰小學第二:先以字書,次及聲韻。六義不明,則説經不能通貫。或且望文生義。文字之變,隸楷遞改,滋生日多。既集漢魏字書,亦及後世,以盡其變。聲音反切,雖起六朝,或推本讀若舊音而作,且引古字書,足資校證,亦宜兼列。

曰地理第五:先以統志,次以分志,或總記區宇,或各志封域。《禹貢》古文説及周地圖之言,存於歷代地志及《水經注》《括地志》諸書。宋元方志多引古説證經注史,得所依據,宜存舊説。地名更易,今古殊目,兼載今志,以資博考。①

《孫氏祠堂書目》列説部爲一大類雖不盡合理,但也反映了明清小説創作的繁榮與孫氏藏書的實際情況。此目配隸失當之處甚多,較其類目,亦不够詳細,然確如姚名達所説:

其劃小學於經學之外,出天文於諸子之中,析地理與史學爲二,不强戴四部於各類之上,而新設數類以容性質獨立之書,此皆有得於明人諸録之遺意。雖誤合醫、律爲一,大失專門别類之理;而不慴於《四庫總目》之權威,膽敢立異,勇壯可嘉,不愧爲别派之後勁矣。②

總之,四部分類法自《隋書·經籍志》采用以後,由於它系統分明,類目繁多,所以爲官目、史志、私目普遍接受,從而形成了我國古代目録分類的主流。隨着學術的發展變化,一些目録雖然運用了四部分類法,但是在其内部也作了相應的調整,而鄭樵、孫星衍等人在他們所編製的一些目録中,則乾脆衝破了四部分類法的樊籬,他們的努力在古代編目工作中雖未被廣泛采用,却説明了按經史子集分類,並非一成不易之法,到了近代,就被更先進的分類法代替了。

---

① 《孫氏祠堂書目》卷首《序》。
② 《中國目録學史·分類篇·隋志以後闖出四部牢籠之十幾種分類法》。

第五章　綜合目録

據汪辟疆先生《目録學研究》一書的統計，從漢魏迄明末，計官書目録六十種，私家目録七十七種，史家目録十四種，共一百五十一種。《清史稿·藝文志》史部目録類著録目録一百三十八部，《清史稿藝文志補編》史部目録類著録目録書九十六部，《清史稿藝文志拾遺》史部目録類著録目録書七百六十一部。三書共著録清代目録九百九十五部。據上述統計數字，可知從漢代至清末，共有目録一千一百四十六種，實際數字當然遠不止此。

如何對數量巨大、内容廣泛的目録進行科學的分類，是一個重要而又複雜的問題。不少人對這個問題進行了探討。如清人湯紀尚曾把目録書分爲三類，他説："目録之書，權輿中壘（案：劉向曾官中壘校尉），流派有三：曰朝廷官簿，曰私家解題，曰史家著録。"①這是根據目録編纂者及編目對象的不同來加以區分的。

余嘉錫則按結構的繁簡，也分目録爲三類。他説："目録之書有三類：一曰部類之後有小序，書名之下有解題者；二曰有小序而無解題者；三曰小序解題並無，衹著書名者。昔人論目録之學，於此三類，各有主張，而於編目之宗旨，必求足以考見學術之源流，則無異議。"②

汪辟疆先生以功用爲標準，將目録分成四類。他認爲："有目録家之

① 《槃薖文乙集》卷下《周鄭堂别傳》。

② 《目録學發微·目録學之意義及其功用》。

目録,有史家之目録,有藏書家之目録,有讀書家之目録。目録之爲用不同,故界義亦因之而各異。”①

此外姚名達從各種不同的角度歸納了八種目録的分類方法②。

根據編製目的和收録範圍,並參酌以往各家的意見,在本書中,我們將反映我國古籍的目録分成綜合目録、學科目録與特種目録三大類。綜合目録就是以某時期、某地區、某類型的所有的書爲對象而編製的目録。它可以使人知道某時期、某地區、某類型書籍的整個面貌。其收録範圍包括多學科書籍,它可以給不同讀者以多方面的取資。綜合目録主要有國家藏書目録、史志、叢書目録、地方文獻目録、私人藏書目録、聯合目録。其中國家藏書目録、私人藏書目録、聯合目録均係藏書目録。在藏書目録中,某些特藏目録以劃歸學科目録或特種目録的範圍更爲合理。前者如瞿宣穎的《方志考稿》(甲集)即據天津任振采的藏書寫成,作者《序》云:“今兹所録,但以任氏天春園所藏者爲限。”③則可歸入史學書目録。後者如《天禄琳琅書目》乃清代秘府善本書目録,其《凡例》稱:“宋、元、明板書各從其代,每代各以經、史、子、集爲次。金槧僅止一種(案:指金大定本《貞觀政要》),正如吉光片羽,增重書林。至明影宋鈔,雖非剞氏之舊,然工整精確,亦猶昔人論法書以唐臨晉帖爲貴,均從選人。”④則可歸入版本目録。

學科目録專門著録某學科的書籍,可以依據學科的廣狹而定著録的範圍,像經學、史學、諸子學、文學等方面都有各種不同的專科目録。特種目録是爲某種特定需要而編纂的,與學科目録之爲專收某種專門學科的著作而編的目録不同,它可以爲同一的目的把不同學科的文獻目録都組織在一起。特種目録名目繁多,主要的有推薦書目録、禁燬書目録、鬻販書目録、闕書目録、引用書目録、版本目録、辨僞書目録、個人著作目録、目録之目録等。如前所述,某些目録可以兼屬兩類,甚至三類,我們在討論時僅有所側重而已。

---

① 《目録學研究·目録與目録學》。

② 《中國目録學史·叙論篇·目録之種類與目録學之範圍》。

③ 《方志考稿》(甲集)卷首《序》。

④ 《天禄琳琅書目》卷首《凡例》。

第一節　國家藏書目録

國家藏書目録，一稱官修目録，即官簿，是由政府主持對國家藏書進行整理後所編製的一種目録。我國從西漢開始，幾乎每個朝代都有過在政府主持下進行的規模較大的圖書整理工作。整理完畢，將藏書記録下來，就是國家藏書目録。汪辟疆先生《目録學研究》附有《漢唐以來目録統表》，其《官書目録表》共列漢魏至明末的官書目録有三十二家。主要有：

漢《别録》二十卷，西漢劉向著，佚（案：《别録》今存八篇，這裏説佚是因所存過少之故。）

漢《七略》七卷，西漢劉歆著，殘

魏《中經》十四卷，魏鄭默著，佚

晉《中經新簿》，晉荀勖著，佚

晉《元帝四部書目》，東晉李充著，佚

宋《元嘉八年四部目録》，宋謝靈運著，佚

宋《元徽元年四部目録》四卷，宋王儉著，佚

齊《永明元年四部目録》，齊王亮、謝朏著，佚

梁《文德殿四部目録》四卷，梁劉孝標著，佚

隋《開皇四年四部目録》四卷，隋牛弘著，佚

唐《群書四部録》二百卷，唐元行沖、殷踐猷等著，佚

唐《古今書録》四十卷，唐毋煚著，佚

宋《崇文總目》六十六卷，宋王堯臣著，殘

宋《中興館閣書目》七十卷，宋陳騤著，佚

宋《中興館閣續書目》三十卷，宋張攀著，佚

明《永樂大典目録》六十卷，明解縉等著，存

明《文淵閣書目》十四卷，明楊士奇著，存

明《内閣藏書目録》八卷，明孫能傳、張萱等著，存

下列兩種,也是國家藏書目録:

> 清《四庫全書總目》二百卷,清紀昀等著,存
> 清《四庫全書簡明目録》二十卷,清紀昀等著,存

其中《四庫全書總目》是這類目録書中最出色的代表作。

中國古代國家藏書目録的基本特點是所著録的圖書全面而豐富,代表了國家的藏書水平,當然這也是由宫廷圖書館所處的地位決定的。上面所列舉的國家藏書目録所著録的圖書,多在萬卷以上。就拿《四庫全書總目》來説,中華書局影印組一九六四年十二月寫的《出版説明》稱:

> 《總目》著録的書,據我們這次整理時的仔細統計,收入《四庫全書》中的有三千四百六十一種,七萬九千三百零九卷,存目中的有六千七百九十三種,九萬三千五百五十一卷。這些書籍,基本上包括了乾隆以前中國古代的重要著作(尤以元代以前的書籍收輯更爲完備)。

它對我們瞭解古代各類著作當然提供了不少方便。而歷代國家藏書目録在客觀上也反映了當時文化事業發展的狀況。晉《元帝四部書目》僅著録圖書三千零一十四卷,説明西晉末年的戰亂對文化事業的摧殘是多麽嚴重。而唐《群書四部録》著録圖書八萬二千三百八十四卷,又説明開元盛時文化事業非常繁榮。

中國古代國家藏書目録的另一個特點是絶大多數采用了四部分類法,而這同魏晉以後國家藏書按四部陳列是一致的。魏晉時期的幾部國家藏書目録就已采用四部分類法了,其中東晉初期李充編的《元帝四部書目》影響尤爲深遠。由於李充創始用四部分類法來部勒當時國家藏書,並且編成目録,這就爲國家藏書目録使用四部分類法的傳統奠定了基礎。

國家藏書目録采用四部分類法對私人藏書目録的編製産生了廣泛影響。特别是在《四庫全書總目》刊布以後,許多藏書家在編目時基本上都

是按照《四庫全書總目》分類表進行的。如一八〇八年，范氏後人在阮元指導下編成的《天一閣書目》，一八二〇至一八二六年間，張金吾編的《愛日精廬藏書志》，都是基本上按照《四庫全書總目》的體系分類的。再後來的瞿氏《鐵琴銅劍樓藏書目録》、陸氏《皕宋樓藏書志》、丁氏《善本書室藏書志》，那就更是亦步亦趨，在分類編排上，不敢有一點和《四庫全書總目》不同了。

中國古代的國家藏書目録在著録方面也比較詳細，幾部重要的國家藏書目録如《別録》《崇文總目》《四庫全書總目》均有提要。《四庫全書總目·凡例》云：

> 劉向校理秘文，每書具奏；曾鞏刊定官本，亦各製序文。然鞏好借題抒議，往往冗長，而本書之始末源流轉從疏略。王堯臣《崇文總目》、晁公武《郡齋讀書志》、陳振孫《書録解題》稍具崖略，亦未詳明。馬端臨《經籍考》薈萃群言，較爲賅博，而兼收並列，未能貫串折衷。今於所列諸書，各撰爲提要。分之則散弁諸編，合之則共爲總目。每書先列作者之爵里以論世知人。次考本書之得失，權衆説之異同。以及文字增删，篇帙分合，皆詳爲訂辨，巨細不遺。而人品學術之醇疵，國紀朝章之法戒，亦未嘗不各昭彰癉，用著勸懲。

《四庫全書總目》的作者們總結了前人的經驗，使各書提要的撰寫達到了規範化。像《四庫全書總目》這樣的提要對讀書治學是極有價值的，因此即便它有許多缺點和錯誤，還是一直受到學者們的重視。所以張之洞曾説："將《四庫全書總目》提要讀一過，即略知學術門徑矣。"①余嘉錫談到《四庫全書總目》也稱："漢唐目録書盡亡，提要之作，前所未有，足爲讀書之門徑。學者舍此，莫由問津。"②

《四庫全書總目》提要多出當時巨儒之手，學術價值很高，但不免有值

---

① 《輶軒語·語學·論讀書宜有門徑》。

② 《四庫提要辨證》卷首《序録》。

得商榷之處。不少學者爲它做了匡謬補闕的工作,成就突出的有兩家。一爲胡玉縉撰的《四庫全書總目提要補正》六十卷,補遺一卷,未收書目補正二卷。此書輯録了清人至近人校訂《四庫全書總目》提要的文字,頗爲詳備。作者還常常通過案語的形式表示自己的看法,這就使該書的内容更加充實,其所訂正書籍,共二千三百餘種。一爲余嘉錫撰《四庫提要辨證》二十四卷,它極其謹嚴地考辨了《四庫全書總目》中各篇提要的乖錯違失,並對所論述的許多種古籍,從内容、版本到作家生平,都作了翔實的研究。前列原文,後出辨證,對照之下,是非自明,體例也很便於學者。可惜僅得四百九十一篇。兩書各有特色,是閲讀《總目》時必須參考的。今各舉一例:

明會典一百八十卷

其後嘉靖八年,復命閣臣續修《會典》五十三卷,萬曆四年,又續修《會典》二百二十八卷。今皆未見其本,莫知存佚。

案:丁氏《藏書志》有明内府刊本《大明會典》二百二十八卷,即萬曆本,其嘉靖間雖經校輯,實未刊頒。觀萬曆本載弘治、正德、嘉靖、萬曆四朝詔諭,又載弘治、正德、萬曆各御製序,而嘉靖獨無序,可見提要以爲嘉靖亦有刊本,非也。①

子略四卷目録一卷　宋高似孫

其有題識者,凡《陰符經》《握奇經》……凡三十八家,其中《説苑》《新序》合一篇,而《八陣圖》附於《握奇經》,實共三十六篇,惟《陰符經》《握奇經》録其原書於前,餘皆不録,似乎後人删節之本,未必完書也。

嘉錫案:高氏此書,乃子部目録之書,自不當録其全文,《陰符經》《握奇經》二書,以篇葉無多,變例録之耳。若此三十八家,皆具録原書,則卷帙當至數十百卷,是叢書而非目録矣。高所撰尚有

① 《四庫全書總目提要補正》卷二四《明會典》一百八十卷。

《史略》六卷，其書久佚，光緒時黎庶昌從日本得之，刻入《古逸叢書》，體例與《子略》相同，知其原本固當如此，提要乃疑爲後人删節之本，誤矣。①

像《四庫全書總目》這樣的國家藏書目録，當然是竭力維護封建統治階級利益的，但是如果剔除其封建性的糟粕，仍舊是我們讀書、治學、著述的極有用的參考資料。同時這種書目也爲其他書目的編製提供了條件。

一九四九年後我國出版的國家書目，有中國版本圖書館編的《全國新書目》《全國總書目》兩種，前者爲月刊，後者逐年編印。它們既是國家藏書目録，又是國家出版目録。它們的著録項目包括：書名、作者、出版地、出版者、出版年月、頁數、開本、定價等。對於圖書版本情況，根據中國版本圖書館專有資料，也作了某些必要的説明。《全國新書目》還有圖書内容提要。今舉一例：

後山居士文集（綫裝本、六册）　（宋）陳師道撰

上海古籍出版社　一九八二·五　六開　一般綫裝本四十五元　函裝七十元

［陳師道（一〇五三至一一〇二），號後山居士，是北宋後期的重要作家，江西詩派的代表人物之一。後山詩文集的刻本現存以宋蜀刻大字本《後山居士文集》爲最早。全書共二十卷，其中詩六卷，文十四卷。現據北京圖書館藏宋刻本影印。］②

《全國新書目》的主要作用是及時反映和報導國家出版事業的成就，借以全面瞭解我國文化科學發展的現狀和便利對外文化交流。同時，它也是圖書館掌握、宣傳和利用新出圖書的工具，是搜集原始資料和掌握圖書情報的重要來源之一。《全國總書目》的主要作用是記録和反映每年全

---

① 《四庫提要辨證》卷九《子略》四卷《目録》一卷。

② 《全國新書目》一九八三年第一期。

國各地出版社公開出版和發行圖書的基本情況,可供出版發行部門擬定選題、協調出版計劃、檢查備貨和改進圖書供銷工作的參考;並可供圖書館補充圖書、進行分類編目和書目參考工作的參考。隨着信息量的成倍增長,《全國新書目》與《全國總書目》在科學研究中所發揮的作用將會越來越大。

古代國家藏書與今天的國家圖書館的藏書差可比擬,所以國家圖書館的藏書目録亦可視爲我國當代國家藏書目録。但是由於歷史的原因,加上各個國立圖書館的藏書也都具有自己的特色,因此即使如國家圖書館也很難像古代國家圖書館那樣,真正代表着國家藏書的實際水平。這是我們應當知道的。

第二節 史志

我國古代史家著書,力圖全面反映歷史面貌,所以書中每有關於文化學術的内容,《史記》八書、《漢書》十志就是這些方面的記録。班固著《漢書》,删取劉歆《七略》爲《藝文志》,是史籍中有目録部分、目録中有史志體制的開始,後世遵循不衰。經過發展,它又可細分爲三類。

第一類,正史裏原有的《藝文志》或《經籍志》,共七家:

《漢書・藝文志》一卷

《隋書・經籍志》[1]四卷

《舊唐書・經籍志》二卷

《新唐書・藝文志》四卷

---

① 漢、隋兩志著録的都是先唐古籍,對研究古代文化學術極爲重要,而且其中許多問題非注不明。所以有許多學者爲之作注,今舉其重要者如下。有關《漢志》的有宋王應麟《漢藝文志考證》十卷、清姚振宗《漢書藝文志條理》八卷、姚明輝《漢書藝文志注解》七卷、顧實《漢書藝文志講疏》、陳國慶《漢書藝文志注釋彙編》、孫德謙《漢書藝文志舉例》、張舜徽《漢書藝文志釋例》。有關《隋志》的有清章宗源《隋書經籍志考證》十三卷、清姚振宗《隋書經籍志考證》五十二卷。

《宋史·藝文志》八卷

《明史·藝文志》四卷

《清史稿·藝文志》四卷

《漢志》所著録的書，有“六略三十八種，五百九十六家，萬三千二百六十九卷”①。由於它是據《七略》寫成，《七略》雖佚，但通過《漢志》能窺見其大略，從而可以瞭解到戰國直至西漢社會學術思想和文化典籍的狀況。因此，學者們對之評價極高。如清杭世駿説：“今夫蘭臺（案：班固嘗官蘭臺令史）志漢，何嘗不因向、歆，然秦火之後，非此不彰。”②姚振宗也説：“今欲求周秦學術之淵源，古昔典籍之綱紀，舍是志無由津逮焉。”③

《隋書·經籍志》是我國現存的第二部史志目録，原屬《五代史志》④。清人姚振宗在談到它的作者時指出：“大抵是志初修於李延壽、敬播，有網羅匯聚之功；删訂於魏鄭公，有披荆翦棘之實。舊本題魏徵等撰，徵實可信也。”⑤《隋志》收録了唐初見存的隋以前典籍“凡四部經傳三千一百二十七部，三萬六千七百八卷”⑥。對於亡佚書目，則以夾注方式，依類附入。所以《隋志》既記載了隋朝一代藏書，又反映了六朝時代圖書的變動情況。它還繼承了《漢志》的優點，有全目及各類之序，書名下每有附注，從中可以考見唐代以前的學術源流與文獻概況。

《舊唐書·經籍志》係後唐劉昫等據唐毋煚等的《古今書録》編成，其序云：“煚等《四部目》及《釋道目》並有小序及注撰人姓氏，卷軸繁多，今並略之；但紀篇部以表我朝文物之大。”又云：“臣以後出之書，在開元四部之外，不欲雜其本部，今據所聞，附撰人等傳。其諸公文集，亦見本傳，此並

① 《漢書》卷三〇《藝文志》。

② 《道古堂集》卷六《黄氏書録序》。

③ 《漢書藝文志條理》卷首《叙例》。

④ 《史通·古今正史篇》：“初（唐）太宗以梁、陳及齊、周、隋氏並未有書，乃命學士分修。……書成……惟有十志。……其篇第雖編入《隋書》，其實别行，俗呼爲《五代史志》。”

⑤ 《隋書經籍志考證·叙録·叙本志撰人》。

⑥ 《隋書》卷三五《經籍志》。

不録。”[1]由於《舊唐志》所著録的書籍，依《古今書録》斷自開元，開元以後的著作皆未著録，不能完整地反映唐代所有典籍情況，所以宋歐陽修等修《新唐書・藝文志》又加增訂。其突出成就是將開元書目已著録的五萬三千九百一十五卷，與唐之學者自爲之書二萬八千四百六十九卷合在一起加以整理，共著録圖書三千二百七十七部，五萬二千零九十四卷。新加唐人著作一千三百九十部，二萬七千一百二十七卷。這樣，就較全面地反映了唐代的藏書情況與著述情況。

宋代十分注重修撰本朝歷史，即所謂國史，而且每種國史又都有《藝文志》，即《國史藝文志》。這就開創了寫當代史志目録的先例。宋朝的《國史藝文志》元代尚存四部：

呂夷簡等撰《三朝國史藝文志》（太祖、太宗、真宗）
王珪等撰《兩朝國史藝文志》（仁宗、英宗）
李燾等撰《四朝國史藝文志》（神宗、哲宗、徽宗、欽宗）
不著撰人之《中興國史藝文志》（高宗、孝宗、光宗、寧宗）

這四部目録現已不存，但其前三部著録的卷數却還見於《宋史・藝文志》的序裏：

嘗歷考之，始太祖、太宗、真宗三朝，三千三百二十七部，三萬九千一百四十二卷。次仁、英兩朝，一千四百七十二部，八千四百四十六卷。次神、哲、徽、欽四朝，一千九百六部，二萬六千二百八十九卷。三朝所録，則兩朝不復登載，而録其所未有者；四朝於兩朝亦然。最其當時之目，爲部六千七百有五，爲卷七萬三千八百七十有七焉。[2]

---

① 《舊唐書》卷四六《經籍志・序》。
② 《宋史》卷二〇二《藝文志・序》。

南宋《中興國史藝文志》的體例如趙士煒所説："《國史志》每類有小序，每書有解題，此異於歷朝史志者。"①四部《國史藝文志》曾爲《玉海》《文獻通考》所引用，爲《郡齋讀書志》《直齋書録解題》所著録，特别是爲《宋史・藝文志》所采納，所以其書雖佚，而面貌還大體可見。趙士煒輯有《宋國史藝文志輯本》與《中興國史藝文志》，其《序》云："《玉海》所引，名曰《國史志》，未有區别，不悉其爲《三朝志》，抑《兩朝志》，故今所輯録，合前三《志》於一編，統曰《國史志》。其已明言某朝《志》者，亦予注明，庶便觀覽。《中興志》别析爲一卷。"

元脱脱主持編撰的《宋史・藝文志》八卷，主要根據這四部《國史藝文志》，並采用《新唐書・藝文志》補充《舊唐書・經籍志》的方法，補録一些史館所存宋寧宗嘉定以後的新書匯輯而成。其序云：

> 宋舊史，自太祖至寧宗，爲書凡四。志藝文者，前後部帙，有亡增損，互有異同。今删其重復，合爲一志，益以寧宗以後史之所未録者，仿前史分經、史、子、集四類條列之，大凡爲書九千八百十九部，十一萬九千九百七十二卷云。②

該志實際爲記載宋代藏書情况及宋代著述的史志總目。然而咸淳以後新出之書尚多闕略，如汪辟疆先生所批評的那樣："諸史藝文志，惟《宋志》最爲草率，且重出尤多。"③故後人又做了一些增補工作。如清黄虞稷、倪燦輯有《宋史藝文志補》。

明焦竑曾撰《國史經籍志》六卷。《明史・文苑傳》云："（萬曆）二十二年，大學士陳于陛建議修國史，欲竑專領其事，竑遜謝，乃先撰《經籍志》。其他率無所撰，館亦竟罷。"④焦竑《國史經籍志・序》稱該目"以當代見存之書統於四部，而御製諸書則冠其首焉"。清宋定國、謝星纏還纂有《國史

① 《宋國史藝文志輯本・序》。
② 《宋史》卷二〇二《藝文志・序》。
③ 《目録學研究・論唐宋元明四朝之目録》注二十五。
④ 《明史》卷二八八《文苑傳》。

經籍志補》,卷首有宋定國題識云:

> 雍正元年夏,從金星軺借鈔焦先生《國史經籍志》訖,適錢子柱西見遺《菉竹堂》《絳雲樓書目》兩種。檢閱之頃,多焦《志》所無,因啓增補之思。翻案頭諸家藏目,以玉峰健庵先生傳是樓爲首,取焦《志》之所無者而增廣之,互相校勘,訂正卷册。其次補諸家目,雖互有焦氏所無,然同於徐本者,則不再録。此蓋補焦氏所未逮,非會粹諸藏書目云爾。

因此,我們要瞭解明代的藏書情況,可以看一下《國史經籍志》及《國史經籍志補》。

王鴻緒修《明史・藝文志》没有依據《國史經籍志》,並且還在序中批評它道:"明萬曆中,修撰焦竑修國史,輯《經籍志》,號稱詳博。然延閣、廣内之藏,竑亦無從徧覽。則前代陳編,何憑記録,區區掇拾遺聞,冀以上承《隋志》,而贋書錯列,徒滋訛舛。"[①]《四庫全書總目》的提要甚至説:"顧其書叢鈔舊目,無所考核;不論存亡,率爾濫載。古來目録,惟是書最不足憑。"[②]《國史經籍志》的優點是十分注重分類,末附糾繆一卷,駁正了一些前人在分類上的錯誤。

清順治五年(一六四八),傅維鱗借纂《明史》之便,據《文淵閣書目》,核以昭仁殿、文淵閣、皇史宬等處所藏書,編成《明書經籍志》三卷,著録明代國家藏書四千六百七十部,釋道書不具載。該目所收,除卷首制書類外,到明正統(一四三六至一四四九)爲止,但多載宋元舊本,至於明人新作,反而寥寥無幾。所以雖然題爲《明書經籍志》,實際上和明代並不相關[③]。清康熙年間,黄虞稷進入明史館時,也曾撰《明史・藝文志》稿。此稿與後來傳抄刊印的黄氏所編《千頃堂書目》,内容基本相同。至於今本

① 《明史》卷九六《藝文志・序》。

② 《四庫全書總目》卷八七《國史經籍志六卷》。

③ 《中國目録學史・史志篇・明〈國史經籍志〉、〈千頃堂書目〉及〈明史・藝文志〉之演變》。

《明史·藝文志》,則是康熙末年王鴻緒任明史館總纂時,根據黄虞稷志稿删去前朝著作改編而成的。其序云:"明季秘書已亡,則前代陳編,無憑記載。第就二百七十年各家著述,足成一志。爰取士大夫家藏目録,稍爲釐次。凡卷數莫考,疑信未定者,寧闕而不詳云。"①盧文弨《題明史藝文志稿》也説:"此志稿,傳是温陵黄虞稷俞邰氏所纂輯,今以頒行《明史》校之,所分門類,多有删併移易之處,《史》於書不甚著及無卷數者,俱削之。黄志中小注,爲《史》所采入者,亦無幾耳!"②《明史·藝文志》的缺點是將黄虞稷原稿所録一萬二千多種書,僅删存四千六百三十三部,而且未注意保存原注撰人略歷。其特點是開創史志記一代著述之例。倪燦撰《明史藝文志序》也明確指出了這一點:

> 前代史志,皆録古今之書,以其爲中秘所藏,著一代之所有。今文淵之目,既不可憑。且其書僅及元季,三百年作者缺焉,此亦未足稱記載也。故特更其例,去前代之陳編,紀一朝之著述。③

仿《明志》紀一朝之著述的還有《清史稿·藝文志》。其序云:"兹志著録,取則《明史》,斷自清代。"而清人輯集的古佚書却不在此例。所以序中又説:"前朝群書,例既弗録。清代輯佚,異乎斯旨,裒纂功深,無殊撰述,故附載焉。"④

關於《清史稿·藝文志》的作者,據朱師轍《清史稿紀志表撰人詳考表》所載,乃是"吴士鑒(長編九本)、章鈺(分類)、朱師轍(改編整理)"⑤等三人。可見此志的形成,經過了三個階段:先由吴士鑒搜集書目,編爲長編;再由章鈺在長編的基礎上進行分類排比;最後由朱師轍加工定稿。

《清史稿·藝文志》共著録九千六百三十三種,十三萬八千零七十八

---

① 《明史》卷九六《藝文志·序》。

② 《抱經堂文集》卷七《題明史藝文志稿》。

③ 《明史藝文志·補編·附編》本《明史藝文志》卷首《序》。

④ 《清史稿·藝文志》卷首《序》。

⑤ 《清史述聞》卷二《清史稿紀志表撰人詳考表》。

卷,不無綱羅收聚之功。但它在分類著録方面存在不少問題,而其最明顯的缺陷是脱漏嚴重,許多重要的著作都没有收録。如"康有爲書,楊守敬書,一無所載,脱漏也。王闓運、繆荃孫書,各載一部,亦脱漏也"①。

第二類,正史原書本無,後人補撰的,及原書雖有,後人又補編的《藝文志》或《經籍志》。今摘其要者敘録如次:

增補《漢書・藝文志》的一家:

姚振宗《漢書藝文志拾補》六卷

作者以《史記》《漢書》等文獻爲基礎,並以後世發現的汲冢竹書,原藏於蘭臺、石室和民間的讖緯書,以及詩賦等材料,旁徵《風俗通義》《元和姓纂》《廣韻》《古今姓氏書辨證》等書,以補《漢志》佚缺。共補二百八十五家,三百一十七部。

補後漢藝文志的主要有六家:

錢大昭《補續漢書藝文志》二卷
侯康《補後漢書藝文志》四卷
陶憲曾《侯康補後漢書藝文志補》一卷
顧懷三《補後漢書藝文志》十卷
姚振宗《後漢書藝文志》四卷
曾樸《補後漢書藝文志》一卷

補《三國志》藝文志的主要有三家:

侯康《補三國藝文志》四卷
陶憲曾《侯康補三國藝文志補》一卷
姚振宗《三國藝文志》四卷

---

① 《清史稿藝文志及補編》附録一《范希曾評清史稿藝文志》。

其中姚振宗所補兩種，著録均逾千種，收羅既富，考證亦精，成就遠在他家之上。

補《晉書》藝文志的主要有五家：

秦榮光《補晉書藝文志》四卷
丁國鈞、丁辰《補晉書藝文志》四卷（補遺、附録、刊誤各一卷）
文廷式《補晉書藝文志》六卷
吴士鑒《補晉書經籍志》四卷
黄逢元《補晉書藝文志》四卷

五家之書，各有所長。秦志據隋唐《經籍志》及史傳、類書中所載有關晉人的著作，收書一千七百四十七部，每書著録其卷數、姓名和出處，對作者多有考證；丁志創立黜僞、存疑二類，收書一千七百五十四部，輯自隋唐志書的，占十分之六七，輯自其他書的占十分之三四，全部注明出處，並加以考證，按四部排列，釋、道二家附於卷末；文志也據隋唐志及類書中的晉人著述匯編而成，收書二千二百九十六部；吴志獨名經籍志，收書二千一百二十六種，多輯自隋唐志、《經典釋文》、《晉書》及《通志》等書中關於晉人的著述；黄志采集《晉書》紀傳，各家目録，兼及金石遺文、類鈔，編成此志，凡四十家，一千二百八十八部，一萬一千九百九十三卷，仿照《漢志》，各類皆撰有小序，書名下有簡注。

補南北史藝文志的主要有十家：

王仁俊《補宋書藝文志》一卷
聶崇岐《補宋書藝文志》一卷
高桂華、陳鴻儒、閻枕泉《補南齊書經籍志》四卷
陳述《補南齊書藝文志》二卷
王仁俊《補梁書藝文志》一卷
徐仁甫《補陳書藝文志》二卷
李正奮《補魏書藝文志》四卷

徐仁甫《補北齊書藝文志》二卷
徐仁甫《補周書藝文志》四卷
徐崇《補南北史藝文志》三卷

以上十志,均收入《二十五史藝文經籍志考補萃編》第十二卷。其中聶崇岐《補宋書藝文志》卷末有總計數字云:經七十四部,史一百一十四部,子六十部,集二百四十一部,釋典一百七十一部,“共六百六十部,六千五百一十九卷,不知卷數者三十九部”。陳述《補南齊書藝文志》卷首《序》稱其“就《南齊》紀、傳,遇有撰著,隨手録出,大抵以其人没於齊代者爲斷,凡得數十家。又中、外沙門譯述亦頗繁夥,因就釋家目録摘取排入。仍就《隋志》、新、舊《唐志》及官、私書目核檢,都凡三千餘卷,謹取《明史·藝文志》斷代之例,略依《隋志》分類,稍事排比,並爲考證,寫成二卷。書雖多佚,亦略可窺見一代獻章之盛也”。李正奮《補魏書藝文志》,每書附注資料來源以及存佚情况,頗有參考價值。徐崇《補南北史藝文志》三卷,據《隋書·經籍志》及南北史紀傳所載,參照宋、南齊、梁、陳、魏、北齊、周書等,考證其異同,補編爲此志,按四部分類,收書一千二百三十八部,内有八百零六部爲《隋志》所未收,著録的南北朝人著述較爲齊備。

增補《隋書·經籍志》的主要有四種:

張鵬一《隋書經籍志補》二卷
汪之昌《隋書經籍志校補》四卷
李正奮《隋代藝文志輯證》十卷
李正奮《隋代藝文志》四卷

張鵬一《隋書經籍志補》自《魏書》《南齊書》《北齊書》《周書》《隋書》《北史》列傳,以及《舊唐書·經籍志》《律曆志》等,搜集《隋志》所未載者,計經説九十二部,史録六十部、子類五十五部,專集七十二家、雜文三十篇,依《隋志》例,分類補入。汪之昌《隋書經籍志校補》自《宋書》《南齊書》《梁書》《陳書》列傳中搜集《隋書·經籍志》未著録之圖書,分四部排列之。李正奮《隋代藝文志輯證》以隋人著述爲限，上自開皇元年，下迄大業十四年，究其三十八年間之著述，逐一輯出，得三百七十二家，計六百五十五部，釐爲一萬一千八百六十四卷。標目下輯録相關資料，頗有參考價值。李正奮《隋代藝文志》爲簡目，偶有附注，所録圖書與《隋代藝文志輯證》不盡相同，仍值得參考。

補《五代史》藝文志的主要有四家：

陳鱣《續唐書經籍志》四卷
顧櫰三《補五代史藝文志》一卷
徐炯《五代史記補考藝文考》四卷
宋祖駿《補五代史藝文志》一卷

此外，清汪之昌《補南唐藝文志》與唐圭璋《南唐藝文志》也屬此期。陳鱣《續唐書經籍志》序云："《舊五代史》不志經籍一門，《新修五代史記》並不作志。雖爾時歷年甚少，又當兵戈擾攘之際，作者寥寥，然如明宗之好文，及南唐主之風雅，其臣下亦有工於著述、斐然可觀者，倘使文獻無徵，寧非缺典？因網羅散失，補志經籍。"此論補《五代史》藝文志的原因，頗具代表性。

增補《宋史・藝文志》的主要有一家：

黄虞稷、倪燦、盧文弨《宋史藝文志補》一卷

該書著録六百七十八家，一萬二千七百四十二卷。然對宋人著録，所收尚未全備；對舊志疏謬，也未加匡正。

補遼、金、元三史藝文志的，主要有十家：

繆荃孫《遼史藝文志》一卷
王仁俊《遼史藝文志補證》一卷
黄任恒《補遼史藝文志》一卷

厲鶚《補遼史經籍志》一卷
龔顯曾《金史藝文志補録》一卷
孫德謙《金史藝文略》六卷
錢大昕《補元史藝文志》四卷
張錦雲《元史藝文志補》一卷
黄虞稷、倪燦、盧文弨《補遼金元藝文志》一卷
金門詔《補三史藝文志》一卷

此外，王仁俊《西夏藝文志》也屬此期。

以上各志除《西夏藝文志》外，均收入商務印書館一九五八年出版的《遼金元藝文志》中，該書共收三朝典籍一萬八千二百五十餘條，不過其中有一半的書名、作者是互見重出的。此書基本上反映了三朝文獻的歷史情況。此外，王承略、劉心明主編之《二十五史藝文經籍志考補萃編》尚印有王仁俊《西夏藝文志》、楊復吉《補遼史經籍志》、鄭文焯《金史補藝文志》、錢大昕《元史藝文志》、張繼才《補元史藝文志》、吴騫《四朝經籍志補》等，也足資參考。

增補《明史・藝文志》的主要有三家：

尤侗《明史藝文志》五卷
金門詔《明史經籍志》一卷
蔣孝瑀《明史藝文志史部補》一卷

此外值得注意的是萬斯同撰《明史藝文志》底本。其《叙》云："然有明一代，君臣頗尚文雅，一時作者，亦自彬彬，正學多以濂洛爲宗，詞章亦以班揚爲志，故其繁富，遠過前人。雖不無蕪蔓，然亦有可采。今並萃爲一編，列之四部，用傳來兹，俾觀者得窺標目，以著一代之盛。"若將萬斯同《明史藝文志》底本與《明史・藝文志》相比較，兩者有很大差别。首先分類有不同，如前者史部分十八類，後者只分十類。前者集部分八類，後者只分三類。而且類目的名稱也有所改變，前者經部有論語類、孟子類，後者經部

將它們合併爲四書類。其次，萬斯同《明史藝文志》所著録的圖書被大量删去，如經部易類，前者著録三百五十九部，而後者只著録二百二十二部，而且排列的順序也有所不同。再就是萬斯同《明史藝文志》有大量介紹圖書作者、内容，以及編撰情況的附注，在《明史・藝文志》中都被删掉了。因此就史料價值而言，萬斯同的《明史藝文志》底本要遠遠高於《明史・藝文志》。

增補《清史稿・藝文志》的主要有三家：

武作成《清史稿藝文志補編》
彭國棟《重修清史藝文志》
王紹曾等《清史稿藝文志拾遺》

武著共增補四部書一萬零四百三十八種，九萬三千七百七十二卷。如果除去其中重複著録的書籍，收書種數與《清史稿・藝文志》大體相等。彭著參考全國公私書目，收書比《清志》原稿約增一倍。王著如顧廷龍序所説："全書網羅清人著述爲《清史稿・藝文志》及武氏《補編》所未收者，竟達五萬四千餘種，以類相從，釐然有緒，且各著版本，兼明出處，元元本本，得未曾有。"①

第三類，其他史籍裏的目録，主要有七家：

宋鄭樵《通志・藝文略》八卷
清嵇璜等《續通志・藝文略》八卷
清嵇璜等《清朝通志・藝文略》八卷
元馬端臨《文獻通考・經籍考》七十六卷
清乾隆十二年敕編《續文獻通考・經籍考》五十八卷
清乾隆十二年敕編《清朝文獻通考・經籍考》二十八卷
清劉錦藻《清朝續文獻通考・經籍考》二十六卷

① 《清史稿藝文志拾遺》卷首《顧序》。

《通志·藝文略》,我們在第四章第三節中已經介紹過。《文獻通考·經籍考》,我們在第二章第三節中也介紹過。關於兩者,姚名達曾加以比較説:

> 馬端臨於宋末元初撰《文獻通考》,中有《經籍考》七十六卷。大體雖據晁公武、陳振孫二家之書,而宋世館閣之書亦備,除盡録二家解題外,兼引漢、隋、新唐三志及宋三朝、兩朝、四朝、中興各《國史藝文志》《崇文總目》《通志·藝文略》,各史列傳,各書序跋及文集、語録之有關係文字。每書皆有解題,每類各述小序。凡各種學術之淵源,各書内容之梗概,覽此一篇而各説俱備。雖多引成文,無甚新解;然徵文考獻者,利莫大焉。較諸鄭樵(《藝文略》)之僅列書目者,有用多矣。①

續作的二《通志》、三《通考》,大抵遠不如前編,姚名達對之也有評論:

> 《續文獻通考》《皇朝文獻通考》《續通志》《皇朝通志》,幾於完全抄撮《提要》,所不同者,惟沿襲馬、鄭之例,《通考》則稍取清初少數學者論考古籍之語,《通志》則惟録書目而删去提要。其分類亦依違於馬、鄭、《四庫》之間,不值一顧。《續》《清》之别,一則繼馬、鄭而迄明末,一則祇記乾隆以前之清人撰述耳。②

其中劉錦藻《續皇朝文獻通考·經籍考》輯自私家著述,有些參考價值,然也如姚名達所説"取舍任情,不能完備"③。

史志也有鮮明特點。國家藏書目録一般由政府組織當代人編纂而成,因此能較全面而準確地反映當時的國家藏書情況。而史志則往往是由後代史官根據以前的國家藏書目録及其他文獻資料編纂而成的,所以

---

① 《中國目録學史·史志篇·通志與文獻通考》。

②③ 《中國目録學史·史志篇·四庫全書總目提要及三通考·二通志·清史稿》。

並非嚴格的藏書目録。其著録大致有兩種情況：一種是通記本朝與前代的著作，如漢、隋及兩唐志。第二種是只記本朝的著作，如《明史・藝文志》《清史稿・藝文志》。至於後人所撰補志，主要依據各種文獻資料編成，就與歷代國家藏書並無關係了。

其次是史志有着辨章學術、考鏡源流的優良傳統。這可以從《漢志》《隋志》的結構看出。它們皆先按學術流别分類，然後撰全書之序一篇以爲綱領，並於每一大類（略、部）及每一小類（種）之後又各爲一序以叙源流、明得失。又於各書之下，看具體情況加些附注，以加强加深讀者對於此書及其作者的瞭解。此外，鄭樵《通志・藝文略》與馬端臨的《文獻通考・經籍考》在辨章學術、考鏡源流方面也各有成就。鄭樵認爲"類例既分，學術自明"①，所以《藝文略》主要是通過分類來顯示學術的異同源流的。至於某些書名之下偶有或略或詳的附注，並非其措意所在。馬端臨的《經籍考》則把各家的提要、序跋，以及一切有關的資料都輯録在一起，給讀者提供了極大的便利。所以，其後不少補志也沿用了這個辦法。

學者們在彙編史志方面做了不少工作。日本學人於文政八年，即道光五年（一八二五）合刊《漢書・藝文志》《隋書・經籍志》《舊唐書・經籍志》《新唐書・藝文志》《宋史・藝文志》以及明黄虞稷、倪燦、清盧文弨等《補宋史藝文志》《補遼金元藝文志》、清金門詔《補三史藝文志》、清錢大昕《補元史藝文志》、清張廷玉《明史・藝文志》爲一書，因爲這十種經籍志或藝文志涉及八個朝代，所以稱爲《八史經籍志》。我國清光緒間有張壽榮翻刻本。三十年代，葉聖陶先生主持開明書店工作，編印了《二十五史補編》，把絶大部分研究二十五史的學者所補的志表及考證匯爲一書，增補的歷代經籍、藝文諸志也在其内，極便參考。從一九五五年開始，商務印書館又編印了十史藝文經籍志，其中包括《漢書藝文志》《隋書經籍志》《唐書經籍藝文合志》《宋史藝文志・補・附編》《遼金元藝文志》《明史藝文志・補編・附編》《清史稿藝文志及補編》，至一九八二年已全部出齊。其中如兩《唐志》係分上下欄對照排印，非常便於檢查。

---

① 《通志・校讎略・編次必謹類例論》。

王承略、劉心明主編的《二十五史藝文經籍志考補萃編》在前人的基礎上，又朝前邁進了一大步，全書分二十七卷，分裝三十一册，收史志目録八十四部，都經過了標點與校勘工作，在一定程度上摸清了中國古代文獻典籍的家底，客觀地反映了各個時代各種學術的興起、發展與演變，是我們瞭解與研究歷代著述、藏書，以及社會發展狀況的重要依據。如該書第二十二卷所收清張繼才編《補元史藝文志》集部詞曲類，不僅著録了不少詞曲别集、詞曲總集，還著録了一百三十五部雜劇作品。此外還著録了元代戲曲作家鍾嗣成編著的《録鬼簿》二卷，而該目録記載了一百五十二位元代戲曲作家的生平事迹及四百餘種戲曲作品的目録，這些均反映了元代雜劇創作的盛況。該書第二十一卷所收清龔顯曾《金藝文志補録》集部詞曲類收曲書八種，孫德潛《金史藝文略》集部詞曲類收曲書五種，其中包括《董解元西厢記》。它們著録的曲書雖然不多，但清楚地説明了元曲的興盛由金代發端。

史志雖然與國家藏書目録不完全一致，但是也略可考見各個朝代文化學術的盛衰。後人對原來没有經籍或藝文志的諸史一一補作，已有的又加增訂，正説明了它是很有用的。

第三節　叢書目録

叢書是按照一定的原則(如或屬同一作者，或屬同一學科，或屬同一時代，或屬同一地區)，采用相同的物質形式(如一樣的版面，一樣的裝訂形式)，用同一書名，把一些著作匯刊在一起的系列書籍。

早在戰國時代，人們就已經按照一定的原則把一些書組織在一起了。譬如儒家學派把《詩》《書》《易》《禮》《樂》《春秋》總稱之爲六藝或六經。傳説它們都是經過孔子編定的，都是儒家學派的教材。如果單從這一點講，六藝或六經就是我國最早的叢書。據《後漢書·蔡邕傳》記載，熹平四年(一七五)，蔡邕等"奏求正定六經文字，靈帝許之。邕乃自書丹於碑，使工鐫刻，立於太學門外，於是後儒晚學咸取正焉。及碑始立，其觀視及摹寫者，車乘日千餘兩，填塞街陌。"熹平石經包括《周易》《尚書》《魯詩》《儀禮》《春秋》《公羊傳》《論語》等七種經書,統稱爲《六經》,可以説是比較典型的叢書。

在《漢書・藝文志》諸子略儒家中,班固增補了《七略》之書,著録"劉向所序六十七篇",注云:"《新序》《説苑》《世説》《列女傳・頌・圖》也。"又著録"揚雄所序三十八篇",注云:"《太玄》十九,《法言》十三,《樂》四,《箴》二。"劉向、揚雄的思想,屬於儒家,但所著如汪辟疆先生所説:"蓋《新序》《説苑》者,史部之古史類也;《列女傳》者,史部之傳記類也;《世説》者,子部之小説類也;而同稱爲劉向所序書。《太玄》者,子部之術數類也;《法言》者,子部之儒家類也;《樂》則不入經部之樂類,即當入子部之藝術類;《箴》則集部别集中之一體耳,而同列爲《揚雄所序書》。"[①]這顯然不合劉氏父子的分類原則,但這種處理,無意之中却開了個人自著叢書之先聲。由此可見,叢書的萌芽是較早的。

隨着紙張的普及,圖書的製作與傳播越來越容易,這也爲大型叢書的産生創造了條件。《四庫全書總目》卷一二三於子部雜家類七雜編之屬的案語稱:

> 古無以數人之書合爲一編而别題以總名者,惟《隋志》載《地理書》一百四十九卷録一卷,注曰:"陸澄合《山海經》以來一百六十家以爲此書。澄本之外,其舊書並多零失,見存别部自行者,惟四十二家。"又載《地記》二百五十二卷,注曰:"梁任昉增陸澄之書八十四家,以爲此記。其所增舊書亦多零失。見存别部行者,惟十二家。"是爲叢書之祖。

我們今天所能查到的最早的完整的雕印本叢書是南宋寧宗嘉泰年間(一二〇一至一二〇四)俞鼎孫、俞經輯刻的《儒學警悟》。此書現在尚存,共輯《石林燕語辨》、《演繁露》、《嬾真子》、《考古編》、《捫蝨新語》上下集、《螢雪集説》等七種四十一卷,距今近八百年的歷史了。該書堪稱我國第一部雕印本綜合性叢書。宋咸淳九年(一二七三)左圭刻《百川學海》,其

---

① 《目録學研究・叢書之源流類别及其編索引法》。

書計分十集收書百種一百七十七卷,多爲唐宋以來短書小品。該書的出現標誌着我國古代綜合性叢書體例已經定型,明人有《續百川學海》《再續百川學海》《三續百川學海》《廣百川學海》,可見其影響之大。

《儒學警悟》《百川學海》的刊行,表明了叢書在晚宋已實際存在,而叢書之名却出現得更早。唐陸龜蒙的文集即名《笠澤叢書》。《郡齋讀書志》云:"笠澤者,松江地名也。其自序云:'自乾符六年(八七九)春卧病笠澤,遇體中不甚羸耗時,亦隱几著書。詩、賦、銘、記,往往雜發,不類不次,混而録之,故曰叢書。'"①所以《笠澤叢書》雖有叢書之名,但實爲一部文集,並非今天所説的叢書。真正名實相副的叢書是明萬曆中程榮所輯《漢魏叢書》。此書搜集匯刊了漢魏時代的著作多種。從此,名實相副的叢書就不斷出現了。

明代是叢書蓬勃發展的時期。包羅四部的綜合性叢書如《漢魏叢書》《唐宋叢書》《格致叢書》《寶顔堂秘笈》等相繼刊行。同時《子彙》《二十子》《古今逸史》《五朝小説》等專門性的叢書,也陸續出現了。第一部郡邑叢書《鹽邑志林》,刊行於天啓(一六二一至一六二六)年間。如果再加上《儼山外集》《孫文恭公遺書》等個人著作叢書,那麽明代所輯的叢書,可以説是各體具備了。

到了清代中葉,輯刻叢書之風更盛,不但種類多,而且内容精。正、續《皇清經解》的編纂,綜合了當時整理經籍的成果;《玉函山房輯佚書》《漢學堂叢書》等的編刊,顯示了輯佚工作的興盛;《史學叢書》《荆駝逸史》的問世,反映了史籍考訂工作已遠邁前代;《麓山精舍叢書》《浙江圖書館叢書》的傳布,説明了方輿地志和中外交通已成爲新的學術研究課題。明季以來,顧炎武、王夫之等著名學者輩出,著述宏富,於是有《亭林全集》《船山遺書》等五百多家獨撰叢書的輯印,叢書的内容就更加豐富了。此外,很多翻刻的古書,也有用叢書的形式而流傳的。其注重版本的如《士禮居叢書》《古逸叢書》,仿刻精美,無異宋元舊本;注重校勘的如《抱經堂叢書》《經訓堂叢書》《岱南閣叢書》,考析詳明,訂正了古籍中不少訛誤。叢書發

① 《郡齋讀書志》卷一八《陸龜蒙笠澤叢書》四卷。

展到這個階段，各類重要的學術著作，已大都收入。這樣，從事學術研究的人，可方便地從叢書裏擷取所需要的資料，它的用處就愈來愈廣泛，因而對於叢書目録的需要，也就日益迫切①。

由於刊印叢書之風大盛，叢書目録的編纂也就應運而生。先是在一些綜合目録中出現了叢書類目。如明祁承㸁《澹生堂書目》就在子部新設叢書一類。接着便出現了專門的叢書目録。嘉慶四年（一七九九），顧修編《彙刻書目初編》是第一部叢書目録。此書隨手摘録叢書二百六十一種，體例不嚴。光緒二年（一八七六），傅雲龍續編、胡俊章補遺成《續彙刻書目》，才按四部分類收録叢書五百種。此後，朱記榮、朱學勤、楊守敬、李之鼎、劉聲木、孫殿起等都采用分類排列法編過叢書目録，其中一九一八年李之鼎的《增訂叢書舉要》，收叢書一六〇五種。一九二八年，沈乾一輯《叢書書目彙編》，收書二〇八六種，改按分類排列爲按書名字順筆劃排列，較前易於檢索。這些叢書目録都是列子目於叢書書名之後，還只能檢索每種叢書所收書名與種數，而難以檢索某書或某人所著書究竟在何種叢書之內。

一九三一年，浙江省圖書館金步瀛編成《叢書子目索引》，並由浙江圖書館印行。後來又編成《增訂叢書子目索引》，一九三五年由上海開明書店印行。後者收浙江圖書館所藏叢書約四百種。一九三五年，金陵大學圖書館曹祖彬編成《叢書子目備檢著者之部》，收叢書三百六十一種。前者只要知道書名，即可查知它是否收在浙江省圖書館所藏四百種叢書之中；後者只要知道書的作者，即可查知他所著的某書是否收在金陵大學圖書館原藏三百六十一種叢書之中。兩者都是就本館所藏叢書編輯而成，雖比前人之作易於檢索，但收書不豐。一九三六年，清華大學圖書館施廷鏞編成《叢書子目書名索引》，收書一二七五種，在數量上朝前大大邁進了一步。同年，楊家駱編成《叢書大辭典》，抱寧濫無闕的態度，收書六千種，采叢書書名、各書書名、撰書人名爲綱，互注其關係名目於下，以四角號碼檢字法混合編排，讀者可以從多方面查尋所需資料。然該書存佚不分，每條子注較簡略，没有反映書藏何處，尋書也頗感不便。

---

① 參見《中國叢書綜録》卷首《前言》。

體制完備,極便使用的叢書目録,要推上海圖書館編的《中國叢書綜録》。此書分三册,共收全國四十一個大圖書館現藏叢書二七九七種。第一册是《總目分類目録》,附《全國主要圖書館收藏情況表》;第二册是《子目分類目録》;第三册是《子目書名索引》《子目著者索引》。其書優點頗多,舉要言之:一是蒐羅比較完備,儘可能反映了我國叢書的全貌;二是便於檢閱者,無論從總目、分類、書名、作者等任何一種角度去檢尋,都可一索即得;三是反映了叢書的收藏情況,以便研究者即目求書,就近借閲。當然,此書也有失收及誤載等缺點,但它的優點仍然是主要的。作爲一部目録學的空前巨著,《中國叢書綜録》一出,前此出版的絶大多數叢書目録就完成了自己的歷史使命。

爲了彌補《中國叢書綜録》之不足,南京大學圖書館與歷史系資料室將施廷鏞的《叢書綜合目録》稿本與《中國叢書綜録》對照,選取《中國叢書綜録》没有的叢書,經過適當補充,編爲《中國叢書目録及子目索引彙編》由南京大學出版社於一九八二年出版,收録叢書九七七種。施廷鏞去世後,其子施鋭又將施廷鏞在叢書方面的遺稿整理成《中國叢書綜録續編》《中國叢書題識》《中國叢書知見録》,由北京圖書館出版社出版,均有參考價值。此外,陽海清還編撰了《中國叢書廣録》,由湖北人民出版社於一九九九年出版。據該書《前言》,"共收録各類叢書三千二百七十九種,含子目五萬零七百八十種,汰去復出亦有四萬零二百二十七種。"該書雖爲知見目録,亦可供參考。

張之洞説:"叢書最便學者,爲其一部之中,可該群籍;蒐殘存佚,爲功尤鉅。"①叢書目録使叢書的優點得到了充分的發揮。

第四節　地方文獻目録

地方文獻目録是以某一地區有關的書籍爲對象而編製成的一種目録,它包括方志中的目録。地方文獻通常有兩方面含義:一是内容關係到

① 《書目答問》卷五《叢書目》。

某個地區的著作,一是籍貫屬於某個地區,或長期居住在某個地區的作者的著作。劉知幾《史通·書志篇》説:“近者宋孝王《關東風俗傳》亦有《墳籍志》。其所録皆鄴下文儒之士,校讎之司;所列書名,惟取當時撰者。”宋孝王是由齊入周的,可見早在北朝就已有了專録一方人士著作的目録了。

據《千頃堂書目》記載,明萬曆間祁承爜撰《兩浙著作考》四十六卷,明末曹學佺撰《蜀中著作記》十二卷,前者現存黄裳處,爲澹生堂藍格寫本,凡十四册。後者尚存殘本四卷①。在地方文獻目録中可稱典範的名著是清孫詒讓的《温州經籍志》。其書體例全仿朱彝尊《經義考》,每書注明存、佚、闕、未見,輯録序跋及其他有關資料,並注明出處,而且還附有相當多的案語。它不僅對於檢查温州的文獻是不可缺少的一部書,而且其著録方法也很值得我們借鑒。該書“凡爲卷三十有三,外編二卷,辨誤一卷附焉,著於録者一千三百餘家”②。今録二例,以見一斑:

姜氏準東嘉書目考《慎江文徵》三十八

佚

自序……夫告朔廢而羊存,夫子猶欲藉存羊以復禮。矧典章殘缺,書目足徵。有如後起之士,循名求書,因書求理,則涉獵荒遠,轉接精魂,俛仰感興於風簷夜案者,未知其淺深也。將謂餼羊非禮之存,而書目非道之寄歟?取舊志之渾列者,析經子史集彙而爲四,或傳其故序,或録其制行,或稽其撰輯顛末、品騭臧否,庸綴諸目之下。其亡可考者,缺之不敢誣也。嗚呼,識道有人,文武不墜;文獻稱足,夏殷能言。是編也,自審於古之作者示今傳後之志,庶幾無負矣。《慎江文徵》三十八。③

姜準《東嘉書目考》雖佚,録此一序也可窺見其體例。又如:

① 《圖書館學季刊》第三卷一、二、三期,第四卷一期。

② 《温州經籍志》卷首《叙例》。

③ 《温州經籍志》卷一三《目録類》。

周氏家偉水中雁字詩《羅陽詩始》一　乾隆《温州府志》二十詩下有集字。
未見
乾隆《温州府志》二十：周家偉生平多所著作，因兵燹散失，今僅存《水中雁字詩》集行世。
《羅陽詩始》一：周主政舉於鄉，後五年而明社遂屋。所著有《水中雁字詩》三十首，其音哀以思，蓋以亡國之遺響也。
案周主事家偉，雍正《泰順縣志・宦業傳》有傳。①

從這篇叙録中可見《水中雁字詩》的數量、内容及作者傳記在何處。

在現代地方文獻目録中，以有關邊疆的地方文獻目録的成就較爲突出。如一九四九年前王文萱編的《西北問題圖書目録》，丁實存、陳世傑編的《新疆書目》、吴玉年編的《西藏圖籍録》、薩士牙編的《臺灣史料書目》都是比較有價值的。而金陵大學中國文化研究所於一九三七年出版的李小緣編的《雲南書目》，是一部高質量的大型綜合性地方文獻目録。現對其特點作一簡要介紹。

一是目的性强。李小緣在《西人論華書目》的序中説："古人云：知己知彼，百戰百勝。帝國主義過去對我國陰謀破壞，吾人言之切齒痛恨，但語焉不詳，此目若能完成，將有關書籍能一一入藏，則窺測其根源，揭發其底細，我們可以加以探索。"②對國家命運的關心，促使他注意對我國邊疆資料的搜集；而三十年代的雲南是英法帝國主義者激烈争奪和蠶食的對象，則是他首先要編出《雲南書目》的直接原因。

二是資料全。《雲南書目》注意收録了從漢代一直到二十世紀三十年代有關雲南的資料約三千種。收録範圍十分廣泛，從文獻的類型看，除通史、斷代史、地方志、叢書、傳記外，還旁及年譜、筆記、通信、講演詞、考察報告、政書、奏議、檔案、會議記録。報刊中包括公報、校刊、會刊、報紙。特殊類型資料包括地圖、圖譜及碑刻拓本。此外還收録了大量的外文資

① 《温州經籍志》卷三〇《别集類》。
② 李小緣《西人論華書目序》，載《文教資料簡報》一九八二年三、四期合刊。

料,其中英文資料約三百六十種,法文資料近三百種,其他還收有日、德、荷蘭、意大利等文種的資料。

三是體例實用。爲便於使用,《雲南書目》專門制訂了一個新的分類表。兹録其一級類目如下:壹、總録;貳、歷史;叁、地理;肆、地質;伍、礦産;陸、動物;柒、植物;捌、社會;玖、文化·教育·衛生;拾、經濟;拾壹、交通;拾貳、民族;拾叁、軍務。該分類表反映了雲南文獻的特點與實際情况,是非常實用的。《雲南書目》以分類編排爲主,又照顧到分類與主題的適當結合。在每個子目下,還根據具體情况,分别按地區、年代或主題排列,充分發揮了各種編排方法的特點。作者還普遍采用了互著與别裁的方法以彌補分類之不足。文獻資料的著録項目也比較齊全,重要文獻還寫了提要,列出子目、版本、校勘記和書評,對文獻的章節、著者生平、作序人等有時也加以著録或考證。《雲南書目》在一定程度上代表了同類書目所取得的成就。

一九四九年後,地方文獻目録出現了兩個新特點:一是編出了一些專題目録,如浙江省圖書館編印的《浙江礦藏資料目録》、廣東省中山圖書館編印的《海外華僑革命資料》。還有一個特點是編出了一些聯合目録,如東北地方文獻聯合目録編輯組編的《東北地方文獻聯合目録》,其第一輯爲東北地方文獻的報刊聯合目録,第二輯爲東北地方文獻的圖書聯合目録,第三輯爲東北抗日聯軍及東北抗日武裝鬥争史料索引。

改革開放以後,地方文獻目録獲得了蓬勃發展,不少省市都編了地方文獻目録,試以編纂較早的趙國璋主編之《江蘇藝文志》與江慶柏主編之《江蘇地方文獻目録》爲例。前者著録的是江蘇人寫的書,共收録中華人民共和國成立前江蘇籍作者二萬七千五百二十九人的著作。該書依行政區劃,共分南京、鎮江、常州、無錫、蘇州、揚州、南通、鹽城、淮陰、徐州、連雲港等十一卷。每卷著録各書依經、史、子、集、叢書五大類排列。每條款目除作者小傳外,還於書名下注明卷數、四部類目、存佚。現存書注明版本,稀見本還注明收藏單位。佚書注明出處。各卷末附該卷人名索引。

後者著録的是新中國成立前寫江蘇的書六千餘種。該書依據江蘇地方文獻的實際情况,按歷史文獻、地理文獻、政治法律文獻、社會文獻、經濟文獻、軍事文獻、教育文獻、科舉文獻、傳記文獻、金石文獻、文學文獻、語言文獻、藝術文獻、科技文獻、宗教文獻、藏書文獻、圖書出版文獻、家族文獻、綜合文獻等十九大類編排。不少大類下面還設有二級甚至三級類目。這對文獻編目與即類求書都是大有幫助的。每條款目基本著録項目包括書名、卷數、版本、册數、館藏單位及索書號。每書均寫有内容提要,介紹作者、書的基本内容與特點,並注明提要撰寫者姓名。末附書名索引與作者索引,頗便利用。主編在後記《去尋找》中談了自己到省内外各圖書館訪書的歷程,並深有體會地説:"事實表明,我們通過到圖書館實地去調查資料,而不僅僅是依據書目編寫書目,這一決定是完全正確的。正是在調查中,我們發現了許多珍貴的,現有各種書目都没有著録的地方文獻。"

方志中的藝文志有兩種不同的内容:一種體例全同正史的藝文志,這就是地方文獻目録。還有一種,雖然也叫藝文志,但並不是書籍目録,而是一些與該地有關的詩文選録。

方志裏有藝文志來源也很早。例如南宋嘉定七年(一二一四),高似孫撰《剡録》,卷五裏有書有文。其所謂書,實際上指戴逵、阮裕、王羲之、謝玄、孫綽、許詢、支遁、秦系、吴筠、靈澈、鄭言、謝靈運、顧歡、葛仙翁十四人著作,以及阮、王、謝三氏家譜之目録,共四十二種,各有卷數。其所謂文者,則移鈔謝安、戴逵等人有關剡(今浙江嵊州市)的單篇文章,實開地方志著録文獻的風氣。明清志家,多鈔詩文而少撰目録,然也有仿《剡録》而兩者兼收的。如《吴興備志》之分録經籍遺書,康熙《嘉興府志》之分録經籍書籍,康熙《錢塘縣志》之分録經籍藝文皆是。《圖書館學季刊》七卷二號載李濂鏜撰《方志藝文志彙目》將書目部分彙編在一起,頗便尋索。

方志的組成部分——藝文志固然是地方文獻目録,而方志本身也是地方文獻,所以方志目録也可以算是地方文獻目録,而且是範圍更大的地方文獻目録。

方志就是地區史,可以溯源於《禹貢》和《山海經》。《隋書·經籍志》史部地理類説:"晉世摯虞,依《禹貢》《周官》作《畿服經》,其州郡及縣分野、封略、事業、國邑、山陵、水泉、鄉、亭、城、道里、土田、民物、風俗、先賢、舊好，靡不具悉，凡一百七十卷，今亡。”如《隋志》所述，《畿服經》門類甚廣，卷帙也多，已開後世撰述地方志的風氣了，此外尚有《華陽國志》十二卷，是東晉人常璩所撰，也與摯著相類。

隋代出現了由國家組織編纂的全國範圍的志書。《隋書·經籍志》史部地理類序云：“隋大業中（六〇五至六一七），普詔天下諸郡，條其風俗物産地圖，上於尚書，故隋代有《諸郡物産土俗記》一百三十一卷，《區宇圖志》一百二十九卷，《諸州圖經集》一百卷。”在這以後，唐代李吉甫修了《元和郡縣志》，宋代樂史修了《太平寰宇記》，元、明、清三朝各自修了《一統志》。它們的出現，不但使得地理書籍體例日趨規範化，而且促進了地方上各類方志的修纂，以及方志目録的編製。

方志早就爲藏書家所重視，明嘉靖年間晁瑮《寶文堂書目》卷下已著録方志二百五十八部，又萬曆年間祁承㸁《澹生堂書目》史部圖志類共著録方志五百三十五部，都可算是方志目録的先驅。

瞿宣穎《方志考稿》據天津任鳳苞私人藏書編纂而成，是一部有提要的方志目録。瞿氏自序談到了該書的體例：“大抵每書必首嚴其名稱，次述其纂修之年月與纂修者之姓名，次述其舊志之沿革，次述其類目，次辨其體例，最後評其得失。尤注意於所苞之特殊史料。將使讀者開卷而了然於其源流所自與内容所涵。”①《方志考稿》（甲集）對舊直隸、奉天、吉林、黑龍江、山東、河南、山西、江蘇等八省的方志進行了考録。

朱士嘉編著的《中國地方志綜録》在方志目録學方面成就突出。其凡例説：

> 本篇係根據國内外各公立圖書館與各私人搜藏之中國地方志目編成。著録方志五千八百三十二種，九萬三千二百三十七卷，以現存者爲限。自宋熙寧起，至民國二十二年止，經歷八百餘載。賅括二十八行省，又西藏、蒙古二地。其散見於《四庫全書》及各叢書中者，亦

① 《方志考稿》（甲集）卷首《自序》。

一併收録,其無遺焉。①

顧頡剛爲此書作序,也作了公允的評價:

朱君……竭五年之力,博采旁羅,得國内外現存方志五千餘,作此《綜録》,以示大凡。蓋直接爲目録學家創一新例,間接爲史地學者開一大道,可謂盛事矣!②

此書於一九三五年出版後,一九五八年,又出了《中國地方志綜録》的增訂本,所收現存方志增至七千多部。一九七八年九月中國天文史料普查整編組在朱先生指導下編印的《中國地方志聯合目録》,共著録一百九十個圖書館、博物館、文史館、檔案館等入藏的現存方志約有八千二百餘種。該目録一九八五年已由中華書局出版。

張國淦編著的《中國古方志考》對元代以前的方志作了全面的總結。其《叙例》云:

《中國古方志考》,爲古代方志書之綜合書録,其體例略仿朱彝尊《經義考》。凡屬方志之書,不論存佚,概行收録。因係資料性質,故只輯録舊文,有删無改,分析論斷,多出前人,編者間抒己見,則附著案語之中。

本編所録,自秦漢至元代止。首列總志,即全國性之志書。次分省排纂,省縣區劃,並以一九五六年爲準。每省前爲通志類,即全省地志,後爲府縣志類。

凡屬不傳之書,於標目下注一"佚"字。如係現存,則注明版本,只就編者所見言之。標目之後,列舉作者時代、姓名、簡歷。無撰人者,則藉所標地名,或佚文所記事實,或來源書之年代,於成書時期作

---

① 《中國地方志綜録》卷首《凡例》。

② 《中國地方志綜録》卷首《序》。

大略之推定。原書序跋及目録，於佚書，則有可考者皆録之，於現存之書，則擇其有關内容及修志故實者節録之，而於著名方志則加詳焉。①

洪焕椿先生的《浙江地方志考録》是一部全面總結某一地區方志的力作。其《前言》説：

這一部《浙江地方志考録》，主要是對浙江全省所有的地方志，從全省性的通志起一直到很細小的專志，不論它是現存的或已佚的，已刊的或未刻的，將它作一個全面的考察。除了分類記載其書名、卷數、纂修者、纂修年代和流傳情況之外，並作一些必要的提要説明和考訂工作。對於現存的地方志，皆注明幾個比較重要的庋藏處所。學術工作者當需要利用浙江地方志進行科學研究工作時，有了這一部參考書，基本上可以掌握浙江地方志的纂修源流及存佚情況。②

此外，上海師範學院圖書館編的《上海方志資料考録》，也是這方面較好的參考資料。

地方文獻目録，反映了地方學術文化發展的狀況，爲搜集、整理地方文獻，進而建立地方文獻體系提供了便利。從中可能會發現重要人物的遺佚著作，或非重要人物的有價值著作。地方文獻目録是從事學術研究的非常重要的工具書。

---

① 《中國古方志考》卷首《叙例》。

② 《浙江地方志考録》卷首《前言》。一九八四年浙江人民出版社又出版了作者的《浙江方志考》。《浙江方志考》對《浙江地方志考録》作了訂正、增補和重寫，可參看。

第五節　私人藏書目録

我國歷史上的私人藏書，起源甚早。《莊子・天下篇》已稱“惠施多方，其書五車”。漢初私人求書藏書的風氣已很盛行。如“河間獻王（劉）德……修學好古，實事求是。從民得善書，必爲好寫與之，留其真，加金帛賜以招之。繇是四方道術之人，不遠千里，或有先祖舊書，多奉以奏獻王者。故得書多，與漢朝等。”①西漢末年，劉向父子等校書，也利用過大量的私人藏書，今傳《别録》遺篇可證。

最早編寫私人藏書目録的，當推任昉。《梁書》云：“自齊永元（四九九至五〇〇）以來，秘閣四部，篇卷紛雜。昉手自讎校，由是篇目定焉。昉墳籍無所不見，家雖貧，聚書至萬餘卷，率多異本。昉卒後，高祖使學士賀縱，共沈約勘其書目，官所無者，就昉家取之。”②又阮孝緒《七録序》云：“凡自宋齊以來，王公縉紳之館，苟能蓄聚墳籍，必思致其名簿。”③這裏所説的名簿即指目録，於此可見南朝藏書家多有藏書目録。

雕版印刷術發明以後，書籍易得，私人藏書風氣日盛，私人藏書目録也就越來越多了。汪辟疆《目録學研究》所附《漢唐以來目録統表・私家目録表》作了詳細統計。其中唐代三家均佚：

吴兢《西齋書目》一卷
蔣彧《新集書目》一卷
杜信《東齋集籍》二十卷

宋代現存三家：

晁公武《郡齋讀書志》二十卷（袁本爲四卷）

---

① 《漢書》卷五三《河間獻王傳》。
② 《梁書》卷一四《任昉傳》。
③ 《廣弘明集》卷三《七録序》。

陳振孫《直齋書録解題》二十二卷
尤袤《遂初堂書目》一卷

據《昭德先生郡齋讀書志序》，知晁公武曾得井度所贈書凡五十篋，加上舊藏並除其複重，得二萬四千五百多卷，據以撰成《郡齋讀書志》。該志分經、史、子、集四部，每部有序一篇。四部又分四十五類，其中二十五類有類序，但類序没有標明，往往包含在那一類第一部書的提要之内。

《郡齋讀書志》於每書之下均有提要，或述作者略歷，或論其書要旨，或明學術淵源，其特點是偏重考訂。今録二篇爲例。《陶潛集》提要云：

右晉陶淵明元亮也，一名潛（先謙案：袁本作"右晉陶淵明也"），潯陽人。蕭統云："淵明，字元亮。"《晉書》云："潛，字元亮。"《宋書》云："潛，字淵明，或云字深明，名元亮。"按集（案：《通考》有中字）《孟嘉傳》與《祭妹文》，皆自稱淵明，當從之。晉安帝末，起爲州祭酒。桓元簒位，淵明自解而歸。州召主簿，不就，躬耕自資。劉裕舉兵討元，誅之，爲鎮軍將軍。淵明參其軍事。未幾改爲建威將軍。淵明見裕有異志，乃求爲彭澤令，去職。潛少有高趣，好讀書，不求甚解，著《五柳先生傳》以自況，世號靖節先生。今集有數本：七卷者，梁蕭統編，以序、傳、顔延之誄載卷首。十卷者，北齊陽休之編，以《五孝傳》、《聖賢群輔録》、序、傳、誄分三卷，益之詩，篇次差異。按《隋經籍志》："潛集九卷。"又云："梁有五卷，録一卷。"《唐藝文志》："潛集五卷。"今本皆不與二志同，獨吴氏《西齋書目》有潛集十卷，疑即休之本也。休之本出宋庠家云。江左名家舊書，其次第最有倫貫，獨《四八目》後八儒、三墨二條，似後人妄加。①

又《王勃集》提要云：

① 《郡齋讀書志》卷一七《陶潛集》十卷。

右唐王勃子安也，通之孫。麟德（六六四至六六五）初，劉祥道薦其才，對策高等，授朝散郎。沛王召署府修撰，以戲爲諸王（先謙案：袁本有作字）《鬬雞檄》，高宗怒斥出府。父爲交趾令，勃往省，溺海卒。勃屬文，初不精思，先磨墨數升，酣飲，引被覆面卧，及寤，援筆成篇，不易一字，時人謂之腹稿。有劉元濟序。①

《郡齋讀書志》在四川的最初原刻本是四卷，約於一一五七年由杜鵬舉校刻。後有姚應績重編的二十卷本，曾否在四川付梓，無考。一二四九年，黎安朝翻刻四卷本於宜春郡齋，這就是現在所稱的“袁本”。黎安朝命趙希弁校刻，希弁因就家藏書中爲晁志所未收的，編爲《附志》一卷（實分爲上下兩卷），共刻爲五卷。也就在這一年，游鈞將姚編二十卷本刻於信安郡齋，就是現在所稱的“衢本”。次年（一二五〇），衢本傳到了袁州，黎安朝又命趙希弁把衢本中多出的四三五種、八二四五卷編爲《後志》二卷，附刻於五卷之後。一八八四年，王先謙以袁本校衢本，著其異同，仍依衢本爲二十卷，並附趙希弁《附志》於後。王先謙校刻本和《四部叢刊》三編影印的宋袁州刻本，一度頗爲流行。

現在通行的是孫猛《郡齋讀書志校證》，由上海古籍出版社於一九九〇年出版。作者對原書作了標點、校勘、疏證、考訂工作。作者在卷首《前言》與《凡例》中對《郡齋讀書志》的作者生平、版本源流、成就與不足，以及自己所做的整理工作，均作了清晰的闡述。卷末還附有《晁公武傳略》《歷代著録及研究資料彙編》《現存諸本叙録》《郡齋讀書志衢袁二本的比較研究》，以及《書名索引》與《著者索引》。顯然該書是迄今爲止《郡齋讀書志》最可靠、資料最翔實，且最便於使用的版本。

趙希弁的《附志》共著録了圖書四八六種，多是當時通行的刻本書，正好補充了《郡齋讀書志》刊印後近一百年間新出的書。《郡齋讀書志》連同《附志》共著録了一九三七部古籍，均有提要，爲後人瞭解宋代及宋代以前的各類古籍提供了依據；特别是其中有相當數量已經全部或部分佚失，現

① 《郡齋讀書志》卷一七《王勃集》二十卷。

在只有憑《郡齋讀書志》的介紹來瞭解了。陳振孫評《郡齋讀書志》説："其所發明有足觀者。"①這一意見是不錯的。

陳振孫勤於聚書，如他在《九經字樣》的解題中説："往宰南城，出謁，有持故紙鬻於道者，得此書，乃古京本，五代開運丙午（九四六）所刻也，遂爲家藏書籍之最古者。"②接着他做了興化軍的通判，收藏的書更多。周密説："近年惟直齋陳氏書最多，蓋嘗仕於莆，傳録夾漈鄭氏、方氏、林氏、吴氏舊書至五萬一千一百八十餘卷。"③《直齋書録解題》即據所藏編成，原有五十六卷，著録圖書三〇九六種。惜其流傳不廣，原刊本已失傳。直到乾隆間修《四庫全書》時，方由《永樂大典》中輯出，校定爲二十二卷。

輯本《直齋書録解題》共五十三類，雖無經、史、子、集之名，然仍以四部次序排列。僅存類序九篇，但也反映了學術的變化，並説明了分類的日趨細密，我們曾引用過其語孟類序，又如其詩集類序云："凡無他文而獨有詩，及雖有他文而詩集獨行者别爲一類。"④可見其收録範圍非常明確。

其書評述典籍，時有卓見。如《史記》解題云："竊嘗謂著書立言，述舊易，作古難。六藝之後有四人焉：摭實而有文采者，左氏也；憑虚而有理致者，莊子也；屈原變國風、雅、頌而爲《離騷》，及子長易編年而爲紀傳，皆前未有其比，後可以爲法。非豪傑特起之士，其孰能之？"⑤不失爲知言之選。

除介紹書籍内容及版本外，作者對學術淵源、文學流變也相當注意。如有幾則解題即談到了唐代律詩問題。《杜必簡集》解題云："唐初沈、宋以來，律詩始盛行，然未以平側失眼爲忌。審言詩雖不多，句律極嚴，無一失粘者。甫之家傳有自來矣。"⑥《韋蘇州集》解題云："詩律自沈、宋以後日益靡嫚，鎪章刻句，揣合浮切，雖音韻諧婉，屬對麗密，而閑雅平淡之氣

---

① 《直齋書録解題》卷八《晁氏讀書志》二十卷。

② 《直齋書録解題》卷三《九經字樣》一卷。

③ 《齊東野語》卷一二《書籍之厄》。

④ 《直齋書録解題》卷一九詩集類序。

⑤ 《直齋書録解題》卷四《史記》一百三十卷。

⑥ 《直齋書録解題》卷一九《杜必簡集》一卷。

不存矣。獨應物之詩，馳驟建安以還，得其風格云。”①

《四庫全書總目》提要在提到《直齋書録解題》的參考價值時説：“古書之不傳於今者，得藉是以求其崖略；其傳於今者，得藉是以辨其真僞、核其異同，亦考證之所必資，不可廢也。”②

值得注意的是，基於政治上的偏見，陳振孫對程朱一派著作評價過高，對王安石的著作抑之過甚。如《熙寧日録》解題云：“丞相王安石撰。本朝禍亂萌於此書，陳瓘所謂尊私史而壓宗廟者。其彊愎堅辯，足以熒惑主聽，鉗制人言。當其垂死，欲秉畀炎火，豈非其心亦有所愧悔歟？既不克焚，流毒遺禍，至今爲梗。悲夫！”③

尤袤的《遂初堂書目》是我國最初記載版本的目録之一，我們將在《版本目録》一節談到。從現存的三部宋代私人藏書目録可見，它們的質量已經超過了當時的官修目録，説明私人藏書目録已經進入相當成熟的階段。

明人得書之易超過宋元，明代私人藏書目録得到了蓬勃發展，現存主要有十三家：

朱勤美《西亭中尉萬卷堂書目》十六卷
李廷相《李蒲汀家藏書目》二卷
陳第《世善堂藏書目》二卷
晁瑮《寶文堂分類書目》三卷
高儒《百川書志》二十卷
李如一《得月樓書目》一卷
祁承爜《澹生堂書目》八卷
祁承爜《澹生堂明人集部目録》不分卷
徐𤊹《紅雨樓書目》七卷
趙用賢《趙定宇書目》不分卷
趙琦美《脉望館書目》不分卷

① 《直齋書録解題》卷一九《韋蘇州集》十卷。
② 《四庫全書總目》卷八五《直齋書録解題》二十二卷。
③ 《直齋書録解題》卷七《熙寧日録》四十卷。

錢謙益《絳雲樓書目》四卷
黄虞稷《千頃堂書目》三十二卷

今舉三家爲例。高儒《百川書志》成書於一五四〇年，其序稱自己對於圖書“鋭意訪求，或傳之士大夫，或易諸市肆。數年之間，連床插架，經籍充藏，難於檢閲。閑中次第部帙，定立儲盛。又恐久常無據，淆亂逸志，故六年考索，三易成編，損益古志，大分四部，細列九十三門，裁訂二十卷”①。書成後，黄虞稷《千頃堂書目》、王士禎《居易録》都曾稱引，可見當時已爲士大夫所推重。

該志所著録的書，絶大部分撰有簡明提要，這些提要有解釋書名的，如《郁離子》提要云：“郁離者何？離火文明之象。用之，其文郁郁然爲盛世文明之治，故曰《郁離子》。”②有介紹書的内容的，如《使琉球録》提要云：“皇朝給事中陳侃、行人高澄使琉球所録。前載制諭、祭文、賫物，次載日記道塗、山川、風俗、人物之實，起居、日用、飲食之細，耳目親及者備録之。考證諸書夷語附於卷末。”③有評論學術的，如《初唐詩》提要云：“初唐詩如池塘春草，又如未放之花，含蓄渾厚，生意勃勃。大曆以後，鋤而治之矣。”④

《百川書志》的一個顯著特點是著録了許多被人認爲不能登大雅之堂的文學作品。例如卷五史部傳記類收録李公佐《謝小娥傳》、蔣防《霍小玉傳》等短篇小説；卷六野史類收録了《三國志通俗演義》《忠義水滸傳》兩部長篇小説；外史類著録了不少戲曲，如《玉簫女兩世姻緣雜劇》《關雲長義勇辭金傳奇》；小史類著録明代短篇小説集多部。在《雙偶集》的提要中，作者明言：“以上六種皆本《鶯鶯傳》而作，語帶烟花，氣含脂粉，鑿穴穿牆之期，越禮傷身之事，不爲莊人所取，但備一體，爲解睡之具耳。”⑤此外，

① 《百川書志》卷首《序》。
② 《百川書志》卷七《郁離子》十卷。
③ 《百川書志》卷四《使琉球録》三卷。
④ 《百川書志》卷一九《初唐詩》三卷。
⑤ 《百川書志》卷六《雙偶集》三卷。

卷八小説家類也著録了《剪燈奇録》等短篇小説集。卷十八集部詞曲類專記元、明詞曲。多記元、明人著作是《百川書志》的優點。例如集部有三卷著録詩集，其中兩卷爲明人著作，這對考見明代詩歌創作的情況是很有意義的。

《百川書志》的缺點是分類不够精確，著録次序也較紊亂。上面所舉文學作品多被列入史部、子部，即可説明這一點。

《紅雨樓書目》的作者徐𤊹是明代閩中著名詩人，特别注意收集文學作品。他在《藏書屋銘》中説："詩詞集説總兼，樂府稗官咸備。藏書非稱汗牛，考核頗精亥豕。"①如其卷三子部小説類收小説、筆記五百七十種，傳奇類收元明雜劇和傳奇一百四十種。特别可貴的是作者在卷四集部《明詩選姓氏》部分共著録了三百一十五位明代詩人，其中二百七十人皆注明了生平簡歷，是研究明代文學的寶貴資料。潘景鄭也説：其"分類壹本四部，所收多明代藝文。其爲世所不經見者，無慮數百十種，雖不逮《千頃堂書目》之富，以之互勘，當得補苴什一也。又其所收刻本應皆啓、禎以前，在今日視之，不當與天水、蒙古本同珍耶？"②

《紅雨樓書目》雖按經史子集四部分類，但是在子目的設置上，却考慮到藏書的實際情況，作了一些變動。例如卷二史部專門設了本朝世史彙一類，收録了八十五種有關明代的史書。同卷還設總志、分省二目，約收三百五十種明代方志。其宋集部分，還用表格排列，甚便觀覽。此皆反映了私人藏書目録注重實際、强調實用的特點。

如汪辟疆先生所説："有明一代，私家之目録雖多，其最有典則可以取法者，《千頃堂書目》其巨擘也。"③張鈞衡爲此書作跋，曾介紹黄虞稷生平及書目分類云：

> 虞稷，字俞邰，先世泉州人。其父居中，字明立，官南京國子監丞，遂居南京户部街，有《千頃齋集》。少好讀書，老而彌篤，千頃齋

① 《徐氏紅雨樓書目》卷首《藏書屋銘》。
② 《徐氏紅雨樓書目》卷末《叙録》。
③ 《目録學研究・論唐宋元明四朝之目録》。

> 中,藏書亦萬餘卷。俞邰博雅好學古,時值南都傾覆,天府之寶藏,故家之插架,盡力搜羅以益之。此目所録,皆有明一代之書。經部十一門:爲易、爲書、爲詩、爲三禮、爲春秋、爲孝經、爲論語、爲孟子、爲經解、爲四書、爲小學;史部十八門:爲國史、爲正史、爲通史、爲編年、爲别史、爲霸史、爲史學、爲史鈔、爲地理、爲職官、爲典故、爲時令、爲食貨、爲儀注、爲政刑、爲傳記、爲譜系、爲簿録;子部十二門:爲儒家、爲雜家、爲小説家、爲兵家、爲天文家、爲曆數家、爲五行家、爲醫家、爲藝術家、爲類書、爲釋家、爲道家;集部八門:爲别集、爲制誥、爲表奏、爲騷賦、爲詞曲、爲制舉、爲總集、爲文史也。……每類之末各附以宋、金、元人之書。①

《千頃堂書目》的特點是體例嚴、著録富。如《四庫全書總目》提要云:“其别集以朝代科分爲先後,無科分者則酌附於各朝之末,視唐、宋二志之糅亂,特爲清晰,體例可云最善。”又云:“焦竑《國史經籍志》既誕妄不足爲憑,傅維鱗《明書經籍志》、尤侗《明史藝文志稿》尤冗雜無緒,考明一代著作者,終以是書爲可據。所以欽定《明史·藝文志》頗采録之。略其舛駁而取其賅贍可也。”②其所録皆明一代之書,並附以宋、金、元人著作,可謂創例。

清代私家藏書風氣更盛,私人藏書目録益多,今舉著名的十七種爲例:

錢曾《述古堂書目》四卷
錢曾《也是園藏書目》十卷
錢曾《讀書敏求記》四卷
毛扆《汲古閣珍藏秘本書目》一卷
徐乾學《傳是樓書目》八卷

---

① 《千頃堂書目》卷末《張鈞衡千頃堂書目補遺跋》。
② 《四庫全書總目》卷八五《千頃堂書目》三十二卷。

阮元《文選樓藏書記》六卷
吴壽暘《拜經樓藏書題跋記》六卷
黄丕烈《士禮居藏書題跋記》六卷,《續編》五卷
黄丕烈《蕘圃藏書題識》十卷,《續録》四卷
孫星衍《孫氏祠堂書目》内編四卷,外編三卷
張金吾《愛日精廬藏書志》三十六卷,《續志》四卷
丁日昌《持静齋書目》五卷
汪誠《振綺堂書目》六卷
瞿鏞《鐵琴銅劍樓藏書目録》二十四卷
楊紹和《楹書隅録》五卷,《續編》四卷
陸心源《皕宋樓藏書志》一百二十卷,《續志》四卷
丁丙《善本書室藏書志》四十卷,附録一卷

現代著名藏書家多編有目録,今舉五家爲例:

葉德輝《郋園讀書志》十六卷
鄧邦述《群碧樓善本書録》六卷
傅增湘《雙鑒樓善本書目》四卷
張元濟《海鹽張氏涉園藏書目録》四卷
潘宗周《寶禮堂宋本書録》四卷

清代以後私人藏書的明顯趨勢是注意版本鑒定,重視收聚善本,因此這一時期著名的私人藏書目録多爲版本目録,主要是善本目録。我們將在第七章第六節專門介紹版本目録,這裏就不詳談了。

私人藏書目録也有一些值得珍視的特點。首先,許多私人藏書目録著録詳細,而且多有提要,這對讀書治學大有幫助。私人藏書目録中的書跋與題識,往往都詳細記載了書的序跋、鈐印、牌記、行款、字體、紙墨、避諱字,並且還注意叙述書的流傳經過,而這在其他種類的目録中是很少見到的。其次,私人藏書目録,雖然不如國家藏書目録、史志那麽完備宏富,

但由於藏書家往往衝破正統觀點的束縛，所藏率多異本，常可補國家藏書目録與史志之缺。這些特點决定了私人藏書目録在各類目録中占有自己獨特的地位。

私人藏書目録一般是藏書家自編的，但也有的出於他人之手。著名的天一閣藏書，其書目除范氏自編的外，黄宗羲曾編過，其《天一閣藏書記》云："司馬殁後，封閉甚嚴。癸丑(一六七三)，余至甬上，范友仲破戒引余登樓，悉發其藏。余取其流通未廣者鈔爲書目。"①此後，清嘉、道間(十九世紀前期)的劉喜海也編有一部十二卷本的《天一閣書目》。該目"係劉喜海服官浙中時，登閣覽書，所輯成者"②，即其一例。

第六節　聯合目録

所謂聯合目録，就是聯合若干圖書館及其他藏書單位的藏書目録而編成的統一目録。

聯合目録是近代圖書館蓬勃興起以後的産物，古代是没有的。一九四九年以前編的聯合目録約十種。北平圖書館(今國家圖書館)在這方面做了不少工作，如一九三一年出版的《北平各圖書館入藏歐洲文字書籍聯合目録》共收録北平市二十九個單位入藏的圖書三二五一六種，期刊五六九四種。一九四九年以前出的質量最高、影響最大的聯合目録要推朱士嘉編著的《中國地方志綜録》，我們在本章第四節中已作了介紹。

據統計，從一九四九年至一九五七年，全國總共出版二十五種聯合目録③。一九五八年至一九六七年出版了各種聯合目録三百餘種④。在"文革"期間，聯合目録工作全部陷於停頓。近年來隨着科研、生産的需要，在全國不少地區陸續恢復了聯合目録的編輯工作。一九四九年後出版的聯

① 《天一閣書目》卷首《天一閣藏書記》。

② 《浙江藏書文獻》，載《文瀾學報》第二卷第三、四期。

③ 《目録學概論》第七章第一節《聯合目録概述》。

④ 見彭鵬《我國聯合目録工作進展情况和有待解决的問題》，載《北圖通訊》一九七八年第二期。

合目録總數在四百種以上。

聯合目録的大量出現反映了社會主義制度的優越性,黨和政府一貫重視聯合目録的編製工作。一九五一年三月,西南人民圖書館(今重慶市圖書館)根據西南軍政委員會文教部的指示,編出了一九四九年後第一部聯合目録《西南各圖書館室藏化學工業書刊目録》。同年,上海新聞圖書館(今併入上海圖書館)也編印了一部《上海各圖書館藏報調查録——附新聞學圖書目録》,反映了上海市五十六個圖書館所藏一八六八至一九五〇年中外報紙六百餘種。

一九五六年七月文化部召開了全國圖書館工作會議。文化部社會文化事業管理局在會上作了《明確圖書館的方針和任務,爲大力配合向科學進軍而奮鬥》的報告,指出:"當前最迫切需要的是各種專題聯合書目。各種專題聯合書目的編製,必須靠各有關圖書館的聯繫工作,應該就地區或全國的範圍采取一館負責、各館補充的辦法來進行。"①

同年十二月,高等教育部也召集了高等學校圖書館工作會議。當時的高教部副部長黄松齡在總結發言中要求全國高等學校圖書館"開展館際交流、互借、分工、合作的辦法,編製聯合目録",並指出:"全國有二百多所高等學校,如果專業圖書館能够交流互借,特别是外文書刊和重要的昂貴書刊,讓每個學校都買一套是很不經濟的,采用交流互借、分工合作的辦法,就可以發揮潛力,花較少的錢辦更多的事了。爲了推廣這個辦法,要求各省市先搞出聯合目録,再進一步搞全國性的聯合目録。"②

一九五八年十月在北京舉行了全國聯合目録工作會議。一九八〇年三月復又在北京召開了全國聯合目録工作會議。會議討論並同意《建立全國聯合目録指導體系的初步方案》《全國聯合目録工作協調委員會組織章程》及《一九八〇至一九八五年全國聯合目録選題規劃(草案)》。

有領導、有組織、有計劃地開展聯合目録的編製工作,這是一九四九

① 《明確圖書館的方針和任務,爲大力配合向科學進軍而奮鬥》,原載《圖書館工作》一九五六年第四期。

② 《高等學校圖書館工作會議總結發言》,原載《高等學校圖書館工作會議專刊》。

年後聯合目録得以迅速發展的關鍵。

聯合目録之所以受到重視，是與它本身所具有的優越性分不開的。全國圖書聯合目録編輯組《我國聯合目録事業的發展》一文曾總結了五個方面的作用：

（一）揭示全國書刊的分布情況，便於廣大讀者和科研工作者參考和利用。

（二）便利各圖書館間開展館際互借和複製工作，發揮全國藏書的高度利用率。

（三）協調各圖書館間書刊選購工作，避免采購上不必要的重複。尤其在采購國外書刊上，可爲國家節約外匯。

（四）在編製聯合目録工作中，加强了館際合作關係，推動各館進一步聯繫，交流經驗，改進工作方法。

（五）促成圖書目録事業的現代化和計劃化，在黨和政府的領導下，集中各館力量，分工合作，爲國家總書目工作創造有利的基礎。[①]

同研究和整理古籍有關又比較實用的聯合目録有：

《圖書館學書籍聯合目録》　李鍾履編

《中國古農書聯合目録》　北京圖書館編

《中國叢書綜録》　上海圖書館編

《中醫圖書聯合目録》　中醫研究院、北京圖書館編

《中國地方志聯合目録》　中國天文史料普查整編組編

《一八三三——一九四九全國中文期刊聯合目録》　全國圖書聯合目録編輯組編

《中國古籍善本書目》　中國古籍善本書目編輯委員會編

《中國古籍總目》　中國古籍總目編纂委員會編

① 《我國聯合目録事業的發展》，載《圖書館》一九六四年第三期。

聯合目録實際上也是一種藏書目録，我們不僅可以查到有没有某本書，而且還可以查到能够在什麽地方借到這本書，所以特别有用。例如《一八三三——一九四九全國中文期刊聯合目録》共收録了我國五十個省市級以上圖書館所藏一九四九年前出版的中文期刊近兩萬種。其《編例》稱：

> 在著録方面，一般包括以下十二項：(1) 刊名，(2) 刊期，(3) 編輯者，(4) 出版地，(5) 出版者，(6) 創刊卷期，(7) 停刊卷期，(8) 創刊年月，(9) 停刊年月，(10) 注釋，(11) 總藏，(12) 館藏。但在排版時，爲了節約篇幅，根據各項的性質，又歸併爲以下五大項：(1) 刊名刊期，(2) 編輯出版，(3) 創刊停刊，(4) 注釋，(5) 館藏。

顯然要將近兩萬種期刊的這些著録項目一一準確反映出來，需要做大量的考訂工作。所以該目的出版，爲我們檢索一九四九年前期刊提供了方便，對科研具有很大的參考價值。

第六章　學科目録

學科目録是將某一專門學科的書籍彙編而成的一種目録。早在公元前二世紀,我國就出現了第一部有文字可考的學科目録——《兵録》。《漢書・藝文志・兵書略》序云:"漢興,張良、韓信序次兵法,凡百八十二家,删取要用,定著三十五家;諸吕用事而盗取之。武帝時,軍政楊僕捃摭遺逸,紀奏《兵録》,猶未能備。"①學科目録的産生,適應了人們的專門需要,而且隨着科學研究的發展,學科目録也就越來越發達了。下面我們就經史子集四個方面,擇其要者加以論述。

第一節　經學書目録

經書在古代一直極受尊重,經學也一直處於首要地位,所以經學目録的出現比較早。汪辟疆先生説:"東漢末年,鄭玄作《三禮目録》一卷,僅就三禮篇目,爲之提要。名雖本於子政,義則專釋禮經。"②《三禮目録》雖已亡佚,但是唐賈公彦《周禮疏》引其提要六篇,《儀禮疏》引其提要十七篇,孔穎達《禮記疏》引其提要四十九篇,清人頗多輯本,以黄奭所輯《三禮目録》一卷爲佳,從中可見《三禮目録》提要在介紹書的篇名、篇次、内容,並且在考存佚、辨真僞方面做了不少工作。《宋史・藝文志》所著録的歐陽

① 《漢書》卷三〇《藝文志・兵書略・序》。

② 《目録學研究・唐以前之目録》。

伸《經書目録》,顯然也是一部經學書專目。明嘉靖年間,朱睦㮮撰《經序録》,取諸家説經之書,各采篇首一序,編爲一集,也是一部有特色的經學目録書。

經學書目録的代表作應推清初朱彝尊的《經義考》。朱彝尊從康熙中歸隱後,就仿馬端臨《文獻通考·經籍考》的體例,並加以發展,經過近二十年的努力,撰成《經義存亡考》三百卷,列存亡二例,後又增闕和未見二例,於乾隆二十年刊行時定名爲《經義考》。《四庫全書總目》述其體例云:

> 每一書前,列撰人姓氏,書名卷數。其卷數有異同者,則注某書作幾卷。次列存、佚、闕、未見字。次列原書序跋、諸儒論説,及其人之爵里。彝尊有所考正者,即附列案語於末。……上下二千年間,元元本本,使傳經原委,一一可稽,亦可以云詳贍矣。①

今録一例:

> 魏氏伯陽《周易參同契》
>
> 《唐志》二卷　《崇文總目》一卷　《通考》三卷　存
>
> 《三洞珠囊》:魏伯陽撰《參同契》,其説以《周易》爻象論作丹之事,而儒者不知神丹之事,多作陰陽注之,殊失其旨。(引者案:下面輯録了《中興書目》、彭曉《序》、晁公武、朱子、范成大、黄震、劉辰翁、俞琰、胡一桂、陸深、羅欽順等的有關論述,今從略。)
>
> 按《參同契》本道家之言,不當列於經義,然朱子嘗爲之注,且謂無害於《易》,故附載之,是書諸家注解頗衆,則概略而不記也。②

《經義考》的缺點是引用原始材料時有删改,這種做法可能使文字通

① 《四庫全書總目》卷八五《經義考》三百卷。

② 《經義考》卷九魏氏伯陽《周易參同契》。

順一點，却失去了原書的本來面貌，所以孫詒讓批評道："馬、朱兩《考》，凡録舊文，不詳典據，沾媮塗竄，每異本書。"[①]另外《經義考》所注佚、闕、未見，由於見聞所限，也往往與事實不符，所以翁方綱又撰《經義考補正》十二卷，加以訂正。

其次，值得注意的是近代學者吕思勉的《經子解題》，介紹了群經和諸子，是一部比較通俗的讀物。此書雖然篇幅不大，却很精彩，讀來可以增加常識。吕氏在經學方面，比較偏重於今文家，但一般説來還是很客觀的。如作者對《論語》的介紹：

> 《論語》有魯論、齊論及古論之别。魯論篇次與今本同。齊論别有《問王》《知道》二篇。二十篇中，章句亦頗多於魯論。古論云出孔壁，分《堯曰》後半"子張問"以下别爲一篇，故有兩《子張》。篇次亦不與齊、魯論同。張禹受魯論於夏侯建，又從庸生王吉受齊論。擇善而從，號曰《張侯論》，已亂齊、魯之别；鄭玄就魯論篇章，考之齊、古爲之注，則並齊、魯、古三者之别而泯之矣。魏何晏集諸家之説，並下己意爲《集解》，盛行於世，即今《十三經注疏》所采之本也。梁時皇侃爲之作疏，宋邢昺疏即係據皇疏删其支蔓，附以義理者。梁疏後亡佚，迄清代乃得之日本焉。古論云有孔安國注，今見《集解》所引，蓋亦王肅所僞，其後此注亦亡。清時，歙縣鮑氏云得其書於日本，重刻之，則又六朝以來僞物也。《論語》一書，皆記孔子及孔門弟子言行，説頗平易可信。書係雜記，無條理。《正義》篇篇皆言其總旨及章次，殊屬不必也。清儒作新疏者，有劉寶楠《論語正義》。[②]

專録一經之書的目録，有清人全祖望的《讀易别録》，近人蔣復璁的《易經集目》《四書集目》《論語集目》《孟子集目》《孝經集目》等。特别值得一提的是鄭振鐸編的《關於詩經研究的重要書籍介紹》。全目分四類：第

① 《温州經籍志》卷首《叙例》。
② 《經子解題·論語　孟子　孝經　爾雅》。

一類是關於《詩經》的注釋及見解的;第二類是關於《詩經》的音韻名物研究及異文校勘的;第三類是關於《詩經》書籍的輯佚的;第四類是附録。該目有兩個優點:一是收書均係作者所知見,也就是一般都能找到的;二是書名下有提要,每類書後又有序加以總結,甚至在幾部内容相近的書後也有辨章學術、考鏡源流的文字。如《毛詩指説》一卷的提要説:"唐成伯璵撰。《通志堂經解》本。此書頗重要,蘇轍以詩序首句爲子夏所作,後爲毛萇所續,其論在伯璵此書中已見其端。"又如在十一部研究《詩經》音韻的書名後寫道:

> 《詩經》音韻的研究,與字義的訓詁同時開始。最初僅知以今音讀古音,其後則進而以今韻來叶古音,到了陳第、顧炎武諸人出來,才發現古音的本質,知道古今音的不同。這個發現,無論在《詩經》研究上,或在文字學上,都是極有價值的。其後又經孔廣森、夏炘諸人的繼續研究,成績更爲精密。①

目前比較實用的關於《詩經》的目録當推寇淑慧的《二十世紀詩經研究文獻目録》,有學苑出版社二〇〇一年版。作者《編輯説明》稱:"本目録著録二十世紀(一九〇一至二〇〇〇)中國大陸境内和香港地區正式出版及發表的有關《詩經》研究之專著和論文,旨在爲讀者提供一份比較完備的二十世紀《詩經》學文獻索引。"

上編爲《詩經通論》,下編爲《分類分篇研究》,分類標目非常詳細,我們可以從中瞭解各個問題的研究現狀。譬如《史記》有不少地方引用了《詩經》中詩句,這個問題有没有人研究過呢?我們在"上編八《詩經解釋學史》(二)《歷代詩經學》2《兩漢》之《司馬遷》"中找到了《史記所引詩經係魯詩説》《試談〈史記〉引詩》《〈史記〉稱〈詩〉平議》等好幾篇文章,這對我們瞭解這個問題當然有幫助。

小學就是語言文字之學。小學書籍從《七略》起,就被看作經書的附

① 《中國文學研究》上册《關於詩經研究的重要書籍介紹》。

庸,所以我們也將其附述於經學之後。

朱彝尊《經義考》亦收小學書籍,然止詳於《爾雅》,而未及《説文》以下。其後謝啓昆作《小學考》,才把語言文字學的書,按照朱書的體例加以著録,成就很大。其序云:

> 秀水朱氏撰《經義考》有功經學甚鉅,但止詳《爾雅》,餘並闕如。吾師翁學士覃谿先生作《補正》,又欲廣小學一門,時爲予言之。……乾隆乙卯(一七九五),啓昆官浙江按察使,得觀文瀾閣中秘之書,經始采輯爲《小學考》。後復由山西布政使移任浙江,從政之暇,更理前業,成書五十卷。卷首恭録敕撰,次訓詁,則續《經義考》《爾雅》類而推廣於《方言》《通俗文》之屬也;次文字,則《史篇》《説文》之屬也;次聲韻,則《聲類》《韻集》之屬也;次音義,則訓讀經史百氏之書。訓詁、文字、聲韻者,體也;音義者,用也。體用具而後小學全焉。①

《小學考》原無總目,以後羅福頤編《小學考目録》一卷,王振聲補録《小學考目録》二卷,可備查檢。今録《小學考》一例如下:

> 郭氏璞《爾雅注》　《隋志》五卷《唐志》一卷、《釋文序録》、《宋志》三卷
>
> 《晉書》列傳曰:郭璞,字景純,河東聞喜人也。好經術,博學有高才,而訥於言。好古文奇字,妙於陰陽曆算。終尚書郎記室參軍,贈弘農太守。注釋《爾雅》,别爲音義、圖譜。
>
> 璞自序曰:夫《爾雅》者,所以通訓詁之旨歸,叙詩人之興詠,總絶代之離詞,辨同實而殊號者也。誠九流之津涉,六藝之鈐鍵,學覽者之潭奥,摛翰者之華苑也。若乃可以博物不惑,多識於鳥獸草木之名者,莫近於《爾雅》。……
>
> 陸德明《釋文序録》曰:先儒於《爾雅》多爲臆必之説,乖蓋闕之義,惟郭景純洽聞强識,詳悉古今,作《爾雅注》爲世所重。

---

① 《小學考》卷首《序》。

（引者案：下面輯録了任昉《述異記》、祝穆《方輿勝覽》、郭子章《郡縣解詁》、錢曾《讀書敏求記》、《四庫全書總目》等的有關論述，今從略。）

按《經義考補正》引丁杰曰：《晉書・郭璞傳》無入蜀之文，王象之《輿地碑記目》嘉定府下有郭璞《移水記》，蘇轍詩指其注《爾雅》於此。考《記》中有嘉州二字，而嘉州之名實始後周，不應預見郭璞文中。又考嘉州在漢爲犍爲郡，諸書所云爾雅臺者，疑是犍爲舍人之遺迹，與璞無涉。①

黎經誥撰《許學考》二十六卷，收書二百四十餘部，清人研究《説文》的著述大體具備。其體例是除書名、卷數外，下注版本，撰寫作者傳記，輯録書的序文。如：

説文解字校録三十卷　蘇州局刻本

清鈕樹玉纂。樹玉字匪石，一字非石，江蘇吴縣人，居湖庭山。少孤家貧，隱於賈，博極群書，誦習不輟，道途旅次間，常挾書而行。年三十得謁見錢竹汀、江艮庭兩先生，又時與顧千里、段玉裁、瞿鏡濤漸磨切磋，每有所見聞，輒爲筆録成日記、雜文。尤精深小學，爲一時所欽服，並著有《説文新附考》《説文段注訂》（見後），校定皇象本《急就章》。詩文清峭拔俗，亦當代之畸士焉。《校録》一書，初名《考異》，吴人潘氏祖蔭搜得於其家而屬刻焉。（引者案：下面輯録了鈕樹玉自序及例言，今從略。）②

隨着學術研究的日益深入，專科目録的選題也漸趨專門。如胡元玉有《雅學考》、崔驥有《方言考》，專爲《爾雅》《方言》做了目録。

近年廖序東編有《語言學閲讀書目》，共分八個部分：一、語言和語言

① 《小學考》卷三郭氏璞《爾雅注》。

② 《許學考》卷三《説文解字校録》三十卷。

學；二、漢語和方言；三、漢語語音；四、漢語文字；五、漢語詞匯；六、漢語語法；七、漢語修辭、詩詞格律；八、字典、詞典。該書目所收古今主要語言學著作大致齊備。南京師範大學中文系於一九八二年編印的《中文系學生閲讀書目提要》語言學部分，又進一步介紹了所列語言學著作的内容和特點。今舉一例：

廣雅疏證（清）王念孫著　商務　一九三六

《廣雅》是《爾雅》的續書，分二十卷十九類，收一八一五〇字，魏張揖著。書中有些詞與《爾雅》重複，是偶然疏忽所致。王念孫注此書，每日注三字，積十年而成。校訂原書凡字之訛者五百八十，脱者四百九十，衍者三十九，先後失次者一百二十三，正文誤入音内者十九，音内誤入正文者五十七。其疏證精而且博，有以下特點：一、能從古音求古義，如“降，大也”，因降與洪古聲相同也。二、能探求語源，如“夸、訏、芋”並從于得聲而義同。三、能引《廣雅》以改正古書舊注。《疏證》一書是清代訓詁學中的典範著作。

這樣的提要淺顯明瞭，對初學者是能起到一定的導讀作用的。

曹先擢、陳秉才還主編了《八千種中文辭書類編提要》，將所收每種辭書立一條目，條目著録書名、卷册、著譯者、出版地、出版者、出版時間、版次、版本等，對書的内容、檢索方法等有扼要的介紹。少數書也有不附提要的。該書分傳統辭書、近現代辭書兩個部分。前者有字書、韻書、訓詁書、專科及百科詞典、類書、其他等類目；後者有字典、語文詞典、哲學社會科學專科詞典及百科詞典、自然科學專科詞典、百科全書等類目。

此外，中國科學院語言研究所編的《中國語言學論文索引》事實上是中國語言學論文的索引式目録。該書分甲、乙兩編。甲編收一九四九年以前發表的有關語言學論文五千餘篇，乙編的增訂本收一九五〇至一九八〇年發表的有關語言學的文章一萬二千餘篇，也極便稽檢。另外，上海辭書學會、辭書研究編輯部還專門編了《中國辭書學論文索引（一九一一至一九八九）》，共收録篇目約三九〇〇條。其《編者的話》稱：“本書收録範圍自二十世紀初至一九八九年底止。著録項目包括:篇名、作者、文章出處。全書分辭書學通論、語文詞典、專科辭典、綜合性辭典、百科全書、其他工具書、辭書史、辭書排檢法等八部分,有的部分中再分小類,小類中按所收篇目的發表日期排列。相關文章、連載性文章及商討性文章相對集中,以便查檢。書後附有辭書學專著介紹。"

第二節　史學書目録

現存最早的史學目録是宋高似孫的《史略》六卷。卷一録《史記》及有關《史記》之書;卷二録《漢書》迄《五代史》的斷代史書;卷三録《東觀漢記》、實録、起居注、會要、玉牒之類;卷四録史典、史表、史略、史鈔、史評、史贊、史草、史例、史目、通史、通鑒之類;卷五録霸史、雜史、《七略》中古書、東漢以來書考、歷代史官目、劉勰論史;卷六録《山海經》《世本》《三蒼》《漢官》《水經》《竹書》。作者序稱其"綱羅散軼,稽輯見聞,采菁獵奇,或標一二,仍依劉向七録(引者案:當爲《别録》或《七略》)法,各彙其書,而品其指意"①。但實際上却比《别録》《七略》差遠了。姚名達指出:"其體例龐雜,有似書目者,有似提要者,有盡鈔名文者,有移録舊事者,然其大體既近目録,且其對象純爲歷代史籍,集中有關史籍之書目於一處,以備學者之研究,頗爲有功。"②持論可算平允。

更重要的一部史學目録書是章學誠的《史籍考》。乾隆五十二年(一七八七),章學誠借河南巡撫畢沅之力,於開封集衆撰修此書。其後屢作屢輟。直至嘉慶三年(一七九八),章學誠始得浙江巡撫謝啓昆之助,在杭州再行編輯。次年謝啓昆調任廣西巡撫,其事又停頓了下來。又過了四十六年,即道光二十五、六年(一八四五至一八四六),南河河道總督兼漕運總督潘錫恩,駐節袁浦,又招集更多的學者增訂《史籍考》,終於完成了該書的定稿工作。道光二十八年(一八四八),潘錫恩辭職回家鄉涇縣,把

① 《史略》卷首《序》。

② 《中國目録學史・專科目録篇・歷史目録》。

《史籍考》的增訂稿清寫本和畢、謝的原稿本都藏在家中。這部書在七十年的時間内，先後經過章學誠、畢沅、洪亮吉、凌廷堪、武億、謝啓昆、錢大昭、陳鱣、胡虔、袁鈞、張彦聞、潘錫恩、許瀚、劉毓崧、包慎言、吕基賢等十多位學者之手才終於完成，却不幸於咸豐六年（一八五六）燬於火災，這是非常可惜的[①]。

《史籍考》雖然不幸被燬，但章氏所撰《論修史籍考要略》《史籍考釋例》《史籍考總目》尚存。從中可知《史籍考》分制書、紀傳、編年、史學、稗史、星曆、譜牒、地理、故事、目録、傳記、小説等十二部，下面又分五十五目，分類頗爲精密，而論述也頗多發明。如《論修史籍考要略》第三條"翦裁宜法"云：

> 史部之書，倍於經部。卷帙多寡，約略計之，僅與朱氏《經考》相去不遠。蓋一書之中，但取精要數語，足以概括全書矣。篇目有可考者，自宜備載。其序論題跋，文辭浮泛，與意義複沓者，概從删節，但記作序作跋年月銜名，以備參考而已。按語亦取簡而易明，無庸多事敷衍。庶幾文無虚飾，書歸有用。

這樣既收到了輯録資料的效果，又節省了篇幅。

第五條"嫌名宜辨"云：

> 《史記》之名，起於後世，當時止稱《司馬遷書》[②]。《漢書》因東京而横加"前漢"，固俗稱也。五代之書，薛氏稱《五代史》，歐陽則稱《新五代史記》。至於《漢記》之有"東觀"，異乎劉、賈之所叙録[③]。曹氏自有《魏書》[④]，異於陳壽之分子目。古人之書，或一書歧名，或異書

① 參見《乾坤正氣集》卷末潘駿文《校印乾坤正氣集跋》。

② 案：當云《太史公書》。《漢書・藝文志》春秋家著録《太史公》百三十篇。

③ 劉謂劉珍，賈謂賈逵。關於《東觀漢記》成書經過及其與劉、賈二人的關係，可參閲余嘉錫《四庫提要辨證》卷五《東觀漢記》篇。

④ 《隋書》卷三三《經籍志》著録《魏書》四十八卷，附注："晉司空王沈撰。"

> 同名者多矣。皆於標題之下,注明同異名目,以便稽檢。仍取諸書名目,仿《佩文韻府》之例,依韻先編檔簿,以俟檢覈。庶幾編次之時,乃無遺漏複疊之患。

注意到古書中同書異名、同名異書現象,並要求在目録中反映出來,這正是以前的目録所普遍忽略的。作者主張采用先進的索引方法,這樣做當然會提高工作的質量與效率。

其他如"經部宜通""子部宜擇""集部宜裁"諸條,作者看到了經部、子部、集部的書與史部書的密切關係,打破史部界限,廣泛采集與史有關的典籍,從而擴大了史源,是極有眼光的。

又第十二條"板刻宜詳"云:

> 朱氏《經義考》後有刊板一條,不過記載刊本原委;而惜其未盡善者,未載刊本之異同也。金石刻畫,自歐、趙、洪、薛以來,詳哉其言之矣。板刻之書,流傳既廣,訛失亦多。其所據何本,校訂何人,出於誰氏,刻於何年,款識何若,有誰題跋,孰爲序引,板存何處,有無缺訛,一書曾經幾刻,諸刻有何異同,惜未嘗有人仿前人《金石録》例而爲之專書者也。如其有之,則按録求書,不迷所向。嘉惠後學,豈不遠勝《金石録》乎?如有餘力所及,則當補朱氏《經考》之遺,《史考》亦可以例仿也。

我們看到一些版本目録,它們的著録往往不是嚴格而統一的,章學誠在這裏提出了規範化的要求。

第十五條"采摭宜詳"云:

> 現有之書,鈔録叙目凡例;亡逸之書,搜剔群書紀載,以及聞見所及,理宜先作長編。序跋、評論之類,鈔録不厭其詳。長編既定,及至纂輯之時,删繁就簡,考訂易於爲力。仍照朱氏《經考》之例,分别存、

> 軼、闕與未見四門，以見徵信。[①]

無論是編輯目録還是著述歷史，在寫作之前，先作長編，實在是切實而可靠的方法。

僅此數例，即可看出《史籍考》是一部極有價值的巨著，不幸被毁，實在是學術上難以彌補的損失。

此外尚有一些考録斷代史書的目録，其中最有名的是現代學者謝國楨編著的《晚明史籍考》與《清開國史料考》。這兩部書是姊妹篇，前者一九六四年還出過增訂本。二書考證翔實，大體取法朱彝尊《經義考》、謝啓昆《小學考》、孫詒讓《温州經籍志》，而將有關資料與作者案語鎔鑄成篇則和《四庫全書總目》相同，文字簡練，甚便讀者。今舉一例：

> 盧司馬殉忠實録一卷　明季史料叢書本
>
> 原題：同里許德士雪城父著，胞弟盧象觀幼哲父訂。
>
> 按：明崇禎戊寅，清太宗皇太極既併插汗之後，清兵得以長驅直入腹地。宣大聞警，畿輔震動，盧大司馬象昇墨絰臨戎，抗敵殉難。德士爲其幕下僚屬，目睹其變，義憤填胸，爲哀輯其事：首樞督相左機緣，次戎車日記，次盧公遺事，次疏稿，次祭文。祭文中有云："公不忍坐視覆轍，而奮不顧身以明《春秋》之意，絶城下之盟，公爲社稷死，正爲社稷生也。"象觀南都起義，不屈死節，亦節烈之士也。[②]

更細緻一些的又有專書目録，如賀次君著的《史記書録》，作者《自序》説：

> 爲了把《史記》現傳的各種情況作一系統的叙述，使研究《史記》

① 《章氏遺書》卷一三《論修史籍考要略》。

② 《增訂晚明史籍考》卷一四《盧司馬殉忠實録》一卷。

> 的人知道《史記》版本遺存的大概，以及各種版本主要的不同，這裏共收集了鈔本、刻本六十多種，依時代先後排列，除詳細記載各本的行款幅式和現存的卷數外，試爲探尋它們之間的淵源，再把各本的文句作一比較考覈；從此可以看出所有本子都有或多或少的差異，互有得失，並知所謂古本的宋、元、明本，也不一定部部都精好。這主要在提供一些版本的資料，以便讀者參考。①

這部書雖着眼於版本的比較，但所著録皆係現存親見，對研究《史記》顯然較富實用價值。今亦舉一例。

> 史記集解索隱一百三十卷
>
> 明正德十六年（一五二一）書户劉洪刊本
>
> 今見者爲北京圖書館藏，卷首殘缺，有司馬貞《史記索隱序》一篇，爲後人鈔補；有《目録》，《目録》後有“正德十六年劉洪刊”字樣，大題在第一行，小題在第二行，第三行空，第四行即正文。每半頁十行，行二十字；注雙行，行二十字。白口。四周雙邊。版心上題“《史記》卷之一”，魚尾下題“五帝本紀”四字，又魚尾下記本卷頁數。《集解》《索隱》注全，由於翻刻不精，故多魚魯之訛。此本不言所從出，正德十三年有建寧郡守張文麟刊本，即沿吴節南監本之舊，以司馬貞補《三皇本紀》冠諸《五帝本紀》之上，分爲上下兩篇，劉洪此本亦然，其行款幅式悉同建寧官刊本，並有索隱，蓋就建寧本所翻刻無疑。建寧本已不可多得，此本尚易見，亦足使人快意者。……且當時講求時文之風大盛，所刻《史記》，多尚評論，劉洪獨能取建寧本翻刻，不載評語浮辭，是亦書賈中略有識見者矣。②

今日研究《史記》，當參考張大可、俞樟華、梁建邦所編《史記論著提要與論

① 《史記書録》卷首《自序》。

② 《史記書録》第一三四頁《史記集解索隱》一百三十卷。

文索引》,該書二〇一五年由商務印書館出版。該目録由《史記》論著提要與論文及相關資料索引兩部分組成。所收資料自《史記》問世直至二〇一二年底。

在史學目録中,陳乃乾的《共讀樓所藏年譜目》首先爲年譜作了專科目録。一九四九年後,李士濤編《中國歷代名人年譜目録》,杭州大學圖書館資料組編《中國歷代人物年譜集目》都有所增益,而以楊殿珣編的《中國歷代年譜總録》爲更詳。其《編例》稱:

> 年譜是個人的編年體傳記。本總録所著録的,除名爲年譜者外,凡按年譜體例編制的,不論題爲編年、年紀、述略、繫年等,都包括在内。至於著述編年,雖與年譜有别,但可供研究者參考,所以亦一併入録。
>
> 入録的年譜以編者個人親自查閲的爲主,部分是友人代查的。凡只見著録未見原本的,列入待訪年譜簡目。
>
> 本總録共收年譜三〇一五種,反映譜主一八二九人,附録參考書或文章二七七條。

其著録項目有譜主名、生卒年、譜名、作者時代及作者名、版本,間有案語,略加考證。如:

> 孔丘　周靈王二十一年生　敬王四十一年卒(前五五一至前四七九)
>
> 孔子編年五卷
>
> 宋·胡仔編　清嘉慶年金紫家祠刊本　清同治年刊本　朝鮮晉州硯川道統祠刊本
>
> 〔按〕舊本題宋胡舜陟撰,書首有紹興八年舜陟序,云:乃自静江罷歸之日,命其子仔所撰,非舜陟自作。

謝巍編撰的《中國歷代人物年譜考録》晚出,在内容的豐富實用方面,又朝前邁進了一步,今録其《凡例》數則,以見一斑:

一、本書收録,以一九八三年之前全國各主要圖書館及文物保管單位收庋中國歷代人物年譜爲主,兼收海外及私人所藏年譜。並鈎輯歷代文獻所著録之年譜,以存其目,而備參考、查訪。

二、凡與年譜體例相同之書,雖不稱年譜,如:年表、年略、歲略、時事略、編年、紀年、繫年等等,也予收録。年譜之别體,如:詩譜(用詩譜事)、圖譜(用圖畫譜事),也收録。對各家所撰年譜之評論,或考證譜主生卒、事迹之文章,著録其篇目,列入備考項内,以供參考。

八、本書所收年譜,其版本不論單行、合刊、合編,或類書及叢書中所收,詩文集中所附,方志、家譜、筆記等雜著中所輯,報刊上所載,以及稿本、抄本、油印本、縮微本等,均一一收録,並著録版本特點。

九、凡經本書筆者過目之年譜,在該譜版本項之後標以〈見存〉。凡承各方友好見告,或見之當今書目著録,而未寓目,或者早年曾親見而失録藏家者,標以〈待訪〉。凡見之書籍著録,而不知其存佚,標以〈著録〉,並注明所據之書名,凡見之古人記載,經考查已佚者,標以〈佚失〉。凡見之書目著録,疑其誤載錯收,或爲贋書,或不能斷其體例爲年譜者,標以〈存疑〉,即姑存以待質疑。

此外,該書所收年譜,凡稀見之善本、孤本,或稿本、鈔本等均注明收藏者,以便讀者查索。年譜中如有眉批、校語、手跋等訂補文字,著録於版本項内;如有譜主肖像、遺照,以及可資參考之圖片,著録於備注項内。

斷代的年譜目録可以來新夏的《近三百年人物年譜知見録》爲代表。該録好在有提要,一人有數譜者,都分篇著録,眉目清晰。其内容有譜名、撰者、刊本、著録情況、譜主事略、史料、編譜情況、藏者等八項。例如:

《(寶應)劉楚楨先生年譜》　劉文典編

《輔仁學志》第四卷第一期

李士濤:《中國歷代名人年譜目録》著録。

杭州大學圖書館:《中國歷代人物年譜集目》著録。

譜主劉寶楠,字楚楨,小字寶十,别號念樓,江蘇寶應人。清乾隆五十六年(一七九一)生,咸豐五年(一八五五)卒,年六十五歲。道光二十年(五十歲)進士。歷任直隸文安、固安、元氏、三河等縣知縣。

譜主爲清代著名經學家,尤精於《論語》,著有《論語正義》。

是譜係譜主侄曾孫所編,按年敘列綱要,並低格附引資料以明其事,間附編者按語,訂其異同,補其不足。所引資料均注出處,頗便參稽。記交游、家事及著述等,間附譜主有關議論。内容頗稱詳贍,可供研究譜主學術成就之參考。

(北京圖書館藏)①

一九四九年後,出過一些史學要籍介紹之類的書,如王樹民著《史部要籍解題》、李宗鄴著《中國歷史要籍介紹》、柴德賡著《史籍舉要》,張舜徽主編的《中國史學名著題解》是其中重要的一部。這部書分古史、編年、紀傳、紀事本末、實録、制度史、學術史、傳記、地理方志、雜史、史評史論、史考、金石甲骨考證、歷史研究法、筆記、類書叢書、文編、書目、表譜、索引辭典等二十類,對約二百部史學名著進行了介紹。該書對於史籍的歸類,强調從"辨章學術,考鏡源流"的角度出發,辯證地處理問題。譬如將鄭樵的《通志》歸入紀傳體通史類,而後來續修的《清通志》,取消了紀傳部分,只談制度,則入於制度史類。這樣,可使讀者按類求書,並明瞭每書的内容。在題解的寫作過程中,作者儘量吸取最近研究成果,删繁就簡,務求明晰,所以這部書對青年讀者來説,顯然是比較全面而又適用的。

含有索引性質,易於找到,便於使用的史學目録有中國社會科學院歷史研究所資料室編的《七十六年史學書目》(一九〇〇至一九七五)。它收集了中國人著譯的有關古代史的史學著作九千種。中國科學院歷史研究所第一、二所與北京大學歷史系合編的《中國史學論文索引》及中國社會科學院歷史研究所編的《中國史學論文索引》第二編收録一九〇〇至一九四九年國内發表的史學論文較全。

中國社會科學院歷史研究所明史研究室專門編了《中國近八十年明

① 《近三百年人物年譜知見録》卷三《(寶應)劉楚楨先生年譜》。

史論著目録》。編者《説明》説：

> 本目録收録了從一九〇〇年到一九七八年國内所發表的有關明代歷史的論文和著作目録(包括近三十年臺灣、香港所發表的有關明代歷史的論文和著作目録,以及我國學者在外國中文刊物上發表的部分論文目録),約一萬條。其中論文約九千四百篇,著作約六百本。

該目分類細密,共分十二個類目。類目下設項目,項目下設子目。個别子目包含較多者,在子目下設細目。此後,該研究室又編了《百年明史論著目録》,由安徽教育出版社於二〇一二年八月出版,該目除對原有條目進行增補和重新分類外,重點收集了一九七九年至二〇〇五年明史研究論著資料。分類也由原來的十二個類目增加爲十八個類目。該目在數量與質量方面,均較前有了明顯提高。

此外復旦大學歷史系資料室編有《中國近代史論著目録》(一九四九至一九七九)。編者《説明》説：

> 本目録共分爲三個部分:(1) 報刊論文資料索引,收録報刊上公開發表的有關中國近代史的論文篇目一萬餘條。(2) 論文集篇目分類索引,根據論文集中有關中國近代史的文章編成,引用了論文集八十多種,其中有著名學者個人的專集,如《范文瀾歷史論文選集》等,也有專題的論文集或綜合性論文集,如《辛亥革命五十周年紀念論文集》和《中國近代史論文集》等,可與上述報刊論文資料索引相互補充,參照使用。(3) 書目,收録了中國近代史書籍一千二百餘種。

最近出版的斷代史學論文索引還有張傳璽、胡志宏、陳柯雲、劉華祝編的《戰國秦漢史論文索引》與中國社會科學院歷史研究所清史研究室、中國人民大學清史研究所合編的《清史論文索引》。

這些目録索引在資料的選擇上都采用了兼收並蓄的原則,因此都比較豐富而齊全。

第三節　諸子學書目録

宋高似孫除《史略》外，還撰有《子略》四卷。《子略》先著録書名，其次聚集諸家評論，作者也偶附己見，共著録三十七家。可算是諸子學書目録之始。今舉一例：

王充《論衡》

《論衡》者，後漢治中王充所論著也。書八十五篇，二十餘萬言。其爲言皆敘天證、敷人事、析物類、道古今，大略如仲舒《玉杯》《繁露》，而其文詳。詳則理義莫能覈而精，辭莫能肅而括，幾於蕪且雜矣。……袁山松《後漢書》云："充作《論衡》，中土未有傳者，蔡邕入吴始見之，以爲談助。"①

晚清王仁俊《周秦諸子序録》搜羅子書比較完備。胡韞玉也編有《周秦諸子書目》一卷。陳鐘凡曾編《諸子書目》，共輯録周秦至元明各代諸子書目一百四十四家，尤爲詳審。其書於每家著作，首列書名卷數，次列各種版本，並有考訂，按著作時代序列。如：

晏子七卷

《漢志》儒家著録《晏子》八篇。隋、唐《志》："《晏子春秋》七卷。"陳振孫謂："卷數不同，未知果本書否？"姚際恒謂："後人以篇爲卷，又合《雜》上、下二篇爲一，則爲七卷，見《七略》及隋、唐《志》。宋析十四卷，見《崇文總目》。實劉向本，非僞書也。"

孫星衍校本，《經訓堂叢書》中。吴鼒刊顧廣圻、王念孫校本。孫星衍《音義》二卷，《經訓堂叢書》本，附刊孫校本後。蘇輿《集釋》七卷，湖南思賢書局本。黄以周《校勘記》二卷，附浙刻孫本後。

---

① 《子略》卷四王充《論衡》。

參校盧文弨《群書拾補》、王氏《雜志》、俞氏《平議》、黄以周《校勘記》、孫氏《札迻》。

專爲某類子書編目的可以張偉仁主編的《中國法制史書目》爲代表。該書將我國傳統的法學著作分爲五大類：

一、規範：收録歷代（自先秦至清末）各種規範及其注譯，如規定户婚、田土、錢債、刑名、行政、經濟、軍事、教育等等事件的法令、典章，及規定鄉黨、保甲、宗教、家族等等事件的約法、規則。

二、制度：收録關於歷代立法、司法以及與之協同運作的行政、軍事、經濟、社會、教育等等制度的記述。

三、理論：收録關於歷代各種規範、制度的理論及詮釋。

四、實務：收録歷代各種規範、制度的實際施行和運作的紀録。

五、綜合：收録内容涉及上述諸類二者以上的各種書籍。①

其著録項目約有書名、作者名、册卷數、最早版本、作者生平、重要内容、各圖書館書號、其他版本等八項。兹舉一例。

漢律考

程樹德著

[初版]四册，七卷。書前有民國七年（一九一八）著者序及方樞序，另有八年（一九一九）王式通序。同年京師方樞刊印。

[著者]著者民國人。

[内容]本書自《尚書》《禮記》《周禮》《漢書》《史記》《漢書儀》《東漢會要》《晉書刑法志》《唐六典》《唐律疏義》《北堂書鈔》《大學行義補》《寄簃文存》《太平御覽》《鹽鐵論》《東觀漢記》《賈誼新書》《玉海》藝文類聚等多種書中，采輯已亡佚之漢律，並爲之考證。

---

① 《中國法制史書目》卷首《分類的標準與方法》。

内分律名考、刑名考、律文考、律雜考、律沿革考、《春秋》决獄考、律家考等七目。

［書號］央××（普六〇頁）[1]

還有專爲一部子書編輯的書目，如王重民的《老子考》。此書專考《老子》一書的版本，附存目、通論札記略目、日本老子著述略目、老子譯書略目、老子傳記略目、《道德經》碑幢略目。其《凡例》云："本書體例，概仿朱彝尊《經義考》、謝啓昆《小學考》，惟於存者著其有何種刻本或叢書本。""每書之下，首著其存佚、刻本，次自序，次他人代序，次題跋記、讀書記，次按語。他人代序、題跋記、讀書記等，亦略以時代爲順序。"如：

司馬光《道德論述要》二卷

存。道藏本。得上。刊本。

［晁公武《郡齋讀書志》］　温公《道德論述要》二卷。右皇朝司馬光撰。謂道德連體，不可偏舉，故廢《道經》《德經》之名，而曰《道德論》。墓誌載其目。"無，名天地之始；有，名萬物之母。常無，欲以觀其妙；常有，欲以觀其徼。"皆於"無"與"有"下斷句，不與先儒同。［陳振孫《直齋書録解題》］《老子道德論述要》二卷，司馬光撰。太史公曰：老子著書，言道德意。後人以其篇首之文，名上篇曰《道》，下篇曰《德》。夫道德連體，不可偏舉，合從本名。温公之説如此。其不曰經而曰論，亦公新意也。

按陸心源《儀顧堂續跋》："所采司馬温公、王荆公、葉石林、程文簡諸家之説，今皆不傳，賴是書存其涯略。"[2]是陸氏謂司馬温公書已不傳。按白雲霽《道藏目録詳注》："《道德真經論》卷一之四，司馬氏某簡略。"又檢

① 據《凡例》，知該書號的含義是指《漢律考》一書載國立中央圖書館普通本綫裝書的第六十頁。《凡例》規定：没有任何編號的書，只記該館代字和"××"符號。

② 《儀顧堂續跋》卷一—《元槧道德經集解跋》。

“得”字號，原書亦題“司馬氏注”，而不著名；惟次行低四格附字云：“太史公曰：老子著書上下篇，言道德之意。後人因其篇首之文，名上篇曰《道》，下篇曰《德》。夫道德連體，不可偏舉，今從本名。”正與陳氏《書録解題》所引同。又《文獻通考》引晁氏《讀書志》，“道德連體，不可偏舉”句上，亦有“太史公曰”以下三十一字，是晁氏、陳氏所見，正是此書，陸氏以爲不傳，誤矣。①

兵書在《七略》中屬《兵書略》，在《七録》中屬《子兵録》，在《隋書·經籍志》以後的古代目録中屬子部。目前收兵書最多的目録當推許保林編的《中國兵書知見録》。該書收録範圍是一九一一年以前的兵書，以及一九一一年前後對這些兵書的研究、注釋、校勘、翻譯、解説、影印、翻刻等著作，共著録兵書三三八〇部，二三五〇三卷（九五九部不知卷數，未計在内），其中存世兵書二三〇八部，一八五六七卷（七三一部不知卷數，未計在内），存目兵書一〇七二部，四九三六卷（二二八部不知卷數，未記在内）。凡確知藏書地點者，注明藏書地點；不知藏書地點者，注明資料來源。藏書地點用代號，書末附有《藏書單位代號表》。今録一例：

督師紀略十二卷

（明）茅元儀撰

明末刻本（〇一〇一）

注：清初抄本作十六卷，有章炳麟跋

查書末《藏書單位代號表》知“〇一〇一”爲北京圖書館的代號。

還有技術、藝術，四部分類也屬於子部。今將這些方面的專科書目也略述於此：

中國古代醫學專科書目相當發達。宋紹興年間（一一三一至一一六

① 《老子考》卷四《司馬光〈道德論述要〉》二卷。

二)的《秘書省續編到四庫闕書目》已載《醫經目録》《大宋本草目》二書。現存最早的醫學書目爲明代醫師殷仲春編的《醫藏目録》。全書分二十函也即二十類,每類冠以小序,下列書目。例如:

> 機在函
>
> 機在者,集目科數十種而便於治焉也。人之機在目乎?人胸中正不正猶能察人瞭髦,况病不見秋毫乎?此病分五輪、八廓、表裏、寒熱。世有得一方即通治,豈不誤人乎?佛祖曰:"金屑雖貴,入眼成塵。"
>
> 機在函目
>
> 鴻飛集七十二問田日華
>
> 簡易便覽眼目方四卷彭用光
>
> ……

日本人丹波元胤編著的《醫籍考》也是一部有關中國古代醫書的有價值的目録。丹波元胤的胞弟丹波元堅於仁孝天皇天保二年(一八三一)所撰《醫籍考序》述《醫籍考》之體例云:

> 仿朱錫鬯《經義考》之體,每書先揭其名,次以卷第,次以存、佚、未見,次以諸家序跋、撰人履歷,而次以考語、尋端竟委、訂訛闢謬。義例詳密,援據精覈,凡八十卷,析爲九類,於是堂構方成,燦爲鉅觀矣。①

今亦舉一例:

素問逸篇

一卷

---

① 《醫籍考》卷首《序》。

存

施沛跋曰：一日獨坐静寄軒下，有羽士顧予而問所讀何書，答以《素問》，乃備晰疑義。因出逸篇二，以授予曰：此長生訣，神現方也。隨謝去。後訪之，不可踪迹，始知異人也。

按是書所載，支離不經，實無足取者。蓋施沛所託而作，徒供有識者之一噱耳。考沛始末未詳。據《四庫全書總目》史部職官類存目，有沛《南京都察院志》四十卷，曰"沛修此時，則爲南京國子監生"。①

稍後有清曹禾編著《醫學讀書志》二卷、附志一卷，有咸豐元年（一八五一）刊本，所收醫書依著作人的時代編排（帝王在前），包括列朝敕撰書七十一部，三八四四卷，歷代名醫書四一六部，三八七三卷。收入著者一百餘人，撰寫提要九十九篇。在這方面，成績卓著的要推丁福保。一九一八年，他編出了《歷代醫學書目提要》，後又與周雲青合編了《四部總録醫藥編》。

一九四九年後，中醫研究院與北京圖書館合編的《中醫圖書聯合目録》於一九六一年九月由北京圖書館出版。其《前言》説：

本目録共有五十九個圖書館參加，包括省、市、自治區、省轄市的公共圖書館，以及醫藥研究機構、高等醫藥院校和中國科學院、北京大學的圖書館。此外還收入了兩位藏書家（孟河丁氏思補山房在上海，湯溪范氏棲芬室在北京）的特藏。

該目共收書七千六百六十一種，在很大程度上反映了祖國醫藥文獻的基本情況。又因爲是聯合目録，所以頗便使用。此後，中國中醫研究院圖書館編出了《全國中醫圖書聯合目録》，於一九九一年一月由中醫古籍出版社出版。該目共收録一百一十三個圖書館所藏中醫圖書一二一四種，在

① 《醫籍考》卷二《素問逸篇》。

前人基礎上又朝前邁進了一步。

在農學書目方面。金陵大學圖書館的毛雝，曾從七十三種舊有目録中，摘出有關中國古代農業之書名或篇名，纂成《中國農書目録彙編》，收書目、篇目三千餘條，共分二十一類，采用表格式，分書名及篇名、卷數或册數、著作人、見於何書、附注等項著録。該館陳祖槼等同時還編了《農業論文索引》(一八五八至一九三一)，羅致中文雜誌三百一十二種、叢刊八種，在我國出版的西文雜誌及叢刊三十六種，收有關農業的論文，中文三萬多條，西文六千多條，采用主題法編爲索引。一文涉及數題者則互見之，一題與他題有關者則互注之。

其書共九百頁，在現代各項論文索引中是較爲翔實的。過了幾年，朱耀炳等又編出了《農業論文索引續編》(一九三二至一九三四)，復得中文一萬三千八百條，西文一千六十餘條。一九四九年後，王毓瑚編著了《中國農學書録》。其《凡例》云："本編的任務是依新的標準編出一個中國傳統農學著作的總目。""對每一部書的作者，成書年代以及書的主要内容，都作簡單的介紹，並各視需要，略作考訂。成書之年可以確指者，都加注公曆年數。一書而有各種版本者，儘量列舉。""本編著録各書，統依成書年代先後排列，並不分類。爲了彌補這一缺陷，另在後面附上分類索引，此外還編成書名和著者索引，以便檢尋。"分類索引於書名下注明存佚，頗便讀者。近年犁播編《中國農學遺産文獻綜録》收現存各種文獻七千五百餘條，其《凡例》説："不論是屬於古代文獻還是現代文獻，也不論是圖書目録還是報刊論文索引，都一律統一混合排列依類編次。""圖書目録分别著録書名、編著者、出版單位、出版年月，並儘可能注明其頁數；古籍綫裝稿本、鈔本與刊本，除著録其版本外，還著録其卷數。""報刊論文索引，則分别著録篇名、著者、報刊名稱、年月卷期，並儘可能著録所在的頁數。"因此該書非常實用。在農書中，某些學科還有專門的目録。如萬國鼎的《中國蠶業書籍考》《茶書總目提要》，沙玉清的《中國水利舊籍書目》，茅乃文的《中國河渠書提要》等。

記録古代科技文獻的目録，以數學方面較爲發達。清康熙年間，梅文鼎將其所著曆學書六十二種、算學書二十六種，編爲《勿庵曆算書目》，並撰有提要。如：

古算器考一卷　已刻

今有筆算，今之籌算，亦是筆書；遂以珠盤爲古，不知古用籌策，故曰持籌。其用珠盤，蓋起元末明初。制度簡妙，天下習用之，而遂忘古法，故爲之考。

近代則有劉鐸編《著水齋古今算學書録》七卷、附録一卷。又丁福保也編有《算學書目提要》三卷，並與周雲青合編了《四部總録算法編》。裘沖曼一九二六年發表的《中國算學書目彙編》，收書約一千種，以明清二代有傳本者爲限，但不包括通行之洋裝本。一九四九年後，李儼撰有《近代中算著述記》。其書參考各藏書家，各圖書館所藏算書，旁及縣志、書目、文集、碑傳、論文所引，以人名筆劃多寡爲序，收及六百餘人的書目。

在記録古代藝術書方面，也有幾部目録值得一提。一九二八年，袁同禮發表過《中國音樂書舉要》；一九三二年，杜境發表過《知見音樂書草目》。常見而實用的有中央音樂學院中國音樂研究所編《中國古代音樂書目》。[①] 該目所收係一八四〇年以前的我國音樂書籍，除存見者外，還包括待訪和已經散佚的書，共約一千四百種。編者《説明》稱："存見部分中，每種書的著録項目是：書名、作者、成書或出版年代、版本及藏處、索書號五項。……凡版本後不注藏者的，一律是本所的藏書。注明'顯'字的是本所的顯微影片；有'V'字樣的，是本所的善本書。"如：

樂典三十六卷

（1）明刊本　明黄佐撰　一五四四自序　$\frac{12-5}{41}$　$\underline{V}$ 1.2 HZ

① 沈玉成先生告知：此書"實係王世襄先生所編。王公當時尚在右籍，竟不能署名"。見南京大學檔案館藏《程千帆友朋詩札輯存》第七本，該函寫於一九八九年七月十八日。

(2) 康熙壬戌(一六八二)重刊本　1.2 HZ

在美術方面,余紹宋的《書畫書録解題》爲空前之作。是編分史傳、作法、論述、品藻、題贊、雜識、叢輯、僞託、散佚等十類,每類又分若干小類。其《序例》云:"本編必曾見其書者始行收入,其未見各書因不能確知其屬於何類,故别輯一篇列於十類之後以俟續補。""一書而跨兩類以上者,用互見之例入其重者之類,其他類中則於後低一格書之。"除著録書名、卷數、版本、作者外,每書俱有解題、介紹内容、略加評論,並節録最有關係之序、跋。散佚及未見者,注明見於何處,或何處徵引。或未見全文,並考證其疑義,徵引其佚文。今録一例:

玉臺書史

不分卷　《昭代叢書》本　賜硯堂本　《述古叢鈔》本　《翠琅玕館叢書》本

清厲鶚撰　鶚字太鴻,號樊榭,錢塘人。舉人。乾隆時曾舉鴻博,不遇。

是書輯歷代婦女之能書者爲一編,各具一傳,有書迹者附之,並録及題跋,各注所出,無一字無來歷。内分宫闈、女仙、名媛、姬侍、名伎、靈異、雜録七門。宫闈得四十九人,女仙得七人附尼一人,名媛得一百四人,姬侍得十二人,名妓得三十三人,靈異得二人、雜録三人,頗爲該備。惟前後無序跋,又未分卷,疑爲未定之稿,或太鴻將有所撰著而此爲其長編邪?①

該書末附著書時代一覽表,分著者、年略、書名、成書年分、類别五格。最後附有著者索引。其體例可謂精詳。

① 《書畫書録解題》卷一《玉臺書史》。

按照傳統學科分類，佛教和道教的書籍目録也應在這裏敘述，不過我們缺乏這些方面的知識，就只能恪守“不知爲不知”的古義，暫付闕如。果欲尋讀此類書門徑，不妨讀一讀陳垣所撰《中國佛教史籍概論》。其《中國佛教史籍概論緣起》云：

> 中國佛教史籍之範圍，略依《閱藏知津》，將此土撰述中之目録、傳記、護教、纂集、音義等各類，順撰著時代，每書條舉其名目、略名、異名、卷數異同、版本源流、撰人略歷及本書内容體製，並與史學有關諸點。初學習此，不啻得一新園地也。

可見此書實際上是一部高質量的中國佛教史籍的導讀書目。陳國符所著《道藏源流考》雖然不是一部目録書，但是其中的《歷代道書目》《引用傳記提要》等，具有目録的性質。試以《引用傳記提要》中的首條款目爲例：

> 晉葛洪《神仙傳》十卷，見葛洪《抱朴子·自叙篇》，又見《隋志》雜傳類、《舊唐志》史録雜傳、《新唐志》子録神仙類、《太平御覽經史圖書綱目》、晁《志》傳記類。《道藏闕經目録》卷上著録。《通志略》諸子類道家作“《列仙傳》十卷，晉葛洪撰”，蓋誤。今通行本亦十卷，但非全帙。佚文見《三洞珠囊》《仙苑編珠》。

本書的其他部分也能以豐富的資料介紹道藏源流，對我們瞭解與閱讀道教文獻，自有參考價值。此外，丁培仁編著之《增注新修道藏目録》也可供參考，該書有巴蜀書社二〇〇八年版。作者將道書分爲教理教義類、戒律清規類、科範禮儀類、符籙道法類、術數圖像類、修煉攝養類、仙境宫觀類、神譜仙傳類、文學藝術類、總類等十大類，頗有參考價值。

第四節　文學書目録

從《七略》開始即專有詩賦一略記載文學作品。曹魏以後，個人文集大量涌現，這種現象必然在目録中有所反映。因爲《漢書・藝文志》所載僅有詩賦，不足以概括後來不斷出現的文學樣式，所以南朝劉宋時，王儉編《七志》把《漢書・藝文志》中的詩賦略改成了文翰志，從而反映了新時期文學文獻的特點，而梁阮孝緒的《七録》又明確命名爲文集録，並在《七録序》中説："王以詩賦之名，不兼餘制，故改爲文翰。竊以頃世文詞，總謂之集。變翰爲集，於名尤顯，故序文集録爲内篇第四。"①至《隋書・經籍志》徑稱文學書籍類目爲集部，從此以後相沿不改。

除綜合目録中的集部外，我們還可以利用斷代的集部目録。明人張溥曾編《漢魏六朝百三名家集》，同時給每部集子寫了一篇題辭，評述作者的生平及其創作，具有書目提要性質。殷孟倫將題辭别裁而出，加以注釋，單獨成書。這部《漢魏六朝百三家集題辭注》雖然並非文學書目録，但却與之近似。

我們今天要瞭解先唐文學文獻的概況，有胡旭著《先唐别集叙録》，該書二〇一一年由中國社會科學出版社出版。卷首《凡例》稱："本書以著録先唐别集最爲集中的《隋書・經籍志》《舊唐書・經籍志》《新唐書・藝文志》爲基礎，以《通志・藝文略》《文獻通考・經籍考》《宋史・藝文志》等爲參照，旁及百家書目、地方史志，凡有集者，無論成於古今，一概予以叙録。"總計著録先唐别集一千零二十四家。作者還爲每一别集作者立一小傳，置於叙録之前。今以《徐淑集》爲例，小傳不録：

> 《隋書・經籍志》著録《丁廙集》下有注："梁又有婦人後漢黄門郎秦嘉妻《徐淑集》一卷，亡。"
>
> 《全後漢文》輯徐淑文三篇。《俄藏敦煌文獻》（上海人民出版社

① 《廣弘明集》卷三《七録序》。

一九九六年出版)第一二二一三號收録《後漢秦嘉徐淑夫妻往還書》,爲北朝手寫卷,較嚴氏所收更完整,文獻價值更高。

《先秦漢魏晉南北朝詩》輯徐淑詩一首,即《答秦嘉詩》。

萬曼的《唐集叙録》是一部較好的文學書目録,該書《出版説明》云:

《唐集叙録》著録有傳本的唐人詩集、文集、詩文合集共一百零八家。作者對這些唐人别集的著者、書名、卷數、成書年代、編輯者、刊刻者、收藏者等各項均按時代先後作了較爲詳盡的介紹。其間,對於各集的版本源流、編次體例以及該書在唐、宋、元、明、清各朝直至近代的流傳、演變(存、佚、闕、未見)等情況考述尤多……對於研治唐代文學史、目録版本學以及從事文學古籍整理的讀者來説,是一部資料豐富、使用方便的參考書。

今録一例:

張祜詩

《新唐書・藝文志》:《張祜詩》一卷。注云:"字承吉,爲處士,大中中卒。"《郡齋讀書志》同,但《直齋書録解題》作《張祜集》十卷。

海昌吴壽暘虞臣《拜經樓藏書題跋記》五著録舊抄本《張承吉集》。記云:"首題《張處士詩集》,凡六卷,無序目。按晁《志》作一卷。"《北京圖書館善本書目》:"《唐張處士詩集》六卷,唐張祜撰。明末葉奕抄本,葉奕校,吴壽暘跋,二册。"當即此本。

錢塘丁丙《善本書室藏書志》二十五:《唐張處士詩》五卷。明正德依宋刊本,劉蓉峰藏書。丁氏云:"宋臨安棚北陳氏書肆刊唐人小集,大率半葉十行,行十八字,此爲明正德間所刊,行款悉同,當出書棚本,且有'彭城伯子''空翠閣藏書印'兩記,可寶也。"

祝尚書的《宋人别集叙録》,一九九九年由中華書局出版,《凡例》稱:

“本書考述現存宋人别集(詩集、詩詞集、文集、詩文集、詩文詞集。奏議集依宋人著録例視爲文集)版本源流,並簡要評述各主要傳本之優劣得失。”每集於篇首撰寫簡明扼要的作家小傳。叙録後有參考文獻,羅列宋、元人版本序跋,明以後主要傳本刊版序跋,以及前人所作重要收藏、鑒定、校勘題跋等版本史料之目録。書末附有《宋人别集叙録綜合索引》。顯然這是一部瞭解現存宋人版本源流的重要目録。

瞭解明代别集的情況,我們可以檢閲崔建英輯,賈衛民、李曉亞整理的《明别集版本志》,有中華書局二〇〇六年版。崔建英在《前言》中稱其在參與編輯《中國古籍善本書目》時,接觸到明代别集一萬一千種,他們“在審校中删除叢書和總集零種,合併複本(含批校題跋本),約得三千五百餘種。此後又在美國普林斯頓大學葛思德圖書館發現一些就當時所知中國大陸尚未見著録的明别集複製品,亦予審録,併入此志,遂增至三千六百餘種”。

張舜徽著《清人文集别録》也是一部斷代集部目録的力作。作者自序云:

> 清人文集夥矣。以舜徽之陋,所得寓目者,才一千一百餘家。……顧每集讀畢,輒好考作者行事,記書中要旨,究其論證之得失,核其學識之淺深,各爲叙録一篇。妄欲附於校讎流别之義,以推見一代學術興替。然三十年來泛濫群籍,未克專意於此,時作時輟,論述難周,亦有其書未厭人意,等諸自鄶,存而不論者。故撰定之稿,僅得六百七十餘篇。頃以暇日略加删汰,姑録存六百家,彙爲一書,命之曰《清人文集别録》。雖未足以概有清一代文集之全,然而三百年間儒林、文苑之選,多在其中矣。

該别録成篇雖出以鎔鑄,但引據却都一一注明出處,甚便讀者覆案。如:

> 孟亭居士文稿五卷嘉慶七年刻本

> 桐城馮浩撰。浩字養吾,號孟亭,乾隆十三年進士。入翰林,充國史館纂修,嘗與續修《文獻通考》,承纂帝系、封建二門。其後典試江南,旋升御史。以病告歸,不復出,先後主常州、龍城、浙東西、崇文、蕺山、鴛湖諸書院講習。浩治經不輕斥舊説……解《詩》亦多引申序説,曲得風人之旨(卷四有《詩經解》二十一條)。……一生喜治古人詩文,於李商隱一家尤所肆力,故所撰玉谿詩、樊南文《詳注》,論者服其精博。自謂徵之文集、參之史書,不憚悉舉而辨釋之。詩集既定,文集迎刃以解,鮮格而不通者。乃次其生平,改訂年譜,使一無所迷混。(卷一《玉谿生詩詳注·自序》)要其精力既有專注,故於經史樸學,所造較淺。是集爲其子集梧所輯刻。前四卷爲雜文,末卷爲賦,卷首有阮元、秦瀛二序。①

收録清人别集較全的當推柯愈春著《清人詩文集總目提要》,該書收清代有詩文别集傳世者一萬九千七百餘家,四萬餘種。諸集作者上起明末,下迄民初,全書按作者生年排列。諸集皆以各大中型圖書館所藏爲主,見於諸家著録而估計此書尚存者,亦酌情收録,生平有集而未見傳世者另輯佚目,書末附有著者姓名索引、書名索引、人物索引等。

專爲一家集子編目的,可以周采泉所著《杜集書録》爲代表。該書《凡例》云:

> 本書仿照清朱彝尊《經義考》及謝啓昆《小學考》體例,將歷代有關杜詩著作彙成一系統簿録,是供杜詩研究者和愛好者使用的一部工具書。其中"内編"以存書之書録解題爲主,"外編"以存目及參考資料爲主。各分若干類,每類之編纂要旨,分别於該類卷端説明之。
>
> 每書大體包括如下欄目:
>
> [著録]説明本書之出處記載及存佚情況。
>
> [板本]對本書板刻情況作全面介紹。宋元刻本經多次覆刻者,

① 《清人文集别録》卷七《孟亭居士文稿》五卷。

每種刻本之收藏題識，分别繫於各該刻本下，藉便尋檢。一書經翻刻有重大校正，已非原來面目者，作另一書處理。稀見板本並注明收藏單位，以利訪求。

[序跋]詳載本書原序跋及提要(《四庫總目》所録者，並注明"存書""存目")，並引各家考訂、評語。原文有訛奪者用[]號並加"編者注"説明之。

[編者按]説明對全書之評價；需補充説明者，則表以"又按"。至編者對某一具體問題之討論，於各有關欄目中所加按語，不在此列。

顯然，作者爲撰寫此書下了很大功夫。

此外，詩歌、小説、戲曲各科，都有專門目録，現揀重要的作些介紹。

就詩歌方面來説，關於《詩經》我們已經在經學目録中談到了。關於《楚辭》，有姜亮夫編著的《楚辭書目五種》："計包括五個部分，也就是五種有關《楚辭》研究的書目：(一)《楚辭書目提要》，(二)《楚辭圖譜提要》，(三)《紹騷隅録》，(四)《楚辭札記目録》，(五)《楚辭論文目録》。"[①]由於作者是研究《楚辭》的專家，所以他在提要中除輯録資料外，還能提出自己的見解。缺點是在著録方面，限於個人的力量，仍有不周到的地方，今天看來所搜集的資料還不够全。崔富章《楚辭書目五種續編》，恰可彌補其不足，該書由上海古籍出版社於一九九三年出版。此外，一九五七年上海人民圖書館編印過一本《楚辭概説與讀物要目》，此目於書名下附有詳略不同的提要，頗有參考價值。今舉一例：

楚辭新注八卷　清屈復撰　清乾隆三年居易堂刊本

又名《楚辭新集注》。屈氏對前代舊注常以新意疏解，雖有臆斷之處，頗能打破成見。最後附有《楚懷襄二王在位事迹考》。

一九八四年湖北人民出版社出版的《楚辭要籍解題》由洪湛侯主編。

① 《楚辭書目五種》卷首《序》。

該書解題部分擇選歷代價值較高、影響較大的《楚辭》要籍六十二種，逐一介紹其作者生平、成書經過、書的基本内容與評價及版刻、館藏情況等。書後附《楚辭專著目録》部分收録歷代《楚辭》研究專書二百三十五種，注明書名、卷數、作者、館藏諸項。該書對《楚辭》研究工作頗具實用價值。

二〇〇三年湖北教育出版社出版的《楚辭著作提要》由潘嘯龍、毛慶主編。該書收集從古至今研究《楚辭》結集成書的著作，諸如《楚辭》校注、譯著、作者評傳、專題論著，以及有關楚文化、神話、文物考古、《楚辭》研究史等方面的著作二百餘種，一一撰寫提要。提要内容包括作者生平、著述體例、主要見解、學術評論及版刻情況、重要傳本等。

二〇〇八年學苑出版社出版的《二十世紀楚辭研究文獻目録》，白銘編著。該書收録我國大陸、香港、臺灣地區在二十世紀正式出版或發表的《楚辭》學文獻資料。《編輯説明》稱："對於著作，先列出書名、作者、出版社、出版年月，再客觀地介紹著作的分章情況，各章節的具體内容。不針對此書的優缺點評價。對於論文，列出題目、作者，發表的報刊名稱及年代、期數（或年月日）。"

關於樂府詩有王運熙《樂府詩論叢》附録的《漢魏六朝樂府詩研究書目提要》。該目將有關樂府詩的書籍分作四大類進行介紹：（一）正史及政書樂志類；（二）歌辭之編集、選録、注釋；（三）樂府研究專著；（四）一部分論述樂府之著作。提要寫得比較詳細，不少都相當於書評。

關於唐詩則有陳伯海、朱易安編撰的《唐詩書録》，有齊魯書社一九八八年版。該書《凡例》云：

> 本書收采歷代有關唐詩的總集、合集、别集、評論及資料書目，起自唐代，訖於一九八五年底，一一標明書名、卷數、朝代、編撰者及版本。稀見善本及有前人批校、題跋者，則標明館藏。
>
> 本書正文所收，限於現存著作。凡見載於各種史籍、書目、詩話而今已不傳，或存逸難明者，均列入正文後之附録。
>
> 本書各書目後附有備考一欄，適當摘録歷代典籍和重要書目記載的有關資料，爲讀者提供查考的綫索。

書末附《備考引用書目》《唐詩書録書名索引》。此後，編撰者又在此基礎上編撰了《唐詩書目總録》，收録範圍迄於二〇〇〇年底，由上海古籍出版社於二〇一五年出版。陝西師範大學中文系資料室編印的《唐詩研究專著論文索引》也可資查檢。該索引輯録内容爲一九四九至一九八一年唐詩研究的專著和全國報刊論文。欲瞭解中國古代各個時期詩歌創作與評論的作品可參考龍沐勛的《中國韻文史簡要書目》，原載作者的《中國韻文史》，但因出版較早，近數十年出版書籍未能收入。

小説書目有孫楷第的《中國通俗小説書目》，該目《凡例》云：

> 本書所收，以語體舊小説爲主。凡已佚、未見及見存諸書，都凡八百餘種。……魯迅先生《小説史略》録通俗小説自宋起至清季止，今亦從此例。
>
> 本編於書名後亦摘録有關斯書之筆記瑣聞，但取切要與他書所未曾載者，若繁文考證之語，一概不録。
>
> 本編見存各書，其題記力求簡要，不多徵引。……蓋前人苦心著書，不幸散佚，若其崖略而不存，則負前人；且使留心小説文獻者無所考稽，或舊聞因此日就湮没，則又負來者，故於此加詳也。
>
> "本書除已佚及未見外，並注明某某本，其舊本善本且及於行款圖相。""本編於孤本珍本，皆記收藏之地與人。其應屬善本而尚非罕見與非善本而近冷僻之書，則亦間注收藏之處。""今於書同名異之本，並存其名，比原書低一格書之。"
>
> 附録存疑目，以書之已佚未見，不能知其文體内容者入之。

書末有《書名索引》《著者姓名及别號索引》。

江蘇省社會科學院明清小説研究中心、文學研究所編的《中國通俗小説總目提要》，有中國文聯出版公司一九九〇年版。該書在前人的基礎上又有提高。《提要》以收唐代至清末的通俗白話小説爲主，計一千一百六十四部。其中有不少未見著録的珍本、孤本。該書款目由書名、作者、版本、内容提要和回目五個部分組成。書末附有同書異名通檢，筆畫、音序索引和作者姓名及别號索引。中國文聯出版公司一九九七年重印本附録增加了《本書未收〈中國通俗小説書目〉著録之書目一覽》《〈中國通俗小説書目〉補編》《〈晚清小説目〉補編》。苗懷明所撰之《〈中國通俗小説總目提要〉補訂》,載《文教資料》一九九八年第四期,也可資參考。石昌渝主編之《中國古代小説總目·白話卷》,有山西教育出版社二〇〇四年版,著録一九一二年前白話小説作品一二五一種,所撰提要内容,大致分爲作者生平、情節梗概、學術評價、版本情況、海外影響五部分。

著録文言小説的有袁行霈、侯忠義編的《中國文言小説書目》,有北京大學出版社一九八一年版。其《凡例》云:

> 凡古代以文言撰寫之小説,見於各正史藝文志、經籍志,各官修目録、重要私人撰修目録,及主要地方藝文志者,不論存佚,儘量搜羅,共計兩千餘種。收録各書,以時代詮次,先列書名、卷數、存佚,再列時代、撰者、著録情況、版本,並附以必要之考證説明。檢閲本書,庶幾可知中國文言小説之總貌,及歷代編撰、著録、版刻、流傳之大概。欲知一書之存佚、卷數、時代、撰人、版本等,亦可備查。研究中國文學、中國歷史、目録學、文獻學及其他社會科學之工作者,均可參考使用。

《書目》分五編,第一編:先秦、漢、魏晉、南北朝、隋;第二編:唐、五代;第三編:宋、遼金元;第四編:明;第五編:清。

寧稼雨編撰之《中國文言小説總目提要》,有齊魯書社一九九六年版。該目收録先秦至一九一九年的單篇文言小説、文言小説集、文言小説叢書、文言小説類書等作品二一八四種。石昌渝主編之《中國古代小説總目·文言卷》,有山西教育出版社二〇〇四年版,著録一九一二年前文言小説二九〇四種。以上二書,均撰有提要。

朱一玄、寧稼雨、陳桂聲編著之《中國古代小説總目提要》,有人民文學出版社二〇〇五年版。該書收録範圍上起先秦,下至清末。分上下兩編。上編收文言小説二五四二種,下編收白話小説二一四八種,合計四六九〇種，是迄今收古代小説最多的一部書目。

魏紹昌主編之《民國通俗小説書目資料彙編》，有上海書店出版社二〇一四年版。該書輯録民國時期出版的通俗小説近二千種，按著譯編者的筆畫爲序編排。每條款目依次著録書名、類型、叢書名、異名、著者、譯者、編者署名，出版狀況、篇幅、題詞、序跋情況、章回數、目次等。書後還附有五十一篇有關民國通俗小説的評介賞析文章。

在小説方面還有一些專書目録，如馬蹄疾編著有《水滸書録》。該書分上編、下編和外編。上編著録《水滸傳》的各種版本；下編著録《水滸傳》的研究專著、專集和報刊散論；外編著録有關水滸故事的各種文藝作品。胡文彬編著有《金瓶梅書録》，遼寧人民出版社一九八六年版。内容大略分爲：版本類（内分抄本、詞話本、繡像批評本、第一奇書本、譯本）、續書類（包括續書譯本）、評論類（内分專著、匯編、辭書、文學史、解説、論文）、文獻類、書目類、改編類、繪圖類，末附《著譯者索引》。有關《紅樓夢》的專書目録則比較多。首先有一粟編著的《紅樓夢書録》，上海古典文學出版社一九五八年版。其《例言》説："它搜集了從《紅樓夢》問世直到一九五四年十月以前爲止的有關作品九百種，酌加提要或摘録。"該書有上海古籍出版社一九八一年增訂本，各種文藝形式的作品增至九七〇種。其次是胡文彬編的《紅樓夢叙録》，有吉林人民出版社一九八〇年版。其《前言》云："所録資料上迄《紅樓夢》問世，下至一九七八年十二月。報刊文章目録，接《紅樓夢書録》，起於一九五四年。"附録：香港《紅樓夢》版本知見目録，港臺《紅樓夢》研究論著知見目録，《紅樓夢》研究外文論著知見目録。又有上海師範學院圖書館於一九八二年編印的《〈紅樓夢〉研究資料目録索引》（一九七六年十月至一九八二年八月）。其《序言》説："由我館編輯了這份《〈紅樓夢〉研究資料目録索引》，銜接着一粟編《紅樓夢書録》及胡文彬編《紅樓夢叙録》。"三者共收録紅學專書八百餘種，文章近四千篇。

有關戲劇的專科目録成就突出。元代戲曲作家鍾嗣成即編著《録鬼簿》二卷，記載了一百五十二位元代戲曲作家的生平事迹及四百餘種戲曲作品的目録。它是研究我國古典戲曲與金元文學的極爲珍貴的資料。明永樂年間（十五世紀初葉），山東人賈仲明讀了鍾氏原著，以其對關漢卿等尚無弔辭，便按前曲對八十二個作家補撰了弔曲。接着，有無名氏（一説就是這個賈仲明）繼鍾氏之作，又叙元代後期迄明初的戲曲作家及作品目録，爲《録鬼簿續編》。

明初，朱權著《太和正音譜》雖然不是目録書，但是其《群英所編雜劇》部分按作者著録了元代雜劇五百三十五種，明初雜劇三十三種，古今無名氏雜劇一百一十種，娼夫不入群英者四人共十一種。該部分是一部典型的雜劇目録，爲我們研究元代至明初雜劇提供了豐富史料。

明吕天成著《曲品》二卷“不僅是一部評論明代戲曲作家、作品的著作，而且是現存最早的一部傳奇作家略傳和目録。書中記載了戲曲作家九十人，散曲作家二十五人，戲曲作品一百九十二種”①。凡是明代嘉靖以前的作家、作品，分爲四品；隆慶、萬曆以來的作家、作品分爲九品。明末祁彪佳所撰《遠山堂曲品》“是就吕天成《曲品》加以擴展的。體例大致同於吕書，而分爲妙、雅、逸、艷、能、具六品；此外又有雜調一類，專收弋陽諸腔劇本。吕《品》所收不到二百種，祁《品》只此殘稿，已達四百六十六種；又吕《品》評語，多偏於讚揚，祁《品》則抒己見以論優劣，不失之空泛，也較吕書爲勝”②。此外，《中國古典戲曲論著集成》還著録了清高奕《新傳奇品》、清無名氏《古人傳奇總目》、清無名氏《傳奇彙考標目》等戲曲目録，可參看。

其後王國維在一九〇六年編成《曲録》六卷，著録完備，考證精詳，並在此基礎上，於一九一二年寫成了《宋元戲曲史》這部名著。此外，董康根據自己的《檀板陽秋》、黄文暘的《曲海》以及前人的《樂府考略》加工編纂而成的《曲海總目提要》四十六卷，也極有價值。該提要考作者，叙劇情，加案語，頗有益於讀者。今舉一例：

鬧門神　雜劇

近時人作。（按：此劇爲明茅維撰。維字孝若，號僧曇，浙江歸安

① 《中國古典戲曲論著集成》本《曲品》卷首《曲品提要》。

② 《中國古典戲曲論著集成》本《遠山堂曲品》卷首《遠山堂曲品提要》。

人。所作雜劇有《雙合歡》《鬧門神》《蘇園翁》《秦庭筑》《金門戟》《醉新年》等六種，今均存。）言除夕换桃符，新門神已至，而舊門神不肯去，互相争嚷，醜態百出，宅神、和合神、竈君、鍾馗、五路財神等並爲解紛。其意蓋以譏守令官有新舊交代者，新官已至，而舊官不肯去，以致喧争不息也。明沈周《門神》詩云："莫向新郎訴恩怨，明年今夜自分明。"隱寓此指。《兩生天》内采取此折，以補入《一文錢》劇，爲盧至家之門神，更增幻矣。①

其後北嬰又編著了《曲海總目提要補編》。而莊一拂《古典戲曲存目彙考》後出，更爲完備。其書計收戲文三百二十餘種，雜劇一千八百三十餘種，傳奇二千五百九十餘種，共四千七百五十餘種。其於作者介紹與版本記録較詳。例如：

關漢卿　號已齋叟，大都（今北京市）人。由金入元，約元定宗初年前後在世。

金末解元，曾爲太醫院尹，金亡不仕。所作雜劇六十餘種，《太和正音譜》評其詞曰"瓊筵醉客"，並推爲雜劇之始，卓以前列，爲世所稱。其作品數量之豐富，亦爲元代第一。其雜劇作品一空倚傍，自鑄偉詞，故其言曲盡人情，字字本色。趙萬里於《析津志·名宦傳》中，發現漢卿史料，傳云："關一齋，字漢卿，燕人。生而倜儻，博學能文，滑稽多智，藴藉風流，爲一時之冠。"按"一"原爲"乙"字之簡筆。據此"已齋"或係"乙齋"訛誤。吴曉鈴有《關漢卿雜劇全目》。附刊於《關漢卿戲曲集》，叙述較詳，可作參閲。②

今録關漢卿戲曲一目爲例：

---

① 《曲海總目提要》卷一三《鬧門神》。

② 《古典戲曲存目彙考》卷四《關漢卿》。

感天動地竇娥冤

《録鬼簿》著録。《新續古名家雜劇》本、脉望館校《古名家雜劇》本、《元曲選》本。《酹江集》本題目作“湯風冒雪没頭鬼”，簡名《竇娥冤》。《太和正音譜》《元曲選》俱作簡名。本事出《漢書·于定國傳》及《搜神記》所載東海孝婦事迹加以編演。叙寡婦竇娥伏冤被刑，行刑時血逆流濺白練，六月飛霜。後其父爲廉訪使，竇娥魂訴其冤，覆讞前案，娥冤乃白。明袁于令《金鎖記》傳奇全本於此。此劇爲元曲悲劇第一傑作。有法文、日文譯本，流傳海外。①

戲曲斷代專目則有傅惜華編的《元代雜劇全目》《明代雜劇全目》《明代傳奇全目》《清代雜劇全目》。它們分别收録了元代雜劇七百三十七種、明代雜劇五百二十三種、明代傳奇九百五十種、清代雜劇約一千三百種。這幾部目録，在著録時，每種作品，列舉出它的名目、版本、存佚、現在收藏的地方、作家小傳等，並附以《引用書籍解題》《作家名號索引》以及《劇目索引》等。阿英編的《晚清戲曲録》頗有特色。該書《例言》稱：

反映晚清政治社會諸戲曲，大都爲石、鉛印本子，藏家注重版本，多不收録。本書意在補闕，故所録以石、鉛印本爲主，必要時兼及木刻本、未刊稿。

本書所收戲曲，以出版在晚清者爲限，略及民初。在後刊行者，雖與晚清政治社會有關，亦不收録。

本書順序，首傳奇、雜劇，次劇文，再次話劇。當時戲劇趨向，藉以概見。

……本書所録，以已收得者爲限，僅知其名者不録。

民間文學資料也有一些目録可供查檢參考。清代就已出現了此類目録。傅惜華藏有一册百本堂抄本《子弟書目録》，他介紹道：

① 《古典戲曲存目彙考》卷四《感天動地竇娥冤》。

百本堂的主人張姓，名號不詳。他是清代北京一家專門鈔寫各種戲劇——崑曲、高腔、皮黄、梆子、影戲，各種曲藝——子弟書、大鼓、八角鼓、時調小曲、蓮花落等唱本的職業者。每逢北京隆福寺、護國寺東西兩廟會的日期，長期設攤售賣唱本的一種發行書籍的特殊營業。他從清代乾隆年間起，到民國初年止，世世相傳的個體營業，自稱爲"百本張"。此本目録就是他售賣"子弟書"的總目……著録的"子弟書"共計二百九十三種。我們今天所知所見的"子弟書"總數約有四百餘種，其中重要的代表作品，多半盡收於此目録了。此目録編製的體例，是先列每種"子弟書"的名目，有時還附注别名。在每種名目下，有的題着極簡略的説明文字，例如《出塔》一本，下注云："青兒救主。"那就是説明此本内容是演述青兒搭救白娘子出雷峰塔的故事；又《永福寺》一本注云："李瓶兒上墳遇春梅，《遣梅》以後《池館》以前。"這是《金瓶梅》故事裏，李瓶上墳遇着春梅，是《遣梅》以後《池館》以前的一段情節。有時在簡略情節的下面還標着"笑""苦"等字樣，例如：《劉高手探病》一本，標"笑"字，這是説明此曲的情節是富有滑稽性的可笑的故事；《斬竇娥》一本標"苦"字，説明此曲是具有悲劇性的苦痛的情節。每種名目情節注文的最下面，一律標明原本的回數和售賣的價錢，如《孟子見梁惠王》一本，書價作"四佰"，那便是當時的四文錢。此本《子弟書目録》，確是今曲藝研究方面的一本最重要的珍貴的資料。①

子弟書是民間曲藝的一種，是鼓詞的一個支流。這種曲藝的來源是從唐代的變文與宋元以來的彈詞發展而成的。專收子弟書的有傅惜華編的《子弟書總目》。該書根據公私所藏，收子弟書四百餘種，約計一千數百部之多，每書注明來源。書前有引用書解題。

劉復、李家瑞等合編的《中國俗曲總目稿》附《補遺》，一九三二年中央歷史語言研究所出版。此目著録河北、江蘇、廣東、四川、福建、山東、河

① 《子弟書總目·引用書解題·百本張(子弟書目録)》。

南、雲南、湖北、安徽、江西等十一個省的各種曲藝，六千餘種。其中河北省四千一百零九種，江蘇省七百一十八種，廣東省五百二十五種。其體例是先著録每種的曲名和調名，以次是流傳地區、印刷版本、原本頁數，最後節録每種曲文的開首兩行文字。

李豫、李雪梅、孫英芳、李巍編著的《中國鼓詞總目》，有山西古籍出版社二〇〇六年版。該書包括中國傳統鼓詞總目、子弟書單唱鼓詞總目、抗日解放戰爭時期鼓詞總目、共和國時期鼓詞總目。末附漢語字頭音序與筆畫索引。《凡例》稱："著録每條鼓詞所含項目有鼓詞名、作者（或搜集整理者）、出版社、出版年、開本、印刷形式、裝幀形式、册數、卷數、回數、頁數、收藏地或著録來源、異名、有關問題考證十四項内容。"兹録一例：

0096 包公奇案

春明印書館（新昌路 481 弄 2 號）印刷，上海沈鶴記書局（上海白克路長沙路口）1954 年 2 月鉛印本，32 開，平裝，1 册，16 回，57 頁。書末有書局徽樣。山西大學文學院藏。又名《説唱包公奇案》。

欲知我國民間歌謡資料的綫索，可查中國民間文藝研究會資料室編的《中國歌謡資料參考書目》。該目附在作家出版社一九五九年出版的《中國歌謡資料》之後，收録範圍爲該書徵引過的書籍，著録項目有書名、編者、出版年和出版者。

譚正璧、譚尋編的《彈詞叙録》，上海古籍出版社一九八一年版，是迄今爲止質量最高的一部彈詞目録，收作者所見作品二百種，每種寫有叙録，介紹故事梗概，兼及作者、版本、成書年代、本事源流、同題材其他文學作品等。

收録某一地區曲藝作品的目録可以傅惜華編《北京傳統曲藝總録》爲例，有中華書局上海編輯所一九六二年版。《總録》將元、明、清以來到一九四九年前爲止在北京地區流行的各種傳統曲藝作品編成目録，主要有八角鼓、石派書、鼓詞小段、蓮花落、時調小曲等。《總録》詳細説明各種曲本的版本源流、收藏處所，並對每曲的内容、題材來源作了簡要介紹。書末附有曲名索引。

老彭編纂的《民間文學書目匯要》有重慶出版社一九八八年版。該書晚出，内容豐富而廣泛。全書分上、中、下三編及附編四大部分。上編總匯中外民間文學總論書目，中編總匯中外各體民間文學的論著和作品書目，下編是一九四九年前後出版的民間文學期刊名目録，附編收入民俗學等相鄰學科的書目。

查文藝理論資料，可利用南京大學中文系文藝理論教研室一九六四年編印的《中國歷代文學理論批評重要專著篇目索引》。該書款目按歷史發展階段分爲先秦兩漢、魏晉南北朝、隋唐五代、遼金元、明清、晚清六個部分。該書具有推薦目録的性質，因此著録與編排頗有特點，如用“○”號標明該目重要，用“ * ”號表明該文已選入郭紹虞編的《中國歷代文論選》，可查閲。將易得的版本著録在前面，以便讀者尋找。編者還列出與某文有關資料的出處，以便讀者參閲。款目的編排略依時間先後爲序，但是又注意把論點相近或相反的作品歸在一起，以便讀者學習。該書末附《〈歷代詩話〉〈歷代詩話續編〉和〈清詩話〉目録》《〈詞話叢編〉目録》《〈中國古典戲曲論著集成〉總目》。

山東大學中文系古代文藝理論史編寫組編《中國古代文藝理論資料目録彙編》，齊魯書社 1981 年版。該書彙編了古代文學批評專著和散見於各種古籍中的有關論述及序跋、題辭、傳叙、筆記等，分爲文論、詩論、小説評論；樂論；畫論；戲曲理論；書法理論；篆刻理論等六個部分。各部分以時代爲序，所引資料注明版本與出處。

吴文治主編的《中國古代文學理論名著題解》也頗有參考價值。該書對一百四十六部文論、詩話、詞話、戲曲理論、小説理論名著的作者、版本、内容作了評介。

由喬默主編的《中國二十世紀文學研究論著提要》，有北京大學出版社一九九四年版。也是一部有份量、有特色的文藝理論書録，内容包括文論、詩話、詞話、戲曲理論等。該書《凡例》稱：

> 本書是一部資料性、專業性工具書，收録二十世紀（一九〇〇至

一九九二)中國大陸學者(包括一九四九年前在大陸,以後離開者)研究中國文學、外國文學、文藝理論、民間文學和少數民族文學的論著一二〇〇種,並作出簡明的提要,力求反映出各類别文學研究在二十世紀發展的基本綫索、重要成果和總體水平。

本書所收論著的提要,大致包括下列内容:一、論著題目、作者姓名、出版單位和出版時間、字數、頁數。二、論著的基本面貌(如全書章節安排、學術背景等);論著的宗旨、重要學術觀點;適當介紹作者運用的研究方法及其特點。一般不作評價。

專爲某類文學體裁的理論著作編目的作品,可以傅曉航、張秀蓮主編的《中國近代戲曲論著總目》爲例。該目有北京文化藝術出版社一九九四年版,收録一八四〇年至一九九四年間有關戲曲的專著書目共四七四種,附有詳細的章節目録或款目;專業的或有關戲曲的報紙雜志共三六二種,收五九四〇餘篇文章篇目,附有詳細分類索引。有戲曲史、戲曲文學、戲曲改良(革)、國劇運動與現狀研究、戲劇理論、表導演藝術、戲曲音樂、戲曲舞臺美術、戲曲科班與人才培養、劇場與劇場變遷、戲曲常識、其他等類目。

專門爲某類文藝理論著作編目,可以陳玉堂《中國文學史書目提要》爲例,有黄山書社一九八六年版。該書著録清代末年至一九四九年前各類文學史專著三百餘種。其《編寫略例》云:

本書目所收範圍以中國文學史書、史論、史評著作爲主,其他與文學史有關的著作也酌量編入。本書目分爲"通史""斷代史"和"分類史"三個部分。"分類史"中包括韻文、美文、詩、賦、曲、散文、駢文、小説、民間文學、戲劇、音樂、民族文學、抗戰文學、婦女文學及宗教文學等。

每條款目分兩個部分:"其一是介紹原著的版本和成書簡況,並稍加評述;其次是詳録原著的章節,重要處並摘録其内容要點,或另加簡注,使讀者能瞭解各書的基本面貌。”

專爲某一文藝理論著作有關資料編目的，可以戚良德編《文心雕龍學分類索引》爲例。該索引有上海古籍出版社二〇〇五年版，收録近百年來有關《文心雕龍》學的論文、注釋、序跋、書評、通訊、索引等單篇文章（統稱爲“論文”）六一四三條和專著、專書等單行本（統稱爲“專著”）三四八條，西文論著二十六條。大致反映了二十世紀《文心雕龍》學的成就。

最後，可以附帶介紹一下古典文學論文的索引式目録。這主要有《文學論文索引》，陳璧如、張陳卿、李維垿編，共收羅一九〇五至一九二九年中國雜志報章一百六十二種。《文學論文索引續編》，劉修業編，共收羅一九二八至一九三三年中國雜志報章一百九十三種。《文學論文索引三編》，劉修業編，共收羅一九三三至一九三五年十二月中國雜志報章二百二十餘種。以上三種索引，通行本皆有臺灣學生書局一九七〇年三月版。《中國古典文學研究論文索引》（一九〇五至一九七九），北京師範學院中文系一九八一年九月編印。《中國古典文學研究論文索引》增訂本（一九四九至一九六六年六月），河北北京師範學院中文系資料室、中國社會科學院文學研究所圖書資料室編，有中華書局一九八二年五月第一版。《中國古代文學資料目録索引》（一九四九至一九七九），遼寧大學中文系古代文學研究生編。該索引除論文目録外，還收録了一九四九年後所出各種版本的古典文學作品及研究專著。近年來隨着中國知網《中國期刊全文數據庫》《中國重要報紙全文數據庫》，以及上海圖書館《全國報刊索引》數據庫、《人大報刊複印資料》數據庫的廣泛運用，人們對編紙質論文索引已經漸漸失去興趣。

第七章　特種目録

特種目録是依據特定目的或用途而編成的目録，它們是多種多樣的。現將一些最主要的特種目録介紹如下。

第一節　推薦書目録

推薦書目録，亦稱舉要目録或導讀目録，是針對一定的讀者對象，圍繞一個專門目的，對有關文獻加以選擇，推薦給讀者的一種目録。

清道光二十七年（一八四七），湖北學政龍啓瑞爲指導諸生參加科舉考試所編撰的《經籍舉要》是一部現存最早的、成熟的，以獨立形式出現的推薦書目。他在《復邵蕙西書》中談到該目的編撰情况："某今擬一書目，凡學者應看之書，皆爲分門别類，使之欲從何處用功，便有何等書可讀。爲目百有餘種，凡過于浩博者及無關正業者不録。此爲鄉曲秀才開一用功之路，凡考居優等及新進諸童，各給一本與之。楚北書肆，可因此生色矣。"①龍啓瑞於該書卷末跋云："右所舉各書，皆於諸生有益，所宜置之案頭，以備觀覽。其爲目多而不繁，簡而不漏，由此擴而充之，可進於博通淹雅之域，即守此勿失，亦不至爲鄉曲固陋之士。"

《經籍舉要》作爲推薦書目的特點，也體現在分類方面。作者考慮到培養人才的實際需要，大膽突破了四部分類法的藩籬，除經史子集外，還

---

① 《經德堂文集》卷五外集《書十七首》。

設立了約束身心之書、擴充學識之書、博通經濟之書、文字音韻之書、詩古文詞之書、場屋應試之書等類。新增類目都有很强的針對性，爲了束縛學生們的思想，他推薦了約束身心之書十一種，並在案語中說："右十一種書常置案頭，可以束身寡過，雖不能遽至于聖賢之域，而不流于不肖决矣。"爲了拓寬學子們的知識面，他特設"擴充學識之書"一類，推薦了《四庫全書總目》《困學紀聞》《日知録》《十駕齋養新録》等七種圖書，其案語稱："學者讀書最忌見聞荒陋，用以作文，必無精彩，安能出人頭地？苟于此融會貫穿，庶可無村秀才之誚矣。"

《經籍舉要》的收録範圍依據推薦書目的性質與特點，貫徹了少而精的原則。僅收一百四十二種書，對每一種書都作了精心挑選。如場屋應試之書僅收三種，他在該類案語中解釋道："諸生今日莫不以場屋應試之功爲急務，而所載之書止于三種者，以根柢之學在經史之中，經史既明則醞釀深厚焉。有用以爲應試之學而無不工者，故登此數者以爲學業之準繩。"

就著録項目而言，《經籍舉要》最有成就，最能體現推薦書目特點的當推附注與提要兩項。其附注項往往對書的作者、版本、内容、分類作了補充説明。其中附注版本頗能給讀者以參考，如於《説文解字》條下注明："汲古本、朱刻本、藤花榭本、五松園本"，並在提要中說："讀書而不讀《説文》，是雖識字而不識字也。以孫淵如氏《平津館叢書》内仿宋刻本爲勝。"

該書提要從指導閲讀出發，着重評價了書的内容、特點、價值與學習方法，成績尤爲突出。如段玉裁《説文解字注》的提要云："《説文》之所以可貴者，以其於讀經有益也。段氏此書，於經義融洽貫串，而講求聲音形體之處，亦爲精確得當，在《説文》家可爲空前絶後之作。特好以意擅改，恐終失許氏之舊，是其一病耳。"有的提要還談到了學習方法，如宋司馬光《資治通鑒》的提要説：

> 愚謂今日諸生，讀史必須手邊置一劄記，随其所得，分類記之。記古人之嘉言懿行，則足以檢束其身心；記古人之善政良謀，則足以增長其學識；以至名物象數，片語單辭，無非有益於學問文章之事，當

時記録一過,較之隨手繙閲,自當久而不忘,且偶爾憶及與蓄疑思問,其檢查亦自易易。此爲讀史要訣,諸生所宜盡心。

龍啓瑞的《經籍舉要》雖有時代局限,仍不失爲一部成功的推薦書目,爲以後推薦書目的蓬勃發展奠定了基礎。影響很大又非常典型的推薦書目録是張之洞的《書目答問》。《書目答問》是清同治十二年(一八七三),張之洞就任四川學政時,仿龍啓瑞《經籍舉要》而作,繆荃孫爲撰寫該書初稿做出了貢獻。張之洞的學生,繆荃孫的同學,光緒五年(一八七九)貴陽版《書目答問》的校訂者王秉恩嘗云:

藝風京卿爲余五十餘年成都舊友,時余爲諸生,與君同受業陽湖湯秋史師門下,君時即爲目録版本學。丁卯,君寄籍華陽,中式後改歸江南。吴勤惠公督川,延君入幕。吾師張文襄公督學川中,君乃執贄,文襄知君熟于目録版本,命君草創《書目答問》稿。①

張舜徽談道:"蓋《書目答問》屬稿之始,乃繆氏秉筆;迨稿成,由之洞審定訂正,成爲定本;終題之名以刊布之。此種事古代多有,不足怪也。"②

《書目答問》初刊於光緒二年(一八七六)。一九二九年,范希曾《書目答問補正·跋》説《書目答問》"書成以來,繙印重雕不下數十餘次。承學之士視爲津筏,幾於家置一編"。

《書目答問略例》談了該書的編纂目的:"諸生好學者來問:應讀何書?書以何本爲善?偏舉既嫌絓漏,志趣學業亦各不同,因録此以告初學。"

在書籍的收録範圍上,編者采取了十分審慎的態度。其《略例》云:

凡無用者、空疏者、偏僻者、淆雜者不録,古書爲今書所包括者不録,注釋淺陋者、妄人删改者、編刻訛謬者不録。古人書已無傳本,今

① 《上海圖書館善本題跋選輯》史部續三《竹汀先生日記鈔》。

② 《愛晚廬隨筆》之一《學林脞録》卷十《繆荃孫與書目答問》。

> 人書尚未刊行者不録。舊槧舊鈔偶一有之,無從購求者不録。經部舉學有家法、實事求是者;史部舉義例雅飭,考證詳核者;子部舉近古及有實用者;集部舉最著者。

《書目答問》在收録標準方面約有以下特點:

首先是實用性。《書目答問略例》題下注云:"此編爲告語生童而設。"因此所選擇的書都要切合學生們的實際需要。《書目答問》附二《國朝著述諸家姓名録・經濟家》題下注强調指出:"士人博極群書,而無用于世,讀書何爲?"張之洞在《書目答問略例》中還明確談道:"凡所著録,並是要言雅記,各適其用。""凡無用者、空疏者、偏僻者、淆雜者不録。"針對被收録的某些具體的書,《書目答問》往往也是從是否有用的角度進行評價,如史部詔令奏議第九《皇朝經世文編》一百二十卷附注云:"此書最切用。"

其次是厚今薄古。《書目答問略例》云:"此編所録,其原書爲修四庫書時所未有者十之三四,四庫雖有其書而校本、注本晚出者十之七八。"可見張之洞非常重視新的研究成果。就各類而論,如其《經部序》云:"經學小學書以國朝人爲極,於前代著作擷長棄短皆已包括其中,故於宋元明人從略。"其《史部・地理類序》云:"今人地理之學詳博可據,前代地理書特以考經文、史事及沿革耳。若爲經世之用,斷須讀今人書,愈後出者愈要。"也同樣可以看出這一點。再如子部兵家類著録《新譯西洋兵書五種》,説明編者對國外學説的新近譯本也很重視。

第三是不科學者不録。如經部《列朝經注經説經本考證第二》附注云:"空言臆説,學無家法者不録。"經部《書》之屬附注云:"不知今古文之别者不録。"經部《爾雅》之屬附注云:"講《爾雅》不通小學者不録。"子部兵家第三附注云:"兵者,人事。《太白陰經》《虎鈐經》之屬,詭誕不經,不録。《登壇必究》《武備志》多言占候,所言營陳器械,古今異宜,不録。《握奇經》《三略》《心書》《李衛公問對》僞書,不録。《武編》《兵法百言》,多空談,不録。"

第四是僞書基本不録。編者於經部《詩》之屬附注云:"《子貢詩傳》《申培詩説》,皆僞書,不録。"復於經部《孝經》之屬附注:"《知不足齋叢書》

有《古文孝經孔傳》一卷、《今文孝經鄭氏注》一卷，皆僞書，不録。”對於僞書也依據具體情況作了具體分析，並未一概排斥。對於那些出現時代早，僞而近古的書也還是收了不少，如《六韜》《關尹》《鄧析》等。

《書目答問》也非常重視對版本的選擇與著録。《書目答問略例》多次談到了版本問題，如論版本重要性的：“讀書不知要領，勞而無功；知其書宜讀而不得精校精注本，事倍功半。”該目對版本的收録標準也貫徹了可靠性與實用性原則，“總期令初學者易買易讀，不致迷惘眩惑而已”“多傳本者，舉善本；未見精本者，舉通行本；未見近刻者，舉今日見存明本”。

《書目答問》在具體著録版本時也體現了這些原則，並作了分析與評價，如《十三經注疏》，著録了“乾隆四年武英殿刻附考證本，同治十年廣州書局覆刻殿本，阮文達公元刻附校勘記本，明北監本、明毛晉汲古閣本”，並評價道：“阮本最于學者有益，凡有關校勘處旁有一圈，依圈檢之，精妙全在于此。四川書坊翻刻阮本，訛謬太多，不可讀，且削去其圈，尤謬。明監、汲古本不善。”

有些版本殘缺不全也會加以説明，如子部儒家類著録《群書治要》五十卷，附注：“連筠簃本。闕三卷。”該類還著録錢大昕《十駕齋養新録》二十卷、《餘録》三卷，附注：“潛研堂本抽印單行，阮刻無《餘録》。”

某些書雖未著録版本，往往也會指明檢索途徑。如集部别集類唐至五代部分附注：“唐之詩家，如高適、岑參之類，文家如李華、蕭穎士之類，今無單行本，詳《全唐詩》《文》中。”再如集部别集類南宋部分附注：“此外宋人集，若吕陶、劉摯、彭龜年，聚珍本有之；宗澤、吕祖謙，在《金華叢書》内；永嘉四靈，在《南宋群賢小集》中。”《書目答問》的附注主要任務就是著録與推薦版本，因此《書目答問》可算作有選擇的版本目録。

《書目答問》的附注項除著録與評介版本外，也涉及其他内容，充分體現了推薦書目的特點，現也略作介紹如下：

首先是指示讀書治學的門徑，如經部小學類的附注説：“此類各書，爲讀一切經史子集之鈐鍵。”他如集部别集類國朝詩家集首先著録吴偉業《梅村集》四十卷，附注云：“欲詳知國朝詩家集者，具鄭方坤《國朝詩鈔小傳》、王昶《湖海詩傳》、張維屏《詩人徵略》中。"

其次是評介圖書内容。附注同書異名者如集部别集類南宋部分著録《李忠定公集》，附注："原名《梁谿集》。"附注作者者如總集類文之屬著録《金元明八大家文選》五十三卷，附注："元好問、姚燧、吴澂、虞集、宋濂、王守仁、唐順之、歸有光。"附注圖書内容者如集部詩文評類著録宋胡仔《苕溪漁隱叢話前集》六十卷《後集》四十卷，附注："此書采北宋詩話略備"；著録宋魏慶之《詩人玉屑》二十卷，附注："此書采南宋詩話略備。"

再次是對圖書作出評價。如經部石經之屬著録《國朝石經》，附注云："乾隆五十八年敕刊，嘉慶八年敕改定。國子監石本。十三經皆備，文字多依古本，與通行本多異，極精核。"

作者在分類上不盡用前人書目體例，其《略例》云：

> 讀書不知要領，勞而無功；知某書宜讀而不得精校精注本，事倍功半。今爲分别條流，慎擇約舉，視其性之所近，各就其部求之，又於其中詳分子目以便類求。一類之中，復以義例相近者使相比附，再叙時代，令其門徑秩然，緩急易見。凡所著録，並是要典雅記，各適其用。總期令初學者易買易讀，不致迷罔眩惑而已。（弇陋者當思擴其見聞，泛濫者當知學有流别）

基於這種理解，他便仿祁承爜之例，於四部之外别立叢書一部，成爲五部，並説明道："叢書最便學者，爲一部之中可該群籍，搜殘存佚，爲功尤鉅，欲多讀古書，非買叢書不可。其中經史子集皆有，勢難隸於四部，故别爲類。"他還附立《别録》，分群書讀本、考訂初學各書、詞章初學各書、童蒙幼學各書，使《書目答問》成爲一部完整的推薦書目録。

此外編者於類目下加注，多有灼見。如其把目録分爲藏書家所貴與讀書家所需兩種，臚列了讀書家應掌握的書目，並於譜録類書目之屬下注曰："此類各書爲讀一切經史子集之涂徑。"

《書目答問》在二級類目的設置上也作了一些探索，如《四庫全書總目》經部只設四書類，而《書目答問》於四書類外又設了論語類與孟子類，並於論語類的附注中解釋道:“《論語》《孟子》,北宋以前之名;《四書》,南宋以後之名。若統于《四書》,則無從足十三經之數,故視注釋家分合别立之。”“十三經”的概念深入人心,阮元校刻的《十三經注疏》非常流行,如果取消了論語、孟子兩類容易對“十三經”造成誤解,所以《書目答問》同時在經部設立論語、孟子、《四書》三類,不無道理。

多分三級類目也是《書目答問》在分類方面的顯著特點。如在經部小學類將《爾雅》單獨立類就是一例。《漢志》《隋志》將《爾雅》附在經部《孝經》類,顯然不恰當。《舊唐書·經籍志》將《爾雅》類著作調整到經部小學類顯然是恰當的。而《書目答問》不僅將其歸于小學,而且還單獨立爲一類,顯然是考慮到它是十三經之一,又是生童們必須學習的文獻。再如史部金石類下分金石目録、金石圖像、金石文字、金石義例四個三級類目,就非常清晰。

《書目答問》對具體圖書的歸類問題,也有一些值得借鑒的地方。首先是爲一些容易混淆的類目確定了收録範圍。如史部别史類附注云:“别史、雜史,頗難分析,今以官撰及原本正史重爲整齊,關係一朝大政者入别史,私家紀録中多雜事者入雜史。”

其次是能够依據圖書的實際情況進行分類。如經部三禮總義之屬著録《白虎通義》四卷,附注:“此書皆言禮制,故入此類。”而《四庫全書總目》將其分在子部雜家類。再如史部政書類歷代通制之屬著録《通志》二百卷,附注:“《提要》入别史類,今附于此,以便尋檢。”

再次,自覺地運用互著方法。《書目答問略例》云:“《漢書·藝文志》有互見例,今于兩類相關者,間亦互見,注其下。”如集部别集國朝詩家集提到“王昶《湖海詩傳》,互見總集類。張維屏《國朝詩人徵略》,互見詩文評類”。

對於一些難以歸類的書也作了説明,以便充分地發揮其作用,如子部法家著録了《龍筋鳳髓判》四卷,附注:“名似法家,實則詞章,無類可歸,附此,其目藉可考唐時律令公式。”再如子部藝術家著録《藝舟雙楫》六卷《附録》三卷,附注:“此編實是雜文,因内有論書二卷,附此。”

書後還附載《清代著述諸家姓名略》,雖僅列舉著名學者的姓名籍貫,從中也可窺見清代學術流别，對於指導讀書也是有意義的。故其序云：

> 讀書欲知門徑必須有師，師不易得，莫如即以國朝著述諸名家爲師。……知國朝人學術之流别，便知歷代學術之流别。胸有繩尺，自不爲野言謬説所誤。其爲良師不已多乎？……凡卷中諸家即爲諸生擇得無數之良師也。果能循途探討，篤信深思，雖僻處深居，不患冥行矣。

如編者列舉了二十九位校勘學家的姓名，指出："諸家校刻並是善本，是正文字皆可依據，戴、盧、丁、顧爲最。"這對我們讀書時選擇版本就有指導意義。戴指戴震，盧指盧文弨，丁指丁杰，顧指顧廣圻。

但《書目答問》畢竟是光緒初年的書，時間越久，越覺其不足，范希曾因此撰《書目答問補正》五卷。它糾正了《書目答問》原來在書名、作者、卷數、版本著録上的一些錯誤，對原書漏記及光緒二年（一八七六）以後新刊的版本進行了補注，還補收了一些和原書相近的書。這些書絶大部分是後出的，直到一九三〇年止，都記録了作者、卷數和版本。凡《書目答問》所稱的"今人"，也一概補足姓名。一些書名下面，還加了案語，稍陳利弊。所以今天我們檢查《書目答問》，非用補正本不可。

來新夏、韋力、李國慶之《書目答問匯補》，二〇一一年由中華書局出版，堪稱《書目答問》自光緒二年（一八七六）問世一百三十多年來的傳播校補工作的集大成之作，作者搜集到《書目答問》的四十九種版本，匯補了葉德輝、倫明、孫人和、趙祖銘、范希曾、蒙文通、邵瑞彭、劉明陽、高熙曾、張振珮等名家的批校本以及李笠《三訂國學用書撰要》及吕思勉的《經子解題》的相關資料。書末所附《國朝著述諸家姓名略》經增訂後，讀之可當清代學術小史。此外還附録了不少相關研究資料，以及《書目答問匯補綜合索引》。顯然能更加充分地發揮其指導閲讀的作用。魯迅説："我以爲倘要弄舊的呢，倒不如姑且靠着張之洞的《書目答問》去摸門徑去。"①這

① 《魯迅全集》第三卷《而已集·讀書雜談》。

句話直到今天還是適用的。

一九二三年,《清華周刊》記者請梁啓超與胡適選擇要籍,指示讀法。胡適寫了《一個最低限度的國學書目》。説是"最低限度",但内容太雜,收羅過多。梁啓超當時就對它提出了批評,並另寫了《國學入門書要目及其讀法》,其優點不在書目而在讀法。此外還有李笠《三訂國學用書撰要》等書目。

特别值得注意的是汪辟疆一九二五年寫的《讀書舉要》,作者在《導言》中説:"載籍極博,遍讀實難;提要鈎元,是爲急務。梁、胡論列,可謂備矣;鄙意尚嫌過多,非今日學子所能盡讀。"他針對梁啓超、胡適推薦書目數量過多的缺點,只推薦一百三十種書。胡目僅分三類:(一)工具之部;(二)思想史之部;(三)文學史之部。梁目分五類:(甲)修養應用及思想史關係書類;(乙)政治史及其他文獻學書類;(丙)韻文書類;(丁)小學書及文法書類;(戊)隨時涉覽書類。顯然都缺乏推敲,不够科學。汪辟疆將綜合性圖書分爲上篇:一、綱領之部;二、叢載之部;三、稽考之部。將專科性圖書分爲下篇:四、哲學之部;五、史學之部;六、文學之部;七、文字學之部。其類名簡潔明了,含義明確,頗便檢索,顯得科學多了。

其最大特點是爲每部書撰寫了提要,不僅告訴我們應當讀哪些書,還着重介紹讀書的方法、步驟與版本。如《詩經》提要云:

> 此書爲古代詩歌總集之第一部。訓詁名物,以陳奂《毛詩傳疏》爲最詳;詮釋要義以宋朱子《詩集傳》爲獨到。清人方玉潤有《詩經原始》,頗多新解,上海有石印本。三書可任取其一讀之,若能比較互閲,尤爲有益。

對一些版本衆多的書,該書目還注意推薦應讀的版本。簡單一點的在標目中就作了説明,如《杜樊川集》(清馮集梧注)、《玉谿生詩注》(清馮浩注),實際上告訴我們,讀杜牧的詩文集應當用清馮集梧注本,讀李商隱的詩集應當用清馮浩的注本。複雜一些的則要在提要中加以説明。如《杜工部詩集》提要稱:"杜注最多,有仇兆鰲、楊倫、錢謙益諸家注本,皆可閲。大抵仇注最繁富，楊注頗簡要，錢注多獨到。此外注本尚多，讀者但取其體例大雅者觀之可也。”在衆多的杜詩版本中，汪辟疆只推薦了三種，並指出了各自的特點。研究杜詩當然不能只讀三家注本，還得要把其他體例大雅的版本找來看看，但那已是下一步的事了。

《讀書舉要》還注意對圖書内容進行評價，雖寥寥數語，卻具有很高的學術參考價值。如論顧祖禹《讀史方輿紀要》云：“以地域爲經，而緯以史迹，最爲有系統之書。各省及州域序論，兵機地勢，了如指掌。凡讀史地書，或感枯燥，閲此書真有自得之樂矣。魏叔子稱爲數千年絶無僅有之書。”

作者還在提要中道及自己的治學經驗，這對初學當然具有指導意義。如汪先生在提要中反復强調要讀全集而不能只讀選本。如《讀書舉要》於陶澍《陶靖節詩注》云：“陶詩雖有選本可讀，其全集究不能不看。”其於《白香山集》提要復云：“香山詩不免輕率，實有時代精神，光氣究不可掩。其《與元九書》云：‘文章合爲時而著，歌詩合爲事而作。’又云：‘感人心者莫先乎情，莫切乎聲。’皆香山詩歌立足點也。選本多不能見其真面目，故全集必讀也。”

此外，章太炎、黄侃依據自己的治學經驗均爲青年學子開過一些必讀書目，徐復介紹道：

> 章先生指示青年必讀二十一書，先生以爲尚有未備，增益爲二十五書。二十五書是：經學十五書，爲十三經加《大戴禮記》《國語》；史學四書，爲《史記》《漢書》《資治通鑒》《通典》；子部二書，爲《莊子》《荀子》；集部二書，爲《文選》《文心雕龍》；還有小學，爲《説文》《廣韻》。以上青年必讀書二十五種，包括四部中最重要的典籍，可以囊括一切，也是治各門學問的根柢。當時社會上盛行梁任公、胡適之開列的《一個最低限度的國學書目》，先生認爲泛濫不切實際，没有揭示出重點，故提出二十五書以糾正此偏向。①

① 《師門憶語》，載《文教資料簡報》一九八一年第十期。

一九四九年後，推薦書目也受到了重視。一九六一年四月，高等學校文科教材編選計劃會議上提出和修改制定了一批專業教學方案，每個方案都附有一個學生閲讀書目。一九七八年六月召開高等學校文科教學工作座談會，討論制定各專業學時制或學分制教學方案時，都重新附立了各專業的學生閲讀書目。這些書目基本上以一九六一年編制的專業閲讀書目爲基礎，補充了一些有價值的新書。在教學上起着較好的輔助作用。此外還出現了一些有提要的推薦書目。中國青年出版社於一九八〇年六月編輯出版的《中國古典文學名著題解》就是其中的一部。該書《内容提要》説：

> 本書所介紹的二百五十多部作品，都是兩千多年來流傳廣泛，影響較大的名著：它們起自先秦，迄於近代，包括詩、詞、賦、文、戲曲、小説、神話等各種文體的原著，以及有關的選注本、今譯本和匯編本。除了概述作者生平及創作成就以外，用主要篇幅着重介紹這些名著的内容或故事梗概，對它們的思想意義和藝術特色也一一作了分析。通過閲讀本書，廣大青年讀者可以利用較爲經濟的時間，對浩如烟海的我國古典文學有個基本瞭解；文學愛好者也可由此擴大古典文學的知識領域，獲得進一步自學的綫索。

上述這些推薦書目録都可供初學者參考。但由於學術不斷發展，新書不斷出現，這個工作今後還應當繼續做下去。

第二節　禁燬書目録

統治者爲了政治原因常銷燬或禁止某些書籍。爲被銷燬或禁止的書所編製的目録稱爲禁燬書目録。

中國大規模的焚書是從秦始皇開始的。秦丞相李斯曰：

> 臣請史官非《秦記》，皆燒之。非博士官所職，天下敢有藏《詩》、

《書》、百家語者，悉詣守尉雜燒之。有敢偶語《詩》《書》者，棄市。以古非今者，族。吏見知不舉者，與同罪。令下三十日不燒，黥爲城旦。所不去者，醫藥、卜筮、種樹之書。若欲有學法令，以吏爲師。制曰："可。"①

宋仁宗寶元二年（一〇三九），"學士院言：奉詔詳定陰陽禁書，請除孫、吴子，歷代史、天文、律曆、五行志，並《通典》所引諸家兵外，餘悉爲禁書。從之（學士院、司天監定係禁書籍十四門，爲目録一卷）。"②《宋史·藝文志》載《禁書目録》一卷，注云："學士院、司天監同定。"③這是我國禁書目録見於記載之始。

禁書目録以清代爲最多。滿洲貴族建立清朝以後，對文化實行統治政策，乾隆時代修《四庫全書》，一方面做整理工作，另一方面也對他們認爲"違礙"的書，分别加以删、改、燒、禁。他們將這些書編成目録，發到各地去執行。這樣，就産生了許多禁燬書目録。如乾隆四十三年（一七七八）五月二十六日詔曰："前經各省將查出應燬違礙各書陸續送京，經該館開單行知各督撫一併實力查辦。"④文中所謂"開單"即指編禁燬書目。像《纂修四庫全書檔案》中收録的《撤换各書單》《應銷燬各書清單》《全燬書籍清單》，皆爲禁燬書目。根據高宗要求，此類書目越編越多。現分别説明如下：

《銷燬抽燬書目》：此目包括《全燬書目》與《抽燬書目》兩部分。卷首有四庫總裁英廉奏摺二通，末有"乾隆四十七年五月日刊發"字樣，故知其目即爲當時英廉奏准頒發各督撫應行銷燬、抽燬的書目清單。英廉於乾隆四十七年（一七八二）二月二十一日奏云：

將各省解送之明代以後各書，逐一覆加檢閲，詳細磨勘，務將誕

① 《史記》卷六《始皇本紀》。

② 《玉海》卷五二《嘉祐編定書籍》。

③ 《宋史》卷二〇四《藝文志》。

④ 《纂修四庫全書檔案》上册五〇五條《寄諭各省督撫訪查周乃祺所撰〈歷志〉一書送京銷燬》。

妄字句删燬净盡,不致稍有遺漏。兹據各該纂修等已全行閲竣,共看出應行銷燬書一百四十四部,應酌量抽燬書一百八十一部。臣同該總纂紀昀等逐加覆核,理合開具略節清單,同原書三百二十五部,二千一百二十三本,一併繳進,請旨分别銷燬。①

同年三月二十五日奏摺復云:

恐外間未奉明禁,尚有留存,臣現在開繕清單,行知各該督撫,令其遵照嚴查,解京銷燬,毋使少有遺留。其應行抽燬之本,亦將應抽各條,詳悉開明知照,令其將應燬篇頁,嚴行查抽封固,一體解燬。如有原板者,將板内一併查明鏟燬。②

《全燬書目》全爲明人著作,這反映了清朝統治者對漢族人民的恐懼。《抽燬書目》也多係明人著作,書目下每條皆附注抽燬章節及其被抽燬的原因。如《蜀國春秋》四本條下注曰:

查《蜀國春秋》,係明荀廷詔撰。書内毛鳳彩序一篇,語極狂悖。書内紀年中,"明玉珍"一條,卷十三内十一頁前一行,卷十四内第十四頁前七、八行,亦俱有偏謬處,應請抽燬。

《禁書總目》:此目卷首有乾隆五十三年(一七八八)五月初四日上諭一道及浙江巡撫羅琅覆奏一通,故知爲浙江省所彙刻應行查繳違礙書目録的清册。書目分八類:

(一)四庫館奏準頒發各省進到遺書内查出干礙全燬抽燬各書

---

① 《纂修四庫全書檔案》下册八五三條《大學士英廉奏遵旨派員檢閲各省解送明以後各書情形摺》。

② 《纂修四庫全書檔案》下册八六五條《大學士英廉奏覆核各省應行抽燬各書情形並開單行知各省遵辦摺》。

目(即上面提到的《全燬書目》《抽燬書目》)。

(二)軍機處奏準全燬書目,七百四十九種。

(三)軍機處奏準抽燬書目,四十種。

(四)專案查辦應燬各書,二百三十一種。

(五)浙江省查辦奏繳應燬書目,一百五十四種。

(六)各省移咨應燬各種書目,三百三十七種。

(七)有違礙謬妄感憤語句應請銷燬,十三種。

(八)有錢謙益、沈德潛序文並列龔鼎孳、金堡諸人姓氏應請抽燬,五種。

此目前有説明云:

查浙省地廣人稠,藏書紳士繁富,其中或有遠宦幕游,筐笥無人查檢,或有僻壤窮鄉,見聞未能周悉。一切干礙不經之書,恐尚有留存之本,合將前奉四庫館頒發各省進到遺書内,查出干礙、全燬、抽燬各書,並軍機處頒行各省查辦違礙書目,及浙省歷次奏解前册未載各書名目,再行彙刻,印刷成本,發交各府州縣,各省儒學教職,委員傳齊紳士、地保、坊鋪、書賈人等,廣爲散給,遍布通行,使遐陬僻壤咸得周知。凡有存留書目開載各書,即日呈出,該州縣學委員即日備文解交省局,以憑委員解京銷燬。各該紳衿士庶,務各詳細檢查舊篋行笥,斷編零帙,盡數呈繳,不使稍有遺匿,致干罪譴,其各凜遵毋違。

於此可見,清代文網密布,幾無脱漏。

《違礙書目》:此目卷首有河南巡撫署録乾隆四十三年(一七七八)十一月初四日上諭一道,後有"河南布政使榮柱敬刊"字樣,故知爲河南省所編應行查繳違礙書籍之清册。書分五類:

(一) 應繳違礙書籍各種名目六百八十種。

(二) 王錫侯逆書十種。

（三）徐述夔逆書七種。

（四）程嘉燧逆書一種。

（五）續奉應禁書目五十種。

以上清代禁書目録三種，均見清姚覲元《咫進齋叢書》。姚氏於光緒八年（一八八二）跋云：

> 覲元曩在東川曾刊《銷燬抽燬書目》一册，蓋先大人舊藏乾隆四十七年三月二十五日四庫奏進本也。嗣同縣吴刺史文昇、會稽章大令壽康、江陰繆編修荃孫各以藏本郵視。吴本題曰《禁書總目》。……維時舍弟凱元方承乏大官，因走書京師屬其搜訪。已而凱元果以一編至，其體式略如今行臺省例册，首録乾隆四十三年十一月初四日上諭一道，而以應繳違礙書籍各種名目暨續奉應禁書目序列於後，署曰"河南布政使榮柱敬刊"，較之館本、浙本互有詳略，因備録而並刊之。

光緒末年，鄧實得江寧官編《違礙書籍目録》一册，其中《江寧本省奏繳書目》及《各行省咨禁書目》爲姚本所無，因補遺合刊，商務印書館一九五七年出的《清代禁燬書目附補遺》即爲此書。

此外尚有江西、湖北、廣東各省《奏繳書目》及《分次奏繳總目》，爲陳乃乾所得。陳氏删併重複，校補缺失，編爲《索引式的禁書總録》。據該書統計，全燬書二千四百五十三種，抽燬書四百零二種，共二千八百五十五種，而《四庫全書總目》著録圖書也祇有三千四百七十種（不包括存目）。對比之下，禁書數量之多是相當驚人的。此外，孫殿起還編有《清代禁書知見録》。其《略例》云："本書以海寧陳氏《索引式的禁書總録》爲底本，取其較爲完備，亦少重複。"孫殿起有憾於陳《録》"僅載書名、人名，至其各書卷數、刊本、年代均付闕如"①，所以他的《知見録》"於卷數、作者、籍貫以

---

① 《清代禁書知見録》卷首《自序》。

及刊刻年代等，力求詳確”①。

國民黨政府查禁進步書籍，也有禁燬書目録，現略述如下：

《國民黨反動政府查禁二百二十八種書刊目録》②，該目原載一九三一年九月國民黨湖南長沙市黨務整理委員會所編的《工作報告書》中。著録項目有書報名稱、著譯者、内容及備考、出版地點。例如：

> 《兩種不同的人類》，蔣光慈編　爲普羅文學短篇作品，詆燬黨國，鼓吹階級鬥争。　北新書局③

《國民黨反動派查禁一百四十九種文藝書目録》，該目原載一九三四年三月十四日的《大美晚報》，魯迅《且介亭雜文二集·後記》曾引用過。對於這批被查禁的文藝書，中國國民黨上海特别市執行委員會批文説：

> 查此案業準中央宣傳委員會公函並决定辦法五項：一、《平林泰子集》等三十種，早經分别查禁有案，應切實執行前令，嚴予禁燬，以絶流傳。二、《政治經濟學批判》等三十種，内容宣傳普羅文藝，或挑撥階級鬥争，或詆燬黨國當局，應予禁止發售。三、《浮士德與城》等三十一種，或係介紹普羅文學理論，或係新俄作品，或含有不正確意識者，頗有宣傳反動嫌疑，在剿匪嚴重時期内應暫禁發售。四、《創造十年》等二十二種，内容間有詞句不妥，或一篇一段不妥，應删改或抽去後，方準發售。五、《聖徒》等三十七種，或係戀愛小説，或係革命以前作品，内容均尚無礙，對此三十七種書籍之禁令，準予暫緩執行。④

《國民黨反動派查禁文藝書目補遺》，張静廬編，載《中國現代出版史

① 《清代禁書知見録》卷首《略例》。

② 該目及以下幾種國民黨反動政府禁書目録的標題均係《中國現代出版史料》的編者張静廬所擬。

③ 《中國現代出版史料》乙編第一七七頁。

④ 《中國現代出版史料》乙編第一九六頁。

料》丙編。序云：

> 一九三四年二月國民黨反動派一次查禁普羅文藝一百四十九種的書目，已刊入本書乙編；現在再從一九二九年起至一九三六年抗日戰爭前夕僞國民黨中宣部的各項反動密件中，搜録先後被查禁的革命文藝書目續得三百零九種，補録於後。①

《國民黨反動派查禁六百七十六種社會科學書刊目録》，這是國民黨中央宣傳部在一九三六年八月印發的秘密文件，有凡例、目録和索引。著録項目有書刊名稱、查禁及查扣緣由、查禁及查扣日期。例如：

> 《列强在華經濟的政治的勢力及其外交政策》　宣傳共産鼓吹暴動　十九年（一九三〇）九月令各地郵檢所扣留焚燬②

《國民黨反動派查禁九百六十一種書刊目録》，這份目録是根據國民黨中央圖書雜志審查委員會一九四一年七月所印發的《取締書刊一覽》鈔録的。該目《説明》云："本《一覽》輯録書刊，起自民國二十七年（一九三八）十月本會成立之日，迄於民國三十年（一九四一）六月止。"其著録項目有書刊名稱、著譯者、出版者、取締理由、取締日期、取締辦法。例如：

> 《一年間》　夏衍　生活書店　故不審原稿　二十八年（一九三九）五月　查禁③

禁書目録是文網史的重要史料。從某個時代的禁書目録中，我們可以清楚地看出那個時代的文化政策。

---

① 《中國現代出版史料》丙編第一四四至一四五頁。

② 《中國現代出版史料》乙編第二〇七頁。

③ 《中國現代出版史料》丙編第一七三頁。

第三節　鬻販書目録

鬻販書目録是爲推銷圖書而編製的一種書目。這種目録多爲出版商人或發行單位所編。例如明汪諒在其所刻《文選注》的目録後面，即附有一篇這種目録：

金臺書鋪汪諒，見居正陽門内西第一巡警更鋪對門。今將所刻古書目録列於左，及家藏今古書籍，不能悉載，願市者覽焉。

翻刻司馬遷正義解注史記一部

翻刻梁昭明解注文選一部

翻刻黄鶴解注杜詩一部，全集

翻刻千家注蘇詩一部

翻刻解注唐音一部

翻刻玉機微義一部，係醫書

翻刻武經直解一部，劉寅進士注

俱宋元板

重刻名賢叢話詩林廣記一部

重刻韓詩外傳一部，十卷，韓嬰集

重刻潛夫論，漢王符撰，一部

重刻太古遺音大全一部

重刻臞仙神奇秘譜一部

重刻詩對押韻一部

重刻孝經注疏一册

俱古板

嘉靖元年十二月望日金臺汪諒古板校正新刊①

---

① 見《中國版刻圖録》圖版四〇六。

清代鬻販書目的編製水平有明顯提高。如乾隆時代的大藏書家黄丕烈在蘇州玄妙觀西開了一家滂喜園書籍鋪。爲了方便顧客,該書鋪略以出版時間爲序編了個《士禮居刊行書目》,著録内容有書名、册數、書價、刊年四項。今録之如下:

《國語》五册,一兩二錢,庚申
《汲古閣書目》一册,八分,庚申
《國策》九册,二兩,癸亥
《博物志》一册,一錢六分,癸亥
《百宋一廛賦》一册,六分,乙丑
《季滄葦書目》一册,一錢二分,乙丑
《梁公九諫》一册,六分,丙寅
《焦氏易林》四册,一兩,戊辰
《宣和遺事》二册,二錢六分,庚午
《輿地廣記》七册,二兩四錢,辛未
《藏書記要》一册,六分,癸酉
《三經音義》(《論》《孟》《孝經》)一册,三錢二分,癸酉
《儀禮》三册,一兩二錢,甲戌
《船山詩選》二册,四錢四分,丁丑
《周禮》九册,二兩,戊寅
《洪氏集驗方》二册,四錢四分,己卯
《夏小正(附集解)》一册,二錢,辛巳
《傷寒總病論》三册,一兩二錢,癸未
《汪本隸釋刊誤》一册,四錢四分,丙子

書目前有"書價制錢七折"六字,後有"滂喜園黄家書籍鋪""蘇州圓妙觀察院場"兩印①。就著録項目而言,《士禮居刊行書目》達到了一個新的水

① 見范鍇《花笑廎雜筆》卷三《士禮居刊行書目》,又見繆荃孫《藝風堂文續集》卷六《士禮居藏書題跋記書後》。

平。一是注明册數，便於稽核，這對儲存、陳列、銷售都是大有好處的。二是標明售價，以示毋欺，避免了討價還價，贏得了顧客的信任，還標明“書價制錢七折”，這顯然是促銷的一種手段。三是注明出版年，爲讀者瞭解圖書的版本情況提供了重要依據。

鬻販書目録至晚清得到了蓬勃發展，最突出的要算各地官書局編印的銷售書目。清末統治者在鎮壓太平天國農民起義後，於省會城市普遍設立官書局大量出版圖書，顯然是出於政治需要。如光緒十九年（一八九三）江蘇書局編印的《江蘇書局重訂核實價目》，著録經書三十六種、史書六十五種、子書三十二種、集部書三十六種，末附寄售書籍十三種。經部主要是諸經讀本、群經要義、《十三經注疏附校勘記》一類書。史部除正史、諸史會要、《通鑒匯刻》外，還有吏治之書。子部多醫書、算術書、儒家啓蒙書。集部則以《唐文粹》《宋文鑒》《金文雅》《元文類》《明文粹》等總集爲最有名。可見官書局出書主要目的是爲鞏固封建統治服務。每書著録書名、本數、紙張、書價，如：“《四書讀本》，每部六本。連史紙，陸百陸拾陸文；毛邊紙，每部足制錢，伍百陸拾柒文；毛太紙，肆百陸拾捌文。”是十分典型的鬻販書目録。

一九三〇年，朱士嘉曾將江南書局、淮南書局、江楚編譯局、江蘇書局、浙江書局、山東書局、尚志堂、山西官書局、湖北官書局、廣雅書局的書目輯成《官書局書目彙編》，並於一九三三年由中華圖書館協會出版。該書所收書目大體上反映了清末官書局的出版與銷售水平，如江蘇官書局出版的書，著録二百一十種，山東官書局銷售的書，著録一千三百五十七種。江楚書局出的書，著録七十種，其中涉及自然科學的有二十三種，如《化學導源》《生理教科書》等；社會科學的有十種，如《英國警察》《政治學》等。其中值得注意的還有《欽定各學堂應用書目》一册，對清末學堂購買教科書與教學參考書，無疑會産生較大影響。

一些書商也在晚清得到了長足的發展，南京的李光明莊可作爲代表。盧前嘗云：“金陵三山街爲明代刻書者所聚，如宋時之臨安。富春堂等，則猶陳氏書棚，皆卓然有聞者也。近百年刻書業則始於洪楊事變之後，隨曾、左而起者曰李光明,江南官書局所刻皆出李氏。”①李光明莊也注意用鬻販書目來推銷圖書,它常將所出版的圖書編成目録,裝訂在一些書的卷首。如所刻《三家經注解備要》《書經集傳》《春秋左傳杜林》即附有這樣的書目。李光明莊的鬻販書目,除經、史、子、集外,還有啓蒙類、閨範類、雜學類、善書類。爲了維護摇摇欲墜的封建統治,各地官書局的出版物絶大多數爲國學圖書,李光明莊的出版物絶大多數也是國學圖書。而官書局出版的多爲大部頭的正經正史,這就爲李光明莊大量出版童蒙讀物留下了廣闊的餘地。從李光明莊的鬻販書目中,可以看出李光明莊所出版的,主要就是這類讀物。另外還出版了一些醫書、善書之類民間需求量較大的圖書。其著録項目僅有書名、定價兩項,如“《注釋千家詩》一百二十文”。

掃葉山房也是晚清負有盛名的私家書鋪,在上海棋盤街、上海彩衣街、漢口四官殿、蘇州閶門外、松江馬路橋均設有分號。現存《漢口掃葉山房書目》的書口有“民國十年重訂”六字,可見此前也編印過書目。該目在一定程度上反映了掃葉山房作爲清末民初鬻販書目所達到的水平。該目卷首《啓事》談了書目定價的原因:“至售書價目,本號自前清宣統三年起,定爲一律,照碼七折,並無二價。一以期價值公平,購閲必衆;一以期誠信相見,則受欺無虞。”《外埠函購書籍章程》對郵購圖書的具體辦法作了明確規定,因文長不録。該目的一個顯著特點是爲重點圖書撰寫提要,其提要有廣告性質。兹舉一例:重校精印《漢魏六朝百三名家集》,精裝四十八册,本紙定價十八元,洋紙定價十二元。提要在介紹了該書内容、特點、影響後,指出:“本號覓得汲古閣初印善本,復敦請名儒悉心讎校,付諸石印,早已出版,請即購取爲荷。”

此外特别值得注意的是周振鶴編的《晚清營業書目》,收有兩家官書局、十五家民營書局的營業書目,附録的《上海書業公所書底掛號》還收録了上海晚清五十七家民營書店的營業書目。前者著録項目有書名、作者、册數、紙張、定價,後者只有書名一項。這些書目真實地反映了晚清圖書

① 《東山瑣綴·書林别話》。

出版與閲讀的實際情況，頗有史料價值。該書由上海書店出版社於二〇〇五年出版。

值得一提的還有近代譯書目。一八四〇年，鴉片戰争的炮火摧毁了清政府閉關鎖國政策，統治者逐步認識到向西方學習先進的科學技術的重要性，於是産生了洋務運動。一八六五年，曾國藩支持李鴻章在上海成立了江南製造局。一八六八年六月，在局内設立翻譯館專辦譯書之事。爲便於讀者瞭解、購買圖書，江南製造局還編了幾個目録。如現存《上海製造局譯印圖書目録》二卷，分史志、政治、交涉、兵制、兵學、船、學務、工程、農學、礦學、工藝、商學、格致、算學、電學、化學、聲學、光學、天學、地學、醫學、圖學、地理等類，共著録圖書一百七十三種，此外附刻各書三十種，總計譯印圖書二〇三種。呈現出了全新面貌。著録項目有書名、册數、紙張、定價，體現了鬻販書目的特點，如工藝類著録"《照相鏤版印圖法》一卷，一本，連史，二角；賽連，一角五分"。①

此外，《廣學會譯著新書總目》作爲鬻販書目的特點更加鮮明。卷首有廣告詞云："本會夙以振興新學，開通民志爲己任，創辦以來譯印各書千百餘種。此乃泰西名士奉爲寶笈、人人必讀之要書也。擇其尤佳者詳録於後。"全目分天文、地理、史類、醫學、通考、政學、理財、律法、格致、電學、算學、植物學、蒙學、小説、雜著、圖畫、道學、質學、性理、礦物學、化學等類。顯然是依據譯著圖書的實際情況來分類的。著録項目有書名、裝幀形式、册數、定價，不少書還有提要。如《電學須知》提要云：

> 格致學内有一電學焉，精微甚細，奥妙無窮。小之可以試以玩娱，大之可施諸實用。如鍍金也，飾器皿以美觀；達電信也，縮千里如睹面。燃作燈燭，發光如日，照夜似晝。至於放電燃炮，有用於軍武；運機代織，有用於工藝；製針指南，有用於航海；造鐵引電，有用於防電。是皆由電學考究而出者。一册，價洋八分。②

① 《近代譯書目・上海製造局譯印圖書目録・工藝類》。

② 《近代譯書目・廣學會譯著新書總目・電學類》。

卷末稱:“如購以上書籍,望照價匯下,無不隨到隨寄,空函恕不奉覆。此致。上海河南路四百四十四號廣學會謹啓。”

北京圖書館出版社二〇〇三年編輯出版了《近代譯書目》,除上面提到的兩種譯書目録外,還有王韜編撰的《泰西著述考》,徐維則輯、顧燮光補輯的《增版東西學書録》,顧燮光編撰的《譯書經眼録》,佚名編《馮承鈞翻譯著述目録》。這些譯書目録,對於我們研究西學東漸以及出版與鬻販書目録均有參考價值。

鬻販書目録至現代才盛行並趨於完備。朱遂翔説:

> 民國五年(一九一六)上海有古書流通處之創設,主人爲海鹽陳立炎,頗有閲歷。初出書目,但無定價,仍以討價還價之方式行之;至第二期書目,各書始有定價,凡同行或熟人及圖書館訂購,可打九折,門市則無折扣。如是經營,營業大盛,購者亦稱便利。外埠郵寄往來,殆無虚日。各省内地讀者亦可購到喜愛之書。……杭州出書目最早者,爲余所設之抱經堂書局,開始即逐部標明售價,以示毋欺。……抱經堂書局尚有一種臨時書目,藉補正式書目之不足。各同業以利之所在,亦皆紛出書目,從事競争。……此後因各店均有書目,營業均好,無上門送售之必要。①

此類鬻販書目有《漢口掃葉山房書目》《上海受古書店舊書目録》《北平文奎堂書目》等。其中編得最好的現代書籍鬻販目録,當推平心的《全國總書目》。其《編例》説:

> 編纂旨趣約有以下數端:(1) 供全國讀書界、圖書館搜購書籍檢查之用(本書目内所載書籍除臨時絶版、禁售者外,生活書店均可照最經濟而便捷之辦法代辦,圖書館另有優待辦法);(2) 供全國學術界、著譯界、圖書館搜集參考資料及研究目録學之用;(3) 供全國書

① 《杭州舊書業回憶録》,載《中國現代出版史料》丁編。

業界出版圖書及推銷圖書參考之用；(4) 供外國圖書館及研究中國問題者搜求中國新著作物參考之用。

在收録範圍上，《編例》强調：

所收書籍以最近尚在發售者爲主，但有價值之絶版書間或可以購到者(如上海水沫、金星、新月等書店若干出版物)，亦酌量收録。編定後禁售之書則在校樣時於書名後加注"禁"字。凡在書名之後加＊符號者，則表明爲難以購到之書。

在著録方面，除書名、作者外，還包括了定價、出版者、代售者、册數等項目。此外，《編例》説：

本書按所收書籍内容深淺分别繫以各種符號。加梅花符＊者，爲初級讀物；加星花符★者，爲高級專門讀物；加三角符△者，爲中級及初高級通用之讀物……凡屬世界名著，書名前加有圓點●；内容有問題者，書名前加▲符。

爲了便於檢查，該目還有多種索引。

平心編《全國總書目》共收録一九一二至一九三五年間出版的新書兩萬種，堪稱出版者之總廣告，售書者之總簿録。該目在編纂目的、收録範圍、著録項目乃至索引的編製方面都體現了鬻販書目録的特色。

一九四九年後，中國版本圖書館編的《全國新書目》《全國總書目》也具有鬻販書目録的特點，我們在第五章第一節已經作了介紹。版本圖書館還專門編了《古籍目録》，它收入中華人民共和國成立起至一九七六年出版的各類古籍。除著録書名、作者、版本、定價等外，還有提要。如：

癸巳類稿　(清)俞正燮撰

商務印書館出版　一九五七・十二・三十二開　三六三千字

精裝一點九元　印一次　四千册

[本書因輯成於清道光十三年癸巳，故題爲《癸巳類稿》，是一部考據學著作，内容包括經、史、子、集、醫理、天文、釋典、道藏等方面以及古代的名物制度和社會風俗的考證。一八三三年（清道光十三年）初刻於北京，一八七九年（清光緒五年）重刊於湖北。本書以重刊本爲底本，據初刻本改正訛誤。]

國務院古籍整理出版規劃小組辦公室還專門編了《古籍整理圖書目録（一九四九至一九九一）》，所收古籍大致包括辛亥革命以前的著作、辛亥革命以後對古籍整理加工的著作（包括點校注釋）、有關古籍的工具書。該目録按圖書的出版時間順序編排，從中可以瞭解各階段古籍整理出版工作的概況。

一九四九年前，各私營出版機構均有出版目録，如商務印書館的《圖書彙報》等。一九四九年後，各出版社也都編有單獨出版或聯合出版的書目供人采購，報紙上還登載新出書目的廣告。所有這些均含有鬻販書目録的性質。

這種目録除了提供讀者以選購的方便之外，還有兩個用處：一是鬻販書目録係知見目録，因此可以確知某書雖然罕見，並未佚亡；否則即是書商改頭换面，以假亂真。二是鬻販書目録作爲歷史資料保存下來，往往具有很高的學術價值。在這方面的突出例子是《販書偶記》。一九五九年中華書局關於該書的《出版説明》説：

《販書偶記》基本上是一部清代以來的著述總目，其作用相當於《四庫全書總目》的續編。著者孫殿起先生，在北京設通學齋書店，經營古籍販賣事業數十年之久，勤勞不息地將他所目睹手經的書册逐一做下了詳細的紀録，一般地包括書名、卷數、作者的姓名、籍貫、刻版的年代等項目，如果卷數和版刻有異同，作者姓氏需要考訂以及書籍内容有待於説明的，也偶有備注。

孫殿起在《販書偶記·略例》中説："非單行本不録，間有在叢書中者，必係初刊單行之本，或是抽印之本，非泛及也。”“凡見於《四庫全書總目》者概不録，有之必卷數互異者。”“書中著作者籍貫、刊刻年代，俱詳注本書下，以備忻慕鄉哲者之甄擇。”可見《販書偶記》也是一部在收録範圍和著録版本、作者各方面都很有特色的目録。

一九八〇年，上海古籍出版社又出版了《販書偶記續編》，其《出版説明》説：

> 著者孫殿起在《販書偶記》於一九三六年初版刊印以後，又於販書過程中，根據目睹手經的書册，逐一做了詳細記録，積得資料六千餘條，由於著者已於一九五八年去世，近年來由他的助手雷夢水同志對這些資料進行了整理，現以《販書偶記續編》名義出版，供查閲參考。

因爲《販書偶記》及其《續編》所收古籍的單刻本一萬五千種左右，彌補了《四庫全書總目》與叢書目録的不足，所以是一部很有價值的古籍目録。

第四節　闕書目録

我國古書的亡佚現象非常嚴重，馬端臨《文獻通考·經籍考》序云：“隋、唐、宋之史，俱有藝文志，然《漢志》所載之書，以《隋志》考之，十已亡其六七，以《宋志》考之，隋、唐亦復如是。”爲了記録圖書的變化情況，爲了便於求書，中國不少傳統目録還反映或著録了古書的存佚情況，甚至專門編有闕書目録。鄭樵云：

> 古人編書，皆記其亡闕，所以仲尼定書，逸篇具載，王儉作《七志》已，又條劉氏《七略》及二漢《藝文志》《魏中經簿》所闕之書爲一志；阮孝緒作《七録》已，亦條劉氏《七略》及班固《漢志》、袁山松《後漢志》《魏中經》《晉四部》所亡之書爲一録，隋朝又記梁之亡書。①

① 《通志·校讎略·編次必記亡書論》。

現存最早的群書目録《漢書·藝文志》六藝略中，已有三處對亡書佚篇的記載，如春秋類著録《夾氏傳》十一卷，附注："有録無書。"同類著録《太史公》百三十篇，附注："十篇有録無書。"小學類著録《史籀》十五篇，附注："周宣王太史作大篆十五篇，建武時亡六篇矣。"

王儉的《七志》還專門附了一個闕書目録。梁阮孝緒《七録序》指出："其外又條《七略》及兩漢《藝文志》《中經簿》所闕之書，並方外之佛經、道經，各爲一録。"①可見《七志》中的闕書目録是以附録形式出現的見於文字記載的最早的闕書目録。

鄭氏所提到的王儉《七志》與阮孝緒《七録》今已亡佚，但梁釋僧祐著《出三藏記集》尚存，大抵能反映南朝人所編目録記載闕書的情況與成就。

《出三藏記集》常用附注來記載圖書闕失情況，如該書卷二《新集撰出經律論録第一》著録《七法經》一卷，附注："今闕此經。"有時也附注"闕""闕本""今闕"等詞語。此外，該書卷五《新集疑經僞撰雜録第三》著録《佛法有六義第一應知》一卷、《六通無礙六根凈業義門》一卷，均附注："未得本。"顯然也等於附注闕本。

還有將幾部具有共同點的闕書著録在一起而附注"闕"字的，如該書卷二《新集撰出經律論録第一》分别連續著録了五部闕書、三部闕書、兩部闕書，除每條款目都附注"闕"字外，還分别在小結中解釋道："右五部，凡二十八卷。宋明帝時，天竺沙門竺法眷於廣州譯出，並未至京都。""右三部，凡二十一卷。宋明帝時，西域三藏吉迦夜於北國，以僞延興二年，共僧曇曜譯出，劉孝標筆受。此三經並未至京都。""右二部，齊武皇帝時，外國沙門大乘於廣州譯出，未至京都。"這些説明文字談到了譯書的時間、地點、翻譯者以及致闕的原因，史料價值更高。

《出三藏記集》還將一定數量的某類闕書編纂在一起，實際上就是比較典型的闕書目録了，僧祐在《出三藏記集》卷二的序中談到了編纂闕書目録的意義："至於律藏初啓，則詳書本源，審覈人代，列於上録。若經存譯亡，則編於下卷。將使傳法之緣有孚，聞道之心無惑。敬貽來世，庶在

① 《廣弘明集》卷三《七録序》。

不墜焉。”譬如該書卷四《新集續撰失譯雜經録第一》卷下開頭明確説：“條新撰目録闕經，未見經文者如左。”卷末又總結道：“右合四百六十部，凡六百七十五卷。詳校群録，名數已定，並未見其本。今闕此經。”

還有在目録中連續著録數十部闕書，實際上也具有闕書目録的性質。如該書卷二《新集撰出經律論録第一》，從《等目菩薩經》二卷至《菩薩齋法經》一卷，除首目外，均未附注“闕”字，但是有小結云：“右六十四部，凡一百一十六卷。經今闕。”類似的例子還有該書卷三《新集安公失譯經録第二》，其中《打犍椎法》一卷的附注云：“從《七車經》至《打犍椎法》凡五十部，今並闕此經。”可見這五十部佛經也具有闕書目録的意思。

《出三藏記集》還有一種情況，是將存佚佛經編纂在一起，其中現存佛經較少，也具有闕書目録的性質。如該書卷三《新集安公古異經録第一》可分爲兩部分，第二部分，從《道地經中要語章》一卷至卷末《誓佛經》一卷。卷末小結云：“右九十二部，凡九十二卷，是古典經。”該小結指的就是第二部分。在這一部分開頭《道地經中要語章》一卷的附注中説：“今有此卷。自此已下，不稱有者，並闕本。”而在這九十二部佛經中，附注“今有此經”者只有十一部，剩下的八十一部佛經均未收藏，所以這一部分也可視爲闕書目録。類似的例子還有該書卷三《新集安公涼土異經録第三》，其小結云：“右五十九部，凡七十九卷，是涼土異經。”其中注明“今有此本”者共六部七卷，其餘五十部七十二卷，均無藏本，所以卷三《新集安公涼土異經録第三》也可視爲闕書目録。

可見，《出三藏記集》十分注意附注存佚情況，並重視編纂闕書目録。從中也可大致瞭解王儉《七志》、阮孝緒《七録》附注存佚，以及編纂闕書目録的情況。

唐人編纂的《隋書·經籍志》也是我國現存較早的一部附注存佚的目録。首先，《隋志》對照阮孝緒的《七録》等梁代書目、隋代已亡佚的書便在附注中標明，然後通計每類的亡書，並在叙録中説明了原因。如經部讖緯類著録：

《孝經内事》一卷。（梁有《孝經雜緯》十卷，宋均注；《孝經元命包》一卷，《孝經古秘援神》二卷，《孝經古秘圖》一卷，《孝經左右握》二卷，《孝經左右契圖》一卷，《孝經雌雄圖》三卷，《孝經異本雌雄圖》二卷，《孝經分野圖》一卷，《孝經内事圖》二卷，《孝經内事星宿講堂七十二弟子圖》一卷，又《口授圖》一卷；又《論語讖》八卷，宋均注；《孔老讖》十二卷，《老子河洛讖》一卷，《尹公讖》四卷，《劉向讖》一卷，《雜讖書》二十九卷，《堯戒舜禹》一卷，《孔子王明鏡》一卷，《郭文金雄記》一卷，《王子年歌》一卷，《嵩高道士歌》一卷。亡。）

並統計道："右十三部，合九十二卷。（通計亡書，合三十二部，共二百三十二卷）"其叙還談到了兩漢至隋讖諱盛衰的原因：

起王莽好符命，光武以圖讖興，遂盛行於世。漢時，又詔東平王蒼，正五經章句，皆命從讖。俗儒趨時，益爲其學，篇卷第目，轉加增廣。言五經者，皆憑讖爲説。唯孔安國、毛公、王璜、賈逵之徒獨非之，相承以爲妖妄，亂中庸之典。故因漢魯恭王、河間獻王所得古文參而考之，以成其義，謂之古學。當世之儒，又非毁之，竟不得行。魏代王肅，推引古學，以難其義。王弼、杜預，從而明之，自是古學稍立。至宋大明中，始禁圖讖，梁天監已後，又重其制。及高祖受禪，禁之逾切。煬帝即位，乃發使四出，搜天下書籍，與讖緯相涉者皆焚之，爲吏所糾者至死。自是無復其學。秘府之内，亦多散亡。今録其見存，列於六經之下，以備異説。

《隋書·經籍志》著録《魏闕書目録》一卷，這是見於記載的最早的闕書目録專書。《隋志》序云："孝文徙都洛邑，借書於齊，秘府之中，稍以充實。"則此録可能是北魏孝文帝向南齊明帝借書而令人編寫的。《宋史·藝文志》著録《唐四庫搜訪圖書目》一卷，《舊唐書·經籍志》序云："文宗時，鄭覃侍講禁中，以經籍道喪，屢以爲言。詔令秘閣搜訪遺文，日令添寫。"《唐四庫搜訪圖書目》或即爲唐文宗時所製。唐代佛經目録特別注意闕書目録的編製，例如道宣《大唐内典録》卷十即有《歷代衆經有目闕本録》，其提要云："勘本則無，校目便有，後獲者據現録無，便委棄之同於疑僞，是以尋閲古今諸録，校定經本有無。有則依而入藏，無則題目擬訪。庶有同舟之士，懷斯而廣集云。"[①]智昇《開元釋教録》卷十四、十五亦爲"有譯無本録"。

宋代爲了求書也編有闕書目録，如北宋太宗太平興國九年（九八四）正月詔曰："宜令三館所有書籍，以《開元四庫書目》比校，據見闕者特行搜訪，仍具録所少書，於待漏院榜示中外。若臣寮之家有三館闕者，許上之。"[②]真宗咸平四年（一〇〇一）四月，也曾下詔編闕書目録求書，詔曰："驗開元之舊目，亡逸尚多……宜令史館抄出所少書籍名目，於待漏院張掛，及遣牒諸路轉運司，嚴行告示。"[③]仁宗嘉祐六年（一〇六一）六月也曾下詔求書，詔曰：

> 朕聽政之暇，無廢覽觀，以今秘府之所藏，比唐開元舊録，年祀未遠，遺逸何多。宜開購賞之科，以廣獻書之路，應中外士庶之家，有收館閣所闕書籍，許詣官送納。如及五百卷，當議與文武資内安排；不及五百卷，每卷支絹一疋。令進奏院遍牒四京並逐路轉運司，指揮轄下州府軍監縣鎮，委自知州通判等，多方采訪。[④]

當時所編《嘉祐搜訪闕書目》尚見於《秘書省續編到四庫闕書目》《中興館閣書目》《玉海・藝文》《山堂群書考索》《通志・藝文略》等書著録。

北宋末年，館閣之書蕩然無存。宋南渡後，國家藏書得到了一些恢復。《宋史・藝文志》序云："高宗移蹕臨安，乃建秘書省於國史院之右，搜訪遺闕，屢優獻書之賞，於是四方之藏稍稍復出，而館閣編輯日益以富矣。"紹興十三年十二月，曾詔令編纂闕書目録求書，略云：

> 二十五日，權發遣盱眙軍向子固言："比降旨，令秘書省以《唐藝

---

① 《大藏經》卷五五。

②③ 《宋會要輯稿・崇儒四・求遺書》。

④ 《宋大詔令集》卷一五八《求遺書詔》。

文志》及《崇文總目》,據所闕者,榜之檢鼓院,許外路臣庶以所藏上項之書投獻。尚恐遠方不知所闕名籍,難於搜訪抄録。望下本省,以《唐藝文志》及《崇文總目》應所闕之書,注'闕'字於其下,鏤板降付諸州軍,照應搜訪。"從之。①

高宗紹興年間所頒闕書目録有三部,一爲《唐書藝文志》見闕書目,此目《郡齋讀書志》《直齋書録解題》《玉海·藝文》《山堂群書考索》著録,如《郡齋讀書志》書目類著録《藝文志見闕書目》一卷,提要云:"右《唐書·藝文志》。近因朝廷募捐遺書,刻牘布告境内,下注書府所闕,俾之訪求。"頒刻此目是爲了搜訪唐代以前的圖書及唐人著作。二爲《崇文總目》見闕書目一卷,此目現存,爲寧波天一閣所藏,有目無釋,部分圖書附注"闕"字。通行本有《四庫全書》本,分爲十二卷;錢東垣等《崇文總目輯釋》本,分爲五卷。《四庫全書》本實際收書三四一二部,其中闕書一八二三部。頒刻此目是爲了搜訪北宋慶曆以前館閣藏書。三爲《秘書省續編到四庫闕書目》,此目現存,葉德輝據所得丁氏遲雲樓抄本,並取宋代公私書目進行了考證,於光緒二十九年(一九〇三)刊入《觀古堂所著書》第一集,復又收入《觀古堂書目叢刊》,較爲通行。此外尚有一些舊抄本。該目共著録書籍三四七二部,其中有一九八二部下注"闕"字。葉德輝《刊秘書省續編到四庫闕書目序》稱:

(宋紹興)"十七年,鄭樵按秘省所頒闕書目録,集爲《求書闕記》七卷,《外記》十卷。"②陳振孫《直齋書録解題》云:"《秘書省四庫闕書目》一卷,亦紹興改定,其闕者注闕字於逐書之下。"此紹興改定秘書省闕書目之始末也。③

繆荃孫《藝風藏書再續記》著録《秘書省續編到四庫闕書目》一册,提要云:

① 《宋會要輯稿·崇儒四·求遺書》。
② 《玉海》卷五二《藝文·書目·紹興求書闕記》。
③ 《秘書省續編到四庫闕書目》卷首《序》。

“鈔校本。題下有‘紹興十五年改’六字，此從元人鈔本傳録。”如前所述，向子固請求編纂闕書目録搜訪圖書的時間是紹興十三年十二月二十五日，而鄭樵已於紹興十七年按秘書省所頒闕書目録，集爲《求書闕記》七卷、《外紀》十卷了，所以説《秘書省續編到四庫闕書目》爲紹興十五年改定還是可信的。而《秘書省續編到四庫闕書目》據以改定的底本當爲徽宗政和末年下詔編纂的《秘書總目》，宋王應麟云：

> 政和七年十一月十四日戊戌，校書郎孫覿奏：“四庫書尚循《崇文》舊目，頃訪求遺書，《總目》之外凡數百家，幾萬餘卷。請撰次，增入《總目》，合爲一卷。”詔覿及著作郎倪濤、校書汪藻、劉彦適撰次，名曰《秘書總目》。①

《秘書省續編到四庫闕書目》著録了《大觀學制敕令格式》等書，也符合《秘書總目》的收録範圍。頒刻此目的目的是爲了搜訪北宋元豐改制以後秘書省所收藏的典籍。

明人也利用書目搜訪過圖書，如南明王夫之《識小録》云：“翰林名讀中秘書，而實無一書可讀。惟行人司每一員出使，則先索書目以行，購書目所無者，多至數册，少亦必一册，納之司署。專設司吏一人，收貯簡曬，故行人司藏書最富云。”②《千頃堂書目》史部簿録類著録《行人司書目》二卷又《續書目》一卷，可見明代行人司是將藏書目録當作闕書目録來使用的，看來這是行之有效的辦法。《四庫全書》編成後，鄭文焯撰《國朝未刊書目》、朱記榮撰《國朝未刊遺書志略》、劉世瑗撰《徵訪明季遺書目》，也是著名的闕書目録。

此後注重記録圖書存佚情況的還有清初朱彝尊的《經義考》，其卷首《自叙》云：“此書初撰原名《經義存亡考》。”後又據“諸目所藏及同人所見，世有其本者，列未見一門，又有雜見於諸書，或一卷，或數條，列闕書一門，

① 《玉海》卷五二《藝文・元祐秘閣書目・政和秘書總目》。

② 《船山遺書・識小録一卷》。

於是分存、佚、闕、未見四門，删舊名之‘存亡’字，而名之曰《經義考》”。該目在著録存佚方面，增加闕、未見二門，並且爲所著録的每一部書都明確注明存、佚、闕、未見的情况。

晚清顧實的《漢書藝文志講疏》卷首《例言》云：“每書首釋存、亡、殘、疑，俾可一覽而瞭。存者篇帙未虧，亡者原書已湮。殘者流傳有自，無間多寡。疑者論證未定，以俟博考。”顧實所述與朱彝尊之四門是一致的，但是他就《漢書・藝文志》所著録的書注明存、亡、殘、疑，還是很有特點的。

著録存佚首先可以反映圖書變動情況，從中可以看出學術的盛衰變化。如《隋書・經籍志》共著録存書三一二七部，三六七〇八卷；佚書一〇六四部，一二七五九卷。亡佚書目下，注明“宋有”“梁有……今亡”等字。這樣既反映隋朝一代藏書，又表明了六朝時代書籍變動情況。什麽時候國家興盛，典籍就豐富；什麽時候國家喪亂，典籍就散亡。哪些書由於學術的昌盛而保存，哪些書由於政治的影響而亡佚，都可以從著録存佚知其大概。譬如《隋書・經籍志》經部孝經類著録：

> 古文孝經一卷孔安國傳。梁末亡逸，今疑非古本。
>
> 孝經一卷鄭氏注。梁有馬融、鄭衆注《孝經》二卷，亡。

其孝經類序云：

> 又有《古文孝經》，與《古文尚書》同出……孔安國爲之傳。至劉向典校經籍，以顔本比古文，除其繁惑，以十八章爲定。鄭衆、馬融並爲之注。又有鄭氏注，相傳或云鄭玄，其立義與玄所注餘書不同，故疑之。梁代，安國及鄭氏二家並立國學，而安國之本亡於梁亂。陳及周、齊，唯傳鄭氏。至隋，秘書監王劭於京師訪得孔《傳》，送至河間劉炫。炫因序其得喪，述其議疏，講於人間，漸聞朝廷，後遂著令，與鄭氏並立。儒者諠諠，皆云炫自作之，非孔舊本，而秘府又先無其書。

從中我們可以清楚地看到《古文孝經》的流變。

書目對圖書存佚情況的記録，還爲我們保存了豐富的史料，如果我們將兩部以上書目的同一類目的著録情況加以比較，就會更加清楚地瞭解學術的發展變化情況。如我們將《漢書・藝文志》諸子略與《隋書・經籍志》子部加以比較，就會發現諸子著作亡佚甚多，他們的學術逐漸衰落了。如《漢志》著録名家共“七家，三十六篇”，《隋志》還保留了《鄧析子》一卷、《尹文子》二卷。此外新著録魏文帝撰《士操》一卷，劉邵撰《人物志》三卷，而梁有《刑聲論》一卷、《士緯新書》十卷、《九州人士論》一卷、《通古人論》一卷均亡佚了。此外，法家、墨家、縱横家、農家、小説家著作，大抵都出現了類似情況。這表明，文獻的自然淘汰率是非常高的，真正有價值的文獻才獲得保存。西漢采用罷黜百家、獨尊儒術的政策，當然也導致諸子之學遭到冷落，以致隨時間的推移而逐漸被淘汰。東漢末年以及魏晉南北朝時期的戰亂，也給文獻造成巨大損失。

著録存佚還會對藏書建設産生直接效果。鄭樵説：“古人亡書有記，故本所記而求之。魏人求書，有《闕目録》一卷，唐人求書有《搜訪圖書目》一卷，所以得書之多也。”①宋代在藏書建設方面也是這麽做的。如前所述，宋高宗曾於紹興十三年十二月讓人編闕書目録求書。晁公武《郡齋讀書志》也談到了這件事。其《藝文志見闕書目》條下有云：“右《唐書・藝文志》，近因朝廷募遺書，刻牘布告境内，下注書府所闕，俾之訪求。”②

著録存佚的直接目的，就是便於收聚圖書。直到現在，我們也還利用闕書目録來做藏書建設工作，例如有的圖書館將自己的複本地方志編了一個目録，將自己所缺的地方志也編了一個目録，從而可以用自己所餘的同其他圖書館交换自己所無的，效果很好。個人收聚圖書往往也會利用闕書目録，《黄侃日記》中頗有這方面的記載，如一九二八年十月十三日日記：“鈔所欲買書目。”一九二九年一月二十八日日記：“與鷹若書（内附所欠書目）。”一九二九年二月十一日日記：“與榆生書，令求予所鮮書，列有詳目。”一九三五年四月十二日日記：“馮賈來，以所求叢書目示之。”“馮

① 《通志・校讎略・編次必記亡書論》。

② 《郡齋讀書志》卷九《藝文志見闕書目》。

賈”指南京文海山房書店的老版馮培基。正因爲黄侃充分利用目録學知識選購圖書,所以他讀書治學需用之書做到了大致完備。如其一九三四年六月二十八日日記:“晡還書訖,將細檢插架,三樓計有廿七架,十二箱,吾儕需用之書,亦粗備矣。”

館藏目録記録亡佚對開展流通工作也是非常必要的。由於各種原因,館藏圖書只能儘量求其少散失,却無法杜絶這種現象。所以有目無書的現象在圖書館中是常見的,如果針對這種情況隨時編寫闕書目録(待訪書目)就可以及時采購彌補損失,從而更好地爲讀者服務。一時采購不到,也可以向讀者解釋原因,以便通過其他途徑找到自己所需要的書。

闕書目録在科學研究中也可以利用。有人將自己未見到的文獻列目,或附於其著作的引用書籍目録之後,或另行公布,這既便於别人向自己提供搜求的綫索,也可使别人知道,哪些資料是比較罕見的,應當注意搜訪、保存和流傳。

怎樣著録書的存佚呢? 朱彝尊的《經義考》創造性地運用了四柱法。“四柱法”原爲錢糧賬簿所使用的術語。“四柱者,舊管、新收、開除、實在也。各衙門造册,必歸四柱,則收放可稽。”①文獻編目中的四柱法指於每書之下分存、佚、闕、未見四類加以注明。孫詒讓説:“目録之别存佚,自唐釋智昇《開元釋教録》始也,朱氏沿厥舊規,增成四目。存佚之外,有曰闕者,篇簡俄空,世無完帙也;有曰未見者,弆藏未絶,購覓則難也。四者旷分,實便檢斠。”②如前所述,目録著録存佚起源甚早,孫氏對闕與未見的解釋尚有參考價值。章學誠在《史籍考釋例》中對朱氏四柱法作了進一步的具體説明:

存佚:必實見而著存,知其必不復存而著佚。然亦有未經目見,而見者稱述其書確鑿可信,則亦判存。又有其書久不著録,而言者有

① 《曆算全書》卷三四《錢糧四柱法》。

② 《温州經籍志》卷首《叙例》。

徵，則判未見。如《後漢》謝承之書，宋後不復録，而傅山謂其家有藏本，曾據以考《曹全碑》，雖琴川毛氏疑之，然未可全以爲非，則亦判爲未見，所以志矜慎也。又如古書已亡，或叢書刻其畸篇殘帙，本非完物，則核其著録而判闕。亦有其書情理必當尚存而實無的據，則亦判爲未見。他皆仿此。[1]

在四者之中，存是説書存在，能看到；闕是説書還在，但闕少了一部分。這都是容易斷定的。但闕也有兩種情況：一種是書已經著成，但有一部分内容在流傳過程中散佚了，目録學中所講的闕，就是指這種情況。還有一種情況是書本身原來没有做完，就完成的這一部分來説，已經完全印出。譬如胡適所著《中國哲學史》和《白話文學史》，都只完成了上卷，這在目録中就不必注闕了。

不好辦的是佚同未見。某書没有看到，它究竟是還存在，我們没有看到呢？還是已不存在了，我們無從看到呢？這是很難判斷的。譬如相傳章學誠做過一部《史籍考》，當時學者畢沅、謝啓昆等還向他提供了物質援助，和他同時的許多人也曾看過他的稿子。三十年代盛傳這部書稿被美國人收購了，藏在國會圖書館裏，我們在著録的時候似乎應當算作未見了。直到一九五七年，商務印書館重印姚名達的《中國目録學史》，王重民在該書《後記》裏證實《史籍考》於咸豐六年（一八五六）燬於火災，這才確定《史籍考》確係亡佚了。與此相反，明末王嗣奭所著《杜臆》，仇兆鰲的《杜詩詳注》引用了許多，但其後再也没有人看到過，似已亡佚了。一九四九年後，國運昌隆，它竟奇迹般地出現了。所以佚同未見，區别較難，著録時應當特别審慎。

無論怎麽説，目録著録存佚是必要的，是有利於讀書治學和開展圖書館采購與流通工作的。

---

① 《章氏遺書》外編《補遺》。

第五節　引用書目録

引用書目録是將某一著作或其注中所引用的書籍彙編而成的目録，藉以考見其史源。這種目録，有爲自己的著作編的，也有爲他人的著作編的。

引用書目録宋代就已出現。今傳宋本《太平御覽》卷首所載《太平御覽經史圖書綱目》，乃該書在宋代已有，故宋人洪邁云：

> 國初承五季亂離之後，所在書籍印板至少，宜其焚煬蕩析，了無孑遺。然太平興國中編次《御覽》，引用一千六百九十種，其《綱目》並載於首卷，而雜書、古詩賦又不及具録，以今考之，無傳者十之七八矣。①

如果包括詩、賦、銘、箴、雜書在内，《太平御覽》約"引書二千八百餘種"②，其中大部分今已失傳。後來從事學術研究的人看不到原書，還可以從它那裏尋找斷篇殘簡。如馬國翰《玉函山房輯佚書》中的許多古書，《太平御覽》是其主要來源之一。但《太平御覽》的引用書目，似非《太平御覽》成書時即有，聶崇岐《太平御覽引得序》云：

> 《綱目》之作，當在何時，後世頗少定論；唯其中並列《唐書》及《舊唐書》之名，則頗使人疑其非修書時所擬進，乃仁宗以後好事者所撰輯者。蓋修《御覽》時，《唐書》僅有劉所修一種，初無舊與不舊之别；至仁宗嘉祐五年歐陽修等重修《唐書》成，劉書始被冠以"舊"字，而歐書或冠"新"字或直稱《唐書》也。

---

① 《容齋五筆》卷七《國初文籍》。
② 《書目答問補正》卷三《太平御覽》一千卷。

後來周生傑又發現在《太平御覽經史圖書綱目》中，除新《唐書》外，還有《周易文言》《詩箋音義證》等十三種圖書在《太平御覽》中找不到引文。[①]這也表明《綱目》非《太平御覽》原有。但是洪邁已經見到《綱目》，則《綱目》爲宋人所編則是毫無疑問的。

《太平御覽》引書字句往往與流行的原書不同，此外還有一些問題，需要我們在利用其引用書目録時加以注意：

（一）引用的書名往往前後不一致。如劉澄《宋永初山川古今記》就有"宋永初山川記""永初山川記""山川古今記""劉澄山川記"等五種不同的名稱……；（二）書名與篇目往往相混。如卷四十二之"滑州白馬山開山圖"，卷四十五之"土地十三州志"……乍一看幾乎不知道它是什麽書，這分明是把所據類書的篇目、段節和書名都給混在一起了；（三）標列的書名往往有誤。如卷三百一十六引《論語》："太公曰，《陰謀書》，武王伐殷，至牧野，晨舉脂燭，推掩不備……"既不見於《論語》也絶對不是《論語》的佚文，可能是緯書裏的東西。[②]

明談愷刻本《太平廣記》也附有引用書目一卷，鄧嗣禹《太平廣記引得序》云：

細查原書，有書目所有而書中無者十五種，有書目所無而書中實引之者，約百四十七種；合而計之，現存《太平廣記》引用之書，實有四百七十五種。……謹案原引書目，有《唐史》一書，《宋志》别史類有孫甫《唐史記》七十五卷。《宋史·孫甫傳》曰："著《唐史記》七十五卷。"又曰："《唐史》藏秘閣。"是《唐史記》亦可稱《唐史》。然孫甫，宋仁宗時人，遠在太宗修《廣記》之後。又有《海録碎事》一書，宋葉庭珪撰，珪爲政和五年（一一一五）進士，亦遠在太平興國二年（九七七）修《廣

---

① 《〈太平御覽〉研究》第四章《〈太平御覽〉基本面貌》第一節《〈綱目〉考察》。

② 《重印太平御覽前言》卷首聶崇岐《太平御覽引得序》。

記》之後。……由是知《廣記引用書目》,脱云原來所有,亦經後人陸續增補,蓋無疑也。①

南宋初,徐夢莘撰《三朝北盟會編》,卷首即按書目、雜考私書、全國諸録三類著録了引用書目録。《四庫全書總目》稱該書:

所引書一百二種、雜考私書八十四種、金國諸録十種,共一百九十六種,而文集之類尚不數焉。史所言者殊未盡也。凡宋、金通和用兵之事,悉爲詮次本末……。其徵引皆全録原文,無所去取,亦無所論斷。蓋是非並見,同異互存,以備史家之采擇,故以《會編》爲名。②

這個目録的出現,顯然受了《御覽》和《廣記》的影響。

在宋以後,清代學者也很重視編製引用書目録,如朱彝尊編《明詩綜》,同時也編了《明詩綜采摭書目》,收書一百三十九種。馮登甫跋云:"《明詩綜采摭書目》不知何人手鈔,乃先生所改定者,亦係老年筆也。"③朱氏所編《兩淮鹽策志》,也附有《兩淮鹽策書引證書目》,收書一百六十九種。馮登甫跋云:"先生年譜:康熙乙酉(一七〇五)秋之揚城,訪曹通政寅,爲輯《兩淮鹽策志》,至戊子(一七〇八)八月告成,共二十卷。此稿當爲成書時手草,先生年八十歲矣,書法老境,有自得之意。"④但這些書目的著録項目僅書名與作者兩項,比較簡單。

近人所編引用書目則精益求精。如唐圭璋編的《全宋詞》一共引用了五百三十八種著作。作者將這些著作分爲詞叢編、詞别集、詞總集、詞話類、詞譜類、史部、子部、話本小説類、類書類、釋道類、别集類、總集類、詩

① 《太平廣記篇目及引書引得》卷首鄧嗣禹《太平廣記引得序》。此外,北京大學研究所曾編《藝文類聚引用書目》,載《北京大學二十五週年紀念研究所國學門臨時特刊》,也是類書的引用書目,但不出於編者而出於後人之手。

② 《四庫全書總目》卷四九《三朝北盟會編》二百五十卷。

③ 《晨風閣叢書・潛采堂書目四種》之二《明詩綜采摭書目》馮登甫跋。

④ 《晨風閣叢書・潛采堂書目四種》之三《兩淮鹽筴書引證書目》馮登甫跋。

文評類、曲類……十八類，編成引用書目録。於鈔本、校本、校鈔本、罕見的刊本、活字印本皆注明收藏處。從中可以看出《全宋詞》所采用的詞集底本以善本、足本爲主。一書同時引用多種本子的也一一注明。如詞總集所著録的宋黄大輿輯《梅苑》十卷，下注曰："汲古閣景宋抄本、趙萬里先生照片、又楝亭十二種本、又武進李氏聖譯樓排印本。"唐氏續編《全金元詞》，其引用書目又進了一步，在不少條目下加了附注。如：

> 磻溪集　丘處機撰　據影印金本及道藏校補朱本。周泳先據鳴鶴餘音又補七首，原補尚有《黑漆弩》一首，乃白賁詞，不録。丘詞除補七首外，尚有《鳴鶴餘音》一首，《西游記》七首，《金蓮正宗記》一首，《清河書畫舫》一首。

附注説明了所據版本，不足之處又據什麽本子補充、校勘。

有的引用書目録稱爲參考書目，在説明資料來源方面，兩者性質相同。還有不少引用書目録采用了注釋的形式指出資料來源。這樣做的好處是更細緻，更便於當下檢索，單篇論文多采用這種方式。缺點是一部著作究竟引用了多少文獻資料，難以給讀者一個總的印象。因此有的著作既加注釋，又附引用書目。

爲古書注釋作引用書目録，在引用書目録中占有重要地位。南宋高似孫即撰有《世説注引書目》，其序云：

> 宋臨川王義慶采擷漢、晉以來佳事佳話爲《世説新語》，極爲精絶，而猶未奇也。劉孝標注此書，引援詳確，有不言之妙。如引漢、魏、吴諸史及子傳地理之書皆不必言，只如晉氏一朝史及晉諸公列傳、譜録、文章，皆出於正史之外。紀載特詳，聞見未接，實爲注書之法，今采於後。[1]

① 《緯略》卷九《世説注引書目・序》。

高氏此目共采録一百六十七種，僅著書名，其有異書同名的則兼及作者，以資分别。如："朱鳳《晉書》""沈約《晉書》"等，頗爲簡略。

至清沈家本，始在爲古書注編製引用書目録方面做出了很大的成績。他撰有《三國志所引書目》，其序云：

> 裴松之《三國志注》纂於宋元嘉(四二四至四五三)中，古書目之可考者，此爲最古矣。張氏《書目答問》言其目載在趙翼《廿二史劄記》中，乃檢《劄記》所列僅五十餘種，遺漏實多，而舛錯亦不少。……今重加編輯，依《隋書・經籍志》之例，分爲四部。計經部廿二家，史部一百四十二家，子部二十三家，集部二十三家，凡二百十家。……今觀其徵引，繁富之中時寓矜慎之意，並非蔓引濫登。且所引事迹首尾完具，不似他書之割裂翦裁，六朝舊籍賴此以存，循斯目以求之，正不勝望古遥集之思焉。①

該目每書撰有提要，注明出處、前人目録著録情況，並有案語。如：

> 衛恒《四體書勢》《武紀》　案《隋志》:《四體書勢》一卷，晉長水校尉衛恒撰。二《唐志》同。《晉書》本傳：牛巨山爲《四體書勢傳》全載其序。裴注所引亦序文也。②

沈氏還撰有《世説注所引書目》，其序云：

> 古書之存於注釋家者，裴世期爲最先，稍後即爲劉孝標之劉義慶《世説注》，其所引之書，今存者十不及一，賴之以傳。《書録解題》載汪藻云："叙録二卷，首爲考異，繼列人物世譜、姓字異同，末記所引書目。"是此注之書目，古人曾有輯本，惜其書久佚。……今所輯之目：

---

① 《沈寄簃先生遺書》卷三一《三國志所引書目・序》。

② 《沈寄簃先生遺書》卷三一《衛恒〈四體書勢〉〈武紀〉》。

> 經部三十五家，史部二百八十八家，子部三十九家，集部四十二家，又釋氏十家，凡四百一十四家。①

沈目不僅在數量上比高似孫《世説注引書目》多出二百四十七種，而且每書撰有提要。其體例與作者的《三國志注所引書目》同。他還爲梁劉昭的《續漢書八志補注》編了引用書目録，其序云：

> 昭注所引多古籍，《漢官》爲最詳，張衡之《靈憲》《渾儀》惟見此書。所引《堯典》六宗之説，梁以前各家罔不采入，各有論斷，至爲詳悉，自來考古籍者多忽略而鮮稱述之者。今輯爲第三編，凡經部六十六家，史部一百十二家，子部四十二家，集部廿二家，共二百四十二家，以備古書目之一家焉。②

沈家本爲古書注編的引用書目録合稱《古書目四種》，但其中《文選注所引書目》未刊。東北師範大學圖書館藏有該書稿本。③

清汪師韓撰《文選理學權輿》，卷二爲《注引群書目録》，其自序云：

> （《文選》李善）注所引書，新、舊《唐書》已多不載，至馬氏《經籍考》十存一二耳。若經之三十六緯，史之晉十八家，每一雒誦，時獲異聞。其中四部之録：諸經傳、訓，且一百餘，小學三十七，緯候圖讖七十八；正史、雜史、人物别傳、譜牒、地理、雜術藝，凡史之類，幾及四百；諸子之類百二十，兵書二十，道、釋經論三十二；若所引詔、表、箋、啓、詩、賦、頌、贊、箴、銘、七、連珠、序、論、碑、誄、哀詞、弔祭文、雜文、集，幾及八百。其即入選之文互引者不與焉。

《文選注引群書目録》總計引書一千六百多種。

---

① 《沈寄簃先生遺書》卷三二《世説注所引書目・序》。

② 《沈寄簃先生遺書》卷三三《續漢書八志補注所引書目・序》。

③ 《沈家本與〈古書目四種〉》，載《古籍整理研究學刊》一九九一年第六期。

近人馬念祖撰有《水經注引書考》四卷。其叙云：

酈道元《水經注》博徵繁引，盡六朝以上之載籍，其原書今多不存，與裴松之之注《三國志》、李善之注《文選》殆相伯仲。且裴注限於時代，未能廣采；李注則在唐之初葉，舊籍亡佚已多。以此言之，則酈《注》實更貴於裴、李注也。……《水經注》引書至三百數十餘種，時當北魏，古籍古本，多可寶貴。①

《水經注引書考》每書均撰有提要，頗資考證。如：

東方朔《十州記》

《隋志》著録一卷。又州作洲，水旁乃淺人所加。今本又題爲《海内十洲記》。其書皆神仙恍惚之説。按《漢書》朔傳歷叙朔所撰述，言凡劉向所録朔書俱是，世所傳他事皆非。其贊又言後世好事者取其奇言怪語附著之朔，則其書乃依託爲之者。而《四庫》提要謂爲六朝人所作，今以班書及善長所引觀之，則其僞當在六朝前矣。②

一九五九年，馬念祖編《水經注等八種古籍引用書目彙編》出版，其《凡例》云：

凡輯八書所引之書，計《水經注》三七五種，《三國志注》二〇三種，《世説新語注》三九五種，《文選注》一五五一種，《藝文類聚》一四三一種，《一切經音義》七八〇種，《太平御覽》二五七九種，《太平廣記》五二六種。總計七八四〇種。除去相互間重複之名，實存六〇〇一種。

---

① 《水經注引書考》卷首《叙》。

② 《水經注引書考》卷一《東方朔〈十州記〉》。

該書是幾部重要古籍的索引式綜合性引用書目録，極爲有用。

引用書目録的優點是顯示了著作的資料來源，便於讀者查檢，同時也爲讀者作進一步研究提供了綫索。引用書目録在一定程度上反映了作者在研究該專題方面所占有的資料的廣度和深度，也體現了作者在版本學和目録學方面的知識。它在一定程度上反映了著作的學術水平，往往是學術著作的有機組成部分。而有些古書、古類書、古書注引用了大量的古書，由於其中很多原書已經亡佚，因此它們就成了古籍整理，如校勘、輯佚工作的資料淵藪，爲這些書編製的引用書目録，給我們從事古籍整理和研究工作提供了方便。

附帶説一點，古人著書没有注明史料來源的習慣，要瞭解其依據，就需要進行專門研究。如楊樹達撰《漢書所據史料考》、金德建撰《太史公所見書考》。後者《自序》云："我在這《太史公所見書考》裏所探討的旨趣，是把西漢時候司馬遷的《史記》所依據的典籍和他對於這些典籍所作的評論，加以申述闡發；也就是對司馬遷著作《史記》時所憑借的各種典籍加以探討。"可見它們雖並非嚴格的書目，但在某種程度上却具有引用書目録的性質。

第六節　版本目録

版本是指一部書在寫作、製作、傳播、收藏的過程中所形成的各種形態的本子。因此人們在從事圖書整理編目工作時，不可避免地要注意版本問題。劉向《别録》已注意對版本的記録。如《北齊書・樊遜傳》談到天保七年（五五四），遜議刊定秘府書籍，稱："漢中壘校尉劉向受詔校書，每一書竟，表上，輒言臣向書、長水校尉臣參書、太史書、太常博士書，中外書合若干本，以相比校，然後殺青。"復稱："向之故事，見存府閣。即欲刊定，必藉衆本。"

梁釋僧祐著《出三藏記集》是我國現存的第一部佛經目録，同時也是我國現存的第一部版本目録。"出"是翻譯的意思，總體來説，《出三藏記集》是一部佛經譯本目録。其中卷二爲《新集條解異出經録第二》，所謂

“異出經”即同本異譯的經典,可見該卷是專門記録佛經不同譯本的目録。僧祐在該卷卷首序中說:

> 異出經者,謂胡本同而漢文異也。梵書複隱,宣譯多變,出經之士,才趣各殊。辭有質文,意或詳略,故令本一末二,新舊參差。若國言訛轉,則音字楚夏;譯辭格礙,則事義胡越。豈西傳之踳駁,乃東寫之乖謬耳。是以《泥恒》《楞嚴》,重出至七;《般若》之經,别本迺八。傍及衆典,往往如此。

再如《無量壽經》,共著録五種譯本:“支謙《阿彌陀經》二卷、竺法護出《無量壽》二卷、鳩摩羅什出《無量壽》一卷、釋寶雲出《新無量壽》二卷、求那跋陀羅出《無量壽》一卷。”

《出三藏記集》卷三著有《新集安公古異經録第一》。“安公”指東晉釋道安,著有《綜理衆經目録》。僧祐在該録序中說:“古異經者,蓋先出之遺文也。尋安録自《道地要語》迄《四姓長者》,合九十有二經,標爲古異。雖經文散逸,多有闕亡,觀其存篇,古今可辨。或無别名題,取經語以爲目,或撮略《四含》,摘一事而立卷,名號質實,信古典矣。”該録最後有結語云:“右九十二部,凡九十二卷,是古典經。”可見這一部分是古舊譯本的目録。

《出三藏記集》卷三著有《新集安公涼土異經録第三》與《新集安公關中異經録第四》。“涼土”指涼州,“關中”指長安。“異經”異在既不知譯者,又不知譯自何經。僧祐於前者小結道:“右五十九部,凡七十九卷,是涼土異經。”可見這部分是流傳在涼州地區的不知譯者與原經名的譯本。僧祐於後者小結道:“右二十四部,凡二十四卷,是關中異經。”可見這部分是流傳在長安地區的不知譯者與原經名的譯本。

《出三藏記集》卷四著有《新集續撰失譯雜經録第一》。該録有兩點值得注意,一是在序中對同書異名現象進行了總結:“或一本數名,或一名數本。或妄加游字,以辭繁致殊;或撮半立題,以文省致異。”作者在附注中對同書異名現象也予以説明,如《泥洹後諸比丘經》一卷附注:“或云《小般泥洹經》,或云《泥洹後變記經》,或云《泥洹後比丘世變經》,或云《佛般泥洹後比丘世變經》。"在通常的情況下,不同的書名就代表了不同的版本。

該録還集中著録了大量失去譯者的節抄本,其序云:"其一卷已還,五百餘部,率抄衆經,全典蓋寡。觀其所抄,多出《四含》《六度》《道地》《大集》《出曜》《賢愚》及《譬喻》《生經》,並割品截偈,撮略取義,强製名號,仍成卷軸。至有題目淺拙,名與實乖,雖欲啓學,實蕪正典,其爲愆謬,良足深誡。今悉標出本經,注之目下,抄略既分,全部自顯,使沿波討源,還得本譯矣。"如《大力士出家得道經》一卷,附注:"一名《力士跋陀經》,抄《雜阿含》。"在節抄本中也有裁篇别出現象,如《佛入甘露調意經》一卷,附注:"從《第一四門》至《甘露調意》凡四品,並是《大十二門經》一部,後人逐品寫出,遂分成四經。《生經》一部亦如此。"

《出三藏記集》卷五《新集抄經録第一》中還著録了三十六部齊竟陵文宣王抄本,該部分小結云:"從《華嚴經》至《貧女爲國王夫人(經)》凡三十六部,並齊竟陵文宣王所抄。凡'抄'字在經題上者,皆文宣所抄也。"該録序言還對我國節譯節抄佛經的歷史與特點乃至缺點作了簡要的論述:"抄經者,蓋撮舉義要也。昔安世高抄出《修行爲大道地經》,良以廣譯爲難,故省文略説。及支謙出經,亦有《孛抄》。此並約寫胡本,非割斷成經也。而後人弗思,肆意抄撮,或棊散衆品,或苽剖正文。既使聖言離本,復令學者逐末。竟陵文宣王慧見明深,亦不能免。"

《出三藏記集》卷五《新集安公注經及雜經志録第四》還集中著録了釋道安二十三卷注本。該録開頭所録釋道安原序云:"佛之著教,真人發起,大行於外國,有自來矣。延及此土,當漢之末世,晉之盛德也。然方言殊音,文質從異,譯胡爲晉,出非一人。或善胡而質晉,或善晉而未備胡,衆經浩然,難以折中。竊不自量,敢預僧數,既荷佐化之名,何得素餐終日乎? 輒以灑掃之餘暇,注衆經如左。"

總之,《出三藏記集》作爲現存的第一部佛經譯本目録,專門著録了佛經的不同譯本、古舊譯本、涼州譯本、關中譯本、節抄本、齊竟陵文宣王抄本、釋道安注本等不同版本,稱其爲現存第一部版本目録是適合的。

雕版印刷盛行以後,特别注意著録雕印本的版本目録當首推南宋尤袤的《遂初堂書目》。尤袤是一位著名的藏書家,曾對楊萬里説:"吾所鈔書今若干卷,將匯而目之,饑讀之以當肉,寒讀之以當裘,孤寂而讀之以當友朋,幽憂而讀之以當金石琴瑟。"①由於他所收藏所見聞的書甚多,意識到在目録中注明版本是必要的,所以在其《遂初堂書目》中,兼載各種不同的版本。如《雜史類》著録:

舊杭本《戰國策》
遂初先生手校《戰國策》
姚氏本《戰國策》
鮑氏注《戰國策》
《戰國策補注》

前人對《遂初堂書目》記録版本給予了充分的肯定,如清陸心源指出:

此書所載有杭本《周易》《周禮》《公羊》《穀梁》,舊監本《尚書》《禮記》《論語》《孟子》《爾雅》《國語》,京本《毛詩》,高麗本《尚書》,江西本《九經》,川本《史記》《前漢書》《後漢書》《三國志》《晉書》,嚴州本《史記》,吉州本《前漢》,越州本《前漢》《後漢》,湖北本《前漢》,杭本《舊唐書》《後唐書》,川本大字《通鑒》、小字《通鑒》,校本《戰國策》,羅列版刻,兼載校本,爲自來書目創格,延陵季氏、傳是徐氏宋元刻本書目之濫觴也。②

我們在第三章《目録的著録事項》第三節《版本》中對《郡齋讀書志》與《直齋書録解題》在版本的記録與研究方面所取得的成就作了論述,可參看,兹不繁述。

明嘉靖間晁瑮撰《晁氏寶文堂書目》也常於書名下注明版刻,從中可考明代版刻源流、出版情況。其所著録,按出版時間則有宋刻、元刻及明

① 《文獻通考》卷二〇七楊萬里《遂初堂書目序》。
② 《儀顧堂題跋》卷五。

刻，明刻中又分永樂刻、宣德間刻、景泰五年刻、成化刻、弘治刻等。按出版地點分，則有京刻、順天刻、易州刻、保定刻、山西刻、太原刻、陝西刻、秦刻、武功縣刻、臨洮刻、南安刻、南京刻、蘇刻、揚州刻、無錫刻、常州刻、松刻、高郵刻、江陰刻、徽州刻、杭州刻、嘉興刻、湖刻、蕭山刻、閩刻、建刻、江西刻、饒州舊刻、河南板、南陽舊刻、楚刻、湖廣刻、惠州刻、常德府舊刻、蜀板、廣西刻、桂州刻、貴州新刻、雲南刻等。按出版者分，則有内府刻、監刻、南監本、經廠本、禮部刻、御馬監刻；王府、趙府、宣府刻、寧府、伊府、唐府刻、蜀府刻、晉府刻、靖王府刻、周府、沈府刻；賴太監刻、沈石田家刻、劉弘毅板、張含刻、邃庵解刻等。按書籍形式分，則有宋巾箱本、元巾箱本、巾箱板、大字刻、活字大刻、蜀大板、廣西大刻、小刻、常州活字刻、華家銅板、華家大銅板、華家小銅板、常州銅板、方册、石刻、鈔本等。一書多本的也一一注明，如《文獻通考》書名下注曰："内府刻一、閔刻一、南監舊刻、新刻一。"①

晁瑮對版本的著録相當慎重，如《洪武正韻》下注曰："似南京刻，又類陝刻。"②《曆占纂要》下注曰："改名之書，再查對。"③《四庫全書總目》云："其著録極富，雖不能盡屬古本，而每書下間爲注明某刻，亦足以考見明人版本源流。"④正因爲如此，所以該書目爲明清藏書家所重視。

明末清初著名藏書家錢曾，對版本深有研究。其所編《述古堂書目》於書名下多記版本，如卷一的《鄭夾漈六經奥論》六卷一本，下注"宋板"；《晦庵改本大學》一卷，下注"抄"；《何晏論語集解》十卷十本，下注"高麗抄本"；《王肅注孔子家語》下卷四本，下注"宋本影抄"；《孔子集語》二卷，下注"吴方山藏舊抄本"；《洪景伯隸續》七卷一本，下注"元板"；《歐陽修五代史》七十四卷八本，下注"牧翁批"；《司馬光資治通鑒》二百九十四卷一百本，下注"顧伯欽校正"等等。由於此類著録較多，對研究版本自有價值。此外，他又著有《讀書敏求記》。這是一部有提要的目録。它除評介作者

---

① 《晁氏寶文堂書目》卷中類書類《文獻通考》。

② 《晁氏寶文堂書目》卷下韻書類《洪武正韻》。

③ 《晁氏寶文堂書目》卷下陰陽類《曆占纂要》。

④ 《四庫全書總目》卷八七《寶文堂分類書目》三卷。

和書的内容外，重在研究各書的版本。書中從序跋、印章、牌記、版式、行款、字體、刀刻、紙張、墨色、裝幀、校勘等方面來確定版本的年代和價值，同時還注意到了祖本、子本、原板、修板的不同。今略舉數例：

春秋公羊經傳何休解詁十二卷釋文一卷

此北宋槧本之精絶者，故附釋文於經傳後。若南宋人鏤刻，便散入逐條注下矣。①

顔氏家訓七卷

是書爲宋人名筆所録。淳熙七年，嘉興沈揆取閩本、蜀本互爲參定，又從天台故參知政事謝公所校五代和凝本，辨析精當，後列考證二十三條爲一卷。沈君學識不凡，讎勘此書，當時稱爲善本，兼之繕寫精妙，古香襲人，置諸几案間，真奇寶也。②

三辰通載三十四卷

《通考》云："錢如壁撰集。"此是南宋槧本，有南京解元唐寅印記並題字，知爲伯虎所藏也。③

錢曾而後，黄丕烈也十分重視版本目録，著録比錢曾更爲細密。黄丕烈鑒定古書的題跋，有一八八二年潘祖蔭編輯的《士禮居藏書題跋記》六卷，一九一七年孫祖烈編輯的《士禮居藏書題跋記續編》五卷，一九一九年繆荃孫編輯的《蕘圃藏書題識》十卷、《蕘圃刻書題識》一册，一九二九年冷雪庵叢書收有李文綺《士禮居藏書題跋補録》一卷，以及一九三三年王大隆編輯的《蕘圃藏書題識續録》四卷與一九四〇年王大隆復輯的《蕘圃藏書題識再續録》三卷。今人屠友祥以繆荃孫《蕘圃藏書題識》十卷爲骨架，將諸家所輯題跋以撰寫時間爲序，插入繆本内，並作了校注工作，已於一

① 《讀書敏求記》卷一《春秋公羊經傳何休解詁》十二卷《釋文》一卷。

② 《讀書敏求記》卷三《顔氏家訓》七卷。

③ 《讀書敏求記》卷三《三辰通載》三十四卷。

九九九年由上海遠東出版社出版。王芑孫《陶陶室記》云：

> 今天下好宋版書未見如蕘圃者也。蕘圃非惟好之，實能讀之。其於版本之後先、篇第之多寡、音訓之異同、字畫之增損及其授受源流、繙摹本末，下至行幅之疏密廣狹、帙綴之精粗敝好，莫不心營目識，條分縷析。積晦明風雨之勤，奪飲食男女之欲，以沉冥其中。蕘圃亦時自笑也，故嘗自號佞宋主人。[①]

這段話不僅形容了黄丕烈對古書的嗜好，而且也概括了他藏書題識的内容。繆荃孫《蕘圃藏書題識序》稱黄丕烈"跋一書而其書之形狀如在目前，非《敏求記》空發議論可比"[②]。版本目録出之以題跋這種形式，不但可查，而且可讀，經黄丕烈運用以後，産生了廣泛而深遠的影響。

在書目中以分類形式著録不同類别雕印本的，明代就已出現了。明趙用賢所編《趙定宇書目》分類比較雜亂，特别值得一提的是專門設有"内府板書""宋板大字""元板書"三類，這表明明代一些藏書家對雕印本的版本已經十分重視。但是其著録項目過於簡單，除書名外，少數款目著録了册數。

清乾嘉時，于敏中、彭元瑞等先後奉命編撰《天禄琳琅書目》及《天禄琳琅書目後編》，將宋版、元版、明版、影宋本、鈔本共一千零九十三部各從其類地分别叙列。每書均撰有提要，刻於何時何地、何人收藏、蓋有何印，都一一記載，加以考證。這兩部目録成爲官府藏書目録講究版本的開端，同時也使版本目録的編撰水平達到了前所未有的高度。

《四庫全書總目》是一部極有用的書，但是它有個很大的缺點就是在版本的著録上食古不化，采取了劉向在書録中標明"臣向書""臣參書""中書"的成法，在每書提要前只寫明"江蘇巡撫采進本""兵部侍郎紀昀家藏本"等，即只記載某書所從來，而不記載其究屬何本。這就給後來學者使

---

① 《淵雅堂全集》卷七王芑孫《陶陶室記》。

② 《蕘圃藏書題識》卷首繆荃孫《蕘圃藏書題識序》。

用此書時增加了不少麻煩,從而促使後人專門從事《四庫全書》版本的研究。由於《四庫全書總目》提要卷帙浩繁,所以當時就將其壓縮,編爲《四庫簡明目録》以便讀者。邵懿辰開始把每本書有些什麽版本都寫在《四庫簡明目録》的有關條目下面。很多有名的學者如孫詒讓等也都將自己所見到的不同本子加批其上。直到邵懿辰的孫子邵章才把該書的各家批語補充整理,編成《四庫簡明目録標注》一書,後來又出了增訂本。要知道《四庫全書》中所著録的某書有些什麽刻本,從中均可查得。

類似的書還有莫友芝的《郘亭知見傳本書目》。莫友芝,貴州獨山人,道光十一年(一八三一)考取舉人,曾長期爲曾國藩的幕僚。太平天國失敗後,遍走江南,搜訪在戰亂中散佚了的文宗閣、文匯閣、文瀾閣的藏書,生平所見古籍善本甚多,他將所見古書的不同版本標注在《四庫簡明目録》上,又將《天禄琳琅書目》所著録的清内府所藏善本,黄丕烈、汪士鐘、張金吾等著名藏書家的藏書目録中所著録的善本,以及邵懿辰《四庫簡明目録標注》中所著録的版本,也一一迻録在他的《四庫簡明目録》中。其子莫繩孫將其《四庫簡明目録》箋注本整理成《郘亭知見傳本書目》十六卷。"凡經部,四庫存目者二,四庫未收者百十八;史部存目者二十八,未收者二百有十;子部存目者十四,未收者百九十八;集部存目者一,未收者二十一。"①可見該書在收録範圍方面已突破了《四庫全書總目》的界限。接着傅增湘又對《郘亭知見傳本書目》做了訂補工作,惜未撰述成書。其孫傅熹年用了六年時間,從傅增湘十七種有關著述、手稿、日記、札記以及通信中,摘出有關諸書版本文字,依據傅增湘生前確定的體例,一一增補進了《郘亭知見傳本書目》之中,補訂後的内容約爲莫氏原書的三倍半。傅熹年《整理説明》云:

> 這個訂補本收納了先祖四十餘年間所見、所藏、所校、所跋的全部書籍,既包括本世紀以來國内及日本公私所藏善本精粹,也收入了大量目前尚未劃入善本範圍的明清重要學術著作和詩文集,前人關

① 《郘亭知見傳本書目》卷首莫繩孫識語。

> 於改進擴編《邵亭書目》，使之更全面而切於實用的願望可以基本上得到滿足。此書雖以補《邵亭書目》所未備爲主，但也兼有對其校勘、訂正之處，故定名爲《藏園訂補邵亭知見傳本書目》。[①]

此外，專門研究《四庫全書總目》版本的還有兩部書：一部是葉啓勳的《四庫全書目録板本考》，可惜未能全部完成[②]。還有一部是胡玉縉的《四庫全書總目提要補正》。它補正的不完全是版本方面的問題，但也有關於版本的。

在古籍版本目録中，張之洞的《書目答問》和范希曾的《書目答問補正》注重比較常見的書，對一般讀者尤爲方便，我們在《推薦書目録》中已作介紹，兹不贅述。

四川大學古籍所編《現存宋人别集版本目録》，是一部斷代版本目録。曾棗莊在該書卷首《得門而入，事半功倍——現存宋人别集版本目録序》中，談到該書有以下特點：第一，宋人别集收録較爲完備，比較完整地反映了國内外現存宋人别集的情況。由於廣采博收，可以説本書是迄今爲止收録現存宋人别集最完整的資料。第二，著録現存宋人别集的版本較全。第三，對現存宋人别集做了必要的考訂工作。第四，儘量反映前人和今人的研究成果。第五，本書編排也較合理。全部條目按作者生年或大約生年編排，使讀者可以從一個側面瞭解宋人别集和宋代文化的發展情況。書後附引用叢書及藏書單位，藏書單位及簡稱，主要引用書目及簡稱，著者四角號碼索引，頗便檢索。今録一例：

鄭樵
夾漈遺稿三卷
清初刻本
北京

---

① 《藏園訂補邵亭知見傳本書目》卷首《整理説明》。

② 《四庫全書目録板本考》，載《圖書館學季刊》七卷一、三、四期，《金陵學報》三卷二期發表過一部分。

清抄本　清趙宗建校

上海

清抄本　清鮑廷博校並跋

北京

清抄本　莫棠題識

上海

清抄本　清丁丙跋

南京

張立人抄本　張立人校

日本静嘉堂文庫

夾漈遺稿不分卷

清抄本　清鮑廷博校

北京

夾漈遺稿三卷

四庫全書(抄本、影印本、縮印本)

函海(乾隆本、道光本)第九函

藝海珠塵全集(甲集)

叢書集成初編

案:據藝海珠塵本排印

夾漈遺稿一卷

宋元人詩集八十二種

夾漈遺稿

一九四一年長沙商務印書館鉛印本

善本目録也是一種版本目録,而且是版本目録中的主要組成部分,不過它的收録對象僅爲善本。什麽是善本? 歷史上許多學者和藏書家的看法很不一致,今天各圖書館和博物館對善本的選擇標準也不平衡。一九七八年三月底至四月初在南京召開的《全國古籍善本書總目》編輯工作會議通過的《全國古籍善本書總目收録範圍》認爲:

《全國古籍善本書總目》收録範圍應從古籍的歷史文物性、學術資料性、藝術代表性等多方面進行考察。在現存古籍中，凡具備上述三方面特點，或雖不全備而具備其中之一二者，均可視爲善本，收入《善本總目》。

一、元及元以前刻印、抄寫的圖書（包括殘本與零頁）。

二、明代刻印、抄寫的圖書（包括具有特殊價值的殘本與零頁），但版印模糊、流傳尚多者不收。

三、清代乾隆以前流傳較少的刻本、抄本。

四、辛亥革命前在學術研究上有獨到見解，或有學派特點，或集衆説較有系統的稿本，以及流傳很少的刻本、抄本。

五、辛亥革命前反映某一時期、某一領域或某一事件資料方面的稿本，以及流傳很少的刻本、抄本。

六、有名人學者親筆批校、題跋、評論的刻本、抄本。

七、印刷上能反映我國古代印刷技術發展，代表一定時期技術水平的各種活字印本，或有較精版畫、插圖的刻本。

八、太平天國及歷代農民革命政權所刊行的圖書。

九、印譜，明代的可全收，清代的集古印譜、名家篆刻的印譜，有特色又係足本，或有親筆題記的收，一般不收。

準此以談，則下列諸家目録，都可算是善本目録：

于敏中等《天禄琳琅書目》
彭元瑞等《天禄琳琅書目後編》
錢　曾《讀書敏求記》
毛　扆《汲古閣珍藏秘本書目》
曹　溶《静惕堂書目》
朱彝尊《潛采堂宋金元人集目録》
徐乾學《傳是樓宋元本書目》
黄丕烈《求古居宋本書目》《百宋一廛書録》

孫星衍《平津館鑒藏書籍記》(補遺、續編)、《廉石居藏書記》
孫從添《上善堂書目》
張金吾《愛日精廬藏書志》
汪士鐘《藝芸書舍宋元本書目》
瞿　鏞《鐵琴銅劍樓藏書目録》
葉昌熾《滂喜齋藏書記》
楊紹和《海源閣宋元秘本書目》
陸心源《皕宋樓藏書志》
姚覲元《咫進齋善本書目》
丁　丙《善本書室藏書志》
張鈞衡《適園藏書志》
繆荃孫《藝風藏書記》《續記》《再續記》
傅增湘《雙鑒樓善本書目》《藏園群書經眼録》
鄧邦述《群碧樓善本書録》《寒瘦山房善本書目》
潘宗周《寶禮堂宋本書録》

善本書目録比較注意對書籍版本特徵的描述,今舉《寶禮堂宋本書録》集部一則爲例:

韋蘇州集十卷　三册

唐韋應物撰。書凡十卷。卷首太原王欽臣序,序後爲目録。卷末附《拾遺》,有目記熙寧丙辰校本添四首,紹興壬子校本添二首,乾道辛卯校本添一首。全書鎸印俱精。卷六第一葉紙背,有墨書"二十七日准升縣冀萬才所關爲前事",朱書"當日行下象山縣,並下台州寧海縣"各一行,蓋爲當時官紙,惜無年月可考。或定爲南宋書棚刊本,然棚本均有某地某鋪刊行一行,此即未見。按是書刊於寧宗時,距乾道辛卯不過二十餘年,則此或爲最後校添之第一刊本。卷九《石鼓歌》"喘逶迤相糺錯"句(别本"喘"字下有墨丁),《白鶴鴿歌》"日夕夜仁全羽翼"句(别本"夜仁"作"依人")疑有訛奪,其他亦尚有誤字,然後來刊刻均從此出,雖有小疵,固是珍本。版式　每卷首行題書名,次行題蘇州刺史韋應物。半葉十行,行二十字,左右雙闌,版心白口、單魚尾,書名題韋幾,上記字數,但七卷以下不記。刻工姓名,僅記"余同甫刀"及"同甫刀"等字,尚有余、何、應數單字。宋諱,玄、絃、泫、朗、悢、殷、筐、恒、禎、貞、徵、樹、桓、完、構、搆、慎、敦、瞰、廓等字闕筆。

藏印　[嘉興雙湖戴氏家藏書畫印記]　[鄞人周琬]　[周氏子重]　[濂溪後裔]　[清白傳家]　[青瑣仙郎]　[光溪草堂]　[庭艸交翠]　[張用禮印]　[天禄琳琅]　[乾隆御覽之寶]

鄭振鐸《西諦書話·西諦題跋·寶禮堂宋元本書目》稱:"潘氏《寶禮堂書録》四卷,收宋刊本一百有七部。經部自《周禮鄭注》以下凡二十一部,史部自蜀本《史記》以下凡二十六部,子部自《纂圖互注荀子》以下凡二十一部,集部自《陸士龍集》以下凡三十九部;末附元刊本《戰國策》《南海志》等六部。已溢出百宋一廛畢生所得之數矣。《書録》出張菊生先生手。"説《寶禮堂宋本書録》的提要爲張元濟所撰,在張元濟一九三七年九月二十六日、十月三日、十月十四日、十一月八日的日記中也有記載。正因爲如此,所以該善本目録的水平還是相當高的。

一九四九年前後各大圖書館也多編有善本書目,如《北京圖書館善本書目》《上海圖書館善本書目》《故宫所藏殿本書目》《北京大學圖書館善本書目》等。現行重要而實用的善本目録爲王重民的《中國善本書提要》,所收國内外藏弆的古籍善本有四千四百餘種。傅振倫《序》云:

綜覽全書的特點:第一,收録之書,凡《四庫全書總目》已有提要者即不再編寫,惟於所缺略者補充之,錯誤者釐正之。此書提要還側重於著録圖書版刻或文字增删的學術價值。第二,每書詳其卷數、册數,每半葉的行數,每行字數,板框的高下大小。第三,書卷首葉詳記

> 作者姓名、籍貫、别號、編者、校者以及子孫、友好與刊印主人的姓名、籍貫、字號、堂名之牌記,牌記之剜改者亦記之;書口刻工姓名亦詳列。第四,每書經一次再印或翻刻,則歷詳其編者、校者、刊印主人及刻工。第五,詳記收藏家的印章及校語。第六,歷次版本必詳作者、編校者、翻刻者的序跋、題識,重要者則録其全文或摘要。
>
> 從以上六項特點,讀者可以考知圖書刊刻經過、流傳情況,並可考知一書的原本或翻刻本、鈔本、影鈔本,孰精孰劣,何去何從。我們可以肯定這部提要能以達到目録學"辨章學術、考鏡源流"的要求。它誠然是一部現在極有參考價值的善本書録。①

該書卷末還附有書名索引及人名(包括作者、編集者、校者、刻工、刊刻鋪號等)索引,以便檢索。後來又出版了《中國善本書提要補編》,補收史部書提要七百七十餘篇,子部書提要十篇。

此外最值得我們注意的是中國古籍善本編輯委員會編的《中國古籍善本書目》。現録其《編例》三則如下:

> 本編所録,包括全國各省、市、縣公共圖書館、博物館、文管會、文獻館、高等院校、中國科學院及所屬各研究所,其他科研單位等所藏古籍善本。
>
> 各書之著録,先書名、次卷數、次編著注釋者、次版本、次批校題跋者。
>
> 本編各卷條目下均有編號,卷後附有藏書單位代號表和藏書單位檢索表,藏書單位檢索表首欄爲書名編號,次欄爲該書收藏單位代號,讀者須知某書在某單位,一索可得。②

顯然,《中國古籍善本書目》是中華人民共和國成立後編輯的規模最大的

---

① 《中國善本書提要》卷首傅振倫《序》。

② 《中國古籍善本書目》卷首《編例》。

古籍善本聯合目録。它既是一部大型的工具書，又是一部學術性著作。它反映了我國古籍版本鑒定、著録、分類及編輯出版的最新水平。

爲了幫助人們充分利用古書題跋與版本目録，羅偉國、胡平專門編了《古籍版本題記索引》。該索引的文獻範圍包括有關古籍版本的書目、題跋記、讀書志、書影等類圖書一〇二種。

刻書目録也是一種版本目録，它又可細分爲兩類：一類是爲了擴大銷售量，由刻書單位自編的；另一種具有研究性質，往往由他人編撰而成。鄭樵《通志・藝文略》所載《國子監書目》一卷，很可能就是國子監刻書目録；《川本書籍目録》三卷，很可能就是四川地區的刻書目録。由於明代圖書出版發行業的蓬勃發展，出版了一批出版發行目録。如北京金臺書鋪刊《文選注》目録後附録的所刻古書目録，以及《酌中志・内板經書紀略》《經廠書目》《古今書刻》等。

梅鷟撰《南雍志・經籍考》著録書板三〇六種，對每種書板的情況都作了介紹，是其中最典型、水平最高的出版目録。作爲圖書出版目録，《南雍志・經籍考》附注了所著録的每一部書的書板的完缺好壞情況，以及書板的數量，體現了出版目録的特徵。因爲這樣做便於統計與保管，可爲能否刷印提供依據。如果書板完好無缺，則附注"完"字，如史類著録《前漢書》一百卷，附注"完"字。如果經過修補做到完好無缺的，也做了説明。如文集類著録《歐陽居士文集》五十卷，附注："存者四百四十七面，今補八十六面乃完。"如果有破損殘缺，也一一加以説明，如史類著録《宋史》四百九十一卷，附注："好板七千七百零四面，裂破模糊板二千零四十三面，失者一百二十七面。"

南京國子監的書板，有來自元集慶路儒學的，有南京國子監自刻的，有其他單位或個人捐送的，《南雍志・經籍考》均作了記録。如史類著録《前漢書》一百卷，案曰："集慶路儒學梓，計二千七百七十五面，見《金陵新志》，嘉靖七年重刊。"子類著録《近思録》十四卷，提要云："祭酒汪偉、司業景暘校，正德十四年刊。"如子類著録《武經七書》七卷，附注："洪武三十年（一三九七），兵部奉旨刻完《武經七書》送監。"文集類著録《懷麓堂稿》一百二十卷，附注："板完，計二千一百零五面，有模糊，少師兼華蓋殿大學士李東陽撰,徽州張昕所刻,正德十年(一五一五)以板送監。”這些記録對於我們認識圖書的版本源流與演變無疑是大有幫助的。

《南雍志·經籍考》往往通過附注、案語、提要的方式介紹與評價書的内容。有介紹書名的,如經類著録《論語旁解》二卷,提要稱:“首載何晏等序,後於本文之旁注細字以解之,故曰旁解。”有介紹圖書寫作方法的,如類書類著録《東萊先生讀書記》四卷,提要云:“吕祖謙撰。乾道、淳熙家居,日閲書,隨意筆之,或數字,或全篇。蓋偶有感發,或以備遺忘者。”有介紹圖書寫作緣起的,如制書類著録《稽古定制》一卷,提要云:“洪武二十九年十一月,我太祖以大臣多不遵定制,特命翰林斟酌唐宋制度,定到墳塋碑碣丈尺,房屋間架,及食禄之家興販禁例,編類成書。”從中可見,朱元璋是如何利用制定禮儀來鞏固政權的。有評介圖書内容的,如經類著録《孟子節文》二卷,提要云:“校《孟子》一書,中間辭氣之間抑揚太過者八十五條,其餘一百七十餘條悉頒之中外校官,俾讀是書者知所本旨。自今八十五條之内,課試不以命題,科舉不以取士。”可見,朱元璋爲了樹立自己的絶對權威,甚至連影響巨大的經書也敢於删節。

《南雍志·經籍考》在圖書分類方面也做了新的探索,其中最突出的是將制書單獨列爲一類,並置於首位,這就充分反映了南雍出書編目爲政治服務的鮮明特點。四部分類法確定之後,成了中國古代目録分類的主流,但是該分類法没有采用統一標準,還存在着一些缺點。所以也有人不斷衝破四部分類法的藩籬。譬如南宋鄭樵的《通志·藝文略》,不受四部分類法約束,在大類中設有小學與類書兩類。明正統六年(一四四一)楊士奇編撰的《文淵閣書目》也在大類中設了韻書類與類書類,而《南雍志·經籍考》專設韻書類收小學類著作,專設類書類收《玉海》《東萊先生讀書記》等綜合各類知識的圖書,也是值得稱道的。

綜上所述,南京國子監的出版事業在中國出版史上具有重要地位,《南雍志·經籍考》也是一部學術價值與史料價值都很高的明代圖書出版目録的代表作。

明代毛晉自編的《汲古閣校刻書目》,詳記書名及版片葉數。其中多大部頭書,如《十三經注疏》、《十七史》、《津逮秘書》十五集、《漢魏六朝一百三家集》、《盛唐三大家》、《唐人選唐詩》八種、《樂府詩集》、《陸放翁全集》、《詞苑英華》、《列朝詩集》、《宋名家詞》六集、《六十種曲》等等。其書版總計在十萬片以上。該目體現了刻書目録的性質，同時也反映了汲古閣刻本的内容、規模與特點。

含有研究性質的刻書目録，專門記録某一時代或某一地區出了些什麽書，則爲研究版本學與出版史提供了資料。明朝周弘祖的《古今書刻》就屬於這一類。《古今書刻》上編記載明代官私出版的書籍總計二千五百三十餘種。該目所保存的版刻資料，爲研究版刻源流、圖書存佚，以及明代的出版事業提供了依據。近代學者王國維所撰《五代兩宋監本考》及《兩浙古刊本考》更爲精密，開闢了用考證方法研究古代板刻的路子。今舉一例：

> 周易正文　尚書正文　毛詩正文　周禮正文　儀禮正文　禮記正文　春秋正經　左傳正文　公羊正文　穀梁正文　孝經正文　論語正文
>
> 右見景定《建康志·書籍類》，皆冠以"本監"二字，此南宋監本也。然北宋胄監固已有單經本。《直齋書録解題》載《春秋經》一卷，每事爲一行，廣德所刊古監本也。古監本爲汴都監本，是汴監已有，但兼及他經與否，殊無可考。宋南渡以後則編刊諸經。不獨國學，即州郡亦然。《建康志》所載九經正文，尚有蜀本、建本、婺本。新定《續志》所載書板亦有六經正文，則監中有單經本固不足怪也。①

北京圖書館善本室編的《一九一一至一九八四影印善本書目録》，是一部頗有特色而又相當實用的出版目録，收書一〇四九種，爲讀者利用這批影印善本書提供了方便。現摘兩目如下：

---

① 《五代兩宋監本考》卷下（南宋監本）。

周禮十二卷　漢鄭玄注　唐陸德明釋
　　一九三四年北京文禄堂影印宋建安刻本
白氏長慶集七十一卷　唐白居易撰
　　一九五五年北京文學古籍刊行社影印宋刻本

圖書館所珍藏的古籍善本,借閲比較困難,而古籍善本的影印本借閲起來就容易多了,該目爲我們充分利用古籍善本的影印本提供了方便。

第七節　辨僞書目録

史料真僞的含義是什麽呢?如果史料所署的責任者與該史料的實際責任者相符,則真;如果所署的責任者及形成時代與該史料,或該史料中的一部分的實際責任者不符,則全部爲僞,或部分爲僞。如下面這首樂府古辭《白頭吟》:

> 皚如山上雪,皎如雲間月。聞君有兩意,故來相決絶。今日斗酒會,明旦溝水頭。躞蹀御溝上,溝水東西流。淒淒復淒淒,嫁娶不須啼。願得一心人,白頭不相離。竹竿何裊裊,魚尾何蓰蓰。男兒重意氣,何用錢刀爲?

《西京雜記》卷三云:"相如將聘茂陵女爲妾,卓文君作《白頭吟》以自絶,相如乃止。"此後不少人都把這首《白頭吟》當做卓文君的作品,但是也有人認爲此詩非卓文君所爲,如清陳沆《詩比興箋》卷一指出:

> 《玉臺新詠》載此篇,題作《皚如山上雪》,不云《白頭吟》,亦不云何人作也。《宋書》他曲有《白頭吟》,作古辭,《樂府詩集》同之,亦無文君作《白頭吟》之説。且《西京雜記》僞書,始傅會文君,然亦不著其辭,未嘗以此詩當之。及黄鶴注杜詩混合爲一,後人相沿,遂爲妒婦之什,全乖風人之旨。且兩意决絶,溝水東西,文君之于長卿,何至是

乎！蓋棄友逐婦之詩，非第《小星》“逮下”之刺。“願得一心人，白頭不相離”，忠厚之至也；“男兒重意氣，何用錢刀爲”，慷慨之思也。

陳沆從詩的流傳過程、思想内容、卓文君同司馬相如之間的深厚感情，以及《西京雜記》是一部僞書等方面，有力地説明了《白頭吟》的著作權歸之於卓文君是不真實的。而我們説它是一首無名氏創作的樂府詩，則是完全符合實際情況的。

確定了史料的責任者，也就確定了史料的形成時代。當史料的責任者難以確定時，如果史料所説的形成時代與該史料的實際形成時代相符則真，不相符則僞。

張之洞曾説：“一分真僞，而古書去其半。”①因爲我國文化積累的時間長，古書中作僞的情況也比較多，比較複雜。爲了確保著録及使用古代文獻的真實性和準確性，使讀者能够正確地認識和運用，有的目録還在附注或提要中進行了辨僞工作。

《漢書・藝文志》諸子略道家類有《文子》九篇，其注云：“老子弟子，與孔子並時，而稱周平王問，似依託者也。”周平王是東遷的第一位天子，而孔子是春秋末年的人。如果文子與孔子同時，那麽周平王就不可能去問他，所以班固根據《七略》説：“似依託者也。”像這樣的例子在《漢書・藝文志》裏約有十五個。如諸子略道家有《力牧》二十二篇，注云：“六國時所作，託之力牧。力牧，黄帝相。”雜家有《大禹》三十七篇，注云：“傳言禹所作，其文似後世語。”農家，有《神農》二十篇，注云：“六國時，諸子疾時怠於農業，道耕農事，託之神農。”等等。

佛經目録對辨僞也很重視，並且將疑僞經書編纂在一起，成爲佛經目録的一個組成部分。這些疑僞經録已是辨僞書目録的雛形，但還不是獨立存在的辨僞書目録。如東晉釋道安纂《綜理衆經目録》，其中專門有一卷《疑經録》。梁僧祐《出三藏記集》卷五專門有《新集疑經僞撰雜録》，其小序云：

① 《輶軒語・語學・論讀書宜有門徑》。

昔安法師摘出僞經二十六部,又指慧達道人以爲深戒。古既有之,今亦宜然矣。祐校閲群經,廣集同異,約以經律,頗見所疑。夫真經體趣,融然深遠,假託之文,辭意淺雜,玉石朱紫,無所逃形也。今區别所疑,注之於録,並近世妄撰,亦標於末。①

從他們開始,後來編佛經目録的都很注意僞書。譬如隋沙門法經《大隋衆經録目》有《疑惑》《僞妄》二録。唐釋道宣《大唐内典録》有《歷代所出疑僞經論録》,釋智昇《開元釋教録》有《疑惑再詳録》《僞妄亂真録》等。

宋代晁公武所著《郡齋讀書志》及陳振孫所著《直齋書録解題》都能够在提要中進行辨僞工作。例如晁公武對王通的《文中子》提出了質疑:"仁壽四年(六〇四),王通始至長安,李德林卒已九年,而《文中子》有德林請見之語。關朗在太和中見魏孝文,自太和丁巳(四七七)至通生之歲開皇四年甲辰(五八四),已一百零七年,而書謂問禮於關子。"②此處從時間的矛盾上揭露《文中子》之爲僞書。又如陳振孫對《關子明易傳》一卷也發生了疑問,指出其爲"後魏河東關朗子明撰,唐趙蕤注。隋、唐《志》皆不録,或云阮逸僞作也。"③此處從前人目録未嘗著録指出其流傳之可疑。《四庫全書總目》在評論《直齋書録解題》時説:"古書之不傳於今者,得藉是以求其崖略;其傳於今者,得藉是以辨其真僞,核其異同。亦考證之所必資,不可廢也。"④利用目録以辨古書的真僞,當然也包括利用這些目録已從事的辨僞工作在内。

明胡應麟的《四部正譌》可説是一部較早的辨僞目録,同時也是一部辨僞專著。此書成於萬曆十四年(一五八六),書的開頭談到了僞書的情狀和來歷:

凡贋書之作,情狀至繁。約而言之,殆十數種。有僞作於前代,

① 《大藏經》卷五五。

② 《郡齋讀書志》卷三上《文中子》。

③ 《直齋書録解題》卷一《關子明易傳》。

④ 《四庫全書總目》卷八五《直齋書録解題》。

而世率知之者，風后之《握奇》、岐伯之《素問》是也；有僞作於近代，而世反惑之者，卜商之《易傳》、毛漸之《連山》是也；有掇古人之事而僞者，仲尼傾蓋而有《子華》，柱史出關而有《尹喜》是也；有挾古人之文而僞者，伍員著書而有《越絶》，賈誼賦鵩而有《鶡冠》是也；有傳古人之名而僞者，尹負鼎而《湯液》聞，戚飯牛而《相經》著是也；有蹈古書之名而僞者，《汲冢》發而《師春》補，《檮杌》紀而楚史傳是也；有憚于自名而僞者，魏泰《筆録》之類是也；有恥於自名而僞者，和氏《香奩》之類是也；有襲取于人而僞者，法盛《晉書》之類是也；有假重於人而僞者，子瞻《杜解》之類是也；有惡其人，僞以禍之者，僧孺《行紀》之類是也；有惡其人，僞以誣之者，聖俞《碧雲》之類是也；有本非僞，人託之而僞者，《陰符》不言三皇，而李筌稱黄帝之類是也；有書本僞，人補之而益僞者，《乾坤鑿度》及諸緯書之類是也。①

清人姚際恒曾作《古今僞書考》對九十一種古籍進行了辨僞，顧實又作了《重考古今僞書考》翻姚的案。後來，黄雲眉又作了《古今僞書考補正》，支持姚的論點。經過反復辯論後，許多問題明確了。以後搜集比較齊備的是張心澂的《僞書通考》。其書以書名爲綱，對於某一部書的辨僞之説，先集中起來，然後廣徵博引其他各書中的有關材料，匯編成一部集大成的辨僞目録，共收書一千一百零四種。引文一一注明出處，或注明轉引自某書，編者案語則列於各説之末，考證内容相當豐富，是一部很有用的辨僞工具書。

其後，鄭良樹又編成《續僞書通考》，從該書《凡例》可知，作者擴大了辨僞資料的輯録範圍："一、散見學報、學術期刊之辨僞論文，皆儘可能悉爲編入。二、新刊之古籍，書前書後涉及辨僞之序、跋等，亦儘可能悉爲編入。三、各專書内涉及辨僞之章節，或著録其書名、作者及主要之結論，或略爲剪裁編入。"該書還編了《僞書通考正續編考訂古籍索引》與《僞書通考正續編徵引資料索引》，這對我們瞭解僞書及已有辨僞成果當然是大有幫助的。

① 《少室山房筆叢》卷三〇《四部正譌》上。

胡應麟《四部正訛》還談到了辨僞的方法：

> 凡覈僞書之道：覈之《七略》以觀其源，覈之群志以觀其緒，覈之並世之言以觀其稱，覈之異世之言以觀其述，覈之文以觀其體，覈之事以觀其時，覈之撰者以觀其託，覈之傳者以觀其人。覈兹八者，而古今贋籍亡隱情矣。①

這些經驗之談告訴我們辨僞方法主要有以下數端：一要查目録。這種方法的主要任務是查一下書的源流。葉德輝《藏書十約》云："鑒別之道，必先自通知目録始。""不通目録，不知古書之存亡；不知古書之存亡，一切僞撰抄撮、張冠李戴之書雜然濫收，淆亂耳目，此目録之學所以必時時勤考也。"二要查稱引。這種方法的任務是查一查前人有没有見到過某書。如果無人稱引；所稱引的内容與傳本不合，或傳本没有；所稱引的詩文别題作者；書中稱引後人作品，可定其書爲僞或可疑。如《直齋書録解題》卷二十二著録《詩格》一卷，陳振孫指出："題魏文帝，而所述詩或在沈約後，其爲假託明矣。"三要查史實。這種方法的任務是查一下書中提到的歷史事實作者是否有可能遇到。如果不可能遇到，則其書或書中的某一部分爲僞或可疑。如宋嚴羽《滄浪詩話·考證》云："孟浩然有《贈孟郊》一首，按東野乃貞元、元和間人，而浩然終於開元二十八年，時代懸遠，其詩亦不似浩然，必誤入。"此方法可以從書中提到的人物、時間、地點、事件入手。四要查語言。這種方法的任務是從文字、詞彙、音韻、語法、語言風格等角度查一下書中的語言是否符合其時代特徵。如馬叙倫《列子僞書考》指出："《周穆王》篇記儒生治華子之疾，儒生之名，漢世所通行，先秦未之聞也。"僅抓住"儒生"一詞，就把僞書《列子》的時代之限斷在漢代以後了。

到了近代，梁啓超根據前人對古籍進行辨僞的經驗，進一步總結了十二條方法，並且舉例作了説明，今全録如下：

---

① 《少室山房筆叢》卷三〇《四部正訛》上。

（一）其書前代從未著録，或絶無人徵引而忽然出現者，什有九皆僞。例如《三墳》《五典》《八索》《九丘》之名，雖見《左傳》；《晉乘》《楚檮杌》之名，雖見《孟子》；然漢、隋、唐藝文經籍諸志從未著録，司馬遷以下未嘗有一人徵引。可想見古代或並未嘗有此書；即有之，亦必秦火前後早已亡佚。而明人所刻《古逸史》，忽有所謂《三墳記》《晉史乘》《楚史檮杌》等書，凡此類書，殆可以不必調查内容，但問名即可知其僞。

（二）其書雖前代有著録，然久經散佚；乃忽有一異本突出，篇數及内容等與舊本完全不同者，什有九皆僞。例如最近發現明鈔本《慎子》一種，與今行之四庫本、守山閣本全異；與隋、唐志，《崇文總目》《直齋書録解題》等所記篇數無一相符，其流傳之緒又絶無可考。吾儕乍睹此類書目，便應懷疑，再一檢閲内容，則可定爲明人僞作也。

（三）其書不問有無舊本，但今本來歷不明者，即不可輕信。例如漢河内女子所得《泰誓》，晉梅賾所上《古文尚書》及孔安國《傳》，皆因來歷曖昧，故後人得懷疑而考定其僞。又如今本《列子》八篇，據張湛序言由數本拼成，而數本皆出湛戚屬之家，可證當時社會絶無此書，則吾輩不能不致疑。

（四）其書流傳之緒，從他方面可以考見，而因以證明今本題某人舊撰爲不確者。例如今所稱《神農本草》，《漢書・藝文志》無其目，知劉向時决未有此書，再檢《隋書・經籍志》以後諸書目及其他史傳，則知此書殆與蔡邕、吴普、陶弘景諸人有甚深之關係，直至宋代然後規模大具。質言之，則此書殆經千年間許多人心力所集成；但其書不惟非出神農，即西漢以前人參預者尚極少，殆可斷言也。

（五）真書原本，經前人稱引，確有左證，而今本與之歧異者，則今本必僞。例如古本《竹書紀年》，有夏啓殺伯益、商太甲殺伊尹等事，又其書不及夏禹以前事。此皆原書初出土時諸人所親見，信而有徵者。而今本記伯益、伊尹等文，全與彼相反，其年代又託始於黄帝。故知决非汲冢之舊也。

（六）其書題某人撰，而書中所載事迹在本人後者，則其書或全僞,或一部分僞。例如《越絶書》,《隋志》始著録,題子貢撰;然其書既未見《漢志》,且書中叙及漢以後建置沿革,故知其書不惟非子貢撰,且並非漢時所有也。又如《管子》《商君書》,《漢志》皆著録,題管仲、商鞅撰;然兩書各皆記管、商死後之人名與事迹,故知兩書决非管、商自撰,即非全僞,最少亦有一部分羼亂也。

(七)其書雖真,然一部分經後人竄亂之迹既確鑿有據,則對於其書之全體須慎加鑒别。例如《史記》爲司馬遷撰,固毫無疑義,遷自序明言"訖於麟止",今本不惟有太初天漢以後事,且有宣、元、成以後事,其必非盡爲遷原文甚明。此部分既有竄亂,則他部分又安敢保必無竄亂耶?

(八)書中所言確與事實相反者,則其書必僞。例如今《道藏》中有劉向撰《列仙傳》,其書《隋志》已著録。書中言諸仙之荒誕,固不俟辯。其自序云"七十四人已見佛經",佛經至後漢桓靈時始有譯本,上距劉向之没將二百年,向何從知有佛經耶?即據此一語,而全書之僞,已無遁形。

(九)兩書同載一事絶對矛盾者,則必有一僞或兩俱僞。例如《涅槃經》佛説云:"從今日始,不聽弟子食肉。"《入楞伽經》佛説云:"我於《象腋》《央掘魔》《涅槃》《大雲》等一切修多羅中,不聽食肉。"《涅槃經》共認爲佛臨滅度前數小時間所説,既《象腋》等經有此義,何得云"從今日始"?且《涅槃》既佛最後所説經,《入楞伽》何得引之?是《涅槃》《楞伽》最少必有一僞,或兩俱僞也。

以上九例,皆據具體的反證而施鑒别也。尚有可以據抽象的反證而施鑒别者:

(十)各時代之文體,蓋有天然界畫,多讀書者自能知之。故後人僞作之書,有不必從字句求枝葉之反證,但一望文體即能斷其僞者。例如東晉晚出《古文尚書》,比諸今文之周《誥》、殷《盤》,截然殊體,故知其决非三代以上之文。又如今本《關尹子》中有"譬犀望月,月影入角,特因識生,故有月形,而彼真月,初不在角”等語,此種純是晉唐繙譯佛經文體,决非秦漢以前所有,一望即知。

(十一)各時代之社會狀態,吾儕據各方面之資料,總可以推見崖略。若某書中所言其時代之狀態與情理相去懸絶者,即可斷爲僞。例如《漢書·藝文志》農家有《神農》二十篇,自注云:“六國時諸子託諸神農。”此書今雖不傳,然《漢書·食貨志》稱晁錯引神農之教云:“有石城十仞,湯池百步,帶甲百萬而亡粟,弗能守也。”此殆晁錯所見《神農》書之原文。然石城、湯池、帶甲百萬等等情狀,决非神農時代所能有。故劉向、班固指爲六國人僞託,非武斷也。

(十二)各時代之思想,其進化階段自有一定。若某書中所表現之思想與其時代不相銜接者,即可斷爲僞。例如今本《管子》,有“寢兵之説勝則險阻不守,兼愛之説勝則士卒不戰”等語,此明是墨翟、宋鈃以後之思想。當管仲時,並寢兵、兼愛等學説尚未有,何所用其批評反對者?《素問》《靈樞》中言陰陽五行,明是鄒衍以後之思想,黄帝時安得有此耶?

以上十二例,其於鑒别僞書之法,雖未敢云備,循此以推,所失不遠矣。①

前人總結的辨僞方法也不是絶對可靠的,譬如查目録當然是重要的辨僞方法,但是任何一部目録,都不可能著録所有圖書。劉咸炘曾指出過這一點:

自《七略》校讎,止據中秘,雖叔孫之《禮》、蕭何之《律》,亦不在也。馬懷素亦言《隋志》所書,亦未詳悉。或古書近出,前志闕而未論(《舊唐志》)。唐、宋已後,遺闕猶多,豈得以修史者一時所見爲備哉?②

① 《中國歷史研究法》第五章第二節《鑒别史料之法》。

② 《目録學·真僞第三》。

就拿《漢書·藝文志》來説,它確實著録了很多古書,但是並没有把先秦所有古書都記録下來,張舜徽指出:"傳記有明文可據,而《漢志》失載之書多至三百餘種。"①姚振宗《漢書藝文志拾補》就補了很多種,一九七三年十二月在長沙馬王堆三號漢墓中出土的《法經》《十大經》等帛書,在《漢書·藝文志》裏也没有記載,所以單憑查目録來確定真僞就不一定可靠。胡應麟本人就談到過這個問題:

> 南渡以還,書多端臨《通考》所未載者,余所見小説家如《西溪叢語》《癸辛雜識》等不下數十種。蓋馬氏所據,大率本晁、陳二家。自餘宋末諸人所著或未及行世,《通考》雖成於元世,其時兵革劻勷,無緣掇拾。今承平日久,故漸出人間,不得以爲僞也。②

所以,我們在文獻辨僞時,要充分考慮文獻辨僞的複雜性,綜合使用各種辨僞方法。

辨僞的目的是要確定某些文獻的價值,確定怎樣使用這些文獻。我們稱並非出自某人而僞託爲其所著,或並非出自某代而假稱著於其時的書爲僞書,但並不認爲它們全無價值。某部書經過考證,確定了它的時代乃至作者,就仍然是很有用的文獻。例如今本《列子》,經過多人考證已可斷定决非先秦之作,而是出於晉人之手。這一點確定之後,它就仍然是研究魏晉思想的重要資料。舊題牛僧孺撰的唐人小説《周秦行紀》,文學價值不高,故事也非常荒唐。經過考證,現已知道這篇東西是李德裕的門人韋瓘寫的,嫁名於牛僧孺,目的是爲了誣陷他。它在文學史上提供了一個利用文學反對政敵的例子,也是唐代黨争史很好的資料。所以我們在著録工作中,不能不注意辨僞。這正是爲了讓讀者更好地使用文獻資料。

此外,我們還要注意史料真僞的程度是有差别的。有全僞,如宋代曾出現過一部《老杜事實》,説是蘇東坡所作,在當時就有人指出它是一部僞

① 《廣校讎略》附録《漢書藝文志釋例》。

② 《少室山房筆叢》卷三《經籍會通三》。

書。宋人郭知達指出:"杜少陵詩,世號詩史。自箋注雜出,是非異同,多所牴牾,致有好事者掇其章句,穿鑿傅會,設爲事實,託名東坡,刊鏤以行,欺世售僞。有識之士,可爲浩嘆。"①宋陳振孫肯定了郭知達的論斷,指出:"《杜工部詩集注》三十六卷,蜀人郭知達所集九家注。世有稱《杜詩故事》者,隨事造文,一一牽合,而皆不言其所自出。且其辭氣首末若出一口,蓋妄人依託以欺亂流俗者,書坊輒勦入《集注》中,殊敗人意,此本獨削去之。"②

有部分僞,明胡應麟稱:"凡集,全僞者寡,而單篇别什借名竄匿甚衆。"③如《全唐詩》中一詩兩見、一詩多見的重出互見現象相當普遍。在通常情況下,一首唐詩的作者只有一位。顯然,這些重篇唐詩屬於某些詩人的作品是真的,而對於另一些詩人來説則是假的。需要指出的是有的集子可能竄入相當多的他人作品。例如《四部叢刊》影印明活字本《錢考功集》就混入了不少錢起曾孫錢珝的詩。最突出的是其卷九《江行無題一百首》皆爲錢珝所作。明胡震亨已清楚地指明了這一點:

> 錢珝,起之曾孫也。起釋褐校書,終尚書考功郎。珝官歷中書舍人,掌綸誥,後坐累貶撫州司馬。其《江行》絶句百首,正赴撫詩途中所作也。珝有他文載《英華》中,云夏六月獲譴佐郡,秋八月自襄陽浮舟而下。今其詩有"潤色非東南,官曹更建章""去指龍沙路,徒懸象闕心""峴山回首望,如别故鄉人"及"好日當秋半,九日自佳節"等句。其官、其謫地、其經途、其時日,無勿與珝合者,起無是也。後人重起名,借篇貽厥,爲起增美耳。④

胡氏的觀點已爲後人所接受,《全唐詩》卷七一二即據《唐音癸籤》將《江行一百首》歸在錢珝的名下。

---

① 《杜詩詳注》附録《校定集注杜詩序》。
② 《直齋書録解題》卷一九《杜工部詩集注》三十六卷。
③ 《少室山房筆叢》卷三二《四部正譌》。
④ 《唐音癸籤》卷三二《集録三》。

所以,我們還要注意圖書真僞的程度問題,不要疏忽真書中的虚假成分,因而導致誤會,給科研工作造成損失。

第八節　個人著作目録

個人著作目録是反映個人全部著作或部分著作的目録。個人著作目録的起源,可以追溯到曹魏時期。《晉書・曹志傳》曰:

> 武帝嘗閲《六代論》,問志曰:"是卿先王所作邪?"志對曰:"先王有手所作目録,請歸尋按。"還奏曰:"按録無此。"帝曰:"誰作?"志曰:"以臣所聞,是臣族父冏所作。以先王文高名著,欲令書傳於後,是以假託。"帝曰:"古來亦多有是。"顧謂公卿曰:"父子證明,足以爲審。自今以後,可無復疑。"①

南宋鄭樵有《夾漈書目》一卷,《圖書志》一卷。陳振孫《直齋書録解題》於《圖書志》一卷條下云:"鄭樵記其平生所自著之書。志者,蓋述其著作之意也。"②這樣看來,鄭樵不僅有個人著作目録,而且還爲其著録的作品撰有提要。

隨着學術研究的發展,個人著作目録越來越多。有自己做的,如晚清俞樾著書一百三十多種,他給自己的著作編了一個目録,叫做《春在堂全書録要》。其自序云:"世有未見全書而願知其目者,余亦不能悉舉以告也,因仿《四庫全書》提要之例,每種各撮舉大意或節録原序成此一編,不敢襲提要之名,古樂工進曲必録其要者曰録要,因亦以《録要》名之。"③今舉一例:

> 古書疑義舉例七卷《第一樓叢書》之五

① 《晉書》卷五〇《曹志傳》。

② 《直齋書録解題》卷八目録類《圖書志》一卷。

③ 《春在堂全書・俞樓雜纂五十卷・春在堂全書録要一卷》卷首《序》。

> 夫周秦兩漢至於今遠矣，執今人尋行數墨之文法而以讀周秦兩漢之書，執今日傳刻之書而以爲是古人之真本，此疑義之所以日滋也。余因剌取九經諸子爲《古書疑義舉例》七卷，凡爲例者八十有八，每一條各舉數事以見例，使童蒙之子習知其例有所據依，不至少所見而多所怪，或亦讀書之一助焉。

也有他人做的，例如趙萬里就給他的老師王國維編了兩個書目：《王静安先生著述目録》及《王静安先生手校手批書目》。後者頗有特色，能使人看到王國維研究學術的過程，趙萬里識語云：

> 静安先生逝世後，里與其公子等整理遺書，共檢得先生手校手批書一百九十餘種，録目如右，實皆先生畢生精力之所在也。蓋先生之治一學，必先有一步預備工夫。如治甲骨文字，則先釋《鐵雲藏龜》及《書契前後編》文字。治音韻學，則遍校《切韻》《廣韻》。……其他遇一佳槧，必移録其佳處或異同於先生自藏本上，間有心得必識於書之眉端。自宣統初元以迄於今，二十年間無或間斷。①

例如：

> 廣韻五卷　張氏澤存堂刻本
> 宋陳彭年等奉敕撰
> 校海鹽張氏藏宋刊本（即《四部叢刊》本）；又録烏程蔣氏藏黄蕘圃臨段茂堂校本於眉端。又據唐寫本《切韻》《唐韻》及王仁昫《刊謬補闕切韻》校之，得補訂《廣韻》誤字及可兩通者數百處。《切韻》《唐韻》、王《韻》所有字爲《廣韻》有者，則識之於其側；其所無者，則散注於眉端，先生亦時出己意以折衷之，此當爲校本書中之最精者。

① 《王静安先生手校手批書目》，載《國學論叢》第一卷第三號。

中華人民共和國成立前，我國學術界曾編撰我國學術發展史上有影響人物的著述考。如梁啓超撰《戴東原著述纂校書目考》、顧頡剛撰《鄭樵著述考》、王重民撰《楊惺吾先生著述考》，當然亦得視爲個人著述目録。[①]即以梁氏所撰爲例。作者云：

> 本篇依段著《年譜》(引者案：謂段玉裁《戴東原先生年譜》)，以著作先後爲次，無論已成未成，已刻未刻，或存或佚，爲著爲校，獨著共著，皆列入。仿朱氏《經義考》例全録原序。有應考證論列者，則綴以案語。

例如：

> 原善三卷　乾隆十八九年至二十八九年，先生三十一二歲至四十一二歲著。段輯《文集》本、《遺書》本。　有自序。
>
> 自序云："余始爲《原善》之書三章，懼學者蔽以異趣也，復援據經言疏通證明之，而以三章者分爲建首，次成上中下三卷。比類含義燦然，端委畢著矣。天人之道，經之大訓萃焉。以今之去古聖哲既遠，治經之士莫能綜貫，習所見聞，積非成是。余言恐未足振兹墜緒也，藏之家塾，以待能者發之。"啓超案：此書失著作年月。據段《譜》推定爲先生三十至四十，約十年内所作也。《文集》(經韻樓本)與《遺書》兩收之，而其文不同。《文集》本即序所謂始爲三章也，别有《讀易繫辭論性》《讀孟子論性》兩篇，不入正文。《遺書》本則修改之本，序所謂成上中下三卷者也。每卷各冠以《文集》本之三章，而雜引群經之文爲左證。上卷十一章，中卷五章，下卷十六章。其每卷之首章，雖即《文集》本，而語加詳。其以下各章所引經證，亦不限於《繫辭》《孟子》。合兩本讀之，可以見先生著述之謹慎與進德之綿密也。

---

① 梁《考》載《飲冰室文集》卷六五。顧《考》載《國學季刊》第一卷第一、二號。王《考》載《文字同盟》第九至十一期。

個人著作目録，大致有按專題排列、按著作體制排列、按時間排列三種。其中按時間先後順序著録某人著作的目録，也稱個人著述編年書目，或某人著述繫年。這種目録特别受到學術界的重視。因爲個人著作編年目録，向讀者提供了一個作者的簡歷和著述活動的綫索，有助於讀者瞭解作者思想的發展和變化，有助於研究一個作者在某個歷史階段上的地位和影響，當然更有助於深入地理解和研究作者的作品。

清浦起龍著《讀杜心解》的目録是按詩歌體裁，即按五古、七古、五律、七律、五排、七排、五絶、七絶排列的，但是其卷首所附《少陵編年詩目譜》則是一個典型的個人著作編年目録。作者在小序中還談到了他作《編年詩目譜》的原因：

> 往近體裁，卷分各種，既不病其奪倫；遷流人事，義取互相，或頗嫌乎離立。將以還詩史之面目，厥惟寓年譜於篇題，若網在綱，其比如櫛。爲便讀計，則古、律、絶六集，居然案部就班；爲尚論資，則玄、肅、代三朝，從此發凡起例。作《編年詩目譜》。

我們認爲歷代作家别集凡按作品創作年代爲序的編年本，均具有個人著作編年目録的功用。清仇兆鰲《杜詩詳注》就是比較典型的例子。其《杜詩凡例》“杜詩編年”條云：

> 依年編次，方可見其平生履歷，與夫人情之聚散、世事之興衰。今去杜既遠，而史傳所載未詳，致編年互有同異。幸而散見詩中者，或記時，或記地，或記人，彼此參證，歷然可憑。間有渾淪難辨者，姑從舊編，約略相附。

不少年譜都在譜主的詩文繫年方面下了很多功夫，因此它們實際上也就是一種個人著作編年目録。如張采田的《玉谿生年譜會箋》。今舉一例：

開成元年丙辰　義山二十五歲

[編年詩]《有感二首》自注:"乙卯年有感,丙辰年詩成。"《重有感》《故番禺侯以贓罪致不辜事覺母者他日過其門》《東還》《箋》曰:下第東歸,借學仙寄慨。義山自太和二年應舉,至此將十年矣,故云"十年常夢采華芝"也。《五松驛》驛在長安東,《白香山集》有《自望秦赴五松驛詩》,義山東還過此所賦也。《夕陽樓》自注,"在滎陽。"是所知今遂寧蕭侍郎牧滎陽日作矣。馮氏云:"自慨,慨蕭,皆在言外,悽惋入神。"①《李肱所遺畫松詩書兩紙得四十一韻》《箋》曰:此未第時,故不稱肱爲同年。詩云:"是時方暑夏,座内若嚴冬。"蓋是年夏作也。《送從翁從東川弘農尚書幕》

[編年文]《上令狐相公狀三》《上令狐相公狀四》《别令狐綯拾遺書》《上崔華州書》②

這種著作如以考訂作品年代爲主,則亦可稱詩文繫年,如詹瑛的《李白詩文繫年》。

與個人著作目録關係密切的是個人研究書目。它一般包含兩大部分:一爲個人著作目録,一爲個人著作研究資料目録。例如沈鵬年輯《魯迅研究資料編目》,其上輯爲魯迅著譯及有關書録,中輯爲有關魯迅著譯的一些原始資料目録,下輯爲關於魯迅研究資料繫年目録。該目達到了兩個目的:一方面是把魯迅生前與死後的有關資料,儘量搜集起來,按年編排分類,使讀者可以看出魯迅研究工作是如何隨着時代的變化而進展着。另一方面也爲進一步開展魯迅研究工作提供了資料的綫索。一九四九年後,《古典文學資料彙編・陶淵明卷》在這方面做了大量工作。接着中華書局又陸續出版了《杜甫卷》《白居易卷》《柳宗元卷》《黄庭堅和江西詩派卷》《李清照資料彙編》《楊萬里范成大卷》《陸游卷》《紅樓夢卷》等。這些古典文學研究資料彙編的目録及所附引用書目,實際上即是一種個

① 馮氏指馮浩。著《玉谿生詩集箋注》。乾隆庚子重刻本馮注卷一此文作"孤鴻比蕭,末更自慨,悽惋入神"。

② 《玉谿生年譜會箋》卷一。箋文有删節。

人著作研究目録。

第九節　目録之目録

我國古代目録都采用了簿册即書籍形式，目録書多了，它本身也需要目録以便檢查。將各種目録按一定的方法編纂起來，就成了目録之目録。

凡綜合書目多有目録一類，它實際上就是目録之目録。邵瑞彭《書目長編》序云："《七録》列簿録一類，則目録之目録也。"[1]《隋書・經籍志》史部簿録類著録經籍目録三十部，二百一十四卷（案：其中《書品》二卷、《名手畫録》一卷、《正流論》一卷或爲書畫目録）。其類序云：

> 古者史官既司典籍，蓋有目録以爲綱紀，體制堙滅，不可復知。孔子删《書》，别爲之序，各陳作者所由。韓、毛二《詩》，亦皆相類。漢時劉向《别録》、劉歆《七略》，剖析條流，各有其部，推尋事迹，疑則古之制也。自是之後，不能辨其流别，但記書名而已。博覽之士，疾其渾漫，故王儉作《七志》，阮孝緒作《七録》，並皆别行。大體雖準向、歆，而遠不逮矣。其先代目録，亦多散亡。今總其見存，編爲簿録篇。

《舊唐書・經籍志》《新唐書・藝文志》《宋史・藝文志》史部皆有目録類，《崇文總目》《郡齋讀書志》《直齋書録解題》《文獻通考・經籍考》的目録類還有提要。今舉一例：

> 晁氏讀書志二十卷　案《宋史・藝文志》作四卷
>
> 昭德晁公武子止撰，其序言得南陽公書五十篋，合其家舊藏得二萬四千五百卷。其守榮州，日夕讎校，每終篇輒論其大指，時紹興二十一年也。其所發明，有足觀者。南陽公未知何人，或云井度憲孟也。[2]

---

① 《書目長編》卷首《序》。

② 《直齋書録解題》卷八《晁氏讀書志》二十卷。

宋、元時期著録目録最多的，當推《通志・藝文略》目録類，該類分總目、家藏總目、文章目、經史目四種，共著録書目七十七部，八百一十四卷。其後《四庫全書總目》史部目録類及其存目共著録經籍之屬目録二十五部，四百六十二卷（内二部無卷數）。《販書偶記》史部書目類收一百一十九種，《販書偶記續編》史部書目類收三十七種。此外《清史稿・藝文志》目録類著録較多，計一百二十三種。彭國棟《重修清史藝文志》目録類著録四百部。王紹曾《清史稿藝文志拾遺》目録類著録七百六十一部。三者共著録清代目録書九百九十五部，實際上當不止此數，從中不難看出目録學是清代的顯學。

目録之目録的專書首推周貞亮、李之鼎編的《書目舉要》。這是一册自漢至清末的各種書目的匯編，共收書目及有關書籍二百七十餘種，分爲部録、編目、補志、題跋、考訂、校補、引書、板刻、未刊書、藏書約、釋道目等十一類。每種書目，首先列出書名、卷數，其次是編撰時代和作者姓名，之後是知見的傳本和所據的書名，間附案語。如：

直齋書録解題二十二卷　宋陳振孫

明萬曆間武林陳氏刻本　武英殿聚珍版本　閩贛杭三省覆聚珍本　蘇州局本　江陰繆氏藏舊鈔殘本尚是陳氏原書

按邵《目》云：盧氏抱經堂有訂正此書五十六卷，次序與聚珍版本不同，係從元刊重爲校訂，似未刊。吴槎客後又增校，陳仲魚有跋。①

陳鐘凡在《書目舉要》的基礎上又纂《書目舉要補》，增自著書一類，補目一百五十餘條。但所補不盡屬於書目，有的是一些金石目録、古器物目録。

邵瑞彭、閻樹森等編了《書目長編》二卷，附補遺，補校。該編輯録的書目，有的根據知見的傳本，有的引自史志中有關各種書目的著録和一些書中的記述，共得一千三百餘條。比上列兩目超出兩倍以上。分爲貯藏、

① 邵《目》指邵懿辰撰《四庫簡明目録標注》。

史乘、徵存、評論四大類，每類再分若干小類。每種書著録其書名、卷數、編者；知見的注其版本，徵引的則注明所依據的書名。如：

秘書省續編到四庫闕書目二卷　宋紹興中官

昭文張氏藏舊鈔本　長沙葉氏刊考證本　京師圖書館藏鈔本

江南圖書館藏鈔本

按《直齋書録解題》有《秘書省四庫闕書目》一卷。[①]

反映館藏，可備查檢的有施廷鏞編《清華大學圖書館中文書目——甲編一目録類》。該目是一九三一年以前該館所藏書目的匯編，收録七百餘種。每目著録書名、卷數、編者、版本、册數、書號等項。叢書本，則注叢書名稱和書號册次；載在期刊上的，則注刊名卷期。分類序列。卷首寫有類叙，説明分類大義，卷末附書名索引與著者索引。今舉一例：

清朝經籍志　六卷　清黄本驥輯

在甲八〇〇/七三三八《三長物齋叢書》第四册。

還有蕭璋編的《國立北平圖書館書目——目録類》，這是以該館收藏及寄存在該館的書中，關於圖書學、圖書目録、圖書館學三部分書籍匯編而成的。所收目録書，以獨自成帙者爲限，其他如正史、類書、方志中之藝文志，雜志、文集中的目録，論文的引用書目概不采録。收録的書目共八百九十餘種，分爲三部。圖書目録部，復分爲著録與收藏兩類，每類又分若干小類。著録類有書録、叢書目録、藝文志、著述考、學術總目、學科專目、存燬書目、刊行書目、題跋及讀書記；收藏類有公藏、圖書館書目、私藏。每種書的著録項目有書名、卷數、作者、版本等。鈔本書目原未標其

① 《書目長編》卷下。宋王應麟《玉海》卷五二云："紹興初改定《崇文總目》，秘省續編四庫闕書。"又云："十七年，鄭樵按秘省所放《闕書目録》集爲《求書闕記》七卷，《外記》十卷。"

書名者，根據書的内容酌補，並加案語説明，一書兩名者，也加説明。一書有幾種版本，包括叢書本，都分别加以詳注。一書如屬兩種或兩種以上性質者，則用互著參見之法加以處理。前列分類表，後附書名索引與著者索引。今亦舉一例：

全唐詩未備書目　清朱彝尊編

清宣統元年番禺沈宗畸刻《晨風閣叢書》中《潛采堂書目四種》本一册（與《明詩綜采摭書目》等合訂）　互見叢刻　互見引用①

一九五八年，中華書局出版了馮秉文編的《全國圖書館書目匯編》，這是全國圖書館自一九四九年至一九五七年所編的各種書目和索引的匯編。包括正在編輯和計劃編輯的，共兩千三百餘種，基本上按照《中小型圖書館圖書分類表草案》分類編排。每種書目或索引的著録，有書名、編者、刊印年月、册數或葉數等項，間或附注收書種數。後附主題索引、館名索引。如屬正在編輯的書目索引，則在書名前標以 * 號；如屬計劃編輯的，則標以○號。需要注意的是這兩類書目，有的以後並未編成。

來新夏主編的《清代目録提要》爲有提要的斷代目録之目録，由齊魯書社於一九九七年出版，共收録清人所編目録三百八十餘種，爲清代目録中較完整、較優秀者，均爲北京、天津、上海、南京、蘇州各大圖書館所收藏，頗便借閲。所選目録反映了各種書目類型，具有代表性。每一作者均繫以三百字左右之小傳。内容提要則詳於篇卷、版本、流傳情況、編輯緣起、成書經過、收録特點、類目沿革、續補情況以及影響等，對研究目録學史與目録學理論較有參考價值。

---

① 《國立北平圖書館書目——目録類》學科專目（十一）文學。

第八章　目録的編製

本章涉及目録編製的選題、收録範圍、著録與編排方法，對其中的別裁與互著作了專門論述，最後還談了目録的序例與索引。

第一節　選題與範圍

從事學術研究，不但要善於使用目録，而且要學會編製目録。編製目録遇到的第一個問題是如何選題。

首先，選題要有明確目的。我國古代目録學家都一致强調目録的政治作用。這在劉歆《七略》及據《七略》編成的《漢書・藝文志》的略、總序文中表現得非常清楚。除群書目録之序外，在一書的叙録中，他們也很强調這一點。故劉向《別録》序論古籍，也往往從其可供統治者借鑒而加以肯定。其《荀卿新書》叙録云："觀孫卿之書，其陳王道甚易行……其書比於記傳，可以爲法。謹第録。"[①]即其一例。《舊唐書・經籍志・序》稱："煚等《四部目》及釋道目，並有小序及注撰人姓氏，卷軸繁多，今並略之，但紀篇部，以表我朝文物之大。"後唐政權自認爲是唐政權的繼續，因此序文中的"我朝"顯指唐朝。這就説明了，劉昫等撰《舊唐書・經籍志》旨在爲後唐政權擴大政治影響。乾隆組織編纂《四庫全書總目》的政治目的尤

① 《四部叢刊》影印《古逸叢書》本《荀子》二十卷卷末。以下所引序文，凡見各書卷首者，不再注明。

爲鮮明，他一方面指出：將各類書"彙爲總目，以彰右文之盛。此采擇《四庫全書》本指也"。[1] 另一方面，他又强調："朕輯《四庫全書》，當采有關世道人心者。"[2]"詞意抵觸本朝者，自當在銷燬之列。"[3]康有爲、梁啓超等也曾利用目録爲戊戌變法做過思想準備。如梁啓超認爲："國家欲自强，以多譯西書爲本；學子欲自立，以多讀西書爲功。"[4]所以他在變法前後專門編製了《西學書目表》《東籍月旦》介紹西方和日本的著作。

對於一般公私藏書目録來説，最直接的目的當然是爲了便於典藏和閲覽。如楊士奇《文淵閣書目題本》云：

> 本朝御製及古今經、史、子、集之書，自永樂十九年南京取回來，一向於左順門北廊收貯，未有完整書目，近奉聖旨移貯於文淵閣東閣，臣等逐一打點清切，編置字號，寫完一本，總名曰《文淵閣書目》，合請用廣運之寶鈐識，仍藏於文淵閣，永遠備照，庶無遺失。

明代高儒《百川書志序》也談到他於書籍"鋭意訪求，或傳之士大夫，或易諸市肆，數年之間，連牀插架，經籍充藏，難於檢閲，閑中次第部帙，定立儲盛。又恐久常無據，淆亂逸志，故六年考索，三易成編。損益古志，大分四部，細列九十三門，裁訂二十卷"。

值得注意的是不同類型的目録，讀者對象也會不同，因此其編製目的會有所側重。明殷仲春《醫藏書目序》説他的目的是將醫書"列爲十數函，標爲函目，使仁人求其書，而廣濟於群生也"。董康《曲海總目提要序》則云："方今文學振興，戲曲列入同學專科，莘莘學子，不可無典麗之鉅製以資考鏡，爰爲條列作者世代先後，釐爲四十六卷。"學科目録往往注重於辨章學術、考鏡源流。如張舜徽《清人文集别録·自序》云："顧每集讀畢，輒好考作者行事，記書中要旨，究其論證之得失，核其學識之精深，各爲叙録

---

① 《四庫全書總目》卷首乾隆三十八年五月十七日上諭。

② 《四庫全書總目》卷首乾隆四十六年十一月初六日上諭。

③ 《四庫全書總目》卷首乾隆四十一年十一月十七日上諭。

④ 《西學書目表》卷首《自叙》。

一篇，妄欲附於校讎流別之義，以推見一代學術興替。"

至於特種目録，也皆有其特定的目的。如鬻販目録，主要還是爲了推銷書籍。《生活全國總書目編例》云：

> 本書目……編纂旨趣約有以下數端：(1) 供全國讀書界、圖書館采購書籍檢查之用；(2) 供全國學術界、著譯界、圖書館搜集參考資料及研究目録學之用；(3) 供全國書業界出版圖書及推銷圖書參考之用；(4) 供外國圖書館及研究中國問題者搜求中國新著作物參考之用。

爲古書、古書注、古類書編引用書目，主要目的則是爲了便於古籍整理。整理古籍需要接觸各種不同版本，而不同版本的字句可能是有所不同的，馬念祖《水經注等八種古籍引用書目彙編·序言》對此言之甚明：

> 因爲要解决這些不同的字句，就要做一番校勘的功夫，要是網羅現在没有存在的佚書，就要做一番輯佚的功夫。而要進行這些工作，首先得瞭解哪些書是在某幾種古籍中有引文的。爲此，我就有個打算，要把那幾種以繁引博證著稱的古籍，就其所引用的書目，匯編爲一個索引式的綜合目録。

其次，選題應當注意拾遺補闕，在保存和利用文獻方面做出貢獻。謝啓昆《小學考序》云：

> 秀水朱氏撰《經義考》有功經學甚鉅，但止詳《爾雅》，餘並闕如……乾隆乙卯，啓昆官浙江按察使，得觀文瀾閣中秘之書，經始采輯爲《小學考》。後復由山西布政使移任浙江，從政之暇，更理前業，成書五十卷。卷首恭録敕譔，次訓詁，則續《經義考》《爾雅》類，而推廣於《方言》《通俗文》之屬也；次文字，則《史篇》《説文》之屬也；次聲韻，則《聲類》《韻集》之屬也；次音義，則訓讀經史、百氏之書。訓詁、

文字、聲韻者，體也；音義者，用也。體用具而後小學全焉。

再如清高宗組織人纂修《四庫全書》，借以消滅漢人的民族意識，鞏固滿洲貴族的統治，晚明清初的文獻受到嚴重摧殘，所以謝國楨專門編著了《晚明史籍考》《清開國史料考》。其《增訂晚明史籍考·前言》説："我編這部書的主要目的，是爲了搜輯明末的野史稗乘，以保存當時的文獻資料，供學者的研究。"從宋以來，學者們爲正史做了大量的補志工作，顯然也是爲了填補空白，我們曾在第五章第二節《史志》中做過介紹。爲了這個目的，有的學者還爲已經亡佚的古代目録做了不少輯佚工作。如趙士煒的《宋國史藝文志輯本》就爲我們查考宋代文獻提供了方便。其序云：

元以異族入主中華，其史官學識淺陋，故《宋史》疏略，而《藝文志》尤紕謬，重複顛倒不可枚數，《四庫》譏其爲諸史志中最叢脞者。上元倪氏有《宋藝文志補》一卷，功厪拾遺補闕，未曾是正訛舛。清世治史學者，考經籍者，均未顧及，余嘗爲之整比疏理，別爲新編，用徵一朝文獻，而彌茲闕陷。

再次，選題還應當注意藏書特點與專業特長。例如由中醫研究院和北京圖書館編輯《中醫圖書聯合目録》就發揮了這兩個單位的優勢，其《前言》云："本目録根據北京圖書館徵集的各參加館所藏中醫圖書目録匯編成爲初稿，經各館核對，然後整理付印。編輯校訂工作，主要由中醫研究院擔任。"由中央音樂學院中國音樂研究所編輯《中國古代音樂書目》也非常恰當。個人編目注意這一點也容易奏效。如阿英編有《晚清戲曲小説目》，鄭振鐸序云：

如晦先生（引者案：魏如晦爲阿英筆名之一）收藏晚清文史資料最富，余前輯《明清文選》，深資其助。嘗勸其將歷年搜訪所得，刊爲目録，公之於世。如晦先生深感余言，乃先將所藏晚清戲曲，編爲一目印行，每書均加説明，嘉惠後學，有功於我等研究近代文史者不淺。

再如傅惜華的碧蕖館,在戲曲方面的藏書特别豐富,他本人又是研究戲曲的專家,所以他編《元代雜劇全目》《明代雜劇全目》《明代傳奇全目》《清代雜劇全目》等,當然是勝任愉快的。而我們今天選題,理應考慮利用各級公立圖書館的藏書,因爲它們遠比私人收藏爲富。

題目選好後,還要確定收録範圍。收録範圍通常是由所編目録的性質决定的,譬如公私藏書目録,當然要以公私藏書單位的實際藏書爲收録範圍;個人著作目録當然要以個人著作的作品爲收録範圍。推薦書目録的收録範圍强調精,引用書目録的收録範圍强調全。

有些書目的收録範圍,還必須通過研究制訂一個統一的標準,否則將難以把握。譬如編寫中國古籍善本目録,必然要涉及全國許多圖書館,如果對善本的範圍没有一個統一標準,要想編出一部完美的反映全國古籍善本收藏情況的目録是不大可能的。再如編地方志目録,山志、水志、寺廟志、書院志等算不算地方志,在編寫中國地方志聯合目録時,就要對這個問題有明確認識,先規定一個收録範圍,否則就不能全面而準確地反映各參加館的館藏。

書目確定明確的收録範圍,也便於讀者瞭解書目的特點和價值。如趙明誠《〈金石録〉序》云:

> 上自三代,下訖隋、唐、五季,内自京師,達於四方遐邦絶域夷狄,所傳倉史以來古文奇字、大小二篆、分隸行草之書,鐘鼎、簠簋、尊敦、甗鬲、盤杅之銘,詞人墨客詩歌、賦頌、碑志、敘記之文章,名卿賢士之功烈行治,至於浮屠、老子之説,凡古物奇器、豐碑巨刻所載,與夫殘章斷畫、磨滅而僅存者,略無遺矣。因次其先後爲二千卷。

可見《金石録》是北宋以前傳世的金石文獻目録,具有很高的史料價值。

收録範圍應當根據所編目録的性質來確定。譬如藏書目録應當全面反映藏書,儘量避免有目無書或有書無目現象。《四庫全書總目·凡例》云:

> 今詔求古籍，特創新規。一一辨厥妍媸，嚴爲去取。其上者悉登編録，罔致遺珠。其次者亦長短兼臚，見瑕瑜之不掩。其有言非立訓，義或違經，則附載其名，兼匡厥謬。至於尋常著述，未越群流，雖咎譽之咸無，要流傳之已久，準諸家著録之例，亦併存其目，以備考核。等差有辨，旌別兼施，自有典籍以來，無如斯之博且精矣。

編者根據自己的標準將典籍分成三類，自有可商之處，但其力求全面著録歷代書籍還是可取的。

事實上清政府爲了鞏固封建統治，在編纂《四庫全書總目》時，對收録範圍也是嚴加控制的。首先是將那些對清政府不滿的書摒除在《四庫全書總目》之外，並加以銷毁。如乾隆四十一年（一七七六）十一月十七日詔曰："前因彙輯《四庫全書》，諭各省督撫遍爲采訪，嗣據陸續送到各種遺書，令總裁等悉心校勘，分别應刊、應鈔及存目三項，以廣流傳；第其中有明季諸人書集，詞意抵觸本朝者，自當在銷毁之列。"[①]其次，將那些有可能對清政府造成危害的書也排斥在外，如乾隆四十六年（一七八一）二月四日詔曰："天文占驗妄言禍福之書最易淆惑人心，自未便存留在外，恐各省查辦未能搜查净盡，著傳諭各省督撫，令其詳悉搜繳解京，並查明有無板片，一併解送銷毁。"[②]

即使被列入《四庫全書總目》收録範圍的書，也要受到區别對待。這些書基本上分爲兩類：一類是收入《四庫全書》中的書，有三四六一種，七九三〇九卷；另一類僅存其目，有六七九三種，九三五五一卷。[③] 高宗於乾隆三十八年（一七七三）五月十七日談到了兩者的區分標準："所有進到各遺書並交總裁等，同《永樂大典》内現有各種詳加校勘，分别刊鈔，擇其中罕見之書有益于世道人心者，壽之梨棗，以廣流傳；餘則選派謄録，匯繕成編，陳之册府。其有俚淺訛謬者，止存書名，匯入總目，以彰右文之

① 《四庫全書總目》卷首《聖諭》。
② 《辦理四庫全書檔案》上册第七十二頁。
③ 《四庫全書總目》卷首《出版説明》。

盛。”①其着眼點仍在於“有益于世道人心”“以彰右文之盛”。紀昀等編製《總目》，遵旨照辦，將收録的書嚴分三、六、九等，得到了高宗的充分肯定。如乾隆三十九年（一七七四）七月二十五日詔曰：“《四庫全書》處進呈《總目》，于經史子集内分晰應刻、應鈔及應存書目三項。各條下俱經撰有提要，將一書原委，撮舉大凡，並詳著書人世次爵里，可以一覽了然，較之《崇文總目》搜羅既廣，體例加詳，自應如此辦理。”②

《四庫全書總目》在收録範圍方面除考慮政治因素外，在學術領域也有不够全面的地方。如《隋書·經籍志》設有“譜系”類，《舊唐書·經籍志》設有“雜譜牒”類，《新唐書·藝文志》《宋史·藝文志》《明史·藝文志》均設有“譜牒”類，其餘官私目録，絶大多數都設有此類，惟有《四庫全書總目》將該類去掉了。劉咸炘批評道：

> 譜牒之書，古今俱多，自昔著録，皆特立一門，而乾隆《四庫》則去之。年譜入于傳記總録，而《元和姓纂》《古今姓氏書辯證》《萬姓統譜》則皆入類書，此大謬也。其故不過意在選存，而私家之譜繁多猥濫，難於别擇，故竟置之……不悟著録以明學術，譜牒自是一家之學，體則史之支流，事則群之要領。近代譜學雖微，豈無精善之編，正當録存以爲模式。正使無可采録，猶當但録總譜以存其部次，況非無其書，乃以憚於閲攬，遂没此一門乎？③

唐以後，科舉制度盛行，門閥制度式微，官修譜牒幾乎絶迹，但是民間家乘一直在不斷地編寫着，此類文獻也頗有史料價值，將該類删去，使此類文獻無類可歸，顯然是不恰當的。《四庫全書總目》以後的各類古籍書目，包括《中國古籍善本書目》《北京圖書館善本書目》都設有譜牒類。實踐證明《四庫全書總目》取消譜牒類是不正確的。

有些私人藏書目録正因爲全面而真實地反映了藏書，所以才顯示出

---

①② 《四庫全書總目》卷首《聖諭》。

③ 《目録學·部類第六》。

了它們的價值。明徐𤊹《藏書屋銘》自稱"詩詞集説總兼,樂府稗官咸備"①。其《徐氏紅雨樓書目》卷三子部小説類收小説、筆記五百七十六種,傳奇類收元、明雜劇和傳奇一百四十種。特别可貴的是作者在卷四集部《明詩選姓氏》部分共著録了三百十五位明代詩人,其中二百七十位都注明了生平簡歷,是研究明代文學的寶貴資料。潘景鄭《著硯樓書跋》説《徐氏紅雨樓書目》"分類壹本四部,所收多明代藝文,其爲世所不經見者無慮數百十種,雖不逮《千頃堂書目》之富,以之互勘,當得補苴什一也。又其所收刻本應皆啓、禎以前,在今日視之,不當與天水、蒙古本同珍耶?"②

某些學科目録、地方文獻目録、個人著作目録因爲求全,把亡書也列入收録範圍,如朱彝尊的《經義考》、謝啓昆的《小學考》、孫詒讓的《温州經籍志》等,都兼載亡佚了的著作。梁啓超《戴東原著述纂校書目・序》云:"本篇依段著《年譜》(引者案:指段玉裁《戴東原先生年譜》),以著作先後爲次,無論已成未成,已刻未刻,或存或佚,爲著爲校,獨著共著,皆列入。"這對於從總體上瞭解戴震的學術成就顯然是很有用的。

總之,確定收録範圍,要注意目録性質,做到有針對性;要注意讀者對象,應具備實用性;還要力求完備,確保在提供資料綫索方面的參考性。

第二節　著録與編排

在第三章,我們已經着重分析了書名、篇卷、版本、著者、附注、提要及案語等有關中國古籍的目録著録項目。一部目録究竟選擇哪些著録項目,要根據書目的性質和任務來確定。

在封建社會,有的統治者把編製國家藏書目録當作發展文化、鞏固政權的一項重要措施,所以不少國家藏書目録都有提要。如"劉向校理秘文,每書具奏;曾鞏刊定官本,亦各製序文"③。王堯臣等編《崇文總目》,

① 《徐氏紅雨樓書目》卷首《藏書屋銘》。
② 《徐氏紅雨樓書目》卷末《敘録》。
③ 《四庫全書總目》卷首《凡例》。

各書皆有論説。《四庫全書總目·凡例》説得尤爲分明：

今於所列諸書，各撰爲提要。分之則散弁諸編，合之則共爲總目。每書先列作者之爵里，以論世知人；次考本書之得失，權衆説之異同；以及文字增删，篇帙分合，皆詳爲訂辨，巨細不遺。而人品學術之醇疵，國紀朝章之法戒，亦未嘗不各昭彰癉，用著勸懲。

關於史志的著録項目，錢亞新《鄭樵校讎略研究》曾指出：

我國史志的著録項目，大抵可分爲書名、篇卷、撰人三者。以《漢書·藝文志》而論，約有六例：一爲先著書名篇數而後繫撰人者，如"《易經》十二篇，施、孟、梁丘三家"即是；二爲先著撰人而後繫書名篇卷者，如"劉向《五行傳記》十一卷"即是；三爲僅著書名篇卷而不録撰人者，如"《荆軻論》五篇"即是；四爲即以撰人爲書名，徑繫篇卷者，如"《陸賈》二十三篇"即是；五爲以撰人的官爵爲書名，徑繫篇卷者，如"《太史公》百三十篇""《平原君》七篇"即是；六爲加文體於撰人後，即以爲書名而繫以篇卷者，如"《屈原賦》二十五篇"即是。《隋書·經籍志》的方法，却較《漢志》爲簡，僅分二例：即以書名篇卷爲項目，而以撰人爲注，如"《千字文》一卷"，而注以"梁給事郎周興嗣撰"，此其一。加文體於撰人後作爲書名，而繫於篇卷爲項目，如"《王祐集》一卷"，此其二。

由《漢書·藝文志》的六例，發展爲《隋書·經籍志》的二例，説明史志的著録日趨規範化。

各種學科目録，因爲旨在辨章學術、考鏡源流，所以除著録書名、篇卷、版本、作者外，還要加附注、撰提要、寫案語，以别存佚、辨真僞。如王重民在《老子考·凡例》中説：

本書體例，概仿朱彝尊《經義考》、謝啓昆《小學考》，惟於存者著其有何種刻本或叢書本，爲朱、謝二氏所不及。又著存佚之法：存者稱“存”，殘缺者亦稱“存”；佚者稱“佚”，佚而有輯本者，亦稱“佚”；不知其存佚者，稱未見；近人稿本稱“未刊”。

本書内容，每書之下，首著其存佚、刻本，次自序，次他人代序，次題跋記、讀書記，次按語。

爲便於讀者查考，學科目録對版本的著録也很重視。如莊一拂《古典戲曲存目彙考・例言》云：“所録劇目，有現存傳本，凡屬一書各種版本不同，不論其木刻影印，以及通行諸本，均爲序次臚列；即使是鈔本，或佚文散折，也都注明所見出處，以供研究者參考。”有些專科目録的著録項目還有一些特殊性。《全國古籍善本書總目著録條例》規定：“地理類中地方志，原書名前有纂修時代的按原書名著録，原書無纂修時代應考出時代注於方括弧内。”因爲一地往往有數部在不同時間修成的地方志，而它們的書名又幾乎完全相同，在方志前標上纂修時代，就能使人一目了然，不致誤會。

各類特種目録，對著録項目的要求是不同的。如推薦書目録爲了更好地發揮導讀作用，就應當具有概括地闡述此書内容、特點、價值和讀法的提要。今以梁啓超《西學書目表》爲例，其序例云：

目録家皆不著價值，蓋所重在收藏，無須乎此。今取便購讀，故從各省官書局之例，詳列價值。……

表下加識語，表上加圈識，皆爲學者購讀而設。體例不能雅馴，所不計也。

表後附札記數十則，乃昔時答門人問之語，略言各書之長短，及某書宜先讀，某書宜緩讀，雖非詳盡，初學觀之，亦可以略識門徑，故竊取過而存之之義，附見末簡，名曰讀書法。

今録樣例如下：

書　名	撰譯人	刻印處	本數價值	識　語
算　學	由淺入深,故先以數學;先理後法,故次以幾何,凡諸形學附焉;次代數,通行之算也。微分、積分,非深造不能語,故以終焉。			
筆算數學	狄考文 鄒立文	益智書會本	三　本 一　元	用俗語教學童,甚便。
數學啓蒙	偉烈亞力	上海排印本	二　本 六　角	《數理精藴》之節本,極便初學。
幾何原本	利瑪竇 徐光啓 偉烈亞力 李善蘭	金陵刻本	三種合二十本 二千七百	初學宜先讀前六卷。
又前六卷	利瑪竇 徐光啓	製造局本	三　本 三　角	有删改不如讀原書。

當然,這也要看對象。例如教育部爲大學文科各系開的學生閱讀書目,只包括書名、作者兩項。因爲讀者是本專業的大學生,所開的書目又都是基本的、有代表性的名著,而這些名著在大學的教科書中已有了更詳盡的介紹,因此無須再詳加著録。

善本目録一般地著録版本是不够的,還要注明行款、版式、印記、紙張、墨色、以及名人批校、題識等情況,並就序跋、牌記、前人著録情況等作必要的説明。如繆荃孫爲黄丕烈輯《蕘圃藏書題識》序云:“其題識於版本之後先、篇第之多寡、音訓之異同、字畫之增損、授受之源流、繙摹之本末,下至行幅之疏密廣狹、裝綴之精粗敝好,莫不心營目識,條分縷析。跋一書而其書之形狀如在目前。”而由於現代印刷術的發展,善本目録可以和善本書影互相參照,就更爲精密和方便了。

爲了保證善本書的著録質量,善本書提要勢必要走上程式化,確定一些編目條例與格式。繆荃孫在徐乃昌《積學齋藏書志序》中説:

積餘此目,其書必列某本舊新之優劣、鈔刻之異同,宋元本行數、字數、高廣若干,白口黑口,魚尾旁耳,展卷具在,若指諸掌,其開聚書之門徑也。備載各家之序跋,原委粲然,復略叙校讎、考證、訓詁、簿録彙萃之所得,各發解題,兼及收藏家圖書,其標讀書之脉絡也。世之欲藏書、讀書者，循是而求，覽一書而精神、形式無不具在，不勝於《敏求記》倍蓰乎？①

繆荃孫本人編撰的善本書目也做到了這一點，陳乃乾將其編撰之書目提要的格式作了歸納與總結，我們在第三章《目録的著録事項》第三節《版本》已引用，請參看。

按照統一格式著録，能大大提高古籍編目的質量與效率。中國古籍善本書目編輯委員會在編《中國古籍善本書目》時，特地制訂了《全國古籍善本書總目著録條例》，頗便操作。中華人民共和國國家標準，還專門制訂了《文獻著録總則》與《古籍著録規則》，當然更加科學。

此外，聯合目録要求著録收藏館代號，鬻販書目録要求著録定價，圖書館藏書目録要求著録索書號，都是一些特定的項目。總之，著録項目一般應根據目録性質與讀者對象來定，至少書名、卷册、版本、作者四項是不應缺少的。

當著録項目確定後，我們就要在卡片上或電腦中進行著録。新出古籍有版本記録頁，著録相對容易一些，而過去出版的古籍通常没有版本記録頁，所以著録古籍要困難得多。長期從事古籍編目工作者深有體會地説："木版書籍則有書名不全、卷數殘缺者，有佚姓缺名者，有無刻本時期及處所者，故每遇一問題之發生，輒費若干之時間。且同一書也，序之題名與正文題名不同；同一著者也，或用别號，或用本名；同一刻本也，或係原刻，或經修補。"②在著録時遇到這些問題都要一一查考明白，然後再按照國家標準《古籍著録規則》，或自己擬定的著録條例所規定的格式，將每書逐一著録完畢，形成款目。還要將款目依照一定的順序將其編排起來，才能使之成爲一個完整的目録而便於使用。

我國的傳統目録絶大多數都是按分類編排的。這種方法的優點是可以辨章學術、考鏡源流，使讀者即類求書，因書究學。鄭樵《通志·校讎

① 《藝風堂文漫存·乙丁稿》卷二《積學齋藏書志序》。

② 《奮鬥一生——紀念施廷鏞先生》第一五五頁引施廷鏞《工作報告》。

略・編次必謹類例論》專門探討了分類編排的問題。他認爲圖書再多，都可以通過分類把它們有條不紊地組織起來。所以他説："類書猶持軍也，若有條理，雖多而治；若無條理，雖寡而紛。類例不患其多也，患處多之無術耳。"又説："士卒之亡者，由部伍之法不明也；書籍之亡者，由類例之法不分也。"鄭樵還認爲分類的方法不僅可以用來部伍圖書，更重要的是可以用來剖析學術源流。其説本書第四章《目録的分類沿革》第三節《不守四部成規的分類法》已引。

章學誠的《校讎通義》進一步肯定了鄭樵的觀點，而且説得更加明確簡練。他指出：

> 校讎之義，蓋自劉向父子，部次條别，將以辨章學術、考鏡源流，非深明於道術精微群言得失之故者，不足與此。……鄭樵生千載而後，慨然有會於向、歆討論之旨，因取歷朝著録，略其魚魯豕亥之細，而特以部次條别，疏通倫類，考其得失之故，而爲之校讎。蓋自石渠天禄以還，學者所未嘗窺見者也。①

他還强調道："古人著録，不徒爲甲乙部次計。如徒爲甲乙部次計，則一掌故令史足矣，何用父子世業，閱年二紀，僅乃卒業乎？蓋部次流别，申明大道，叙列九流百氏之學，使之繩貫珠聯，無少缺逸，欲人即類求書，因書究學。"②鄭、章兩家所概括的理論，是我國古代目録編排以學術分類爲最基本最通行的方法的依據。

當然，按學術分類編制圖書目録也存在着局限性，因爲我們所制訂的分類表與層出不窮的圖書不可避免地存在着矛盾。某些圖書，特别是某些新出現的圖書依據分類表難以分類，譬如《漢書・藝文志》六藝略春秋類著録的應當是《春秋》經及其研究著作，該類小序所説明的也是此類著作而未及其他。但是該類後面卻著録了《國語二十一篇》等十一部史學著

① 《校讎通義》卷一《叙》。
② 《校讎通義》卷一《互著》。

作,這是因爲在《七略》的分類表中尚無史部位置,只好采用變通的方法,將這些書附在《漢書・藝文志》六藝略春秋類之後。因爲春秋類書,除被尊爲六藝之一外,它們實際上也是史書。

再就是將一些不便分類的書附在某些大類或小類之後。例如《漢書・藝文志》詩賦略,在屈原賦之屬、陸賈賦之屬、孫卿賦之屬的後面,還著録了雜賦十二家,二百三十三篇。以上三類賦都有作者。而雜賦十二家,全都没有作者,難以歸到以上三類中的任何一類,因此以"雜賦"爲名,著録在賦類之末。其方法是將無名氏的賦作,先按同類或相近題材合併在一起,如《雜山陵水泡雲氣雨旱賦十六篇》《雜禽獸六畜昆蟲賦十八篇》等九家,再將上述九家無類可歸的無名氏賦作統統歸入第十家《大雜賦三十四篇》之中。後面還附有《成相雜辭十二篇》與《隱書十八篇》,宋王應麟《漢藝文志考證》注曰:"成相,助力之歌。"是一種三言、四言、七言互用的韻文。《文心雕龍・諧讔》云:"讔者,隱也;遁辭以隱意,譎譬以指事也。"常采用歌呼的形式。可見《成相雜辭》與《隱書》都不是典型的賦,正因爲它們不好分類,所以附著在詩賦略賦類之末。

書目編纂者對某書究竟歸於何類往往有不同的認識,這也造成了分類的困難。譬如《漢書・藝文志》諸子略儒家類著録《晏子》八篇,焦竑卻將《晏子春秋》十二卷著録在《國史經籍志》子類墨家,並説明道:"《晏子春秋》舊列儒家,其尚同、兼愛、非樂、節用、非厚葬久喪、非儒、明鬼,無一不出墨氏,柳宗元以爲墨子之徒尊著其事,以增高爲己術者,得之。今附著於篇。"《四庫全書總目》又將《晏子春秋》八卷著録在史部編年類,《四庫全書簡明目録》於該書提要云:"撰人名氏無考。舊題晏嬰撰者,誤也。書中皆述嬰遺事,實魏徵《諫録》、李絳《論事集》之流,與著書立説者迥别。列之儒家,於宗旨固非;列之墨家,於體裁亦未允。改列傳記,庶得其真。"

除按分類編排外,還可根據目録的性質與資料的多寡,按主題、時間、地區、體裁、作者、版本、檢索方法等來編排。譬如個人著作繫年目録,只能按時間編排;地方志目録,當然應按行政區劃來編排;阿英《晚清戲曲小説目》按體裁來編排;于敏中、彭元瑞《天禄琳琅書目》按版本來編排;李儼《近代中算著述記》按作者姓名筆劃順序來編排;裘沖曼《中國算學書目彙編》按書名筆劃順序來編排。在編排時,可以一種方法爲主,而輔以其他方法。這樣,使用起來就會更爲方便。

以上説的都是就簿册式目録而言,現在的圖書館爲讀者提供綜合性的卡片式目録,檢索起來更爲便利,但它只能與簿册式目録相輔而行,却不能代替簿册式目録,根據學術分類編排而成的簿册式目録始終是傳統目録的主要形式。現在各圖書館都編有館藏圖書目録數據庫,檢索起來非常方便。

第三節　别裁與互著

爲了充分發揮書籍的作用,使讀者能够即類求書,因書究學,我國古代一些目録學家創造並運用了别裁和互著的方法。劉歆的《七略》已經出現了重複著録現象。《漢書・藝文志》兵書略序云:"省十家二百七十一篇,重。"再據兵權謀、兵技巧兩類後面的統計數據,可知因爲重複而被省去的是伊尹、太公、管子、孫卿子、鶡冠子、蘇子、蒯通、陸賈、淮南王、墨子等十家的軍事著作。其中《鶡冠子》一篇,既著録於諸子略中的道家類,又重複著録於兵書略中的兵權謀類。王重民指出:"《鶡冠子》只有一篇,經班固核對,兩處著録的内容完全相同,也'省'掉了。但如果按互著法的正確意義來説,十種書中只有這一種是符合的(但不是有意識的);其餘九種,應該説是别裁而不是互著。"①

人們在編目實踐中早就運用了别裁與互著的方法,如繆荃孫《遂初堂書目》跋云:"複見之書,提要舉《大曆浙東聯句》,一入别集,一入總集。今考其中,如《焦氏易林》,一入周易,一入術數;《汲冢周書》,一入尚書,一入春秋;《天下大定録》,一入雜史,一入僞史;《皇祐平蠻記》,一入本朝故事,一入地理;《慶曆軍録》,一入本朝故事,一入兵書;《隋李文博中興書》,一入儒家,一入雜家;《瀨鄉記》,一入地理,一入道家……共十八條。"②複見

① 《校讎通義通解》卷一《互著第三》按。

② 《藝風堂全集》卷七《遂初堂書目跋》。

之書有十八種之多,顯然不是一時疏忽,而是有意爲之的。

明祁承爜《庚申整書略例》總結了整理圖書的四種方法:因、益、通、互。前兩種是分類方面的問題,後兩種即指别裁與互著兩種著録方法。他説:

> 通者,流通於四部之内也。……如歐陽公之《易童子問》、王荆公之《卦名解》、曾南豐之《洪範傳》,皆有别本,而今僅見於文集之中。惟各摘其目,列之本類,使窮經者知所考求,此皆因少以會多者也。……而元美之《名卿迹記》、元敏之《寶善編》,即其集中之小傳者,是兩書久已不行,苟非爲之標識其目,則二書竟無從考矣。凡若此類,今皆悉爲分載,特明注原在某集之内,以便檢閲,是亦收藏家一捷法也。①

祁承爜所謂"通",實際上就是裁篇别出,也即别裁。他又説:

> 互者,互見於四部之中也。作者既非一途,立言亦多旁及。有以一時之著述,而倏爾談經,倏爾談政。有以一人之成書,而或以摭古,或以徵今,將安所取衷乎?故同一書也,而於此則爲本類,於彼亦爲應收。同一類也,收其半於前,有不得不歸其半於後。如《皇明詔制》,制書也,國史之中固不可遺,而詔制之中亦所應入。……故往往有一書而彼此互見者,有同集而名類各分者,正爲此也。余所詮次,大略盡是。②

祁承爜所謂"互",實際上就是互著。祁承爜在他編的《澹生堂書目》中,就使用了這兩種著録方法。

章學誠在目録學上的突出成就之一是深入研究並大力提倡在分類著録時采用别裁、互著二例。别裁與互著這兩個術語,也是他首先提出和使用的。他在《和州志藝文書序例》中就已談道:"夫篇次可以别出,則學術

①② 《庚申整書小記》附《庚申整書略例四則》。

源流無闕間不全之患也；部目可以互見，則分綱别紀，無兩歧牽掣之患也。”①在其《校讎通義》卷一中，專門有《别裁》《互著》兩篇闡述了二者的重要意義。

關於别裁，章學誠説：

《管子》，道家之言也，劉歆裁其《弟子職》篇入小學；七十子所記百三十一篇，禮經所部也，劉歆裁其《三朝記》篇入《論語》。蓋古人著書，有采取成説，襲用故事者（如《弟子職》必非管子自撰，《月令》必非吕不韋自撰，皆所謂采取成説也），其所采之書，别有本旨，或歷時已久，不知所出，又或所著之篇，於全書之内，自爲一類者，並得裁其篇章，補苴部次，别出門類，以辨著述源流；至其全書，篇次具存，無所更易，隸於本類，亦自兩不相妨；蓋權於賓主重輕之間，知其無庸互見者，而始有裁篇别出之法耳。②

章學誠强調應自覺運用别裁法來反映學術源流，而且要附注别裁篇第的出處，否則不能算真正的别裁。他指出：

《夏小正》在《戴記》之先，而《大戴記》收之，則時令而入於禮矣。《小爾雅》在《孔叢子》之外，而《孔叢子》合之，則小學而入於子矣。然《隋書》未嘗不别出《小爾雅》以附《論語》，《文獻通考》未嘗不别出《夏小正》以入時令，而《孔叢子》《大戴記》之書，又未嘗不兼收而並録也。然此特後人之幸而偶中，或《爾雅》《小正》之篇，有别出行世之本，故亦從而别載之爾，非真有見於學問流别，而爲之裁制也。不然，何以本篇之下，不標子注，申明篇第之所自也哉！③

别裁法特别有助於編製專科目録，章學誠也談到了這一點。他説：

① 《文史通義》卷六外篇一《和州志藝文書序例》。

②③ 《校讎通義》卷一《别裁》。

裁篇别出之法……則欲明學術源委,而使會通於大道,舍是莫由焉。且如叙天文之書,當取《周官・保章》、《爾雅・釋天》、鄒衍言天、《淮南》天象諸篇載列天文部首,而後專門天文之書以次列爲類焉。則求天文者,無遺憾矣。①

關於互著,章學誠談道:

至理有互通,書有兩用者,未嘗不兼收並載,初不以重複爲嫌,其於甲乙部次之下,但加互注以便稽檢而已。古人最重家學,叙列一家之書,凡有涉此一家之學者,無不窮源至委,竟其流别,所謂著作之標準、群言之折衷也。如避重複而不載,則一書本有兩用而僅登一録,於本書之體既有所不全;一家本有是書缺而不載,於一家之學亦有所不備矣。②

他認爲采用互著法主要目的是便於讀者考鏡源流,所以他説:"部次群書,標目之下,詳略互載,使後人溯家學者,可以求之無弗得,以是爲著録之義而已。"他還特别强調:"書之易混者,非重複互注之法,無以免後學之牴牾;書之相資者,非重複互注之法,無以究古人之源委。""書之易混者"是指與兩類以上相關的書,如"經部《易》家,與子部之五行陰陽家相出入,樂家與集部之樂府、子部之藝術相出入。""書之相資者"是指可以利用的異類之書,如"《爾雅》與本草之書,相資爲用;地理與兵家之書,相資爲用"③。采用互著法,這些書確可充分發揮它們應有的作用。

别裁、互著都是在分類著録中,遇到理有互通、書有兩用的情况時,在兩個或兩個以上的類目中兼收並載。它們不同的地方是互著的兼收並載,是把一書同樣地著録在兩個或兩個以上的類目中;别裁的兼收並載,則是把一書著録在某類中,而把書中與他類可以互通或兩用的某些部分

① 《校讎通義》卷二《焦竑誤校漢志》。

②③ 《校讎通義》卷一《互著》。

裁篇别出，著録在相關的類目中。

章學誠編撰《史籍考》也運用了别裁與互著的著録方法，其《論修史籍考要略》中“經部宜通”“子部宜擇”“集部宜裁”三例即説明這一點。今舉“子部宜擇”爲例：

> 諸子之書，多與史部相爲表裏。如《周官》典法，多見於《管子》《吕覽》；列國瑣事，多見於《晏子》《韓非》。若使鈎章鉥句，附會史裁，固非著書體要；但如《官圖》《月令》《地圓》諸篇之鴻文鉅典，《儲説》《諫篇》之排列記載，實於史部，例有專門。自宜擇取要删，入於篇次，乃使求史學者無遺憾矣。①

章學誠關於别裁與互著的理論，爲許多目録所采用，産生了深遠影響。如張之洞《書目答問略例》云：“《漢書·藝文志》有互見例，今於兩類相關者，間亦互見注其下。”②現代圖書館目録也普遍采用了這兩種著録方法。如施廷鏞《國立清華大學圖書館中文書目甲編·凡例》云：

> 某書之一部分，而與某類有關者，則裁篇别出，如《漢書·藝文志》，原從《漢書》卷之三十裁篇别出是也。凡别出者，則載明見於某書之某卷，並注其書號，以便檢閲。
>
> 凡一書意兼兩類者，則互著之，並於書名之下，載明編入某類某號。

劉國鈞先生在《中文圖書編目條例草案》《中國圖書編目條例》中確立别裁、互著二例以後，這兩個著録方法得到了更廣泛的運用。

---

① 《章氏遺書》卷一三《論修史籍考要略》。

② 《書目答問》卷首《書目答問略例》。

第四節　序例與索引

序例包括序言和編例，序言一般介紹目録的編製目的與經過，編例一般介紹編製目録所遵循的規則。讀者可以從序例中瞭解目録的特點和使用方法，因此序例也是目録不可缺少的部分。序言和編例可分開寫，也可合在一起寫。今舉孫詒讓《温州經籍志叙例》全文爲例：

郡邑之志經籍者，蓋土訓之駢枝，書録之流裔也。關東風俗之傳，墳籍成篇；嘉泰會稽之志，遺書有録。方志書目，此其蘿蒴；元明舊記，多沿兹作。厥後撰著漸繁，記載難悉，遂創專志，别帙單行。簿録之體，不淆釋地；徵文之例，斯爲宏焉。温州自唐以來，魁儒瑋學，撰述斐然。而圖經所載，僅具書名，不詳崖略，疏漏踳謬，研討靡資。今特爲補輯，勒成斯編，粗存辜較，兼拾闕遺，匪敢謂梓桑文籍盡備于斯；然唐宋而後，嘉道以前，耳目所及者，大略具矣。

中壘校書，是有《别録》，釋名辨類，厥體綦詳，後世公私書録，率有解題。自汴宋之《崇文》，逻熙朝之《四庫》，目誦所及，殆數十家，大都繁簡攸殊，而軌轍不異。至於篇題之下，晉迻叙跋，目録之外，采證群書，《通考・經籍》一門，實創兹例。朱氏《經義考》祖述馬書，益恢郛郭。觀其擇撢群藝，研覈臧否，信校讎之總匯、考鏡之淵棷也。此書之作，意存晐備，故輒遠軌鄱陽，近宗秀水，庶廣甄録，用備考稽。

劉《略》班《藝》，類分以六，厥後荀勖創四部之名，王儉樹《七志》之目，分别部居，雜而不越。勝朝地志所紀藝文，多以人次，義類紛舛，實乖史裁。蓋經藝異軌，史子殊原，不有區分，曷資參證？故此編分類，一遵四部。至于子目分合，古録多殊，惟乾隆《四庫總目》辨析最精，配隸尤當，今之編纂，實奉爲圭臬焉。

目録之别存佚，自唐釋智昇《開元釋教録》始也。朱氏沿厥舊規，增成四目。存佚之外，有曰闕者，篇簡俄空，世無完帙也。有曰未見者，弆臧未絶，購覓則難也。四者昈分，實便檢校。然存闕並憑目論，不慮譌踳；惟未見與佚，雖著録有無，足爲左契，而時代遷易，未可刻舟。朱書之例，原始明代，遝于國初。志録所收，若偶未見，並不注佚。今去朱氏，幾二百年，上溯勝朝，尤爲遼邈，豈無瑋篇珍帙，晦而復顯，昔艱尋購，今則通行。而隱秘之書，湮没已久，傳播殆絶，無事存疑。故此編未見之書，所據臧目，斷自昭代，明人所紀，並入佚科。更有書匪目睹而傳帙墒存者，如《四庫全書》，庋儲天府，釋道兩家，各有專臧，不必經覽，即定爲存。分别觀之，是在鴻博。

網羅放失，有異鑒臧，書不盡存，目宜徵實。唐修五代《經籍志》，附注亡書，悉據梁有；朱氏《經義考》所紀卷數，多援史志。實事求是，此爲精例。是編廣意搜尋，必求審諦，凡隱篇秘笈，久無傳本者，苟著在前録，悉注行間。用榤采摭之本原，且證隃佚之時代。其見存舊帙，紀述稠疊，博引繁偁，有類旒綴。然如經籍藝文，史家專志；晁陳鄭馬，儲臧古目；以及乾隆《四庫》，提全書之綱要，晉江千頃，稡五史之闕文。並鈐鍵藝林，津逮文苑。凡卷帙異同，流傳廣狹，是實足徵，不宜從略。故今凡遇此諸目所收，無論存亡，並爲詳注也。

古書流傳寖遠，遞更鈔梓，名淆于婁刻，卷異于重編。苟不辨其原流，將至展卷茫昧。此志于見存之書，標題卷數，悉遵舊本。其有新刊重定，篇第差互，則附注下方，使先後昭晰，優劣粲然。至于亡編逸籍，敘録多歧，省易分并，尤難鉤核，今則據舊目以溯厥初，證群籍以廣其異。名期從朔，卷必徵全，附斠駮文，用資考覈。

彭城《史通》，首論限斷，地志書目，蓋亦宜然。世俗崇飾人文，恒多假借。總其凡最，厥有二端：一曰僑寄，一曰依託。蓋郡邑之人，遷徙無常，父子之間，籍貫頓異，如不有界域，則一卷之中，人殊燕越，體例蕪雜，不足取信。此編所收，文籍區别特嚴。大抵自内出者，録父而删子，以父尚温産，子則異籍也。自外入者，録子而缺父，以子已土著，父猶寓公也。至如僞作新編，嫁名前哲，研究既難，采録宜審。今凡遇鈔迻舊籍，墒有主名，並搜厥根荄，概從芟癹。其有書非襲舊，人實傳疑，則姑爲綴録，以竢參定。凡此諸類，舊存今削者，更加疏證，别爲辨誤，庶知刊剗有由，異于逞肊棄取。

叙跋之文，雅俗雜粈，宋元古帙，傳播浸希，自非繆悠，悉付掌録，明氏以來，略區存汰。大氐原流綜悉，有資考校；義旨閎眇，足共誦覽。凡此二者，並爲攈采。或有瞀士剿剽，雅馴既少；書林衒鬻，題綴猥多；則僅存凡目，用歸簡要。（張氏《臧書志》于習見之書序跋，皆僅存目，今略仿其例）若編帙既亡，孤文僅在，則縱有疵纇，不廢迻幐。復以馬朱兩《考》，凡録舊文，不詳典據，沾省塗竄，每異本書，偶涉讎勘，輒滋岐牾，今亦依張《志》之例①。凡舊編具在者，並迻寫元文，不削一字，年月繫銜，亦仍其舊。其有名作孤行，散徵它籍者，則備楬根柢，並著卷篇，庶使覽者，得以討原，不難覆檢。至于辨證之語，剌劂叢殘，實難稽覈。朱《考》概標某曰，尤爲疏略，今則直冠書名，用懲肊造，有删無改，亦殊專輒。

禄利興而經義濫，風俗敝而小説滋，剬緝藝文，别裁宜審。而《千頃書目》附制舉于總集，《百川書志》入傳奇于别史，榛楛勿翦，宏達所嗤。此編搜羅務廣，甄擇特嚴。凡此兩門，雖古帙流傳，輒從删汰，庶使野言佹説，不淆文史。至于譜諜一類，古志例收，然隋唐以前，崇尚氏族，斜上旁行，悉登官簿。自譜學隃廢，私書繁雜，前創後修，此分彼合，篇帙日增，不可殫究，故《四庫總目》不立此目，分韻編姓，帙附類書。舊志于家牒閒登一二，今並削之。

詔定官書，雜成衆手，史志所著撰人或惟主監修，或僅題經進，理無專屬，違例未聞，況復斷地爲書，方隅攸限，凡在玆科，宜從蓋闕。至於游宦名賢，實多載述。如緝之《郡記》，開編譜之閎規；子温《橘録》，萃永嘉之珍産。考徵所藉，捊輯須詳，然主客之間，當有畛域，而温州舊志，並與本郡著述相厠，尤爲無例，今别録爲外編一卷，以爲搜討舊聞之助。

兩漢經儒，學有命氏，劉班所載，師法焯然。朱《考》凡所標楬，以氏繫名，例雖創立，意則同貫。此編所紀，不盡詁經之書，竊取敬鄉之

① 張《志》指張金吾編《愛日精廬藏書志》。

義,故所稱述,並沿朱例。至朱《考》薈稡群書,雖區世代,然不標明,易滋淆舛。今各加識别,俾尋覽憭如,一代之人,或有先後,則並據科第生卒之年,略爲排比。其有義士逸民,身遘易姓,苟節崇肥遁,則仍係故朝,謹遵《四庫總目》例也。至于姓氏久湮,事實不著者,則附一代之末,用竢考定,再爲敘次。

寫録之次,馬朱互異,貴與殫心舊録,故敘跋繫晁陳之後;錫鬯博綜佚聞,則傳狀冠志目之前。凡此科條,未爲允協,今之寫定,輒爲更張。大抵每書之下,敘跋爲首,目録次之,評議之語又其次也。其有遺事叢談,略綴一二。苟地志已具,則無貴繁徵。(凡通志,府、縣志有傳者,並不復詳其事迹)。至于申證精奥,規檢譌誤,一得之愚,不敢自秘,殿于末簡,以質大雅。

己巳之夏,屬稿伊始,寒暑再更,條緒粗立。凡爲卷三十有三,外編二卷,辨誤一卷附焉。著于録者,一千三百餘家,所目見者十一而已。自知徒殫勼集之勤,未窺述作之恉,紕繆奪漏,懼弗克免,用竢方聞,理而董之。

目録之前通常有序言一篇,泛論經籍之功用,闡述文運之源流,辨章學術之異同得失。如果目録未另撰凡例,全目之序也要介紹目録之義例。這些,我們在第二章第四節《書目的序》中已加討論。《温州經籍志叙例》共十三段,首尾兩段相當於序言。作者在首尾兩段中結合《温州經籍志》的性質,總結了地方文獻目録的發展過程,並説明了該志的編製目的、經過及目録概況。其餘各段爲編例。第二段介紹本書的編製體例:每書有提要,其提要“遠軌鄱陽,近宗秀水”,采用輯録之體。第三段介紹本書的分類:奉《四庫全書總目》爲圭臬。第四段介紹著録之法,每書皆對其存、佚、闕、未見分别注明。第五段介紹著録各書的依據。第六段亦介紹著録之法,每書皆對其名稱與篇卷加以辨訂。第七段介紹對作者的收録範圍。第八段介紹提要輯録資料的原則。第九段及第十段介紹書籍著録的範圍。第十一段介紹書籍的編排次序;第十二段介紹提要内容的編排次序。孫詒讓不僅對編例作了明確介紹,而且還在理論上進行了探討。除不收小説、傳奇、譜牒有可商之處外，總的來説，《温州經籍志》在目録序例方面堪稱典範。

從上例可知，一個較好的目録序例，除介紹目録的編製目的、經過及概況外，還應當説明目録的收録範圍、著録項目及編排方法。

在分量較多的目録中，無論用哪種方法來編排書目，都不能滿足讀者從不同角度檢索目録的多種要求，因爲任何一種編排方式都有一定的局限性，單靠目録正文的編排方式是不可能完全滿足讀者一系列檢索問題的需要的，因此編製各種相應的輔助索引來幫助讀者是非常必要的。

索引是將特定文獻範圍内的特定事項一一注明其所在文獻中的位置，並按一定次序編排起來的文獻檢索工具。索引同書目一樣，都是解決不斷增多的文獻同人們對它的特定需要之間矛盾的文獻檢索工具。兩者的區别在於目録是以文獻整體作爲著録和檢索單位，而索引則是以文獻内部的特定事項作爲著録和檢索單位。

我國索引出現甚早，如宋晁公武《郡齋讀書志》書目類著録《十三代史目》三卷，提要稱："唐殷仲茂撰。輯《史記》、兩《漢》、《三國》、《晉》、《宋》、《齊》、《梁》、《陳》、《後魏》、《北齊》、《周》、《隋》史籍篇次名氏。"此外，據《郡齋讀書志》與《直齋書録解題》的記載可知，南唐徐鍇撰《説文解字韻編》十卷是將《説文解字》中的字以聲韻爲序編成的索引。據此看來，唐五代已經出現索引當不成問題。

此外，《郡齋讀書志》書目類著録《群書備檢》十卷。《直齋書録解題》目録類著録《群書備檢》三卷，解題稱："不知名氏。皆經、史、子、集目録。"宋鄭樵《通志・藝文略》目録類著録《群書備檢録》七卷。《宋史・藝文志》目録類著録"石延慶、馮至游校勘《群書備檢》三卷"。《宋詩紀事補遺》卷四三稱石延慶爲宋紹興間進士，《續資治通鑒》卷一二九稱馮至游宋紹興時任大宗正丞，則他們都是宋代人。可見宋人利用《群書備檢》之類的工具書來提高文獻檢索的效率已是較爲普遍的現象。

現存明代索引有《洪武正韻玉鍵》一册，該書爲黄虞稷《千頃堂書目》小學類著録，稱"張士佩《洪武正韻玉鍵》一卷"，附注："萬曆甲戌（一五七四）叙，不知撰人。"據王重民《中國善本書提要》考證，知該書爲張士佩所撰，萬曆甲戌叙不知是誰寫的。《中國古籍善本書提要》所著録之北京大學藏本，爲萬曆十年南京刻本。現存明代索引還有傅山編的《兩漢書姓名韻》，此書末題“壬午（一六四二）八月傅山記”，則該書至遲在崇禎十五年（一六四二）編成。全書分爲《西漢書姓名韻》與《東漢書姓名韻》兩個部分。太原山西書局曾於一九三六年出版過。

早在十八世紀，章學誠就對編索引的理論進行過探討，他説：

> 竊以典籍浩繁，聞見有限，在博雅者且不能悉究無遺，況其下乎？以謂校讎之先，宜盡取四庫之藏，中外之籍，擇其中之人名、地處、官階、書目，凡一切有名可治，有數可稽者，略仿《佩文韻府》之例，悉編爲韻，乃於本韻之下，注明原書出處及先後篇第，自一見再見，以至數千百，皆詳注之，藏之館中，以爲群書之總類。至校書之時，遇有疑似之處，即名而求其編韻，因韻而檢其本書，參互錯綜，即可得其至是。此則淵博之儒窮畢生年力而不可究殫者，今即中才校勘可坐收於几席之間，非校讎之良法歟？①

這段話最先談到了索引的標目選擇、編排方法、特徵及作用。

據今所知，最早爲目録編製索引的，當推清紀昀輯《欽定四庫全書目録韻編》五卷，及四庫館輯《四庫全書簡明目録韻編》一卷。清范志熙於同治十年（一八七一）編的《四庫全書總目韻編》，有國立北平圖書館藏藕香簃鈔本。同類書還有陳乃乾編的《四庫全書總目索引》，係上海大東書局一九二六年版。此外尚有燕京大學引得編纂處一九三二年編印的《四庫全書總目及未收書目引得》。中華書局一九六五年版《四庫全書總目》附有《書名及著者姓名索引》，讀者可以從分類、書名、作者等角度來檢索。該索引前有《四角號碼檢字法》及《索引字頭筆劃檢字》，較便於使用。一九四九年後，古典文學出版社等出版的一批古籍目録皆編有索引。如《寶文堂書目索引》《虞山錢遵王書目匯編書名著者名綜合索引》等。

① 《校讎通義》卷一《校讎條理第七》。

集合多種目録爲之編製綜合索引的，則有燕京大學引得編纂處一九三三年編印的《藝文志二十種綜合引得》。今録其《藝文志二十種原名及略語對照表》如下（表中“同上”原作“同右”）：

種　數	略　語	原　名	著　者	版　本
1	漢	漢書藝文志	班　固	八史經籍志本
2	後	後漢藝文志	姚振宗	適園叢書本
3	三	三國藝文志	姚振宗	同　上
4	晉	補晉書藝文志	文廷式	長沙鉛印本
5	隋	隋書經籍志	長孫無忌等	八史經籍志本
6	舊唐	舊唐書經籍志	劉昫等	同　上
7	唐	唐書藝文志	歐陽修	廣雅叢書本
8	五	補五代史藝文志	顧櫰三	八史經籍志本
9	宋	宋史藝文志	託克託等	同　上
10	宋補	宋史藝文志補	盧文弨	同　上
11	遼	補遼金元藝文志	盧文弨	同　上
12	金	補三史藝文志	金門詔	同　上
13	元	補元史藝文志	錢大昕	同　上
14	明	明史藝文志	張廷玉等	同　上
15	禁	禁書總目		抱經堂印本
16	全	全燬書目		同　上
17	抽	抽燬書目		同　上
18	違	違礙書目		同　上
19	目	徵訪明季遺書目	劉世瑗	鉛印本
20	清	清史稿藝文志	朱師轍	清史稿單行本

以上二十種圖書目録中的書名與作者均一一列目，用中國字庋擷法混合排列。只知書名或只知作者，均可從中查到出處。引得前附有《筆劃檢字》與《拼音檢字》，這爲不知使用中國字庋擷法的讀者提供了方便。該索引對查考歷代圖書著述情況是很有用的。

在爲叢書目録及叢書子目編製索引方面做出成績的，有浙江省圖書館金步瀛所編《叢書子目索引》，金陵大學圖書館曹祖彬所編《叢書子目備檢著者之部》，清華大學圖書館施廷鏞所編《叢書子目書名索引》。後者計收清華大學圖書館所藏叢書一千二百七十五種，子目四萬餘。書名以筆劃爲序排列，書名下注明卷數、時代、著者、所屬叢書、册次。朱自清的序文指出："索引以檢查便利爲主，本書編者施鳳笙（廷鏞）先生在這上面費的心力最多。除《筆劃檢字表》外，並編了個《部首檢字表》，又定了許多互見的例。"既常見又便於使用的要算上海圖書館編《中國叢書綜録》第三册《子目書名索引》與《子目著者索引》。索引按《四角號碼檢字法》的順序排列。索引前附有《四角號碼檢字法》《索引字頭筆劃檢字》及《索引字頭拼音檢字》，極便讀者。陽海清編撰之《中國叢書廣録》也值得重視，其《編例》説："本編所收，限於中國古籍叢書。凡《中國叢書綜録》已予揭示者不再收入，若有復出必定在書名、版本或子目多寡等方面有所不同。對於近四十年來，大陸、香港、澳門和臺灣地區影印或重新整理出版之古籍叢書，無分綫裝、平裝、精裝，儘量訪求收録。"可見該目恰可彌補《中國叢書綜録》之不足。該目分上、下兩册，上册爲總目，下册爲索引。包括《子目書名索引》《子目著者索引》和《子目分類索引》，可從書名、著者、分類三個角度，檢索到上册所著録的叢書子目。

此外特别值得一提的是王重民撰《中國善本書提要》所附《書名索引》《撰校刊刻人名索引》《刻工人名索引》《刻書鋪號索引》。它們擴大了一般目録索引所確立的標目範圍，從而反映出了版本目録的特點，對我們充分利用《中國善本書提要》來做版本鑒定和其他科學研究工作都是極有幫助的。毫無疑問，爲分量較多的目録編製索引，可以提高檢索效率，爲科學研究提供一條捷徑。這是我們編製目録時所不應忽略的一部分工作。

參考書目舉要

（以著作最初出版時間爲序）

《通志·校讎略》 鄭樵 商務印書館《十通》本 一九三七年

《校讎通義》 章學誠 上海古籍出版社 一九五六年

《劉向校讎學纂微》 孫德謙 元和孫氏四益宧刊本 一九二三年

《目録學》 劉咸炘 四川大學 一九二八年

《目録學研究》 汪國垣 商務印書館 一九五六年

《校讎學史》 蔣元卿 商務印書館 一九三五年

《中國目録學史》 姚名達 商務印書館 一九五七年再版

《中國目録學史》 許世瑛 中國文化大學出版部 一九八二年新版

《廣校讎略》 張舜徽 中華書局 一九六三年

《鄭樵校讎略研究》 錢亞新 商務印書館 一九四八年

《古文獻學要略》 王欣夫 南京大學中文系油印本 一九八三年

《目録學發微》 余嘉錫 中華書局 一九六三年

《古典目録學淺説》 來新夏 中華書局 一九八一年

《目録學概論》 武漢大學、北京大學《目録學概論》編寫組 中華書局 一九八二年

《中國文獻學》 張舜徽 中州書畫社 一九八二年

《中國目録學史論叢》 王重民 中華書局 一九八四年

《目録學》 徐召勛 安徽教育出版社 一九八五年

《中國目録學史》 喬好勤 武漢大學出版社 一九九二年

《中國古典文學史料學》 徐有富等 北京大學出版社 二〇〇八年

《目録學與學術史》 徐有富 中華書局 二〇〇八年

校讎廣義·典藏編

程千帆　徐有富　撰

第一章　典藏學的建立與典藏的功用

第一節　典藏學的建立

典即書籍。《尚書・五子之歌》:“明明我祖,萬邦之君,有典有則,貽厥子孫。”僞孔安國傳曰:“典謂經籍。”①許慎亦云:“典,五帝之書也。從册在丌上,尊閣之也。”②

典也有管理的含義。《禮記・文王世子》:“秋學禮,執禮者詔之;冬讀書,典書者詔之。”③司馬遷云:“司馬氏世典周史。”④阮孝緒《七録序》亦稱:“校書郎班固、傅毅並典秘籍。”⑤以上三例中的“典”字,均指管理圖書。

藏指保管。《左傳》襄公十一年:“夫賞,國之典也,藏在盟府。”《墨子・天志下》云:“書之竹帛,藏之府庫。”《莊子・天道》云:“孔子西藏書於周室,子路謀曰:由聞周之徵藏史有老聃者,免而歸居,夫子欲藏書,則試往因焉。”以上三例,藏顯然指保管書籍。

藏也可用作名詞。《周禮・天官冢宰》述宰夫之職云:“五曰府,掌官

---

① 《尚書正義》卷七。

② 《説文解字》第五上。五帝指少昊、顓頊、高辛、唐、虞。

③ 《禮記正義》卷二〇。

④ 《史記》卷一三〇《太史公自序》。

⑤ 《廣弘明集》卷三。

契以治藏。”鄭玄注:“治藏,藏文書及器物。”①治藏之“藏”泛指檔案及其他藏品。劉歆《七略》云:“武帝廣開獻書之路,百年之間,書積如丘山,故外有太史、博士之藏;内有延閣、廣内、秘書之府。”②此“藏”字則專指藏書。阮元解釋道:“藏書曰‘藏’,古矣。古人韻緩,不煩改字,收藏之與藏室無二音也。漢以後曰觀、曰閣、曰庫,而不名藏。隋唐釋典大備,乃有開元釋藏之目。釋道之名藏,蓋亦摭儒家之古名也。”③

綜上所述,本編“典藏”一詞專指收存保管圖書。

典藏學的内涵同現代圖書館學是一致的。劉國鈞説:“什麽是圖書館學?圖書館學便是研究圖書館的組織法、管理法和使用法的學科。”④本書所謂典藏學則是研究我國古代書籍收集、保管與利用規律的一門學問。

古代已有大量論著對書籍的保管與利用規律進行了探索,兹略述如次:

專著可以鄭樵《通志·校讎略》、祁承㸁《澹生堂藏書約》、孫慶增《藏書記要》、葉德輝《藏書十約》等爲代表。鄭樵的《求書之道有八論》系統總結了采訪圖書的途徑,對現代圖書采訪工作仍有指導意義。孫慶增的《藏書記要》對購求、鑒别、鈔録、校讎、裝訂、編目、收藏、曝書等方面的問題作了全面探討,頗獲好評。如黄丕烈跋云:“《藏書記要》言之甚詳且備,蓋亦真知而篤好者。……余因是書所記藏書之要,皆先我而言之者,遂付梓以行。”⑤譚卓垣也説:

> 孫慶增所寫的這部便覽,是整個十九世紀唯一的一部向私人藏書家交代藏書技術的參考書。令人驚奇的是,它所提出的建議一向爲收藏家所謹守不渝,直至今日還對現代中國的圖書館發生着影響。許多編纂珍本書目的術語都出自該書,更不用説後人以此書的意見

---

① 《周禮注疏》卷三。

② 《太平御覽》卷六一九引。

③ 《揅經室三集》卷二《杭州靈隱書藏記》。

④ 《圖書館學要旨》第一章《圖書館學的意義與範圍》。

⑤ 《士禮居黄氏叢書》本《藏書記要》卷末。

爲鑒别宋元版本的標準了。雖然在最近幾十年裏,出版了不少關於圖書館科學的著作,但是旨在指導私人藏書家工作的專著却未見問世。假如今後還没有著述來取代《藏書記要》的地位,那麽,中國的藏書家們還將在各方面仰仗於它。①

近人陳登原著《古今典籍聚散考》,也是一部研究古今典籍聚散規律的力作。作者搜集了豐富的史料,分隸政治、兵燹、藏弆、人事四卷而辨證之,對我們研究古代藏書理論頗具參考價值。

還有一些著作,如程俱《麟臺故事》,陳騤《中興館閣録》,逸名《中興館閣續録》,②王士點、商企翁《秘書監志》,分别論述了北宋、南宋、元代國家藏書機構的沿革、建制、職能、典章等。《四庫全書總目》卷七十九《南宋館閣録十卷續録十卷》提要云:"今考是録所載,自建炎元年至淳熙四年;續録所載,自淳熙五年至咸淳五年。皆分沿革、省舍、儲藏、修纂、撰述、故實、官秩、廩禄、職掌九門。典故條格,纖悉畢備,亦一代文獻之藪也。"這些著作爲我們進一步研究典藏學提供了原始資料。

還有一些著作,如葉昌熾《藏書紀事詩》、吴晗《江浙藏書家史略》,具有中國古代私家藏書史料匯編的性質。前者反映了五代訖於清末,各個時期私家藏書的概况;後者反映了在我國藏書史上占有重要地位的江浙兩地私家藏書面貌。兩書的共同特點是在資料的剔抉爬梳方面下了很大功夫。葉昌熾云:"竊不自揆,肄業所及,自正史以逮稗乘、方志、官私簿録、古今文集,見有藏家故實,即裒而録之。"③吴晗也稱:"暇中於考訂撰作之餘,日手録諸方志、史乘、詩文集、筆記、志狀碑帖諸有關於藏書故實者,錙積寸累,比來積稿數盈尺。"④這兩部書也爲研究典藏學創造了條件。

---

① 《清代藏書樓發展史》第三章《私家藏書樓》第二節《藏書家恪守的藏書之道》。

② 《中興館閣録》《中興館閣續録》,《四庫全書》本改名爲《南宋館閣録》《南宋館閣續録》。

③ 《藏書紀事詩・目録》。

④ 《兩浙藏書家史略・序言》。

論文可以牛弘《請開藏書之路表》、[1]高濂《遵生八箋·燕閒清賞箋·論藏書》、周永年《儒藏説》爲代表。[2] 牛《表》提出了著名的五厄論,對書籍從秦始皇到梁元帝時期所遭到的厄運進行了總結。在他的影響下,宋代的洪邁、[3]周密,[4]明代的邱浚、[5]胡應麟,[6]乃至近人錢振東、[7]祝文白等都紛紛寫出了新的書厄論。[8] 高《箋》對書估作僞手段作了具體細緻的揭露,使藏書家在收購古書時有所警惕,並注意做鑒定工作。周《説》提出建立儒藏,"務俾古人著述之可傳者,自今日永無散失,以與天下萬世共讀之"的藏書思想。至於近現代有關中國古代典藏學的論文甚多,我們就不詳加介紹了。

此外值得我們注意的是古代目録的序言,其中不少實際上就是古代典藏學的論文。如《隋書·經籍志》序除闡述經籍的作用、介紹《隋書·經籍志》的體例外,還系統總結了隋代及隋代以前中國藏書史。再如阮元《寧波范氏天一閣書目序》除論述天一閣的建築情況與藏書特點外,還歸納了天一閣藏書能够長久保存的三條原因,今録之如下:

> 此閣構於月湖之西,宅之東,牆圃周迴,林木蔭翳。閣前略有池石,與闤闠相遠,寬閒静閟,不使持煙火者入其中,其能久一也。又司馬没後,封閉甚嚴,繼乃子孫各房相約爲例,凡閣厨鎖鑰,分房掌之。禁以書下閣梯,非各房子孫齊至,不開鎖。子孫無故開門入閣者,罰不與祭三次;私領親友入閣及擅開厨者,罰不與祭一年;擅將書借出者,罰不與祭三年;因而典鬻者,永擯逐不與祭。其例嚴密如此,所以能久二也。夫祖父非積德則不能大其族,族大矣而不能守禮讀書,則

---

① 見《隋書》卷四九。
② 見《松鄰叢書》甲編。
③ 見《容齋續筆》卷一五《書籍之厄》。
④ 見《齊東野語》卷一二《書籍之厄》。
⑤ 見《大學衍義補·論圖籍之儲》。
⑥ 見《少室山房筆叢》卷四《經籍會通》。
⑦ 見《書厄述要》,載《坦途》一九二七年第四期。
⑧ 見《兩千年來中國圖書之厄運》,載《東方雜志》一九四五年第十九號。

不肖者多出其間。今范氏以書爲教，自明至今，子孫繁衍，其讀書在科目學校者，彬彬然以不與祭爲辱，以天一閣後人爲榮，每學使者按部必求其後人優待之。自奉詔旨之褒，而閣乃永垂不朽矣。其所以能久者三也。①

不少書目提要頗類版本鑒定書，爲我們留下了許多版本鑒定的成功經驗，如《欽定天禄琳琅書目》卷一《春秋分紀》提要云：

宋淳祐三年，程公許守宜春刻是書於郡齋。陳振孫《書録解題》盛稱之。此本卷中多有元時鈐用官印，且於首尾紙背用紅字條記。係大德十年，江浙等處行中書省，奉中書省取備國子監書籍，令儒學副提舉陳公舉校勘申解。考《元史》世祖至元十二年括江西諸郡書板。宜春隸江西，蓋至元詔取，而大德始上，此即宋刊元印之本。

作者研究了該書的印記，並通過徵文考獻，最後下了宋刊元印的結論，使讀者感到確鑿無疑。有的提要還對某些帶有規律性的問題進行了探索，如錢曾云：

近代刊行典籍，大都率意劖改，俾古人心髓面目，晦昧沉錮於千載之下，良可恨也。嗟嗟！秦火之後，書亡有二，其毒甚於祖龍之炬：一則宋時之經解，逞私説，憑臆見，專門理學，人自名家，漢唐以來，諸大儒之訓詁注疏，一概漫置不省，經學幾幾乎滅熄矣；一則明朝之帖括，自制義之業盛行，士子專攻此，以取榮名利禄，五經旁訓之外，何從又有九經、十三經，而况四庫書籍乎？三百年來，士大夫劃肚無書，撑腸少字，皆制義誤之，可爲痛惜者也。②

① 《揅經室二集》卷七。

② 《讀書敏求記》卷三《顔氏家訓》。

書賈爲射利而改書作僞的現象已爲人們所熟知,此文指出爲應付科舉考試而草率編纂的大量參考資料對原書的危害是足以發人深省的。

與書目提要類似的還有藏書題識,將零散的藏書題識匯編在一起,實際上也就成了書目。這方面的著作很多,可以黄丕烈的藏書題識爲代表。傅增湘説:“夫蕘圃當乾嘉極盛之時,居吴越圖籍之府,收藏宏富,交友廣遠,於古書版刻先後異同及傳授源流,靡不賅貫,其題識所及,聞見博而鑒别詳,巍然爲書林一大宗,舉世推挹之,宜矣。”①這些題識不僅對研究版本、校勘、目録的學者們具有參考價值,同時也反映了作者的藏書思想,對研究典藏學同樣具有參考價值。繆荃孫摘其精語曰:

> 昔人不輕借書與人,恐其秘本流傳之廣,此鄙陋之見,何足語藏書之道? 又曰:識書之道在廣見博聞,所以多留重本。又曰:古書源委必藉他書以證明之。又曰:凡舊板模糊處最忌以新版填補。又曰:舉宋刻之殘鱗片甲,盡登簿録。此百宋一廛收殘本四十二種,在在爲後學開示門徑。②

當然,黄氏藏書題識在記録版本鑒定成果方面的成就尤爲令人注目。如王芑孫《黄蕘圃陶陶室記》云:

> 今天下好宋板書,未有如黄蕘圃者也。蕘圃非惟好之,實能讀之。於其板本之後先,篇第之多寡,音訓之異同,字畫之增損,及其授受源流,翻摹本末,下至行幅之疏密廣狹,帙綴之精粗敝好,莫不心營目識,條分縷析。③

有關中國古代典藏之學的史料散見各處,李希泌、張椒華編《中國古代藏書與近代圖書館史料(春秋至五四前後)》,做了許多艱苦細緻的工作,爲

① 《黄顧遺書》本《思適齋書跋》卷首《序》。
② 《蕘圃藏書題識》卷首《序》。
③ 《淵雅堂全集》卷七。

我們的叙述提供了方便。

前人在探索圖書收藏與利用的規律方面所取得的豐碩成果，不僅對典藏工作起着指導與借鑒作用，而且也爲我們進一步研究與建立典藏學創造了條件。

第二節　典藏的功用

書籍的作用在於記録與傳播人類經驗。因此，典藏與政治、讀書治學、圖書出版、文化積累的關係尤爲密切。我們研究典藏學就是爲了更好地發揮圖書的作用，今分别述之如下。

一　典藏與政治

人們早就認識到了文獻與政治的密切關係。如《禮記・中庸》云："文武之政，布在方策。"孔穎達疏曰："文武之政布在方策者，言文王、武王爲政之道皆布列在於方牘簡策。"①牛弘《請開獻書之路表》亦云："《周官》，外史掌三皇五帝之書，及四方之志。武王問黄帝、顓頊之道，太公曰：'在丹書。'是知握符御曆，有國有家者，曷嘗不以《詩》《書》爲教，因禮樂而成功也。"②

在統治者看來，保存書籍就是保存統治經驗，學習書籍就是學習統治經驗。墨子云："古之聖王欲傳其道於後世，是故書之竹帛，鏤之金石，傳遺後世子孫，欲後世子孫法之也。"③所以歷代統治者不論是收藏還是禁燬書籍，都着眼於典藏的政治作用。

不少統治者由於充分地認識到了圖書的作用，因而積極開展了藏書建設工作，如進入中央集權政治的宋代，太宗趙光義就認爲："夫教化之本，治亂之原，苟非書籍，何以取法？"④在太平興國九年（九八四）正月的詔書裏，

① 《禮記正義》卷五二《中庸》第三十一。
② 《隋書》卷四九《牛弘傳》。
③ 《墨子》卷一二《貴義》。
④ 《續資治通鑑長編》卷二五。

他又説:"國家勤求古道,啓迪化源,國典朝章,咸從振舉。遺編墜簡,宜在詢求。致治之先,無以加此。"①淳化三年(九九二)九月,這位皇帝視察秘閣,見到群書齊整,喜形於色,對侍臣談道:"喪亂以來,經籍散失,周孔之教將墜於地。朕即位之後,多方收拾,鈔寫購募,今方及數萬卷,千古治亂之道並在其中矣。"②南宋高宗也積極開展過徵集圖書的工作。馬端臨云:

> 高宗渡江,書籍散佚,獻書有賞,或以官。故家藏者,或命就録,鬻者悉市之。乃詔分經史子集四庫,仍分官日校。又内降詔,其略曰:"國家用武開基,右文致治,藏書之盛,視古爲多。艱難以來,網羅散失,而十不得其四五。令監司郡守,各諭所部,悉送上官;多者優賞。"又復置補寫所,令秘書省提舉掌求遺書,詔定獻書賞格,自是多來獻者。③

清代是我國封建統治制度最爲完備成熟的朝代,統治者大力開展圖書搜集整理工作,政治目的更爲明確。如高宗《文淵閣記》明言:"予蒐四庫之書,非徒博右文之名,蓋如張子所云:'爲天地立心,爲生民立道,爲往聖繼絶學,爲萬世開太平。'"④

歷代統治者禁燬某些書籍,同樣也是爲了鞏固封建統治。在秦始皇御前的辯論會上,丞相李斯正是從這個角度主張焚書的。他説:

> 古者天下散亂,莫之能一,是以諸侯並作,語皆道古以害今,飾虛言以亂實,人善其所私學,以非上之所建立。今皇帝並有天下,别黑白而定一尊。私學而相與非法教,人聞令下,則各以其學議之,入則心非,出則巷議,夸主以爲名,異取以爲高,率群下以造謗。如此弗

① 《宋會要輯稿》卷一七四二《崇儒四》之十六。
② 《麟臺故事》卷一《儲藏》。
③ 《文獻通考》卷一七四《經籍考》。
④ 《御製文二集》卷一三。

禁，則主勢降乎上，黨與成乎下。禁之便。①

秦始皇采納了李斯的建議，實行愚民政策，指望鞏固政權，結果與他的願望相反，秦很快就滅亡了。正如章碣《焚書坑》詩所説："坑灰未冷山東亂，劉項原來不讀書。"②

統治者往往通過豐富的藏書來粉飾太平。清高宗乾隆三十八年（一七七三）五月十七日詔説得很清楚：

方今文治光昭，典籍大備，恐名山石室儲蓄尚多，用是廣爲蒐羅，俾無遺佚，冀以闡微補闕。所有進到各遺書並交總裁等，同《永樂大典》内現有各種詳加校勘，分别刊抄，擇其中罕見之書有益於世道人心者，壽之梨棗，以廣流傳，餘則選派謄録，匯繕成編，陳之册府，其中有俚淺訛謬者，止存書名，匯爲總目，以彰右文之盛，此采擇《四庫全書》之本旨也。③

至於高宗想借此機會禁燬一切對清政府不滿不利的圖書，我們將在下文論及。當時不少人認識到私家藏書樓也有點綴文治承平的作用，直至清末仍如此。如宣統二年（一九一〇）三月，山東巡撫孫寶琦奏《保護海源閣藏書摺》云："臣查保存古物定例宜遵，舊籍相傳，尤爲文明觀耀。昔韓宣子聘魯，觀書於太史氏，稱爲周禮在魯，此閣亦猶禮存於魯之一端。"④

統治者還把國家藏書機構當作儲存與培養人才的地方，《三輔黄圖》卷六稱漢"天禄閣，藏典籍之所。《漢宫殿疏》云：天禄、麒麟閣，蕭何造，以藏秘書，處賢才也"。宋程俱談到北宋統治者曾從當時國家藏書機構中選拔了大量人才，他説："國初既已削平僭亂，海寓爲一，於是聖主恩與天下

---

① 《史記》卷六《秦始皇本紀》。

② 《全唐詩》卷六六九。

③ 《四庫全書總目》卷首。

④ 載《圖書館學季刊》第一卷第一期，又見曹景英、馬明琴主編的《海源閣研究資料》。

涵泳休息，崇儒論道，以享太平之功。時三館之士固已異於常僚，其後簡用益高，故恩禮益異，以至治平、熙寧之間，公卿侍從莫不由此塗出。”①南宋紹興元年(一一三一)二月丙戌，丞相范宗尹等奏曰：“祖、宗以來，館閣之職所以養人才，備任使，一時名公卿皆由此塗出。崇寧以後，選授寖輕。自軍興時巡，務省冗官，秘省隨罷。今多難未弭，人才爲急，四方俊傑，號召日至，而職事官員闕太少，殆無以處事，固有若緩而急者，此類是也。謂宜量復館職，以待天下之士。”②宋高宗采納了他們的建議，指示：“復秘書省，置監若少監一人，丞、著作郎、佐郎各一人，校書郎、正字各二人。”③事實上，歷代封建文人也認識到擔任館職是進身之階，如章學誠云：“今天子右文稽古，三通四庫諸館，以次而開，詞臣多由編纂超遷，而寒士挾册依人，亦以精於校讎，輒得優館，甚且資以進身。”④

不少封建士大夫也從政治角度來認識藏書的作用，並自覺利用藏書培養封建統治階級的接班人。如元至正二十二年(一三六二)八月，陳基爲西湖書院重整書目寫的序言説：“夫經史所載，皆歷古聖賢建中立極修己治人之道，後之爲天下國家者，必於是取法焉。傳曰‘文武之道，布在方策’，不可誣也。”⑤一些藏書家還將藏書傳給子孫作爲博取功名的工具，如清初著名藏書家徐乾學即將自己的藏書樓取名爲傳是樓。汪琬《傳是樓記》云：

> 今健庵先生既出其所得於書者，上爲天子之所器重，次爲中朝士大夫之所矜式，藉是以潤色大業，對揚休命有餘矣，而又推之以訓敕其子姓，俾後先躋巍科、取膴仕，翕然有名於當世。琬然後喟焉大息以爲讀書之益宏矣哉！循是道也，雖傳諸子孫世世何不可之有。⑥

① 《麟臺故事》卷三《選任》。《麟臺故事》卷一《沿革》稱宋初“以昭文館、史館、集賢院爲三館”。

②③ 《麟臺故事》卷末《後序》。

④ 《文史通義新編新注》外篇三《答沈楓墀論學書》。

⑤ 《松鄰叢書》甲編《元西湖書院重整書目》卷首。

⑥ 《傳是樓宋元本書目》卷末。徐乾學號健庵。

凡藏書家將子孫培養成官員的，每爲人們所稱頌。如阮元談及宋初藏書家劉式的妻子陳夫人教子讀書的事迹説：

> 式字叔度，開寶中隨李氏入宋，官工部員外郎，判三司磨勘司，贈太保、禮部尚書。妻陳夫人既寡，以遺書教諸子，曰："先大夫秉行清潔，有書數千卷以遺後，是墨莊也。安事隴畝？"諸子怠於學者，則爲之不食。由是，諸子皆以學爲郎官，孫廿五人，世稱墨莊夫人。①

許多藏書家都諄諄告誡子孫藏書讀書，認爲只要做到了這一點，就能進身成爲統治階級的一員。如北齊顔之推云："自荒亂已來，諸見俘虜，雖百世小人，知讀《論語》《孝經》者，尚爲人師；雖千載冠冕，不曉書記者，莫不耕田養馬。以此觀之，安可不自勉耶！若能常保數百卷書，千載終不爲小人也。"②顔氏的觀點受到了明代藏書家祁承㸁的認同，他教導兒子説：

> 當爾之時，誠駑才矣！若能常保數百卷，千載終不爲小人。諺曰：積財千萬，不如薄伎在身。伎之易習而可貴者，無過讀書。世皆欲識人之多，見事之廣，而不肯讀書，是猶求飽而懶營饌，欲暖而懶裁衣也。之推之言，其警人者至矣，爾輩時讀一過，能無惕然。③

總之，出於鞏固政權、培養人才的需要，古人都十分重視圖書典藏工作。

二　典藏與讀書治學

豐富的藏書當然可爲讀書治學創造條件，張金吾嘗云："人有愚、智、賢、不肖之異者，無他，學不學之所致也。然欲致力於學者，必先讀書；欲

---

① 《揅經室集二集》卷二《揚州文樓巷墨莊考》。

② 《顔氏家訓集解》卷三《勉學第八》。

③ 《澹生堂藏書約·讀書訓》。

讀書者,必先藏書。藏書者,誦讀之資,而學問之本也。”①

“欲知今古事,須讀五車書。”②讀書是人們獲取知識有效而基本的途徑。如晉袁山松云:“(王)充所作《論衡》,中土未有傳者,蔡邕入吴始得之,恒秘玩以爲談助。其後,王朗爲會稽太守,又得其書,及還許下,時人稱其才進。或曰:不見異人,當得異書。問之,果以《論衡》之益。”③《晉書・張華傳》談到張華“雅愛書籍,身死之日,家無餘財,惟有文史溢於几篋。嘗徙居,載書三十乘。秘書監摯虞撰定官書,皆資華之本以取正焉。天下奇秘,世所希有者,悉在華所。由是博物洽聞,世無與比”。《宋史・宋綬傳》稱其子“敏求家藏書三萬卷,皆略誦習。熟於朝廷掌故,士大夫疑議,必就正焉”。

上述例子説明了藏書在拓寬與加深讀者知識的廣度與深度方面的作用。因此,不少知識分子都是爲了讀書而藏書。如司馬光《獨樂園記》云:“熙寧四年(一〇七一),迂叟始家洛,六年,買田二十畝於尊賢坊北,闢以爲園,其中爲堂,聚書出五千卷,命之曰讀書堂。”④

有些藏書家藏書不僅自己讀,而且要求子孫讀,使讀書種子綿綿不絶。如南宋林霆“聚書數千卷,皆自校讎,謂子孫曰:‘吾爲汝曹獲良産矣’”⑤。清孫樹禮《善本書室記》亦云:“積財以貫計,積書以卷計。積財十萬貫,子孫日夕取求焉,不數年而用已罄;積書十萬卷,子孫日夕取求焉,終其身用之不盡,更傳諸子若孫,數十世亦不能盡也。故昔人有積財十一,積書十九之語。”⑥

古書流傳既久,屢經鈔刻,每多異文,爲了獲得正確的閲讀資料,古人讀書特别强調校勘,如王鳴盛云:“欲讀書必先校書,校之未精而遽讀,恐

---

① 《愛日精廬藏書志》卷首《自序》。
② 《邃雅堂集》續編《鳳陽府君墓志銘》。鳳陽府君指倪模。
③ 《後漢書》卷四九《王充傳》注引。
④ 《司馬文正公傳家集》卷七一。
⑤ 《宋史》卷四三六《鄭樵傳》。
⑥ 《善本書室藏書志》卷末附録。

讀亦多誤矣。"[①]葉德輝甚至説:"書不校勘,不如不讀。"[②]而豐富的藏書當然爲校勘創造了條件,許多藏書家都儘量購求善本異本。如黄丕烈云:"余好古書,無則必求其有,有則必求其本之異,爲之手校;校則必求其本之善,而一再校之。此余所好在是也。"[③]所以他特别注意收重本,嘗云:"余於古書每見必收,故一書竟有重複至三四本者。"[④]"余最喜藏書,兼購重本,取其彼此可互勘也。"[⑤]

治學當然更離不開藏書,許多著作都是利用公私豐富的藏書寫成的。例如司馬遷寫《史記》,就充分地利用了國家藏書。司馬遷於元封三年(前一〇八)正式擔任太史令,於太始元年(前九六)擔任中書令。這兩個官職都使他有條件接觸到大量的國家收藏的文獻。《史記·太史公自序》云:"遷爲太史令,紬史記石室金匱之書。"司馬貞《史記索隱》案:"石室、金匱,皆國家藏書之處。"《太史公自序》復云:"漢興,蕭何次律令,韓信申軍法,張蒼爲章程,叔孫通定禮儀,則文學彬彬稍進,《詩》《書》往往間出矣。自曹參薦蓋公言黄、老,而賈生、晁錯明申、商,公孫弘以儒顯,百年之間,天下遺文古事靡不畢集太史公。"據《初學記》載,中書令"典尚書,通掌圖書"。"以其總掌禁中書記,謂中書。漢武時,司馬遷被腐刑之後,爲中書令。"[⑥]可見漢宫廷内延閣、廣内、秘書之府裏的藏書,都由司馬遷管過。據金德建撰《司馬遷所見書考》,知司馬遷著《史記》所憑藉的典籍,今可考者不下三十種,這與他能借工作之便,利用宫廷藏書是密切相關的。

一般知識分子從事學術研究,則要依靠私家藏書,如趙明誠撰《金石録》三十卷,就是據所藏三代鼎彝及漢唐以來石刻寫成的。李清照《金石録後序》談到了他們的藏書及寫作情況:《金石録》三十卷,趙侯德父所著書也。余建中辛巳(一一〇一)始歸趙氏,侯年二十一,在太學。後連守兩

① 《十七史商榷》卷首《序》。
② 《藏書十約·校勘》。
③ 《蕘圃藏書題識》卷五《劉子新論十卷》。
④ 《蕘圃藏書題識》卷五《硯箋四卷》。
⑤ 《蕘圃藏書題識》卷五《麈史》。
⑥ 《初學記》卷一三《職官部下》。

郡，竭其俸入以事鉛槧。每獲一書，即同共校勘、整集籤題。得書畫彝鼎，亦摩翫舒卷，指摘疵病，夜盡一燭爲率。故能紙札精緻，字畫完整，冠諸收書家。在金人陷青州，其十餘屋藏書及古器物皆爲煨燼後，猶有書二萬卷，又金石刻二千卷。① 孫慶增著《藏書記要》，也以豐富的藏書作爲基礎，其《藏書記要》自序云：

> 余無他好，而中於書癖，家藏卷帙，不下萬數，雖極貧，不忍棄去，然聖賢之道，非此不能考證。數年以來，或持槖以載所見，或携篋以誌所聞，念兹在兹，幾成一老蠹魚矣。同志欲標其要，竊不自量，記爲八則，其當與不當，冀有識者諒之。②

在中國歷史上，學者們持續不斷地進行着文獻整理工作，無論校勘、注釋、編目，還是輯佚、匯編，都離不開公私藏書。如明永樂元年（一四〇三）七月，成祖朱棣曾對翰林侍讀學士解縉等説：

> 天下古今事物，散載諸書，篇帙浩穰，不易檢閲；朕欲悉采各書所載事物類聚之，而統之以韻，庶幾考察之便，如探囊取物。再嘗觀《韻府》《回溪》二書，事雖有統，而采摘不廣，紀載太略；爾等其如朕意，凡書契以來，經史子集百家之書，至於天文地志陰陽醫卜僧道技藝之言，備輯爲一書，毋厭浩繁。③

爲了實現這一目標，當時的國家藏書機構曾做了大量的圖書采購工作，朱棣《永樂大典序》曾談到他“命文學之臣，纂集四庫之書，及購募天下遺籍，上自古初，迄於當世，旁搜博采，彙聚群分，著爲奥典”。④ 全祖望《鈔永樂

---

① 《李清照集校注》卷二《金石録後序》。

② 《藏書記要》卷首。

③ 《明太宗實録》卷二一。

④ 《永樂大典目録》卷首。

大典記》也曾説《永樂大典》"一切所引書皆出文淵閣儲藏本"。①

豐富的藏書對文學創作也是有益的，左思作《三都賦》就參考了晉朝國家藏書，《晉書·左思傳》稱其復欲賦《三都》，"遂構思十年，門庭藩溷皆著筆紙，偶得一句，即便疏之，自以所見不博，求爲秘書郎"。及賦成，張華嘆爲班、張之流，"於是豪貴之家競相傳寫，洛陽爲之紙貴"。秘書郎在晉代正是管理國家藏書的官。

藏書除有益於讀書、治學、創作外，也豐富了藏書家的生活内容，使他們獲得高層次的精神享受。許多藏書家都把藏書、讀書當作畢生愛好，從中受到慰藉，獲得快樂。宋代尤袤就是一個例子，陳振孫曾説尤袤"家有遂初堂，藏書爲近世冠"。② 李燾云：

> 延之於書靡不觀，觀書靡不記。每公退則閉户謝客，日計手鈔若干古書。其子弟及諸女亦鈔書。一日謂予曰："吾所鈔書今若干卷，將彙而目之。饑讀之以當肉，寒讀之以當裘，孤寂而讀之以當友朋，幽憂而讀之以當金石琴瑟也。"③

尤袤的話引起了許多知識分子的共鳴。明代藏書家胡應麟也有同樣感受，嘗自言："於他無所嗜，所嗜獨書，饑以當食，渴以當飲，誦之可以當韶護，覽之可以當夷施，憂藉以釋，忿藉以平，病藉以起色。"④書對於知識分子確實是不可缺少的伴侣。

三　典藏與圖書出版

藏書與圖書出版相輔相成。許多藏書單位同時是圖書出版單位。采用手鈔的方法復製圖書是一種原始的出版形式，它的缺點是速度慢，複本内容很難保持一致。雕版印刷術發明以後，圖書出版工作得到了蓬勃發

① 《鮚埼亭集外編》卷一七。
② 《直齋書録解題》卷一八《梁溪集》。
③ 《説郛》卷十下。
④ 《弇州續稿》卷六三《二酉山房記》。

展,官府、學校、寺觀等藏書單位,都出版過不少圖書。如五代國子監就是經書雕印工作的一個光輝起點。許多藏書家同時也是出版家,如南宋初期井孟憲藏書甚豐,晁公武稱其"天資好書,自知興元府至領四川轉運使,常以俸之半傳録。時巴蜀獨不被兵,人間多有異本,聞之未嘗不力求,必得而後已。歷二十年,所有甚富"。① 而他對四川眉山地區出版事業的興盛也作出了貢獻,詳見本書《版本編》第四章第二節《按地域區分》二《蜀本》。

明代的大出版家往往是大藏書家,無錫華氏活字印刷業在中國出版史上占有突出地位,就拿華珵來説,曾排印過《方言》十卷、《百川學海》一百七十九卷、《渭南文集》五十卷、《石田詩選》十卷等多種圖書。華珵曾"致光禄署丞事",②祝允明稱其典藏與出版事業云:

> 光禄懸車鄉社,年逾七十,而好學過於弁髦。購書典帙,富若山矗。又製活字版,擇其切於學者,亟翻印以利衆,此集之所以易成也。自沈夢溪《筆談》述活版法,近時三吴好事者盛爲之。然所印有當否,則其益有淺深,惟光禄心行高古,動以益人爲志,凡所圖,類若此,與彼留情草譜禽經者迥别。③

(嘉慶)《無錫金匱縣志》卷二十五亦云:"華珵,字汝德,以貢授大官署丞,善鑒别古奇器、法書、名畫,築尚古齋,實諸玩好其中,又多聚書。所製活板甚精密,每得秘書,不數日而印本出矣。"

清代的張海鵬及其侄張金吾,皆爲大藏書家兼大出版家。黄廷鑑稱張海鵬:

> 家多宋元舊刻,君治經之暇,旁通子史百家言。嘗慨古今載籍幾經厄劫,歷觀史志所載及藏弆家所著録,存者百無一二。方今典籍大

① 衢本《郡齋讀書志》卷首《自序》。

② 弘治十五年(一五〇二)活字本《渭南文集》吴寬《序》。

③ (康熙)《無錫縣志》卷二二《渭南文集跋》。

備，不有以聚而流傳之，將日久散佚，此後生讀書者之責也。昔吾邑隱湖毛君以一諸生力，刊經史諸書，廣布海内，迄今幾二百年，經史舊板尚供摹印。前事可師，遂矢願以剞劂古書爲己任，乃檢舊藏所有，更廣購自明以來罕見之舊本，互勘去取。其中秘藏書，則倩錢唐何上舍元錫從文瀾閣中寫副儲藏，以備彙刊。以汲古所刊經史外，惟《津逮秘書》十五集爲書林鉅觀，汰之益之，黜僞崇真，廣爲二十集，名曰《學津討原》……續又於四部中取有關經史實學、名家論著而傳本將絶者，梓《墨海金壺》七百餘卷。又以其暇，取明人及時賢撰述，刊爲袖珍小品，名《借月山房彙鈔》凡十六集，又六年而畢，流布日廣，海内争睹，書林中之挾秘册懷墜簡者争集。有未經《四庫》著録者，如《兩京新記》《九國志》《琴川志》諸書，又蒐輯，次第續刊，書成將名之曰《金帚編》。惜工始而君捐館矣。居恒嘗語人曰：藏書不如讀書，讀書不如刻書，讀書衹以爲己，刻書可以澤人。上以壽作者之精神，下以惠後來之沾溉，視區區成就一己之業者，其道不更廣耶！①

阮元論張金吾云："虞山張氏金吾，世傳家學，代有藏書，不但多藏書至八萬餘卷，且撰書至二百餘卷，不但多撰書，抑且多刻書至千數百卷。其所纂著校刻者，古人實賴此與後人接見也，後人亦賴此及見古人也。"②

藏書家豐富的藏書也爲他人出版圖書創造了條件。例如鈕石溪是明代嘉靖年間會稽著名藏書家，所藏小説尤爲豐富，商維濬於萬曆年間所刻《稗海》即利用了鈕氏藏書。《稗海》初名《稗海大觀》，商序云：

吾鄉黄門鈕石溪先生鋭情稽古，廣購窮搜，藏書世學樓者，積至數百函，將萬卷。余爲先生長公館甥，故時得縱觀焉。每苦卷帙浩繁，又書皆手録，不無魚魯之訛。因於暇日撮其記載有體、議論的確者，重加訂正。更旁收縉紳家遺書，校付剞劂，以永其傳，以終先生惓

① 《第六絃溪文鈔》卷四《朝議大夫張君行狀》。
② 《揅經室續集》卷三《虞山張氏詒經堂記》。

惓之宿心，凡若干卷，總而名之曰《稗海大觀》。①

黄宗羲曾談到過這件事："古今書籍之厄，不可勝計。以余所見言之，越中藏書之家，鈕石溪世學樓其著也。余見其小説家目録亦數百種，商氏之《稗海》皆從彼借刻。"②

藏書單位出版圖書有一些鮮明的特點。首先，都具有明確的出版目的，官府及學校都十分重視書的教化作用。如洪武十五年（一三八二），明太祖命禮部官修治國子監舊藏書版，指示：

古先聖賢立言以教後世，所存者書而已。朕每觀書自覺有益，嘗以諭徐達。達亦好學，親儒生，囊書自隨。蓋讀書窮理於日用事物之間，自然見得道理分明，所行不至差謬。書之所以有益於人也如此。今國子監所藏書板多殘缺，其令諸儒考補，命工部督修治之，庶有資於學者。③

藏書家刻書目的主要在於傳播知識。五代時，毋昭裔有憾於貧困時借書之難，而發憤刻書，供人學習。宋委心子云：

毋公者，蒲津人也，仕蜀爲相。先是公在布衣日，常從人借《文選》及《初學記》，人多難色。公浩嘆曰："余恨家貧，不能力致。他日稍達，願刻板印之，庶及天下習學之者。"後公果於蜀顯達，乃曰："今日可以酬宿願矣。"因命工匠日夜雕板，印成二部之書。公覽之，欣然曰："適我願矣。"復雕九經諸書。兩蜀文字，由是大興。④

藏書家刻書還特别注意流傳善本秘册。在這方面，明末藏書家、出版

---

① 《稗海大觀》卷首。

② 《南雷文約》卷四《天一閣藏書記》。

③ 《南雍志》卷一《事紀》。

④ 《新編分門古今類事》卷一九《毋公印書》。

家毛晉成就突出，其子毛扆嘗云："吾家當日有書作，聚印匠二十人，刷印經籍，扆一日往觀之，先君適至，呼扆曰：'吾縮衣節食，遑遑然以刊書爲急務，今版逾十萬，亦云多矣，竊恐秘册之流傳尚十不及一也。'"①版逾十萬猶不滿足，其流傳秘册善本的抱負可謂大矣。黄丕烈刻《士禮居黄氏叢書》也抱有同樣的目的。如其《重雕曝書亭藏宋刻初本輿地廣記序》云："此本之未經重修爲宋刻初本者，尤希世之寶，予故亟欲重雕以廣其傳也。"②其《夏小正經傳集解》題識亦云："是書之刻，意在流傳舊本餉世。"③

爲了提高流傳善本的質量與效果，藏書家還采用了影鈔影刻的方法來復製圖書。葉德輝云：

> 乾嘉以來，黄蕘圃、孫伯淵、顧澗蘋、張古餘、汪閬源先生影刊宋、元、明三朝善本書，模印精工、校勘謹慎，遂使古來秘書舊槧，化身千億，流布人間。其裨益藝林、津逮來學之盛心，千載以下，不可得而磨滅也。④

現代在影印古籍、流傳善本方面，商務印書館利用公私藏書輯印《四部叢刊》可爲代表，葉德輝述其緣起云：

> 其時，常熟瞿氏鐵琴銅劍樓所藏宋元版書，甲於南北。主人瞿良士啓甲，風雅樂善，得余介紹，慨然盡出所藏，借之影印。京師圖書館之書，則因傅沅叔同年之力，得以相假。江南圖書館所藏，則光緒末年豐潤忠慤端方總督兩江時購自仁和丁氏八千卷樓者，其中亦多宋元舊本，商之齊鎮巖撫部耀琳。飭司館書者悉選其精善完整之本，在館印出。余又從日本白岩子雲龍平向其國岩崎氏静嘉堂假得宋本《説文解字》，爲孫氏平津館仿宋刻所自出者。此吾國第一孤本，爲歸安陸氏皕宋樓售出，今幸珠還，不可謂非快事也。同時，嘉興沈子培

① 《楹書隅録》卷一《影宋精抄本五經文字三卷》著録之毛扆跋。

②③ 《蕘圃刻書題識》。

④ 《書林餘話》卷下。

方伯同年曾植、江寧鄧正盦編修邦述、獨山莫楚生觀察棠、新建夏劍丞觀察敬觀,皆與其事,展轉商定。自戊午(一九一八)創議,迄壬戌(一九二二)告成,爲書二千餘册,爲卷一萬有奇,萃歷朝書庫之精英,爲古今罕有之巨帙。①

此外,許多藏書家都爲《四部叢刊》的影印出版作出了貢獻,瞿氏鐵琴銅劍樓就是一個突出例子。瞿鳳起《先父瞿良士先生事略》云:

己未(一九一九)之秋,上海商務印書館同仁……創議影印古籍……董其事者,海鹽張菊生、無錫孫星如兩先生……至罟里見訪,道使命,商請發棠,共襄盛舉。先父……遂被推爲發起人,相計就地取材,豫約次年派人來吾家攝影,藉以付印。越三載,至壬戌(一九二二)告成,顔曰《四部叢刊》,所收凡三百二十三種,出之吾家者二十五種,其數爲采自私家所藏者之冠。甲子(一九二四)……商務館……有續編之議。先父繼承舊志,盡出家藏……期年告成,全編凡七十五種,出吾家所藏者,逾半,達四十種。次年,又賡續三編之輯,共七十種,吾家占十六種。尚有待印目録,備再續者,其中吾家亦有十餘種。……此外,百衲本《二十四史》《續古逸叢書》,亦各有收録,至初、二、三各編中,遇有闕卷短葉以及序跋等,爲考訂版本、力求完整計,從而剌取者亦多。無他,先父不厭其煩,亦惟使古籍通過複印,得能止於至善之境也。②

藏書單位出版圖書,一般都能精於校讎,提供好的底本。五代國子監出版儒家經典,就曾利用豐富的藏書,組織專家認真校勘過。據《册府元龜》載:

① 《書林餘話》卷下。

② 見《鐵琴銅劍樓藏書題跋集録》三六三至三六四頁。

長興三年(九三二)四月敕:近以遍注石經,雕刻印板委國學。每經差專知業博士儒徒五六人勘讀並注,今更於朝官内别差五人充詳勘官:太子賓客馬縞、太常丞陳觀、祠部員外郎兼太常博士段顒、太常博士路航、屯田員外郎田敏等。朕以正經事大,不同諸書,雖已委國學差官勘注,蓋緣文字極多,尚恐偶有差誤,馬縞已下皆是碩儒,各專經業,更令詳勘,貴必精研。兼宜委國子監於諸色選人中,召能書人謹楷寫出,旋付匠人雕刻,每五百紙與減一選。所減等第,優與選轉官資。時宰相馮道,以諸經舛謬,與同列李愚委學官等,取西京鄭覃所刊石經,雕爲印板,流布天下,後進賴之。①

私家刻書也非常重視選擇好的底本。陳瑚在談及毛晉時説:"其所録諸書,一據宋本,或戲謂子晉曰:'人但多讀書耳,何必宋本爲?'子晉輒舉唐詩'種松皆老作龍鱗'爲證曰:'讀宋本然後知今本老龍鱗之誤也。'"②毛晉出版圖書還十分注重校勘工作。陳繼儒云:

吾友毛子晉負泥古之癖,凡人有未見書,百方購訪,如縋海鑿山,以求寶藏,得即手自鈔寫,糾訛謬,補遺亡,即蛛絲鼠壞,風雨潤濕之所靡敗者一一整頓之。③

今舉毛晉刻書題跋一則爲例,即可看出毛晉在刻書時據衆本進行校勘的嚴肅認真的態度:

余藏襄陽詩甚多,可據者凡三種:一宋刻三卷,逐卷意編,不標類目,共計二百一十首;一元刻劉須溪評者,亦三卷,類分游覽、贈答、旅行、送别、宴樂、懷思、田園、美人、時節、拾遺凡十條,共計二百三十三首。一弘治間關中刻孟浩然者,卷數與宋元相合,編次互有異同,共

① 《册府元龜》卷六〇八《學校・刊校》。
② 《確庵先生文鈔》卷五《爲毛潛在隱居乞言小傳》。
③ 《隱湖題跋》卷首引。

計二百一十八首,至近來十二家唐詩及王孟合刻等,或一卷,或二卷,或四卷,詮次寡多,本本淆訛,予悉依宋刻,以元本、關中本參之,附以拾遺,共得二百六十六首,間有字異句異,先後倒者,分注元刻某、今刻某,不敢臆改云。①

誠如朱彝尊云:汲古主人毛子晉“性好儲藏秘册,中年自群經、十七史以及詩詞曲本、唐宋金元别集、稗官小説,靡不發雕,公諸海内,其有功於藝苑甚鉅”。②

江西南昌學所刻《十三經注疏》利用阮元的豐富藏書,並請專家校勘,也是一個突出例子。陳康琪云:

江西南昌學所刻《十三經注疏》四百十六卷,卷末各附校勘記,阮文達公巡撫時,損資校刻者也。校勘記雖刊於江右,實成於吾浙。蓋公撫浙時,出舊藏宋版十行本十一經,及《儀禮》《爾雅》單疏本爲主,更羅致他書本,屬詁經精舍高才生分撰成書。《易》《穀梁》《孟子》屬元和李鋭,《書》《儀禮》屬德清徐養原,《詩》屬元和顧廣圻,《周禮》《公羊》《爾雅》屬武進臧庸,《禮記》屬臨海洪震煊,《春秋》《左傳》《孝經》屬錢唐嚴杰,《論語》屬仁和孫同元。惜南昌刊版時,原校諸君太半星散,公亦移節河南,刊者意在速成,遂不免小有舛誤。③

特别值得一提的是張之洞的《勸刻書説》,作者指出:

凡有力、好事之人,若自揣德業學問不足過人,而欲求不朽者,莫如刊布古書一法。但刻書必須不惜重費、延聘通人、甄擇秘籍、詳校精雕……其書終古不廢,則刻書之人終古不泯。如歙之鮑、吴之黄、南海之伍、金山之錢,可决其五百年中必不泯滅。豈不勝於自著書、

① 《隱湖題跋・跋孟襄陽集》。
② 《静志居詩話》卷二二。
③ 《郎潛紀聞》卷九。

> 自刻集者乎？……且刻書者，傳先哲之精蘊，啓後學之困蒙，亦利濟之先務、積善之雅談也。①

《勸刻書説》産生了廣泛的影響，不少藏書家都作出了反映，葉德輝云："文襄倡此言，故光緒以來，海内刻書之風，幾視乾嘉時相倍。"②

總之，豐富的藏書爲圖書出版工作創造了條件，我國古代的藏書單位與藏書家，也爲圖書的出版事業作出了突出貢獻。

四　典藏與文獻保存

典藏的基本任務就是搜集圖書加以保管和利用，因而大大降低了圖書的散失率。所以，典藏及典藏學的研究在文獻保存方面是非常重要的。

我們今天能看到大量的先秦文獻，與西漢政府的典藏工作密切相關。漢朝開國以後，政府改變秦朝焚書坑儒的政策，廣開獻書之路，以至出現了圖書積如丘山的盛況。西漢末年劉向父子受命整理圖書，這才爲我們留下了許多先秦乃至西漢典籍的定本。隨着朝代的更替，國家藏書不斷地散失損壞，又不斷地積聚增加，直到清政府編成《四庫全書》，得以保存了大量的古籍善本。這些寶貴文獻至今主要由國家各級圖書館，在全國各地妥善地保存着。

在文獻保存方面，古今藏書家也作出了傑出的貢獻。有些藏書家甚至在戰火中，冒着生命危險，做搜亡存佚的工作。丁丙保護文瀾閣《四庫全書》就是一個突出例子，俞樾云：

> 丁君諱丙，字嘉魚，别字松生，晚年自號松存，浙江錢塘人。父諱英，生二子，長申，字竹舟，次即君也。粤寇陷杭，君出城，至留下市中買物，以字紙包裹，取視，皆《四庫》書，驚曰："文瀾閣書得無零落在此乎！"君之搜輯文瀾遺書，實始此矣。倉皇奔走，書籍束以巨絚，每束

---

① 《書目答問》附一《别録》。鮑指鮑廷博，黄指黄丕烈，伍指伍崇曜，錢指錢熙祚。
② 《書林清話》卷一《總論刻書之益》。

> 高二尺許,共得八百束。皆載之至滬,請陸君掬珊繪《書庫抱殘圖》紀之。①

張濬萬也談到了這件事:"初,杭州之陷也,文瀾閣燬,先生與其兄竹舟先生方跳身出危城,匿西溪農舍,深宵潛往掇拾,灰燼瓦礫之中,得萬餘册,流離轉徙,日與之俱,瀕危者數矣,卒獲全。既而茶陵譚公鍾麟撫浙,上其事於朝,復建閣還書尊藏之。"②

丁丙兄弟不僅爲收存文瀾閣《四庫全書》作出了突出貢獻,而且自家藏書也十分豐富,並且很有特色。陳登原云:"第世稱藏書之美,以宋元舊槧爲準。丁氏之書,宋槧只四十種,元刊逮百種。視百宋千元良不逮矣。然其書之可貴,亦有數者:一爲多《四庫》修書底本,可以見當時修書之法制者也;二爲多日本高麗刊本,可以見異國風光者也;三則多名儒宿學所校;四則近代校勘家收藏家所藏之書,丁氏亦有之甚夥。"③丁丙藏書後歸江南圖書館,即今南京圖書館所有。

抗日戰争期間,鄭振鐸在淪陷的上海,爲搶救文化遺産做了大量工作,也是值得一提的。劉烜介紹道:

> 一九三七年八月十三日,日本侵略軍進攻上海。八月十四日,鄭振鐸寄藏於虹口開明書店的一百多箱古書,被燒得片紙不存。他看着紫黑色的烟雲在突突上升,心都被灼得疼。這時期,他買書,是爲保護祖國的文化遺産。有一次,他見到中國書店將五千餘本古書要論斤稱走造紙漿,便竭力勸阻。自晨至午,仍無效果。他見店主執意要論斤賣出,毅然曰:"歸予得之可也!"遂以六千金付之,而救得此七八百種書。"時予實窘困甚,罄其囊,僅足此數,竟以一家十口之數月糧,作此一擲救書之豪舉。事後,每自詫少年之豪氣未衰也。"這段生動的記載,出自《蟄居散記》。這在日記中也有反映。他在一九四三

① 《春在堂雜文》六編《丁君松生家傳》。
② 《善本書室藏書志》卷末《嘉惠堂八千卷樓記》。
③ 《古今典籍聚散考》第八章《清季之收藏家》。

年四月六日的日記中說："近日舊書舊報，大量的被紙商收去造紙，將來若《九朝聖訓》等大部而價廉之書，均將絶迹於世，實文化之一大浩刼也！思之，爲之感慨無已！"①

有些書流落國外，藏書家爲了保存祖國文化遺産，也不惜用重金購回。如楊守敬云：

余至日本，竭力搜訪，久之乃聞在西京大阪收藏家，余囑書估信致求之，往返數回，議價不成。及差滿歸國，道出神户，乃親乘輪車至大阪物色之，其人仍居奇不肯售。余以爲日本古籍有所見，志在必得。况此宋槧經書，爲海内孤本，交臂失之，留此遺憾，幸歸裝尚有餘金，乃破慳得之，携書歸。時同行者方詫余獨自入大阪，及携書歸舟，把玩不置，莫不竊笑癖而且癡。而余不顧也。②

楊守敬在日本竭力購求漢籍也促進了日本對我國古籍的珍惜，楊氏復云：

余之初來也，書肆於舊板尚不甚珍重，及余購求不已，其國之好事者遂亦往往出重值而争之，於是舊本日稀。書估得一嘉靖本亦視爲秘笈，而余力竭矣。然以余一人好尚之篤，使彼國已棄之肉復登於俎，自今以往，諒不至於拉雜而摧燒之矣，則彼之視爲奇貨固余所厚望也。（近日則聞什襲藏之不以售外人矣）③

藏書家在存殘補闕方面也做了大量工作，許多殘本經過他們千方百計地努力，都變得完整無缺。例如黄丕烈就提倡並注意搜集殘本，嘗稱："余佞宋，雖殘鱗片甲亦在珍藏。"④"余平生喜購書，於片紙隻字皆爲之收

① 《鄭振鐸〈日記〉手稿》，載《文獻》一九八〇年第四輯。
② 《日本訪書志》卷一《宋刊尚書注疏》。
③ 《日本訪書志》卷首《日本訪書志緣起》。
④ 《蕘圃藏書題識》卷七《浣花集十卷》。

藏,非好奇也,蓋惜字耳,往謂古人慧命全在文字,如遇不全本而棄之,從此無完日矣,故余於殘缺者尤加意焉,戲自號曰抱守老人。"①黄氏收殘本的目的在於補闕求全。他曾説過:"余抱殘守缺,喜爲古書補亡。"②"余喜蓄書,兼蓄重出之本,即破爛不全者亦復蓄之。重出者,取爲讎勘之具;不全者,或待殘缺之補也。"③"世之藏書者,當爲古書作合計。"④事實上,確有不少殘本經他之手被補全了。玆舉一例。其於明本《六朝聲偶集七卷》題識云:"物無重輕,以全爲上;事無巨細,以合爲奇。此徐獻忠《六朝聲偶集》不過總集中之一種耳,因不習見,殘帙亦收之,偶舉示書友之常所往來者,冀其或有配頭也,仲冬七日果獲殘帙五六七卷,合著前一二三四卷,適符全書七卷,是可謂巧遇矣,喜而識其緣起於卷端。"⑤而不少藏書家也都願意成人之美。黄氏嘗云:"吴中藏書家,余所及見而得友之者,昔推香嚴周氏,其顧氏抱冲、袁氏綬階,皆與余同時,彼此收書,互相評騭,倘有不全之本,兩家可以合成,必爲允易。周、顧、袁三君皆如是也,故一時頗稱盛事。"⑥

有的藏書家爲了將一書補綴完整,先後要經過數年、數十年的努力,趙琦美補全《營造法式》即是一例。錢曾云:

> 趙元度初得李誡《營造法式》,中缺十餘卷,遍訪藏書家,罕有蓄者。後於留院得殘本三册,又借得閣本參考,而閣本亦缺六、七數卷。先後蒐訪,竭二十餘年之力,始爲完書。圖樣界畫,最爲難事,用五十千,命長安良工,始能措手。今人巧取豪奪,溝澮易盈,焉知一書之難得如此。⑦

---

① 《蕘圃藏書題識》卷十《陽春白雪十卷》。
② 《蕘圃藏書題識》卷二《契丹國志十七卷》。
③ 《蕘圃藏書題識》卷八《慶湖遺老詩集九卷拾遺一卷補遺一卷》。
④ 《蕘圃藏書題識》卷六《事類賦三十卷》。
⑤ 《蕘圃藏書題識》卷十《六朝聲偶集七卷》。
⑥ 《士禮居藏書題跋記續編》卷二《石湖志略文略二卷》。
⑦ 《也是園書目》卷末《後序》。

特别值得注意的是一些藏書家傾心搜集專題文獻，爲我們留下了寶貴的精神財富。例如明代著名藏書家趙琦美於萬曆四十三年（一六一五）開始，以三年之力，鈔校雜劇三百餘種，遞經諸家收藏，一九三八年終爲政府購得，交由當時的北平圖書館典藏。鄭振鐸云：

> 這弘偉豐富的寶庫的打開，不僅在中國文學史上增添了許多本的名著，不僅在中國戲劇史上是一個奇迹，一個極重要的消息，一個變更了研究的種種傳統觀念的起點，而且在中國歷史、社會史、經濟史、文化史上也是一個最可驚人的整批重要資料的加入。這發見，在近五十年來，其重要，恐怕是僅次於敦煌石室與西陲的漢簡的出世的。①

藏書家積聚的書籍難以世守，但是常常成批地賣給另一位藏書家，最後往往又匯入了公共圖書館。譚卓垣曾談到私家藏書的鏈條是一環緊扣一環的：

> 清代私家藏書的這一鏈端可以上溯到明清之間錢謙益的藏書活動。他事實上是繼承了明代四位大藏書家——楊氏七檜山房、錢氏懸罄室、劉氏厞載閣和趙氏脈望館的全部遺書。錢謙益的專藏是宋、元版，在絳雲樓未焚以前，他已經積得了三千多種；他臨終時把焚餘遺書——幾乎全部都是脈望館的精本——傳給了族孫錢曾。錢曾也是一位愛書家，他把自己的藏書編了《述古堂書目》。一六六六年—一六六七年間，他將其所有宋版書副本轉賣給季振宜；而在絳雲樓遭火以前，徐乾學曾從那兒得到過一些珍貴的鈔本。當康熙之子怡親王的經紀人幫助建立怡府藏書時，他從季、徐兩家得到了許多善本。但是皇族藏書要想久長往往是很困難的，當他的後代因大逆罪被斬以後，怡府藏書也就散出了。於是，愛書家黄丕烈買到了這部分藏書

① 《西諦書話·跋脈望館鈔校本古今雜劇》。

> 中的佳構。黄丕烈逝世後,其大部分藏書又落到了宋版愛好者汪士鐘手裏;同時,汪氏也得到了一些清中葉的珍本書。然而,他的聚書活動同樣是徒勞的。因爲早在一八六〇年,他的一些珍貴藏本就已落入上海郁松年之手。太平天國以後,有一部分藏書則爲山東楊以增所得。①

楊以增,清嘉慶、道光間人,藏書室名海源閣。其子楊紹和編《楹書隅録》,收善本書二百六十餘種。其孫楊保彝輯《海源閣宋元本書目》,收善本書四百六十餘種。其藏書後散佚,一部分現藏國家圖書館。詳見本編第四章《圖書的亡佚》第二節《兵燹》。顯然,私家藏書爲公家藏書得以長久保存,也作出了貢獻。

---

① 《清代藏書樓發展史》第三章《私家藏書樓》第四節《現代傑出藏書樓及其命運》。七檜山房爲常熟藏書家楊儀(夢羽)藏書室名;懸罄室爲吴縣藏書家錢穀(叔寶)藏書室名;厞載閣爲長洲藏書家劉鳳(子威)藏書室名;脈望館爲常熟藏書家趙琦美(元度)藏書室名。怡府的經紀人或爲何焯。陸心源《宋槧婺州九經跋》稱徐健庵、季滄葦之書,"由何義門介紹,歸於怡府"。

第二章　典藏單位

我國文獻典藏單位，大體可分爲國家、私人、學校、寺觀等幾種類型，清末受外來文化影響，又出現了圖書館。今分别簡述如下。

第一節　國家藏書

國家藏書包括宫廷藏書與官府藏書兩個部分，二者往往又密不可分。宫廷藏書機構相當於今天的國家圖書館，代表了當時國家藏書水平，因此本節主要論述宫廷藏書，並兼及官府藏書。

一　先　秦

章學誠云："有官斯有法，故法具於官；有法斯有書，故官守其書。"①在各藏書單位中，以國家藏書爲最早。據文獻記載，夏代就已藏有典籍了。《國語・晉語第十》叙及晉文公二年（前六三五），南陽人猶"有夏商之嗣典"。韋昭注曰："典，法也。……言有夏、商之後嗣及其遺法。"《吕氏春秋・先識》亦云："夏太史令終古出其圖法，執而泣之。夏桀迷惑暴亂愈甚，太史令終古乃出奔如商。"圖法略同今日的文書檔案，太史令終古當爲夏代末年管理文書檔案的官員。《左傳》昭公二年（前五四〇），記晉國韓宣子出使魯國，"觀書於大史氏"，孔穎達《疏》曰："大史之官職掌書籍，必

---

① 《校讎通義》卷一《原道》。

有藏書之處,若今之秘閣也。”①王國維也認爲:“掌文書者謂之史,其字從又從中。又者右手,以手持簿書也……則史之職,專以藏書、讀書、作書爲事……史爲掌書之官,自古爲要職……史之本義爲持書之人。”②

商代已有相當規模的文獻典藏單位,不僅見於記載,而且已爲考古發掘成果所證實。

《尚書·多士》云:“惟殷先人,有册有典。”在河南安陽小屯村殷墟發現的大量甲骨文獻充分地説明了這一點。如一九三六年三月至六月,前中央研究院歷史語言研究所曾在小屯北地一二七坑發現了一七〇八八片龜甲。這一坑龜甲都是武丁和武丁晚期的。陳夢家談道:

> 殷代卜官如何處置他們的檔案,到今天爲止我們尚無充分的知識。地下發掘到的比較有秩序的大量堆積的甲骨,只能説是儲積。一個穴窖,倘然只包含一個朝代的甲骨,才是真正的有意的儲積,不管它是歸檔、儲藏或是埋藏,它可能是在某一個時期把同期甲骨存入的。一個穴窖,倘然包含一個以上的朝代的甲骨,那末它可能是某幾個時期由不同時期甲骨累積的。在穴窖以外的版築中、灰土中或穴窖以内零散的甲骨,它們是和别的東西一道堆積,不是專門存儲甲骨的所在。

陳夢家將出土卜甲分成儲積的、累積的、零散的三種情況,並認爲小屯北地一二七坑出土的卜甲是有意儲積的。③

那麽,這些文獻是否有專門的機構加以整理和保管呢?答案是肯定的。這個機構是殷代的宗廟。一九七三年,中國科學院考古研究所安陽發掘隊在小屯南地出土刻辭甲骨四五一一片,其中有十條關於在宗廟卜的記載,如:二七〇二號“在大甲宗卜”、三七六三號“在大庚宗卜”、四一五

① 《春秋左傳正義》卷四二。

② 《王國維遺書》本《觀堂集林》卷六《釋史》。

③ 《殷虚卜辭綜述》第一章《總論》第二節《甲骨的種屬及采用的部分》。

五號“在祖乙宗卜”。例中的“宗”字指宗廟。① 占卜完畢，一些重要的甲骨卜辭就儲存在宗廟中。一九三二年秋，前中央研究院歷史語言研究所在小屯北地發現了不少版築基址，基址之上或基礎的前邊，都有排列勻整的柱礎石。陳夢家説：“在小屯村北六百公尺的面積内，就有版築基址幾處，窶穴竇窖，散布其間。穴的形狀有渾圓、有橢圓、有心形、有長方形、有方形。有的有臺階可以上下。又有窖，可以深到七八公尺。這些地方，確爲殷代宗廟宫室的所在。”②

商代的典籍也由專人管理。胡厚宣曾指出小屯村北地一二七坑“甲骨中，又有一架踡曲而側置的人骨緊靠坑的北壁，大部分已被埋在甲骨中，僅頭及上軀還露出甲骨以外。這個人可能就是當時管理甲骨的人員”。③ 而甲骨卜辭也確實被編輯整理過。如在小屯村北地一二七坑出土的卜甲中，“又有背甲製成石刀的樣子，中間穿孔，上面刻辭的”。④ 陳夢家認爲：“這種鞋底形的改製背甲有一個不小的穿孔，可知連繫若干背甲穿扎起來，可能就是‘典册’之‘册’的象形。”⑤董作賓還論及卜甲經過編排的情形：

> 余整理龜骨，編號既竣，李濟之先生適來參閲，見有兩龜版猶粘著一處者，其間泥沙甚厚。蓋余將留之以存地下之原狀。李先生謂：“宜揭而視之，或有新辭奇字，亦未可知。”揭之，果得“册六”之文，吾等乃不禁狂喜，蓋所粘著之一版，爲“尾右甲”，例無文字，而不意竟有此新發現也。此版編號爲一，○，○四五四也。“册六”作卌∧，逼近尾甲之尖，上下左右，更無其他文字。稍上，斷處有孔，餘其半，知此

---

① 參見陳邦懷《〈小屯南地甲骨〉中新發現的若干重要史料》，載《歷史研究》一九八二年第二期。

② 《殷虚卜辭綜述》第一章《總論》第四節《甲骨出土地的確定與展延》。

③ 《殷墟發掘》六《第十三、十四、十五次的“平翻”工作和完整的甲骨坑及古建築的遺存》。

④ 石璋如《殷墟最近之重要發現附論小屯地層》，載一九四九年《中國考古學報》第四册。

⑤ 《殷虚卜辭綜述》第一章《總論》第二節《甲骨的種屬及采用的部分》。

甲全時，在一册中爲其表面之一版，其孔，所以貫韋編也。余既以比例算法，求得此坑（第三十六）所出之龜版，大小不同者凡十有九，則此十九版者，必與“册六”有關，蓋所謂“册六”者，猶今世書籍表面之書卷六矣。①

卜骨同樣也經過整理。一九七一年十二月八日，考古研究所安陽工作隊在小屯西地殷墟重點保護區内進行發掘，於第一號深溝内發現一堆完整的牛胛骨卜骨，共二十一枚。這二十一枚卜骨重疊着堆放在一起，井然有序，骨臼大多向東，只有三枚向北，疊壓的情況大致分爲三組：西南一組三枚，東南一組六枚，北面一組十二枚。郭沫若一九三三年初纂述《卜辭通纂》曾擬議：“每卜用三龜，一卜不吉，則再用三龜，其用骨者當亦同然。”安陽卜骨出土後，他進一步分析道：

這一擬議距今已近四十年，由此次二十一枚卜骨出土情況看來，我四十年前的揣測，似乎已由出土實物而得到證明了。即是卜骨或卜龜甲是以三枚爲一組，一次卜用三龜或三骨，卜畢後儲存，在當初想必有帛以裹之，有繩以纏之，有篋以藏之，年代既久，帛朽，繩爛，篋毁，化爲灰土，便僅剩下甲與骨。②

爲便於檢索，管理者還在卜骨的突出處骨臼上刻上標識。郭沫若云：

今案骨臼所刻之辭雖與卜辭無涉，然其事必與卜骨有關。由其所刻之地位以覘之，其性質實如後人之署書頭或標牙籤耳。蓋甲骨既經修治以待卜用，必裹而藏之。由肩胛骨之性質而言，勢必平放，平放則骨臼露於外，故恰好利用其地位以作標識。其曰“王示”，曰“小臣某示”，曰“帚某示”，蓋其檢討時經王及王之代理者所省視。曰

① 《商代龜卜之推測·庋藏第十》，載一九二九年《安陽挖掘報告》第一期。
② 《郭沫若全集》考古編一《安陽新出土的牛甲骨及其刻辭》。

> “自某川”或“川自某”，蓋言卜辭之内容乃自某人所卜或所録者蟬聯而下之意，川即取其貫穿不斷也。每辭末字乃陪觀者之署名，董氏謂爲卜人或史官，其説無可易。①

商代典籍由史官管理也爲書面資料所證明，如《吕氏春秋·先識》云：“殷内史向摯，見紂之愈亂迷惑也，於是載其圖法出亡之周。”

周代流傳下來的文獻比商代更多、更豐富，除甲骨、金石文獻外，還有竹木與帛書。

周代宫廷及諸侯國的卜甲卜骨以及其他典籍仍藏於宗廟。《孟子·告子下》云：“諸侯之地方百里，不百里不足以守宗廟之典籍。”②宫廷宗廟之守藏室也稱天府。《周禮·春官·天府》云：“天府掌祖廟之守藏與其禁令。”《周禮·地官·鄉大夫》云：“群吏獻賢能之書于王，王再拜受之，登於天府，内史貳之。”鄭玄注曰：“天府，掌祖廟之寶藏者。内史副寫其書。”③《周禮·秋官·大司寇》云：“凡邦之大盟約，涖其盟書，而登之于天府。”鄭玄注曰：“天府，祖廟之藏。”④一九七七年七至八月，周原考古隊發掘岐山鳳雛村甲組基址時，在該基址内西厢房第二號房間的一個窖穴裏，共出土甲骨一萬七千餘片，其中一萬六千七百餘片爲龜的腹甲，三百餘片爲牛的肩胛骨，已清洗出有字卜甲一百七十多片。該基址初步判定爲西周初年的宗廟建築。⑤

周朝宫廷藏書處也可稱爲盟府、策府、周府、周室等。如《左傳》僖公五年云：“虢仲、虢叔，王季之穆也，爲文王卿士，勳在王室，藏於盟府。”《穆天子傳》卷二記載周穆王“北征，至於群玉之山……阿平無險，四徹中繩，

---

① 《郭沫若全集》考古編一《殷契餘論·骨臼刻辭之一考察》。

② 《孟子注疏》卷一二下。趙岐注曰：“宗廟典籍謂先祖常籍法度之文。”

③ 《周禮注疏》卷一二。

④ 《周禮注疏》卷三四。

⑤ 參見新華社《陝西周原地區發現一萬多片西周甲骨》，載一九七七年十月十七日《光明日報》；陳金方《陝西周原考古的新收獲》，載《文物與考古》第一〇七期；王宇信《周代的甲骨文》，載《中國史研究》一九七九年第三期；陝西周原考古隊《陝西岐山鳳雛村發現周初甲骨文》，載《文物》一九七九年第十期。

先王之所謂策府”。郭璞注曰:“古帝王藏策之府,則所謂藏之名山是也。”《左傳》定公四年云:“其載書……藏在周府,可覆視也。”《莊子·天道》云:“孔子西藏書於周室。”

由於工作需要,不少官府也藏有典籍,正如章學誠所説:“六藝非孔氏之書,乃周官之舊典也。《易》掌太卜,《書》藏外史,《禮》在宗伯,《樂》隸司樂,《詩》領於太師,《春秋》存乎國史。”①在這方面,《周禮》中有較系統的記載,如《周禮·天官·大宰》云:“大宰之職,掌建邦之六典,以佐王治邦國。”《周禮·地官·大司徒》云:“大司徒之職,掌建邦之土地之圖,與其人民之數,以佐王安擾邦國。”《周禮·秋官·大司寇》云:“大司寇之職,掌建邦之三典,以佐王刑邦國,詰四方。”

《隋書·經籍志》總序還對周代史官所掌典籍,作了概括的介紹,其説如次:

> 《周禮》所稱:太史掌建邦之六典、八法、八則,以詔王治;小史掌邦國之志,定世系、辨昭穆;内史掌王之八柄,策命而貳之;外史掌王之外令及四方之志、三皇五帝之書;御史掌邦國都鄙萬民之治令,以贊冢宰。此則天子之史,凡有五焉。諸侯亦各有國史,分掌其職。

應當指出,文中所提到的典、書、法、則、志、令,多爲文書檔案,而諸史實際上是政府各部門的文書工作者。《周禮·天官·小宰》云:“史掌官書以贊治。”鄭玄注曰:“贊治,若今起文書草也。”②章學誠亦云:“或問《周官》府史之史與内史、外史、太史、小史、御史之史有異義乎?曰:無異義也。府史之史,庶人在官供書役者,今之所謂書吏是也。五史則卿、大夫、士爲之,所掌圖書、紀載、命令、法式之事,今之所謂内閣六科、翰林中書之屬是也。”③

當然,周代的史官不但擔負着文書起草任務,而且也擔負着文獻保管

---

① 《校讎通義》卷一《原道》。

② 《周禮注疏》卷三。

③ 《文史通義》内篇《史釋》。

任務，司馬遷云："老子者，楚苦縣厲鄉曲仁里人也，姓李氏，名耳，字聃，周守藏室之史也。"司馬貞《索隱》案："藏室史，周藏書室之史也。又《張蒼傳》'老子爲柱下史'，蓋即藏室之柱下，因以爲官名。"①可以説老子是周代宫廷有名可稽的管理圖書的官員。諸侯國的文獻也有專人保管。《左傳》昭公十五年記載了周景王關於晉國籍談祖上司職典籍的一段話就是例證："昔而高祖孫伯黶，司晉之典籍，以爲大政，故曰籍氏。及辛有之二子董之，晉於是乎有董史。女，司典之後也，何故忘之？籍談不能對。賓出，王曰：籍父其無後乎，數典而忘其祖。"

周代王室及諸侯國的文獻管理機構，已經做到了根據文獻内容進行分類收藏。例如天官大宰所掌典籍，共分六類："一曰治典，以經邦國，以治官府，以紀萬民。二曰教典，以安邦國，以教官府，以擾萬民。三曰禮典，以和邦國，以統百官，以諧萬民。四曰政典，以平邦國，以正百官，以均萬民。五曰刑典，以詰邦國，以刑百官，以糾萬民。六曰事典，以富邦國，以任百官，以生萬民。"②《左傳》哀公三年記載魯國宫廷發生火災，有的官員關心御書，有的官員關心禮書，有的官員關心象魏，可見魯國府内典籍也是分類保管的。

周代國家藏書除爲實際工作服務外，還可借閲。如《史記・十二諸侯年表》稱："孔子明王道，干七十餘君，莫能用，故西觀周室，論史記舊聞。"《左傳》昭公二年記載晉國韓宣子"觀書於大史氏，見《易象》與魯《春秋》，曰'周禮盡在魯矣'"皆可爲證。

二　秦

秦國在統一六國前，就已注意收集圖書。僞《孔子家語》孔安國《後序》云："孫卿入秦，昭王從之問儒術。孫卿以孔子之語，及諸國事、七十二弟子之言，凡百餘篇與之，由是秦悉有焉。"③秦始皇在焚書前也曾大量收集過典籍。在位之三十五年（前二一二）嘗云："吾前收天下書，不中用者

① 《史記》卷六三《老子韓非列傳》。

② 《周禮注疏》卷二。

③ 《孔子家語》多源於先秦舊籍，此語所出待考。

盡去之;悉召文學方術士甚衆,欲以興太平。"①焚書坑儒不涉官學,故秦宮廷官府仍保存着不少書。

秦代及其先輩收藏典籍的地方仍爲宗廟。《史記·太史公自序》云:"周道廢,秦撥去古文,焚滅《詩》《書》,故明堂石室金匱玉版圖籍散亂。"明堂、石室均指宗廟。《史記·五帝本紀》司馬貞《索隱》引《尚書·帝命驗》曰:"五府,五帝之廟。……唐虞謂之五府,夏謂世室,殷謂重屋,周謂明堂,皆祀五帝之所也。"可證。《左傳》莊公十四年云:"典司宗祏。"杜預注曰:"宗祏,宗廟中藏主石室,言已世爲宗廟守臣。"可見石室也是宗廟之稱。根據商周傳統,重要的文書檔案藏於宗廟。《史記·封禪書》云:"秦繆公立,病卧五日不寤;寤,乃言夢見上帝,上帝命繆公平晉亂。史書而記,藏之府。"漢揚雄云:"嘗聞先代輶軒之使,奏籍之書,皆藏於周、秦之室。"②東漢應劭亦云:"周、秦常以歲八月,遣輶軒之使,求異代方言,還,奏籍之,藏於秘室。"③這兒的府與室當指宗廟中收藏文獻的處所。

秦代負責管理宮廷藏書的官員爲御史,亦稱柱下史。《史記·張丞相列傳》云:"張丞相蒼者,陽武人也。好書律曆。秦時爲御史,主柱下方書。""張蒼乃自秦時爲柱下史,明習天下圖書計籍。""蒼本好書,無所不觀,無所不通,而尤善律曆。"《史記·蕭相國世家》云:"沛公至咸陽,諸將皆争走金帛財物之府分之,何獨先入收秦丞相御史律令圖書藏之。沛公爲漢王,以何爲丞相。項王與諸侯屠燒咸陽而去。漢王所以具知天下阸塞,户口多少,强弱之處,民所疾苦者,以何具得秦圖書也。"這段話也説明,秦宮廷藏書爲御史負責管理。丞相府也藏有部分圖書。又,《史記·秦始皇本紀》載李斯語云:"非博士官所職,天下敢有藏《詩》《書》、百家語者,悉詣守、尉雜燒之。"《漢書·百官公卿表上》:"博士,秦官,掌通古今。"則秦博士官府也藏有圖書。

① 《史記》卷六《秦始皇本紀》。

② 《全漢文》卷五二《答劉歆書》。

③ 《風俗通義》卷首《序》。

三　兩　漢

西漢統治者始終重視書籍的典藏工作。《漢書·藝文志》介紹了西漢政府收集圖書情況，詳見本書《目録編》第一章《目録與目録學》第二節《什麽是目録學》所引。據《七略》所載，漢宫廷藏書“大凡三萬三千九十卷”。①

關於西漢國家藏書機構，《隋書·經籍志》作過簡要的介紹：“武帝置太史公，命天下計書，先上太史，副上丞相，開獻書之路，置寫書之官，外有太常、太史、博士之藏，内有延閣、廣内、秘室之府。”又，《漢書·百官公卿表》稱御史中丞“在殿中蘭臺，掌圖籍秘書”。《漢書·儒林傳》稱：“曲臺在未央宫。”師古注曰：“在曲臺校書著記。”則蘭臺、曲臺也是西漢内府藏書、校書處所。此外，還有石渠、天禄、麒麟等閣。《三輔黄圖·閣》云：“石渠閣，蕭何造，其下礲石爲渠以導水，若今御溝，因爲閣名，所藏入關所得秦之圖籍。至於成帝，又於此藏秘書焉。”“天禄閣藏典籍之所”，“天禄、麒麟閣，蕭何造，以藏秘書、處賢才也。劉向於成帝之末校書天禄閣”。注云：“天禄閣在大殿北，以閣秘書。”《唐六典》卷十亦云：“天禄亦尚書，劉向、揚雄典校，皆在禁中，謂之中書，猶今言内庫書也。”西漢的一些政府部門往往藏有與自己職守有關的圖書，如《漢書·禮樂志》云：“今叔孫通所撰禮儀，與律令同録，藏於理官。”顔師古注曰：“理官，即法官也。”桓譚《新論》亦云：“《連山》藏於蘭臺，《歸藏》藏於太卜。”②《歸藏》爲三《易》之一，爲太卜所藏，以便隨時取用，但《連山》何故不同藏太卜，則不詳。

西漢國家藏書由太常屬官太史令、博士，以及御史中丞等掌管。據《漢書·百官公卿表》載，太常掌宗廟、禮儀，諸陵、縣皆屬焉。太常屬官有太史令、丞。《史記·太史公自序》稱：“遷爲太史令，紬史記石室金匱之書。”可見太常、太史負責宗廟藏書處所金匱、石室的管理工作。博士，官名，隸太常。《漢書·儒林傳》稱：“博士論石渠。”内府各藏書所也有專人

---

① 此據《全漢文》卷四一《七略佚文》，其他輯本所載略有不同。

② 《北堂書鈔》卷一〇一《藝文部》引。

負責。《漢書·百官公卿表》稱:御史大夫有兩丞,“一曰中丞,在殿中蘭臺,掌圖籍秘書,外督部刺史”。西漢時已有蘭臺令史,劉攽《漢官儀》卷上云:“蘭臺令史六人,秩百石,掌書劾奏。”此外,根據需要還調集部分專家學者專門從事圖書整理工作。故《歷代職官表》卷二十五《文淵閣閣職》云:“漢以麒麟、天禄閣爲禁中藏書之所,即後世秘閣之制所由昉,而劉向、揚雄等皆以他官典校其間,則今文淵閣閣職爲内閣翰詹諸臣兼銜,正其例也。”據今推古,其言可信。

西漢國家藏書的最大成就是對圖書進行了一次大規模的收集、整理、編目工作。劉向、劉歆父子主持編撰的《别録》《七略》雖已亡佚,但是從《漢書·藝文志》中仍可清楚地看出西漢國家藏書的盛况。《七略》分六藝、諸子、詩賦、兵書、數術、方技六大類。從藏書的數量與種類上看,西漢國家藏書同過去相比,都産生了一個巨大的飛躍。司馬遷利用豐富的國家藏書,作《史記》一百三十篇,也是我國藏書史上的重大成就。

東漢諸帝亦多重視國家藏書建設工作,《隋書·經籍志》序概括地叙述了東漢前期的宫廷藏書情况:“光武中興,篤好文雅,明、章繼軌,尤重經術。四方鴻生鉅儒,負帙自遠而至者,不可勝算。石室、蘭臺,彌以充積。又於東觀及仁壽閣集新書,校書郎班固、傅毅等典掌焉。”此後國家藏書仍有較大的發展。牛弘《請開獻書之路表》云:“肅宗親臨講肆,和帝數幸書林,其蘭臺、石室、鴻都、東觀,秘牒填委,更倍於前。”①

東漢國家藏書處所較多,其著者爲蘭臺、東觀。《漢書·王莽傳》云:“讖書藏蘭臺。”顔師古注:“蘭臺,掌圖籍之所。”《魏書·釋老志》云:漢明帝“得佛經四十二章……其經緘於蘭臺、石室”。可見秘籍多藏蘭臺。東觀爲學者們經常讀書治學的地方,多藏一般圖書,影響則更大一些。《後漢書·黄香傳》云:“元和元年,肅宗詔黄香詣東觀,讀所未見書。”元《河南志》卷二引《洛陽記》云:“東觀在南宫,高閣十二間。”東漢李尤《東觀賦》云:“東觀之藝,孽孽洋洋,上承重閣,下屬周廊……道無隱而不顯,書無缺

① 《隋書》卷四九《牛弘傳》。

而不陳。覽三代而采宜，包郁郁之周文。”①

東漢前期沿西漢之舊，設蘭臺令史爲管理圖書的官員，唐杜佑稱東漢政府“於蘭臺置令史十八人”。② 鄭樵稱：“後漢明帝以班固爲蘭臺令史。”又曰：“傅毅爲蘭臺令史，與班固、賈逵共典書。”③

新設的典校圖書的官職有校書郎與校書郎中。杜佑云：後漢“選他官入東觀皆令典校秘書，或撰述傳記，蓋有校書之任而未爲官也，故以郎居其任則謂之校書郎；以郎中居其任，則謂之校書郎中。當時重其職，故學者稱東觀爲老氏藏室、道家蓬萊山焉”。④鄭樵舉例道：“以郎居其任，則謂之校書郎，楊終、竇章皆以郎爲之；以郎中居其任，則謂之校書郎中，蔡邕、馬融皆以郎中爲之。”⑤這些官員也確實在做校書工作，如《後漢書・劉珍傳》談到永初四年（一一〇），鄧太后命劉珍、馬融等“校定東觀五經、諸子、傳記、百家藝術，整齊脱誤，是正文字”。

東漢政府調整藏書機構的最大貢獻是成立秘書監，使藏書機構取得了相對獨立的地位。宋程俱云：“東觀亦在禁中也，至桓帝始置秘書監，掌禁中圖書秘記，謂之秘書。”⑥元馬端臨亦云：“後漢圖書在東觀，桓帝延熹二年，始置秘書監一人，掌典圖書、古今文字，考合異同。”⑦自東漢設秘書監專管典籍，歷代相因不改，官名則略有不同，或稱秘書監、秘書郎，或稱秘書丞、秘書令等。

東漢國家藏書有幾點值得稱道。一是東漢統治者自光武帝以下都一直重視典藏工作；二是歷朝都注意委派專家學者參預或主持典藏工作；三是國家藏書機構也是學術研究機構，留下了《白虎通義》《熹平石經》《東觀漢記》等重要作品。

① 《全後漢文》卷五〇。
②④ 《通典》卷二六《職官八》。
③⑤ 《通志》卷五四《職官四》。
⑥ 《麟臺故事》卷一《沿革》。
⑦ 《文獻通考》卷五六《職官十・秘書監》。

四　三國兩晉南北朝

三國時戰爭頻繁，典藏事業受到了巨大影響，但魏、蜀、吴三國仍或多或少地做了一些典藏工作。

公元二二〇年，曹丕稱帝，建都洛陽，國號爲魏，開始即十分重視圖書的收集與利用工作。魏藏書機構承東漢之制爲秘書監。《隋書·經籍志》云："魏氏代漢，采掇遺亡，藏在秘書中外三閣。"杜佑亦謂："文帝黄初初置中書令典奏事，而秘書改令爲監，掌藝文圖籍之事。"[①]魏秘書監的主要成就是編了類書《皇覽》與藏書目録《中經》。《三國志·魏書·文帝紀》云："初，帝好文學，以著述爲務，自所勒成垂百篇，又使諸儒撰集經傳，隨類相從，凡千餘篇，號曰《皇覽》。"王象爲撰修人之一，《魏略》云："魏有天下，拜象散騎侍郎，遷爲常侍，封列侯。受詔撰《皇覽》，使象領秘書監。象從延康元年始撰集，數歲成，藏於秘府，合四十餘部，部有數十篇，通合八百萬字。"[②]王象領秘書監，他撰修《皇覽》當然充分地利用了秘書監的藏書。《隋書·經籍志》稱"魏秘書郎鄭默始製《中經》"。鄭默是鄭袤長子，《晉書·鄭袤傳》稱鄭默任職秘書監時"考核舊文，删省浮穢"，他編的這部藏書目録質量很高，故"中書令虞松謂曰'而今而後，朱紫别矣'"。[③]

蜀與吴亦承東漢之制，設東觀，置東觀令管理秘書。如《三國志·蜀書·郤正傳》稱郤正"安貧好學，博覽墳籍，弱冠能文，入爲秘書吏，轉爲令史，遷郎，至令"。《三國志·吴書·華覈傳》稱其"遷東觀令，領右國史"。這些官員也做了不少圖書的收集與整理工作。如《蜀書·許慈傳》云："先主定蜀，承喪亂歷紀，學業衰廢，乃鳩合典籍，沙汰衆學，慈、潛並爲學士，與孟光、來敏等典掌舊文。"《吴書·韋曜傳》亦稱吴景帝孫休"命曜依劉向故事，校定衆書"。

公元二六五年，司馬炎取代魏國建立了晉朝，自然也就承襲了魏國宫廷的全部藏書。西晉在魏國的基礎上也續有增加，在此時期，最重要的事件

① 《通典》卷二六。
② 《三國志》卷二三《楊俊傳》裴松之注引。
③ 《晉書》卷四四《鄭袤傳》。

是汲冢書的發現與整理。晉武帝咸寧五年(二七九),河内“汲郡人不準掘魏襄王冢,得竹簡小篆古書十餘萬言,藏於秘府”。① 太康元年(二八〇)三月壬寅,西晉王濬攻建鄴石頭城,孫皓降,於是,王濬又“收其圖籍”。②西晉秘閣藏書,據梁阮孝緒《古今書最》所載爲一八八五部,二〇九三五卷。顯然,西晉國家藏書水平要遠遠超過三國,可惜這些書盡燬於西晉末年的戰亂,東晉國家藏書並無多大起色。《隋書・經籍志》云:“惠、懷之亂,京華蕩覆,渠閣文籍,靡有孑遺。東晉之初,漸更鳩聚。著作郎李充,以勖舊簿校之,其見存者,但有三千一十四卷。”

晉代管理圖書的機構仍爲秘書監,其最大特點是將秘書之府從宮内移到了宮外,如杜佑云:“晉武帝以秘書併入中書省,其秘書著作之局不廢。惠帝永平中,復别置秘書監,並統著作局,掌三閣圖書,自是秘書之府,始居於外。”③

西晉秘書監曾認真地做過圖書整理編目工作,《晉書・荀勖傳》稱泰始十年(二七四)荀勖“領秘書監,與中書令張華,依劉向《别録》,整理記籍”。荀勖《讓樂事表》亦云:“臣掌著作,又知秘書,今復校錯誤十萬餘卷書,不可倉卒,復兼他職,必有廢頓。”④正是在他的領導下,編出了《中經新簿》。東晉秘書監藏書不豐,先後也編出了《晉元帝四部書目》與《晉義熙四年秘閣四部目録》。

同北方戰亂不已的局面相比,南朝是相對安定的,文化事業也有明顯的發展。劉宋政權除繼承東晉國家藏書外,還繳獲了後秦四千餘卷藏書。據梁阮孝緒《古今書最》記載,謝靈運編《宋元嘉八年四部目録》共著録圖書一萬四千五百八十二卷。⑤ 齊、梁兩朝的國家藏書續有增加,《隋書・經籍志》云:“齊永明中,秘書丞王亮、監謝朏,又造《四部書目》,大凡一萬八千一十卷。齊末,兵火延燒秘閣,經籍遺散。梁初,秘書監任昉躬加部集,又於文德殿内列藏衆書,華林園中總集釋典,大凡二萬三千一百六卷,而釋

---

①② 《晉書》卷三《武帝紀》。

③ 《通典》卷二六《職官八》。

④ 《全晉文》卷三一。

⑤ 《廣弘明集》卷三。

氏不豫焉。”此後，梁代圖書又有所增加，《隋書·經籍志》復云：“梁武敦悦詩書，下化其上。四境之内，家有文史。元帝克平侯景，收文德之書及公私經籍，歸於江陵，大凡七萬餘卷。”這些書後因戰敗而被梁元帝自己燒掉了。《隋書·經籍志》云：“陳天嘉中，又更鳩集，考其篇目，遺闕尚多。”陳代國家藏書已經難以恢復到梁代的水平。

北朝國家藏書事業遠不及南朝，《隋書·經籍志》簡要介紹道：

> 其中原則戰争相尋，干戈是務，文教之盛，苻、姚而已。宋武入關，收其圖籍，府藏所有，纔四千卷，赤軸青紙，文字古拙。後魏始都燕、代，南略中原，粗收經史，未能全具。孝文徙都洛邑，借書於齊，秘府之中，稍以充實。暨於尒朱之亂，散落人間。後齊遷鄴，頗更搜聚，迄於天統、武平，校寫不輟。後周始基關右，外逼彊鄰，戎馬生郊，日不暇給。保定之始，書止八千，後稍加增，方盈萬卷。周武平齊，先封書府，所加舊本，纔至五千。

南北朝國家藏書處所多稱秘書閣或秘閣，如宋有秘書閣，《宋書·殷淳傳》稱其“在秘書閣撰《四部書目》”。齊、梁均有秘閣，阮孝緒《七録序》云：“齊末，兵火延及秘閣。”①《梁書·蕭子顯傳》稱其“啓撰《齊史》，書成，表奏之，詔付秘閣”。梁另有文德殿、華林園，見《隋書·經籍志》，前文已引。陳有秘閣、壽安殿、德教殿、承香殿等以藏書。《隋書·經籍志》載有陳《秘閣圖書法書目録》一卷、《天嘉六年壽安殿四部目録》四卷、《德教殿四部目録》四卷、《承香殿五經史記目録》二卷。北魏則有秘閣、東觀，《魏書·高湖傳》稱其第三子高謐曾被召入禁中，“專典秘閣”。《魏書·孫惠蔚傳》稱其“入東觀”，任秘書丞。北齊有秘府、麟趾殿，見《北齊書·樊遜傳》《隋書·經籍志》。北周有麟趾殿，見《周書·明帝紀》。

南北朝時期掌管圖書的機構爲秘書監或秘書省。如前所説，兩晉爲秘書監。鄭樵云：“宋與晉同，梁曰秘書省，陳因之，後魏亦有之，後周秘書

① 《廣弘明集》卷三。

監亦領著作監。”①其官職則有秘書監、秘書丞、秘書郎、校書郎中、秘書正字等。《隋書・百官志》述北齊秘書省官制，從中可窺見一般：“秘書省，典司經籍，監、丞各一人，郎中四人，校書郎十二人，正字四人，又領著作省，郎二人，佐郎八人，校書郎二人。”

南北朝時期，國家藏書水平雖然不高，但是也持續不斷地做了不少收集、整理、編目工作。如阮孝緒《七録序》云：“宋秘書監謝靈運、丞王儉，齊秘書丞王亮、監謝朏等，並有新進，更撰目録。宋秘書殷淳撰《大四部目》，儉又依《别録》之體，撰爲《七志》。”②北魏的圖書整理工作也頗具規模，如《魏書・孫惠蔚傳》云：

> 臣今依前丞盧昶所撰《甲乙新録》，欲裨殘補闕，損併有無，校練句讀，以爲定本，次第均寫，永爲常式。其省先無本者，廣加推尋，搜求令足。然經記浩博，諸子紛綸，部帙既多，章篇紕繆，當非一二校書歲月可了。今求令四門博士及在京儒生四十人，在秘書省專精校考，參定字義。如蒙聽許，則典文允正，群書大集。詔許之。

北齊也繼承了劉向的傳統，做過校讎工作，如樊遜云：“向之故事，見存府閣，即欲刊定，必藉衆本。太常卿邢子才、太子少傅魏收、吏部尚書辛術、司農少卿穆子容、前黄門郎司馬子瑞、故國子祭酒李業興，並是多書之家，請牒借本參校得失。”秘書監尉瑾移尚書都坐，凡得别本三千餘卷，五經、諸史，殆無遺闕。③

五　隋唐五代

《宋史・藝文志》云：“歷代之書籍，莫厄於秦，莫富於隋。”隋代結束了政治上的長期分裂狀態，使國家藏書事業得到了比較大的發展。《隋書・經籍志》對隋代國家典藏事業作了概括的説明：

---

① 《通志》卷五四《職官四》。

② 《廣弘明集》卷三。

③ 《北齊書》卷四五《樊遜傳》。

> 隋開皇三年(五八三),秘書監牛弘表請分遣使人搜訪異本。每書一卷,賞絹一匹,校寫既定,本即歸主。於是民間異書,往往間出。至平陳已後,經籍漸備,檢其所得,多太建時書,紙墨不精,書亦拙惡。於是總集編次,存爲古本。召天下工書之士,京兆韋霈、南陽杜頵等,於秘書内補續殘缺,爲正副二本,藏于宫中,其餘以實秘書内、外之閣,凡三萬餘卷。煬帝即位,秘閣之書,限寫五十副本,分爲三品:上品紅琉璃軸、中品紺琉璃軸、下品漆軸。於東都觀文殿東西廂構屋以貯之,東屋藏甲乙,西屋藏丙丁。又聚魏已來古迹名畫,於殿後起二臺,東曰妙楷臺,藏古迹;西曰寶迹臺,藏古畫。又於内道場集道、佛經,别撰目録。

隋代官府藏書仍由秘書省負責管理,《隋書·百官志》云:隋初,"秘書省,監、丞各一人,郎四人,校書郎十二人,正字四人,録事二人,領著作、太史二曹。著作曹置郎二人,佐郎八人,校書郎、正字各二人。太史曹置令、丞各二人,司曆二人,監候四人"。煬帝即位以後,對各級官職進行了很多改革。秘書省置秘書監、增置少監一人,將校書郎減爲十人。其後又改秘書監、少監爲秘書令、秘書少令,置秘書佐郎四人,輔助秘書郎的工作,又"增校書郎員四十人,加置楷書郎員二十人,掌抄寫御書"。① 煬帝大量增加校書郎員、楷書郎員,顯然是爲了滿足大量校書、鈔書的需要。隋代較著名的學者,如牛弘、姚察、王劭、許善心、李文博、虞綽等都曾在秘書任職。

隋代國家藏書機構,雖然工作時間只有二十多年,但是成就突出。一是大規模地開展了文獻收集、整理、録副工作,使國家藏書量有了大幅度的增長。並在此基礎上編出了一批國家藏書目録及佛經目録,如《開皇四年四部書目》《開皇八年四部書目》《香厨四部目録》《開皇二十年書目》《七林》《大業正御書目録》及開皇十四年《衆經目録》、開皇十七年《開皇三寶録總目》、大業初《大業衆經目録》等。二是對藏書進行了深入的研究,寫出了一批著作,如王劭長期任秘書監,將校勘所得撰成《讀書記》三十卷,

① 《隋書》卷二八《百官志下》。

“時人服其精博”。① 現存類書《北堂書鈔》就是虞世南仕隋爲秘書郎時鈔輯而成的。②

唐代藏書事業較隋代又有發展，唐武德初繼承隋嘉則殿所藏，“有書八萬卷”③，武德五年（六二二），秘書丞令狐德棻奏請購募遺書，並增置楷書手，專令繕寫，“數年間，群書略備”。④ 貞觀三年（六二九），秘書監魏徵“以喪亂之後，典章紛雜，奏引學者校定四部書。數年之間，秘府圖書，粲然畢備”。⑤ 據毋煚《古今書録序》稱，開元盛時，秘閣所藏，“凡四部之録四十五家，都管三千六十部，五萬一千八百五十二卷，成《書録》四十卷。其外有釋氏經律論疏，道家經戒符籙，凡二千五百餘部，九千五百餘卷。亦具翻譯名氏，序述指歸，又勒成目録十卷，名曰《開元内外經録》”。⑥ 此外，弘文館、集賢院、史館等處藏書也相當豐富。如《唐會要》卷六十五《弘文館》稱：武德九年（六二六）“九月，太宗初即位，大闡文教，於弘文殿聚四部群書二十餘萬卷”。

唐代秘書省仍爲管理國家藏書的主要機構，唐代秘書省有監一人，少監一人，丞一人，秘書郎四人，校書郎八人，正字四人，主事一人，令史四人，書令史九人，典書八人，楷書手八十人，亭長六人，掌固八人，熟紙匠十人，裝潢匠十人，筆匠六人。⑦ 高宗龍朔二年（六六二）二月，秘書省曾改稱蘭臺，秘書監改稱蘭臺太史，秘書少監改稱蘭臺侍郎，秘書丞改稱蘭臺大夫，秘書郎改稱蘭臺郎。咸亨元年（六七〇）十月，恢復原名。武后垂拱元年（六八五）二月，秘書省改稱麟臺，秘書監改稱麟臺監，秘書少監改稱麟臺少監，秘書郎改稱麟臺郎。至中宗神龍元年（七〇五）二月，又恢復原名。⑧

---

① 《北史》卷三五《王慧龍傳》。

② 衢州本《郡齋讀書志》卷一四。

③ 《隋書》卷三二《經籍志》。

④ 《舊唐書》卷七三《令狐德棻傳》。

⑤ 《舊唐書》卷七一《魏徵傳》。

⑥ 《舊唐書》卷四六《經籍志》。

⑦ 《唐六典》卷十《秘書省》。

⑧ 參見《唐會要》卷六五《秘書省》。

唐代對後世産生較大影響的是新設的一些藏書機構，主要有弘文館、史館與集賢院。

武德四年（六二一）正月，在門下省設修文館，掌詳正圖籍，武德九年（六二六）三月改名爲弘文館。其後曾因避諱等原因改名爲昭文館、修文館，開元七年（七一九）九月仍定名爲弘文館。“自武德、貞觀以來，皆妙簡賢良爲學士。故事五品已上稱爲學士，六品已下爲直學士。又有文學直館，並所置學士並無員數，皆以他官兼之。儀鳳中，以館中多圖籍，置詳正學士校理。自垂拱以來，多大臣兼領。館中有四部書，貞觀初褚亮爲檢校館務學士，號爲館主。”“弘文館學士掌詳正圖籍，教授生徒，凡朝廷有制度沿革，禮義輕重得參議焉。”①可見弘文館是一個集文獻管理、教學、諮詢爲一體的機構。此外，尚有“校書郎二人，從九品上，本置名讎校，掌校典籍。開元七年，罷讎校，置校書四人。二十三年，減二人。典書二人，館中有經史子集四部之書，使典之”。另有搨書手三人，筆匠三人，熟紙裝潢匠九人。②

唐代專設史館來承擔原屬於秘書省著作局的史書編撰任務，分工的細密，體現了圖書管理工作的進步，因此對後世産生了一定的影響。鄭樵介紹了這一變化過程，略云：“唐武德初，因隋舊制，史館屬秘書省著作局，至貞觀三年閏十二月，移史館於門下省北，宰相監修，自是著作局始罷史職。”③《舊唐書·百官志》指出史館的任務是：“掌修國史，不虚美，不隱惡，直書其事。凡天地日月之祥，山川封域之分，昭穆繼代之序，禮樂師旅之事，誅賞廢興之政，皆本於起居注、時政記，以爲實録，然後立編年之體爲褒貶焉。既終藏之於府。”當然史館還肩負着撰寫前朝史的任務。爲了完成任務，史館必須保管有關的圖書檔案，如安史之亂前，史館就藏有“國史一百六卷，開元實録四十七卷，起居注並餘書三千六百八十二卷”。④根據唐代規定的“諸司送館事例”，各部門還應將有關的資料送交史館，以供修撰史書之用。除由宰相監修國史外，史館尚有判館事、修撰、直館、令

①② 《唐六典》卷八《門下省》。

③ 《通志》卷五二《職官二·中書省第四》。

④ 《唐會要》卷六三《國史》。

史、楷書、寫國史楷書、典書、亭長、掌固、熟紙匠等從事具體業務工作。唐代史館規制嚴密，成績明顯，先後撰成《周書》《五代史志》《晉書》，還有歷代皇帝的實録。

唐代的集賢院是在東都洛陽乾元殿的基礎上發展起來的。《新唐書・百官志》云："開元五年（七一七），乾元殿寫四部書，置乾元院使，有刊正官四人，以一人判事。押院中使一人，掌出入宣奏，領中官監守院門，知書官八人，分掌四庫書。"開元五年（七一七）十一月，乾元院更名麗正修書院。十三年（七二五）改麗正修書院爲集賢院，據《舊唐書・職官志》，集賢院學士的任務是："掌刊緝古今之經籍，以辨明邦國之大典。凡天下圖書之遺逸，賢才之隱滯，則承旨而徵求焉。其有籌策之可施於時，著述之可行於代者，較其才藝而考其學術，而申表之。凡承旨撰集文章，校理經籍，月終則進課于内，歲終則考最於外。"《新唐書・百官志》亦云："集賢殿書院，學士、直學士、侍讀學士、修撰官掌刊緝經籍。"此外，集賢院還有校理、刊正、校勘、校書、正字等具體從事圖書整理的官員與一些從事鈔書、裝書、造筆的工匠。開元後，集賢院成了唐代國家藏書的中心，在這裏積極開展着圖書的搜集、整理、繕寫、編目工作。如開元七年（七一九）九月玄宗詔曰：

> 比來書籍缺亡，及多錯亂，良由簿歷不明，綱維失措，或須披閲，難可校尋，令麗正殿寫四庫書，各於本庫每部爲目録，其有與四庫書名目不類者，依劉歆《七略》排爲《七志》，其經史子集及人文集，以時代爲先後，以品秩爲次第，其《三教珠英》，既有缺落，宜依舊目，隨文修補。①

經過這次認真的整理，"集賢院四庫書總八萬一千九百九十卷。經庫一萬三千七百五十三卷，史庫二萬六千八百二十卷，子庫二萬一千五百四

① 《唐會要》卷三五《經籍》。

十八卷,集庫一萬九千八百六十九卷"。① 此外,集賢院還編修了《唐六典》《初學記》《大唐開元禮》等書。王建《宫詞一百首》之十二也記録了集賢殿的藏書情况:"集賢殿裏圖書滿,點勘頭邊御印同。真迹送來依數字,别收鎖在玉函中。"

唐代國家藏書機構的最大特點是在秘書省的基礎上,又建立了弘文館、史館、集賢院等典藏單位,從而形成了新的國家藏書管理體制,對五代及兩宋的國家藏書事業影響甚大。

五代沿襲唐代制度,設秘書省、弘文館、史館、集賢院等管理藏書,但因政權頻繁更疊,國家藏書事業受到了很大影響。如宋吴處厚云:"梁祖都汴,庶事草創。貞明中,始於今右長慶門東北創小屋數十間爲三館,湫隘尤甚。又周廬徼道,咸出其間。衛士騶卒,朝夕喧雜。每受詔撰述,皆移他所。"②即其一例。後唐明宗長興元年(九三〇)著作郎李超云:"秘書監空有省名而無廨署,藏書之府無屋一間,無書一卷。"③但是,五代國家藏書機構,特别是史館仍然做了不少有益的工作。如唐天祐十九年(九二二),李存審收鎮州,"遣(郭)崇韜閲其府庫,或以珍貨賂遺,一無所取,但市書籍而已"。④ 後唐政府也做過徵集圖書的工作,如《五代會要》卷十八《史館雜録》云:

> 後唐同光二年(九二四)四月,史館奏:四庫書自廣明年後散失,伏乞許人進納,仍中書門下降敕條件。敕:進書官納到四百卷已下,皆成部帙,不是重疊,及紙墨書寫精細,已在選門未合格人,每一百卷,與減一選,無選減者,注官日優與處分。無官者,納書及三百卷特受試銜。

後唐也對國家藏書進行過整理工作,如《册府元龜·學校部·刊校》云:

---

① 《唐會要》卷六四《集賢院》。

② 《青箱雜記》卷三。

③ 《册府元龜》卷六〇四《學校部·奏議三》。

④ 《舊五代史》卷五七《唐書·郭崇韜傳》。

“後唐楊凝式，明宗天成初爲給事中。凝式精選通儒，校定三館圖書。”《宋史·張昭傳》亦稱後唐清泰二年（九三五），張昭“加判史館兼點閲三館書籍，校正添補”。五代史館還撰寫了不少實録，後晉史館則完成了《舊唐書》的寫作任務。①

六　宋　元

宋代特别重視文教事業，國家藏書機構也出現了欣欣向榮的局面。《宋史·藝文志》載歷朝國家藏書卷數云：

> 嘗歷考之，始太祖、太宗、真宗三朝，三千三百二十七部，三萬九千一百四十二卷，次仁、英兩朝，一千四百七十二部，八千四百四十六卷。次神、哲、徽、欽四朝，一千九百六部，二萬六千二百八十九卷。三朝所録，則兩朝不復登載，而録其所未有者。四朝於兩朝亦然。最其當時之目，爲部六千七百有五，爲卷七萬三千八百七十有七焉。

雖然蒙受靖康之難，國家藏書蕩然無存。高宗建立南宋政權之後，“屢優獻書之賞，於是四方之藏，稍稍復出，而館閣編輯，日益以富矣。當時類次書目，得四萬四千四百八十六卷。至寧宗時續書目，又得一萬四千九百四十三卷，視《崇文總目》又有加焉”。②

北宋前期的圖書管理機構，承襲了五代的三館制度，以昭文館、史館、集賢院爲三館。《宋史·職官志》云：“宋初置三館長慶門北，謂之西館。”馬端臨云：“太平興國初，太宗因幸三館，顧左右曰：若此之陋，豈可以蓄天下圖籍，延四方之士邪？即詔經度左升龍門東北，舊車路院别建三館，命中使督其役，棟宇之制皆親自規劃。”③新三館成，太平興國“三年（九七八），賜名崇文院，遷西館書貯焉。東廊爲昭文書庫，南廊爲集賢書庫，西

① 詳見《五代會要》卷一八《前代史》《修國史》。

② 《宋史》卷二〇二《藝文志》。

③ 《文獻通考》卷一七四《經籍考總叙》。

廊分四部,爲史館書庫”。[1] 太宗“端拱元年(九八八),就崇文院中堂建閣,以三館書籍真本,並内出古畫、墨迹等藏之”。[2]“淳化二年(九九一)五月,以史館所藏天文、曆算、陰陽、術數、兵法之書凡五千十二卷,天文圖書一百十四卷,悉付秘閣。”[3]

《麟臺故事·官聯》介紹了北宋國家藏書機構管理人員的設置情况,今録之如下:

昭文館,在唐爲弘文館,隸門下省,建隆元年(九六〇),以避宣祖廟諱改爲昭文館。大學士一人,以宰相充;學士、直學士不常置;直館以京朝官充,掌經、史、子、集四庫圖籍修寫校讎之事,判館一人,以兩省五品以上充。

史館,舊寓集賢院。監修國史以宰相充。……直館以京朝官充。又有檢閲、編修之名,不常置,掌修國史、日曆及典圖籍之事。判館事一人,以兩省五品以上充。後改官制,日曆隸國史案。每修前朝國史、實録,則别置國史、實録院。國史院以首相提舉,翰林學士以上爲修國史,餘侍從官爲同修國史,庶官爲編修官。實録院提舉官如國史,從官爲修撰,館官爲檢討。

集賢院,大學士一人,以宰相充,學士無定員,以給諫、卿、監以上充;直學士不常置,掌同昭文;判院事一人,以兩省五品以上充;或差二人。

三館通爲崇文院,别置官吏。有檢討,無定員,以京朝官充;校勘,無定員,以京朝、幕府、州、縣官充。掌聚三館之圖籍,監一人,内侍充,兼監祕閣圖書。

秘閣……直閣以朝官充,校理以京朝官充,掌繕寫、儲藏、供御典籍圖書之事;判閣一人,舊常以丞、郎、學士兼;秘書監領閣事,大中祥符九年(一〇一六)後,以諸司三品、兩省五品以上官判。國初,又置

①② 《宋史》卷一六四《職官四》。
③ 《文獻通考》卷一七四《經籍考總叙》。

秘閣校理，通掌閣事。咸平後者，皆不領務。

元豐五年(一〇八二)，神宗實行新官制，恢復秘書省，改三館職官爲秘書省職官。馬端臨云："元豐正名，以崇文院爲秘書省，既罷館職，盡以三館職事官歸秘書省，置秘書省職事官。"①如《麟臺故事》卷四《官聯》云："元豐官制：秘書監、少監各一人，或少監二人；丞一人，秘書郎二人，通掌省事；著作郎、佐郎各二人，專修日曆；校書郎四人，正字二人，校對書籍。"

南宋仍以秘書省作爲國家圖書的管理機構。據《中興館閣録》和《中興館閣續録》，南宋秘書省的職事官有提舉秘書省、監、少監、丞、著作郎、秘書郎、著作佐郎、校書郎、正字等。南宋紹興年間設史館，下轄國史院、實録院，擔任國史、實録的撰寫工作。據《中興館閣録》卷七《官聯》可知，史館有史館修撰、直史館、史館校勘、史館檢討，以及修國史、同修國史、國史院編修官、國史院檢討官、實録院修撰、實録院同修撰、實録院檢討官等官職。宋代館閣官職有較高的社會地位，如洪邁云："國朝館閣之選，皆天下英俊，然必試而後命。一經此職，遂爲名流。"②

兩宋國家藏書機構在圖書搜集、整理、利用方面成就突出。首先是編製了許多國家藏書目録，如《乾德新定書目》《太清樓書目》《崇文書目》《龍圖閣書目》《玉辰殿書目》《秘閣四庫書目》《大宋史館書目》《秘書總目》《中興館閣書目》《中興館閣續書目》等。可見宋代三館、秘閣及各藏書處所均編有目録，藏書目録實際上反映了對藏書進行整理的成果。王應麟談及《崇文總目》的編纂情況時説：

景祐元年(一〇三四)閏六月，以三館、秘閣所藏有謬濫不全之書，辛酉命學士張觀、知制誥李淑、宋祁將館閣正副本書籍看詳，定其存廢訛謬重複，並從删去，内有差漏者，令補寫校對，仿開元四部録，約國史藝文志，著爲目録。③

① 《文獻通考》卷五六《職官十・秘書監》。

② 《容齋隨筆》卷一六《館職名存》。

③ 《玉海》卷五二《藝文・慶曆崇文總目》。

其次是充分利用藏書，具體承擔了《太平御覽》《太平廣記》《神醫普救方》《文苑英華》《册府元龜》等大型類書、總集的編纂任務。如王應麟所記：太平興國八年（九八三），“詔史館所修《太平總類》一千卷，宜令日進三卷，朕當親覽焉”。①《麟臺故事》卷三《修纂》亦云：“咸平三年（一〇〇〇）十月，命翰林學士、承旨宋白，起居舍人、知制誥李宗諤修《續通典》。以秘閣校理舒雅、直集賢院李維、石中立、王隨爲編修官，直秘閣事杜鎬爲檢討官，四年九月，成二百卷上之。詔付秘閣。”可見這些巨著，雖由翰林學士等要員牽頭，而大量的具體工作則是由國家藏書機構的工作人員來承擔的。

再次是南宋初秘書少監程俱撰寫了《麟臺故事》，南宋秘書監陳騤撰寫了《中興館閣録》，以及佚名撰寫了《中興館閣續録》，對兩宋國家藏書事業，進行了一次系統總結，它不僅對規範國家藏書工作起了巨大作用，也爲我們研究古代的典藏學留下了豐富的史料。

宋代官府多藏有業務用書，如鄭樵云：“禮儀之書、祠祀之書、斷獄之書、官制之書、版圖之書，今官府有不經兵火處，其書必有存者。”②可以概見。此外，宋代學士院、司天監奉詔同訂《禁書目録》禁燬天文、圖讖方面的書，説明這兩個單位藏有該類圖書。③ 宋代州縣官府也有藏書，南宋初建康守葉夢得所建紬書閣即一例。其《紬書閣記》云：

> 今四方取向所亡散書，稍稍鏤板，漸多好事，宜當分廣其藏，以備萬一，公厨適有羨錢二百萬，不敢他費，乃用遍售經史諸書，凡得若干卷。廳事西北隅有隙地三丈有奇，作别室，上爲重屋，以遠卑濕，爲之藏而著其籍，於有司退食之暇，素習未忘，或時以展誦。因取太史公金匱石室之意，名之曰“紬書閣”，而列其所藏之目於左方。後有同志日月增益之，愈久當愈多，亦足風示吾僚，使知仕不可不勉於學。④

---

① 《玉海》卷五四《藝文·太平興國太平御覽》。

② 《通志》卷七一《校讎略·求書之道有八論》。

③ 《宋史》卷二〇四《藝文志》。

④ 《建康集》卷四。

又,《天禄琳琅書目》卷三著録之宋版六臣注《文選》中有宋寶慶寶應州印及"官書不許借出"牌記,可見宋代州縣官府藏書還不是個别現象。

元代統治者也很重視收藏圖書,並從宋代館閣中接受了大批圖書,元王士點、商企翁曾述及其具體情況:

> 至元十二年(一二七五)九月二十九日,皇城暖殿裏,右侍俸御忽都於思、做怯裏馬赤,秘書監焦秘監、趙侍郎一同奏:"臨安秘書監内有乾坤寶典,並陰陽一切禁書,及本監應收經籍圖書書畫等物,不教失落見數呵,怎生?"奉聖旨:"伯顔行道將去者。"又奏:"江南諸郡多有經史書籍文板,都教收拾見數,不教失散呵,怎生?"奉聖旨:"您問了歸附官員呵,伯顔行道將去者。"欽此。
>
> 至元十三年(一二七六)十二月,今有樞密副使兼知秘書監事説道:今年六月十一日,内裏主廊裏有時分奏:"咱使的焦尚書江南收拾秘書省文字去來,聽得收拾聚也,教盡數起將來呵,怎生?"奉聖旨:"教將來者。"欽此。樞密院移諮南省取去來。見今焦尚書收拾到經籍書畫等物,解發南省,已運到中書省也。所據前項焦尚書收拾到一切經史子集禁書典故文字,及書畫筆墨紙硯等物,俱是秘書監合行收掌。當月初十日,樞密副使兼知秘書監事説道:近奉都堂鈞旨該欽奉聖旨:"教於大都萬億庫内分揀到秘書監合收拾經籍圖畫等物,可用站車一十輛,搬運赴監收貯。"①

元代國家典藏圖書的機構是秘書監。據《秘書監志》卷一《職制》可知,至元九年(一二七二)十一月,世祖令"設立秘書監",次年二月,焦友直被任命爲首任秘書監。據《秘書監志》卷十一《題名》可知,其職事官主要有秘書卿、秘書監、秘書太監、少監、監丞、管勾、著作郎、著作佐郎、秘書郎、校書郎、辨驗書畫直長、令史、譯史、回回令史、知印、奏差、典書、典史等。其藏書處爲秘書庫。秘書監在整理圖書方面似無建樹,值得一提的

① 《秘書監志》卷五《秘書庫》。

是編了部《至元大一統志》,計七百八十七卷。據《秘書監志》卷十一《題名》可知,王士點於至正二年(一三四二)四月二十九日任秘書監管勾,商企翁於至正元年(一三四一)閏五月二十七日任秘書監著作佐郎。他倆合撰的《秘書監志》爲我們研究元代國家藏書創造了條件。

七 明

明代前期相當重視圖書的收聚工作,早在正式建立明朝之前,朱元璋就"命有司訪求古今書籍,藏之秘府,以資覽閱"。① "洪武元年(一三六八)大將軍徐達率軍破元大都(今北京),收其秘閣所藏圖書典籍……致之南京。"②《明史·藝文志》云:

> 永樂四年(一四〇六),帝御便殿閲書史,問文淵閣藏書。解縉對以尚多闕略。帝曰:"士庶家稍有餘貲,尚欲積書,况朝廷乎?"遂命禮部尚書鄭賜遣使訪購,惟其所欲與之,勿較值,北京既建,詔修撰陳循取文淵閣書一部至百部,各擇其一,得百櫃,運致北京。宣宗嘗親臨文淵閣,親披閲經史,與少傅楊士奇等討論,因賜士奇等詩。是時,秘閣貯書約二萬餘部,近百萬卷,刻本十三,抄本十七。

可見明代國家藏書也頗具規模。

明代國家藏書機構體制視前代有所變化,《明史·職官志》云:"洪武三年(一三七〇)置秘書監,秩正六品,除監丞一人,直長二人,尋定設令一人,丞、直長各二人,掌内府書籍。十三年(一三八〇)併入翰林院典籍。"《明會要》卷三十六《職官》亦稱:"洪武三年三月庚子置秘書監掌内府書籍。……十三年七月癸巳罷秘書監。所藏古今圖籍改歸翰林院典掌之。"從東漢末年形成的專門管理國家藏書機構秘書監(或稱秘書省)被取消,給明代國家藏書事業造成了重大損失。因爲翰林院典籍只有兩名,從八

① 《明太祖實録》卷一六。

② 《萬曆野獲編》卷一《訪求遺書》。

品,官卑人少,很難挑起管理國家藏書的重任。正如沈德符云:"此輩皆貲郎幸進,雖不知書,而盜取以市利者實繁有徒。"①内府司禮監經廠庫藏書甚豐,但由宦官主持其事,所以管理也很差。如劉若愚云:"凡司禮監經廠庫内所藏祖宗累朝傳遺秘書典籍,皆提督總其事,而掌司監工分其細也,自神廟静攝年久,講幄塵封,右文不終,官如傳舍,遂多被匠夫、厨役偷出貨賣。"②

在明代國家藏書的整理與利用方面,值得一提的是明初利用文淵閣藏書編成了《永樂大典》。③ 此外,正統間大學士楊士奇等對文淵閣藏書經過初步整理編成了《文淵閣書目》二十卷,其題本云:

> 本朝御製及古今經史子集之書,自永樂十九年南京取回來,一向於左順門北廊收貯,未有完整書目,近奉聖旨,移貯於文淵閣東閣,臣等逐一打點清切,編置字號,寫完一本,總名曰《文淵閣書目》,合請用廣運之寶鈐識,仍藏於文淵閣,永遠備照,庶無遺失。④

該目體例簡單,朱彝尊批評道:"《文淵閣書目》有册而無卷,兼多不著撰人姓氏,至覽者茫然若失,其後藏書之家往往效之。"⑤《四庫全書總目》卷八十五該書提要也稱:"士奇等承詔編録,不能考訂撰次,勒爲成書,而徒草率以塞責,較劉向之編《七略》,荀勖之編《中經》,誠爲有愧。"據《千頃堂書目》,明代國家藏書目録尚有馬愉《秘閣書目》二卷、《内閣書目》一卷、《新定内閣藏書目録》八卷、《御書樓藏書目》一卷、明《内府經廠書目》二卷、《都察院書目》、《行人司書目》二卷,在一定程度上反映了國家藏書及整理圖書的情況。總的來説,明代國家藏書機構未對藏書做過深入細緻的整理工作,主要原因是明初秘書監撤銷後,没有專門的機構與得力的人來負

① 《萬曆野獲編》卷一《先朝藏書》。
② 《酌中志》卷一八《内板經書紀略》。
③ 參見《鮚埼亭集外編》卷一七《鈔永樂大典記》。
④ 《文淵閣書目》卷首。
⑤ 《經義考》卷二九四《明文淵書目》。

責這項工作。對此,曹溶於鈔本《萬卷堂家藏藝文目》題詞批評道:“以二百七十年金甌無闕,而自楊文貞葺《文淵閣書目》外,未嘗一遣求書之使,設校讎之官,亦當時之闕典也。”①

八　清

清代國家藏書發展到了我國古代國家藏書的全盛時期。清政府首先承襲了明宫廷的全部藏書。康熙二十五年(一六八六)曾下詔求書,詔曰:“通都大邑,應有藏編,野乘名山,豈無善本。今宜廣爲訪輯……務令搜羅罔遺,以副朕稽古崇文之至意。”並强調:“今搜訪藏書善本,惟以經學史乘,實有關係修齊治平,助成德化者,方爲有用,其他異端稗説,概不准録。”②乾隆三十七年(一七六五)正月四日,清高宗發動了更大規模的徵書運動,據任松如《四庫全書答問》的不完全統計,各省採進本就有一萬一千零二十六種之多。

清代國家藏書管理機構承明制仍爲文淵閣。《歷代職官表》卷二十五《文淵閣閣職》介紹了其官職與職務,今節述如下:文淵閣領閣事,滿洲、漢人各一人,掌總領秘書,典司册府。以大學士、協辦大學士、掌院學士兼充。文淵閣提舉閣事一人,掌率内務府官屬以綜理閣務;文淵閣直閣事六人,掌典守釐緝之事,以時與校理輪番入直,凡春秋曝書則董率而經理之;文淵閣校理十有六人,掌注册點驗之事;文淵閣檢閲八人,掌排次清釐之事;文淵閣辦理事務,内務府司員四人,筆帖式四人,掌一切收發啓閉掃除及稽查宿直之事。《四庫全書》辦成後,首部藏弆文淵閣,又於圓明園建文源閣,避暑山莊建文津閣,盛京建文溯閣,分部庋藏。而全書中採擷精粹,别爲《薈要》萬二千册,於御花園之摛藻堂、圓明園之味腴書室各貯一部,以便省覽。復命續繕三部貯揚州大觀堂文匯閣、鎮江金山寺之文宗閣、杭州聖因寺行宫之文瀾閣。③ 此外,内閣大庫藏有前明書籍、《八旗通志》、

---

① 《藏書紀事詩》卷二《周定王橚、朱睦㮮灌甫》補正。

② 《東華録》卷一三。

③ 參見平步青《霞外捃屑》卷一及施廷鏞《故宫圖書記》,載《圖書館學季刊》第一卷第一期。

各省府州縣志書等，皇史宬收藏實録、玉牒等文書檔案資料，昭仁殿之天禄琳琅收藏宋、金、元、明善本圖書，武英殿是宫廷刻書處，藏有書版及殿本書籍，翰林院藏有《四庫全書》底本。

清代國家藏書管理的一個最大特點是爲了完成一個巨大的文獻編纂項目，往往由王子、大學士等貴族高官主持，再從文淵閣、翰林院、内閣、經筵日講起居官中選調專家學者成立專門機構，如辦理《四庫全書》館等來實施。因此工作起來富有成效，先後完成了《淵鑒類函》《四庫全書》《明史》《續三通》《清三通》《大清一統志》等巨著，而内閣往往總負其責，如徐中舒云：

> 修書各館有些雖然不屬於内閣，如玉牒館屬宗人府，方略館屬軍機處，武英殿屬内務府，然各書修纂，内閣大學士例得派充監修總裁官。其餘的有些完全是内閣的附屬機關，如我們在内閣檔案中，往往看見“内閣實録館”、“内閣三禮館”、“内閣三通館”(《通典》《通志》《文獻通考》)、“内閣一統志館”、“内閣明紀綱目館”、“内閣八旗滿洲氏族通譜館”等稱，這都是明白屬於内閣的。①

特别值得一提的是辦理《四庫全書》館編撰了《四庫全書總目》《四庫全書薈要總目》《四庫全書簡明目録》，這些工作大有補於對原書的檢索與利用。此外，于敏中等於乾隆四十年、彭元瑞等於嘉慶三年將昭仁殿所藏善本書編成《天禄琳琅書目》十卷、《天禄琳琅書目後編》二十卷，也反映了清代國家藏書的水平與成就。

綜上所述，歷代國家藏書有如下一些特點：

首先，列朝都設有專門的機構來從事國家藏書的管理工作。《歷代職官表》卷二十五《文淵閣閣職》作了簡要説明，今録之如下：

---

① 《再述内閣大庫檔案之由來及其整理》，載《歷史語言研究所集刊》第三本第四分。

周官外史掌三皇五帝之書,而列國亦各有典書之官,故韓宣子聘魯觀書於太史氏,而周景王亦謂籍氏司晉之典籍以爲大政。蓋簡策之藏,憲章所自,司存有在,不可不昭嚴重也。自秦火之後,經籍散亡,漢代建麒麟天禄諸閣,網羅遺佚,使光禄大夫劉向等校定群書,於是儲藏之地,典守之官制乃略具,歷朝沿襲,漸益修明。秘書監起於後漢,三館肇於唐時,無不簡召儒臣,廣置僚屬。至宋而三館秘閣咸寓於崇文院,後復改爲秘書省,設官頗爲詳備。……明初罷秘書之官,併其職入翰林院。凡書籍之職於内閣者,其篇目既不及前代,而楊士奇等所輯書目亦多舛漏,典守之事又僅委之典籍一官,不能稽核,正德以後遂多爲人盜竊,以及蠹侵鼠嚙,殘缺不完。

清代則主要由文淵閣來擔負日常的圖書管理工作,已如前述。

其次,國家藏書一般都繼承前朝國家藏書,並能采用徵集、收購、組織專人鈔寫等方法來迅速增加藏書量。藏書内容,秦代以前,多爲文書檔案,兩漢擴大爲六藝、諸子、詩賦、兵書、數術、方技等六類圖書,魏晉以後爲經、史、子、集四類,並通過部類的擴充與調整容納新出之圖書。自漢代以後,歷代多編有國家藏書目録,比較客觀地反映了國家藏書及管理水平。

再次,國家藏書事業受到政治、經濟因素的影響明顯,如果政治穩定,經濟繁榮,統治者又重視,那麽國家藏書事業就會得到蓬勃發展,編出大型類書、叢書、總集,並撰寫出一批史學著作,如宋太宗、清高宗時期就足以説明這一點;反之戰争頻仍,經濟凋弊,統治者不重視,則國家藏書事業勢必無所建樹,呈現出一派蕭條景象,元、明兩代後期,就出現了這種情況。

國家藏書的普遍缺點是難以流通,終於不免散佚,洪有豐指出其弊端主要是限制了讀者:

不能公之於群衆無論矣,即貴族亦僅最少數得以閲讀之;實不啻當時帝王之絶對私有貨産也。昏庸之主,既無學問足言;其有賢明好學者,則臨民聽政之餘,觀覽之暇幾何?是深扃秘藏,徒供朽蠹而已。……其終於散佚也。國家傾覆,兵燹之間,豈暇顧念及此?典籍淪亡,大都靡有孑遺。迨至新朝繼起,廣徵民間進獻書籍,亦僅爲粉飾承平文治之具而已。①

第二節　私家藏書

我國私家藏書已有兩千五百多年歷史,由於有廣泛的社會基礎,因此更富有特色和生命力,爲我國及全人類的文化傳播事業作出了巨大貢獻,現也略以時代先後,述之如下:

一　先　秦

我國私家藏書出現於東周後期,章學誠云:"有官斯有法,故法具於官;有法斯有書,故官守其書;有書斯有學,故師傳其學;有學斯有業,故弟子習其業。官守學業皆出於一,而天下以同文爲治,故私門無著述文字。"②這段話是説,周政權鞏固時期,學在官府,書在官府,官員只將學業傳給弟子,故私門無著述文字,也無藏書。這些觀點是比較符合古代文化知識只掌握在貴族手中的實際情况的。隨着東周王室的衰微,官司失守,官員們陸續分散到諸侯國,而諸侯國也需要大量的知識分子來爲自己服務。而且,社會的發展與需要更迅速地導致學業進入私門。私門大量地著書立説,積累與傳播文化知識,培養變革時代所需要的知識分子,因此私家藏書現象也就隨之出現。

春秋末期的墨子談及當時的私家藏書情况時説:"今天下之士,君子之書,不可勝載。"③戰國時代出現了百家争鳴、諸子騰躍的局面,私家藏

① 《清代藏書家考》,載《圖書館學季刊》第一卷第一期。

② 《校讎通義》卷一《原道》。

③ 《墨子·天志上第二十六》。

書現象更爲普遍,如《韓非子·五蠹》云:"今境内之民皆言治,藏商、管之法者家有之,而國愈貧,言耕者衆,執耒者寡也。境内皆言兵,藏孫、吴之書者家有之,而兵愈弱,言戰者多,被甲者少也。"韓非這段話是反對私家藏書的,恰恰反映了在戰國紛争的年代,知識分子們爲求得自身的前途,努力提高自己的文化水平而藏書、讀書的情况。

先秦私家藏書的特點是多藏當時流行的諸子作品,以便學以致用。如《戰國策·秦策一》記載蘇秦游説秦國不成後,"負書擔橐,形容枯槁,面目犁黑,狀有愧色。歸至家……乃夜發書,陳篋數十,得《太公陰符》之謀,伏而誦之,簡練以爲揣摩。讀書欲睡,引錐自刺其股,血流至足"。爲了便於隨時學習和參考,當時人士外出時,往往隨身携帶着圖書。如《墨子·貴義》云:"子墨子南游,使衛、關中,載書甚多。"《莊子·天下》稱:"惠施多方,其書五車。"用車來計算藏書量,可見當時的書皆爲簡策或方版,而人們外出則往往載書以行。

二　秦

《史記·秦始皇本紀》記載了李斯有關焚書的一段建議:"臣請史官非秦記皆燒之。非博士官所職,天下敢有藏《詩》《書》、百家語者,悉詣守、尉雜燒之。有敢偶語《詩》《書》者棄市,以古非今者族。吏見知不舉者與同罪。令下三十日不燒,黥爲城旦。所不去者,醫藥、卜筮、種樹之書。"這説明秦代禁書前,私家藏有《詩》《書》、百家語;禁書後,私家仍藏有醫藥、卜筮、種樹之書。

秦代私人藏書家的突出貢獻是,爲了對付秦代焚書政策,冒着生命危險,采用壁藏的方法,保存了不少珍貴的圖書。孔子八世孫鮒(字子魚)就是這麽做的。據《孔叢子·獨治》記載,秦焚書前,"陳餘謂子魚曰:'秦將滅先王之籍,而子爲書籍主,其危矣!'子魚曰:'顧有可懼者,必欲求天下之書焚之,書不出,則危,吾將先藏之,以待其求,求至無患矣。'"孔鮒所藏,漢武帝時終被發現,《漢書·藝文志》書類序云:"《古文尚書》者,出孔子壁中。武帝末,魯共王壞孔子宅,欲以廣其宫,而得《古文尚書》及《禮

記》《論語》《孝經》凡數十篇,皆古字也。"①采用壁藏圖書方法的還有伏生。《史記·儒林列傳》云:

> 伏生者,濟南人也。故爲秦博士。孝文帝時,欲求能治《尚書》者,天下無有,乃聞伏生能治,欲召之。是時,伏生年九十餘,老,不能行,於是乃詔太常使掌故朝錯往受之。秦時焚書,伏生壁藏之。其後兵大起,流亡。漢定,伏生求其書,亡數十篇,獨得二十九篇,即以教於齊魯之間。

鄭樵亦云:"陸賈,秦之巨儒也;酈食其,秦之儒生也;叔孫通,秦時以文學召待詔博士。數歲,陳勝起,二世召博士諸儒生三餘人而問其故,皆引春秋之義以對。"②可見,即使焚書坑儒之後,秦代仍有人收藏傳習儒家經典著作。

三　兩　漢

兩漢統治者普遍重視典藏事業,由於在一定時期内政治鞏固,經濟繁榮,不僅國家藏書事業得到了迅速發展,而且私家藏書事業也獲得了比較大的成就。

漢惠帝廢止禁私人藏書的法律後,③私家藏書漸盛,至漢成帝時,不少官員都有豐富的私家藏書,如劉向等在整理圖書時就利用了"大中大夫卜圭書"、"臣富參書"、"射聲校尉立書"、④"臣向書"等。⑤ 劉歆就談到過他家的藏書情況:"歆雖不遘過庭,亦克識先君雅訓。三代之書,蘊藏於家,直不計耳。"⑥

---

① 師古注曰:"《家語》云孔騰字子襄,畏秦法峻急,藏《尚書》《孝經》《論語》於夫子舊堂壁中,而《漢紀·尹敏傳》云孔鮒所藏。二説不同,未知孰是。"

② 《通志》卷七一《校讎略·秦不絶儒學論》。

③ 《隋書》卷三二《經籍志》云:"惠帝除挾書之律。"

④ 《四部叢刊》影印宋刊本《管子》卷首劉向《管子書録》。

⑤ 《四部叢刊》影印明活字本《晏子春秋》卷首載劉向《晏子春秋書録》。

⑥ 《全漢文》卷四〇《與揚雄書從取方言》。

漢代私家藏書也出現了一些新特點。某些藏書家的典藏水平已相當高，在數量與質量兩方面都能和國家藏書相媲美。如《漢書・河間獻王傳》稱劉德“修學好古，實事求是。從民得善書，必爲好寫與之，留其真，加金帛賜以招之。由是四方道術之人，不遠千里，或有先祖舊書，多奉以進獻王者，故得書與漢朝等”。張華稱：東漢末年，“蔡邕有書萬卷”。①

漢代藏書家已逐步形成自己的特色，如河間獻王劉德比較注意收集先秦舊書，《漢書・河間獻王傳》云：“獻王所得書，皆古文先秦舊書，《周官》《尚書》《禮》《禮記》《孟子》《老子》之屬，皆經傳説記，七十子之徒所論。”而樓護家世從醫，所藏則多醫書。《漢書・游俠傳》云：“樓護，字君卿，齊人，父世醫也，護少隨父爲醫長安……護誦醫經、本草、方技數十萬言。”

漢代藏書家已經認識到舊本的價值要比新本高，所以河間獻王劉德從民間得到好書，必新鈔一本還給人家，而保存其舊本。如果藏書家得到珍本秘籍，也會倍加愛惜，如《東觀漢記》卷十三云：“杜林，字伯山，扶風人，於河西得漆書《古文尚書》經一卷，每遭困厄，握抱此經。”

四　三國兩晉南北朝

這一時期，雖然政權更迭頻繁，社會動蕩不安，經濟破壞嚴重，但是由於紙開始得到廣泛運用，私家藏書事業仍然發展很快，並呈現出一些新的特點。

因爲紙墨筆硯容易辦到，不少藏書家都愛自己鈔書。如《南齊書・沈麟士傳》稱沈氏“先有書數千卷被火燒，復鈔成二三千卷”。《北齊書・祖珽傳》稱文襄多集書之人，常詭稱買書，將書挾回家中，“一日一夜寫畢，退其本曰：‘不須也。’”《周書・裴漢傳》稱裴漢“借人異書，必躬自録本”。

有的私家藏書，不僅可與國家藏書媲美，甚至還能彌補國家藏書之不足。如《晉書・張華傳》稱張華喜藏書，“身死之日，家無餘財，惟有文書溢於几篋。嘗徙居，載書三十乘。秘書監摯虞，撰定官書，皆資華本？以取

---

① 《博物志》卷六。

正焉。"《梁書・任昉傳》云:"昉墳籍無所不見,家雖貧,聚書至萬餘卷,率多異本。昉卒後,高祖使學士賀縱共沈約勘其書目,官所無者,就昉家取之。"梁元帝蕭繹稱帝前亦頗好藏書,其《金樓子・聚書》篇自述云:

> 初出閤在西省,蒙敕旨賫《五經》正副本。爲琅玡郡時,蒙敕給書,並私有繕寫。爲東州時,寫得《史》《漢》《三國志》《晉書》,又遣人至吴興郡就夏侯亶寫得書。爲揚州、荆州、入蜀,又寫得書。又遣州民下都市得書。又於江州江革家等得元嘉書,紙墨精良,可一千餘卷。……吾今年四十六歲,自聚書來四十年,得書八萬卷。河間之侔漢室,頗謂過之矣。

這一時期的藏書家相當重視對藏書進行校勘、整理、編目工作。如《三國志・蜀書・向朗傳》云:"朗少時雖涉獵文學,然不治素檢,以吏能見稱。自去長史,優游無事垂三十年,乃更潛心典籍,孜孜不倦。年逾八十,猶手自校書,刊定謬誤,積聚篇卷,於時最多。開門接賓,誘納後進,但講論古義,不干時事,以是見稱。"梁朝蕭静也愛校書,《梁書・太祖五王傳》云:"南平王偉孫静,有文才,而篤志好學。既内足於財,多聚經史,散書滿席,手自校讎。"《魏書・李業興傳》稱李氏"愛好墳籍,鳩集不已,手自補治,躬加題帖,其家所有,垂將萬卷"。南朝不少藏書家還對藏書做了編目工作,如梁阮孝緒云:"凡自宋齊已來,王公搢紳之館,苟能蓄聚墳籍,必思致其名簿。"①此"名簿"當指私家藏書目録。前引《梁書・任昉傳》已明確説明任昉家有藏書目録。

這一時期的藏書家借書予人蔚然成風,我們將在本編第六章《圖書流通》中加以介紹,此外,藏書家們還注意利用私家藏書爲科學研究服務。南朝姚察就是一例,《陳書・姚察傳》稱其"父上開府僧垣,知名梁武代,二宫禮遇優厚,每得供賜,皆回給察兄弟,爲游學之資,而察並用聚蓄圖書,由是聞見日博……察性至孝……終日恬静,唯以書記爲樂,於墳籍無所不

① 《廣弘明集》卷三。

覩……且專志著書,白首不倦,手自鈔撰,無時暫輟。尤好研覈古今,諟正文字,精采流贍,雖老不衰。兼諳識内典,所撰寺塔及衆僧文章,特爲綺密……後主所製文章,卷軸甚多,乃别寫一本付察,有疑悉令刊定……所著《漢書訓纂》三十卷,《説林》十卷……並文集二十卷,並行於世”。如果自家書不够,還可利用其他藏書家的藏書,如《北史·李大師傳》談到李延壽之父少有著述之志,將擬《吴越春秋》,編年以備南北,而“(楊)恭仁家富於書籍,得恣意披覽”。

五 隋唐五代

由於唐代曾出現過較長時間的安定局面,所以這一時期的私家藏書事業沿着原來的方向,繼續朝前發展。有些藏書家在藏書的數量,特别是在對藏書進行認真校勘方面,甚至超過了宫廷藏書,如唐代蘇弁“聚書二萬卷,手自讎定,當時稱與秘府埒”。① 韋述“蓄書二萬卷,皆手校定,黄墨精謹,内秘書不逮也。古草隸帖、秘書、古器、圖譜無不備”。②

唐五代私家藏書的一個顯著特點是許多人做了校勘工作,從而極大地提高了其藏書質量,蘇弁、韋述二例已説明了這一點。此外如前蜀孫光憲“聚書數千卷,或自鈔寫,孜孜讎校,老而不廢”。③ 後梁孫隲,“雅好圖書,有六經、《史》《漢》,洎百家之言,凡數千卷,皆簡翰精至,披勘詳定”。④ 後唐張憲,“喜聚圖書,家書五千卷,視事之餘,手自刊校”。⑤ 吴越林鼎,“比中年,讀書必達曙,所聚圖籍悉手鈔數過,即殘編斷簡,亦校讎補綴,無所厭倦”。⑥

這一時期的藏書家對圖書的保管工作也達到了一個新的水平。首先是建藏書樓藏書,如唐田弘正“起樓聚書萬餘卷”。⑦ “張建章好經史,聚

① 《新唐書》卷一〇三《蘇弁傳》。
② 《新唐書》卷一三二《韋述傳》。
③ 《宋史》卷四八三《荆南高氏世家》。
④ 《舊五代史》卷二四《孫隲傳》。
⑤ 《舊五代史》卷六九《張憲傳》。
⑥ 《十國春秋》卷八六。
⑦ 《新唐書》卷一四八《田弘正傳》。

書至萬卷，所居有書樓，但以披閱清净爲事。”[①]宋魏了翁《眉山孫氏書樓記》云：“孫氏居眉以姓著，自唐迄今，人物之懿，史不絶書，而爲樓以儲書則由長孺始。樓建於唐之開成，至光啓元年僖宗御武德殿，書‘書樓’二字賜之，今石本尚存。”[②]

唐代私家藏書還采用宫廷藏書的辦法，用不同顔色的裝幀材料來區分藏書的類别，如唐李泌起書樓，積書三萬卷，經用紅牙籤、史用緑牙籤、子用青牙籤、集用白牙籤。[③] 有的藏書家爲了保護藏書，甚至采用複本的形式。如柳公綽藏書萬卷，“經史子集，皆有三本，色彩尤華麗者，鎮庫；又一本次者，長行披覽；又一本又次者，後生子弟爲業。皆有厨格部分，不相參錯”。[④] 唐代有些藏書家也爲自己的藏書編了目録，據《通志》卷六十六《藝文略四》，有吴兢的《西齋書目》、蔣彧的《新集書目》、杜信的《東齋集籍》。《舊唐書・吴兢傳》稱吴兢家“聚書頗多，嘗目録其卷第，號《吴氏西齋書目》”。

唐人很重藏書，有的甚至反對子孫出售及借人。如杜暹“聚書萬卷，每卷後題云：‘清俸寫來手自校，子孫讀之知聖教，鬻及借人爲不孝。’”[⑤]這段話反映了部分藏書家的共同心態，因此對後世産生了較大影響。當然也有將書無私地借給人閲讀的，如後晉石昂“家有書數千卷。喜延四方之士，士無遠近，多就昂學問，食其門下者或累歲，昂未嘗有怠色”。[⑥] 兩種態度形成强烈對比。

六　兩　宋

兩宋統治者特别重視文教事業，當時雕版印刷術已經盛行，圖書大量出版，也爲私家藏書創造了條件，因此兩宋私家藏書事業空前繁榮。首先

---

① 《北夢瑣言》卷一三《張建章泛海遇仙》。
② 《鶴山集》卷四一。
③ 《山堂肆考》角集卷二八。
④ 《南部新書》卷丁。
⑤ 《清波雜志》卷四。
⑥ 《新五代史》卷三四《一行傳》。

是人數多,見於文獻記載的,據不完全統計有一百六十人。① 之後,范鳳書又編製了《宋代收藏萬卷以上藏書家簡表》指出:"據上表統計,宋代私家藏書達萬卷以上的大藏書家共計二百一十四人,約占宋代藏書家總數的三分之一左右,可見當時私家藏書數量之大。"②有些人雖不出名,往往也有豐富的藏書,如謝肇淛云:

> 宋人多善藏書,如鄭夾漈、晁公武、李易安、尤延之、王伯厚、馬端臨等,皆手自校讎,分類精當。又有田偉者,爲江陵尉,作博古堂,藏書至五萬七千餘卷。黄魯直謂:吾嘗校中秘書,及遍游江南名士,圖書之富,未有及田氏者,而名不甚彰,惜夫!③

其次是分布廣,除江浙爲藏書家集中的地區外,從中原到邊遠的地區皆有藏書樓。如趙安仁爲河南洛陽人,《宋史·趙安仁傳》云:"安仁嗜讀書,所得禄賜多以購書。三館舊闕虞世南《北堂書鈔》,惟安仁家有本,真宗命内侍取之。"宋綬,趙州平棘(今河北省趙縣)人,《孫公談圃》卷下云:"宋宣獻家藏書過秘府,章獻明肅太后稱制,未有故實,於其家討論,盡得之。"祁承㸁云:"方漸知梅州,所至以書自隨。積至數千卷,皆手自竄定。就寢不解衣,林光朝質之,答曰:'解衣擁衾,會有所檢討,則懷安就寢矣。'增四壁爲閣,以藏其書,榜曰'富文'。"④

兩宋藏書家已經特别重視把藏書傳給子孫。這也對後來有較大影響,如李畸實,字季侔,常州晉陵人,年三十,以布衣試有司不偶,然其志益堅,其學益進,購求群書,所聚萬餘卷。嘗曰:"遺子孫黄金滿籯,不如一經。親既以是遺我,我復以是遺子,子子孫孫用之不竭,況萬卷之多乎?

---

① 參見方建新《宋代私家藏書補録》(上),載《文獻》一九八八年第一期。

② 《中國私家藏書史》第二編第一章《宋代的私家藏書》。

③ 《五雜俎》卷一三。

④ 《澹生堂藏書約·聚書訓》。林光朝,孝宗隆興元年進士及第,則方漸當爲宋朝初期人。

庶幾我之富在此而不在彼也。"①《宋史·鄭樵傳》亦云:"林霆,字時隱,擢政和進士第。博學深象數,與樵爲金石交。聚書數千卷,皆自校讎,謂子孫曰:'吾爲汝曹獲良産矣。'"正因爲如此,宋代出現了世代藏書、綿延久遠的文化景觀。如高似孫稱:"晁以道家所藏凡五世,雖不及宋氏,而校讎最爲精確。"②晁公武亦云:"公武家自文元公來,以翰墨爲業者七世,故家多書,至於是正之功,世無與讓焉。"③

兩宋藏書家在收書範圍方面,根據自己的專長與愛好,呈現出了較爲鮮明的個性,有的顯得廣,有的又顯得專,往往各具特色。如蘇過云:

> 吾里有蔡致君,隱居以求志,好古而博雅,閉門讀書,不交當世之公卿,類有道者也。余矍然異之。一日造其門,見其子,從容請交焉。其子爲余言:"吾世大梁人,業爲儒。吾祖、吾父皆不事科舉,不樂仕宦,獨喜收古今之書。空四壁,捐千金以購之,常若饑渴然。盡求善工良紙,手校而積藏之,凡五十年。經史百家、《離騷》《風》《雅》、儒、墨、《道德》、陰陽、卜筮、技術之書,莫不兼收而並取,今二萬卷矣。且吾父有德不耀,常畏人知,棄冠冕而遺世故久矣,必不能從子游。"余悵然自失,悠然而返。④

蘇振文爲蘇易簡九世孫,魏了翁稱其"聚書數萬卷,聖經賢傳,山經地志,私乘野史,以致虞初稗官,旁行敷落之書,靡不搜羅"。⑤而李清照則云:"自來家傳《周易》《左氏傳》,故兩家者流,文字最備。"⑥

兩宋私家藏書在校勘方面也達到了一個新的水平,如《宋史·隱逸傳》稱張塈"閉户讀書四十年,手校數萬卷,無一字舛"。葉夢得稱賀鑄"家

---

① 《道鄉集》卷三六《李季侔墓志銘》。
② 《史略》卷五《東漢以來書考·本朝》。
③ 衢本《郡齋讀書志》卷首自序。
④ 《斜川集》卷四《夷門蔡氏藏書目叙》。
⑤ 《鶴山集》卷八四《蘇伯起振文墓志銘》。
⑥ 《李清照集校注》卷三《金石録後序》。

藏書萬餘卷,手自校讎,無一字脱誤”。① 陸游亦稱賀鑄“喜校書,朱黄未嘗去手”。並記潘邠老贈詩云:“詩束牛腰藏舊稿,書訛馬尾辨新讎。”②

值得注意的是宋人已開始采用題跋的形式來寫讀書、藏書的感受,比較突出的是陸游。今録其祖父陸佃與其本人《跋京本家語》二則爲例:

> 收書之富獨稱江浙,繼而胡騎南騖,州縣悉遭焚劫,異時藏書之家,百不存一,縱有在者,又皆零落不全。予舊收此書,得自京師,中遭兵火之餘,一日故篋中偶尋得之,而蟲齕鼠傷,殆無全幅,綴緝累日,僅能成帙。乃命工裁去四周所損者,别以紙裝背之,遂成全書。嗚呼! 予老懶目昏,雖不復讀,然嗜書之心,固未衰也,後世子孫知此書得存之如此,則其餘諸書,幸而存者,爲予寶惜之。紹興戊午十月七日雙清堂書。
>
> 後五十有七年,復脱壞不可挾,子聿亟裝緝之,持以相示,方先少保書此時,某年十四,今七十矣,不覺老淚之濡睫也。紹熙甲寅閏月四日第三男中大夫某謹識。③

陸游藏書題跋記得書經過,辨書籍真僞,評版本優劣,論校勘水平,談裝幀質量,内容十分豐富,對後世藏書題跋的寫作,產生了深遠影響。

兩宋私家藏書編目成風,張邦基云:“藏書之富如宋宣獻、畢文簡、王原叔、錢穆父、王仲至家,及荆南田氏、歷陽沈氏,各有書目。宋初王文康多藏唐室舊本,至宋末書已散亡,而書目猶在,晁説之曾見之。”④兩宋私家藏書目録可考者約四十種,⑤現存晁公武《郡齋讀書志》、尤袤《遂初堂

① 《建康集》卷八《賀鑄傳》。

② 《老學庵筆記》卷八。

③ 《渭南文集》卷二八。

④ 《墨莊漫録》卷五。宋宣獻名綬,畢文簡名士安,王原叔名洙,錢穆父名勰,王仲至名欽臣,荆南田氏名田偉,歷陽沈氏名沈立。

⑤ 參見汪辟疆《目録學研究・論唐宋元明四朝之目録》附《四朝目録存佚統表》。

書目》、陳振孫《直齋書録解題》三種。其成就已經超過了國家藏書目録。這主要表現在以下幾個方面：首先是著録圖書豐富，有的爲國家藏書目録所無。如王象之云："田偉，以燕人歸朝，得江陵尉，即占籍焉，建博古堂，藏書三萬七千卷，無重複者。……政和中，詔求遺書，嘗上千卷，補三館之缺。"①其子田鎬撰有《田氏書目》六卷，袁本《郡齋讀書志·後志》卷一《坤鑿度》二卷提要云："隋、唐《志》及《崇文總目》皆無之，至元祐《田氏書目》始載焉。"衢本《郡齋讀書志》卷四《韓愈論語筆解》十卷提要云："《四庫》《邯鄲書目》皆無之，獨《田氏書目》有韓愈《論語》十卷、《筆解》兩卷。"陳振孫《直齋書録解題》著録圖書五萬一千一百八十卷，比當時的《中興館閣書目》著録的圖書還要多。其次是這些書目往往有提要或附注，介紹書的作者、内容、版本等。由於《遂初堂書目》在不少款目中專門著録了版本，產生了比較大的影響，故葉德輝云："自鏤板興，於是兼言板本，其例創於宋尤袤《遂初堂書目》。目中所録，一書多至數本，有成都石經本、秘閣本、舊監本、京本、江西本、吉州本、杭本、舊杭本、嚴州本、越州本、湖北本、川大字本、川小字本、高麗本。此類書以正經正史爲多。大約皆州郡公使庫本也。"②《郡齋讀書志》在提要中已言及版本，但是没有《遂初堂書目》這麽細密。私家藏書目録在分類上雖然也受到四部分類法的影響，但是不少藏書家根據藏書的實際情況，有的對大類有所突破，如《邯鄲圖書十志》共分八大類；③有的對小類有所調整，如《遂初堂書目》於史部國史類外，另立本朝雜史、本朝故事、本朝雜傳等類目，而將法、名、墨、縱横四家並入雜家。都對以後的目録分類產生了很大的影響。

宋代藏書家總的傾向是主張並實行借書予人的，王明清云："先祖早歲登科，游宦四方，留心典籍，經營收拾。所藏書逮數萬卷，皆手自校讎，貯之於鄉里，汝陰士大夫多從而借傳。"④陸游也稱："聞人茂德名滋，老儒也。喜留客食，然不過蔬豆而已。郡人求館舍者多就謀之。又多蓄書，喜

① 《輿地紀勝》卷六五。

② 《書林清話》卷一《古今藏書家紀版本》。

③ 參見衢本《郡齋讀書志》卷九《邯鄲圖書志十卷》。

④ 《揮麈後録》卷七。

借人。自言作門客牙,充書籍行,開豆腐羹店。”①這些軼事體現了當時學術文化界的良好風氣。

七 遼金元

遼金元三朝雖爲非漢族政權統治,但是在漢族文化的影響下,漢族與少數民族皆出現過一些藏書家。

遼代藏書家之尤著者爲耶律倍。《遼史·耶律倍傳》云:“倍初市書至萬卷,藏於醫巫閭絶頂之望海堂。通陰陽,知音律,工遼、漢文章,嘗譯《陰符經》。善畫本國人物。”

金代大作家元好問亦以藏書著名,其《故物譜》云:“予家所藏書,宋元祐以前物也。貞祐丙子之兵,藏書壁間,得存。兵退,予將奉先夫人南渡河,舉而付之太原親舊家。自餘雜書及先人手寫《春秋》、三史、《莊子》《文選》等,尚千餘册,並畫百軸,載二鹿車自隨。是歲,寓居三鄉。其十月,北兵破潼關,避於女几之三潭。比下山,則焚蕩之餘,蓋無幾矣。往在鄉里,常侍諸父及兩兄燕談。每及家所有書,則必枚舉而問之。如曰某書買於某處,所傳之何人,藏之者幾何年,則欣然志之。今雖散亡,其綴緝裝褙,籤題印識,猶夢寐見之。”②元好問藏書還有一個顯著特點,就是爲研究與著述服務。郝經《遺山先生墓銘》云:先生“以金源氏有天下,典章法度,幾及漢唐。國亡史興,己所當爲。而《國史》《實録》在順天道萬户張公府。及言於張公,使之聞奏,願爲撰述。……乃爲《中州集》百餘卷,又爲《金源君臣言行録》。往來四方,采摭遺逸,有所得,輒以寸紙細字親爲紀録……至百餘萬言。捆束委積,塞屋數楹,名之曰‘野史亭’”。③

元代私家藏書在宋代的影響下也頗具規模。如“元至正初,史館遺屬官馳驛求書,東南異書頗出。時有蜀帥紐鄰之孫,盡出其家資,遍游江南。四五年間,得書三十萬卷,溯峽歸蜀,可謂富矣”。④ 元代藏書家生活在蒙

---

① 《老學庵筆記》卷一。

② 《元遺山集》卷三九。

③ 《陵川集》卷三五。

④ 《豫章漫鈔》卷四。

古政權之下，功名利禄之心較淡，多以讀書、校書爲樂，因此收書範圍較廣。如張雯，字子昭，世居蘇州，喜游錢塘山川城邑。徘徊躑躅，感嘆不能已，兼通聲律，家“臨市衢，構樓蓄書其上，上經傳子史，下逮稗官百家之言，無不備”。[①] 元代藏書家對藏書也做了一些分類、整理、編目工作。如“莊肅，字恭叔，號蓼塘，居青龍鎮，仕宋爲秘書小史，宋亡棄官，浪迹海上。性嗜書，聚至八萬卷，手鈔經史子集，下至稗官小説，靡所不具。書目以甲乙分十門。至正間，修宋、遼、金史，詔求遺書，危素購於其家，得五百卷”。[②] 再如陸友藏書也編有目録，元黄溍《陸氏藏書目録序》云：“吴郡陸君，居闤闠中，四壁之外，輒與賈區直，君殊不以爲溷。一榻蕭然，環以古今書，凡若干卷，自經史傳記，下至權謀、數術，《汜勝》《虞初》，旁行、般若、百家、衆技之文，櫛比而鱗次。入其室，如登群玉之府，而探蓬萊道家之名山焉，忘其爲居之隘也。君既第其篇帙，部分類别，爲之目録，以便覽者……”[③]可見，元代一些私家藏書也是可以供人閲覽的。

八　明

明代進入中國封建社會成熟期。雕版印刷與活字印刷已相當普及，圖書出版業十分興旺，爲明代私家藏書事業的蓬勃發展創造了條件。

明代實行分封藩王的制度，朱元璋先後將其二十四子和一個從孫封爲親王，以後各代皇帝又陸續分封了一些親王。這些藩王一般都具有雄厚的經濟實力，爲了在政治上避嫌，多愛藏書。以藏書聞名的有周府、寧府、晉府、遼府、鄭府、蜀府、衡府、徽府等。藏書最多的當推周府，尤以周定王六世孫朱睦㮮（字灌甫）最爲有名。錢謙益云：“海内藏書之富，近代推江都葛氏、章丘李氏，灌甫傾貲購之，竭四十年之力，倣唐人四部法，用各色牙籤識别，凡一萬二千五百六十卷，起萬卷堂，諷誦其中。”[④]此外，他還組織人鈔了不少書，錢謙益稱其鑒於古人經解失傳，特“訪求諸海内通

---

① 《僑吴集》卷一二《張子昭墓志銘》。

② （嘉慶）《松江府志》卷五〇《古今人傳二》。

③ 《黄文獻公集》卷五。

④ 《列朝詩集小傳》閏集《周藩宗正中尉睦㮮》。葛氏當指葛澗，李氏當指李開先。

儒，繕寫藏弆，若李鼎祚《易解》、張洽《春秋傳》，皆叙而傳之"。① 其《萬卷堂書目》共收録圖書四千三百一十部、四萬二千七百五十卷。能與周藩媲美的當推寧藩。張芳《徵刻唐宋秘本書例》云："中州之西亭，豫章之鬱儀，兩王孫家藏與天府埒。"②《明史・諸王二》稱寧府後裔多熡、多煴"杜門却掃，多購異書，校讎以爲樂"。藩府藏書各有側重，頗多特色。其中鈔本，一般都紙墨精好，裝潢工緻。如《拜經樓藏書題跋記》卷四載元刻《圖繪寶鑑》，卷首有"廬江王書畫記"印章，吴騫跋云："此書雖未著王名，然其裝潢極精，外用磁青花緞包裹前後，以黄緞細標卷目貼於面，款式非民間藏書可比，又豈特所謂'宣綾包角藏經箋'而已。"

明代藏書家逐漸形成了不同的類型與流派，是私家藏書事業鼎盛的標誌。胡應麟論藏書家流派云："畫家有賞鑒，有好事。藏書亦有二家：列架連窗，牙標錦軸，務爲觀美，觸手如新，好事家類也。枕席經史，沈緬青緗，却掃閉關，蠹魚歲月，賞鑒家類也。至收羅宋刻，一卷數金，列於圖繪者，雅尚可耳，豈所謂藏書哉？"③明中葉以後，浙東地區與蘇州地區的藏書家分别形成了自己的風格。前者可以范欽的天一閣、祁承㸁的澹生堂爲代表，他們並不特别注意收集宋元舊本，而是根據明代圖書出版的實際情況兼收並蓄，如天一閣閣藏精華在於明代的政書、官書、登科録、地方志書、當代詩文集以及金石碑帖，澹生堂則收集了大量的傳奇、小説、叢書、地方志等。而蘇州地區的藏書家特别注意收藏宋元舊本，太倉人王世貞不惜用一田莊購取宋本兩《漢書》，《天禄琳琅書目》卷二該書提要稱：

> 《漢書》，宋刻本，王世貞跋云："余平生所購《周易》《禮》經、《毛詩》《左傳》《史記》《三國志》《唐書》之類，過三千卷，皆宋本精絶。最後班、范二書，尤爲諸本之冠，前有趙吴興象。余失一莊得之。"次頁繪象旁有小楷書"王弇州先生象"六字。④

---

① 《列朝詩集小傳》閏集《周藩宗正中尉睦㮮》。

② 《徵刻唐宋秘本書目》卷首。西亭爲朱睦㮮號。鬱儀爲朱謀㙔字。

③ 《少室山房筆叢》卷四《經籍會通四》。

④ 趙吴興指趙孟頫，王弇州指王世貞。

華亭(今上海市松江區)人朱大韶曾用一美婢换取宋本《後漢紀》,吴翌鳳云:

> 嘉靖中,華亭朱吉士大韶性好藏書,尤愛宋時鏤板。訪得吴門故家有宋槧袁宏《後漢紀》,係陸放翁、劉須溪、謝疊山三先生手評,飾以古錦玉籤,遂以一美婢易之。蓋非此不能得也。婢臨行,題詩於壁曰:"無端割愛出深閨,猶勝前人换馬時。他日相逢莫惆悵,春風吹盡道旁枝。"吉士見詩惋惜,未幾捐館。①

此後,重視版本之風在錢謙益、毛晉、錢曾、黄丕烈等人中越演越烈。

明代藏書家還特别重視對藏書理論的研究,並寫出了一批理論著作。如萬曆間杭州人高濂所撰《燕閒清賞箋》内有《論藏書》一節,仔細地闡述了宋元本的價值、特點,以及書賈作僞的各種手段,爲言版本者所樂道。祁承㸁《澹生堂藏書約》共分藏書約、讀書訓、聚書訓、購書訓、鑒書訓五則,作者對購書、鑒書的原則和方法進行了系統總結,在藏書理論上頗有建樹。胡應麟《少室山房筆叢》第四種《經籍會通》雖摭拾藏書故實而成,但是在論述收藏標準、藏書鑒定、印刷術的應用對私家藏書的影響等方面,均有參考價值。此外,姚士粦的《尚白齋秘笈序》專論藏書流通問題,頗有真知灼見。

明代藏書家還有一個突出優點是喜歡出版圖書。首先是藩府刻了不少書,潘承弼、顧廷龍云:

> 明時藩邸王孫襲祖宗餘蔭,優游文史,雕槧之業,邁軼前朝,今可溯者殆十數家。蜀府最先,自洪武迄萬曆,傳本不絶。寧藩自號臞仙,所刊多道家養性保命諸籍。他如唐藩之《文選》、吉府之《賈子》,於今傳誦;餘則代、崇、肅三府,各有垂典,並爲世睹。此成化以前藩邸之概略也。嘉靖以下,晉府最著淹雅。奕世載美,光啓前業。其所

① 《遜志堂雜鈔》庚集。

> 署有寶賢堂、志道堂、虚益堂、養德書院諸稱，循名可覘其實，其所刊有《文選注》《唐文粹》《宋文鑒》《元文類》《初學記》諸書，浩瀚卷帙，爲諸藩之冠。次則秦藩之《史記》、德藩之《漢書》、趙府之《詩輯》、益府之《玉篇》，並得擅美濟武。而鄭藩之通音律，所刊《樂律全書》尤爲審音家所推重，不獨以雕板著藝苑也。其他諸藩，曰周、曰徽、曰沈、曰伊、曰魯、曰楚、曰遼、曰潞，一二精槧，更僕難數，河間、衡陽，無與爲盛。①

明代著名藏書家如朱承爵、袁褧、范欽、王世貞、曹學佺、安國、徐𤊹、毛晉等都刻了不少書。試以毛晉爲例，潘承弼、顧廷龍云：

> 汲古閣主人常熟毛晉藏書震海内，雕槧布寰宇，經史百家秘笈琳琅，有功藝林，誠非淺少。江左文獻所繫，有明十三朝無出其右者。雖云高資有賴，固亦篤好始能。起萬曆之季，迄順治之初，歷時四十餘年，成書六百餘種，自刻、代刻皆極精工。②

明代私家在圖書保管方面的一個新特點是訂立了一些規章制度，這對防止圖書散佚有明顯的效果，詳見本編第六章《圖書流通》第三節《流通的規章制度》。明代藏書家普遍編有目録，可考者有四十餘種，現存者有二十餘種。③ 不少目録著録了豐富的小説與戲劇作品，反映了文學觀念的變遷。

九　清

清朝統治者一面大興文字獄，以壓制人民强烈的反抗意識，一面大力提倡文教事業，以緩和民族矛盾。在異族統治的背景下，漢族士大夫普遍重視學術研究，圖書出版業也十分興盛，因此清代私家藏書事業發展到了

---

① 《明代版本圖録初編》卷四。

② 《明代版本圖録初編》卷七。

③ 參見汪辟疆《目録學研究・論唐宋元明四朝之目録》附《四朝目録存佚統表》。

全盛時期，並形成了一些新特點。

首先，清代藏書家的愛好、特點更爲鮮明。如洪亮吉云：

> 藏書家有數等，得一書必推求本原，是正缺失，是謂考訂家，如錢少詹大昕、戴吉士震諸人是也。次則辨其板片，注其錯訛，是謂校讎家，如盧學士文弨、翁閣學方綱諸人是也。次則搜采異本，上則補石室金匱之遺亡，下可備通人博士之瀏覽，是謂收藏家，如鄞縣范氏之天一閣、錢唐吴氏之瓶花齋、崑山徐氏之傳是樓諸家是也。次則第求精本，獨嗜宋刻，作者之旨意縱未盡窺，而刻書之年月日最所深悉，是謂賞鑒家，如吴門黄主事丕烈、鄔鎮鮑處士廷博諸人是也。又次則於舊家中落者，賤售其所藏，富室嗜書者，要求其善價，眼别真贗，心知古今，閩本、蜀本，一不得欺，宋槧、元槧，見而即識，是謂掠販家，如吴門之錢景開、陶五柳、湖州之施漢英諸書估是也。①

第一種爲專家學者，他們爲讀書治學而藏書，錢大昕可爲其代表人物。阮元云："先生所著書，若《廿二史考異》《通鑑注辨正》《元史藝文志》《三統術衍》《金石跋尾》《潛研堂文集》，久爲海内學者所讀矣。别有《十駕齋養新録》廿卷，乃隨筆札記經史諸義之書。學者必欲得而讀之，迄刻於版。凡此所著，皆精確中正之論。即瑣言剩義，非貫通原本者不能。譬之折杖一枝，非鄧林之大不能有也。"②錢大昕特别注意收藏金石文字，據其手編《竹汀居士年譜》，乾隆二十二年丁丑，年三十歲，五月授翰林院編修，"公事之暇，入琉璃廠書市，購得漢唐石刻二三百種，晨夕校勘，證以史事，輒爲跋尾。收藏金石文字自此始"。遂爲終身嗜好。乾隆五十四年己酉，年六十二歲，"是冬重訂《金石録》，前後收藏，共得二千通，與趙明誠著録之數恰同"。錢氏復云："金石之學與經史相表裏。……蓋以竹帛之文久而易壞，手鈔板刻展轉失真，獨金石銘勒出於千百載以前，猶見古人真面

① 《北江詩話》卷三。
② 《十駕齋養新録》卷首《序》。

目,其文其事信而有徵,故可寶也”。可證錢大昕在考訂著述方面的成就,與其所藏豐富的金石文字是分不開的。

第二種藏書家特别喜歡做校勘工作,可以盧文弨爲代表。嚴元照稱:“先生喜校書,自經傳子史,下逮説部、詩文集,凡經披覽,無不丹黄者。即無别本可勘同異,必爲之釐正字畫然後快,嗜之至老愈篤,自笑如猩猩之見酒也。”①錢大昕亦云:“抱經先生精研經訓,博極群書。自通籍以至歸田,鉛槧未嘗一日去手。奉廩修脯之餘,悉以購書,遇有秘鈔精校之本,輒宛轉借録。家藏圖籍數萬卷,皆手自校勘,精審無誤。凡所校定,必參稽善本,證以它書,即友朋後進之片言,亦擇善而從之,洵有合於顔黄門所稱者,自宋次道、劉原父、貢父、樓大防諸公,皆莫能及也。”②

第三種藏書家特别重視收藏,並把豐富的藏書當作財産,希望子孫永久保存。這方面的成就當推范氏天一閣爲最大。沈叔埏《書天一閣書目後》云:“范氏之守世書也,余嘗求其故而不可得。或曰其家奉司馬公遺訓,代不分書,書不出閣。有借鈔者,主人延入,日資給之,如鄴侯父承休,聚書三萬餘卷,戒子孫,世間有求讀者,别院供饌是也。或曰閣扃鐍惟謹,司馬後人分八九宅,各司其管;一管不至,閣不能開,借書者以爲難,書得不散。”③

第四種藏書家可以説都是版本學家,他們特别注意收藏宋元舊本,並且特别善於做版本鑒定工作,此類藏書家可以黄丕烈爲代表。王芑孫云:“今天下好宋板書,未有如黄蕘圃者也。蕘圃非惟好之,實能讀之,於其板本之後先、篇第之多寡、音訓之異同、字畫之增損,及其授受源流、翻摹本末,下至行幅之疏密廣狹,帙綴之精粗敝好,莫不心營目識,條分縷析。積晦明風雨之勤、奪飲食男女之欲,以沈冥其中,蕘圃亦時自笑也。故嘗自號佞宋主人云。”④

第五種實際上爲富有經驗的書商,今人一般敬稱爲“書友”。錢景開

① 《悔庵學文》卷八《書盧抱經先生札記後》。

② 《潛研堂文集》卷二五《盧氏群書拾補序》。

③ 《頤綵堂文集》卷八。

④ 《淵雅堂全集》卷七《黄蕘圃陶陶室記》。

即是一例。嚴元照《書春秋經傳集解宋刻殘本後》云：宋刻《左傳》四卷，“萃古齋主人錢景開所貽”。“景開名時霽，湖之書估也，寓於蘇州。能詩，善鑒别宋元板刻並法帖書畫。”①顧千里《題清河書畫舫》：常熟錢遵王、毛子晉父子、席玉炤、陸敕先、馮定遠、曹彬侯“各家書散出，予見之最早最多，往往收其一二。乾隆年間，滋蘭堂主人朱文游三丈、白隄老書賈錢聽默……能視裝訂籤題根脚上字，便曉屬某家某人之物”。②

清代藏書家還持續不斷地精雕細刻了許多很有價值的書。如清吴修稱納蘭性德“康熙癸丑進士，選侍衛。愛才好客，所與游皆一時名士。嘗集宋元以來諸儒説經之書，刻爲《通志堂經解》一千八百餘卷”。③ 鮑廷博曾校刻《知不足齋叢書》計二百零七種，七百八十一卷，盧文弨云：“吾友鮑君以文者，生而篤好書籍，於人世一切富貴利達之足以艷人者，舉無所槩於中，而惟文史是耽。所藏弆多善本，並有人間所未盡見者。進之秘省之外，復不私以爲枕秘，而欲公之。晨書瞑寫，句核字讎，乃始付之梓人氏。棗梨既精，剞劂亦良，以是毁其家，不恤也。”④張海鵬嘗輯刻《學津討原》一百九十二種，一千零四十八卷，《墨海金壺》一百一十五種，七百二十七卷；《借月山房彙鈔》一百三十五種，二百八十三卷。

值得一提的還有黎庶昌於光緒七年、十三年兩度出使日本，竭力搜訪遺文墜典，積成巨帙，翻雕行世，名曰《古逸叢書》。其《刻古逸叢書序》云：“古籍之僅存，兵燹腐蠹之無常，其勢不日趨散亡不止……何幸復見於異邦，而自予得之且以付刊焉，予亦不自知所以然。庸詎知非天之有意斯文，而啓予贊其始也！……書凡二百卷，二十六種，刻隨所獲，概還其真。經始於壬午（一八八二），告成於甲申（一八八四），以其多古本佚編，命之曰《古逸叢書》。”⑤《古逸叢書》刻得與原本毫髮不爽，幾與宋槧元刊等視。

清代藏書家對藏書理論的研究也達到了一個新的水平。明末清初的

---

① 《悔庵學文》卷六。

② 《思適齋書跋》卷三《清河書畫舫十二卷》。“聽默”亦爲錢時霽字。

③ 《昭代名人尺牘小傳》卷八《成德》。

④ 《藏書紀事詩（附補正）》卷五《鮑廷博以文》引。

⑤ 《古逸叢書》卷首。

曹溶特撰《流通古書約》，專門探討了古書流通問題。作者首先對某些藏書家"以獨得爲可矜，以公諸世爲失策"的心理及不良後果進行了分析，接着提出了一個解決辦法：

> 予今酌一簡便法，彼此藏書家，各就觀目録，標出所缺者，先經注、次史逸、次文集、次雜説，視所著門類同、時代先後同、卷帙多寡同，約定有無相易，則主人自命門下之役，精工繕寫，較對無誤，一兩月間，各齎所鈔互换。此法有數善：好書不出户庭也；有功於古人也；己所藏日以富也；楚南燕北皆可行也。①

此約雖然具有較大的局限性，如僅在藏書家之間進行，只采用代鈔互换的方法，書不出户。但是對增加圖書的複本還是大有好處的。

乾隆年間孫慶增所著《藏書記要》，對私家藏書的技術問題作了全面而細緻的闡述，有很大影響，我們在本編第一章第一節已經作了介紹，兹不贅述。特别值得一提的是周永年的《儒藏説》。建立儒藏，最早是由明代藏書家曹學佺提出來的。《明史・曹學佺傳》云：曹學佺"字能始……嘗謂'二氏有，吾儒何獨無'，欲修儒藏與鼎立。采擷四庫書，因類分輯，十有餘年，功未及竣，兩京繼覆"。周永年有感於此，特撰《儒藏説》云：

> 蓋天下之物，未有私之而可以常據，公之而不能久存者。然曹氏雖倡此議，採擷未就。今不揣譾劣，願與海内同人共肩斯任，務俾古人著述之可傳者，自今日永無散失，以與天下萬世共讀之。……果使千里之内有儒藏數處，而異敏之士或裹糧而至，或假館以讀，數年之間，可以略窺古人之大全，其才之成也，豈不事半而功倍哉？②

顯然，周永年的《儒藏説》爲近代圖書館的出現，作了輿論準備工作。

---

① 《知不足齋叢書》本《澹生堂藏書約》附録。

② 《松鄰叢書》甲編。

清代藏書家在圖書整理編目方面的突出成績是寫了大量的藏書題跋，編了許多高質量的善本目録。我們在本書《版本編》第八章《對版本的記録和研究》第四節《題跋》中，對之已經作了較爲詳細的介紹。明末清初著名的藏書家錢曾對版本深有研究，輯有《述古堂書目》《也是園書目》，收録宋元刻本和其它珍貴圖書，其《述古堂書目》每於書名下多注明版本。特别值得人們重視的是他的一部有提要的目録《讀書敏求記》，爲我們提供了許多鑒定版本的手段和經驗，堪稱我國第一部研究版本的目録專書。《四庫全書總目》提要稱其"述授受之源流、究繕刻之異同，見聞既博，辨别尤精，但以版本而論，亦可謂之賞鑒家矣"。① 其優點是記述生動活潑，頗多真知灼見；其缺點是没有統一格式，缺乏規範。其後，著名藏書家多編有善本書目，如瞿紹基的《鐵琴銅劍樓藏書目》、楊以增的《楹書隅録》、陸心源的《皕宋樓藏書志》、丁丙的《善本書室藏書志》等，而其著録格式則日趨規範化。

綜上所述，中國私家藏書有着悠久的歷史，而且必將長期延續下去。同國家藏書相比，私家藏書也有一些鮮明特點。

首先，私家藏書强調實用，往往能根據藏書家的愛好與需求，形成一些特藏。如一九七二年，在山東臨沂銀雀山漢墓中發現了不少漢簡，多爲兵家、陰陽、雜占方面的著作，可見墓主生前喜收兵書。② 鄭樵稱其"嘗見鄉人方氏望壺樓書籍頗多。問其家，乃云先人守無爲軍，日就一道士傳之，尚不能盡其書也。如唐人文集無不備。又嘗見浮屠慧邃收古人簡牘，宋朝自開國至崇觀間，凡是名臣及高僧筆迹，無不備"。③ 可見該道士特别愛收唐人文集，該和尚特别愛收宋人墨迹。鄭振鐸云："物常聚於所好，山東于氏、李氏和清代的孔氏，都是藏曲的大家。今所見的許多重要曲本，殆多數源出於山東。"④藏書家集中保管了大量專題與罕見文獻，也就

---

① 《四庫全書總目》卷八七《讀書敏求記四卷》。

② 參見羅福頤《臨沂漢簡概述》，載《文物》一九七四年第二期。

③ 《通志》卷七一《校讎略·收書之多論》。

④ 《西諦書話·跋脈望館鈔校本古今雜劇》。于氏指于慎行，李氏指李開先，孔氏指孔廣林。

降低了圖書的散失率。

其次是能够認真地從事校勘整理編目工作,比較注意圖書的流通。這在以上的叙述中已各舉事例作了説明。

隨着時代的進步,出版業與圖書館事業都得到了迅速發展,現代私家藏書在藏書量、分類編目水平、借閱量,以及保管的持久性方面,都無法與圖書館相比,但是私家藏書已成了十分普遍的社會現象,許多人都或多或少地購藏了自己所需要的圖書。可以説私家藏書的整體水平,乃是一個國家、一個民族、一個地區文明程度的重要標誌之一。

第三節　學校藏書

我國學校約有國子監、州府縣學、書院、私塾、新型各級學校等類型,它們都或多或少地藏有圖書,並且各有特色,今分述如下。

一　官辦學校

我國官辦學校起源甚早,《孟子·滕文公》云:“設爲庠序學校以教之。庠者,養也;校者,教也;序者,射也。夏曰校,殷曰序,周曰庠。學則三代共之,皆所以明人倫也。”學校自始即有藏書,如《史記·秦始皇本紀》載李斯之言曰:“非博士官所職,天下敢有藏《詩》《書》、百家語者,悉詣守尉雜燒之。”博士的任務之一是在官辦學校中教授生徒,可見秦代的學校出於教學需要,是藏有《詩》《書》及諸子著作的。

兩漢教育事業得到了發展,班固嘗云:“四海之内,學校如林,庠序盈門。”[①]這些學校應有一定數量的藏書。劉歆曾稱西漢政府“外有太常、太史、博士之藏”。[②] 據《漢書·武帝本紀》知建元五年置五經博士掌教弟子,則博士之藏當指西漢太學藏書。《後漢書·儒林傳》提到東漢有“辟雍、東觀、蘭臺、石室、宣明、鴻都諸藏典籍文章”。熹平石經樹立在太學門

① 《文選》卷一《東都賦》。

② 《太平御覽》卷六一九引《七略》。

前,可視爲太學藏書。

《宋書・禮志》稱:"晉武帝咸寧二年起國子學。"南北朝各國承晉制,多設國子學。《隋書・百官志》稱:"煬帝即位改爲國子監。"唐以後各代因之。讀書當然需要課本,唐代國子監采用壁經的方式爲學生們提供了標準的讀本。如劉禹錫《國學新修五經壁本記》云:"大曆中,名儒張參爲國子司業,始詳定五經,書於論堂東西厢之壁。"①《唐會要》卷六十六云:太和七年二月五日,敕唐玄度覆定石經字體,"十二月敕於國子監講論堂兩廊創立石壁九經並《孝經》《論語》《爾雅》共一百五十九卷、字樣四十九卷"。《舊唐書・文宗紀》亦稱:"開成二年十月癸卯,宰臣判祭酒鄭覃進石壁九經一百六十卷。"這些石壁經書也可視爲唐國子監藏書。

五代國子監的突出成就是雕印了大量經書,王國維云:五代監本經書,"或云九經,或云五經,實則《易》《書》《詩》、三《禮》《春秋》三傳外,尚有《孝經》《論語》《爾雅》《五經文字》《九經字樣》,皆成於晉漢之間"。② 此外,後周顯德年間還刻了《經典釋文》。王應麟云:"周顯德中詔刻《序録》《易》《書》《儀禮》《周禮》四經釋文,皆田敏、尹拙、聶崇義校勘。自是相繼校勘《禮記》、三傳、《毛詩音》並拙等校勘。"又《古文尚書音義》,"後周顯德六年,郭忠恕定古文,刻板"。③ 尹拙時任後周國子監祭酒,既然國子監的官員承擔了這些經書的大量校勘工作,國子監又存有這批經書的書版,可以推知五代國子監有相當數量的藏書。

兩宋國子監藏書事業得到迅速發展,據《宋史・邢昺傳》記載,真宗景德二年(一〇〇五)五月,"上幸國子監閲庫書,問昺經版幾何? 昺曰:'國初不及四千,今十餘萬,經傳正義皆具。'"南宋國子監也刻了不少書,如李心傳云:紹興九年(一一三九)九月,應尚書郎張彦實之請,"取舊監本書籍,鏤版頒賜"。④《宋會要輯稿・選舉四》亦云:紹興二十一年(一一五一)五月,"輔臣復以爲言,上謂秦益公曰:'監中所闕之書亦令次第鏤板,

---

① 《全唐文》卷六〇六。

② 《王國維遺書》第十一册《五代兩宋監本考》卷上。

③ 《玉海》卷四三《藝文・開寶尚書釋文》。

④ 《建炎以來朝野雜記》卷四。

雖有重費亦所不惜也。'由是經籍復全"。兩宋國子監刻了大量經書、史書、諸子著作及醫書。據王國維《五代兩宋監本考》,共有一百四十種左右,實際上當不止此數。從中可以看出,國子監的藏書也是相當豐富的。宋代國子監專門設有書庫官,章俊卿云:"書庫官以京朝官充,掌印經史群書以備朝廷宣索賜予之用,及出鬻而收其直,以上於官。建炎三年省,紹興十三年復置一員,後省,三十二年詔學官兼書庫,乾道七年復置。"①

宋代地方官辦學校大量涌現,北宋真宗大中祥符四年(一〇一一)在永康設立鄉校,仁宗寶元元年(一〇三八),其他大郡也設立了學校,慶曆四年(一〇四四)詔令各州縣設立學校,並由本道使者選屬官爲教授,不足,再聘請鄉里宿學有道業者充任,同時規定不入官學不能參加科舉考試,這就大大促進了地方上官辦學校的發展。

宋代州學也有藏書。諸路州學藏書閣都以"經史"爲名,陸游指出:"大觀二年(一一〇八)九月乙丑,天子既大興學校,舉經行之士,於是詔天下州學經史閣,皆賜名稽古。"②

地方學校的部分藏書是政府頒給的,如晁公武《郡齋讀書志》於《宋書》提要稱政和中,曾以《宋》《齊》《梁》《陳》《魏》《北齊》《周書》等七部史書,"頒之學官"。③ 本書《版本編》第四章《雕印本的品類》第二節《按地域區分》二《蜀本》已引。如前所述,政府頒給諸道郡學的圖書,不少是國子監刻本。也有地方官員刻書將書版置於學宫的,如尤袤《昭明文選跋》云:"貴池在蕭梁時實爲昭明太子封邑,血食千載,威靈赫然,水旱疾疫,無禱不應,廟有文選閣,宏麗壯偉,而獨無是書之板,蓋缺典也。往歲邦人嘗欲募衆力爲之,不成。今是書流傳於世,皆是五臣注本。五臣特訓釋旨意,多不原用事所出,獨李善淹貫該洽,號爲精詳,雖四明贛上,各嘗刊勒,往往裁節語句,可恨。袤因以俸錽木,會池陽袁使君助其費、郡文學周之綱督其役,逾年乃克成,既摹本藏之閣上,以其板寘之學宫,以慰邦人所以尊

① 《山堂先生群書考索》後集卷二六。

② 《渭南文集》卷二〇《婺州稽古閣記》。

③ 衢本《郡齋讀書志》卷五《宋書一百卷》。

事昭明之意云。”①葉德輝對宋代州軍郡學的藏書情况作過介紹，略云：

> 宋明國子監及各州軍郡學，皆有官書以供衆讀。今其事略可考見者，《天禄琳琅》一：宋版《春秋公羊傳解詁》十二卷，書中每間數紙，輒有真書木印，曰“鄂州學官書”、曰“鄂泮官書，帶去准盗”。考王應麟《玉海》，咸平四年六月，詔郡縣有學校聚徒講誦之所，賜《九經》書一部。大觀二年六月，州學藏書閣賜名稽古。則州郡學置官書，自宋初已然。李心傳《朝野雜記》載，王瞻叔爲學官，嘗請摹印諸經疏及《經典釋文》，貯郡縣以贍學，或省係錢各市一本，置之於學。是南渡後猶重其事，且有准盗之條。②

《金史・百官志》稱金國子監官職有“國子校勘，從八品，掌校勘文字”。則金代國子監不但有藏書，而且還有對藏書進行校勘整理的專職官員。

《元史・百官志》稱元國子監官職有典書一人。元國子監藏書處名崇文閣，王獻唐介紹海源閣所藏善本《鈔本春秋權衡》云：

> 鈔本《春秋權衡》十七卷八册
>
> 依元大德刻本影鈔，每半頁九行，行二十二字。首頁有刻印題記，移録於次：
>
> 《春秋權衡》係宋板，中有書犯御名者，乃是構字。此高宗時所刻，有元崇文閣印。江浙等處儒學提舉司承奉江浙等處行中書省札付准中書省文咨，置備國子監書籍奉上。依上令各學印完備校勘無差，合行申解者。

---

① 《梁溪遺稿・補遺》。

② 《書林清話》卷八《宋元明官書許士子借讀》。

大德十一年五月　日　司吏王永①

吏目王勛

吏目趙雄飛

將仕佐郎江浙等處儒學副提舉陳公舉

國子監崇文閣官書

借讀者必須愛護損壞闕失典掌者不許收受

從引文中可以清楚地看到,元代國子監的藏書不但可以借讀,而且已有相當嚴格的管理制度。

元代對地方教育事業也很重視,據《續文獻通考》卷五十《學校》記載,至元二十五年(一二八八)有郡學縣學二萬四千四百所。這些郡縣學校有的雕印收藏了不少書,集慶路儒學是一個突出的例子,所藏書版有:

十七史書板計紙二萬三千張:《史記》一千八百一十九,《前漢》二千七百七十五,《後漢》二千二百六十六,《三國志》一千二百九十六,《晉書》二千九百六十五,《南史》一千七百七十三,《北史》二千七百二十一,《隋書》一千七百三十二,《唐書》四千九百八十一,《五代史》七百七十三。雜書板:《金陵志》四百八十,《貞觀政要》二百,《朱子讀書法》一百七十,《南唐書》一百八十,《禮部玉篇》七百七十,《集慶志》一百三十五,《修辭衡鑑》五十六,《農桑撮要》五十八,《救荒活民書》一

① 《山東省立圖書館叢刊》第一種《聊城楊氏海源閣藏書之過去現在》。《蕘圃藏書題識》卷五《宋刻顏氏家訓七卷考證一卷》、卷七《姚少監文集六卷》也記載了上述印鑒,可參考。

百五十,《曹文正公詩集》二百八十五,《憲臺通紀》五百一十五,《陳子廉先生詩》二十,《魯齋先生詩解大學》一十九,《樂府詩集》一千三百八十,《厚德録》六十,《刑統賦》六十三。①

元代政府辦的地方學校的藏書,同樣可以出借,而且也有嚴格的管理制度。如葉德輝云:"陸《志》、陸《跋》:北宋刻大字本《資治通鑑》,卷中有'静江路學係籍官書'朱文長印。第六卷前有朱文木記曰:'關借官書,常加愛護,亦士大夫百行之一也。仍令司書明白登簿,一月一點,毋致久假,或省壞去失,依理追償,收匿者聞公議罰。'"②

明太祖、成祖都很重視文教事業,除創辦兩京國子監外,還在全國各地普遍辦起了府學、州學和縣學。明代國子監圖書的典藏與出版工作,具體由典籍廳的典籍管理。明郭鎜云:"典籍一人,從九品階,掌管監用書籍、書板。"③黄儒炳亦云:"典籍:掌書籍經史子雜,以類分櫝而謹藏之。刻板者貯於庫。呈代交盤,各書及各板一一檢驗。夏日督役匠曬曝、印刷各書,嚴防匠役,不許損失。"④郭鎜復云:"典籍别有廳,掌太學一應書籍板刻。藏書板庫相傳曰載道所,凡國朝御製書及頒降各經史子集,具以類分櫝而謹藏之。"⑤可見明代國子監藏書、藏版,有專人保管,藏書以類分櫝保管,還於夏日曝曬。

明代政府還常向地方學校贈書,如洪武十四年(一三八一)"頒《五經》《四書》於北方學校"。⑥ 洪武二十四年(一三九一)"命禮部頒國子監印本書籍於北方學校"。⑦ "洪武二十八年(一三九五)校正《尚書會選》《孟子

---

① 《金陵新志》卷九《學校志・路學》。

② 《書林清話》卷八《宋元明官書許士子借讀》。陸《志》、陸《跋》指陸心源《皕宋樓藏書志》《儀顧堂題跋》。

③ 《皇明太學志》卷一。

④ 《續南雍志》卷一一《職官表下》。

⑤ 《皇明太學志》卷八。

⑥ 《明史》卷二《太祖本紀》。

⑦ 《南雍志》卷一《事紀》。

節文》,刻板給散天下學校。"[①]有些官員也爲地方學校的藏書建設作出了貢獻,如明瓊山(今海口)人邱濬(謚文莊)即一例。徐紹棨《廣東藏書紀事詩·邱文莊》云:"公復於瓊山縣學辟樓藏書,顔曰'石室',以餉士人。"

清代國子監也有專員專管典籍,《歷代職官表》卷三十四《國子監》云:"典籍廳典籍,漢人一人(從九品),掌藏弆經史以備諸生誦習,凡書籍之刻板於監者,則主其摹印之事,以廣流傳,員額順治元年定。"清代國子監藏書豐富,有些是官員們捐送的,如國家圖書館元刻本《春秋左氏傳補注十卷》、明補修元刻本《古今韻會舉要三十卷》,均有"前分巡廣東高廉道歸安陸心源捐送國子監書籍"等印記。[②]

二 書 院

書院是我國古代私人或官府辦的學校,出現於唐代,書院藏書現象也隨之産生,如義門書院在江西九江府德安縣,"唐義門陳衮即居左建立,聚書千卷,以資學者,子弟弱冠,皆令就學"。[③] 書院至宋得到了蓬勃發展,其名聲最著者爲應天府、嵩陽、白鹿洞、嶽麓四大書院,曾鞏云:"大中祥符二年,應天府言民有曹誠者,即同文舊居,廣舍百五十楹,聚書千餘卷,以延學者,真宗嘉之,賜名應天府書院。"[④]元代對書院也采取鼓勵政策,《元史·選舉志》介紹各地興辦書院盛况云:"先儒過化之地,名賢經行之所,與好事之家出錢粟贍學者,並立爲書院。"元代的書院藏書可以西湖書院爲代表,黄溍云:

> 西湖書院實宋之太學,規制尤甚,舊所刻經史群書,有專官以掌之,號書庫官。宋亡學廢,而版庫具在。至元二十八年(一三六八),承旨徐文貞公治杭,以其建置之詳,達於中書,俾書院額,立山長,書庫之所掌悉隸焉。郡人朱慶宗捐宜興州田二百七十五畝歸於書院,

---

① 《古今圖書集成》理學彙編《經籍典》卷六《經籍總部》。

② 見《中國善本書提要》經部春秋類、經部小學類。

③ (同治)《九江府志》卷二二。

④ 《隆平集》卷一三《侍從》。

別儲以待書庫之用。①

明洪武元年(一三六八)曾立洙泗、尼山書院,其後各地相繼建立了不少書院。清朝統治者鑒於書院影響巨大,難以壓制,於是轉而采取了公開提倡、加强控制的策略,以至全國各地都辦起了書院。清代書院藏書蔚然成風,即使一些偏遠地區的書院,往往也有豐富的藏書,如李坤《昆明經正書院藏書記》談到該書院"購書於滬、於粤、於楚、於金陵,先後凡數十萬卷,櫛庋之樓,縱人往觀。游其地者,如荒之得賑,饑之得食;又如窶人驟得珍饌,恣情啖嚼,不復計腹之彭亨也"。②

書院藏書的來源主要有以下途徑。其一是御賜。書院就其本質而言,是爲封建統治階級培養人才,所以皇帝往往以御賜圖書的方法加以鼓勵。如王應麟云:太平興國二年(九七七)"三月庚寅,知江州周述言廬山白鹿洞學徒數千人,請賜九經書肄習,詔從其請"。復云:嶽麓書院中開講堂,揭以書樓。咸平四年(一〇〇一),李元則奏:"嶽麓山書院修廣舍宇,生徒六十餘人,請下國子監,賜諸經釋文義疏、《史記》《玉篇》《廣韻》。從之。"③清代皇帝也曾多次頒賜圖書給書院,如班書閣《書院藏書考》云:

"康熙二十五年(一六八六),頒發《御纂日講解義》、經史諸書於白鹿、嶽麓二書院。"(《皇朝文獻通考》卷六十九)"乾隆元年(一七三六)議准聖祖仁皇帝《律書淵源》應頒發直省書院。"(光緒《安徽通志》卷九十二)"乾隆十六年(一七五一)上諭,經史,學之根柢也。會城書院,聚黌庠之秀而砥礪之,尤宜示之正學。朕時巡幸所至,有若江南之鍾山書院、蘇州之紫陽書院、杭州之敷文書院,各賜武英殿新刊《十三經》《二十二史》一部,資髦士稽古之學。"(《皇朝文獻通考》卷七十一)④

---

① 《松鄰叢書》甲編《元西湖書院重整書目》卷首《西湖書院重整書目記》。
② 《思亭文鈔》卷一。
③ 《玉海》卷一六七宫室部《嶽麓書院》。
④ 載《國立北平圖書館館刊》第五卷第三期。

清代還允許地方官吏動用公款購買圖書頒發給書院,如"乾隆元年議准,各督撫於省會書院,應將《十三經》《二十一史》諸書,購買頒發,令士子熟習講貫。其動用存公銀兩,仍報部查核"。① 清末巡撫劉坤一頒發給瑞州府(治所在今江西高安縣)鳳儀書院的書籍有:《周易折中》二十二卷、《書經傳説彙纂》二十一卷、《詩經傳説彙纂》二十一卷、《周官義疏》二十二卷、《儀禮義疏》四十八卷、《春秋傳説彙纂》三十卷、《禮記義疏》八十二卷、《小學集解》六卷、《資治通鑑綱目》三編四十八卷、《中庸衍義》十七卷、《二十二史佐治藥言》《學治臆説》《圖民録》等。②

私人贈書給書院也不乏其例,如朱熹《跋白鹿洞書院所藏〈漢書〉》云:"熹既爲劉子和作傳,其子仁季致書,以其先人所藏《漢書》四十四通爲謝。時白鹿書院新成,因送使藏,以備學者看讀。"③地方志書所載此類甚多,如江西之成岡書院,"元邑人李幼常建以儲書"。④ 吉水縣仁山書院,"明洪武初,邑人劉惠庭建,聚古今圖書,以待來學者"。⑤廣東雷州府雷陽書院,乾隆十一年(一七四六),黄錦記曰:"雷郡地邊海徼,書籍未備。余捐俸購《二十一史》《十三經》及子集各書五千餘卷,貯於博文館,以資搜覽。"⑥

有的書院爲鼓勵人們捐書,還製訂了一些章程,如安徽省太平縣《初議公集圖書章程》云:

一、各省多設書局,所刻書籍,大率皆精要必備之書。而邑人在各省游宦者,既多士人,游學四方者,亦復不少。宜各就所便,集資商購書籍,寄置書院,院中不收代買書籍錢文,以免多勞往返。

一、書局刻書,各有斷限,此外精要未刻之書,未易更僕數。兵燹之餘,舊刻日愈寥落,如能購求寄送,尤當因罕見珍。

① (光緒)《安徽通志》卷九二。
② (同治)《瑞州府志》卷五。
③ 《晦庵先生朱文公集》卷八一。
④⑤ (光緒)《江西通志》卷八一。
⑥ (道光)《廣東通志》卷一七二。

一、書籍到院，即於書目注明送書姓名。一俟書目積成卷帙，隨時刊布，以示不忘培文重學之意。①

這個章程也對其他書院産生了一定影響，如《安徽于湖中江書院尊經閣記》所附《募捐書籍並藏書規條》云：

一、各處官紳諸公捐送書籍到皖，即於書目注明送書人姓名，仿仙源書院例也。一俟書目積成卷帙，隨時刊布，以示不忘諸公績文勸學之至意。

一、各省大憲批准巡道稟並札行頒發各書局所刻經籍，由巡道出具領紙，派員弁往領歸，分庫庋藏。收書簿上即登明書共幾部，係奉某省大憲頒發，以志名公鉅德嘉惠士林之意。

三、遠近官紳頒發捐送書籍，隨到隨登簿。官則注明某省大憲頒發，或某省某官捐送。紳則注明某地某甫先生捐送。暫不分四部目次，衹論送到先後，以便隨時刊布志謝。一俟積滿，四部十得六七，縹緗盈庫，油素分門，然後再按六略、七録分類重編，以示諸生分門肄習。②

購置當然也是書院增加藏書的重要方式，如元代四川的草堂書院就買了不少書，元李祁《草堂書院藏書銘》云："蜀都阻於一隅，去之萬里，孰云能阻，稽於版籍，詢於文獻，北燕南越，西陝東吴，有刻則售，有本則書，僕輸肩赬，車遞牛汗，厥數惟何？廿有七萬，載之以舟，入於蜀江。"③浙江瑞安心蘭書院的藏書甚至是同人凑錢買的，陳虬《擬廣心蘭書院藏書引》云："定議之初，人約二十家，家先出錢十五千，合三百千，購置書籍，續置有隔江塗田數十畝，歲近又可得息數十千，益務恢廣，自開辦以來，積二十

① 《中國古代藏書與近代圖書館史料》録自《仙源書院藏書目録初編》。
② 《中國古代藏書與近代圖書館史料》録自《安徽于湖中江書院藏書目》。
③ 《雲陽集》卷十。

一年矣，尋常文史，略可足用。饗遺甚夥，於是鄉里皆知有書社。”①

有的書院還專門訂了購書條例，如大梁書院所訂《購書略例》云：

書籍期於有用，上之研窮性理，講求經濟，次之博通考據，練習詞章，四者，其大較也。近刻種類日繁，備購匪易，先擇其最有用者購之。若此間書肆及津局暫時闕如，祇得異日續購。

所購各書，大半官局新印，紙質堅韌，可以經久。其遠年舊刊者，則紙多朽敗，擇購數種，聊補新印之闕。

各書偶有重出，或爲單行本，或爲叢刻本，或購自他處，艱於更易，故並存之。

醫卜星相及一切技藝之書，均未購置。間有一二種列入叢刻本，則未能剔除。

藏書家侈插架之富者，每種或多至十餘部，必一一注明某處刊本，藉資考證。兹則限於款項，無庸誇多鬭靡，故某處刊本大概從略。

此舉聊爲一簣之覆，殊慙簡陋，若有才力閎肆者起，增高繼長，蔚爲大觀，庶幾饜衆人之望。

捐款原啓及原購各書價值清單，皆彙存一總簿，在書院内，可隨時檢查。②

書院自己刻書也是補充藏書的一種方法。宋元書院刻書蔚然成風，據《四庫全書總目》《增訂四庫全書簡明目録標注》《書林清話》等書記載，宋代書院刻書略如下表：

書院名稱	刻印書名	卷數	刻印年號
婺州麗澤書院（浙江金華）	司馬光《切韻指掌圖》 吕祖謙《新唐書略》	二卷 三十五卷	理宗紹定三年（一二三〇）無年號

① 《治平通議》卷八。

② 《中國古代藏書與近代圖書館史料》録自《大梁書院藏書目》。

續表

書院名稱	刻印書名	卷數	刻印年號
象山書院（江西貴溪）	袁燮《絜齋家塾書鈔》	十二卷	理宗紹定四年（一二三一）
泳澤書院（浙江上虞）	朱熹《朱子四書集注》	十九卷	理宗淳祐六年（一二四六）
龍溪書院（福建漳州）	陳淳《北溪集》 《外集》	五十卷 一卷	理宗淳祐八年（一二四八）
竹溪書院（江蘇）	方嶽《秋崖先生小稿》	八十三卷	理宗寶祐五年（一二五七）
環溪書院（福建福安）	楊士瀛《仁齋直指方論》 《小兒方論》 《傷寒類書活人總括》 《醫學真經》	二十六卷 五卷 七卷 一卷	理宗景定五年（一二六四）
建安書院（福建建甌）	朱熹《朱文公文集》 《續集》 《别集》 項安世《周易玩詞》	一百卷 十卷 十一卷 十六卷	度宗咸淳元年（一二六五）
白鷺洲書院（江西廬陵）	顔師古《漢書集注》 李賢《後漢書注》 劉昭《後漢書·志》補注	一百卷 九十卷 三十卷	
龍山書院	杜預撰陸德明釋文《纂圖互注春秋經傳集解》 馮繼先《春秋名號歸一圖》	三十卷 二卷	

元代書院刻書之風超過宋代，所刻書難以枚舉，單是廣東東莞圓沙書院，延祐二年（一三一五）刻有董楷《周易程朱先生精義附録》二十卷、程頤《程子上下篇簡義》一卷、朱熹撰董楷輯《朱子易圖説》一卷、《周易五贊》一卷、《筮易》一卷、顧野王撰孫强增字《大廣益會玉篇》三十卷、陳彭年重修坿《玉篇廣韻指南》一卷；延祐四年（一三一七）刻有林駉、黄履翁《新箋决科古今源流至論》前集十卷、後集十卷、續集十卷、别集十卷、林駉《皇鑒箋要》六十卷；延祐七年（一三二〇）刻有《山堂先生群書考索》前集六十六卷、後集六十五卷、續集五十六卷、别集二十五卷；泰定二年（一三二五）刻

有陳彭年等撰《廣韻》五卷、潘自牧撰《纂記淵海》一百九十五卷。①

明代書院往往也藏有書版，如江寧縣尊經書院，“明代曾貯《國學經濟》及《二十一史》板”。② 此外如養德書院刻《文選》、東山書院刻《文選補遺》、白鹿洞書院刻《史記》、鰲峰書院刻《侯鯖録》、瀛山書院刻《金粟齋先生文集》、雲丘書院刻《雙江聶先生文集》、大梁書院刻《于肅愍公集》、義陽書院刻《何大復先生集》、正誼書院刻《鐵崖先生文集》。③

清代書院刻書的規模遠邁前代，如廣州的學海堂書院共刻印圖書二千三百三十四卷，其中《學海堂文集》共九十卷，收集了五百多人著作，廣州廣雅書院共刻印圖書五千七百四十六卷，江陰南菁書院共刻印圖書一千四百九十五卷。成都的尊經書院刻印的圖書行銷四川、云南、貴州等省。④

顯然，書院刻書，不僅充實了書院藏書，而且也促進了學術交流與文化傳播。

書院藏書在管理與利用方面水平較高，與國家藏書與私人藏書相比，書院藏書注重利用。它不僅對本書院的讀者開放，有的甚至對院外讀者開放。如興化文正書院《藏書凡例》云：

> 一、所藏諸書，須編目繕寫懸牌書院門首，通曉闔邑多士。
>
> 一、藏書之處，務須潔静。肄業諸生，不得擅入翻閲。
>
> 一、儲書非易，本不宜携書出院，因念寒士以館爲家，不克入院肄業。倘深藏不出，事近向隅，破格從權，故有出院之議。但觀書不能作輟，須俟肄業諸生閲竣後方准出院。
>
> 一、每月肄業諸生所閲之書，須由齋長榜示門首，使借書者一覽便知，免致相左。

---

① 參見談運澤《宋元書院刻書簡析》，載《湖北教育學院學報》(哲社版)第十卷第五期。

② (嘉慶)《江寧府志》卷十六。

③ 參見張秀民《中國印刷史》第一章《雕板印刷術的發明與發展：明代書院本》。

④ 參見楊建東《古代書院藏書概述》，載《四川圖書館學報》一九八五年第五期。

一、在院肄業諸生欲觀書者，須親筆書條爲憑，至齋長處登簿取給。

一、借書出院，須有保結呈縣，由縣付條至齋長處取書，還書時，憑齋長給條至縣銷結。

一、卷數繁簡不一，簡單准取全册，繁者每取十本，挨次取閲，閲畢即還。無論在院不在院，極遲以半月爲限。逾限者下次不准再取。①

書院藏書多由專人管理，並訂有嚴格的規章制度。如《白鹿書院志》卷十一云："原有書目若干，其洞志書目若干，應補若干，查明造具收管。除現有四柱清册交洞中管幹收管。其書有缺失，當事及四方紳衿願送收藏者，仍入册注日月，收於新收項下。在洞生徒借讀者，寫一票於管幹處，領出以便稽考。繳書銷票，不許耽擱延捱，致誤後來借閲。損失者勒限賠補。"其借讀藏書票式如下：

某於　月　日借洞中藏書，某樣一部，計幾本看閲。繳書銷票，損失賠還，不致久淹時日，此照。

今再録安徽于湖中江書院《募捐書籍並藏書規條》爲例，以見書院的管理水平，其規條略云：

一、尊經閣門平時出入鎖鑰，歸一人管理。每逢課期，或鈔古賦，鈔隱僻典故（習見者不鈔，上千字者，午後貼出），或查出處注於題下，書若積多，則一人不能兼顧，須添一人分任其勞，派定正辦、副辦，事有專責，若有遺失，惟正副辦是問。

一、每年曬書，歸正副辦酌請精細人陸續收曬，務須親自檢點，年底邀各首事齊赴書院公同查驗。

① 《中國古代藏書與近代圖書館史料》録自《興化文正書院藏書目》。

一、尊經閣樓下置有桌椅，欲觀書或鈔書者，衹准在此閱鈔，限至遲十日必繳還。一概不許携帶出院，違者議罰。（無論官署、世家，皆不得徇情面）

一、諸生借閱，掌書者先將書頁當面數清，如有脱頁，即於書頭上蓋戳記。收還亦須當面過數，倘有缺損，須借書補鈔。（恐有懶於照鈔，將書撕下，或有忌人知之者，會課時尤宜防）若妄加圈點批評，亦須面斥，以後不准借書。

一、借書但准平時。若課期前，即未逾十日限期，亦須送繳，以備出題時查考出處。出題日但准來查，自帶筆墨來鈔，不准借出。（緣書止一部，查者衆多也）

一、《史》《漢》《三國》及各種類書，衹准偶爾翻查，不准借出。四史局價甚廉（金陵書局《史記》錢叁串貳百，兩《漢》錢陸串，《三國》錢壹串捌百），須各置一部，或數人分買傳觀亦可。若類書一查即了，不必借出。且恐常有人來查，至於孤本、鈔本，尤不准借。

一、院中書籍，公舉四人總理。另舉在院肄業生，或在院教讀者一人，專管借書，每年酌加薪水。如有遺失，總理查出，專管賠認。

一、院中書籍皆須蓋用學印，以昭信守。如有古刻珍秘之本，閱者不得以近刻之本换出，如有更鶩，罰從奪牛。

一、每月，專管須開書厨晾風一二次。每年六、七月，專管者覓精細人曬書一次，曬後邀各總理清查一次。①

三 家 塾

中國私人辦學起源甚早，孔子就是一位偉大的教育家，司馬遷云："孔子以《詩》《書》《禮》《樂》教，弟子蓋三千焉，身通六藝七十有二人。"②孔子之後，其風綿延不絶，不少家塾都有豐富的藏書。今舉數例如下。

① 《中國古代藏書與近代圖書館史料》録自《安徽于湖中江書院藏書目》。
② 《史記》卷四七《孔子世家》。

宋釋文瑩云："僞吴故國五世同居者七家，先主昪爲之旌門閭，免征役，尤著者江州陳氏，乃唐元和中給事陳京之後，長幼七百口，不畜僕妾，上下雍睦。……别墅建家塾聚書，延四方學者，伏臘皆資焉，江南名士，皆肄業於其家。"①南宋蔡瑞也爲族人讀書創造了條件。葉適《石庵藏書目序》云："蔡君念族人多貧，不盡能學，始買書置石庵，增其屋爲便房，願讀者處焉，買田百畝助之食，嗚呼！蔡君可謂能教矣！"②可見宋代家塾藏書供人閲讀，並已初步具有公共圖書館的性質。

宋代某些家塾還喜歡刻書。如建安蔡子文東塾之敬室刻邵雍《擊壤集》十五卷、建溪三峰蔡夢弼傅卿家塾刻《史記》一百三十卷、建安陳彦甫家塾刻葉蕡《聖宋名賢四六叢珠》一百卷、梅山蔡建侯行父家塾刻《陸狀元集百家注資治通鑑詳節》一百二十卷、《李學士新注孫尚書尺牘》十六卷、建安黄善夫宗仁家塾之敬室刻《史記正義》一百三十卷、《漢書》一百二十卷、建安劉元起家塾之敬室刻《後漢書》一百二十卷、建安魏仲舉家塾刻《新刊五百家注音辨昌黎先生文集》四十卷等，建安曾氏家塾刻《文場資用分門近思録》二十卷等，建安虞氏家塾刻《老子道德經》四卷等。③

元代家塾繼承傳統，也刻了不少書，如花谿沈氏家塾刻趙孟頫《松雪齋集》十卷、《外集》一卷、《附録》一卷、古迂陳氏家塾刻《尹文子》二卷、雲坡家塾刻《類編層瀾文選前集》十卷、《後集》十卷、《續集》十卷、《别集》十卷、商山書塾刻趙汸《春秋屬辭》十八卷等。④

有些書商借書塾爲名，使其所刻書取得購書者的信任，增加銷量。然而這也説明普遍建立書塾在宋元時期是一種社會風氣，某些家塾能刻書，當然與其藏書數量相關。

清代家塾也頗好藏書，且供人閲讀。丁申曾談到乾隆年間，杭州黄樹谷先世有官少參者，黄樹谷即用少參故居辦了座廣仁義塾。"義塾在武林門外東馬塍北，少參貞父先生故第，即其居開塾，聚書其中，供四方來學者

① 《湘山野録》卷上。
② 《水心先生文集》卷一二。
③ 參見《書林清話》卷三《宋私宅家塾刻書》。
④ 參見《書林清話》卷四《元私宅家塾刻書》。

閱誦。每書全部板心折縫處,斜蓋'廣仁義塾'四大字爲記,使人不能巧偷豪奪。書多精本,亦藏書家之變體也。"①廣仁義學翻刻的《耕織圖》卷末有錢琦跋云:"廣仁義學,聚古今圖籍,以公願學之士。創之者錢塘善士黄樹谷,成之者新安善士程鍾也。又敬刻此書於義學者,則程鍾、同里葉生以仁也。"②

孫星衍將三萬多卷藏書置於族祠,以便在家塾就讀者借閱。他還特地編了部《孫氏祠堂書目》,其《序》云:"昔之聚書者,或贈知音,或遭兵燹,或以破家散失,或爲子孫售賣。高明所在,鬼神瞰之,予故置之家祠,不爲己有。既經水患,卷帙叢殘,知免天災豪奪之咎,但捨之作宦,不能多携,懼爲蠹簡,是切遂初之志,因刊目録,略述淵源,以教家塾。"③

清代家塾藏書處所隨着時代的進步,正朝着學校圖書館方向發展,廣仁義學已初見端倪,晚清國英創辦的共讀樓則已相當成熟了。其《共讀樓書目序》云:

> 余早有購藏書籍之志,同治甲子(一八六四)勸同志諸君子共立崇正義塾。嗣屢蒙恩擢,廉俸所餘,獨以購書。光緒丙子(一八七六),於家塾構藏書樓五楹,顔曰共讀。其所以不自秘者,誠念子孫未必能讀,即使能讀,亦何妨與人共讀。成己成人,無二道也。兹以養疴在里,檢所成書,編成目録,除叢藏暫未列入,現計書三千餘種、二萬餘卷,法帖四百餘册。願嗜古者,暇輒往觀。果各就夫性之所近,諳練其才,擴充其識,將可以濟時局,挽頹俗,儲經邦,濟世安民,正俗之學,爲異日報國資,是則余之厚幸而切望也夫。④

總之,我國古代學校藏書規模不大,管理人員較少,内容側重於教學

---

① 《武林藏書録》卷下。

② 嚴寶善《私人藏書爲公讀——記清代廣仁義學》,載《博覽群書》一九九六年第二期。

③ 《孫氏祠堂書目》卷首。

④ 《共讀樓書目》卷首。

用書。其突出優點是可供士子借閱。此外,各類學校都出版過一些質量比較高的圖書,也爲我國的圖書出版事業作出了貢獻。

第四節　寺觀藏書

除官府、私家、學校外,佛寺、道觀也是古代重要的藏書單位。

一　佛　寺

佛寺藏書現象是伴隨佛教的傳入與寺廟的建立而出現的。漢明帝在東都建白馬寺,印度僧人攝摩騰等在此譯出《四十二章經》,説明白馬寺既藏有該書原著,又藏有其譯本,荀勗晉《中經簿》開始著録佛經,[1]可見當時的佛經翻譯事業已初具規模,譯本入藏秘閣,深受統治者的重視。西晉初期,洛陽、長安兩地約有佛寺一百八十所,證明已有不少佛教信徒,而這正是寺廟譯書藏書的群衆基礎。東晉太元初,名僧道安的弟子慧遠在廬山創東林寺,由於"經流江左,多有未備。遠乃命弟子法净等遠尋衆經,逾越沙雪,曠歲方還,皆獲胡本,得以傳譯。所以禪法經戒,皆出廬山,幾且百卷"。[2] 這説明地方佛寺也翻譯、收藏不少佛經。

"南朝四百八十寺,多少樓臺烟雨中。"[3]宋、齊、梁、陳四個王朝的君主都佞佛,寺廟藏書在整理編目方面又有所發展。如僧祐入建康(今南京)定林寺,曾"造立經藏,搜校卷軸"。[4] 並在"總集衆經,遍閲群録"[5]的基礎上撰寫了《出三藏記集》。後來他的學生劉勰將鍾山定林寺四千餘卷藏經編爲《定林寺經藏目録》,《梁書・劉勰傳》云:"勰早孤,篤志好學,家貧不婚娶,依沙門僧祐,與之居處,積十餘年,遂博通經論,因區别部類,録而序之。今定林寺經藏,勰所定也。"梁武帝是有名的崇佛皇帝,《隋書・經

---

① 《廣弘明集》卷三《七録序》附《古今書最》。
② 《出三藏記集》卷一五。
③ 《全唐詩》卷五二二杜牧《江南春絶句》。
④ 《高僧傳》卷一三《齊京師建初寺釋僧祐》。
⑤ 《出三藏記集》卷首自序。

籍志》稱其“大崇佛法,於華林園中,總集釋氏經典”,於天監十四年(五一五)詔安樂寺沙門釋僧紹撰《華林佛殿衆經目録》,但“未愜帝旨”,後來又命新安寺沙門釋寶唱重撰。釋寶唱撰成《衆經目録》“一帙四卷,雅愜時望,遂敕掌華林園寶雲經藏,搜求遺佚,皆令具足。備造三本,以用供上”。①

北朝寺廟藏經事業也頗興盛,魏宣武帝命舍人洛陽李廓撰藏經之目《衆經録》、北齊後主高緯武平年間,釋法上撰藏經之目《衆經目録》,姚名達嘗云:“綜觀廓、上兩《録》分類之精,遠勝南朝諸録,且爲隋代諸録之藍本,不意末世而有此作也!”②

隋代由於文帝、煬帝均崇佛,故隋代寺廟藏書事業達到了空前的水平。《隋書·經籍志》云:“開皇元年,高祖普詔天下,任聽出家,仍令計口出錢,營造經像,而京師及并州、相州、洛州等諸大都邑之處,並官寫一切經,置於寺内;而又別寫,藏於秘閣。天下之人,從風而靡,競相影慕,民間佛經,多於六經數十百倍。”隋代釋法經撰《大隋衆經録目》、費長房撰《歷代三寶紀》、彦琮撰《崑崙經録》、智果撰《衆經目録》,反映了隋代佛經整理水平。

唐代對佛教也相當重視,釋静泰云:“貞觀九年四月,奉敕苑内寫一切經。”“貞觀十一年四月,皇太子於延興寺造一切經。”③“龍朔三年正月二十三日,敕令於敬愛道場寫一切經典。”④“麟德元年正月二十六日,敕取履味沙門十人,惠概、明玉、神察、道英、曇邃等,並選翹楚,尤閑文義,參覆量校,首末三年。又置官寮……敕使韓康、李充、盧行訥、鄭祖均等,精加檢覆。寫舊經論七百四十一部,二千七百三十一卷。又寫大唐三藏法師新譯經論七十五部,一千三百三十五卷,入藏。其有古來有目而無本者,合三百八十二部,七百二十五卷,隨訪隨寫。”⑤静泰還專門編了《大唐東京大敬愛寺一切經論目》。唐代佛經目録的編撰水平到釋道宣的《大唐内

① 《續高僧傳》卷一《梁楊都莊嚴寺沙門釋寶唱傳》。

② 《中國目録學史·宗教目録篇·分類甚精之李廓與法上》。

③ 《大唐東京大敬愛寺一切經論目》卷一。

④⑤ 《大唐東京大敬愛寺一切經論目》序。

典録》與釋智昇的《開元釋教録》達到頂峰。《大唐内典録》卷三爲《歷代衆經總撮入藏録》，收現存之書凡八百部，三千三百六十一卷。《開元釋教録》卷十九爲大乘入藏録，卷二十爲小乘入藏録，末附賢聖集。皆標明經名與紙數，共收入藏經書一千零七十六部，五千零四十八卷。當時佛寺藏經水平於此可見。

宋代統治者也大力提倡佛教，隨着雕版印刷術的普及，兩宋在雕印佛經方面取得了突出成就，我們在本書《版本編》第四章《雕印本的品類》第一節《按時代區分》三《宋本》中已作了介紹，可參看。宋代所刻多部大藏經多由寺院出面募捐雕梓。經版刻成後，當然允許人刷印以廣流傳。如宋釋居簡云："近世蜀之昌州不動居士馮公，以無量壽願施五千四十八卷，凡四十八藏。《般若》《寶積》《華嚴》《涅槃》合八百四十一卷。"[①]僅此一例，也可見宋代寺廟刻經藏經事業的興盛。

遼代統治者也大力提倡佛教，曾官刻大藏經兩部，一部刻成於興宗重熙七年（一〇三八），並於該年建大同（遼西京）華嚴寺薄伽教藏，藏《藏經》五百七十九帙。重熙十三年（一〇四四），契丹貴族志智和尚在燕都募錢三百萬，印裝極精。不少佛徒信士籌款捐錢印刷佛經置於佛寺中，如重熙二十二年（一〇五三）中京道興中府安德州（今遼寧朝陽縣東南）靈巖寺有寺僧潛奥等，"鳩集净財。購經一藏，用廣流通。二十四年（一〇五五）建九聖殿以龕置焉"。[②] 乾統初年（一一〇一至一一〇三）有淶水縣董生罄其家産，"構大藏一座，印内典五百餘帙，在縣西北金山演教院中龕置"。[③]

金代寺廟藏書水平可以金藏的雕印爲代表，《永樂大典》卷四千六百五十《順天府七》云：

弘法寺在舊城。金大定十八年（一一七八），潞州崔進女法珍印經一藏進於朝，命聖安寺設壇爲法珍受戒爲比丘尼。二十一年（一一八一）以經版達於京師。二十三年（一一八三）賜紫衣宏教大師。以

① 《北磵文集》卷四《江東延慶院經藏記》。
② 《遼文匯》卷八《興中府安德州創建靈巖寺碑銘》。
③ 《遼文匯》卷八《金山演教院千人邑記》。

弘法寺收貯經板及弘法寺西地與之。明昌四年(一一九三)立碑石,秘書丞兼翰林修撰趙渢記,翰林侍講學士黨懷英篆額。

金藏雕成後,有些寺院也前往刷印收藏,如大定二十九年(一一八九)濟州(今山東省濟寧市)普照寺照公禪師"聞京師弘法寺有藏經版,當往彼印之,即日啓行,遂至其寺。凡用錢二百萬有畸,得金文二全藏以歸"。①

元代所刻佛經今可知者有宋咸淳五年(一二六九)至元泰定元年(一三二四),杭州路餘杭縣大普寧寺刻普寧藏;宋紹定四年(一二三一)至至治二年(一三二二),平江府磧砂延聖院刻磧砂藏;元大德十年丙午(一三〇六),福州開元莊嚴禪寺住持沙門募緣刊補毗盧大藏經板一副;延祐二年(一三一五),福建道建寧路建陽縣後山報恩萬壽堂陳覺琳募衆雕刻過毗盧大藏;此外,福建平海道釋教總統印造龍龕法寶大藏六千二十卷,施於大顯聖寺。元時還刻有蒙文、藏文、西夏文大藏經。② 元代還大量印刷過大藏經,如至元十四年(一二七七),元世祖"命印大藏三十六藏,遣使分賜歸化方外,皆得瞻禮"。③ 文宗又敕印造《藏經》三十六部,散施禪刹,江南亦有賜者。④ 另有佛慧圓鑒雪堂禪師(名普仁),本許昌張氏子,嘗購二十藏,給河南鄭州一帶的佛寺,時間在成宗元貞二年(一二九六)。⑤ 由此可見元代寺廟藏經的盛況。

明太祖朱元璋微時曾當過和尚,即位後,於洪武五年(一三七二)在應天府(今南京)蔣山召集衆僧校刻《大藏經》,約於永樂元年(或洪武三十一)告成,⑥稱爲《大明三藏聖教南藏》,簡稱《南藏》。

明成祖於永樂庚子十八年(一四二〇)刊刻《大藏經》,於正統庚申五

① 《金文最》卷一一一《濟州普照寺照公禪師塔銘》。

② 參見張秀民《中國印刷史》第一章《雕板印刷術的發明與發展:元代刻本內容·宗教書》。

③ 《釋氏稽古録》卷四。

④ 《欽定日下舊聞考》卷五〇引《析津志》。

⑤ 《金石萃編補正》卷四《鄭州滎陽縣洞林大覺禪寺藏經記》。

⑥ 參見張秀民《中國印刷史》第一章《雕板印刷術的發明與發展:明代印本內容·宗教書》。

年（一四四〇）刻成。卷首冠有正統五年十一月御製序，稱："《大藏》諸經六百三十六函，通六千三百六十一卷，咸畢刊印，式遂流布。"後來萬曆皇帝的母親慈聖皇太后又增刻四百十卷，稱《續入藏經》，總稱爲《大明三藏聖教北藏》，簡稱《北藏》。

這兩部大藏經都曾廣爲傳播。如《南藏》經版藏於大報恩寺，民間請印甚易，萬曆間廣爲印行，每年約印造二十藏，以致經板模糊。著名航海家鄭和也曾印造十部，捨於南京靈谷寺、鷄鳴寺、北京皇后寺、牛首山佛窟禪寺、天界禪寺、福建南山三峰塔寺、鎮江金山寺、静海禪寺。其家鄉雲南五華寺則捨有兩藏。鄭氏願文云：

> 累蒙聖恩，前往西洋等處公幹，率領官軍寶船，經由海洋，托賴佛天護持，往回有慶，經置無虞，常懷報答之心。於是施財陸續印造《大藏尊經》，舍入名山，流通誦讀。①

《北藏》印本也廣爲傳播，如正統十二年，工部右侍郎王祐言："刊造大藏經，頒賜天下寺院。臣原籍山陰縣，柯橋禪寺乃臣家供奉香火者，伏乞賜經，俾寺僧朝夕唪誦，以祝聖壽。"英宗從之，"江南諸刹所有，皆景泰敕賜物也"。② 萬曆十三年（一五八五）又敕造《大藏經》，布賜天下名山，其中單是五臺山一處先後派太監送去的就有十藏。③

清雍正皇帝曾組織人刻過一部《大藏經》，俗稱《龍藏》。校刻地點在北京賢良寺，自雍正十三年（一七三五）開始，至乾隆三年（一七三八）結束。乾隆四年敕印一百部。經版原存武英殿，後因請印不便，移儲柏林寺。今日全部經版仍在該寺，爲北京圖書館保管。印本爲梵夾裝，半頁五行，行十七字，字體楷書精美，浙江圖書館有一部，藏南潯嘉業堂。此外，

---

① 見《骨董瑣記三記》卷六《鄭和印造大藏經》。

② 《明英宗實録》卷一五〇。

③ （康熙）《清涼山新志》卷三《崇建》。

清政府還刻過藏文、滿文、蒙文大藏。[①] 清代民間刻經也十分盛行,以江蘇爲例,就有金陵刻經處、江北刻經處、無錫萬松院恒記經房、揚州衆香庵法雨經房、上海頻伽精舍、蘇州瑪瑙經房、蘇州洞庭西山祇樹庵刻經處、常州毗陵刻經處等。[②] 這些刻經處多設在寺廟,爲清代寺廟藏書事業創造了條件。

民國期間,各地佛寺仍藏有不少佛經,這從當時山東省所作的調查中可以略窺一斑,民國二十年(一九三一)五月七日《申報》載:

> 佛藏經在山東各地藏者不少,而全本則綦鮮。據官方調查,所知者如下:
>
> 一　掖縣海南寺有明版佛藏經半部,已運到濟南省立圖書館整理。
>
> 二　掖縣千佛寺有明版佛藏經半部,現尚由彼保存。
>
> 三　濟陽縣釋迦寺有明版佛藏經全部,該處所存者,既係全豹,又且經清初大儒張爾岐手閱,最爲珍貴。省教育廳已令濟陽教育局調查,尚未呈復。
>
> 四　濟陽東關浄居寺,有新版佛藏經全部,係潘復所捐贈。
>
> 五　濟陽舜井街宅某私家,藏明佛藏經半部。
>
> 六　青島嶗山太清官,據丁伯弢君調查,亦有佛藏經一部。

寺廟除收藏佛經外,往往也收藏世俗圖書。白居易藏文集於寺院世所共知,其《蘇州南禪院白氏文集記》云:"其集家藏之外,别録三本:一本置於東都聖善寺鉢塔院律庫中,一本置於廬山東林寺經藏中,一本置於蘇州南禪院千佛堂内。"[③]《白氏長慶集後序》復云:

---

① 參見張秀民《中國印刷史》第一章《雕板印刷術的發明與發展:清代印本内容·宗教書》。

② 參見李安《楊仁山和金陵刻經處》,載《中國哲學》第三輯。

③ 《白氏長慶集》卷七〇。

> 白氏前著《長慶集》五十卷，元微之爲序，後集二十卷，自爲序。今又續後集五卷，自爲記。前後七十五卷，詩筆大小凡三千八百四十首。集有五本：一本在廬山東林寺經藏院，一本在蘇州禪林寺經藏内，一本在東都勝善寺鉢塔院律庫樓，一本付龜郎，一本付外孫談閣童。各藏於家，傳於後。其日本、新羅諸國及兩京人家傳寫者，不在此記。①

儒士常與釋子交往，也常寄居寺院讀書，故不少寺廟藏有世俗圖書，文士也往往把自己的圖書寄藏在佛寺之中。如蘇軾《李氏山房藏書記》云："余友李公擇少時讀書於廬山五老峰下白石庵之僧舍。公擇既去，而山中之人思之，指其所居爲李氏山房，藏書凡九千餘卷。"②李公擇藏書佛寺的做法產生了一定的影響，南宋洪咨夔也取法於他。魏了翁《洪氏天目山房記》云："寶慶元年(一二二五)吾友洪舜俞自考功郎言事罷歸於潛，讀書天目山下寶福僧寺。……舜俞合新、故書得萬有三千卷，藏之聞復閣下，如李氏廬山故事。"③這種現象在明代也不乏其例，如山東省博物館藏鈔本《玉軒新纂古今書目》彭輯五題記云：

> 明初劉懷遠先生藏書極富，輯有《玉軒書目》二卷，都一千五百餘種，其名目多罕見，十有六七皆吾人所不知者，即各家書目亦未列舉者甚多。至於每種之版本，最晚者亦明初刊，此不必待言也。劉氏，山東德州人，書藏州城某寺内，其收藏之富爲歷代藏書家之冠，勝於天一閣、海源閣等，不過世無知者。民國紀年，不幸遭於火，其焚餘之殘篇斷簡，尚有卅餘種，經友人雪蓬君檢出藏之，亦不幸之幸也。僅將始末略志數語於端。時民國二十二年，冀南彭輯五識於濟南聚文齋。④

---

① 馬元調本《白氏長慶集》卷末。

② 《蘇東坡全集》卷一一。

③ 《鶴山集》卷四九。

④ 又見王獻唐《雙行精舍書跋輯存》二三五頁。

再如謝兆申，字耳伯，邵武人，萬曆中貢生，有《謝耳伯先生詩集》八卷。朱彝尊云："晉江黄監丞明立序《耳伯集》，稱其喜交異人，購異書，摭異聞。自墳典丘索，經緯流略，稗官瑣語，靡不甄録。交游既廣，橐中裝，半以佞佛，半以市書。有三十乘留僧舍，已散佚。予嘗入閩，購其手鈔《張伯雨詩》，與世所傳者迥别。惜乎三十乘者，悉蕩爲煙塵矣。"①

此後，阮元於清嘉慶十四年（一八〇九）在杭州靈隱寺立書藏，並撰《杭州靈隱書藏記》及《書藏條例》；②復於嘉慶十八年（一八一三）在鎮江焦山立書藏，並撰有《焦山書藏記》及《書藏條例》。③ 阮元所立之靈隱書藏、焦山書藏，所藏均爲世俗圖書，阮元《焦山書藏記》云："此藏立，則凡願以其所著、所刊、所寫、所藏之書藏此藏者，皆裒之。"可見其所有不限佛典。

綜上所述，寺廟藏書也源遠流長，面廣量大，藏書來源渠道多。首先，由於歷代統治者的重視，官譯、官鈔、官刻、官頒了大量經書；其次，寺廟采用募捐的方式譯、鈔、刻、印了大量經書；再次，一些善男信女們捐鈔、捐刻、捐印了大量經書；此外，一些官員或知識分子也捐贈或寄存了不少圖書。由於佛寺多在僻静之地，普通讀者甚少，又有專人管理，故能藏之久遠。今録阮元《杭州靈隱書藏記》所附《書藏條例》如下，以見佛寺書藏之規制及管理水平。

一、送書入藏者，寺僧轉給一收到字票。

一、書不分部，惟以次第分號，收滿"鷲"字號厨，再收"嶺"字號厨。

一、印鈐書面暨書首葉，每本皆然。

一、每書或寫書腦，或挂綿紙籤，以便查檢。

一、守藏僧二人，由鹽運司月給香鐙銀六兩。其送書來者，或給以錢，則積之以爲修書增厨之用，不給勿索。

---

① 《静志居詩話》卷一八《謝兆申》。

② 《揅經室三集》卷二。

③ 《中國古代藏書與近代圖書館史料》録自《焦山書藏書目》。

一、書既入藏，不許復出，縱有翻閲之人，但在閣中，毋出閣門。寺僧有鬻借霉亂者，外人有携竊塗損者，皆究之。

一、印内及簿内“部”字之上，分經、史、子、集填注之，疑者闕之。

一、唐人詩内複“對”、“天”二字，將來編爲“後對”、“後天”二字。

一、守藏僧如出缺，由方丈秉公舉明静謹細、知文字之僧充補之。[1]

二　道觀

道教爲我國漢族的固有宗教，道士們的修道之所曰觀、曰館、曰宫、曰殿、曰堂、曰廟、曰廬，不一而足，而以觀最爲流行。今略依陳國符《道藏源流考》，對道觀藏書情況作些介紹。

道教徒藏書見於著録，當以葛洪《抱朴子·遐覽》爲最早。《晉書·葛洪傳》云：洪字稚川，句容人，究覽典籍，尤好神仙導養之法。從祖玄，以其煉丹秘術授弟子鄭隱。洪就隱學，悉得其法，博聞深洽，江左絶倫。葛洪自稱：“《遐覽》者，欲令好道者知異書之名目也。”[2]鄭隱藏道書甚富，葛洪録其書約一千二百卷。葛洪復云：“道書之出於黄老者蓋少許耳。率多後世之好事者，各以所知見滋長。遂令篇卷至於山積。”[3]可見當時道教徒著書、藏書已有相當規模，並做了編目工作。

南朝宋明帝迷信道教，曾於泰始三年（四六七）詔廬山太虚觀道士陸修静入都，泰始七年（四七一）敕令陸修静上《三洞經書目録》，陸氏稱：“道家經書並藥方符圖等，總一千二百二十八卷。云一千九十卷已行於世，一百三十八卷猶在天宫。”[4]此目反映了南朝宋代官修道觀藏經的情況。

北周武帝天和五年（五七〇）玄都觀道士上《玄都經目》，云有六千三

① 《揅經室三集》卷二。
② 《抱朴子内篇》卷四《遐覽第十九》。
③ 《抱朴子内篇》卷二《釋滯第八》。
④ 《法苑珠林》卷六九《破邪篇妄傳邪教第三》。

百六十三卷，二千四十卷見有其本，四千三百二十三卷云並未見。建德中，更令王延校定道書，凡八千三十卷。延並作經目《三洞珠囊》七卷。大體反映了北朝北周武帝天和、建德年間道觀的藏經水平與編目情況。[①]

唐代弘揚道教，道觀藏書水平有了明顯的提高，其最重要的工作是先天、開元間，敕京太清觀主史崇玄及京太清觀、玄都觀、東明觀、宗聖觀、東都大福唐觀、絳州玉京觀大德，昭文館、崇文館學士修《一切道經音義》。其《序》云：史崇玄等奉敕"集見在道經，稽其本末，撰其音義。然以運數綿曠，年代遷易，時有夷險，經有隱見。或劫初即下，劫末還昇。或無道之君，投以煨燼。或好尚之士，秘之巖穴。因而殘缺，紊其部伍。據目而論，百不存一。今且據京中藏内見在經二千餘卷，以爲音訓，具如目録。餘經儀傳論疏記等文，可易解者，此不詳備。其所散逸，佇别搜求，續冀修繕，用補遺闕。而經且久遠，字出靈聖，梵音罕測，雲篆難窺。或爲無識加增，或爲傳寫妄誤。或持浮訛之説，竊揉真文。或採菁華之言，將文釋典。不可齊其所見，斥以靈篇。具列如左。及今所音經目與舊經目録，都爲一百一十三卷"。[②] 開元年間，除對道經做過認真的校勘注釋工作外，也大規模地開展過整理編目工作，如馬端臨引《宋三朝國史志》云："班志藝文，道家之外，復列神仙，在方伎中。東漢後道教始著，而真仙經誥别出焉。唐開元中，列其書爲藏，目曰《三洞瓊綱》，總三千七百四十四卷。"[③]安史之亂，兩京秘藏，多遇焚燒。肅宗上元年中所收經籙六千餘卷。至代宗大曆年，道士冲虚先生殿中監申甫海内搜揚，京師繕寫，又及七千卷。穆宗長慶之後，至懿宗咸通年之間，兩街所寫，才五千三百卷。[④] 此外，唐代各處道觀也有收藏道教經典的。如《茅山志》卷二十四著録唐檢校尚書彭瀆奉敕撰《經藏碑》，是唐代茅山道觀當藏有道家經書。又《天台山志》引徐靈

① 參見陳國符《道藏源流考·歷代道書目及道藏之纂修與鏤板·北周玄都觀經目》。

② 《一切道經音義》卷首序。

③ 《文獻通考》卷二二四《經籍五十一》。

④ 參見《道藏源流考·歷代道書目及道藏之纂修與鏤板·安史之亂兩京秘藏被焚》。

符《小録》云:“道士陳寡言嘗隱居玉屑峰,號華琳。有經鐘一樓。經皆咸通十一年書。後題云:上清三洞弟子葉藏質,爲妣劉氏四娘造,永鎮玉霄藏中。”

五代道觀藏經可述者有以下數事。杜光庭曾談及他在蜀中重建道藏,略云:“真宫道宇,所在凋零。玉笈琅函,十無二三。余屬兹艱會,漂寓成都,扈蹕還京,淹留未幾,再爲搜捃,備涉艱難,新舊經誥僅三千卷。”①吴越王錢俶也曾在天台桐柏崇道觀建有道藏,宋金允中編《上清靈寶大法》卷二十四云:“天台桐柏崇道觀,乃五代之末,吴越王錢氏所建。藏中諸經,拘集道童及僧寺行者,衆共鈔録,以實其中。碧紙銀書,悉成卷軸。”一些民間道士往往也聚書甚多,如《舊五代史・梁文矩傳》稱梁氏“喜清静之教,聚道書數千卷,企慕赤松、留侯之事,而服食尤盡其善。天福八年以疾卒”。

宋代爲道藏的整理出版收藏做了大量工作,不少官員參預其事,使整理道藏的水平大爲提高。如《混元聖紀》卷九云:“初,太宗嘗訪道經,得七千餘卷,命散騎常侍徐鉉、知制誥王禹偁校正,删去重複,寫演送入宫觀,止三千三百三十七卷。”宋真宗時宰相王欽若也領校過道藏,《混元聖紀》卷九復云:“大中祥符二年己酉,詔左右街選道士十人校定道藏經典。至三年,又令崇文院集館閣官僚詳校,命宰臣王欽若總領之。”“欽若沿舊《三洞四輔經目》增補,凡四千三百五十九卷。撰成篇目上進,賜名《寶文統録》,帝親製序。”《宋史・王欽若傳》亦稱:“欽若自以深達道教,多所建明,領校道書,凡增六百餘卷。”又有張君房修撰了《大宋天宫寶藏》與《雲笈七籤》。大中祥符初年王欽若等領校道藏,然其綱條漶漫,部分參差,與《瓊綱玉緯》之目,舛謬不同。歲月坐遷,科條未究。王欽若等共薦海寧謫官張君房主其事。五年冬,張君房除著作佐郎,俾專其事。君房於時盡得所降到道書,並續取到蘇州舊道藏經本千餘卷,越州、台州舊道藏本亦各千餘卷,及朝廷續降到福建等州道書《明使摩尼經》等。與道士依三洞綱條、四部録略,品詳科格,商較異同,以詮次之,始能成藏。都四千五百六十五

① 《太上黄籙齋儀》卷五二。

卷,起《千字文》“天”字爲函目,終於“宫”字號,得四百六十六字。題曰《大宋天宫寶藏》。至天禧三年春,寫録成七藏以進之。君房撮其精要,爲《雲笈七籤》百二十卷。①

宋徽宗尤崇道教,自號道君皇帝,復重校並刊刻道藏。南宋彭耜云:“我朝崇寧中再校定《道藏》經典。”②李壁序《四十九章經》云:“至崇觀間,大藏又增至五千三百八十七卷。”③《宋史·徽宗本紀》云:政和三年“十二月癸丑,詔天下訪求道教仙經”。宋梁克家云:福州閩縣九仙山巔,崇寧中建有天寧萬壽觀,庋“《政和萬壽道藏》:政和四年黄尚書裳請建廢(陳國符按:當作“飛”)天法藏(陳國符按:即輪藏),藏天下道書,總五百四十函,賜今名,以鏤板進於京”。④

北宋因朝廷特别尊崇道教,各地道觀藏書甚夥,如宋范鎮《道藏記》云:

> 宋興,祥符天禧中,始崇起其教。而玉清昭應宫、景靈宫、會靈觀、祥源觀皆置使典領。又命其徒與諸儒裒其書,是正謬訛,繕寫以藏於其處。而以其餘賜天下宫觀,以廣其傳。獨劍南一道,未遑暇焉。嘉祐初,成都府郫縣道士姚若谷、梓州飛烏縣道士朱知善慨然欲盡讀其書而莫由得也,於是東走於鳳翔府之上清太平宫,慶成軍之太寧宫,又東至於亳州之太清宫,明道宫,凡得書二千餘卷。……治平元年,今天子既即位,若谷又與其徒仇宗正、鄧自和列言於府曰:釋氏書遍滿州縣,而道家所録,獨散落不完。願至京師,得官本以足其傳。於是端明殿學士兼翰林侍讀學士尚書户部侍郎韓公知府事,以其狀聞。且言蜀之名山秘洞,勝景爲多;而道家書不完,無以奉揚清静之

---

① 參見《道藏源流考·歷代道書目及道藏之纂修與鏤板·張君房修大宋天宫寶藏雲笈七籤》。

② 《道德真經集注雜記》卷上。

③ 《文獻通考》卷二二四《經籍五十一》。

④ 《淳熙三山志》卷三八。參見《道藏源流考·歷代道書目及道藏之纂修與鏤板·政和刊萬壽道藏》。

> 風。有詔即建隆觀給官本以足其傳。凡得五百帙，四千五百卷。溢於唐者，又千九百二十二卷，可謂完且備矣！若谷、宗正、自和且將益其書爲五本，藏於成都之天慶觀、郫縣之崇道觀、青城山之丈人觀、梓州飛烏縣之洞靈觀、綿州之洪德觀。①

南宋曾重建道藏，孝宗淳熙二年，令福州閩縣九仙山巔報恩光孝觀以所庋《政和萬壽道藏》五百四十函送行在所。太乙宫即鈔録一藏，四年成。其後敕寫録成數藏，六年成，尋分賜道觀。②

各地道觀也往往有道藏。據陳國符考證，臨安府的太乙宫、佑聖觀、龍翔宫、宗陽宫、四聖延祥觀、天慶觀、洞霄宫，以及武康縣昇玄報德觀、鄞縣蓬萊觀、仙居縣凝真宫、茅山元符萬寧宫、崇禧觀、毗陵州天慶觀、宜興通真觀、新建縣建德觀、奉新縣昭德觀、廬山太平興國宫、龍虎山上清正一宫、崇仁縣善修觀、武當山五龍靈應宫、紫雲山崇仙觀、龍溪縣玄妙觀等處均藏有道藏。③

金代朝廷曾讓孫明道主持刊印過《大金玄都寶藏》，魏博霄《十方大天長觀玄都寶藏碑銘》云：

> 十方大天長觀（舊址在今北京白雲觀西）新作《玄都寶藏》，提點冲和大師孫明道……曰……國家定都永安（陳國符按：《金史·地理志》，海陵王貞元元年定都燕京，改號爲中都），迄今四十餘年。天長觀實奉香火。舊貯藏經，缺而未完。住持道士，繼承非一，因仍苟簡，莫有以補綴爲意者。大定丙午（一一八六），明道始奉詔提點觀事。……後二年，會有詔以南京（今開封）道藏經板付觀。又易置玉虚觀（陳國符按：同治《畿輔通志》卷一百七十八，玉虚觀在罐兒衚衕，已頹敗）經於飛玄之閣，以備觀覽。天長舊經，還付玉虚。其舊有名籍，而玉虚不具者，聽留勿還。……其北宫第一區，並以賜觀，俾搆屋

---

① （嘉慶）《四川通志》卷三八。

② 參見《淳熙三山志》卷三八。

③ 參見《道藏源流考·歷代道書目及道藏之修纂與鏤板·南宋各處新建道藏》。

> 列櫥,以貯經板。仍置文臣二員,與明道經書參訂。即補綴完成,印經一藏。既又命選精勤道士一員住持,須及五年,若職事修舉者,賜紫衣德號。仍歲度支服勤道童二人以爲常。明道奉詔,不遑居處,分遣黄冠,訪遺經於天下。且募工鳩材。有趙道真者,願以板材自任,丐化諸方,不二年間,勝緣俱辦。瓌材會珍,良工萃巧,櫥庋屹立,鏤槧具完。凡得遺經千七十四卷,補板者二萬一千八百册有畸,積册八萬三千一百九十八,列庫四區,爲楹三十有五,以架計者百有四十。明道於是倡諸道侣,依三洞四輔,品詳科格,商較異同,而詮次之,勒成一藏,都盧六千四百五十五卷,爲秩六百有二,題曰《大金玄都寶藏》。①

此外,金代一些地方的重要道觀也藏有道藏。如(光緒)《鹿邑縣志》卷十下載金胡筠《續修太清宫記》談及亳州太清宫庋有道藏。《甘水仙源録》卷二載元陳時可《長春真人本行碑》談及金代山東登州府棲霞縣太虚宫藏有道藏。元元好問《遺山文集》卷三十一《通真子墓碣銘》談到管州(今山西静樂縣)藏有道藏。

元初披雲真人宋德方於太宗九年(一二三七)倡刊道藏,令其弟子通真子秦志安於平陽玄都觀總領其事,乃設經局據管州所存金藏,搜羅遺逸道經,校讎付刊。元好問《通真子墓碣銘》云:

> 披雲爲言:喪亂之後,圖籍散落無幾,獨管州者僅存。吾欲力紹絶業,鋟木宣布。有可成之資,第未有任其責者。獨善一身,曷若與天下共之?通真子再拜曰:受教。乃立局二十有七,役工五百有奇,通校書平陽玄都觀以總之。其於三洞四輔萬八千餘篇,補完訂正,出於其手者爲多。仍增入《金蓮正宗記》《煙霞録》《繹仙》《婺仙》等傳附焉。起丁酉(一二三七),盡甲辰(一二四四)。②

---

① 《道藏源流考·歷代道書目及道藏之纂修與鏤板·金孫明道刊大金玄都寶藏》,碑銘録自《宫觀碑記》。

② 《遺山文集》卷三一。

元代各處道觀所藏道藏情况，陳國符曾作概括的介紹，略云：元代北方道藏，多罹焚經之禍。南方道藏，頗多由南宋流傳至元代者。蓋南宋末年，南方道觀，多未經兵燹；暨元末始燬於兵火。其道藏經或道經亦得傳至元代。如天台山桐柏宫吴越王所建道藏、杭州佑聖觀、茅山、廬山太平興國宫、新建建德觀、閤皂山崇真宫、廬陵玄妙觀、南豐紫霄觀、武當山五龍靈應宫、龍溪玄妙觀道藏是也。①

明永樂中，成祖敕第四十三代天師張宇初纂校《道藏》，如《皇明恩命世録》卷三載《命編進道書敕》云："敕真人張宇初：前者命爾編修道教書，可早完進來，通類刊板。故敕。永樂四年十一月十九日。"就在所編道藏快要完成付梓時，因成祖去世而耽擱了下來，仁宗、宣宗相繼嗣位而置之未理。暨英宗正統九年始刊版成功。北京白雲觀正統十三年許彬碑云：

> 臣彬仰惟太宗文皇帝臨御之日，嘗命道流合道藏諸品經，纂輯校正，將鋟梓以傳；而功未就緒，奄忽上賓。肆今皇上，以至聖之德，統承天位。體皇曾祖之心，以天下生民爲念，追尊先志，於是重加訂正，增所未備，用壽諸梓。②

正統道藏刊成後，曾印施各處宫觀，如《皇明恩命世録》卷六載《頒賜藏經旨》云：

> 皇帝聖旨：朕體天地保民之心，恭成皇曾祖考之志，刊印道藏經典，頒賜天下，用廣流傳。兹以一藏安奉龍虎山大上清宫，永充供養。聽所在道官道士，看誦讚揚。上爲國家祝釐，下與生民祈福。務須祗奉守護，不許縱容閑雜之人，私借觀玩，輕漫褻瀆，致有損壞遺失。違者必究治之！諭。正統十二年八月初十日。

---

① 《道藏源流考・歷代道書目及道藏之纂修與鏤板・元代各處道藏》。
② 《道藏源流考・歷代道書目及道藏之纂修與鏤板・正統刊道藏》。

同時還將道藏賜給了三茅山元符宮、南京獅子山盧龍觀、長壽山朝真觀等處。[①] 其後明代皇帝曾繼續印造道藏經頒賜宮觀,如憲宗成化十二年二月以一藏安奉南京朝天宮,以一藏安奉南京方山洞玄觀。神宗萬曆二十七年頒賜三台縣雲臺觀一藏,龍虎山大上清宮一藏,西嶽華山西嶽廟一藏,恒山北嶽廟一藏。[②] 萬曆三十五年,明神宗還詔令校刊續道藏經。如《續道藏經》壁字號《漢天師世家》卷四末附識語:"大明萬曆三十五年,歲次丁未,上元吉旦,正一嗣教凝誠志道闡玄弘教大真人掌天下道教事五十代孫國祥奉旨校梓。"

自正統道藏刊就後,明清歷朝,印施各處宮觀道藏甚多,據陳國符統計,明清各處藏有道藏的寺觀有:北京白雲觀,順天府通州元靈觀,保定府唐縣清虛宮,定州曲陽縣總元觀,宣化府赤城縣靈真觀,宣化府延慶州藏經閣,山東勞山太清宮,兖州府鄒縣白雲宮,登州府寧海州昆侖山神清觀,山西省太原府陽曲縣玄通觀,渾源州恒山九天宮、岳廟,澤州府陽城縣紫微宮,蒲州府永濟縣通元觀,河南省河南府登封縣嵩山中嶽廟,河南省陝州靈寶縣道聖宮,陝西省西安府盩厔縣東南樓觀,同州府華陰縣華山太虛庵、萬壽閣,江蘇省江寧府城朝天宮、獅子山盧龍觀,江寧府上元縣長壽山朝真觀、方山洞玄觀、都城外中和橋玄真觀、郭城外東城黄鹿觀,江寧府溧陽太虛觀、泰清觀,江寧府句容縣青元觀,茅山元符宮、乾元觀,蘇州府城外西鄉穹窿山上真觀,蘇州府嘉定縣集仙宮,揚州府儀徵縣玄妙觀,浙江省杭州府城三茅寧壽觀、錢塘佑聖觀,寧波府鄞縣沖虛真觀,安徽省太平府當塗縣希彝觀,寧國府宣城縣玄妙觀,江西省南昌府南昌縣逍遥山萬壽宮,江西省南昌府新建縣建德觀,廣信府貴溪縣龍虎山大上清宮,湖北省襄陽府均州武當山玄天玉虛宮,湖南省衡山縣南嶽廟,四川省潼川府三台縣佑聖觀,盛京奉天府承德縣太清宮,上海白雲觀。[③] 由此可見,明清道觀藏道藏也是相當普遍的現象。

---

① 參見《茅山志》後編及《金陵玄觀志》卷三、卷七。

② 參見《道藏源流考・歷代道書目及道藏之纂修與鏤板・正統刊道藏》。

③ 參見《道藏源流考・歷代道書目及道藏之纂修與鏤板・明清各處道藏》。

關於道藏的保管方法,《洞玄靈寶三洞奉道科戒營始》卷二《寫經品》云:

科曰:夫經皆須作藏。有二種:一者總藏,二者別藏。總藏者,三洞四輔同作一藏,上下或左右前後作重級,各安題目三洞寶經藏。別藏者,三洞四輔各作一藏。凡有七種:一者大洞真經藏,二者洞玄寶藏,三者洞神仙經藏,四者太玄經藏,五者太平經藏,六者太清經藏,七者正一經藏。皆明題目,以相甄別。若次安之。若各藏如並藏,法皆安經臺或天尊殿當陽左右間,左三洞,右四輔,每藏皆作臺轝之,不得正爾頓地。巾帕帙蘊如法。置几案香爐龍壁,燒香明燈存念,並須得所。藏之大小,皆在時之所制,不復爲常。

卷三《法具品》還對道藏的裝幀形式與藏書器具、處所作了介紹:

科曰:凡經每一部或五卷、十卷皆須著帙。凡帙有五種:一者錦綺,二者織成,三者綉作,四者純綵,五者畫繪。皆安裏及帶如法。皆書題曰某經。

科曰:經函凡有十二種:一者雕玉,二者純金,三者純銀,四者金鏤,五者銀鏤,六者純漆,七者木畫,八者彩畫,九者金飾,十者寶裝,十一者石作,十二者鐵作。大小任宜。

科曰:凡經厨有六種:一者寶裝,二者香飾,三者金銀隱起,四者純漆,五者沉檀,六者名木。大小任時。

科曰:凡經架有十種:一者玉作,二者金作,三者銀作,四者沉木,五者紫檀,六者白檀,七者黄檀,八者名木,九者純漆,十者金銀隱起。或金玉珠綵裝校。皆須作函藏轝,勿得隨意頓地。

科曰:凡造經藏,皆外漆内裝沉檀,或表裏純漆,或内外寶裝,或表裏彩畫,或名木純素,各在一時,大小多少,並隨力辦。或作上下七重,或三重;並別三間,或七間,安三洞四輔,使相區別。門上皆置鎖鑰。左右畫金剛神王。悉須作臺安,不得直爾頓地。

還有的寺觀采用輪藏的方式藏道藏經典。元虞集《龍虎山道藏銘並序》記元代龍虎山清正一宫輪藏云：

藏以木爲匱，置室中，高若干尺，内廣圍經若干尺，觚其隅，爲八面，面爲方格，以次盛經之函，刻木爲天上神仙地靈水官飛龍翥鳳之屬，附麗其上，皆塗以金，中立鉅木貫之，下施輪令其關以旋轉，言象天運焉。①

《洞真太上太霄琅書》卷七《受經營十事訣》第二十五也較爲詳細地談到了道藏的典藏情况，今録之如下：

受經之身，應營十事：

一者經箱，法用檉柏，在所或無，聽用桐梓。高六寸，廣九寸，長一尺三寸，厚四分。新净完密。洗拭盛經。登涉須輕，竹笈可用。或並合衆經，須嚴如法，小大相容，不限度數。

二者經案，局脚各五，亦七亦九。梓柏隨宜。脚亦可鐵摽搗釘。鏢漆素咸通。脚之小大，疏概令調。高應九寸，面廣一尺三寸，長二尺四寸，厚四分。以擎經箱。又槳香須一，法式皆同。

三者經過，以竹爲帙。黄繒裝之，大小取適，計容卷軸，不須廣長。裏及緑帶，亦用黄繒，無者糊紙，帶用紵麻，務存素净，不假粉華。錦繡七寶，幸有作之；不可滯着，以爲必是。是權教之末耳，慎勿經營苟爲。

四者經巾，大略須三：覆帙箱中，常應用一。出經案上，蓋覆須二。皆以玄黄絳碧及紫絹練裌裏，紋縵隨時。廣極其幅。長可五尺。直合縫之，亦可四緣。無煩綺結珠玉，莊嚴鈴佩，奢長起彼盜心。遏惡之路，用開善之門。莫過簡素，幽顯俱通矣。

五者經帊，當當（疑衍）有三兩幅，作之如巾。所用：行時須一，以

① 《龍虎山志》卷一六。

帊經箱。齋時須一,以覆經箱。壞則易治,無致襤縷。周事而已,不得盈長。故敗火净,勿雜用之。凡諸法物皆依此例。

六者經帳,皂絳爲之。横繞四方,周極其幅。幅下安緣,緣用紩綈,象乎宸蓋。不須垂裙,亦不假帶。無事金銀寶飾奢麗,義同巾袟。材竹爲竿,漆素適意,高下相稱,員斗隨人。

七者高座,宜有三:一以安經,一以轉讀,一以講議。材以榥楠,亦可檉柏,俱高五尺,其方亦然。亦可四尺,又加五寸,亦得六尺。高下相副,側咸隨時染素,無在華麗。若有妙畫之能,可摹存思之象。帳單及複,豐儉如前。

八者香橙,高與座齊,長亦如之,廣數局脚,略與案同,釘鏢漆素,不限其制。

九者香爐,奩合嚴净。瓦木金銀銅鐵,隨時製宜。高座之前,各備其一。又自隨行止,常須一具,小大精粗,無定制例。香燈爐奩,各依高座。高座席,席皆令厚净。法師麈尾,都講經格,几巾壺籠,四周牀席,悉使素整,慎勿闕如。貧未能備,隨急先營。

十者齋堂,法應南向。三間五間,隨所能辦。四面間架,巡繞得通。南北二户,各有兩窗。東西兩頭,窗又各一。關閉以時,不得妄敞。一間之製,大較象兹。

總之,道觀藏書雖不若佛寺藏書之盛,但是也源遠流長。道經的整理編目工作雖不若佛經整理編目工作那麽廣泛,有系統,有條理,但是也持續不斷地做了不少工作,保存了許多珍貴的史料。

第五節　近代圖書館

從鴉片戰争到五四運動時期,我國封建社會的藏書樓急劇地朝近代圖書館方向轉變。在這一轉變過程中,一些主張維新、變革的先進人士,在圖書典藏事業的理論與實踐兩個方面,都起了巨大的推動作用。

一　近代圖書館産生的背景

甲　圖書館觀念的引入

鴉片戰争與甲午戰争的炮聲唤醒了中國當時的一些先知先覺者，使他們充分認識到了中國落後挨打的現狀，而要改變這一局面，就必須向西方學習，内容之一就是建立圖書館，交流信息，開啓民智。如鄭觀應於光緒十八年（一八九二）曾向清政府建議：

> 宜飭各直省督、撫於各廳、州、縣分設書院，購中外有用之書，藏貯其中，（凡外國未譯之書，宜令精通西文者譯出收儲）派員專管。無論寒儒博士，領憑入院，即可遍讀群書。至於經費，或由官辦，或出紳捐，或由各省外銷款項、科場經費，將無益無名之用度，稍爲撙節，即可移購書籍而有餘。仍常年儲備專款，分派員役管理稽查所有新書，隨時添購。果能認真經理，數十年後，賢哲挺生，兼文武之資，備將相之略。或鉤元摘秘，著古今未有之奇書；或達化窮神，造中外所無之利器，以範圍天地，籠罩華夷，開一統之宏規，復三王之舊制。①

再如光緒二十二年（一八九六）五月二日，刑部左侍郎李端棻上《請推廣學校摺》，提出興辦學校以勵人才而資禦侮的五項措施，其目爲：設藏書樓、創儀器院、開譯書局、廣立報館、選派游歷。其論藏書樓一節云：

> 好學之士，半屬寒畯，購書既苦無力，借書又難其人，坐此孤陋寡聞無所成就者，不知凡幾。高宗純皇帝知其然也，特於江南設文宗、文匯、文瀾三閣，備庋秘籍，恣人借觀。嘉慶間，大學士阮元推廣此意，在焦山、靈隱起立書藏，津逮後學。自此以往，江浙文風甲於天下，作人之盛，成效可睹也。泰西諸國頗得此法，都會之地皆有藏書，其尤富者至千萬卷，許人入觀，成學之衆，亦由於此。今請依乾隆故

① 《盛世危言增訂新編》卷四《藏書》。

> 事，更加增廣。自京師及十八行省會，咸設大書樓，調殿板及官書局所刻書籍，暨同文館、製造局所譯西書，按部分送各省以實之。其或有切用之書，爲民間刻本，官局所無者，開列清單，訪明價值，徐行購補。其西學書陸續譯出者，譯局隨時諮送。妥定章程，許人入樓觀書，由地方公擇好學解事之人，經理其事。如此，則向之無書可讀者，皆得以自勉於學，無爲棄才矣。①

鄭觀應、李端棻强調廣搜中外圖書，選派專人管理，許人遍讀群書，可見他們所提倡的藏書樓，已經具備了圖書館的含義。

梁啓超於光緒二十五年（一八九九）五月一日發表《論圖書館與開進文化一大機關》一文，列舉了圖書館八點功用：

> 一、圖書館使現在學校教育之青年學子，得補助其知識之利也。
> 二、圖書館使凡青年志士，有不受學校教育者，得知識之利也。
> 三、圖書館儲藏宏富，學者欲查故事，得備參考也。
> 四、圖書館有使閲覽者隨意研究事物之利也。
> 五、圖書館有使閲覽者於頃刻間得查數事物之利也。
> 六、圖書館有使人皆得用貴重圖書之利也。
> 七、圖書館有使閲覽圖書者得速知地球各國近況之利也。
> 八、圖書館有不知不覺使養成人才之利也。②

羅振玉、王國維於光緒二十七年（一九〇一）四月創刊《教育世界》，常有翻譯文章介紹歐美圖書館的實況，如創刊號登載《日本文部大臣宫彦圖書館事務分掌規則》，二十七年五月登載《關於幼稚園圖書館等及私立小學校規則》，二十八年九月登載《歐美書藏紀要》，二十九年四月登載《美國輪閲圖書館》，同年五月登載《記美國少年圖書館》。③ 光緒二十八年，羅

① 《變法自强奏議彙編》卷三。
② 《清議報》第十七期。
③ 張錦郎《清末的圖書館事業》，載《"國立中央圖書館"館刊》新六卷二期。

振玉更提出新教育制度,倡導“一種全國民衆圖書館及博物館的系統”,①建議在全國普設公共圖書館與博物院,除在京師及各省省會設立圖書館外,並在每一府、廳、州、縣亦得設立。每一所圖書館應蒐藏中日西文書籍,並開放供民衆閲覽。

爲了更有力地實現社會改革,康有爲、梁啓超等還於光緒二十一年(一八九五)七月初成立了强學會,此後上海、湖南、廣東、天津等地也紛紛仿效,組織學會、創辦報刊、開辦學堂。這些學會無不呼吁並致力成立圖書館。如《上海强學會章程》云:

> 此會擬宏開區宇,廣集圖書。……今之聚書,務使海内學者知中國自古有窮理之學,而講求實用之意,亦未遽遜,正不必驚望而無極,更不宜畫界以自封。泰西通都大邑,必有大藏書樓,即中國圖籍,亦藏弆至多。今合中國四庫圖書,購鈔一份,而先搜其經世有用者。西人政教及各種學術圖書,皆旁搜購採,以廣考鏡而備研求。②

有些學會還對如何購書、分類、編目、保管、借閲,以及賠償作了明文規定,如《蘇學會簡明章程》云:

> 一、購買書籍由經理會同協理等,量會費之多寡,核要開單,公同議定。
>
> 一、書籍當依類編目,易於檢尋。寫書目三份,一存經理處,一存會中,一存管理處。俟藏書既多,再刊書目單分送同人。
>
> 一、書籍每日由協理輪查一次,如有損壞遺失等情,須由管書人追根賠補。
>
> 一、每逢五逢十爲發書之期,以五日爲一限期,能多閲者每期發書兩本,少者一本,上期取去,下期繳换。

---

① 裘開明譯《世界民衆圖書館概况專號——中國》,載《文華圖書館學專科學校季刊》六卷二期。

② 《中國古代藏書與近代圖書館史料》録自《國聞報》第三一六號。

一、會友欲看何書，須先向管書處掛號，以先後爲序，不得争執。本會發有取書印摺一扣，各人每逢發書之期，持摺取書。第一期發書幾本，第二期收回前期之書，再發書幾本，均注明摺上，鈐以管書人私印，以後準此，一期不繳，以後不發。

一、看書借書如有塗抹缺失等事，在會中本人罰繳書值，本數少者倍之，不繳者將名除去。①

可見，各學會不僅爲建立近代圖書館大造輿論，而且也提出了切實可行的具體辦法。

乙　新聞出版業的發展

鴉片戰争以後，我國新聞出版業勃興，這也爲近代圖書館在拓寬典藏内容、滿足讀者需求方面創造了條件。一八四〇年以後，香港、上海、北京、天津等城市都相繼出版了不少報導新聞時事的報刊，如《香港新聞》《申報》《時務報》《中國日報》《國聞報》《蘇報》等。隨着新聞出版業的發展，爲了滿足各類讀者的不同需要，也陸續出現了一些專業性報刊，如一八九七年出版的《實學報》《農學報》，一八九八年出版的《格致新聞》《商務報》，一九〇〇年後出版的《外交報》《東方雜志》《教育雜志》等。此外，專刊文藝小説的有《新小説》《小説林》等，專談婦女問題的有《女子世界》《中國女報》等，專以兒童爲對象的有《蒙學報》《蒙學畫報》等。還有供一般民衆閲讀的白話報刊，幾乎遍及各省，成爲白話文運動的先聲。辛亥革命後，報紙、雜志更是風起雲涌，難以枚舉。

近代出版業一個鮮明特點是翻譯出版了大量西方著作，梁啓超《西學書目表·序例》對這段時間的譯書活動的意義及成果作了總結，略云：

海禁既開，外侮日亟。曾文正開府江南，創製造局，首以譯西書爲第一義，成者百種。而同時，同文館及西士之設教會於中國者，相繼譯録，至今二十餘年，可讀之書，略三百種。……今以西人聲、光、

① 《中國古代藏書與近代圖書館史料》録自《國聞報》第三一六號。

化、電、農、礦、工、商諸子與吾中國考據、詞章、貼括家言相較,其所知之簡與繁,相去幾何矣。兵志曰:"知己知彼,百戰百勝。"人方日日瞥伺吾側,纖悉曲折,虛實畢見,而我猶枵然自大,偃然高卧,匪直不能知敵,亦且昧於自知,坐見侵陵,固其宜也。故國家欲自强,以多譯西書爲本的學子欲自立,以多讀西書爲功。此三百種者,擇其精要而讀之,與世界藩變之迹,國土遷異之原,可以粗有所聞矣。

中日甲午戰争的失敗,使中國知識分子看到了日本自維新以來學習西方的成功道路,於是將視野轉向日本。同時,日文與我國文字本有淵源關係,也便於我國人士學習。而且,西方許多重要著作都有日譯本,通過習日文、譯日籍也可以達到學習西方的目的,所以當時也翻譯了不少日文書,其中社會政治書比自然科技書翻譯得要多些。

清末統治者在鎮壓太平天國農民起義之後,爲了"端吏治而正人心",①在各省省會及部分大城市普遍設立了官書局。官書局刻書的目的主要在於鞏固封建統治,所刻幾乎是清一色的國學圖書。由於官書局經費充裕,有專家主持其事,在底本的選擇和校勘方面都比較可靠,而且書價低廉,所以雖然不合潮流,但對保存發揚傳統文化却不無補益。

近代新聞出版業的發展,在報刊與中外圖書方面都適應了近代圖書館的需要。同傳統的藏書樓相比,近代圖書館在收藏方面有着明顯的特點,對圖書報刊一般都兼收並蓄,並且特别重視采購新出版的譯本。如梁啓超《論學會》云:"七曰咨取官局群籍,概提全份,以備儲藏。八曰盡購已翻西書,收庋會中,以便借讀。九曰擇購西文各書,分門别類,以資翻譯。十曰廣翻地球各報,散布行省,以新耳目。十一曰精搜中外地圖,懸張會堂,以備流覽。"②《揚州醫時學會章程》云:"會中以廣購書籍爲第一要義。""本會除購買書籍外,各種報章皆宜廣搜博采,以新耳目而開智慧。"③《皖省藏書樓開辦大略章程十二條》亦云:"一,本樓購置圖籍,凡屬

① 丁日昌《丁中丞政書》卷一《設立蘇省書局疏》中語。

② 《時務報》第十册光緒二十二年(一八九六)十月初一日。

③ 《國聞報》第三六三號光緒二十四年(一八九八)九月十九日。

有益經世之學,無論古今中外,均須隨時增購,以供衆覽,庶備講求實學轉移風氣之用。二、本樓圖籍之外,旁及各報,無論旬報、日報,但非淺鄙狂妄之説,均當全年訂閲,免蹈知古昧今之弊。"①可見近代出版業與近代圖書館事業相輔相成,互相促進,爲推動我國社會的進步,作出了應有的貢獻。

丙　大力興辦新式學校的需要

鴉片戰争以後,爲了向西方學習,新式學校發展很快。同治元年(一八六二),總理衙門在北京創立同文館,招收滿族學生學習英、法、俄文;一八六三年,上海設立了廣方言館;一八六四年,廣州設立了廣州同文館。一八八〇年,在天津設北洋水師學堂,一八八五年設天津武備學堂,一八八六年設廣東陸師學堂,一八八七年設廣東水師學堂,一八九〇年設南京水師學堂,一八九三年設湖北自强學堂等。甲午戰争後,李端棻上《請推廣學校摺》,對洋務派興辦學校的舉措進行了總結,並建議廣泛推廣。略云:

> 夫二十年來,都中設同文館,各省立實學館、廣方言館、水師武備學堂、自强學堂,皆合中外學術相與講習,所在而有……臣請推廣此意,自京師以及各省、府、州、縣,皆設學堂。……臣查各省及府、州、縣,率有書院,歲調生徒入院肄業,聘師簡授,意美法良,惟奉行既久,積習日深,多課帖括,難育異才。今可令每省、每縣,各改其一院,增廣功課,變通章程,以爲學堂。②

維新派代表人物梁啓超明確指出:"變化之本,在育人才;人才之興,在開學校;學校之力,在變科舉。"③光緒二十四年(一八九八),詔令所有書院改爲學校。而學校附設圖書館又成了客觀的需要。如清光緒二十四年,京師大學堂成立,《京師大學堂章程》第一章第六節云:

---

① 《匯報》第二七六號,光緒二十七年(一九〇一)。

② 《變法自强奏議彙編》卷三。

③ 《飲冰室合集》文集之一《變法通議》。

學者應讀之書甚多,一人之力必不能盡購。乾隆間,高宗純皇帝於江浙等省設三閣,盡藏四庫所有之書,俾士子借讀,嘉惠士林,法良意美。泰西各國於都城省會皆設有藏書樓,亦是此意。近張之洞任廣東,設廣雅書院,陳寶箴任湖南,所設時務學堂,亦皆有藏書。京師大學堂爲各省表率,體制尤當崇閎,今設一大藏書樓,廣集中西要籍,以供士林流覽而廣天下風氣。①

二　近代圖書館概況

隨着圖書館觀念的逐步深入人心,各種學校紛紛建立,近代新聞出版業又得到了蓬勃發展,各類圖書館也隨之産生。

甲　公共圖書館

我國第一所官辦的公共圖書館於光緒三十一年(一九〇五),由時任湖南巡撫龐鴻書奏建,正式在長沙成立。其奏文云:

查東西各國都會,莫不設有圖書館,所以庋藏群籍,輸進文明,於勸學育才,大有裨益。湘省各屬學堂,經已次第建設;然科學未備,教員所編講義,又皆各以意取;亟應詳加校訂,參酌通行教科書,及東西洋已譯各科學善本,薈萃成帙,頒行通用,以收一道同風之效。其各省新編新譯,與夫從前官私著述,苟可裨益教育,皆宜旁搜博引,以備調查編輯之需,建設圖書館萬不可緩。前撫臣趙爾巽在省垣漢長沙定王臺創設,由各紳捐置圖籍,款項無多,規模尚隘。上年撫臣端方始委員赴日本調查,並購求書籍,延訂素有名望、學識兼長者分任纂集各事,飭善後釐金局籌開辦費一萬兩,再撥常年款一千二百兩,辦理甫有端倪,適值交卸。臣接任後,疊與學務處司道籌商,以定王臺原址狹隘,非購民房另造,不足以壯觀瞻。添撥開辦費五千兩,造就

① 《中國古代藏書與近代圖書館史料》録自《國聞報》第二四八號。

> 藏書樓一所,計三層,縱横面積四十丈,閲覽四所,縱横二十四丈。外更有買卷繳卷處,領書處等屋,現已一律告竣。所購日本圖書,亦經運到。當飭編明書目,擬定章程,遴委監督,以董其成。添派分校繕校收掌提調各紳員,薪水銀均由善後局核實開支。刊發木質關防,文曰"湖南圖書館之關防",俾昭信用。湘省始基初肇,仍應寬籌長款,以圖擴充。①

其後,各省相繼成立公共圖書館,②其中北京圖書館的前身京師圖書館的建立尤爲重要。羅振玉曾發表《京師創設圖書館私議》一文提倡此事,略云:"保固有之國粹,而進以世界之知識,一舉而二善備者,莫如設圖書館。方今歐、美、日各邦,圖書館之增設,與文明之進步相追逐,而中國則尚闃然無聞焉。鄙意此事亟應由學部倡率,先規畫京師之圖書館,而推之各省會。"③宣統元年(一九〇九)七月二十五日,遂由學部奏設京師圖書館,並派繆荃孫充監督,徐坊署副監督,楊熊祥任提調,原奏稱:

> 伏查本年閏二月,臣部奏陳預備立憲,分年籌備事宜,本年應行籌備者,有在京師開設圖書館一條,奏蒙允准,欽遵在案。自應即時修建館舍,搜求圖書,俾承學之士,得以觀覽。惟是圖書館爲學術之淵藪,京師尤繫天下觀聽,規模必求閎遠,蒐羅必極精詳,庶足以供多士之研求,昭同文之盛治。……如蒙俞允,即由臣部咨行各該衙部暨各省督撫,遵照辦理。並督飭該館監督、提調等迅速籌辦,冀得早日觀成。④

① 《清朝續文獻通考》卷一〇一《學校考》八《圖書》。

② 詳見教育部調查之《各省圖書館一覽表》,載《教育公報》第三年(一九一六)第十期。

③ 《中國古代藏書與近代圖書館史料》第三章《近代圖書館的産生》第一節《清末關於創設圖書館的建議》。

④ 《中國古代藏書與近代圖書館史料》録自《政治官報》第六七六號。

宣統二年(一九一〇)即有《學部奏擬定京師及各省圖書館通行章程摺》公布。原件如次:

第一條　圖書館之設,所以保存國粹,造就通才,以備碩學專家研究學藝,學生士人檢閱考證之用。以廣徵博采,供人瀏覽爲宗旨。

第二條　京師及各直省省治,應先設圖書館一所。各府、廳、州、縣治應各依籌備年限以次設立。

第三條　京師所設圖書館定名爲京師圖書館。各省治所設者,名曰某省圖書館。各府、廳、州、縣治所設者,曰某府、廳、州、縣圖書館。

第四條　圖書館地址,以遠市避囂爲合宜。建築則取樸實謹嚴,不得務爲美觀。室内受光通氣,尤當考究合度,預防潮濕霉蝕之弊。

第五條　圖書館應設藏書室、閲書室、辦事室。

第六條　圖書館應設監督一員、提調一員。(京師書籍浩繁,得酌量添設,以資助理)其餘各員,量事之繁簡,酌量設置。京師圖書館呈由學部核定。各省圖書館呈由提學使司轉請督撫核定。各府、廳、州、縣治圖書館呈由提學使司核定。(各省治暨各府、廳、州、縣治圖書館,事務較簡,圖籍較少,祇設管理一人,或由勸學所總董、學堂監督、堂長兼充)

第七條　圖書館收藏圖籍,分爲兩類:一爲保存之類,一爲觀覽之類。

第八條　凡内府秘笈、海内孤本、宋元舊槧、精鈔之本,皆在應保存之類。保存圖書,别藏一室。由館每月擇定時期,另備券據,以便學人展視。如有發明學術堪資考訂者,由圖書館影寫、刊印、鈔録,編入觀覽之類,供人隨意瀏覽。

第九條　凡中國官私通行圖書、海外各國圖書,皆爲觀覽之類。觀覽圖書,任人領取翻閲,惟不得污損剪裁及携出館外。

第十條　中國圖書,凡四庫已經著録及四庫未經采入者,及乾隆以後所有官私圖籍,均應隨時采集收藏。其有私家收藏舊槧精鈔,亦應隨時假鈔，以期完備。惟近時私家著述有奉旨禁行及宗旨悖謬者，一概不得采入。

第十一條　海外各國圖書，凡關係政治學藝者，均應隨時搜采，漸期完備。惟宗旨學説偏駁不純者，不得采入。

第十二條　京師暨各省圖書館得附設排印所、刊印所。如有收藏秘笈孤本，應隨時仿刊發行，或排印發行，以廣流傳。

第十三條　京師圖書館書籍鈐用學部圖書之印。各省圖書館書籍由提學使鈐印。各府、廳、州、縣圖書館書籍，由各府、廳、州、縣鈐印。無論爲保存之類、觀覽之類，概不得以公文調取，致有損壞遺失之弊。

第十四條　圖書館每年開館閉館時刻收發書籍，接待士人各項細則，應由館隨時詳擬。京師圖書館呈請學部核定，各省圖書館暨各府、廳、州、縣圖書館，呈請提學使司核定。

第十五條　圖書館管理員均應訪求遺書及版本，由館員隨時購買，以廣搜羅。惟須公平給價，不得藉端强索。其私家世守不願出售者，亦應妥爲借出，分别刷印、影鈔、過録，以廣流傳。原書必應發還，不得損污勒索。

第十六條　海内藏書之家，願將所藏秘笈暫附館中擴人聞見者，由館發給印照，將卷册數目、鈔刻款式、收藏印記，一一備載。領回之日，憑照發書。管理各員尤當加意保護，以免損失。其借私家書籍版片鈔印者，亦照此辦理。

第十七條　私家藏書繁富，欲自行籌款隨在設立圖書館以惠士林者，聽其設立，惟書籍目録、辦理章程，應詳細開載，呈由地方官報明學部立案。善本較多者，由學部查核，酌量奏請頒給御書匾額，或頒賞書籍，以示奬勵。

第十八條　京師圖書館經費，由學部核定籌撥，撙節開支。各省由提學使司核定籌撥，撙節開支。各府、廳、州、縣由地方公款内籌撥，撙節開支。

第十九條　京師及外省各圖書館均須刊刻觀書券，以便稽察。

凡入館觀書,非持有券據不得闌入。

第二十條　圖書館辦事章程如有未盡事宜,應隨時增訂。在京呈由學部核定施行。在外呈由提學使轉詳督撫核定施行。①

此章程較爲全面地反映了清末公共圖書館在采購、編目、典藏、流通、閱覽、組織管理等方面所達到的水平。

民國初年,爲了滿足普通讀者讀書看報的需要,北京及其他城市曾興辦了不少通俗圖書館。一九一六年《教育公報》第三卷第十期載有《京師通俗圖書館成立之經過》一文,介紹了北京首建通俗圖書館的情況:

通俗教育以啓發一般人民普通必需之知識爲主,故通俗圖書館之設,實關緊要。其中採集之圖書,以人民所必需且易曉者爲宜。京師地面遼闊,雖由京師學務局設立公衆閲書處十餘所,然均附屬於各宣講所内,圖書無多,規模甚小。且當時各省對於此項圖書館均未設立。本部因於民國二年創設京師通俗圖書館一所,爲各省倡。委任社會司科員經理於宣武門大街租房一區,計二十一間,蒐集圖書,撰擬規程。凡三閲月,至十月下旬成立,開館閲覽,並附設公衆體育場、新聞閲覽處各一所。惟因當時國家財政困難,一切組織均極簡樸。自開辦迄今,已二年有餘。中間因經費稍裕,添設兒童閲覽室一處,續租本館後院房屋一所,計十二間,陸續增購圖書至一千四百餘種。其地既當要衝,閲覽者尚稱繁盛,計每日平均閲覽人數約六百二十餘人。民國四年一月,委任主事王丕謨兼充該館主任。由該館復修訂規則十四條,詳部批准在案。該館經費、預算每年一萬五千五百四十元,經財政部核減爲八千元。現每月祇領五百元,尚不及核減之數。所有薪資、房租、購書及雜費等項,均儘此數開支。此該館之大略情形也。②

① 《中國古代藏書與近代圖書館史料》録自《教育公報》第一一三期。

② 亦載《中國古代藏書與近代圖書館史料》。

在京師通俗圖書館的影響下，各省紛紛建立了通俗圖書館，據《教育公報》第三年第十期所載《各省通俗圖書館調查表》，一九一六年直隸、奉天等二十一省共有通俗圖書館二百三十七處，每日平均閲覽人數約八千人。可見通俗館受到了民衆的熱烈歡迎。林傳甲一九一七年八月十二日《呈教育部請整頓圖書館以廣社會教育文》云："前年，傳甲在黑龍江兼任通俗教育社社長，創辦通俗圖書館，比之省立圖書館，用款不及什一，閲書人數則多至數十倍。"①從《魯迅日記》中可以看出魯迅先生也經常赴通俗圖書館看書，如一九一四年十二月二十二日"午後同徐吉軒、許季上至通俗圖書館檢閲小説"。一九一五年八月八日"下午又至通俗圖書館訪王仲猷，假書數册而歸"。

乙　學校圖書館

成立於同治元年（一八六二）培養翻譯外文人才的同文館，由於教學需要，即附設有圖書館。光緒十三年（一八八七）刊《同文館題名録》所載《同文館書閣藏書》云：

> 同文館書閣存儲漢洋書籍，用資查考，並有學生應用各種功課之書，以備隨時分給各館用資查考之書。漢文經籍等書三百本，洋文一千七百本，各種功課之書、漢文算學等書一千本。除課讀之書隨時分給各館外，其餘任聽教習、學生等借閲。注册存記，以免遺失。

成立於清光緒二十四年（一八九八）的京師大學堂所設藏書樓實即圖書館，《京師大學堂章程》論及此事，本節前文已引，可參看。同年成立於上海的南洋公學也設有圖書館。《南洋公學章程》第六章有藏書、譯書二節，略云：

> 第一節，公學設一圖書院，調取各省官刻圖籍，其私家所刻及東西各國圖籍，皆分别擇要購置庋藏，學堂諸生閲看各書，照另定收發

① 《中國古代藏書與近代圖書館史料》録自《教育公報》第四年第四期。

章程辦理。第二節，學生本有翻譯課程，另設譯書院一所，選諸生之有學識而能文者，將圖書院購藏東西各國新出之書擇要翻譯，陸續刊行。①

在京師大學堂圖書館的影響下，北京及各地紛紛建立學校，並附設了圖書館。美國人韋棣華女士(Mary Elizabeth wood, 1862—1931)在武昌籌辦的文華公書林(Boone Library)影響尤大，嚴文郁叙其事云：

韋女士於光緒二十五年來華探視在武昌傳教的兄弟，正巧文華大學師資缺乏，遂受聘爲該校英文教授。而文華大學圖書館規模甚小，館藏貧乏，不敷教學需要，女士有鑒於此，除極力争取房舍，擴充館藏外，並返美就讀紐約普萊特學院(Pratt lnstitute)及波士頓西蒙斯學院(Simmons College)，專攻圖書館學，以爲實際的助力。二度來華，即正式創設公書林於武昌。取名公書林，已深寓"公之於衆"的意義。該館將文華大學的中西文圖書期刊，公開陳列，凡武漢地區各機關及學校及一般民衆均可使用。同時打破舊式貯之高閣的藏書樓觀念，採取開架式，供人自由閱覽。②

又，《私立武昌文華圖書館學專科學校一覽》中之《記武昌文華公書林》一文也作了具體介紹：

文華公書林於光宣年間，經韋女士一手經營，其始僅少數書報散置於文華校院東區之一小八角亭内而已。現有館舍於辛亥起義時落成，民國十年間更擴大三分之一。其内部布置有編目室、參考室、閱覽室、報紙雜志室、書庫、孫公紀念室(專藏商學書籍)、羅瑟紀念室(專藏關於中國情事之西文書籍)、司徒氏紀念廳及各辦公室、本校課

① 《中國古代藏書與近代圖書館史料》録自《國聞報》第二五四號。

② 《中國圖書館發展史》第三章《萌芽時期的圖書館事業》第一節《光緒末年》。

堂、實習室、圖書館學研究室及辦公室等亦在本館内。文華公書林雖爲文華中學、文華大學、華中大學之學校圖書館，同時亦對其他學校機關與個人服務。①

丙　私人圖書館

隨着時代的進步，一些藏書樓也向公衆開放，從而具備了圖書館的性質，並爲近代圖書館的形成與發展作出了貢獻。鄭觀應於光緒十八年（一八九二）嘗云："近日則吴興陸氏之皕宋樓首屈一指，另建守先閣，請於大府，奏於朝廷，供一郡人士觀覽，其大公無我之心，方之古人，亦何多讓！"②此後安徽、浙江兩省紳士亦約集同志，創建藏書樓，以供讀者閲鈔。當時私人創辦圖書館影響最大而又最成功的當推浙江紹興徐樹蘭於光緒二十八年（一九〇二）捐資創辦，光緒三十年（一九〇四）正式開放的古越藏書樓。光緒三十年，徐樹蘭《爲捐建紹郡古越藏書樓懇請奏咨立案文》云：

> 近來東南各省集貲建設藏書樓者亦復接踵而起。紹興統轄八縣，綴學之士，實繁有徒。當此科舉更章之際，講求實學，每苦無書。職不揣棉薄，謹捐銀八千六百餘兩，於郡城西偏購地一畝六分，鳩工營造，名曰古越藏書樓，以爲藏書之所，參酌東西各國規制，擬議章程，以家藏經史大部及一切有用之書，悉數捐入，延聘通人，分門排比，所有近來譯本新書以及圖書標本，雅馴報章，亦復購備，共用銀二萬三千五百六十餘兩。大凡藏書七萬餘千卷，編目三十五卷。建屋凡四層，前三層皆係高樓，分藏書籍，以中層之廳事爲閲書所，桌椅器物皆備，綜共用銀三萬二千九百六十餘兩。又每年助洋一千元，禮延監督一人，總董其事，司事三人，分司其書。規模粗具，以備閤郡人士之觀摩，以爲府縣學堂之輔翼。所需開辦經費銀三萬二千九百六十

---

① 亦載《中國古代藏書與近代圖書館史料》。
② 《盛世危言增訂新編》卷四《藏書》。

餘兩,及常年經費,每年捐洋一千元,均由職自行捐備。①

其藏書宗旨與典藏範圍同傳統的藏書樓相比也有明顯的變化,如《古越藏書樓章程》云:"本樓創設之宗旨有二:一曰存古,一曰開新。""學問必求貫通,何以謂之貫通,博求之古今中外是也。往者士夫之弊,在詳古略今;現在士夫之弊,漸趨於尚今蔑古。其實不談古籍,無從考政治學術之沿革;不得今籍,無以啓借鑒變通之途徑。故本樓特闡明此旨,務歸平等,而杜偏駮之弊。"②

此外,近代天主教會和一些機關團體也辦過圖書館,如上海徐家匯天主堂藏書樓、北京教育部圖書室等,我們就不再詳加論述了。

三 近代圖書館的特點

近代圖書館與古代藏書樓相比,具有一些鮮明的特點。

首先,近代圖書館具有明確的辦館宗旨,即把圖書館當作傳播知識、教育民衆、造就人才的重要機構。如《京師圖書館及各省圖書館通行章程摺》第一條云:"圖書館之設,所以保存國粹,造就通才,以備碩學專家研究學藝、學生士人檢閱考證之用。以廣徵博采,供人瀏覽爲宗旨。"③《湖南圖書館暫定章程》第三章《宗旨》亦云:"本館以保存國粹,輸入文明,開通智識,使藏書不多及旅居未曾携帶書籍者,得資博覽,學校教員學生得所考證爲主義。"④

其次,藏書的内容有了很大的改變,通常是古今兼容,中外並蓄,文理俱收,日報期刊皆在陳列保藏之列。如《京師圖書館及各省圖書館通行章程摺》云:

第九條 凡中國官私通行圖書、海外各國圖書,皆爲觀覽之類。

①② 《古越藏書樓書目》卷首。

③ 《中國古代藏書與近代圖書館史料》録自《學部官報》第一一三期。

④ 《中國古代藏書與近代圖書館史料》録自《學部官報》第一二期。

觀覽圖書，任人領取翻閲，惟不得污損剪裁及携出館外。

第十條　中國圖書，凡四庫已經著録及四庫未經采入者，及乾隆以後所有官私圖籍，均應隨時采集收藏。其有私家收藏舊槧精鈔，亦應隨時假鈔，以期完備，惟近時私家著述有奉旨禁行及宗旨悖謬者，一概不得采入。

第十一條　海外各國圖書，凡關係政治學藝者，均應隨時搜采，漸期完備。惟宗旨學説偏駁不純者，不得采入。①

一些地方圖書館的人士思想更加解放，選書標準更加切合實際，更加緊跟形勢。如《皖省藏書樓開辦大略章程十二條》云：

一，本樓購置圖籍，凡屬有益經世之學，無論古今中外，均須隨時增購，以供衆覽，庶備講求實學轉移風氣之用。

一，本樓圖籍之外，旁及各報，無論旬報、日報，但非淺鄙狂妄之説，均當全年訂閲，免蹈知古昧今之弊。②

某些學會還特别注意自然科學著作，如湖南《常德明達學會章程》云："西國都邑，皆設大藏書樓，庋書數千萬卷，隨人縱覽，故異才日出，學術日新。本會擬擇中國書籍，先購其經世有用者，製造局、同文館所譯西書甚多，均採購之。然書中義理非圖不明，圖中用度非器不顯，今並購中外各種輿圖，動物、植物圖，測量、藝學各器，以資試驗而收實功。"③

第三，近代圖書館都主張並實行圖書流通。如京師圖書館於一九一二年七月製訂的《京師圖書館暫定閲覽章程》第八條規定："學校職員、教員、學生有編輯參考之急需，由各校長函請寄贈特别普通券，俱免取券資。但每校以五卷爲限，入門時，向購券處驗明，换取領書證，與前條同。惟交

① 《中國古代藏書與近代圖書館史料》録自《學部官報》第一一三期。

② 《中國古代藏書與近代圖書館史料》録自《匯報》第二七六號。

③ 《中國古代藏書與近代圖書館史料》録自光緒二十四年(一八九八)二月二十一日《湘學報》。

證時,仍將原券領還。"第十六條規定:"本館無論士農工商軍界暨女學界,皆得入覽,限定每星期及二、三、四、五等日。"①《湖南圖書館暫定章程》第四條規定:"本館所藏各種圖書報章,凡有志嚮學者,皆得照規例入館参閱。"②《雲南圖書館章程》第一章第十一款云:"本館所藏圖書、報紙,凡政界、學界、實業界、軍事界之人,勿論本省客籍,皆得照規則入館參閲。"③

至於學校圖書館,當然更是直接爲老師與學生服務。例如國立北京大學圖書館"第一閲覽室置漢籍,第二閲覽室置雜志,第三閲覽室置各種日報,第四閲覽室置東西文籍。此外各學系均設有分閲覽室,可以隨時調取圖書館之書籍,於一定期間存置該室,以供研究之用"。④ 近代學校圖書館已實行圖書借閲制度,如清華學校圖書館一九一七年製訂的《圖書館規則》云:

> 七、職教員及學生,除中等科第一、二年級學生一科不得取書外出外,每次准取書籍雜志共二本。如教員爲教授上取用者,不在此例。
>
> 八、取出書籍雜志之期限,以兩星期爲度。倘取出之書籍雜志,適值校中需用時,雖期限未滿,亦得向取書人索還。⑤

一些機關團體圖書館的藏書也供借閲。如一九一三年九月製訂的《教育部圖書室規則》第一條云:"圖書室庋藏圖書雜志,專供本部職員閲覽之用。但本京各學校及各學會之職員或學生,持有該機關介紹書者,亦得請求閲覽。"⑥

第四,近代圖書館的管理水平有了很大提高。各圖書館通常均有專

① 《中國古代藏書與近代圖書館史料》録自《京師圖書館檔案》。
② 《中國古代藏書與近代圖書館史料》録自《學部官報》第十二期。
③ 《中國古代藏書與近代圖書館史料》録自《雲南圖書博物館一覽・規章》。
④ 《中國古代藏書與近代圖書館史料》録自《國立北京大學概略》。
⑤ 《中國古代藏書與近代圖書館史料》録自《清華學校一覽》。
⑥ 《中國古代藏書與近代圖書館史料》録自《教育公報》第七年第十二期。

人分工負責管理。如《浙江公立圖書館章程》第二條規定:“本館設館長一人,由省長遴選碩學通儒充任。管理員一人,編纂員一人,文牘一人,庶務一人,掌書四人,繕録一人,均由館長任用,並存報省長。”①學校圖書館的組織機構也相當嚴密。如清華大學前身清華學校之圖書館,除主任(對外負責)、副主任外,下設:

參考部　職員一人,由副主任兼理。
購置部　職員一人。
編目部　職員二人,用“杜威分類法”及“字典目録”。
出納部　職員二人,及學生助手一人。
登録部　職員一人,仿美國“紐渥克(Newask)借閱制度”。
裝訂部　職員二人。
除職員外,復有館役六人。②

此外,近代圖書館的各項規章制度都已相當健全。僅以京師圖書館爲例,就有《京師圖書館暫定閲覽章程》《京師圖書館暫行圖書閲覽規則》《徵求書籍簡章》《交换閲覽圖書簡則》《閲覽互借圖書暫行規則》《鈔閲書籍特許券規則》《印書免費契約》《修正京師圖書館藏書流布暫行規則》等。這些規則使圖書館工作有章可循,是圖書館工作逐步走向規範化的標誌。

近代圖書館普遍做了整理編目工作,沈紹期一九一八年三月製訂的《中國全國圖書館調查表》,在所統計的三十三個圖書館中,有二十九個圖書館編了目録。圖書目録的分類方法多種多樣,有的仍按傳統分類法分類,如北京京師普通圖書館依《四庫全書》體例,附新書目録;有的在四部分類法的基礎上作了一些改進,如河南普通圖書館目録分經、史、子、集、叢書、時務六門;有的目録改進得多一些,如無錫天上市普通圖書館目録分經、史、子、集、叢書、文學、理學、法學、醫學、教育、實業、叢書、日文等

---

① 《中國古代藏書與近代圖書館史料》録自《教育公報》第五年第三期。
② 《中國古代藏書與近代圖書館史料》録自《清華學校一覽》。

類。有的圖書館圖書目録兼用中外圖書分類法，如金陵大學校圖書館，漢文仿《四庫全書》分類法，西文按美國杜威十類法分；也有用自編的分類法的，如北京通俗圖書館目録，分經學、歷史、傳記、地理、教育、政法、軍事、實業、算術、經濟、理科、宗教、醫藥、小説、雜志、文牘、講演、詞曲、新舊劇、圖畫、體育、報告、雜書等類。①

所有這些特點都充分反映了我國由古代藏書樓向現代圖書館過渡時期的真實情况。近代圖書館在我國圖書館事業發展史上占有輝煌的一頁。

① 《中國古代藏書與近代圖書館史料》録自《教育公報》第五年。

第三章　圖書收集

收集是圖書保管與利用的先決條件，本章着重探討圖書收集的標準、方法，以及如何鑒定圖書的收藏價值。

第一節　收集的標準

圖書浩如煙海，任何一個藏書單位都不可能毫無選擇地收集一切圖書加以典藏。人們在收集圖書的時候，都自覺地或不自覺地執行着一定的標準。

收集圖書以適用爲最基本的標準，而一本書是否適用是由藏書單位的性質與藏書目的決定的。

如宫廷藏書的目的，一方面顯示文運之盛，而主張兼收並蓄；另一方面則爲了鞏固封建統治，而大肆焚禁對其不利的圖書。清高宗的觀點尤爲鮮明，如乾隆三十八年五月十七日詔曰："方今文治光昭，典籍大備，恐名山石室儲蓄尚多，用是廣爲搜羅，俾無遺佚，冀以闡微補闕。所有進到遺書並交總裁等，同《永樂大典》内現有各種詳加校勘，分别刊鈔，擇其中罕見之書有益於世道人心者，壽之梨棗，以廣流傳，餘則選派謄録，匯繕成編，陳之册府，其有俚淺訛謬者，止存書名，匯入總目，以彰右文之盛，此采輯《四庫全書》之本旨也。"①同時，他也要借此機會禁燬一切對清政府不

① 《四庫全書總目》卷首。

滿、不利的圖書。如乾隆三十九年八月五日詔曰:"各省進到書籍不下萬餘種,並不見奏及稍有忌諱之書。豈有裒集如許遺書竟無一字違礙字迹之理。況明季末造,野史甚多,其間毁譽任意,傳聞異詞,必有詆觸本朝之語,正當及此一番查辦,盡行銷燬,杜遏邪言,以正人心而厚風俗,斷不宜置之不辦。"①顯然,詔令搜訪遺書以彰千古同文之盛與詔令銷燬抵觸清政府的書籍,似相反而實相成,其共同目的都是爲了鞏固其政權。

封建社會的學校是爲培養統治階級接班人服務的,所以特别注重收藏經學著作。如《安徽于湖中江書院尊經閣記》云:"經之所以薰陶萬士,涵養德性,磨礲器業,别黑白而定一尊也。然經者所以立天地之心,正群倫之命,揣物輕重若權度,灼知吉凶若蓍龜,抉衆理之精義以入神,操萬事之要領以應務,猶之布帛菽粟,百姓日用衣食而不可須臾離也。""諸不在三物六藝四術之科,孔門七十子之微言大誼,凡涉歧旁邪經,曲學阿世,紛紜雜出者,宜絶其術,勿使並進。"②而對於離經叛道的著作則嚴加排斥。如清末梁鼎芬序《豐湖書藏書目》云:"書藏意在搜羅往籍,於國朝人文集尤所加意。然如袁枚之素行無恥,得罪名教,淫書讕語,流毒海内,三五成群,成爲盜賊,成爲風氣,不可救藥;龔自珍心術至壞,生有逆子,敗亂大事,文字雖佳,不與同中國。凡此二人著述,永遠不得收藏,以示嫉惡屏邪之意。諸生其懔守之! 如有違背,非吾徒也。"③都是明顯的例子。

隨着時代的進步,有些學校的負責人接受了新思想,其擇書標準也就發生了變化。如謝元洪《興化文正書院藏書序》云:"昔嘗怪漢宋兩家門户之見,鑿枘不相入,今國家中外互市,異言蜂午,則又别其目曰中學,曰西學,維新守舊,斷斷如也。竊謂學無判中西,擇取有用而已。烏喙有毒起沉痼,螣蛇有毒療拘攣(攣),西學有毒藥儒緩。吾獨太息於今之阿附西學者,適中西學毒也。去其毒,集其益,析邪正,斠純雜,決自先辨義利始。然懼其尠見寡聞也,使之瀏覽載籍,上下千百年,猶懼其泥古未通今也,使之旁涉時務書,兼采西學,以補所不足。元洪自慚譾陋,於學術曾未窺萬

① 《辦理四庫全書檔案》上册。

② 《安徽于湖中江書院藏書目》卷首。

③ 見徐紹棨《廣東藏書紀事詩·豐湖書藏》引。

一，而提倡之責，竊願與諸君子起而任之。”①

我國近代圖書館收集圖書的標準起了很大變化，特别强調實用濟時。如《蘇學會簡明章程》云：“本會所購之書分爲六門：曰史學、曰掌故學、曰輿地學、曰算學、曰農商學、曰格致學，其餘訓詁詞章概不備。”②《皖省藏書樓開辦大略章程十二條》亦云：

一、本樓購置圖籍，凡屬有益經世之學，無論古今中外，均須隨時增購，以供衆覽，庶備講求實學轉移風氣之用。

二、本樓圖籍之外，旁及各報，無論旬報、日報，但非淺鄙狂妄之説，均當全年訂閲，免蹈知古昧今之弊。

三、本樓藏書概求實用，除理學爲儒學正宗，詞章亦文人要技，此項書籍，自應備辦外，其餘瑣碎之考據，猥鄙之詞曲，古董之書畫，概不羼入。偶有捐贈，亦當璧謝，以昭劃一，而免紛歧。③

再如奉天（今遼寧）圖書館“開辦伊始，以奉省款項支絀，除撥款三千餘金購辦藏書外，復將前省學堂、前學務處購辦之書盡行撥入，上溯周秦，下迄昭代，凡承學之士所通行瀏覽之書，燦乎略備。歐美日本之譯籍及旁行斜上之原文，一切關於法治、文史、數理、農工商各科學者，亦復羅布棋列，略具概要。奉省人士，家無藏籍者，多每日至館閲覽，借此以爲求學地，亦教育輔助之一端也”。④

私家收藏圖書的目的彼此間有很大差别，所以其搜集圖書的標準也相當複雜。

一般士子都視參加科舉博取功名爲正途，而按照封建統治階級接班人的標準來要求自己，藏書也偏重正經正史。如孫慶增云：“藏書之道，先

① 《興化文正書院藏書目》卷首。

② 載光緒二十四年（一八九八）七月二十日《國聞報》第三一六號。

③ 載光緒二十七年（一九〇一）《匯報》第二七六號。

④ 《中國古代藏書與近代圖書館史料》第三章《近代圖書館的産生》第四節《各地區圖書館的創立：奉天圖書館簡史》。

分經史子集四種,取其精華,去其糠秕,經爲上,史次之,子集又次之。……所以書籍首重經史,其次子集。”①葉德輝亦云:“置書先經部,次史部,次叢書。經,先十三經;史,先二十四史;叢書,先其種類多、校刻精者。初置書時豈能四部完備?於此入手,方不至誤入歧途。”②

也有一些知識分子不以功名爲意,而以讀書、治學、寫作爲樂,他們收集圖書的標準往往突破正統觀念,或兼綜四部,或各有專藏,而這恰恰是私家藏書的特點與價值所在。如宋代藏書家蔡致君之子云:“吾世大梁人,業爲儒。吾祖、吾父皆不事科舉,不樂仕宦,獨喜收古今之書。空四壁,捐千金以購之,常若饑渴然。盡求善工良紙,手校而積藏之,凡五十年。經史百家,《離騷》《風》《雅》,儒墨、道德、陰陽、卜筮、技術之書,莫不兼收而並取,今二萬卷矣。”③明代著名藏書家祁承㸁也主張收書眼界欲寬,指出:

> 夫購書無他術,眼界欲寬,精神欲注,而心思欲巧。蓋今世所習爲文,人守一經,從博士弟子業者也。如古之著書立言,不求聞達者,千百中不一二見焉,習俗溺人,爲毒滋甚。每見子弟於四股八比之外,略有旁覽,便恐妨正業,視爲怪物。即子弟稍竊窺目前書一二種,便自命博雅,沾沾自喜,不知宇宙大矣。古今載籍,如劉氏《七略》、王儉《七志》、阮孝緒《七録》,俱在人耳目者無論已。……若金陵之焦太史弱侯,藏書兩樓,五楹俱滿,余所目睹,而一一皆經校讎探討,尤人所難;婺州胡元瑞以一孝廉,集書至四萬二千三百八十四卷。此皆近日士紳家事也,安可以鬚眉男子,竟同三家村擔板漢乎。余故略一拈出,令汝輩知曠然宇宙,自有大觀。所謂眼界欲寬者,此也。④

有的藏書家則偏重收集某類圖書,形成專藏。文學作品常常是許多

① 《藏書記要》第二則《鑒别》。
② 《觀古堂藏書十約·購置》。
③ 《斜川集》卷四《夷門蔡氏藏書目叙》。
④ 《澹生堂藏書約·藏書訓略·購書》。

藏書家收藏的對象。如宋宋次道收唐人詩集頗多。徐度云:"詩人之盛,莫如唐。故今唐人之詩集、行於世者無慮數百家。宋次道龍圖所藏最備,嘗以示王介甫,且俾擇其尤者。公既爲擇之,因書其後曰:'廢日力於斯,良可嘆也,然欲知唐人之詩者,視此足矣。'其後此書盛行於世,《唐百家詩選》是也。"①明末清初的曹溶則收集了大量的宋元人文集。王士禎云:"曹侍郎秋岳,好收宋元人文集。嘗見其《静惕堂書目》,所載宋集,自柳開《河東集》已下凡一百八十家;元集自耶律楚材《湛然集》已下凡一百十有五家,可謂富矣。"②

還有的藏書家專門收藏某一類型文獻,譬如地方志。謝興堯曾談及我國現代對方志的收藏情況:"各省地方志,最初無人注意,民國十五六年間,如地方志之最佳者(明季清初及少見者),不過五角一本,大約一部四册六册,價僅二三元,普通者每部不過一元餘。猶憶某次於隆福寺書店,見人買方志書,不論部册,以手杖量其書堆之高矮,爲省手續,其賤可知。後因外人欲明中國各地版圖、山川、産業、風物等情,乃大購方志,國人亦漸知其重要,價值因扶摇直上。"③我國私家收藏方志可以任鳳苞、張國淦爲代表。王謇云:"任振采(鳳苞),宜興人。專收集方志,以數十年之精力,所積孤本甚多,爲南北第一。有《天香園方志目》。去秋悉以捐獻天津市文化局,時任氏年八十二矣,未幾即歸道山。任氏有老僕爲司典籍,於方志版本頗能辨別。每至書肆,娓娓而談,聞者多目爲學者。"④張國淦,湖北蒲圻人,所藏方志至一千六百九十八部,一萬八千餘册。一九五二年售歸國有,藏於湖北省圖書館,撰有《中國古方志考》。

還有人特别注意收集鄉邦文獻,(民國)《福建通志·文苑傳》卷八云:"鄭杰字昌英,侯官人,乾隆間貢生。父庭溎……積書三萬卷。……杰自弱冠爲諸生,即潛心稽古。……喜博覽肆搜,於閩中文獻,尤寶貴勿失。每獲一碑版卷軸有標題可識者,曰:'此吾鄉先輩物也。嗚呼,幾亡之矣!'

① 《却掃編》卷中。

② 《池北偶談》卷一六《宋元人集目》。

③ 《中國出版史料補編·書林逸話》。

④ 《續補藏書紀事詩·任鳳苞》。

每獲一詩文集,或版漫漶不恒見,或稿完具而未録者,曰:'此吾鄉先生之著述也。嗚呼! 幾湮没矣!'由是什襲珍藏,唯恐廢墜。"所輯《國朝全閩詩録》初集二十一卷、續集十一卷,均有刻本。

專家學者往往根據讀書治學的需要來收集圖書,嚴可均曾説:

> 余家貧,不能多聚書。顧自周秦漢,以逮北宋,苟爲撰述之所必需,亦略皆有之,南宋以下,寥寥焉。非不欲也,力不足也。四十年來,南游嶺海,北出塞垣,遇希有之本,必倩精寫;或肯售,即典衣不吝。今插架僅二萬,不全不備,以檢近代諸家書目,如世善堂、天一閣、萬卷樓、世學樓、傳是樓、曝書亭及同時同好如魯孔氏、閩張氏、漢陽葉氏、陽湖孫氏、績溪方氏,以及石刻之本、異國之本、道釋之藏,彼有而余無者多矣,彼無而余有者亦不少也。黄氏丕烈聚書多宋本,余與之交,不敢效之。書非骨董,未得宋本,得校宋本,足供撰述可耳。①

近人陳垣也持這種態度,他常對劉乃和説:"我不是藏書家,不重藏宋、元等版本,也無力購買,只藏我閱讀、實用的書籍。"②正是從讀書治學的角度看問題,顧頡剛認爲"以前人收集圖書,目光所注,至爲狹隘"。指出:

> 我們只要能够用了材料的觀念去看圖書,能够用了搜集的觀念去看圖書館的事業,我們現在真不知道有多少新的工作可做。以前人看圖書是載聖人之道的,讀書是要學做聖人,至下也是文人,所以藏書的目的是要勸人取它作道德和文章的標準的。現在我們的目的是在增進知識了,我們要把記載自然界和社會的材料一齊收來,無論什麽東西,只要我們認爲是一種材料就可以收下,不但要好的,並且

① 《鐵橋漫稿》卷八《書葛香士林屋藏書圖後》。世善堂主陳第、天一閣主范欽、世學樓主鈕石溪、傳是樓主徐乾學、曝書亭主朱彝尊,孔氏指孔昭焕,張氏指張祥雲,葉氏指葉名澧,孫氏指孫星衍,方氏指方大治。

② 《陳垣與北京圖書館》,載《文獻》第十四輯。

要壞的。這没有什麽奇怪，研究動植物的人，不但要采集翠鳥奇花，並且要采集毒蛇惡草，態度正和我們一樣。

他提出以下十六類文獻，均在搜集範圍之内：一、經史子集及叢書；二、檔案；三、地方志；四、家族志；五、社會事件之記載；六、個人生活之記載；七、賬簿；八、中國漢族以外各民族之文籍；九、基督教出版之書籍及譯本書；十、宗教及迷信書；十一、民衆文學書；十二、舊藝術書；十三、教育書；十四、古存簡籍；十五、著述稿本；十六、實物的圖像。① 顧頡剛的見解打開了我們的眼界，而中國古代的藏書家當然是難以做到這一點的。

學者們爲編纂著述需要而藏書的例子甚多，如張金吾云："月霄十年來小大彙收，今古並蓄，合之先人舊藏，已有八萬卷。又念金源氏有中國百十餘年，著作之家，乘時蔚起，未有裒集其文者。遂矢志網羅，以補一朝之闕，故於金、元兩代遺集，更加意搜訪。中如王朋壽之《類林》、孔元措之《祖庭廣記》、蔡松年之《明秀集注》，與吴宏道之《中州啓札》，皆當世絶無僅有之書也。"②

鄭振鐸可算得上現代學者兼藏書家的典型，嘗云："我不是藏書家，我從來没有想到爲藏書而藏書，我之所以收藏一些古書，完全是爲了自己研究方便和手頭應用需要的。"③趙萬里曾詳盡地介紹過鄭振鐸收書的範圍與重點，指出：

西諦對於歷代文學作品，總是按照中國文學發展過程，大力進行搜訪工作。從《詩經》《楚辭》，到戲曲、小説、彈詞、寶卷，面面具到，齊頭並進，四十年如一日，他不但重視作家的别集，還特别强調總集和地方藝文類書籍所起的作用。他認爲總集類書籍不但可和各家别集互相比勘，取長補短，而且還可看出各個歷史時期文學流派的特色和選家對文學批評的傾向。在解答具體問題時，兩者之間，更有着千絲

① 《購求中國圖書計劃書》，載《文獻》一九八一年第八輯。

② 《愛日精廬藏書志》卷首序。

③ 《鄭振鐸文集》卷七《劫中得書記》卷首《新序》。

萬縷的關係。[①]

這些藏書對鄭振鐸撰寫《插圖本中國文學史》《中國俗文學史》無疑發揮了很大的作用。

有的學者往往結合自己的個人愛好與研究課題，專門注意收集某一種書的各種版本，如倫明云："定州王鐵珊(瑚)好讀《老子》，凡《老子》異本，收之殆備。"[②]盧弼有《水經注》各種版本數十部。[③] 我國現代著名詞曲專家吴梅嘗謂："吾十八歲即喜曲子，遇書肆中有傳奇即購歸。"[④]平生藏曲甚富，多明嘉靖善本，遂題藏書處曰百嘉室。王謇《續補藏書紀事詩・吴梅》云："嘗見師手寫《百嘉室藏書目》，有元刊温公《切韻指南》《歐陽公文集》、楊朝英《太平樂府》等三種，明永樂經廠巨本《佛曲》、弘治本《參同契》等八十餘種，清内府套印本《(欽定)曲譜》等五十餘種，别有元、明、清本曲目一百二十九部，四百七十六種，均百嘉室上駟。"[⑤]還有喜歡收藏小説的，陳繼儒説："余猶記吾鄉陸學士儼山、何待詔柘湖、徐明府長谷、張憲幕王屋皆富于著述，而又藏稗官小説，與吴門文、沈、都、祝數先生往來，每相見，首問近得何書。各出笥秘，互相傳寫，丹鉛涂乙，矻矻不去手。其架上芸裹緗襲，幾及萬簽，率類是，而經史子集不與焉。"(陳繼儒《晚春堂集》卷二《藏説小萃序》)

有些藏書家在確定收集標準時，側重形式。不少人酷愛收集宋元善本。明末清初常熟大藏書家錢謙益的藏書樓名曰絳雲樓，編有《絳雲樓書》，曹溶《絳雲樓書目題辭》稱其"所收必宋元板，不取近人所刻及鈔本，雖蘇子美、葉石林、三沈集等，以非舊刻，不入目録中"。[⑥] 其族孫錢曾亦有同好，嘗云：

---

① 《西諦書目》卷首《西諦書目序》。

② 《辛亥以來藏書紀事詩・王鐵瑚》。

③ 《民國人物小傳》第六册《盧弼》。

④ 北京圖書館善本組輯録《吴梅戲曲題跋》上《四聲猿四卷》，載《文獻》第十二輯。

⑤ 千帆附識：吴先生書後歸國家圖書館，鄭西諦斡旋之力也。

⑥ 《絳雲樓書目》卷首。

竭予二十餘年之心力，食不重味，衣不完采，摒當家資，悉藏典籍中。如蟲之負版，鼠之搬薑，甲乙部居，粗有條理。憶年驅雀時，從先生長者游，得聞其緒論。逮壯有志藏弆，始次第訪求，問津知塗，幸免於冥行擿埴，然生平所嗜，宋槧本爲最。馮定遠每戲予曰："昔人佞佛，子佞宋刻乎！"相與一笑，而不能已於佞也。①

黄丕烈也是一位突出的宋元古本愛好者，嘗云："余喜蓄古籍，苟宋元舊刻，雖方伎必收焉。"②"余素不諳醫，而喜蓄醫書，非真好醫書也，好醫書之爲宋元舊刻者。"③他對宋刻本情有獨鍾，自稱："予喜聚書，必購宋刻，昔人佞宋之譏有同情焉。"④"余以求古名其居，爲藏宋刻書籍也，因自號佞宋主人。"⑤

與黄丕烈百宋一廛同時而又相匹敵的尚有吴騫的千元十架。《海昌備志》卷十八云："吴騫字槎客，號兔牀，家新倉里。篤嗜典籍，遇善本傾囊購之弗惜，所得不下五萬卷，築拜經樓藏之。晨夕坐樓中展誦摩挲，非同志不得登也。得宋本《咸淳臨安志》九十一卷、《乾道志》三卷、《淳祐志》六卷，刻一印曰'臨安志百卷人家'，其風致如此。"《東湖叢記》卷六《藏書印記》亦云："黄蕘圃主政百宋一廛，吴兔牀明經以千元十架相敵，故老風流，猶令聞者色飛眉舞。"

還有以印書紙張爲收藏標準的，近人陶湘即有此愛好。倫明《辛亥以來藏書紀事詩·陶湘》云：

武進陶蘭泉（湘）不重宋、元本，所藏明閔氏套印本、汲古閣刻本、武英殿刻本，俱完全不缺；又搜明刻附圖諸書、五色紅格醫書、《匯刻書目》所載大小叢書，各甚備。不問何類，凡開花紙所印皆收之，一時

① 《述古堂藏書目》卷首自序。

② 《蕘圃藏書題識》卷四《史載之方二卷》。

③ 《蕘圃藏書題識續録》卷二《洪氏集驗方五卷》。

④ 《蕘圃雜著·百宋一廛書録序》。

⑤ 《蕘圃雜著·求古精舍金石圖序》。

有“陶開花”之稱。其《程氏墨苑》五色本最罕見。

現代著名藏書家周叔弢收書也是從形式精美着眼的,其子周珏良説:

許多文章都提到他藏書有“五好”的標準。所謂“五好”就是:一、版刻好,等於一個人先天體格强健;二、紙張好,等於一個人後天營養得宜;三、題跋好,等於一個人富有才華;四、收藏印章好,宛如美人薄施脂粉;五、裝潢好,像一個人衣冠整齊。①

傅增湘也談到了周叔弢藏書的這一特點:

顧君之收書也,與恒人異趣,好尚雖摯而懸格特嚴。凡遇刻本,卷帙必取其周完,楮墨務求其精湛;尤重昔賢之題識與傳授之淵源。又其書必爲經子古書、大家名著,可以裨學術,供循誦者。至鈔校之書,審爲流傳之祖本或名人之手迹,必精心研考以定其真贋。不幸有俗書惡印,點污塗抹之累,則寧從割舍,不予濫收。設遇銘心絶品,孤行秘本,雖傾囊以償,割莊以易,而曾不之恤。既收之後又亟繕完補綴,存其舊裝,襲以金粟之箋,盛以香楠之匣,牙簽錦帙,芸芬麝馥,寶護周勤。故其藏書不侈閎富之名,而特以精嚴自勵。②

有的藏書家由於受到經濟條件的限制,往往以廉價實用爲標準。如明中葉藏書家陸深《江東藏書目録序》云:“余家學時,喜收書,然覶覶屑屑,不能舉群有也。壯游兩都,見載籍,然限於力,不能舉群聚也。間有殘本不售者,往往廉取之。故余之書,多斷缺。缺少者,或手自補綴,多者幸他日之偶完,而未可知也。”沈節甫《玩易樓藏書目録·自序》也説:“余性迂拙,無他嗜好,獨甚愛書。每遇貨書者,惟恐不余售。既售且去,惟恐

① 《我父親和書》,載《文獻》第二十一輯。
② 《自莊嚴堪勘書圖·序》,載《文獻》第二十一輯。

其不復來也。顧力不足，不能多致，又不能得善本，往往取其直之廉者而已。即有殘闕，必手自訂補，以成完帙。”近人范祥雍則明確提出“買舊書，少買新書；買廉價書、特價書，少買高價書、實價書；逛冷攤，少跑大書鋪”。[①]

有的藏書家在實踐中也體會到，用廉價收得不全之書，只要留心搜訪，往往由不全變全。李文藻《琉璃廠書肆記》云：

> 内城隆福寺，遇會期多有賣書者，謂之趕廟。散帙滿地，往往不全而價低。朱少卿豫堂，日使子弟物色之，積數十年，蓄數十萬卷，皆由不全而至於全。蓋不全者，多是人家奴婢竊出之物。其全者固在，日日待之而自至矣。[②]

還有的達官貴人附庸風雅，以藏書爲擺設，因此專門搜集形式華美的圖書，如大軍閥張勛即一例。倫明《辛亥以來藏書紀事詩・張勛》云：

> 辛亥後，武人擁厚貲大治宫室，以圖書供點綴。惟張少軒將軍(勛)自有宗旨，所收書以殿本爲限，殿本書又及百册者爲限。書坊覬其值，就不百册者，每頁中墊以紙，一册可分裝二、三册，張亦不細審也。自是遂成風氣。其始猶用細潔之紙，漸且用粗劣者代之矣；其始但施於貴重之書，漸且普通之書亦爲之矣。購者亦知其弊，吝不增價；而積習牢不可破，今滬、浙盡效顰。甚矣，壞習之易移人也！

可見，收集圖書的標準雖然多種多樣，然而都反映了各自的藏書目的，體現了適用的原則。

① 《續補藏書紀事詩・范祥雍》。
② 《南澗文集》卷上。

第二節　收集的方法

鄭樵對收集圖書的途徑作過較爲系統的總結，指出："求書之道有八：一曰即類以求，二曰旁類以求，三曰因地以求，四曰因家以求，五曰求之公，六曰求之私，七曰因人以求，八曰因代以求，當不一於所求也。"①下面就引申鄭說，陳述如次。

一　鈔　録

鈔録是圖書最原始、最基本的復製方式。在雕版印刷術發明以前，我國的圖書是靠鈔録來傳播的；在雕版、活字排版印刷術發明以後，鈔録仍然被廣泛采用。這是因爲並非所有的圖書都能够采用雕版印刷或活字排版印刷的方式廣泛傳播。有時鈔録比購買印本圖書更方便、更經濟，而且鈔書也是一種學習方法，所以鈔録始終是中國古代公私藏書的一種重要收集方式。故孫慶增云：

> 書之所以貴鈔録者，以其便於誦讀也。歷代好學之士皆用此法，所以有刻本，又有鈔本、有底本。底本便於改正，鈔本定其字劃，於是鈔録之書，比之刊刻者更貴且重焉。况書籍中之秘本，爲當世所罕見者，非鈔録則不可得，又安可以忽之哉，從未有藏書之家而不奉之爲至寶也。②

葉德輝亦云："居今日而言收藏，可以坐致百城，琳琅滿室矣！而猶有待於傳録者，蓋其書或僅有鈔本，不能常留，過目易忘；未存副録，校刻則有不給；久假復不近情。有彼此借鈔，可獲分身之術。"③

古人還把鈔書當作學習的一種方法，如東晉范汪"年十三喪母，居喪

① 《通志》卷七一《校讎略・求書之道有八論》。

② 《藏書記要》第三則《鈔録》。

③ 《觀古堂藏書十約・傳録》。

盡禮,親鄰哀之。及長,好學,外氏家貧,無以資給。汪乃廬於園中,布衣蔬食,然薪寫書。寫畢,誦讀亦遍,遂博學多通,善談名理"。[①] 南齊蕭鈞"好學,常手細字書《五經》,一部爲一卷,置之巾箱中。侍讀賀玠問曰:'殿下家有墳索,何須此蠅頭細書,别藏巾箱?'答曰:'巾箱《五經》,檢閲且易,一更手寫,則永不忘。'"[②]

先秦至清,鈔本在國家藏書中占有較大比重。其特點是大規模有組織有計劃地進行鈔寫。如《新唐書·藝文志》云:

> 貞觀中,魏徵、虞世南、顔師古繼爲秘書監,請購天下書,選五品以上子孫工書者爲書手,繕寫藏於内庫,以宫人掌之。玄宗命左散騎常侍、昭文館學士馬懷素爲修圖書使,與右散騎常侍、崇文館學士褚無量整比。會幸東都,乃就乾元殿東序檢校。無量建議:御書以宰相宋璟、蘇頲同署,如貞觀故事。又借民間異本傳録。及還京師,遷書東宫麗正殿,置修書院於著作院。其後大明宫光順門外,東都明福門外,皆創集賢書院,學士通籍出入。既而太府月給蜀郡麻紙五千番,季給上谷墨三百三十六丸,歲給河間、景城、清河、博平四郡兔千五百皮爲筆材。兩都各聚書四部,以甲、乙、丙、丁爲次,列經、史、子、集四庫。其本有正有副,軸帶帙簽皆異色以别之。

兩宋國家藏書機構也開展過大規模的藏書活動,如高宗紹興十五年(一一四五)五月二十八日秘書省復置補寫所,招聘書手數十人。爲便於管理,還對書手提出了一些具體要求。據《宋會要輯稿·崇儒四》記載,"楷書課程舊制每日寫二千字,遇入冬書寫一千五百字,並各置工課手歷,每日抄轉書勘點檢,月終結押"。明、清雕版印刷、活字排版印刷事業雖然十分盛行,但是《永樂大典》《四庫全書》均爲鈔本。如《四庫全書》共鈔正本七部、副本一部,每部十億字。鈔寫者是從參加科舉考試的落榜生中挑選出來

---

① 《晉書》卷七五《范汪傳》。

② 《建康實録》卷一六。

的,條件是字畫匀浄,乾隆四十二年(一七七七)前後有六百餘名,後來增加到一千名。《四庫全書》館規定:“在館諸生每日限寫一千字,五年共限寫一百八十萬字。”①後來又要求每人每天寫兩千字。② 爲便於考核,還要求謄録者在所鈔書的尾頁上寫明姓名。③

鈔録也是私家收集圖書的重要方式之一。藏書家通常采用自己鈔的方式。如《梁書·袁峻傳》稱:“袁峻字孝高,早孤,志篤好學,家貧無書,從假借必皆鈔寫,自課日五十紙,紙數不登則不止。”《舊唐書·柳公綽傳》介紹了柳公綽之子柳仲郢的鈔書情況:

> 仲郢以禮法自持,私居未嘗不拱手,内齋未嘗不束帶。三爲大鎮,厩無名馬,衣不熏香。退公布卷,不舍晝夜。《九經》《三史》一鈔,魏晉已來南北史再鈔。手鈔分門三十卷,號《柳氏自備》。又精釋典,《瑜伽》《智度大論》皆再鈔。自餘佛書,多手記要義,小楷精謹,無一肆筆。

司馬光在六十八歲時還鈔成《微言》三卷,“所鈔自《國語》而下六書,其目三百一十有二,小楷端重,無一筆不謹,百世之下,使人肅然起敬”。④ 明代藏書家錢穀及其子允治均愛鈔書,錢謙益云:

> 錢穀,字叔寶,少孤貧。游文待詔門下,日取架上書讀之。以其餘功點染水墨,得沈氏之法。晚葺故廬,讀書其中。聞有異書,雖病必强起,匍匐請觀。手自鈔寫,幾於充棟,窮日夜校勘,至老不衰。子允治,酷似其父。年八十餘,隆冬病瘍,映日鈔書,薄暮不止。⑤

---

① 《辦理四庫全書檔案》上册三十六頁。

② 參見《辦理四庫全書檔案》上册九十六頁。

③ 參見《辦理四庫全書檔案》下册三十七頁。

④ 《直齋書録解題》卷十《微言三卷》。

⑤ 《列朝詩集》丁集卷八。

明末藏書家顧華亦好鈔書，彭士望《長洲舊文學顧君生壙志》稱其：

性獨好書，甚於饑渴飲食。其有裨於身心家國天下之務，足備一代之文獻者。耳目所及，輒展轉窮搜之，必購得之爲快。或書裒重及未板行而隱秘者，求之益力。得之則狂喜，神色飛動。或力有所不能得，則手自鈔寫，窮日夜可盡百十紙。夜嘗不寐，寐亦止盡數刻，而張燈披衣，往往達旦。手不釋卷，不停鈔，自以爲愉快極，雖老至不知也。凡鈔閱校讎，精審不訛一字，稍涉疑義，則盡記之，舉其辭問晰乃已。①

有條件的藏書家爲了節省時間，提高效率，還請人傳鈔。有讓家裏人鈔的，如宋代的尤袤，其《家譜本傳》云："公平居無事，日取古人書録之，家人女稺莫不識字，共録三千餘部，建萬卷藏書樓，又闢書堂於錫山之麓。"②清代藏書家陸烜常命侍妾沈虹屏鈔書，葉昌熾叙其事云：

八月十一日，又爲翰怡作張懷瓘"紛紛欣欣，心開目明"。內有《尚書義》一部，平湖陸烜子章撰。全帙皆侍妾沈虹屏所書，小楷娟秀。裝池者觀其小印，亦叙而非弁，誠爲玉臺之佳話，鎮庫之尤物。既勸翰怡藏之，亟先録之，共十二册。所見爲首尾二册，乾隆五十一年正月自序，序後署侍史沈彩書。《堯典》後有題識云："主君作《書義》，皆命彩手鈔，故嘗贈彩詩有'傳經可有粲花舌，詰屈聱牙記伏生'，又'妙筆簪花非玩物，藉傳皇極答蒼生'之句。此三易稿也。始寫於乾隆丙午十二月十七日，爲立春日。時連朝雨雪，江梅初包，天寒手顫，僅免呵凍云。胥山蠶妾沈彩識。"下鈐"沈采"印。《舜典》後題"侍妾沈彩繕寫"，下鈐"沈采"、"繡窗餘暇"二印。《吕刑》後題"女史沈彩虹屏鈔"，下鈐"簪花格"、"虹屏"二印。《文侯之命》後題"女史

① 《樹廬文鈔》卷九。

② 《梁谿遺稿》卷末《附録》。

沈彩寫”,有“希衛”印。《費誓》後題“侍史沈彩書”。……末一葉鈐“飄香手裝”方印,飄香亦似侍兒小名也。①

有命僮僕鈔書的,如:“《困學齋雜録》,汝南袁表命工徐堂録於陶齋。毛汲古影宋本,有家人劉臣、斧季甥王乃玉。黄蕘圃藏書甲於海内,門僕張泰善於鈔書,有‘入門僮僕盡鈔書’一印。”②

有命下屬鈔書的,如《新五代史·楊邠傳》稱後漢楊邠官至中書侍郎兼吏部尚書,“居家謝絶賓客,晚節稍通縉紳,延客門下,知史傳有用,乃課吏傳寫”。明代藏書家葉盛,謚文莊。錢大昕云:“文莊藏書之富,甲於海内,服官數十年,未嘗一日輟書,雖持節邊徼,必携鈔胥自隨。每鈔一書成,輒用官印識於卷端,其風流好事如此。”③明代藏書家項篤壽字子長,朱彝尊云:子長“性好藏書,見秘册,輒令小胥傳鈔,儲之舍北萬卷樓”。④而朱彝尊本人也曾命下屬鈔書,並因此而丢官,嘗云:“(予)中年好鈔書,通籍以後,見史館所儲,京師學士大夫所藏弆,必借録之。有小史能識四體書,日課其傳寫,坐是爲院長所彈去官,而私心不悔也。”⑤

還有冒險犯禁託人代鈔的,如錢曾云:“天啓乙丑(一六二五),牧翁削籍南還,託錦衣胡錦山於内閣典籍鈔《昭示姦黨三録》……繕寫者摇手咋舌,早晚出入閣門,將鈔書夾置褌襠中而出,丁卯(一六二七)四月始卒業,鈔寄之難如此……牧翁據此考定《開國功臣事略》。”⑥

當然,出錢請人鈔書更爲普遍,以至有人專門以鈔書爲業。這種現象起源甚早,王子年《拾遺記》曰:“張儀、蘇秦二人同志,遞剪髮以相活,或傭力寫書,行遇聖人之文,無題記則以墨畫於掌内及股裏,夜還更折竹寫

① 《緣督廬日記鈔》卷一六。

② 《骨董瑣記》卷八《鈔書僮僕》。

③ 《潛研堂文集》卷三一《紅雨軒集跋》。

④ 《曝書亭集》卷五三《書萬歲通天帖舊事》。

⑤ 《曝書亭集》卷三九《鵲華山人詩集序》。

⑥ 《讀書敏求記校證》佚文《昭示姦黨三録三卷》。

之。”[①]漢代以後，傭書現象更爲普遍，如《後漢書・班超傳》稱班超“家貧，常爲官傭書以供養”。《南史・朱異傳》稱朱異“以傭書爲業，寫畢便誦，遍覽經史，尤明《禮》《易》；涉獵經史，兼通雜藝”。《北史・劉芳傳》稱劉芳“晝則傭書以自資給，夜則誦經不寢”。他爲僧人“傭寫經論，筆迹稱善，卷直一縑，歲中能入百餘匹，爲此數年，賴以頗振”。陸游《跋尹耘師書劉隨州集》云：“傭書人韓文持束紙支頭而睡，偶取視之，《劉隨州集》也，乃以百錢易之。”[②]明范欽從子范大澈亦好聚書，鄭梁稱其“月俸所入，輒以聚書。聞人有鈔本，多方借之。長安旅中，常雇善書者謄寫，多至二三十人”。[③]葉德輝對清末民初湖南藏書家花錢請人鈔書的情況述之頗詳，其言云：

傳録之法，多倩傭書者，以别舍處之。以工貲計，湘省最廉。善書者一日可書五千字。凡字一千，不過七、八十文内外；若至百文一千，則謀者蠅集矣。故鈔一書，字至十萬，僅費錢七、八千，較之千金買《漢書》、貂裘賄侍史，其廉爲何如耶！鈔寫之紙以日本、高麗繭紙爲上，其紙吸墨而滑筆，但使寫手輕匀，易於增色。其次中國之潔净花胚（即官堆之高者）。杭連雖白，至爲不佳。墨乾則筆澀，墨濕則字毛，一遇積霉，或沾鼠溺，則腐碎不可觸手。此余二十年所親歷，故能言其害也。[④]

爲了提高鈔書的質量，一般要在鈔書紙上預畫行格。馬衡云：

古時鈔書，必以墨畫直格，唐時謂之邊準，宋時謂之解行。宋程大昌《演繁露》（卷七）引李義山集新書序曰：“治紙工率一幅以墨爲邊準（原注：今俗呼解行也），用十六行式（原注：‘言一幅解爲墨邊十六

① 《太平御覽》卷六一九引。《拾遺記》是僞書，蘇、張事不可信，然亦見傭書之事出現甚早。

② 《渭南文集》卷二七。

③ 《藏書紀事詩》卷二《范欽堯卿・從子澈子宣》。

④ 《觀古堂藏書十約・傳録》。

行也’），率一行不過十一字。”而宋趙彦衛《雲麓漫鈔》（卷三）曰：“釋氏寫經一行以十七字爲準，故國朝試童行誦經，計其紙數，以十七字爲行，二十五行爲一紙。”據程氏、趙氏所説，行數、字數各有定式，今所見唐以前之卷子本，似不盡相符，惟釋氏寫經則以每行十七字爲準耳。①

鈔書預畫行格的傳統一直保持到清代，如清蔣衡曾用十二年時間鈔成十三經，其自跋云：

余矢志力書，計全經八十餘萬言。於是先其難者，以《春秋左傳》二十萬言始，凡五年訖工；繼以《禮記》十萬言，又二年；其餘《周易》《尚書》《毛詩》《周禮》《儀禮》《公羊》《穀梁》《爾雅》《孝經》《論語》《孟子》，又五年，共歷一紀乃畢。以碑洞石經爲式，用東洋紙，界烏絲欄書之。②

爲了提高鈔書的速度，做到整齊美觀統一，明清公私鈔書往往印有專用的鈔書紙，《永樂大典》《四庫全書》皆如此。張忱石云：

《永樂大典》在裝幀上也別具一格。全書采用上等白宣紙，印有朱絲欄，每半頁八行，大字占一行，小字鈔成雙行，行二十八字，用極爲端正的楷書鈔寫，墨色黝黑，微發古香。對於名物器什、山川地形等皆繪有圖形。所繪之圖，全用白描手法，形態逼真，精麗工致，是古代書籍插圖中的佳品。凡徵引書名和圈點，全用朱筆，相當醒目。版心亦爲朱色，上魚尾内標有“永樂大典卷××”，下魚尾内記每卷頁碼。每册高營造尺一尺五寸六分、寬九寸三分。書面硬裱，用粗黄布連腦包過，顯得格外莊重樸實。每册三十至五十餘頁不等，有一卷一

① 《凡將齋金石叢稿》卷七《論書籍制度》。
② 錢泰吉《曝書雜記·蔣氏自跋十三經字册》。

> 册的，亦有二卷或三卷一册的，但以二卷一册者居多。每册外封左上有一長方框，内題“永樂大典”四字，其下用雙行小字注明卷幾至卷幾。右上角有一小方格，題該册所屬韻目，又低一字再注明這一册又是該韻目之第幾册。這樣“考索之便”真是“探囊取物”了。①

明清私家鈔書用自己印製的統一的鈔書紙，也十分普遍，如明吴寬鈔本，用紅格紙，版心有“叢書堂”三字；祁承㸁鈔本，用藍格紙，版心有“澹生堂鈔本”五字；清錢曾鈔本，用墨格紙，格欄外有“虞山錢遵王述古堂藏書”十字。②

還有一種影鈔法，即將紙蒙在珍本上，照式摹寫。毛晉的影鈔本最有名，孫慶增《藏書記要》第三則《鈔録》云：“汲古閣影宋精鈔，古今絶作。字畫、紙張、烏絲、圖章，追摹宋刻，爲近世無有能繼其作者。”

鈔録也會出現一些弊端，顧炎武曾撰《鈔書八弊》，指出：“書手粗率，捲腦折角；墨汁蠅矢垢汙；衆手傳接，揉熟紙本；開卷不收；分手鈔謄，折釘散亂；鈔寫有誤，恐被對出，反將原稿塗改；欲記起止，輒將原稿加圈加勾；粘補錯字扯用書角片紙。”③當然，鈔本最普遍的問題是由於所依據的底本有好壞，鈔書者的能力與態度有不同，因而導致鈔書水平參差不齊，各鈔本之間的文字差異較大，因此鈔本普遍存在着校勘問題，而且工作量相當大。

二　購　買

購買圖書是豐富館藏最基本、最有效的方法。我國早在東漢就有了書肆，葉德輝《書林清話》卷二《書肆之緣起》專門介紹了書肆發展簡史，本書《版本編》第四章《雕印本的品類》第三節《按刻書單位區分》三《坊刻本》引用過，可參看。

宋代由於雕版印刷術的蓬勃發展，圖書的出版發行工作也達到了一

① 《永樂大典史話》—《〈永樂大典〉的修纂起因及經過》。

② 參見本書《版本編》第六章《非雕印本的區分與鑒定》第二節《鈔本》。

③ 《亭林先生遺書彙輯・菰中隨筆》。

個嶄新的水平。元吴澄云:"宋三百年間,鋟板成市,板本布滿乎天下,而中秘所儲,莫不家藏而人有……無漢以前耳授之艱,無唐以前手鈔之勤,讀者事半而功倍,何其幸也。"①北宋首都開封就是當時的圖書銷售中心,宋張擇端《清明上河圖》所畫書鋪前有"發兑古今書籍"字樣。開封城内相國寺東門大街尤多書籍鋪,孟元老《東京夢華録》卷三云:"相國寺每月五次開放,萬姓交易。庭中設綵幙、露屋、義鋪,賣……時果……之類。殿後資聖門前,皆書籍、玩好、圖畫之類。"北宋文學家穆修就曾在這裏賣過書,魏泰稱其"晚年得《柳宗元集》,募工鏤板,印數百帙,携入京相國寺設肆鬻之"。② 今傳宋本《抱朴子》内篇《祛惑》卷末有牌記云:"舊日東京大相國寺榮六郎家,見寄居臨安府中瓦南街東,開印輸經史書籍鋪,今將京師舊本《抱朴子》内篇校正刊行,的無一字差訛,請四方收書好事君子幸賜藻鑒,紹興壬申歲六月旦日。"③浙江的杭州、四川的成都與眉山、福建的建安與建陽也是圖書的出版與銷售中心,正如魏了翁所説:"自唐末五季以來,始爲印書。極於近世,而閩、浙、庸蜀之鋟梓遍天下。"④

宋代雖然雕印本盛行,但傭書銷售鈔本的現象依然存在,如陸游《跋尹耘師書劉隨州集》云:"傭書人韓文,持束紙支頭而睡,偶取視之,《劉隨州集》也,乃以百錢易之,手加裝褫。紹興二十五年正月八日陸某記。"⑤是一例。

明代雕版印刷、活字印刷技術更爲普及,書商的活動範圍因而更加廣泛,圖書市場的規模也更大更方便。正如曹溶所説:"近來雕板盛行,煙煤塞眼,挾資入賈肆,可立致數萬卷。"⑥全祖望稱顧炎武在游歷中,"偶有遺忘,即於坊肆中發書而熟復之";"或與平日所聞不合,則即坊肆中發書而

---

① 《吴文正集》卷三四《贈鬻書人楊良甫序》。

② 《東軒筆録》卷三。

③ 《中國版刻圖録》圖版十二。

④ 《鶴山集》卷四。詳見本書《版本編》第四章《雕印本的品類》第二節《按地域區分》。

⑤ 《渭南文集》卷二六。

⑥ 知不足齋本《澹生堂藏書約》附刊《流通古書約》。

對勘之”。[①] 胡應麟曾記載明代北京、杭州、南京等地的書肆情況，今録之如下：

凡燕中書肆多在大明門之右，及禮部門之外，及拱宸門之西。每會試舉子，則書肆列於場前；每花朝後三日，則移於燈市；每朔望並下澣五日，則徙於城隍廟中。燈市極東，城隍廟極西，皆日中貿易所也。燈市歲三日，城隍廟月三日，至期百貨萃焉，書其一也。凡徙，非徙其肆也。輦肆中所有，稅地張幕列架而書置焉。若綦繡錯也。日昃復輦歸肆中，惟會試，則稅民舍於場前，月餘試畢賈歸，地可羅雀矣。

凡武林書肆，多在鎮海樓之外，及湧金門之内，及弼教坊、清河坊，皆四達衢也。省試則間徙於貢院前，花朝後數日，則徙於天竺，大士誕辰也。上巳後月餘，則徙於岳墳，游人漸衆也。梵書多鬻於昭慶寺，書賈皆僧也。自餘委巷之中，奇書秘簡往往遇之，然不常有也。

凡金陵書肆，多在三山街及太學前。凡姑蘇書肆，多在閶門内外及吴縣前，書多精整，然率其地梓也。余二方皆未嘗久寓，故不能舉其詳。他如廣陵、晉陵、延陵、檇李、吴興，皆間值一二，歙中則余未至也。[②]

清代的書肆可以北京的琉璃廠爲代表，葉德輝嘗云：“京師爲人文薈萃之區，二百餘年，廠甸書肆如林。”[③]琉璃廠地處北京南城，東西長二里許，明清兩代在其地設窑燒製琉璃瓦件，故名。琉璃廠書肆的發展時期，是在乾隆三十八年(一七七三)組織編纂《四庫全書》之後，當時《四庫全書》館的館臣多寓居宣武城南，琉璃廠位置適中，且小有林泉，故他們經常到那裏訪求自己所需要的書。琉璃廠附近有不少外地會館，大批赴京趕考的考生寓居其中，琉璃廠也是他們常去的地方，這在客觀上促進了琉璃廠圖書、古玩、字畫等行業的發展。琉璃廠書鋪的購書環境與服務態度也

① 《鮚埼亭集》卷一二《亭林先生神道表》。
② 《少室山房筆叢》卷四《經籍會通四》。
③ 《書林清話》卷九《都門書肆之今昔》。

頗受顧客歡迎。郁默寫道：

> 書店門面雖然不寬，而内則曲折縱横，幾層書架，及三五間明窗净几之屋，到處皆是棐几湘簾，爐香茗碗。倦時可在暖炕床上小憩，吸煙談心，恣無拘束。書店伙計和顔悦色，奉承恐後，决無慢客舉動。買書固所歡迎，不買亦可。給現錢亦可，記賬亦可。雖是買賣中人，而其品格風度，確是高人一等。無形中便養成許多愛讀書之人，無形中也養成北京之學術空氣。所謂"民到於今受其賜"者，琉璃廠之書肆是矣。①

國家藏書除鈔録、徵集外，也要購買。今略舉數例。

武德五年（六二二），隋末唐初的戰争已平息，於是令狐德棻"奏請購募遺書，重加錢帛，增置楷書令繕寫，數年之間，群書略備"。② "貞觀中，魏徵、虞世南、顔師古繼爲秘書監，請購天下書，選五品以上子孫工書者爲書手，繕寫藏於内庫，以宫人掌之。"③"安禄山之亂，尺簡不藏。元載爲相，奏以千錢購書一卷。又命拾遺苗發等使江淮括訪。"④

南唐烈祖李昪頗好購書，劉崇遠云："高皇（李昪）初收金陵，首興遺教，懸金爲購墳典，職吏而寫史籍。聞有藏書者，雖寒賤必優辭以假之；或有贄獻者，雖淺近必豐厚以答之。時有以學王右軍書一軸來獻，因償十餘萬繒帛副焉。由是六籍臻備，諸史條集，古書名畫，輻湊絳帷，俊傑通儒，不遠千里，而家至户到，咸慕置書，經籍道開，文武並駕。"⑤

兩宋國家藏書也采用過購買的方式來豐富館藏，如：真宗咸平三年，詔"中外臣庶家，有收得三館所少書籍，每上一卷，給千錢"。⑥ 名爲徵集，實乃購買。李心傳云："高宗始渡江，書籍散佚。紹興初，有言賀方回子孫

---

① 《琉璃廠書業煙雲録》，載《中國典籍與文化》一九九二年第三期。

② 《舊唐書》卷七三《令狐德棻傳》。

③④ 《新唐書》卷五七《藝文志》。

⑤ 《金華子雜編》卷上。

⑥ 《麟臺故事》卷二《書籍》。

鬻其故書於道者，上命有司悉市之。”[①]復云：紹興二年正月“甲子，詔平江府守臣市賀鑄家所鬻書以實三館”。[②]

明初朝廷也積極采取購買的方式收集圖書，如《明太宗實録》卷五十三云：

> 永樂四年夏四月……己卯，命禮部遣使購求遺書。上視朝之暇，輒御便殿閲書史，或召翰林儒臣講論。嘗問：“文淵閣經史子集皆備否？”學士解縉對曰：“經史粗備，子集尚多闕。”上曰：“士人家稍有餘資，皆欲積書，况於朝廷，可闕乎？”遂召禮部尚書鄭賜，令擇通知典籍者四出購求遺書。且曰：“書籍不可較價直，惟其所欲與之，庶奇書可得。”又顧縉等曰：“置書不難，須常覽閲乃有益。凡人積金玉皆欲遺子孫，朕積書亦欲遺子孫，金玉之利有限，書籍之利豈有窮也？”

而當時派人買書也留下了記録，如錢曾《讀書敏求記》卷二著録《古列女傳》一卷、《續列女傳》一卷，提要云：“牧翁亂後入燕，得於南城廢殿，卷末一條云：‘一本，永樂二年七月二十五日蘇叔敬買到。’當時采訪書籍，必貼進買人氏名，鄭重不苟如此。”[③]黄丕烈《百宋一廛賦注》亦稱殘本任淵《山谷大全詩注》“末葉有黏籤一條云：‘永樂二年七月二十五日蘇叔敬買到。’抱沖道人得南城廢殿本《古列女傳》有此，即載於《敏求記》者，其外未聞更見於他書也。予嘗携就小讀書堆驗之，字迹正出一手”。[④] 又，王文進《文禄堂訪書記》卷三著録元至元刻本《析疑論》，提要稱：“卷末有條記曰：‘永樂二年七月二十五日蘇叔敬買到’一行。”[⑤]皆可驗證。

私家藏書主要靠購買。藏書家爲了購書往往節衣縮食，如李清照《金石録後序》談到她與趙明誠購書情况時説：“食去重肉，衣去重采，首無明

---

① 《建炎以來朝野雜記》卷四《中興館閣書目》。按方回賀鑄字。

② 《建炎以來繫年要録》卷五一。

③ 牧翁指錢謙益。錢謙益號牧齋。

④ 顧之逵字抱沖，藏書處名“小讀書堆”。

⑤ 詳見冀淑英《明代宫廷的圖書采訪》，載《文獻》一九八九年第四期。

珠翡翠之飾,室無塗金刺繡之具。遇書中百家,字不刓闕,本不訛謬者輒市之,儲作副本。”

有些藏書家遇到好書,往往不惜破産購之。明萬曆間胡應麟即一例,王世貞云:“余友人胡元瑞,性嗜古書籍,少從其父憲使君京師。君故宦薄,而元瑞以嗜書故,有所購訪,時時乞月俸不給,則脱婦簪珥而酬之。又不給,則解衣以繼之。元瑞之橐無所不罄,而獨其載書,陸則惠子,水則米生,蓋十餘歲,而盡毁其家以爲書,録其餘資,以治屋而藏焉。”①明末祁承爜也如此,其《澹生堂藏書約》云:

> 余十齡背先君子時,僅習句讀,而心竊慕古。通奉公在仕二十餘年,有遺書五七架,庋卧樓上,余每入樓,啓鑰而觀閲之,尚不能舉其義,然按籍摩挲,雖童子之所喜吸笙摇鼓者,弗樂於此也。先孺人每促之就塾,移時不下樓,繼之以呵責,戀戀不能舍,比束髮就婚,即内子奩中物,悉以供市書之值。……凡試事過武林,遍問坊肆所刻,便向委巷深衢,覓有異本,即鼠餘蠹剩,無不珍重市歸,手爲補綴,十餘年來,館穀之所得,饘粥之所餘,無不歸之書者。

書商的經營方法是十分靈活的,他們經常出入藏書之家,或收購或銷售圖書,而有的藏書家爲了招徠書商,往往熱情接待,酬以善價。元代藏書家沈景春就是一例,干文傳跋《嘯堂集古録》云:

> 景春沈君,居樂圃坊,與余同游可邨賀先生之門。平生寡嗜欲,惟酷好收書。有别業在閶門,西去城僅數里,景春昔嘗居之。人有挾書求售,至必勞來之,飲食之,酬之善價,於是奇書多歸沈氏,《集古録》其一也。昔人有以千金市馬者,得駿骨予五百金,逾年而千里馬至者三。景春嗜書何以異哉!元統後元十一月。②

---

① 《弇州續稿》卷六三《二酉山房記》。

② 《皕宋樓藏書志》卷四。

明代藏書家沈節甫也有同樣感受，其《玩易樓藏書目録自序》云："余性迂拙，無他嗜好，獨甚愛書。每遇貨書者，惟恐不余售，既售且去，惟恐其不復來也。顧力不足，不能多致，又不能得善本，往往取其直之廉者而已。即有殘闕，必手自訂補，以成完帙。"①明末清初藏書家毛晉爲了吸引書商，甚至在門口貼出廣告，表示以高出别家百分之二十的價格購書，已見前引。②

當然，在書肆購書則是更爲普遍的方式，不少藏書家都喜歡在書店裏淘書。清初王士禎即有此愛好，朱彝尊云："先生自始仕迄今，目耕肘書，借觀輒録其副。每以月之朔望翫慈仁寺日中集，奉錢所入，悉以購書。"③王士禎亦自稱：

> 昔在京師，士人有數謁予而不獲一見者。以告崑山徐尚書健庵（乾學），徐笑謂之曰："此易耳，但值每月三五，於慈仁寺市書攤候之，必相見矣。"如其言，果然。廟市賃僧廊地鬻故書，小肆皆曰攤也。又書賈欲昂其直，必曰"此書經新城王先生鑒賞者"。鬻銅玉器，則曰"此經商邱宋先生鑒賞者"，謂今冢宰牧仲（犖）也。士大夫言之輒爲絶倒。④

孔尚任《燕臺雜興》詠其事云："彈鋏歸來抱膝吟，侯門今似海門深。御車掃徑皆多事，只向慈仁寺裏尋。"注曰："漁洋龍門高峻，人不易見。每於慈仁廟市購書，乃得一瞻顔色。"⑤王士禎還談到他嗜書達到了如醉如癡的程度，自稱："嘗冬日過慈仁寺，見孔安國《尚書大傳》、朱子《儀禮經傳通解》、荀悦、袁宏《漢紀》，欲購之。異日侵晨往索，已爲他人所有。歸來悒悵不可釋，病卧旬日始起。古稱書淫書癖，未知視予何如？自知翫物喪

---

① 《吴興藏書録·沈節甫玩易樓藏書目録》。

② 參見本書《版本編》第四章《雕印本的品類》第一節《按時代區分》五《明本》。

③ 《曝書亭集》卷六六《池北書庫記》。

④ 《古夫於亭雜録》卷三。

⑤ 《藤陰雜記》卷七。

志,故是一病,不能改也。亦欲使吾子孫知之。"①

乾隆間倪模藏書頗豐,王引之稱其"性嗜古書,每得秘本,手寫口誦,夜以繼日。校讎經史諸書,無慮數十種,自少至老,曾無倦時。居京師,日游書肆,不惜以重價購舊本,至於質衣以償。嘗應禮部試,不第,載古書五千餘卷以歸。其好學如此"。②

這些書癡爲購得一部善本往往念念不忘,必得之而後快,如黄丕烈題宋本《鑒誡録》云:

> 顧千里爲余言,有宋刻《鑒誡録》,爲程念鞠豪奪去,此事已逾二十年矣。念鞠秘不示人,余雖識念鞠,亦未便借觀也。近念鞠宦游江西,家中書籍,大半散佚。惟此書尚保藏,余謀諸書賈之數與往來者,久而始得其書。索白鏹三十金,余愛之甚,易以番銀三十三圓,書計五十七葉,題跋一葉,以葉論錢,每葉四錢六分。宋刻書之貴,可云貴甚;而余好宋刻書之癡,可云癡絶矣。時嘉慶九年,歲在甲子,正月丁巳日。③

采用購買的方法收集圖書的優點是能够迅速增加館藏,所購圖書一般都經過精心挑選,比較實用。

三　繼　承

繼承也是藏書建設的方法之一。大致有兩種情況:一是新朝繼承前朝的國家藏書,一是晚輩繼承前輩的家藏。先説第一種情況。

《史記·高祖本紀》云:"高帝元年(前二〇六)冬十月,蕭何盡收秦丞相府圖籍文書。"又《蕭相國世家》稱:"沛公至咸陽,諸將皆争走金帛財物之府分之。何獨先入收秦丞相御史律令圖書藏之。"

《三國志·魏書·武帝紀》記載:建安五年(二〇〇)官渡之戰,曹操打

---

① 《居易録》卷一四。

② 《王文簡公文集》卷四《倪教授行狀》。

③ 《士禮居藏書題跋記續編》卷下。

敗袁紹，“盡收其輜重圖書珍寶”。可見其早就注意到圖書也是戰利品。

牛弘《請開獻書之路表》云：“魏文代漢，更集經典，皆藏在秘書，内外三閣，遣秘書郎鄭默删定舊文。時之論者，美其朱紫有别。晉代承之，文籍尤廣。”①西晉除繼承了魏國的藏書外，也接受了吴國的圖籍。《晉書·王濬傳》稱咸寧六年（二八〇）晉滅吴，王濬進入建康，先“收其圖籍”，並運至洛陽。

劉裕取代東晉，接管了東晉藏書，劉宋軍隊占領姚秦首都長安後，也“收其圖籍，五經子史，纔四千卷，皆赤軸青紙，文字古拙”。②

關於隋收陳代圖書、唐收鄭國圖書的情況，詳見《隋書·經籍志》。此後各朝在繼承前朝國家藏書方面，收獲甚多，如宋程俱《麟臺故事·書籍》云：

> 建隆初，三館有書萬二千餘卷。乾德元年（九六三）平荆南，盡收其圖書以實三館。三年，平蜀，遣右拾遺孫逢吉往收其圖籍，凡得書萬三千卷。……開寶八年（九七五）冬平江南。明年春，遣太子洗馬吕龜祥就金陵籍其圖書，得二萬餘卷，悉送史館，自是群書漸備。兩浙錢俶歸朝，又收其書籍。

元代也掠奪了宋代的國家藏書。據《元史·世祖紀》可知，至元十三年（一二七六）伯顔在受宋降後，遣宋内侍王埜入宫收圖籍。又命秘書監焦友直“括宋秘書省禁書圖籍”。三月，伯顔入臨安，又命郎中孟祺籍“秘書省、國子監、國史院、學士院、太常寺圖書”。是年冬，秘書監、“兩浙宣撫使焦友直以臨安經籍、圖畫、陰陽秘書來上”。另據《元史·董文炳傳》，當伯顔命董文炳入臨安，收禮樂器及諸圖籍時，董文炳説：“國可滅，史不可没，宋十六王，有天下三百餘年，其太史所記具在史館，宜悉收以備其典禮。”當時收得宋史及各種注記共五千餘册。正如錢大昕所説：

---

①② 《隋書》卷四九《牛弘傳》。

> 元起朔漠，未遑文事，太宗八年始用耶律楚材言，立經籍所於平陽，編集經史。世祖至元四年，徙置京師，改名弘文院。九年置秘書監，掌歷代圖籍，並陰陽禁書。及大兵南伐，命焦友直括宋秘書省禁書圖籍。伯顔入臨安，遣郎中孟祺籍南宋秘書省、國子監、國史院、學士院圖書，由海道舟運至大都。秘書所藏，彬彬可觀矣。①

明洪武元年（一三六八）建都南京後，大將軍徐達破元大都，朱元璋"命大將軍收秘書監圖書，太常法服，祭器、儀象、版籍"。② 並"致之南京"。③

清代宫廷也繼承了明代内閣藏書，如清代掌管内閣典籍的官員葉鳳毛所撰《内閣小志·内閣署》云："内閣亦謂内院，因國初内國史院、内秘書院、内宏文院之稱也。在午門内東廊之南，門西向。……稍北向東小屋爲館銀庫、向南小屋爲典籍廳。由滿票簽北去爲内閣後門，正對文華殿，出後門迤東紅牆内爲内閣藏書籍紅本庫。庫皆樓，其樓甚長，東爲儀仗樂器庫，前明書籍畫像醮檀鐘鼓諸物皆在内閣庫中。"

私家接受前輩圖書遺産，也是其藏書的一個重要來源。《後漢書·列女傳》記載，曹操接見蔡文姬時説："聞夫人家先多墳籍。"蔡文姬答道："昔亡父賜書四千餘卷。"此事人所共知。

正因爲後輩繼承前輩藏書是十分普遍的現象，所以在中國歷史上出現了許多以世代藏書而著名的文化景觀。如宋周密嘗云："吾家三世積累，先君子尤酷嗜，至鬻負郭之田以供筆札之用。冥搜極討，不憚勞費，凡有書四萬二千餘卷，及三代以來金石之刻一千五百餘種，庋置書種、志雅二堂，日事校讎，居然籯金之富。"④

明代崑山葉盛及玄孫恭焕、六世孫國華，皆以藏書聞名。葉盛《書厨銘》云："讀必謹，鎖必牢；收必審，閣必高。子孫子，惟學斅，借非其人亦不

---

① 《補元史藝文志》卷一。

② 《國史經籍志》卷首《序》。

③ 《萬曆野獲編》卷一《訪求遺書》。

④ 《齊東野語》卷一二《書籍之厄》。

孝。”[①]（乾隆）《蘇州府志》卷二十八《第宅園林》談及其世代藏書情况云：崑山“葉文莊公盛，宅在東城橋西。公生平嗜書，手自讎録至數萬卷，嘗欲作堂以藏之。取衛風《淇澳》學問自修之義，名曰‘菉竹’。至公之玄孫恭焕，堂乃克成，太倉王世貞爲記。恭焕又於宅東作繭園，其孫工部國華，拓地增葺……嘗掘地得泉，味甘色白，因自號‘白泉’云。恭焕曾孫，本朝刑部侍郎方藹猶居此”。王欣夫曾見舊鈔本《中吴記聞》有毛扆跋云：“中元前四日，訪崑山葉九來，以一册贈之。九來爲文莊公後人，文莊書甲天下，所傳《菉竹堂書目》者也。……葉文莊子孫不啻數世，尚能守而勿失，健羨之餘，感慨繫之矣。”[②]（同治）《蘇州府志》卷九十六《人物》：“葉奕苞字九來，國華次子。”葉奕苞嘗自稱：“書之難難於説部，太腐則俚，太艷則妖，然而寧腐無艷。如《御覽》《廣記》卷帙最爲浩博，不免流於蕩佚。山園藏書無幾，經史子集而外，擇唐宋以來名人雜志有助見聞者，庋置翻閲，若猥褻鄙陋之詞，未嘗寓目。敢告無坊刻小説。”[③]看來葉奕苞也是一位目的明確、自有主張的藏書家，葉盛菉竹堂藏書至少流傳八代。

明代以圖書傳世最久者，當推范欽天一閣。全祖望云：

> 天一閣肇始於明嘉靖間，而閣中之書不自嘉靖始，固城西豐氏萬卷樓舊物也。豐道生晚得心疾，樓上之書爲門生輩竊去，又遭大火，所存無幾。范侍郎欽素好購書。先時，嘗從道生鈔書，且求其作藏書記。至是，以其幸存之餘，歸於是閣。又稍從弇州互鈔，以增益之。雖未能復豐氏之舊，然亦雄視浙東焉。吾聞侍郎二子，方析産時，以爲書不可分。乃别出萬金，欲書者受書，否則受金。其次子欣然受金而去。今金已盡，而書尚存。[④]

天一閣後由范欽子孫及建國前後的政府出資修葺過，至今還妥爲保存着，

① 見《拜經樓藏書題跋記》卷三《菉竹堂書目》。
② 《藏書紀事詩(附補正)》卷二《葉文莊盛》。
③ 《經鉏堂文稿・賓告篇》。
④ 《鮚埼亭集外編》卷一七《天一閣藏書記》。

並且擁有豐富的藏書。陳登原《天一閣藏書考》、蔡佩玲《范氏天一閣研究》、駱兆平《天一閣叢談》《天一閣藏書史志》，均論之甚詳，可參看。

明末藏書家祁承㸁也繼承了他父親的藏書，並傳給了後世。其藏書銘曰："澹生堂中儲經籍，主人手校無朝夕。讀之欣然忘飲食，典衣市書恒不給。後人但念阿翁癖，子孫益之守弗失。"①其子祁彪佳、其孫祁理孫皆爲著名藏書家。②

清代藏書家數世綿延不絶者當推常熟瞿氏。《常昭合志稿》卷三十二《人物志·藏書家·瞿鏞》云：

> 瞿鏞字子雍，罟里村人。……父紹基。……性喜購書，收藏稽瑞、愛日及士禮居諸家宋元善本，不吝重值。鏞承先志，搜羅不懈，積十餘萬卷。有齋曰恬裕，其書室也。……子秉淵字敬之，秉清字濬之，並諸生。當粤寇之難，邑中藏書大半毀失，秉淵兄弟獨不避艱險，載赴江北。寇退載歸，雖略有散亡，而珍秘之本保護未失。乃繪《虹月歸來圖》，乞人題詠以志幸，並刊《書目》十卷。

秉淵兄弟之後，瞿鏞之孫瞿啓甲頗能慎守藏書，張之洞、端方、繆荃孫等曾試圖將瞿氏藏書購歸京師圖書館庋藏，但均遭到了瞿啓甲的拒絶，故繆荃孫云："鐵琴銅劍樓巋然獨存，爲吴中第一大家。而瞿良士兢兢保守，不爲勢屈，幸而得存。"③

晚清丁申、丁丙也繼承了父祖藏書而發展之，張濬萬《嘉惠堂八千卷樓記》云：

> 錢塘丁氏嘉惠堂八千卷樓者，松生先生築以藏書者也。丁氏世孝友，先生之祖掌六公慕先世聞人名顗者，藏書八千卷。有言曰：吾

① 《藏書紀事詩》卷三《祁承㸁爾光》。

② 祁彪佳有八求樓，所藏戲曲作品甚多，著有《遠山堂明曲品劇品校録》。祁理孫有奕慶藏書樓，並有《奕慶藏書樓書目》。

③ 《藝風堂文漫存·癸甲稿》卷三。

聚書多矣,必有能讀書者爲吾子孫。遂作小樓於梅東里,梁山舟學士題其額曰八千卷樓。考曰洛耆公,嗜學,於書無不讀,又嘗往來齊、楚、燕、趙間,遇善本輒載以歸。先生與其兄竹舟先生踵繼之,於是八千卷樓之名已歸然聞於時矣。①

采用繼承的方法獲取圖書的優點是能够迅速獲得成批圖書,從而爲自己的藏書奠定雄厚的基礎。晚輩不僅繼承了前輩的豐富藏書,而且還繼承了前輩收集、整理、利用藏書的經驗與傳統。

四　徵　集

國家藏書機構、近代圖書館,往往采用徵集的方法來搜求圖書。由於利用行政力量,並輔之以獎勵措施,這種方法是卓有成效的。下面我們就以宋代、清代、近代圖書館的徵書活動爲例,了解一下徵集圖書的具體措施及其效果。

宋太祖乾德四年(九六六)曾開展了徵書活動。李燾云:乾德四年閏八月,"詔求亡書。凡吏民有以書籍來獻者,令史館視其篇目,館中所無則收之。獻書人送學士院試問吏理,堪任職官,具以名聞。是歲三禮涉蠲、三傳彭幹、學究朱載皆應詔獻書,總千二百二十八卷"。②

同兩漢、隋代相比,北宋國家徵書活動有所發展。首先是編出了闕書目録,有目的地開展徵書工作;其次是明確公布獎勵措施和標準,使徵集者與應徵者,均有章可循。如程俱云:"太平興國九年(九八四)正月詔曰:國家宣明憲度,恢張政治,敦崇儒術,啓迪化源,國典朝章,咸從振舉,遺編墜簡,當務詢求;眷言經濟,無以加此。宜令三館以《開元四部書目》閲館中所闕者,具列其名,於待漏院出榜告示中外。若臣寮之家有三館闕者,許詣官進納。及三百卷以上者,其進書人送學士院引驗人材書札,試問公理,如堪任職官者,與一子出身;親儒墨者,即與量才安排。如不及三百卷

① 《善本書室藏書志》卷末《附録》。

② 《續資治通鑑長編》卷七。

者,據卷帙多少優給金帛。如不願納官者,借本繕寫畢,却以付之。自是,四方書籍往往出焉。"復云:淳化四年(九九三)三月,"詔三館所少書有進納者,卷給千錢,三百卷以上量材録用"。真宗咸平四年(一〇〇一)十月又下詔曰:"國家設廣内、石渠之署,訪羽陵、汲冢之書,法漢氏之前規,購求雖至,驗開元之舊目,亡逸尚多。庶墜簡以畢臻,更懸金而示賞,式廣獻書之路,且開與進之門。應中外臣庶家有收得三館所少書籍,每納到一卷,給千錢。仰判館看詳,委是所少之書,及卷帙别無差誤,方得收納。其所進書如及三百卷以上,量才試問,與出身,酬獎。如或不親儒墨,即與班行内安排。宜令史館抄出所少書籍名目,於待漏院張懸,及遞牒諸路轉運司,散行告示,申太平興國之詔也。"①北宋朝廷還主動派人赴外地徵集圖書。如"至道元年(九九五)六月,命内品監、秘閣三館書籍裴愈使江南兩浙諸州,尋訪圖書。如願進納入官,優給價值;如不願進納者,就所在差能書吏借本鈔寫,即時給還,仍賚御書石本所在分賜之。……先是,遣使於諸道,訪募古書奇畫及先賢墨迹,小則償以金帛,大則授之以官。數年之間,獻圖書於闕下者不可勝計,諸道又募得者數倍。"②北宋國家徵書還充分地利用了私家藏書目録。如真宗咸平二年(九九九)閏三月,"上謂輔臣曰:國家搜訪圖書,其數漸廣。臣庶家有聚書者,朕皆令借其目録,以參校内府及館閣所有,其闕少者,借本鈔填之,邇來所得甚多。非時平無事,安能及此也"。③

上有好者,下必有甚焉。由於朝廷徵集,故臣下每有獻納。如袁褧云:"國朝開獻書之路,祥符中獻書者十九人,賜出身,得書萬七百五十四卷。"④程俱云:"(天禧)二年五月,長樂郡主獻家藏書八百卷,賜錢三十萬,以書藏秘閣。"⑤王象之云:"田偉藏書三萬七千卷,無重複者。黄魯直與其子游,曰:'文書之富,未有過田氏者。'政和中,詔求遺書,嘗上千卷,補三館之闕。"⑥

---

①②③⑤ 《十萬卷樓叢書》本《麟臺故事》卷二《書籍》。

④ 《楓窗小牘》卷下。

⑥ 《輿地紀勝》卷六五《人物》。

北宋前期的幾位皇帝持續不斷地下詔徵書，促成了國家藏書事業的興盛。南宋雖已偏安，仍十分重視圖書典藏事業，並且相當廣泛地做了圖書徵集工作。馬端臨云：

高宗渡江，書籍散佚，獻書有賞，或以官。故家藏者，或命就録，鬻者悉市之。乃詔分經、史、子、集四庫，仍分官日校。又内降詔，其略曰："國家用武開基，右文致治，藏書之盛，視古爲多。艱難以來，網羅散佚，而十不得其四五。令監司郡守，各諭所部，悉送上官，多者優賞。"又復置補寫所，令秘書省提舉掌求遺書，詔定獻書賞格，自是多來獻者。①

高宗十三年（一一四三）詔求遺書對當時影響較大，詔曰："朕雖處干戈之際，不忘典籍之求。雖下令於再三，十不得其四五。今幸臻於休息，宜益廣於搜尋。夫監司總一路之權，郡守寄千里之重，各諭所部，悉上送官。苟多獻於□□，當優加於褒賞。"②此詔貫徹頗力，如宋高宗紹興十三年"十二月詔：紹興府陸寘家藏書甚多，今本府取睦（引者按：當爲'陸'）録繳申秘書省，據現闕數，許本家投進，仍委帥臣關借謄寫繳奏。陸寘子孫散居它州，令守臣依此施行"。③ 孝宗淳熙十三年（一一八六）也大規模地開展過徵書活動。《中興館閣續録》卷三《儲藏》云：

秘書郎莫叔光言："國家崇建館閣，文治最盛，太上皇帝再造區夏。紹興之初已下借書及分校之令，至十三年詔求遺書，十六年又定獻書推賞之格，圖籍於是備矣。然至於今又四十年，承平滋久，四方之人益以典籍爲重，凡縉紳家世所藏善本，外之監司、郡守搜訪得之，往往鋟板，以爲官書。然所在各自板行，與秘書初不相關，則未必其書秘府之所遺者也。臣愚欲乞詔諸路監司，諸郡守臣，各以本路本郡

① 《文獻通考》卷一七四《經籍考總叙》。

② 《中興館閣録》卷三《儲藏》。

③ 《宋會要輯稿》第五十五册《崇儒四》。

書目解發至秘書省,聽本省以《中興館閣書目》點對,如見得有未收之書,即復移文本處,取索印本,庶廣秘府之儲,以增文治之盛。"有旨,令秘書省將未收書籍徑自關取。

元明兩朝在徵集圖書方面的措施較少。至清代乾隆皇帝辦理《四庫全書》時,發動了歷史上最大的一次徵書活動。高宗於乾隆三十七年(一七七二)一月四日下詔徵書,不僅有布置,而且有檢查。當他發現時逾九月無一人將書名奏進,又於乾隆三十七年十月十七日降旨,要求:"各督撫等,其即恪遵前旨,飭催所屬速行設法訪求,無論刊本、鈔本,一一匯送備采,俟卷帙所積稍充,即開具目録,附摺奏明,聽侯甄擇移取。"①乾隆三十八年三月二十九日,又特地點名向江浙著名藏書家徵書,詔書指出:

遺籍珍藏固隨地俱有,而江浙人文淵藪,其流傳較别省更多。果能切實搜尋,自無不漸臻美備。聞東南從前藏書最富之家,如崑山徐氏之傳是樓、常熟錢氏之述古堂、嘉興項氏之天籟閣、朱氏之曝書亭、杭州趙氏之小山堂、寧波范氏之天一閣,皆其著名者,餘亦指不勝屈,並有原藏書目至今尚爲人傳録者,即其子孫不能保守而輾轉流播,仍爲他姓所有,第須尋原竟委,自不至湮没人間,縱或散落他方,爲之蹤求,亦不難於薈萃。②

高宗還采取了一些奬勵措施。乾隆三十九年五月十四日,詔云:

國家當文治修明之會,所有古今載籍宜及時蒐羅大備,以光册府而裨藝林,因降旨命各督撫加意採訪,彙上於朝,旋據各省陸續奏進,而江浙兩省藏書家呈獻者種數尤多,廷臣中亦有紛紛奏進者,因命詞臣分别校勘,應刊應録以廣流傳,其進書百種以上者,並令擇其中精

① 《辦理四庫全書檔案》上册三頁。
② 《辦理四庫全書檔案》上册一三頁。

> 醇之本進呈乙覽，朕幾餘親爲評詠，題識簡端，復命將進到各書於篇首用翰林院印，並加鈐記，載明年月姓名於面頁，俟將來辦竣後，仍給還各本家自行收藏，其已經題詠諸本，並令書館先行録副，將原書發還，俾收藏之人益增榮幸。今閲進到各家書目，其最多者如浙江之鮑士恭、范懋柱、汪啓淑、兩淮之馬裕四家，爲數至五、六、七百種，皆其累世弆藏，子孫克守其業，甚可嘉尚。因思内府《古今圖書集成》，爲書城鉅觀，人間罕覯，此等世守陳編之家，宜俾專藏勿失，以裨留貽。鮑士恭、范懋柱、汪啓淑、馬裕四家，著賞《古今圖書集成》各一部，以爲好古之勸。又如進書一百種以上之江蘇周厚堉、蔣曾瑩，浙江吴玉墀、孫仰曾、汪汝瑮，及朝紳中黄登賢、紀昀、勵守謙、汪如藻等亦俱藏書舊家，並著每人賞給内府初印之《佩文韻府》各一部，俾亦珍爲世寶，以示嘉獎。①

乾隆皇帝的徵書活動收效甚大，如汪啓淑云："乾隆三十七年（一七七二）開四庫館徵訪天下遺書，武英殿移取九百種，在京各官進呈九百八十三種，直隸總督進呈二百三十八種，奉天府尹進呈三種，兩江總督進呈一千三百六十五種，安徽巡撫進呈五百二十三種，江蘇巡撫進呈一千七百二十六種，浙江巡撫進呈四千五百八十八種，福建巡撫進呈二百五種，江西巡撫進呈八百五十九種，河南巡撫進呈一百十三種，山東巡撫進呈三百七十二種，山西巡撫進呈八十八種，湖南巡撫進呈四十六種，陝西巡撫進呈一百五種，湖北巡撫進呈八十四種，廣東巡撫進呈十二種，雲南巡撫進呈四種，兩淮鹽院進呈一千五百七十五種，共采訪得書一萬三千七百八十一種。"②

近代圖書館也大力采用徵集圖書的辦法來擴大藏書量，並呈現出一些新特點。如京師圖書館成立不久，即請求實行呈繳本制度。一九一六年二月，《京師圖書館呈請教育部規定全國出版圖書在内務部立案者應以

---

① 《四庫全書總目》卷首。

② 《水曹清暇録》卷五。

一部交國立圖書館庋藏文》云：

英、法各國出版法中均規定全國出版圖書報部立案者，應以一部交國立圖書館存貯。日本自明治八年（一八七五）設立帝國圖書館後，亦即沿用此制。現值本館籌備進行之時，擬懇鈞部援照各國成例，奏請於前歲所頒出版法内，酌增此項條文，以蒐圖書而彰文化，實感德便。至於離經畔道之書，有礙風俗治安者，出版法中本已懸爲厲禁，必不致羼雜其間，反滋流弊也。上陳各節，是否有當，理合詳請鈞部鑒核施行。①

此項請求得到了當時政府教育部的支持。

京師圖書館對私家藏書也做了大量徵集工作。一九一九年一月十八日《京師圖書館呈教育部謹擬徵集圖書簡章文》云：

呈爲徵集圖書，謹擬簡章，陳請鑒核施行事。竊維中國書籍自清初建設四庫搜採之後，迄今二三百年，公家久未徵求，散佚之虞，匪可縷舉。私家爲圖書建築館宇者，實屬寥寥。一遇刀兵水火之災，無力保全，最易燬滅。絳雲之禍，前車不遠，一也。私家藏書最久者，海内獨推寧波范氏，然天一閣之書今亦散佚，蓋子孫不能世世保守勿失，二也。海通以來，外人搜求中國善本孤本之書，日盛一日，售主迫於饑寒，書估但圖厚利，數年之後，勢必珍篇秘籍盡歸海外書樓，中國學者副本亦難寓目，三也。名人著作及校本未刊行者，指不勝屈，亦有子孫無力刊行尚知保守者，但數傳之後，或漸陵夷，心血一生，空箱飽蠹，四也。且當四庫搜採之時，佚書尚多，加以二百年來名臣學士項背相望，著述之多，尤當及時徵集。敝館雖限於經費不能放手購求，但鈔録校讎，或者尚易爲力。况熱心之士苟知公家保存可以長久，或且樂意捐助，亦未可知。總之，在館中能多一册書，即學術上多受一

① 《中國古代藏書與近代圖書館史料》録自《京師圖書館檔案》。

分利益,倘或再稽時日,竊恐異時徵求更屬不易。爲此謹擬簡章,仰乞鈞裁。如蒙核準,並請一面由部通咨京内外各機關,一面由本館函達各省圖書館及海内藏書家,以便廣爲搜輯。所有擬具徵書簡章各緣由,理合備文呈述,伏候訓示遵行,謹呈。

附　徵求書籍簡章

一　本館徵求之書籍如下:

甲　公家私家所藏書籍目録。

乙　名人未刊之著作。

丙　善本及名人校本。

丁　近時木刻及石印鉛印書報。

二　前條前三類書籍,有願其流通而或未印行,或係孤本,不便捐入本館者,可函知本館録副庋藏。其抄録方法臨時酌定。

三　第一條第四類書籍,無論叢書單本,皆可捐贈。譯本、講義、小説、雜志、日報亦在此列。能捐至數份,尤所欣企。

四　凡捐助本館書籍者,當永記姓名於書籍目録之内,並彙集登報,以酬高誼。

五　捐助大宗書籍,價值甚鉅者,可援照教育部捐貲興學褒獎條例分别呈部,給予褒獎。其不願援照捐貲給獎者,並得另案陳明,特予名譽褒獎。①

一九一九年一月二十一日,《京師圖書館呈教育部謹擬變通捐助圖書褒獎辦法文》復云:"除捐助書籍有價可計,自願依褒獎條例分别核獎者,仍予照例辦理外,凡遇捐助善本藏書及卷帙較多,不願計貲給獎者,准予另案陳明,酌給獎章、匾額。其捐贈尤多,裨益學術教育尤鉅者,並得呈請大總

① 《教育公報》第六年第三期。

統特予褒獎,庶以見大部徵求文獻之苦心,即以助國内圖書館之發達。”①此外,京師圖書館還向全國徵集過地方志、金石搨本,《京師圖書館檔案》有一九一六年十月四日《京師圖書館呈教育部請徵集全國地志金石搨本文》、一九一六年十月五日《教育部咨各省區徵求各種著名碑碣石刻等搨本文》。

地方圖書館也積極開展過徵集圖書的活動,如《湖南圖書館暫定章程》《雲南省圖書館章程》皆有徵集圖書的條款。書院和學校也常用徵集的方法搜集圖書,我們在本書第二章《典藏單位》第三節《學校藏書》中,已作了介紹,可參看。

采用徵集的方法能够迅速而有效地補充圖書館所缺乏的珍貴藏書,藏書單位也能節省部分經費。

第三節　圖書收藏價值的鑒定

在研究了圖書收集的標準和方法之後,還要對圖書收藏價值作出正確的判斷,只有這樣,才能充分利用有限的條件,收集、保管、利用有價值的圖書,下面試對鑒定圖書收藏價值的幾個主要方面作些探討。

一　適用性鑒定

判斷一部書的收藏價值,首先要看它是否適用。胡應麟云:“有裝印紙刻絶精而十不當凡本一者,則不適於用,或用而不適於時也。有摧殘斷裂而直倍於全者,有模糊漶滅而價增於善者,必代之所無與地之遠也。夫不適於時者,遇遇則重,不適於用而精焉,亦遇也。噫!”②黄丕烈亦云:“夫書之貴賤以有用無用爲斷,並以名實相副者爲重。”③

從采購的角度來衡量一部書的價值,或是否實用,主要看該書是否符合自己搜集圖書的標準。由於人們搜集圖書的標準不同,所以購買同一

---

① 《教育公報》第六年第三期。

② 《少室山房筆叢》卷四《經籍會通四》。

③ 《蕘圃藏書題識》卷四《棠陰比事一卷》。

部書的迫切程度也有差别。正如胡應麟所説:“今文人所急者,先秦諸書;詩流所急者,盛唐諸書;舉子所急者,宋世諸書。”①即指購書的人,各有偏重。但其文人、詩流、舉子之别,似有未當,至多亦不過指胡氏所處時代某些士人群體的觀念而已。

從讀書治學的角度看,張金吾的意見代表了傳統觀點,他説:“藏書不易言矣,著録貴乎秘,秘籍不盡可珍;槧本貴乎宋,宋槧不盡可寶,要在乎審擇之而已。夫所謂審擇之者,何也? 宋之舊槧,有關經史實學,而世鮮傳本者,上也。書雖習見,或宋元刊本,或舊寫本,或前賢手鈔本,可與今本考證異同者,次也。書不經見,而出於近時傳寫者,又其次也。而要以有裨學術治道者爲之斷。”②由於讀書治學的需要,一位藏書家恰好遇到了與自己的課題關係密切的書,那麽他可能志在必得。如鄭振鐸跋《萬首唐人絶句一百一卷》,稱其一九五七年六月二日於北京中國書店,“見有嘉靖本唐人萬首絶句,大喜欲狂,即以半月糧購之。此書常見者爲萬曆趙宧光刊本,然多所改易,與原本面目全非。此嘉靖本是從宋本翻雕者,最爲罕見。近來影印本即借北京圖書館所藏此本付照。予方從事唐詩版刻考證,乃不能不收入之”。③

黄丕烈自號佞宋,遇到宋元舊刻自然戀戀不捨,千方百計收購。他曾藏南宋臨安府棚北睦親坊南陳宅書籍鋪印《唐女郎魚玄機詩》一卷,跋云:“此《唐女郎魚玄機詩集》也,書僅十二葉耳,索白銀八金,惜錢之癖與惜書之癖交戰而不能决,稽留者數日矣。至是始許以五番售余,可云快甚。而後乃令‘百宋一廛’又添一名書,好事之譏,余竊自哂。”④又,陳鱣記丕烈事云:“《周易集解》十卷,影宋寫本。……考毛扆斧季《汲古閣祕書目》,以此居首。注云宋版影鈔,定價銀五兩,以呈潘稼堂,不識幾易主後,爲漢川吴氏所有。嘉慶十一年十月,吴閶陶氏五柳居書肆,持以相視,直索十兩,余正擬購得。黄君蕘圃,已先知之。急遣人來,携首册而去。未幾,蕘圃

① 《少室山房筆叢》卷四《經籍會通四》。

② 《愛日精廬藏書志》卷首自序。

③ 《西諦書目》附《西諦題跋》。

④ 《士禮居藏書題跋記》卷五。

卧病，然猶持書不釋。余欲其速愈也，因讓之。乃竟如其值買之，病果起。遂以香楠製櫝而藏。”①這些佚聞，至今爲人樂道。

有的藏書家爲了博聞多識，開闊眼界心胸，則特別注意搜集新異之書，而對書籍裝潢的好壞倒不在意。如高濂云：“藏書者無問册帙美惡，惟欲搜奇索隱，得見古人一言一論之秘以廣心胸，未識未聞，致於夢寢嗜好，遠近訪求，自經書子史、百家九流、詩文傳記、稗野雜著、二氏經典，靡不兼收。故常景躭書，每見新異之典，不論價之貴賤，以必得爲期。”②這當然又是一種標準。

人們判斷圖書是否適用也可能隨着時間的推移而有所改變，如倫明云：“夫價之有貴賤，常也。大率舊者貴而新者賤、精者貴而粗者賤，罕者貴而多者賤，今也不然，同是一書，適時則貴，過時則賤，而‘時’之爲義又至暫。例如辛酉（一九二一）以前，宋元集部人所争得也，乃過此則竟無問之者矣；又如辛未（一九三一）以前，明清禁書人所争得者也，乃過此亦幾幾無問之者矣。”③

此外，人們還應當全面地長遠地看待書的適用價值，我們研究一個課題，與之相關的書都會程度不同的具有一定的適用價值；一部書現在看起來適用價值不大，而在未來却可能用得着，當然它也就具備了潛在適用價值。書的適用價值也是多方面的，可以用來讀書治學，也可以用來點綴昇平、附庸風雅、銷售營利、提高自己的收藏水平等等，在考慮其適用價值時，人們也應將這些方面計算在内。

二　真僞鑒定

我們在權衡了書的適用程度，並打算購買之後，還要對書的真僞作出鑒别，祁承㸁所謂“辨真僞，覈名實”④指的就是這項工作。

書的真僞問題也就是書上所署的作者、製作時間與書的實際作者、製

---

① 《經籍跋文·宋本周易集解跋》。

② 《遵生八箋》卷一四《燕閒清賞箋》上。

③ 《辛亥以來藏書紀事詩》卷首自序。

④ 《澹生堂藏書約·藏書訓略·鑒書》。

作時間是否相符的問題，如完全相符則真，完全不相符則僞，部分相符則有真有僞。關於書籍的真僞問題，我們在本書《目録編》第七章《特種目録》第七節《辨僞書目録》中，已經作了論述，而如何辨别書籍的真僞，我們在本書《版本編》第五章《雕印本的鑒定》、第六章《非雕印本的區分與鑒定》中，也有所論及，均可參看。在這裏僅將在收集典藏圖書時所采用的辨僞措施，略加叙述，以見梗概。

首先要細察書的形式。書賈作僞通常在書的形式上做手脚，如蔣光煦所云："舊刻舊鈔本之中，苕賈弊更百出。割首尾，易序目，剔劃以就諱，刓字以易名，染色以僞舊，卷有缺，剗他板以雜之，本既亡，録别種以代之。反覆變幻，殆不可以枚舉。"①因此，我們應當從形式入手，找出書賈作僞的蛛絲馬迹。"如無錫市圖書館藏朱載堉撰《樂律全書》十四種四十二卷，明萬曆刻本，此書流傳較多，售價不高，書賈爲了僞作成罕見本，把書名挖改爲《皇明樂學大成》，著者挖改爲'臣無錫王瑛'，把鄉飲詩樂譜序後的《靈星小舞譜》序後半頁割去，重新刻印一版接上，以欺騙藏書家，挖補處，因怕被人發現馬脚，均加蓋'蔡映之印'、'小漁吴郡太守'等藏書印。"②

接着應詳審書的内容。在形式上發現書賈作僞的痕迹後，還應當認真研究書的内容，找出與僞造的作者、書名、書籍製作時間相矛盾的地方，作爲辨僞的依據。如果僞書出於文化水平較高的人之手，那麽更需要通過對書籍内容的辨析才能識破。如《四庫全書總目》卷一百零九著録《靈城精義》二卷，舊本題南唐何溥撰。提要稱其説"大抵因《皇極經世》而推演之。其法出自明初寧波幕講僧，五代時安有是説。其非明以前書確矣。其注題曰劉基撰，前列引用書目凡二十二種，如《八式歌》之類，亦明中葉以後之僞書，則出於贋作，亦無疑義"。

第三要進行必要的考證。當我們從形式和内容兩個方面發現僞書的破綻之後，必須通過考證加以證實。而目録學則是我們進行考證的鋭利武器。如葉德輝云："鑒别之道，必先自通知目録始。目録以欽定《四庫全

---

① 《拜經樓藏書題跋記》卷末跋。

② 何槐昌《明清書籍作僞的種種手段及其識别》，載《圖書館研究與工作》一九八二年第一期。

書總目》提要、阮文達元《揅經室外集》(原注:即四庫未收書目,兹從全集原名)爲途徑,不通目録,不知古書之存亡;不知古書之存亡,一切僞撰抄撮、張冠李戴之書,雜然濫收,淆亂耳目,此目録之學,所以必時時勤考也。"①現舉無錫圖書館鑒别僞書一例如下:

館藏《東京實録》一百三十卷,曰梁溪尤袤著,查《大公圖書館捐贈書目録》,載爲宋刻本。然細加研究,書商作僞處畢現:

(一)書名:每卷原書名皆已剜去,另用紙補貼剜空處,紙張與原書不一。書名題字,是後來補上的,字體也與原書不一。如卷首"東京實録目録"六字,剜去了原書名四個字,存"目録"二字,用紙補貼剜空處,復用毛筆補寫"東京實録"四個字。書名上再鈐蓋朱色假印"御史之章",以飾作僞痕迹。

(二)著者:同書名剜補一樣,每卷原著者皆盡剜去,另用紙補貼,紙張與原書不一,所謂"梁溪尤袤"四個字,則是刻印在補貼紙上的,此四個字下面的"上進"二字,是原書原刻原印,故上下兩者字體不一。

觀此書序,卷首有王偁的序,卷首目録末有雙行文字版記"眉山程舍人刊印,已申上司,不許覆板"十六個字。書中缺筆至"敦",乃避宋光宗名諱。刻書字體,係清人書法筆意,與明代影宋刻本字體不同,爲清影宋刻本。

循王偁序言之綫索,查王偁,字季平,宋眉州人,曾旁搜九朝事迹,著《東都事略》。循《東都事略》查《北京圖書館善本書目》卷二紀傳類,有《東都事略》一百三十卷,宋王偁撰,清振鷺堂影宋刻本,吴騫跋,朱允達校。再查《增訂四庫簡明目録標注・别史類》,有《東都事略》,宋眉山程氏五峰閣刻本。於是知道,此書有宋代眉山程氏刻本,與書中版記、卷數相符。再核書中内容,遂知原書確係《東都事略》,《東京實録》乃作僞書名,原書著者是宋代眉州人王偁,而非宋代無錫

① 《藏書十約・鑒别》。

人尤袤。原書應有清代著名藏書家吴騫(字槎客,海寧人)的跋,現卷末不全,吴跋被書商抽掉,以清除讓人看出是清代刻本的佐證。

那麽,書商何以改换書名,托僞宋代“梁溪尤袤”所著呢?此疑不難解。“梁溪”即無錫之别名,尤袤是南宋詩壇四大家之一,無錫名流,有萬卷樓和《遂初堂書目》聞於史。大公圖書館是我國近代著名的實業家、民族資本家榮德生先生於一九一六年創辦,在江南地區頗負盛譽。書商如此這般一番手脚,便以“宋代無錫名流著作”和“宋代蜀中刻本”兩條,向榮氏獲取高價。①

作者首先發現館藏《東京實録》的書名與作者經過剜補,是一部僞書,再細審書中的牌記與諱字找到了考證的綫索,又通過目録發現了作僞對象《東都事略》,經過比勘内容,從而證實僞書《東京實録》確係清影宋刻本《東都事略》,作者還分析了書賈作僞的動機,應當説其辨僞方法具有參考價值,其辨僞結論也是令人信服的。

三　質量鑒定

當我們對圖書的適用性、真僞作出鑒定以後,還要對圖書的質量作出判斷,質量不同,其收藏價值也就不一樣。

我們首先要注意圖書的原始性。如原稿,或接近原稿的舊鈔本、初印本,文獻價值自然要高一些;反之,文獻價值則要低一些。如黄丕烈將宋元舊刻作爲選購圖書的主要目標,主要是因爲宋元舊刻更多地保存了書的原貌。他深有體會地説:“校勘群籍始知,書舊一日則其佳處猶在,不致爲庸妄人删潤歸於文從字順,故舊刻爲佳也。”②復云:

夫書之言宋槧,猶導河言積石也。……宋代官私所造遍於四部,《玉海》及馬氏《經籍考》等詳其事焉。就中即有利病,究之,上承轉

① 陶寶慶《僞書鑒别二例》,載《圖書館工作與研究》一九八五年第一期。

② 《蕘圃藏書題識》卷三《武林舊事六卷》。

> 録，此其嫡脈，故曰：貽於後而留其真，以睎於先而襲其迹也。及今遠者千年，近者猶數年，所存當日千百之一二耳，幸而得之以校後本，其有未經改竄者鮮矣。夫君子不空作，必有依據。宋槧者亦讀書之依據也，故比之以司南，謂指南之車。①

出於同樣原因，他對舊鈔本也注意收藏，曾明言："余性嗜書，非特嗜宋元明舊刻也，且嗜宋元明人舊鈔焉。"②"大凡書籍安得盡有宋刻而讀之，無宋刻則舊鈔貴矣，舊鈔而出自名家所藏則尤貴矣。"③圖書代有作者，無論爲明爲清，我們都要注意文獻的原始性。

其次要注意書的完整性。孫慶增《藏書記要·鑒别》云："凡收藏者須看其板之古今，紙之新舊好歹，卷數之全與缺，不可輕率。"復云：

> 各種書籍，務於舊刻、秘鈔、完全善本爲妙，又必於《稗統》《稗海》《百川學海》《眉公秘笈》《文煥叢書》《漢魏》《唐宋叢書》《夷堅志》《津逮秘書》《邱林學山》《顧氏四十小説》《皇宋四十家小説》《皇明小説》等書，擇其卷數完全刻本，與宋本、舊鈔、秘鈔本，對明卷數字句同與不同，一一記清，以便檢不全而未備者棄之，見有全而精美者收藏之。

殘本的價值當然不如足本，但是在足本難求的情況下，舊刻本、舊鈔本雖然不全，也仍然具有很高的收藏價值，故《藏書記要·鑒别》又稱："宋刻本書籍流傳至今，已成希世之寶。其未翻刻者及不全者，即翻刻過而又不全者，皆當珍重之。吉光片羽，無不奇珍，豈可輕放哉！"事實上，有些藏書家也注意收集殘本。如祁承㸁《庚申整書小記》云："慨遺書之難遇，殘闕必收，念物力之不充，鼠蠹並採，或補綴而成鶉結之衣，或借録而合延津之劍，此又吾之收散合奔而轉弱爲强者也。"④黄丕烈亦稱："余生平喜購

① 《百宋一廛賦注》。

② 《蕘圃藏書題識》卷二《草莽私乘一卷》。

③ 《蕘圃藏書題識》卷七《李群玉集三卷後集五卷》。

④ 南京大學圖書館藏鈔本《澹生堂書目》卷首。

書，於片紙隻字皆爲之收藏，非好奇也，蓋惜字耳。往謂古人慧命全在文字，如遇不全本而棄之，從此無完日矣，故余於殘缺者尤加意焉，戲自號曰抱守老人。”①

藏書家收殘本還有個目的是希望今後能將殘本補全。如黄丕烈云：“余喜蓄書，兼蓄重出之本，即破爛不全者亦復蓄之。重出者取爲讎勘之具，不全者或待殘缺之補也。”②明徐𤊹于家藏本《藝文類聚》跋云：“此書一百卷，余家所藏者缺四册，每有查考，輒恨其摧殘非完書也。數年前偶於官賢坊内小書鋪中見有數册混入雜書之内，將爲糊壁覆瓿之需，予以數十錢易之，正可補予之缺，然尚歉六十卷至六十六卷也。俟之數年，無從覓補。今歲，余偶從南都歸，林志尹乃拾一册見餉，遂成全書，篝燈把玩，喜而不寐，因重加裝訂，收之篋中。曾憶陸儼山先生有云：殘書亦收，以冀他日之偶全，正謂此也。”③也確有不少殘本被藏書家補全了的。錢謙益收全宋版《後漢書》即一例。《虞陽説苑》甲編《牧齋遺事》云：

> 初，牧齋得此書，僅出價三百餘金。以《後漢書》缺二本，售之者因減價也。牧翁寶之如拱璧，遍囑書賈，欲補其缺。一書賈停舟於烏鎮，買麵爲晚飡，見鋪主人於敗簏中，取書二本作包裹，諦視，則宋版《後漢書》也。賈驚，竊心喜，出數文錢買之，而首頁已缺，賈向主人求之，主人曰：“頃爲對鄰裹麵去，索之可也。”乃並首頁獲全，星夜來常，錢喜欲狂，款以盛筵，予之廿金，其書遂爲完璧。其紙質、墨色，炯然奪目，真藏書家不世寶也。

黄丕烈也補全了不少書，如其於明本《六朝聲偶集七卷》題識云：“物無重輕，以全爲上；事無巨細，以合爲奇。此徐獻忠《六朝聲偶集》不過總集中之一種耳，因不習見，殘帙亦收之，偶舉示書友之常所往來者，冀其或有配頭也，仲冬七日果獲殘帙五六七卷，合諸前一二三四卷，適合全書七卷，是

① 《蕘圃藏書題識》卷十《陽春白雪十卷》。

② 《蕘圃藏書題識》卷八《慶湖遺老詩集九卷拾遺一卷補遺一卷》。

③ 《重編紅雨樓題跋》卷一《藝文類聚》。

可謂巧遇矣，喜而識其緣起於卷端。”①

再次要注意書籍文字的可靠性。這主要看書籍的復製、保存者是否認真地做過校勘工作。出版者不同，其可靠程度是有差别的。古代的出版單位大致可分爲官府、私家、書坊三種類型。官刻本因爲財力雄厚，雕印精審，一般來説質量較高。如從國子監刊本的校勘經進銜名中可以看出，其職務有勘官、詳勘官、都勘官之分，其工作也有書版、校勘、再校、都校之别，經過反覆校勘，提高了宋國子監刊本的可靠性。當然官刻本的質量也是不平衡的，明代的經廠本、書帕本就不能盡如人意。家刻本多由學者或藏書家主持其事，其目的主要是爲了流傳善本，保存自己或親友的著作，而不是專門爲了贏利，刻印的書一般都校勘詳確，質量較高。書坊刻書以贏利爲目的，質量難以保證，當然這也不能一概而論，他們也出版過精刻本。

無論鈔本、印本，凡經學者與藏書家認真校勘過的書，收藏價值均大爲提高，孫慶增《藏書記要・校讎》云：“書籍不論鈔刻好歹，凡有校過之書，皆爲至寶。”葉德輝《藏書十約・鑒别》亦云：“有經名人手鈔手校者，貴重尤過於宋元。”例如經黄丕烈校勘過的書，就特别受到人們重視。傅增湘嘗云：“其手校之書尤爲世貴，稗書小集一卷，懸值百金，肆賈挾以居奇，而人且惟恐或失。甚至以藏書自鳴者，若家無蕘圃手校之書，百城爲之失色。”②王欣夫在《大藏書家黄蕘圃》一文中也稱：“他自己和代友人所刻的書籍，一向被學者們認爲最標準、最正確的善本，稱爲‘清朝宋版’而不止一次的翻刻，至今還是盛行着。凡是經過他收藏或校勘的書籍，又一致認爲比較可靠而據來付印出版。這都説明對科學研究具有重大的價值。”③當然有的人在校勘時亂塗亂改，而且又不能堅持到底，這樣不但不能提高書的文獻價值，還破壞了書品，降低了書的收藏價值。故孫慶增《藏書記要・鑒别》又云：“古人尊重宋刻，弗輕塗抹，後世庸流俗子不知愛惜書籍，妄自動筆，有始無終，隨意圈點，良可嘆也。”

---

① 《蕘圃藏書題識再續録》卷三。

② 《思適齋書跋》卷首序。

③ 載《復旦大學學報》一九六二年第一期。

同樣,書中有名家題跋、藏印,也提高了書的可靠性與收藏價值。許多藏書家都充分認識到藏書題跋、校語、印記的價值。如黄丕烈於《鑒誡録十卷》題識云:

其書索白鏹卅金,余愛之甚,且恐遇此機會難以圖成,遂易以番錢三十三圓,書計五十七葉,並題跋一葉。以葉論錢,當合每葉四錢六分零。宋刻書之貴可云貴甚,而余好宋刻書之癡可云癡絶矣。時有解事者在座云:此書之可貴,不僅在宋刻而並在題跋。蓋書畫碑版往往以名公題跋爲重,其於書籍亦猶是云爾。余不覺撫掌稱快,以爲知己之言。時嘉慶九年,歲在甲子,正月丁巳日,黄丕烈書於百宋一廛。①

所以,有的藏書家還特地請名家題跋,常熟瞿氏鐵琴銅劍樓即一例,每書之尾常有鄉先輩題跋及觀後記。如黄廷鑑《書洪武蘇州府志後》云:"此本錢唐何上舍元錫得之浙中,以贈稽瑞陳氏,後歸恬裕齋,今秋子雍明經鏞出以見示。余爲詳其源委,著其存佚,見此本爲佚而幸存之書,允爲鎮庫重寶。異日郡志重修,徵吴中文獻者,舍是編將奚以橐筆從事哉。道光庚子秋九月,七十九叟黄廷鑑跋。"②顯然,此跋不僅揭示了洪武《蘇州府志》的文獻價值,而且也增加了它的文獻價值。

此外,圖書的紙張、墨色、印刷、裝訂情況,也都與圖書的質量密切相關。胡應麟嘗云:

凡書之直之等差,視其本、視其刻、視其紙、視其裝、視其刷、視其緩急、視其有無本、視其鈔刻。鈔視其訛正,刻視其精粗,紙視其美惡,裝視其工拙,印視其初終,緩急視其時,又視其用,遠近視其代,又視其方。合此七者,參伍而錯綜之,天下之書之直之等定矣。③

---

① 《蕘圃藏書題識》卷六。

② 《第六絃溪文鈔》卷三。

③ 《少室山房筆叢》卷四《經籍會通四》。

他還認爲:“凡本,刻者十不當鈔一,鈔者十不當宋一。三者之中自相較,則又以精粗久近,紙之美惡,用之緩急爲差。凡刻,閩中十不當越中七,越中七不當吴中五,吴中五不當燕中三,(此以地論,即吴越閩書之至燕者,非燕中刻也)燕中三不當内府一,五者之中自相較,則又以其紙、其印、其裝爲差。凡印有朱者,有靛者,有雙印者,有單印者。雙印與朱必貴重用之,凡板漶滅則以初印之本爲優。凡裝有綾者,有錦者,有絹者,有護以函者,有標以號者。吴裝最善,他處無及焉,閩多不裝。”①

除胡應麟上述經驗之談外,還有一些藏書家也談到了古書的質量問題。當然,他們的有些説法並不完全符合我們今天的標準和要求,如謝肇淛云:“書所以貴宋板者,不惟點畫無訛,亦且箋刻精好若法帖然。凡宋刻有肥瘦二種,肥者學顔,瘦者學歐,行款疏密,任意不一,而字勢皆生動,箋古色而極薄,不蛀。”②葉德輝云:“最要者,無論經、史、子、集,但係仿宋元舊刻,必爲古雅之書;或其書有國朝考據諸儒序跋題詞,其書亦必精善。明刻仿宋、元者爲上,重刻宋、元者次之,有評閲者陋,有圈點者尤陋。”③

孫慶增還對如何鑒定鈔本的質量,談了自己的看法,略云:“凡書之無處尋覓者,其書少,必當另鈔底本,因無刻本故也。若鈔録精工,則所費浩繁,雖書寫不工,亦必珍之重之,留爲秘本。前輩鈔録書籍,以軟宋字小楷顔、柳、歐字爲工,宋刻字更妙,摹宋版字樣,筆墨匀均,不脱落,無遺誤,烏絲行款,整齊中帶生動,爲至精而備美。序跋圖章畫像,摹倣精雅,不可呆板,乃爲妙手。鈔書者,要明於義理者,一手書寫,無脱漏差誤,無破體字,用墨一色,方爲最善。若鈔底本,大部書,以行書爲上,草書亦可,但以不差落爲主。若字好而不明文理者,僅可印抄而已。”④

四 版本鑒定

采購收藏圖書,除對圖書的適用性、真僞、質量作出鑒别外,還要對圖

---

① 《少室山房筆叢》卷四《經籍會通四》。

② 《五雜俎》卷一三。

③ 《藏書十約·鑒别》。

④ 《藏書記要》第三則《鈔録》。

書的版本作出正確的判斷。孫慶增《藏書記要·鑒别》云:"如某書係何朝何地著作,刻於何時,何人翻刻,何人鈔録,何人底本,何人收藏,如何爲宋元刻本,刻於南北朝何時何地。(《藕香零拾》本注云:"此云南北朝,當指宋金元之間。")如何爲宋元精舊鈔本,必須眼力精熟,考究確切。"

如何鑒定圖書的版本,可參看本書《版本編》第五章《雕印本的鑒定》、第六章《非雕印本的區分與鑒定》。需要補充説明的是,有些人長期同古書打交道,積累了豐富的鑒别版本的經驗,如有可能,公家應當請他們做圖書采購工作,或者在鑒定版本時傾聽他們的意見。

不少藏書家都是鑒定版本的專家,如曹溶稱錢謙益於"每一部書,能言舊刻若何,新板若何,中間差别幾何,驗之纖悉不爽,蓋於書無不讀,去他人徒好書束高閣者甚遠"。① 翁廣平稱鮑廷博"生平酷嗜書籍,每一過目,即能記其某卷某葉某訛字。有持書來問者,不待翻閲,見其板口,即曰此某氏板,某卷刊訛若干字,案之歷歷不爽"。② 因此人們在采購圖書時,往往"與能識古本今本之書籍者,並能道其源流者,能辨原板翻板之不同者,知某書之久不刷印,某書之止有鈔本者,或偕之閒訪於坊家,密求於冷鋪"。③ 又謝肇淛云:"吾友又有林志尹者,家貧爲掾,不讀書而最耽書,其於四部篇目,皆能成誦。每與俱入書肆中,披沙見金,觸目即得,人棄我取,悉中肯綮。興公數年之藏,十七出其目中也。"④不少書賈挾書求售之前,常請有經驗的藏書家先行鑒定。如何堂《顧步巖小傳》云:"君諱階升,字步巖。家故素封,獨無所慕,惟以圖籍、法書、名畫自娱。樂書齋之内,縹緗插架者萬餘卷。遇一編,實能挹其精華,並識其刊刻、鈔録、收藏所自。賈客挾册至門者,君爲審真贋、品高下,判若黑白,無不相顧愕眙以去。"⑤

還有一些書商由於成年累月與書接觸,往往也成了鑒定版本的專家,

① 《絳雲樓書目》卷首《絳雲樓書目題辭》。
② 《國朝耆獻類徵初編》卷四四一《鮑廷博》。
③ 《藏書記要》第一則《購求》。
④ 《五雜俎》卷一三。興公指徐𤊹。
⑤ 《藏書紀事詩》卷四《顧階升步巖》。

如南宋杭州的陳思,陳振孫云:“都人陳思,僨書於都市,士之好古博雅,蒐遺獵忘,以足其所藏,與夫故家之淪墜不振,出其所藏以求售者,往往交於其肆,且售且僨,久而所閲滋多,望之輒能别其真贋。”①所以不少藏書家與一些書商關係密切,依靠書商鑒别版本、購藏圖書。如鴻山翁云:“余無他嗜,惟書癖殆不可醫,臨安人陳思多爲余收攬,叩其書顛末,輒對如響。”②孫星衍介紹清代乾隆年間北京書商陶正祥,亦云:

> 君名正祥,字庭學,號瑞庵。……家貧,無以爲養,遂以僨書爲業,與吴中名下士交接,聞見日廣,久之於書能知何書爲宋元佳本,有誰氏刊本,板貯何所,誰氏本善且備,誰氏本删除正文若注,或舛誤不可從。都中鉅公宿學,欲購異書者皆詣君,車轍滿户外。會開《四庫全書》館,安徽提學朱君筠言於當道,屬以搜訪秘書,能稱事焉。③

陶氏書鋪即五柳居,蘇州書商以乾隆間錢景開爲最有名,晚清侯念椿也頗爲藏書家所器重,緣督嘗云:“余幼時,侯念椿,短而僂,貌寢行賤,日登壟斷以售黎丘之技,然頗曉事。多識簿録,舊鈔、舊刻,何年何人收藏,何省何地裝訂,寫槧先後,題跋真僞,一見紙墨,輒能言之不爽,老友劉泖生丈蒿隱前輩,皆與往還,蒐遺獵忘。四方收藏家至吴門訪古者,亦無不造世經堂。”④

總之,對圖書收藏價值作出科學的鑒定,是我們采購、保管、流通、利用圖書的重要依據,也是典藏工作不可缺少的環節。

---

①② 《寶刻叢編》卷首《序》。

③ 《孫淵如先生全集·芳茂山人文集·五松園文稿·清故封修職郎兩浙鹽課大使陶君正祥墓碣銘》。

④ 《藏書紀事詩》卷七《侯駝子》引《異説披昌》。

第四章　書籍亡佚

書籍亡佚的現象自來就十分嚴重，洪邁嘗云："國初承五季亂離之後，所在書印板至少，宜其焚蕩了無孑遺。然太平興國編次《御覽》，引用一千六百九十種，其綱目並載於首卷。以今考之，無傳者十之七八矣。"①馬端臨稱："漢、隋、唐、宋之史，俱有藝文志，然《漢志》所載之書，以《隋志》考之，十已亡其六七，以《宋志》考之，隋、唐亦復如是。"②曹溶亦云："自宋以來，書目十有餘種，粲然可觀。按實求之，其書十不四五。"③所以黄宗羲"嘗嘆讀書難，藏書尤難，藏之久而不散，則難之難矣"。④ 書籍亡佚的原因，不外人爲因素與自然災害兩類。人爲因素有禁燬、兵燹、變賣、失竊、借而不還等。自然災害主要是火燒、水浸、鼠嚙、蟲咬、霉變造成的。現逐一述之如次。

第一節　禁　燬

統治者出於政治上的需要，往往禁止與焚燬一部分對之不利的藏書，從而造成了圖書的重大損失。此事由來已久，而且史不絶書。

---

① 《容齋五筆》卷七《國初書籍》。

② 《文獻通考序》。

③ 《知不足齋叢書》本《流通古書約》。

④ 《南雷文約》卷四《天一閣藏書記》。

一　秦

《孟子·萬章下》云:"諸侯惡其害己也,而皆去其籍。"趙岐注曰:"諸侯欲恣行,憎惡其法度妨害己之所爲,故滅去典籍。"可見此事起源甚早。

秦國早在孝公時就已實行禁書政策了,當時商鞅在變法的過程中,積極推行愚民政策,對於傳播知識的圖書,自然認爲不利於其統治,而要加以排斥。《商君書·農戰》云:"《詩》、《書》、禮、樂、善、修、仁、廉、辯、慧,國有十者,上無使守戰。國以十者治,敵至必削,不至必貧。國去此十者,敵不敢至,雖至必却。興兵而伐,必取;按兵不伐,必富。"孝公根據商鞅的建議,曾焚燬過《詩》《書》。《韓非子·和氏》載:"商君教秦孝公以連什伍,設告坐之過,燔《詩》《書》而明法令,塞私門之請而遂公家之勞,禁游宦之民而顯耕戰之士,孝公行之。"韓非的觀點與商鞅一脈相承,爲稍後的秦始皇大規模焚書做了輿論準備。

始皇三十四年(前二一三),在咸陽宫舉行的一場辯論會上,丞相李斯主張焚書,並得到了始皇的批准,略云:

> 今皇帝並有天下,别黑白而定一尊。私學而相與非法教,人聞令下,則各以其學議之,入則心非,出則巷議,夸主以爲名,異取以爲高,率群下以造謗。如此弗禁,則主勢降乎上,黨與成乎下。禁之便。臣請史官非秦記皆燒之。非博士官所職,天下敢有藏《詩》《書》、百家語者,悉詣守、尉雜燒之。有敢偶語《詩》《書》者棄市。以古非今者族。吏見知不舉者與同罪。令下三十日不燒,黥爲城旦。所不去者,醫藥卜筮種樹之書。若欲有學法令,以吏爲師。制曰:"可。"①

顯然,始皇焚書的目的是消滅輿論,鞏固政權,而實踐證明,這種野蠻的措施所起的作用恰好相反,不但不能鞏固政權,相反加速了其政權的滅亡。

---

① 《史記》卷六《秦始皇本紀》。

正如唐詩人章碣《焚書坑》所云："坑灰未冷山東亂，劉項元來不讀書。"[①]

二 晉南北朝隋

秦代以後又一次大規模禁焚圖書要算隋朝禁焚讖緯著作。讖是神秘的預言，讖書是占驗吉凶的書。緯對經而言，緯書是漢儒附會並配合《詩》《書》《樂》《易》《春秋》《孝經》等經書經義的著作。其中雜有許多妖妄成份。

由於讖緯書富有神秘色彩，可以被一些政治家用來作爲政治陰謀的輿論工具，因此曾經受到提倡，並得到了很大的發展。《隋書・經籍志》經部讖緯類序曾概括地介紹過讖緯的發展情況：

> 孔子既叙六經，以明天人之道，知後世不能稽同其意，故别立緯及讖以遺來世，其書出於前漢。……宋均、鄭玄俱有讖緯之注。然其文字淺俗，顛倒舛謬，不類聖人之旨相傳，疑後世人造爲之。或者又加點竄，非其實録。王莽好符命，光武以圖讖興起，遂盛行於世。漢時又詔東平王蒼正五經章句，皆命從讖。俗儒趨時，益從其學，篇第卷目，益加增廣。言五經者，皆憑讖爲説。

正因爲讖緯含有神秘色彩，可以被用作政治上的輿論工具，所以有些統治者爲了鞏固政權，屢加禁止。早在西晉泰始三年（二六七）十二月，武帝剛剛奪取政權不久，就明令"禁星氣讖緯之學"。[②] 前秦苻堅於建元十一年（三七五）下令"增崇儒教，禁《老》《莊》、圖讖之學"。[③] 北魏孝文帝於太和九年（四八五）正月下過一道焚書令："圖讖之興，起於三季。既非經國之典，徒爲妖邪所憑。自今圖讖、秘緯及名爲《孔子閉房記》者，一皆焚之。留者以大辟論。又諸巫覡假稱神鬼，妄説吉凶，及委巷諸卜非墳典所

---

① 《全唐詩》卷六六九。

② 《晉書》卷三《武帝紀》。

③ 《晉書》卷一一三《苻堅載記上》。

載者,嚴加禁斷!”①《隋書·經籍志》經部讖緯類序曾對南朝及隋代大規模禁止讖緯書作過概括的介紹:

> 至宋大明中,始禁圖讖,梁天監以後,又重其制。及高祖受禪,禁之愈切。煬帝即位,乃發使四出,搜天下書籍,與讖緯相涉者皆焚之,爲吏所糾者至死。自是無復其學,秘府之内,亦多散亡。

《隋書·經籍志》曾著録讖緯之書十三部九十二卷,當爲焚禁之餘。其中梁代尚有與《孝經》有關的緯書十二部二十七卷,至《隋書·經籍志》則僅著録《孝經内事》一卷。

讖緯書雖多封建迷信、荒誕不經、牽强附會之説,然而也是當時政治、經濟、科學、文化之反映,如徐養原《緯候不起於哀平辨》云:

> 歐陽永叔欲删九經疏中讖緯之文,幸而其言不行。蓋因其爲僞而一概抹殺,實屬大誤特誤。善乎,昔人之言曰:“緯書之文,未必盡出妄人之手,其間謬妄,雖亦不無,要在學者擇焉而已。”又曰:“緯書起自前漢,去古未遠;彼時學者,多見古書;凡有著述,必有所本。不可以其不經而忽之。”斯可謂持平之論矣。②

其實,讖緯書中也含有不少科學道理,於天文、地理知識猶爲豐富。如張華《博物志》卷一引《考靈曜》云:“地恒動不止,譬如人在舟而坐,舟行而人不覺。”故朱一新云:“秦燔六經,隋焚圖緯。事之輕重不同,而焚書則同。有處士之横議,故有秦始之焚經;有鄙儒之信讖,故有隋煬之焚緯。渾蓋宣夜之學,往往存於緯書,緯亡,則六家之術皆亡矣。”③

緯書同經學也密切相關,漢代言五經者憑讖爲説,《隋書·經籍志》甚至將讖緯類書列在經部,故焚讖緯也給經學研究造成了重大損失。康有

---

① 《魏書》卷七上《高祖紀第七上》。

② 《經義叢鈔》卷二〇。

③ 《無邪堂答問》卷四。

爲認爲:"緯書雖多誕奇之説,然出西漢以前,與今文博士説合。……天監、隋煬兩次禁焚,緯書幾盡。孔子之學,一遇秦焚再遇隋焚,何不幸也?後儒忘緯書之本原,附會歆、逵之説而並黜之,致使今學之説頓盡,而不得與秦焚並嘆,豈不惜哉?"①

將讖緯與經書相提並論難稱允當,但是歷代禁燬讖緯不僅給公私藏書造成巨大損失,而且也給中國文獻、中國文化造成巨大損失,則是毫無疑問的。

三　唐五代

唐五代禁書範圍除讖緯外,還擴大到天文、曆法、兵書等方面,並懸爲禁令,著於法律。如《唐律疏議》卷九《職制》第二十款云:"諸玄象、器物、天文、圖書、讖記、兵書、七曜曆、太一、《雷公式》,私家不得有,違者徒二年。私習天文者亦同。其緯候及《論語讖》,不在禁限。"同書卷十八《賊盗》第八款復云:"諸造妖書妖言者,絞。傳、用以惑衆者,亦如之(傳,謂傳言;用,謂用書);其不滿衆者,流三千里。言無害者,杖一百。即私有妖書,雖不行用,徒二年;言理無害者,杖六十。"唐代宗大曆二年(七六七)重申:"讖緯不經,蠹深於疑衆,蓋有國之禁,非私家所藏。令各州府查禁,敕到十日内送官,本處長吏集衆禁燬。"②《唐律》中有關禁書的條文對後世影響頗大,後周廣順三年(九五三)八月,太祖郭威所頒敕令亦云:"今後玄象、器物、天文、圖書、讖記、七曜曆、太一、《雷公式法》,私家不得有及衷私傳習,有者,並須焚燬。司天臺、翰林院本司職員並不得以前代所禁文書出外借人傳寫。"③

唐人有以詩得罪者,如劉禹錫的《自朗州承召至京,戲贈看花諸君子》。孟启記其事云:

---

① 《新學僞經考·隋書經籍志糾謬第十一》。按,今人陳槃研究讖緯多年,富有論著,漢舊説借以略明。

② 《舊唐書》卷一一《代宗紀》。

③ 《五代會要》卷一一《雜録》。

> 劉尚書自屯田員外左遷郎(按:應爲“朗”)州司馬,凡十年始徵還。方春,作《贈看花諸君子》詩曰:“紫陌紅塵拂面來,無人不道看花回。玄都觀里桃千樹,盡是劉郎去後栽。”其詩一出,傳於都下。有素嫉其名者,白於執政,又誣其有怨憤。他日見時宰,與坐,慰問甚厚。既辭,即曰:“近者新詩,未免爲累,奈何?”不數日,出爲連州刺史。①

但尚無禁文學作品流傳者,蓋其時流行皆鈔本,雕印本流傳不廣,影響不大之故也。

四　宋

宋初繼承了隋唐五代禁燬讖緯等書的傳統,一是在《宋刑統》中繼續保留了《唐律疏議》中的兩條禁書條文,一是宋太祖於開寶五年(九七二)九月重申:“禁玄象器物、天文圖讖,七曜曆、太一、雷公、六壬、遁甲等,不得藏於私家,有犯者並送官。”②接着太宗又於太平興國二年(九七七)冬十月下詔曰:“兩京、諸道陰陽卜筮人等,向令傳送至闕,詢其所習,皆懵昧無所取,蓋矯言禍福,誑耀流俗,以取貲耳。自今除二宅及《易》筮外,其天文、相術、六壬、遁甲、三命及它陰陽書,限詔到一月送官。”③“私習者斬。”④真宗即位,復於景德元年(一〇〇四)詔令“民間天象器物、讖候禁書,並納所司禁之,匿不言者死”。⑤ 仁宗爲了根絶讖緯之類書,曾令司天監編製《禁書目録》一卷,詳見本書《目録編》第七章《特種目録》第二節《禁燬書目録》。利用禁書目録收繳圖書説明宋代在禁書手段上較前有了很大發展。

某些人因政治觀點不同,受到政治打擊,其著作因而遭禁,這也是宋代禁書的一個特點。蘇軾是其代表人物。宋朋九萬《東坡烏臺詩案》録

---

① 《本事詩·事感第二》。

② 《續資治通鑑長編》卷一三《太祖》。

③ 《續資治通鑑長編》卷一八《太宗》。

④ 《宋史》卷四《太宗本紀》。

⑤ 《宋史》卷七《真宗本紀》。

《監察御史裹行何大正劄子》云："臣伏見祠部員外郎直史館知湖州蘇軾《謝上表》,其中有言'愚不識時,難以追陪新進;老不生事,或能牧養小民',愚弄朝廷,妄自尊大。宣傳中外,孰不嘆驚?"復録《監察御史裹行舒亶劄子》云:"至於包藏禍心,怨望其上,訕讟慢駡,而無復人臣之節者,未有如軾也。蓋陛下發錢以本業貧民,則曰'贏得兒童語音好,一年强半在城中'。陛下明法以課試郡吏,則曰'讀書萬卷不讀律,致君堯舜知無術'。陛下興水利,則曰'東海若知明主意,應教斥鹵變桑田'。陛下謹鹽禁,則曰'豈是聞韶解忘味,邇來三月食無鹽'。其他觸物即事,應口所言,無一不以譏謗爲主,小則鏤板,大則刻石,傳播中外,自以爲能。其尤甚者,至遠引襄漢梁、竇專朝之士,雜取小説燕蝠争晨昏之語,旁屬大臣,而緣以指斥乘輿,蓋可謂大不恭矣。"因此蘇軾由湖州任上,被勾至御史臺推鞫,神宗降旨:"蘇軾可責授檢校水部員外郎充黄州團練使,本州安置,不得簽書公事。"[1]徽宗復於崇寧二年(一一〇三)四月二十七日下詔焚書,詔曰:"蘇洵、蘇軾、蘇轍、黄庭堅、張耒、晁補之、秦觀、馬涓《文集》、范祖禹《唐鑒》、范鎮《東齋紀事》、劉攽《詩話》、僧文瑩《湘山野録》等印版,悉行焚燬。"[2]這次禁書事件,蔡京起了很大作用,佚名《靖康要録》卷七云:

> 靖康元年(一一二六)右正言崔鶠奏:自崇寧以來,京賊用事。……至於蘇軾、黄庭堅之文集,范鎮、沈括之雜説,畏其或記祖宗之事,或記名臣之説,於己不便,故一切禁之,購以重賞,不得收藏;則禁士之異論,其法亦已密矣!

給公私藏書造成重大損失的,還有南宋初年的禁野史事件。此次事件以禁野史爲藉口,所禁實際上遠遠超過了野史的範圍。《宋史·秦檜傳》記載了這次禁書事件的經過及危害性,略云:

---

① 《東坡烏臺詩案·御史臺根勘結按狀》。

② 《資治通鑑後編》卷九五《宋紀》。

檜乞禁野史，又命子熺以秘書少監領國史，進建炎元年至紹興十二年日曆五百九十卷。熺以太后北還，自頌檜功德，凡二千餘言，使著作郎王揚英、周執高上之，皆遷秩。

自檜再相，凡前罷相以來，詔書章疏稍及檜者，率更易焚棄。日曆時政，亡失已多。是後記録，皆熺筆，無復有公是非矣。

冬十月，右正言何溥指程頤、張載遺書，爲專門曲家，力加禁約。人無敢以爲非。……

檜先禁史，(十五年)七月，又對帝言：私史害正道。時司馬伋遂言《涑水紀聞》非其曾祖光論著之書。其後李光家亦舉光所藏書萬卷焚之。

宋李心傳《建炎以來繫年要録》對此事亦有記載，如紹興十四年四月"丁亥，秦檜奏乞禁野史，上曰：'此尤爲害事，如靖康以來私記極不足信。'"紹興十五年八月"丙子，上與大臣論事……秦檜曰：是非不明久矣，圍城中失節者相與作私史，反害正道"。紹興十七年，"言者論會稽士大夫家藏野史以謗時政，於是李光家藏書萬餘卷，其家皆焚之"。[①]

王明清也記載了秦檜禁燬擅改史書給宫廷藏書造成重大損失的情況：

自高宗建炎航海之後，如《日曆》《起居注》《時政記》之類，初甚完備。秦檜之再相，繼登維垣，始任意自專，取其紹興壬子歲初罷右相，凡一時施行，如訓誥詔旨，與夫斥逐其門人臣僚章疏奏對之語，稍及語己者，率皆更易禁棄。由是亡失極多，不復可以稽考。[②]

王明清還談到迫於政治壓力，他母親把家中許多藏書都燒掉了的情況：

---

① 《建炎以來繫年要録》卷一五一、一五四、一五六。

② 《揮麈後録》卷二。

丁卯歲（一一四七）秦檜之擅國，言者論會稽士大夫家藏野史，以謗時政，初未知爲李泰發家議也。是時，明清以舅父曾宏父守京口，老母懼焉。凡前人所記本朝典故，與夫先人所述史稿雜記之類，悉付之回禄。每一思之，痛心疾首。後來明清多寓浙西婦家，煨燼之餘，所存不多。諸侄輩不能謹守，又爲親戚盜去。或他人久假不歸，今遺書十不存一，每一歸省，舊篋不忍復啓，但流涕而已。①

宋代擴大了禁書範圍，波及文史兩類著作，還采用編禁書目録的方法收繳圖書，爲避免不利於自己的話而對原文獻進行删改，所有這些都對後世禁書産生了惡劣的影響。

五　元

元世祖曾沿襲舊有傳統屢次焚燬天文、圖讖、陰陽等類書。如《元史·世祖紀》云：至元十年（一二七三）禁“陰陽圖讖等書”，至元二十一年重申“私藏天文圖讖”的禁令，“有私習收匿者罪之”。這些禁令也見諸法律，如《元史·刑法志·大惡》云：“諸妄撰詞曲，誣人以犯上惡言者，處死。”《元史·刑法志·禁令》：“諸陰陽家天文圖讖，應禁之書，敢私藏者罪之。諸陰陽家僞造圖讖，釋老家私撰經文，凡以邪説左道，誣民惑衆者，禁之，違者重罪之。在寺觀者罪及主守，居外者所在有司察之。”值得注意的是元代禁書範圍擴大到“妄撰詞曲”與“釋老家私撰經文”。

元代禁書對私家藏書也産生了不良影響，例如莊肅仕宋爲秘書小史，宋亡，棄官浪迹海上，聚書至八萬卷，至正年間亡佚殆盡，主要原因是其家害怕觸犯藏書禁令而自焚了不少書，陶宗儀述其事云：“至正六年（一三四六），朝廷開局修宋遼金三史，詔求遺書，有以書獻者，予一官。江南藏書多者止三家，莊其一焉。繼命危學士樸特來選取。其家慮恐兵遁圖讖干犯禁條，悉付祝融氏。及收拾燼餘，存者又無幾矣。其孫群玉悉載入京，

① 《揮麈後録》卷七。

覬領恩澤,宿留日久,仍布衣而歸。書之不幸如此。”①

六　明

明初,太祖曾大興文字之獄,如徐禎卿云:“太祖多疑,每慮人侮己。杭州儒學徐一夔曾作賀表上。其詞云:‘光天之下’,又曰:‘天生聖人,爲典爲則。’帝覽之,大怒曰:‘腐儒乃如此侮朕耶?生者,僧也;以我從釋氏也。光,則磨頂之謂矣。則字近賊,罪坐不敬。’命收斬之。禮臣大懼,因上請曰:‘愚懵不知忌諱,乞降表式,永爲遵守。’帝因自爲文,傳播天下。”②明黄瑜《雙槐歲鈔》還記載了不少類似例子。許多慘遭文字之禍的人的作品,在政治高壓下,當然難以留存流傳。

太祖對《孟子》中“民爲貴,社稷次之,君爲輕”的思想不滿,曾命翰林學士劉三吾等删節,《南雍志》卷十八《經籍考》經類著録的《孟子節文》二卷即删節後的産物,附注云:“校《孟子》一書,中間辭氣之間抑揚太過者八十五條,其餘一百七十餘條悉頒之中外校官,俾讀是書者知所本旨,自今八十五條之内,課試不以命題,科舉不以取士。”

明成祖朱棣於建文元年七月以靖難爲名起兵,至建文四年(一四〇二)六月占領南京,即位稱帝。爲了掩蓋史實,命人焚燬建文朝史料,如明趙善政嘗云:“永樂中出建文朝封事數千通,命解縉等擇有關於農商禮樂者,存之。其有干犯‘靖難’事者,焚之。既畢事,文皇笑謂縉曰:‘卿等當時,應皆有之。’皆愕然不敢對。”③這位取代侄兒當了皇帝的明成祖,在爲統一思想而禁燬圖書方面做得非常突出。陳鼎云:

我太祖高皇帝即位之初,首立大學,命許存仁爲祭酒,一宗朱子之學。今學者非五經、孔孟之書不讀,非濂、洛、關、閩之學不講。成祖文皇帝,益張而大之。命儒臣,輯五經四書及性理全書,頒布天下。饒州儒士朱季友,詣闕上書,專詆周、程、張、朱之説。上覽而怒曰:

---

① 《輟耕録》卷三。

② 《翦勝野聞》卷二。

③ 《賓退録》卷二。

“此儒之賊也。”命有司聲罪杖遣，悉焚其所著書，曰：“無誤後人。”於是邪説屏息，迨今二百餘年。①

爲禁錮思想而焚書還有一個突出的例子是萬曆間對李贄的政治迫害。萬曆三十年，李贄七十六歲，禮科都給事中張問達上疏彈劾道：

李贄壯歲爲官，晚年削髮。近又刻《藏書》《焚書》《卓吾大德》等書，流行海内，惑亂人心。以吕不韋、李園爲智謀，以李斯爲才力，以馮道爲吏隱，以卓文君爲善擇佳偶，以司馬光論桑弘羊欺武帝爲可笑，以秦始皇爲千古一帝，以孔子之是非爲不足據，狂誕悖戾，未易枚舉，大都刺謬不經，不可不燬者也。②

神宗批示道：“李贄敢倡亂道，惑世誣民，便令廠衛五城嚴拿治罪。其書籍已刊未刊者，令所在官司盡搜燒燬，不許存留。如有徒黨曲庇私藏，該科及各有司訪參奏來，並治罪。”③神宗的指示似未得到嚴格執行。

李贄的著作始終禁而不絶，流傳至今，説明在雕版印刷已經流行的時代，采用强制的手段杜絶不利於統治階級的異説是不得人心的，也是難以奏效的。

明代中期，工商業日趨繁榮，文網逐漸鬆弛，一些離經叛道的文藝作品乘時而起，但是也引起了封建統治者的警覺，英宗正統七年（一四四二），國子監祭酒李時勉上言：

近年有俗儒，假托怪異之事，飾以無根之言，如《剪燈新話》之類，不惟市井輕浮之徒争相誦習，至於經生儒士，多捨正學不講，日夜記憶，以資談論。若不嚴禁，恐邪説異端日新月盛，惑亂人心，實非細故。乞敕禮部行文内外衙門及提調學校僉事、御史，並按察司官巡歷

① 《東林列傳》卷二。此説源於楊士奇《三朝聖諭録》，《明史·成祖紀》亦有記載。
②③ 《明神宗實録》卷三六九。

去處，凡遇此等書籍，即令焚燬。有印賣及藏習者，問罪如律。庶俾人知正道，不爲邪妄所惑。①

其尤甚者爲明末對《水滸傳》的禁燬，如《崇禎十五年四月十七日刑科給事中左懋第爲陳請焚燬水滸傳題本》云：

李青山諸賊嘯聚梁山，破城焚漕，咽喉梗塞，二京鼎沸。諸賊以梁山爲歸，而山左前此蓮妖之變，亦自鄆城、梁山一帶起。臣往來舟過其下數矣，非崇山峻嶺，有險可憑而賊必因以爲名，據以爲藪澤者，其説始於《水滸傳》一書。

同年六月詔令嚴禁《水滸傳》，兵部行文要求“大張榜示：凡坊間藏《水滸傳》並版，盡令速行燒燬，不許隱匿，仍勒石山巔，垂爲厲禁，清丈其地，歸之版籍。並通行各省直巡按及五城御史，一體欽遵，禁燬施行”。②

熹宗時還組織人編了一部《三朝要典》，對神宗、光宗、熹宗三朝的當時政治上的一些重要事件加以總結，以箝制輿論、打擊政敵，而對不利於其統治的某些史書，則加以禁燬。天啓六年（一六二六），工科給事中虞廷陛上疏曰：

《要典》集成，昭如日星。從前枝葉，斬斷葛藤；而後牽纏，統歸融釋。乃邇日相傳各類種種，有所謂《天鑒録》，又聞有《點將録》《初終録》《同心録》《石碣録》《爲鑒録》等本，不一而足。非書非傳，恣其筆端。皇上治保平明，禁嚴浮議，自今以後，悉以《三朝要典》爲憑，凡有私集如前列諸種，盡令毁絶，則僉壬反中之計窮，而臣僚公忠之益廣，於以培植正人，並力疆埸，未必無小補矣。③

①③ 《明英宗實録》卷九〇。
② 《明清内閣大庫史料》上册四二九頁。

熹宗接受了虞氏建議，詔曰：

(《天鑒録》諸書)意在報復恩仇，傾陷異己，本當追究重處；恐致株連，姑且不究。今後凡係此等私書，一見即爲焚燬，毋得鈔傳談説，溷亂是非；有不遵的，著緝事衙門訪拏治罪。目今時事多艱，大小臣工俱當並力和衷，共圖安攘。朝廷用人，但以職業修廢課其功罪，一切葛藤，悉宜掃絶。不許妄起事端，自分畛域。①

遭到禁燬的還有曹學佺的《野史記略》，天啓六年(一六二六)八月，左副都御史劉廷元上疏曰："皇上頃命史局輯成《三朝要典》，三案中之華衮鐵鉞已揭於天下萬世矣。……近聞有不法之臣，如廣西副使曹學佺，私撰《野史記略》，以詒上官，以惑天下。"②熹宗詔曰："曹學佺私撰野史，本當拿問，姑奪職爲民。書板行撫按官追燬。"③熹宗於天啓七年(一六二七)病死，崇禎皇帝即位，復下詔燬《三朝要典》。④

綜上所述，明代禁書直接爲現實的政治鬥争服務的色彩更加鮮明；大張旗鼓地禁燬《水滸傳》《剪燈新話》之類的文學作品也是一大特點。

七 清

清朝禁書措施在我國古代達到了新的高度，其特點是持續時間長、涉及面廣、危害大。今略依時代先後，分別述之如下。

甲 清初文字獄

清初爲了消滅漢民族意識，在政治上采取高壓政策，大興文字之獄。康熙年間主要有莊廷鑨《明書》案、戴名世《南山集》案、方孝標《滇游紀聞》諸案，而以莊廷鑨案爲最慘烈。楊鳳苞《記莊廷鑨史案本末》云：

莊廷鑨字子襄，先世吴江人，其祖始遷居烏程之南潯，家巨富。

① 《明熹宗實録》卷七〇。

②③ 《明熹宗實録》卷七五。

④ 《崇禎實録》卷一稱崇禎元年"己巳燬《三朝要典》"。

> 父允誠,字君唯,貢生,生三子,廷鑨其長也。……其家與故相國朱文肅公家鄰,因購得文肅《史概》未刻列傳稿本,乃招賓朋群爲增損修飾而論斷,仍署朱史氏,又續纂天啓、崇禎兩朝事,其中多指斥之語,名曰《明書輯略》。①

"書中所云王某孫婿,即清之德祖;所云建州都督,即清之太祖也,而直書名。又云:'長山衄而鋭士飲恨於沙燐,大將還而勁卒銷亡於左衽。'如此之言,散見於李如柏、李化龍、熊明遇傳中。又指孔耿爲叛,又自丙辰(一六一六年,清太祖天命元年)迄癸未(一六四三年,次年李自成陷北京)俱不書清年號,而於隆武(南明唐王年號)、永曆(南明桂王年號)之即位正朔,必大書特書,其取禍之端有如此。"②"案既定,斲廷鑨棺,灰其骸骨。其弟廷鉞及其弟子與諸人之昆弟子孫年十年以上者均斬決,妻女配瀋京披甲爲奴。"其父允誠於康熙元年冬十月"赴部刑訊,不勝毒楚,瘐死於獄,磔其屍"。③ 此外作序的、列名參閲的、刻字的、刷印的、賣過此書的、收藏過此書的,以及經辦此案而持不同態度的官員,均被處死。④

康熙五十一年(一七一二)又興起了方孝標、戴名世案。徐珂《清稗類鈔》第三册《獄訟類·戴名世南山集案》記其大略云:

> 桐城方孝標嘗以科第起,官至學士。……入滇,受吴三桂僞翰林承旨。吴敗,孝標先迎降,得免死。因著《鈍齋文集》《滇黔紀略》,極多悖逆語。戴名世見而喜之,所著《南山集》……集中多采録孝標所紀事。尤雲鶚、方正玉爲之捐貲刊行。……又,其與弟子倪生一書,論修史之例:謂"本朝當以康熙壬寅(即永曆帝没亡之年)爲定鼎之始。世祖雖入關十八年,時三藩未平,明祀未絶,若循蜀漢之例,則順治不得爲正統"云云。時趙忠毅公申喬方爲都諫,奏其事。九卿會

① 《秋室集》卷五。

② 《痛史》第四種《莊氏史案》。

③ 《秋室集》卷五《記莊廷鑨史案本末》。

④ 均見《秋室集》卷五《記莊廷鑨史案本末》。

> 鞫，中戴名世大逆法，致寸磔，族皆棄市。未及冠笄者，發邊。……時孝標已死，以名世之罪罪之，子登嶧、雲旅、孫世樵並斬。方氏有服者皆坐死，且剉孝標屍。

雍正年間文字獄大案共五起，即吕留良案、汪景祺案、查嗣庭案、陸生枏案、謝濟世案。其中吕留良案影響最大。

吕留良，字莊生，號晚村；又名光綸，字用晦，入清不仕。雍正六年（一七二八），湘人曾静策動陝甘總督岳鍾琪起兵反清，岳鍾琪告發，曾静被捕，招供受吕留良詩文影響所致，且與吕氏門人嚴鴻逵及嚴氏門人沈在寬等交往投契。清廷因命浙督將吕、嚴、沈三家書籍及案内人犯一併捉拿解京。當時雍正與曾静對答之語，曾刊爲《大義覺迷録》頒示天下，高宗繼位後又認爲這樣做並不明智，將其列爲禁書，收回銷燬。雍正八年十二月，刑部等衙門會議：吕留良"追思舊國，詆毁朝章，造作惡言，妄行記撰，猖狂悖亂，罪惡滔天"。決定：

> 吕留良剉尸梟首，財産入官。伊子吕葆中，曾叨仕籍，世惡相濟。前此一念和尚謀叛案内，連及吕葆中，逆迹彰著，亦應剉屍梟示，吕毅中應擬斬立決。伊子孫並兄弟伯叔兄弟之子及女妻妾，姊妹之子妻妾，應行文該督，查明按律完結。並行知各省府州縣，將大逆吕留良所著文集、詩集、日記及他書已經刊刷及鈔録者，於文到日出示，遍諭勒限一年盡行焚燬。

乾隆年間，著名的文字獄有三十餘起，如乾隆二十年（一七五五），因胡中藻所著《堅磨生詩鈔》中有"一世無日月，斯文欲被蠻"等句，所出試題，又有"鳥獸不可與同群"、"狗彘食人食"等題，而被高宗認爲大逆不道。大學士等奏覆："胡中藻違天叛道，覆載不容。合依大逆凌遲處死。該犯的屬，男十六歲以上，皆斬立決。張泰開明知該犯詩鈔悖逆，乃敢助資刊版,出名作序,應照知情隱匿律,斬立决。”①其與逆犯酬答之鄂昌爲滿族官員,賜令自盡。②

再如乾隆二十二年(一七五七),發現武邑生員段昌緒藏有吴三桂檄文,且有濃圈密點,加評贊賞。因此懷疑同縣彭家屏家也藏有檄文,經再三詰問,自稱未見吴三桂檄文,而有明野史若干未燒。五月,諭軍機大臣等:“前因彭家屏供出家藏有明末野史《潞河紀聞》《日本乞師》《豫變紀略》等書。續又供出《酌中志》《南遷録》,並鈔本小字書,係天啓、崇禎年間政事等書。以上各種,該督等何並未查出一種?甚屬草率,著將供出書目,並寄該督等,逐一詳細查明具奏。”③事實上,家屏之子傳笏因害怕惹禍,已將家中所藏明季野史燒掉了,而這樣做更引起高宗的懷疑。案結之日,段昌緒斬決,彭氏父子俱擬斬監候,秋後處决。

清初文字獄對私家藏書産生了巨大的影響,像彭傳笏那樣害怕惹禍而自焚藏書的事絶非僅有,朱彝尊的藏書即被焚棄,錢林云:“彝尊嗜古成癖,家藏舊本,兵後散佚。及客粤還,過豫章書肆,買書五箱,盛一櫝。又客永嘉時,方起明私史之獄;凡涉明事者争相焚棄。比還,則並櫝亡之。”④何焯所著書亦遭遇到了同樣命運,沈彤《義門先生行狀》稱其“所著詩、古文數百篇,皆追從唐之作者。《語古齋識小録》數册,多删取諸題識爲之。繫獄時,門人某妄意中有忌諱,悉取投諸火”。⑤ 方粢如《義門墓志銘》亦云:“所著詩歌古文數百篇,《語古齋識小録》十數卷,方簿録時,門弟子恐中有棖觸語,悉付一炬成焦土云。”⑥由此可見,在當時朝廷的淫威之下,損失了不可勝紀的有價值的文獻。

乙　編《四庫全書》寓禁於徵

乾隆皇帝在三十八年(一七七三)下詔説:“以彰右文之盛,此採輯《四

① 雍正《東華録》卷八。

② 乾隆《東華録》卷一四。

③ 乾隆《東華録》卷一六。

④ 《文獻徵存録》卷一《朱彝尊傳》。

⑤⑥ 《義門先生集》卷末附録。

庫全書》之本旨也。"[①]事實上，他辦理《四庫全書》的另一個、或許更重要的目的是禁燬詆觸清政府的書。其三十九年（一七七四）八月初五日詔云：

> 各省進到書籍不下萬餘種，並不見奏及稍有忌諱之書，豈有裒集如許遺書竟無一違礙字迹之理。况明季末造，野史甚多，其間毁譽任意，傳聞異詞，必有詆觸本朝之語，正當及此一番查辦，盡行銷燬，杜遏邪言，以正人心而厚風俗，斷不宜置之不辦。[②]

當乾隆皇帝發現江浙兩省繳呈的應燬書籍還不如江西省多時，便在四十一年（一七七六）十二月十三日"傳旨嚴行申飭，並令該督撫再行嚴飭所屬加意收查，務使應燬之書盡行繳出，勿敢稍有隱匿。如此番查辦之後，民間尚有違禁潛藏者，將來别經發覺，除將本人治罪外，仍惟該督撫是問，恐不能當其罪也"。[③] 爲了迅速而有效地收繳禁書，四十三年（一七七八）年底下令定期收繳，詔曰：

> 蓋因查書向未定期，各督撫視爲末務，每隔數月奏繳數種塞責，如此漫不經意，何時可以竣事？而挾仇告訐騷擾欺嚇將百弊叢生。其藏書之人亦不免意存觀望，呈繳逾期，皆各督撫經理不善之故。着通諭各督撫以接奉此旨之日爲始，予限二年，實力查繳，並再明白宣諭，凡收藏違礙悖逆之書，俱各及早呈繳，仍免治罪。至二年限滿，即毋庸再查。如限滿後仍有隱匿存留違礙悖逆之書，一經發覺，必將收藏者從重治罪，不得復邀寬典，且惟於承辦之督撫是問，恐亦不能當其重戾也。[④]

---

① 《四庫全書總目》卷首。
② 《辦理四庫全書檔案》上册三一頁。
③ 《辦理四庫全書檔案》上册四五頁。
④ 《辦理四庫全書檔案》上册六〇頁。

在高宗一再催逼下，各地抓緊收繳圖書，以至鬧到逐户搜查的地步，如江蘇省督院陳咨會於四十五年（一七八〇）十二月初十日具奏云："臣仍飭屬實力購訪，併廣行出示曉諭，即殘篇斷簡稍涉違礙字句俱令及時呈繳，務使犬吠狼嗥，根株净絶。"①

爲了便於掌握禁書的標準，辦理《四庫全書》處還專門制訂了《奏繳諮禁書目録條款》。在實踐的過程中被列爲禁書的，約有以下幾種情況：

一是明末清初對清朝統治不滿的書，這是最主要的。如四十一年（一七七六）十一月十七日詔曰："明季諸人書集詞意抵觸本朝者，自當在銷燬之列。"②四十三年（一七七八）十一月初四日詔曰："前經降旨督撫查繳違礙書籍，並令明白宣示：如有收藏明末國初悖謬之書，急宜及早交出。"③

二是錢謙益、吕留良、金堡、屈大均等被高宗欽定法辦諸人的書全燬，載入其議論，選及其詩詞者需抽燬。如五十七年（一七九二）《四庫全書》館所開《全燬書籍清單》，首列《初學集》四本、《有學集》二十一本、《牧齋詩鈔》三本、《杜詩箋注》四十六本、《列朝詩集》三十八本、《牧齋尺牘》八本，均爲錢謙益撰，遭全燬。④ 有的作者因個别語句觸犯忌諱，而導致所有著作被禁燬，如五十三年（一七八八）將《讀畫録》撤换銷燬，附注云："此書係周亮工撰，因詩内有'人皆漢魏上，花亦義熙餘'語涉違礙，經文源閣詳校簽出，奏請銷燬，並將周亮工所撰各書一概查燬。"⑤

三是天文占驗之書，如四十六年（一七八一）二月初四日詔曰："閲奏繳銷燬書籍内有河南省解到之明仁宗所製《天元玉歷祥異賦》，及不知撰著名氏之《乾坤寶典》二種。此等天文占驗，妄言禍福之書，最易淆惑人心，自未便存留在外，恐各省查辦未能搜查净盡，着傳諭各督撫，令其詳悉搜繳解京，併查明有無板片，一併解送銷燬。"⑥

四是不符合正統道德觀念的書。如四十年（一七七五）十一月十七日

①⑥ 《辦理四庫全書檔案》上册七二頁。

② 《辦理四庫全書檔案》上册四二頁。

③ 《辦理四庫全書檔案》上册五九頁。

④ 《辦理四庫全書檔案》下册四一頁。

⑤ 《辦理四庫全書檔案》下册二四頁。

詔曰:"宋穆修集有《曹操帳記》,語多稱頌,謬於是非大義,在所必删。"①又四十六年(一七八一)十一月初六日詔曰:"昨閲四庫館有朱存孝編輯《迴文類聚補遺》一種,内載《美人八詠》詩,詞意媟狎,有乖雅正。夫詩以温柔敦厚爲教,孔子不删鄭衛,所以示刺示戒也,故三百篇之旨,一言蔽以無邪。……朕輯《四庫全書》當採詩文之有關世道人心者,若此等詩句,豈可以體近香奩,概行採録,所有《美人八詠》詩,著即行撤出,至此外各種詩集内有似此者,亦著該總裁督同總校分校等詳細檢查,一併撤去,以示朕釐正詩體、崇尚雅醇之至意。"②在五十三年(一七八八)撤换銷燬的書中有《書畫記》一種,附注云:"此書係吴其貞撰,因書内所載春宵秘戲圖語涉猥褻,奏明應燬。"③

除全燬外,還有大量的書遭到撤燬、抽燬、删削。五十二年(一七八七)列有《應行撤燬、抽燬、删削各書》,今舉首二例:

> 一、《國史考異》係考訂明太祖、成祖兩朝國史之是非,其中引錢謙益之説甚多而不著其名,且詞相連屬,難以删削,應行撤燬。
>
> 一、《十六家詞》内,紀昀所指鄒祗謨《滿江紅》詞一首,辭意憤激,然並無謗訕之意,似可毋庸抽燬,惟書中有龔鼎孳所著詞一種。查龔鼎孳所著全集業經銷燬,不應復存此詞,應一律抽燬,改爲《十五家詞》。④

經過挖改的書當然更多,五十二年(一七八七)編有《各省督撫奏到挖改清單》:

> 江蘇省挖改過二百九十四部
> 安徽省挖改過一百八十九部

---

① 《辦理四庫全書檔案》上册三九頁。
② 《辦理四庫全書檔案》上册七七頁。
③ 《辦理四庫全書檔案》下册二四頁。
④ 《辦理四庫全書檔案》下册一一頁。

浙江省挖改過四百部

江西省挖改過三百十四部①

爲了便於各地搜繳禁書，四十三年（一七七八）五月二十六日，詔令四庫館編製禁書目録云："前經各省將查出應燬違礙各書陸續送京，經該館大臣派員查辦，分别開單進呈，請旨銷燬，所有應燬各書，着該館開單行知各督撫一併實力查辦。"②四十七年（一七八二）辦理《四庫全書》總裁福隆安等奏云：

其閲過奏定之全燬抽燬各本實在共七百八十九種，應請摘開書目，各注明撰人姓名彙刊成册，通行各該省，令其遍加曉諭，庶鄉曲愚民不敢冒昧收藏，自干法禁，而按目查考搜繳，更當浄盡，無復稍有遺留矣。謹另繕清單，一併進呈，俟發下，即交與武英殿刊刻頒發，嗣後如有應燬新本，再行隨時增刊續入，合併聲明。③

《四庫全書》館及各省編了《應行撤燬、抽燬、删削各書》《應銷燬各書清單》《全燬書籍清單》等衆多禁書目録。近人陳乃乾在清代辦理《四庫全書》過程中所編各種禁書目録的基礎上，删併重複，校補缺失，編成《索引式的禁書總録》，較爲完備。據該書統計，全燬書爲二千四百五十三種，抽燬書四百零二種，而收入《四庫全書》的，不含存目也不過三千四百六十一種。④ 需焚燬的書籍由《四庫全書》館總裁"酌派軍機滿漢司員眼同監看，在武英殿字爐儘數銷燬"。⑤所繳書版有的鏟改再用，有的則作爲柴燒。如四十五年（一七八〇）十月十六日，《四庫全書》館館臣奏云：

臣等遵旨將節年各省解到應行銷燬書板，分别鏟改應用及作爲

① 《辦理四庫全書檔案》下册一八頁。

②⑤ 《辦理四庫全書檔案》上册五六頁。

③ 《辦理四庫全書檔案》上册九〇頁。

④ 中華書局一九六五年本《四庫全書總目》卷首《出版説明》。

柴燒兩項，共有若干數目，並節省銀兩若干之處交查武英殿。兹據覆稱：乾隆三十八年十二月起至四十五年十月，共收到應燬版片五萬二千四百八十塊，俱係雙面刊刻，僅厚四五分不等，難以鏇用，節經奏明交造辦處玻璃廠，作爲硬木燒柴，共三萬六千五百三十斤，每千斤價銀二兩七錢，計共節省銀九十八兩六錢零。又四十五年十一月起至四十六年九月，共收到板片一萬五千七百五十九塊，現在逐加揀選，如有堪用者留用，餘統俟年底匯總，仍交玻璃廠作爲燒柴。①

在朝廷大興文字獄、禁燬圖書的影響下，一些封建衛道士也賣力地從事了禁書活動，如法式善云：

石韞玉字執如，負文章盛名，而實道學中人也。嘗謂余曰："吾輩著書，不能扶翼名教，而遇得罪名教之書，須拉雜摧燒之。"家置一書庫，名曰"孽海"。蓋投諸濁流，冀弗揚其波也。一日閱《四朝聞見録》，拍案大怒。急謀諸婦，脱臂上金跳脱，質錢五十千，遍收書，得三百四十餘部。將投諸火，余過其齋，怪而問之。……卒燒之②。

可見乾隆皇帝組織辦理《四庫全書》，既爲我國圖書整理工作作出了重大貢獻，又給我國文獻造成了一場浩劫。

丙　禁燬淫詞小説

清朝禁書還有一個重要特點就是持續不斷地禁燬所謂淫詞小説。早在順治九年（一六五二），世祖就嚴令："坊間書坊止許刊行理學政治有益文業諸書。其他瑣語淫詞及一切濫刻窗藝社稿，通行嚴禁，違者從重究治。"③康熙二年（一六六三）議准："嗣後如有私刻瑣語淫詞，有乖風化者，内而科道，外而督撫，訪實何書係何人編造，指名題參，交與該部議罪。"④康熙二十六年（一六八七），刑科給事中劉楷上疏云："自皇上嚴誅邪教，異

① 《辦理四庫全書檔案》上册七〇頁。

② 《槐廳載筆》卷一四。

③④ 《學政全書》卷七《書坊禁例》。

端屏息,但淫詞小説,猶流布坊間,有從前曾禁而公然復行者,有刻於禁後而誕妄殊甚者。臣見一二書肆刊單出賃小説,上列一百五十餘種,多不經之語,誨淫之書,販賣於一二小店如此,其餘尚不知幾何。"①於是聖祖再次下詔强調:"私行撰著淫詞等書,鄙俗淺陋,易壞人心,亦應一體查禁,燬其刻板。如違禁不遵,内而科道五城御史,外而督撫,令府州縣官,嚴行稽察題參,該部從重治罪。"②但這類淫詞小説不僅屢禁不止,而且越禁越多,以至康熙四十八年(一七〇九)復下詔云:"若該地方官不實心查拿,在京或經該部查出,外省或經督撫查出,將該管官員指名題參,一並治罪。"③康熙五十三年(一七一四)又降旨:

朕惟治天下以人心風俗爲本,而欲正人心厚風俗,必崇尚經學,嚴絶非聖之書。近見坊肆間多賣小説淫詞,鄙褻荒唐,瀆亂倫理,不但誘惑愚民,即縉紳子弟,未免游目而蠱心,傷風敗俗,所關非細,著該部通行中外,嚴禁所在書坊,仍賣小説淫詞者,從重治罪。④

清代禁燬淫詞小説,還寫進了法律條文,《大清律例》卷二十三《刑律賊盗上》云:

凡坊肆市賣一應淫詞小説,在内交與八旗都統、都察院、順天府;在外交督撫轉行所屬官弁嚴禁,務搜板書,盡行銷燬。有仍行造作刻印者,係官革職,軍民杖一百,流三千里。市賣者杖一百,徒三年,買看者杖一百。該管官弁不行查出者,交與該部按次數分别議處。仍不准借端出首訛詐。

清高宗禁燬淫詞小説更加嚴格,乾隆三年(一七三八)除下令重申上述法律條文外,還指出:

① 《皇清奏議》卷二二。
②④ 《學政全書》卷七《書坊禁例》。
③ 《聖祖實録》卷二三八。

凡民間一應淫詞小説，除造作刻印，定例已嚴，均照舊遵行外，其有收存舊本，限文到三月，悉令銷燬，如過期不行銷燬者，照買看例治罪。其有開鋪租賃者，照市賣例治罪。該管官員任其收存租賃，明知故縱者，照禁止邪教不能察緝例，降二級調用。①

乾隆十八年（一七五三），還專門下令禁燬《西厢記》《水滸傳》的滿文譯本，聲稱："似此穢惡之書，非惟無益，而滿洲等習俗之偷，皆由於此。如愚民之惑於邪教、親近匪人者，概由看此惡書所致。"因而下令將書及書版盡行燒燬，"如有私自存留者，一經查出，朕惟該管大臣是問"。② 十九年（一七五四）復指出，"《水滸傳》一書，應直省督撫學政行令地方官，一體嚴禁"。③從高宗開始，還特别强調查禁劇本，如四十五年（一七八〇）十一月二十八日，上諭軍機大臣等：

前各省將違礙字句書籍，實力查繳，解京銷燬。現據各督撫等陸續解到者甚多。因思演戲曲本内，亦未必無違礙之處，如明季國初之事，有關涉本朝字句，自當一體飭查。至南宋與金朝關涉詞曲，外間劇本往往有扮演過當以致失實者，流傳久遠，無識之徒或至轉以劇本爲真，殊有關繫，亦當一體飭查。此等劇本，大約聚於蘇、揚等處，著傳諭伊齡阿、全德留心查察，有應删改及抽撤者，務爲斟酌妥辦。並將查出原本暨删改抽撤之篇，一並粘簽解京呈覽。但須不動聲色，不可稍涉張皇。④

四十五年（一七八〇）十一月二十八日復詔云：

前因外間流傳劇本，如明季國初之事，有關涉本朝字句亦未必無違礙之處，傳諭伊齡阿、全德留心查察，斟酌妥辦。兹據伊齡阿覆奏，

①③　《學政全書》卷七《書坊禁例》。

②　《高宗聖訓》卷二六三。

④　《高宗實録》卷一一一八。

派員慎密搜訪,查明應删改者删改,應抽掣者抽掣,陸續粘簽呈覽。再查崑腔之外有石牌腔、秦腔、弋陽腔、楚腔等項,江廣閩浙四川雲貴等皆所盛行,請敕各督撫察辦等語,自應如此辦理。着將伊齡阿原摺抄寄各督撫閲看,一體留心查察,但須不動聲色,不可稍涉張皇。①

嘉慶七年(一八〇二)、十五年、十八年十月,均頒布過禁燬小説的命令,十八年十二月甚至下詔禁止開設小説坊肆,詔曰:"稗官野史……最爲人心風俗之害,屢經降旨飭禁。此等小説,未必家有其書,多由坊肆租賃,應行實力禁止。嗣後不准開設小説坊肆。違者,將開設坊肆之人以違制論。"②道光十四年(一八三四)二月,宣宗下詔强調禁燬傳奇、演義等書,其詔云:

近來傳奇、演義等書,踵事翻新,詞多俚鄙。其始不過市井之徒樂於觀覽,甚至兒童婦女,莫不飫聞而習見之,以蕩佚爲風流,以强梁爲雄傑,以佻薄爲能事,以穢褻爲常談;復有假托誣妄,創爲符咒、禳厭等術,蠢愚無識,易爲簧鼓,刑訟之日繁,奸盜之日熾,未必不由於此。嗣後各直省督撫及府尹等,嚴飭地方官實力稽查,如有坊肆刊刻,及租賃各鋪一切淫書小説,務須搜取板、書,盡行銷燬,庶幾經正民興,奇邪胥靖,朕實有厚望焉。③

咸豐元年(一八五一)七月,文宗曾專門下令禁燬《水滸傳》,上諭軍機大臣等:

有人奏湖南衡、永、寶三府,郴、桂兩州,以及長沙府之安化、湘潭、瀏陽等縣,教匪充斥,有紅簿教、黑簿教、結草教、斬草教、捆柴教等名目,每教分温良恭儉讓五字號,每號總領數百人至數千人。又有

① 《辦理四庫全書檔案》上册七一頁。
② 《仁宗實録》卷二八一。
③ 《宣宗實録》卷二四九。

齋匪，名曰青教，皆以四川峨嵋山會首萬雲龍爲總頭目，所居之處有忠義堂名號。……又據片奏，該匪傳教惑人，有《性命圭旨》及《水滸傳》兩書，湖南各處坊肆皆刊刻售賣，蠱惑愚民，莫此爲甚。並著該督撫飭地方官嚴行查禁，將書板盡行銷燬。①

同治十年（一八七一）六月，穆宗下令嚴禁坊本小説，以至所有小説都成了禁書。② 此外，光緒十一年（一八八五）、十六年（一八九〇）、二十六年（一九〇〇）都一再聲明對造刻淫詞小説者的懲處絶不減輕，③可見此事與清朝爲終始。

丁　查禁維新革命派著作

清末，禁燬圖書的重點轉向維新、革命派著作，但由於清王朝的急劇衰落，這些著作已經禁而不止了。

明末清初學者毛奇齡著《四書改錯》一書，對經文進行了批評，對傳統的注釋也進行了駁斥，因此遭到嚴禁，光緒二十年（一八九四）德宗下詔曰：

邵松年奏請崇正學一摺，據稱"毛奇齡所著《四書改錯》，自逞才辯，詆毁先賢，近來石印盛行，高明之士惑於其説，以程、朱爲不足法，請飭嚴禁"等語。《四書改錯》一書，有違正解，於士習人心，頗有關繫。現在河南既有此書，他省恐亦不免流播。著各直省督撫，出示嚴禁，不得再行出售。④

毛奇齡這部書傳世已久，却遲至光緒年間查禁，正説明當時思想界的動蕩不安。時隔不久，又嚴禁康有爲的《新學僞經考》。光緒二十四年（一八九八）德宗諭軍機大臣等：

---

① 《文宗實録》卷三八。
② 《穆宗實録》卷三一三。
③ 《定例匯編》卷一三一、一三七、一四七。
④ 《德宗實録》卷三四二。

有人奏“廣東南海縣舉人康祖詒刊有《新學僞經考》一書，詆毁前人，煽惑後進，於士習文教，大有關繫，請飭嚴禁”等語。著李瀚章查明，如果康祖詒所刊《新學僞經考》一書，實係離經畔道，即行銷燬，以崇正學而端士習。原片著鈔給閲看，將此諭令知之。尋兩廣總督李瀚章奏：“查明《新學僞經考》乃辨劉歆之增竄聖經，以尊孔子，並非離經。既經參奏，即飭自行抽燬。”①

而事實上，據《新學僞經考》一九一七年重印説明，可知該書於“甲午（一八九四）奉旨燬板，戊戌（一八九八）、庚子（一九〇〇）兩次奉旨燬板”。②

上述兩次禁書的方式還是比較温和的，戊戌變法失敗後，康、梁的著作遭到了全面徹底的禁燬。如光緒二十四年（一八九八）八月詔曰：“已革工部主事康有爲，學術乖謬，大悖聖教；其所著作，無非惑世誣民、離經畔道之言。著將該革員所有書籍板片，由地方官嚴查銷燬，以息邪説而正人心。”③除康有爲外，梁啓超、譚嗣同等人的著作也遭到了禁燬。人們都知道，康有爲以經學作爲維新的思想武器是受了四川綏定府教諭廖平著作的影響，因此廖平的著作也被列爲禁書，如光緒二十九年十月詔曰：“以離經畔道，行檢不修，革四川綏定府教諭廖平職，交地方官嚴加管束，並銷燬著刊各書。”④

隨着歷史潮流的汹涌澎湃，中華民族的一些優秀分子已經不是主張維新改革，而是要實行資産階級革命，推翻幾千年的封建專制制度。光緒二十九年（一九〇三）三月，鄒容寫成了《革命軍》一書，其開宗明義第一章就説：

掃除數千年種種之專制政體，脱去數千年種種之奴隸性質，誅絶五百萬有奇披毛戴角之滿洲種，洗盡二百六十年殘慘虐酷之大恥辱，

---

① 《德宗實録》卷三四四。

② 詳見《新學僞經考·重刻僞經考後序》。

③ 《德宗實録》卷四二七。

④ 《德宗實録》卷五二二。

> 使中國大陸成乾净土，黄帝子孫皆華盛頓，則有起死回生，還魂返魄，出十八層地獄，升三十三天堂，鬱鬱勃勃，莽莽蒼蒼，至尊極高，獨一無二，偉大絶倫之一目的，曰革命。巍巍哉，革命也！皇皇哉，革命也！①

由革命黨人章士釗主編的《蘇報》，對《革命軍》進行了大力宣傳，該報"新書介紹"欄評介《革命軍》説："其宗旨專在驅除滿族，光復中國。筆極犀利，文極沉痛，稍有種族思想者，讀之當無不拔劍起舞，髪冲眉竪。若能以此普及四萬萬人之腦海，中國當興也勃焉。是所望於讀《革命軍》者。"②

《革命軍》引起了清政府的恐慌與仇恨，於是興起了《蘇報》案，必欲置鄒容、章炳麟於死地而後快。光緒二十九年（一九〇三）十一月初六日，由上海知縣汪瑶庭、英領事館翟比南組成的額外公堂决處章炳麟、鄒容永遠監禁。有關章炳麟、鄒容的判詞如下：

> 至章炳麟作《訄書》並《革命軍序》，又有《駁康有爲》之一書，污蔑朝廷，形同悖逆；鄒容作《革命軍》一書，謀爲不軌，更爲大逆不道。彼二人者，同惡同濟，厥罪惟均，實爲本國律法所不容，亦爲各國公法所不恕。查律載："不利於國，謀危社稷，爲反；不利於君，謀危宗廟，爲大逆；共謀者不分首從皆凌遲處死。"又律載："謀背本國，潛從他國爲叛，共謀者不分首從皆斬。"又律載："妄布邪言，書寫張帖，煽惑人心，爲首者斬立决，爲從者絞監候。"如鄒容、章炳麟照律治罪，皆當處决。今逢萬壽開科，廣布皇仁，援照擬減，定爲永遠監禁，以杜亂萌而靖人心。俾租界一群不逞之徒知所警惕，而不敢爲非。③

然而領事團不同意這一判决，至光緒三十年（一九〇四）四月初七日，由會審公廨改判章炳麟監禁三年，鄒容監禁二年。鄒容不堪虐待，於次年二月

① 《革命軍》第一章《緒論》。

② 載一九〇三年六月十四日《蘇報》。

③ 《蘇報案紀事》卷下。

二十九日夜半病死獄中。然而鄒容的《革命軍》、章炳麟的《訄書》《駁康有爲論革命書》,恰恰因爲遭禁而擴大了影響。歷史的潮流是不可抗拒的,滿清政府乃至整個封建社會,時隔不久也就土崩瓦解了。

第二節 兵 燹

統治者出於政治上的需要,往往禁燬對於他們不利的那部分圖書,而保留甚至提倡對於他們有利的那部分圖書。而戰争則不同,兵火之中,玉石俱焚,歷代皆然。所以兵燹對公私圖書所造成的損失,往往更普遍更慘重。

一 兩 漢

西漢統治者改變了秦代焚書坑儒政策,開獻書之路,置寫書之官,以至宫廷藏書積如丘山,並且派劉向等人花了約二十年的時間加以整理,在我國文化史上作出了傑出的貢獻。遺憾的是他們所整理著録的三萬三千九十卷圖書,"王莽之末,又被焚燒"。① 王莽於更始元年(二三)敗死後,二年,劉玄入長安,"明年夏,赤眉樊崇等衆數萬人入關,立劉盆子;稱尊號,攻更始,更始降之。赤眉遂燒長安宫室市里,害更始;民饑餓相食,死者數十萬,長安爲虚,城中無行人,宗廟園陵皆發掘"。② 經此浩劫,宫中藏書自然遭到進一步破壞,所以《後漢書·儒林傳序》云:"昔王莽更始之際,天下散亂,禮樂分崩,典文殘落。"

東漢統治者繼續實行右文政策,宫廷藏書比西漢更爲豐富,然而最終也燬於兵火。《後漢書·儒林傳》云:

> 初,光武遷還洛陽,其經牒祕書載之二千餘兩,自此以後,參倍於前。及董卓移都之際,吏民擾亂,自辟雍、東觀、蘭臺、石室、宣明、鴻

---

① 《隋書》卷三二《經籍志》。

② 《漢書》卷九九《王莽傳》。

都諸藏，典策文章，競共剖散。其縑帛圖書，大則連爲帷蓋，小則制爲縢囊，及王允所收而西者，裁七十餘乘。道路艱遠，復棄其半矣，後長安之亂，一時焚蕩，莫不泯盡焉。

二　魏晉南北朝

魏晉南北朝時期，戰争頻仍，宫廷藏書不斷受到損壞，《隋書·經籍志》略云："魏氏代漢，並掇遺亡，藏在秘書中、外三閣。魏秘書郎鄭默，始製《中經》，秘書監荀勖，又因《中經》，更著《新簿》。"共著録圖書二萬九千九百四十五卷。終因"惠、懷之亂，京華蕩覆，渠閣文籍，靡有孑遺"。惠帝之時（二九〇至三〇六）有八王之亂；懷帝之時（三〇七至三一二），劉聰攻陷洛陽。這兩次戰亂，使魏晉宫廷藏書損失殆盡。

《隋書·經籍志》復云："齊永明中，秘書丞王亮、監謝朏，又造《四部書目》，大凡一萬八千一十卷。齊末兵火，延燒秘閣，經籍遺散。""梁武敦悦詩書，下化其上，四境之内，家有文史。"其後如牛弘所説：

> 侯景渡江，破滅梁室，秘省經籍雖從兵火，其文德殿内書史，宛然猶存；蕭繹據有江陵，遣將破平侯景，收文德（殿）之書及公私典籍，重本七萬餘卷，悉送荆州，故江表圖書，因斯盡萃於繹矣。及周師入郢，繹悉焚之。①

《三國要略》述蕭繹焚書事云："周師陷江陵，梁王知事不濟，入東閣行殿，命舍人高善寶焚古今圖書十四萬卷。欲自投火，與之俱滅，宫人引衣，遂及火滅盡。並以寶劍斫柱令折，嘆曰：'文武之道，今夜窮矣。'"②

《隋書·經籍志》又稱："後魏始都燕代，南略中原，粗收經史，未能全具。孝文徙都洛邑，借書於齊，秘府之中，稍以充實，暨於尒朱之亂，散落人間。"

---

① 《隋書》卷四九《牛弘傳》。

② 《太平御覽》卷六一九引。

從上述記載可知,南北朝皆因易代兵燹,使朝廷圖書掃地以盡。

三　隋唐五代

這一時期的宫廷藏書也未逃脱兵燹的厄運,隋文帝、煬帝均大規模地開展過聚書活動,而且也卓有成效,但是正如《隋書・儒林傳》序所説,"煬帝外事四夷,戎馬不息,師徒怠散,盜賊群起。……空有建學之名,而無宏道之實。其風漸墜,以至滅亡。方領矩步之徒,亦多轉死溝壑。凡有經籍,自此皆湮滅於煨燼矣"。唐著作郎杜寶《大業幸江都記》云:"煬帝聚書三十七萬,皆焚於廣陵,其目中並無一頁傳於後代。"①

唐代開元年間,玄宗曾大力開展過徵書活動,並對藏書進行過認真整理,撰成《群書四部録》二百卷,自後毋煚又略爲四十卷,名爲《古今書録》,著録圖書五萬一千八百五十二卷。而安史之亂與黄巢起義也給唐代文獻造成了重大損失,《舊唐書・經籍志》略云:

> 禄山之亂,兩都覆没,乾元舊籍,亡散殆盡。……開成初,四部書至五萬六千四百七十六卷。及廣明初,黄巢干紀,再陷兩京,宫廟寺署,焚蕩殆盡。曩時遺籍,尺簡無存。及行在朝諸儒購輯,所傳無幾。昭宗即位,志弘文雅。秘書省奏曰:"當省元掌四部御書十二庫,共七萬餘卷。廣明之亂,一時散失。後來省司購募,尚及二萬餘卷。及先朝再幸山南,尚存一萬八千卷。竊知京城制置使孫惟晟收在本軍,其御書秘閣,見充教坊及諸軍人占住。伏以典籍國之大經,秘府校讎之地,其書籍並望付當省校其殘缺,漸令補輯,樂人乞移他所。"並從之。及遷都洛陽,又喪其半。

唐代國家典藏事業經過這兩次戰争創傷,實際上已所餘無幾,故孫光憲云:"唐自廣明亂離,秘籍亡散。武宗已後,寂寞無聞,朝野遺芳,莫得遠播。"②

---

① 《揮麈後録》卷七。
② 《北夢瑣言序》。

五代時戰争頻繁，政權更迭，雖有藏書，也難逃劫火。兹舉一例，陳彭年《江南别録》云："南唐後主猶好儒學，故江左三十年文物，有貞元、元和之風。……元宗後主妙於筆札，好求古迹。宫中圖籍萬卷，鍾王墨迹猶多。城將陷，語所幸保儀黄氏曰：'此皆吾寶惜，城若不守，爾可焚之，毋使散逸。'及城陷，黄氏皆焚之，時乙亥歲（九七五）十一月也。"①

四　宋　元

胡應麟云："宋世圖史，一盛於慶曆，再盛於宣和，而女真之禍成矣。三盛於淳熙，四盛於嘉定，而蒙古之師至矣。"②北宋國家藏書多亡於靖康之難，佚名《靖康要録》卷十四稱：靖康二年（一一二七）四月二日，金人挾徽、欽二宗北去，其行甚遽，"營中遺物甚多，朝廷差户部拘收，象牙一物，至及二百擔。他不急之物稱是。秘閣圖書，狼籍泥中。書史以來，安禄山陷長安以後破京師者，未有如今日之甚。二百年來蓄積，自是一旦掃地"。③ 南宋國家藏書爲元人掠奪，我們在本編第三章《圖書收集》第二節《搜集的方法》中已述及，兹不贅言。

兵燹同樣也會給私家藏書造成重大損失，這一點在靖康之難中表現得猶爲鮮明，兹以宋代爲例。葉夢得云："吾家舊藏書三萬餘卷，喪亂以來，所亡幾半。"④晁公武云："公武家自文元公以來，以翰墨爲業者七世，故家多藏書。至於是正之功，世無與讓焉。然自中原無事時，已有大厄，及兵戈之後，尺素不存。"⑤陸游《跋京本家語》云："本朝藏書之家，獨稱李邯鄲公、宋常山公，所蓄皆不減三萬卷，而宋書校讎，尤爲精詳，不幸兩遭回禄之禍，而方策掃地矣。李氏書屬靖康之變，金人犯闕，散亡皆盡。收書之富，獨稱江浙，繼而胡騎南騖，州縣悉遭焚劫，異時藏書之家，百不一

---

① 《南唐書》卷六《保儀黄氏傳》所載略同。

② 《少室山房筆叢》卷一《經籍會通一》。

③ 李心傳《建炎以來繫年要録》卷四亦有類似記載。

④ 《避暑録話》卷上。

⑤ 衢本《郡齋讀書志自序》。

存,縱有在者,又皆零落不全。”①周密云:“宋承平時,如南都戚氏、歷陽沈氏、廬山李氏、九江陳氏、番陽吴氏。……皆號藏書之富。邯鄲李淑五十七類二萬三千一百八十餘卷,田鎬三萬卷,昭德晁氏二萬四千五百卷,南都王仲至四萬三千餘卷,而類書浩博若《太平御覽》之類復不與焉。次如曾南豐及李氏山房亦皆一二萬卷,然其後靡不厄於兵火者。”②李清照《金石録後序》記述了自家藏書遭劫的情況,爲人所共知,兹不備引。

金國的私家藏書也因兵燹而遭到重大損失,元好問之《故物譜》記述了蒙古與金之間的戰争導致其藏書遭到焚蕩的情況,略云:

> 余家所藏書,宋元祐以前物也。貞祐丙子(一二一六)之兵,藏書壁間得存。兵退,余將奉先夫人,南渡河,舉而付之太原親舊家。自餘雜書,及先人手寫《春秋》、三史、《莊子》《文選》等,尚千餘册;並書百軸,載二鹿車自隨。是歲寓居三鄉,其年十月,北兵破潼關,避於女几之三潭。比下山,則焚蕩之餘,蓋無幾矣。③

元末的私家藏書同様也受到了戰争的影響,如元順帝至正二十一年(一三六一),夏庭芝跋《封氏聞見記》云:“余素有藏書之癖,凡親友見借者,暇日多手鈔之。此書乃十五年前所鈔者,至正丙申(一三五六)歲,不幸遭時艱難,烽火四起,煨燼之餘,尚存殘書數百卷。今僻居深村,賴以自適,不負愛書之癖矣。”④

五　明

明代政權持續了二百七十餘年,其豐富的宫廷藏書終不免農民起義時的兵燹厄運,姜紹書記其事云:

---

① 《渭南文集》卷二八。

② 《齊東野語》卷一二。戚氏名同文,沈氏名立,李氏、陳氏、吴氏名待考,曾南豐名鞏,李氏山房爲李公擇藏書處。

③ 《元遺山集》卷三九。

④ 《雅雨堂叢書》本《封氏聞見記》附有此跋。

內閣秘府所藏書，雖殊寥寥，然宋人諸集，十九皆宋板也，書皆側疊，四周外向，故雖遭蟲鼠，噢而未損，但文淵閣製既卑狹，而牖復暗黑，抽閲者必秉炬以登，内閣輔臣，無暇留心及此；而翰苑諸君，世所稱讀中秘書者，曾未得窺東觀之藏，至李自成入都付之一炬，良可嘆也！①

全祖望也談到了明末兵火給文淵閣藏書所造成的重大損失。其《鈔永樂大典記》云："若一切所引書，皆出文淵儲藏本。自萬曆重修書目，已僅十之一。繼之以流寇之火，益不可問。聞康熙間崑山徐尚書健庵，以修《一統志》言於朝，請權發閣中書資考校，寥寥無幾。"②

明代私家藏書遭到倭寇騷擾而損失慘重是新出現的一種現象，受到損害的藏書家甚多，如顧炎武云："炎武之先家海上，世爲儒。當正德之末，而寒家已有書六七千卷。嘉靖間，家道中落，而其書尚無恙。先曾祖繼起，爲行人，使嶺表，而倭闌入江東郡邑。所藏之書，與其室廬，俱焚無孑遺焉。"③再如嘉慶《松江府志》卷五十二《古今人傳》云："黄標，字良玉，上海人，藏書甚富，翻閲不倦，叩以奥義僻事，具即響答。標輯《古今説海》一百四十二卷，選《文裕集》一百卷；所著《書學異同》二十二卷，縣志稿十卷，俱毀於倭。"

明代私家藏書受到明末戰争的摧殘也非常嚴重。錢謙益嘗云："海内藏書之富，莫先於諸藩。今秦、晉、蜀、趙熸矣；周藩之竹居，寧藩之鬱儀，家藏與天府埒；今皆無寸蹏片紙矣。汶、洛、齊、楚之間，士大夫之所藏，又可知也。……兵火焚掠，彌亘四方，今則奇書秘册，灰飛烟滅，又不知其幾何也？世變淩遲，人間之圖書典記，日就澌滅；今日之流傳委巷，册兔園者，覆醬瓿者，安知異日不爲酉陽之典，而羽陵之蠹乎？"④鄭元慶、范鍇《吴興藏書録·後林潘氏書目》云："中丞公曾紘，有意汲古，廣儲縹緗，視

① 《韻石齋筆談》卷上。

② 《鮚埼亭集外編》卷一七。

③ 《亭林文集》卷三《鈔書自序》。

④ 《有學集》卷二六《千頃齋藏書記》。竹居爲朱勤美字，鬱儀爲朱謀㙔字。

學中州,羅致更夥,鼎革時遭劫,士兵至以書於溪中疊橋爲渡,以搬運什物,書之受厄至此,書目已不復存。"全祖望也談到了其先輩藏書的不幸遭遇:"國難作,盡室避之山中。藏書多,難挈以行;留貯里第,則爲營將所踞。方突入時,見有鉅庫,以爲貨也。發視則皆古書,大怒,付之一炬。"①也有迫於形勢而自焚藏書的。如方象英《健松齋集·項淑美傳》云:"其夫方希文,奔甲申之難。希文雅好古,圖書萬軸,悉載以往。五月四日,希文他出,兵驟至。……烈婦積書左右,坐其中,火焚書盡,烈婦死。"②這類情事,並非僅見。

六　清

清代中葉以後,宫廷藏書屢遭兵燹,在太平天國戰争中,《四庫全書》損失嚴重,揚州文匯閣書被焚,鎮江文宗閣書也遭燬,莫友芝上曾國藩書記其事云:

> 奉鈞委探訪鎮江、揚州兩閣四庫書,即留兩郡間二十許日,悉心諮問,並謂閣書向由兩淮鹽運使經管,每閣歲派紳士十許人,司其曝檢借收。咸豐二、三年間,毛賊且至揚州,紳士曾呈請運使劉良駒籌費,移書避深山中,堅不肯應。比賊火及閣,尚扃鑰完固,竟不能奪出一册。鎮江閣在金山,僧聞賊將至,亟督僧衆移運佛藏避之五峰下院,而典守書閣者揚州紳士,僧不得與聞,故亦聽付賊炬,惟有浩嘆。③

咸豐十年(一八六〇),太平軍攻占杭州,文瀾閣燬於兵,所藏《四庫全書》自然也遭到厄運,幸有丁申、丁丙兄弟等搜檢葺補,始得保全,詳見本編第一章《典藏學的建立與典藏的功用》第二節《典藏的功用》四《典藏與文獻保存》。同年英法聯軍侵占北京,火燒圓明園,藏於圓明園文源閣的《四庫

---

① 《鮚埼亭集外編》卷一七《雙韭山房藏書記》。

② 見俞樾《薈蕞編》卷一五。

③ 《探訪鎮江、揚州兩閣〈四庫全書〉上曾國藩書》。原函現存南京圖書館。

全書》以及其他典籍，自然也被付之一炬，焚餘之物散佚各處。葉昌熾云："咸豐庚申（一八六〇）英人焚淀園，京師戒嚴，持朱提一笏，至廠肆即可載書兼兩，仁和朱修伯先生得之最多。"①

義和團運動與八國聯軍侵占北京，清政府翰林院所藏《永樂大典》損失尤爲慘重。繆荃孫《永樂大典考》云：

> 原書萬餘册，恭庋（翰林院）敬一亭。蛛網塵封，無人過問。咸豐庚申（一八六〇）與西國議和，使館林立，與翰林院密邇，書遂漸漸遺失。光緒己亥（一八九九）重修翰林院衙門，庋置此書，不及五千册，嚴究館人，交刑部斃於獄，而書無著。……庚子（一九〇〇）拳匪倡亂，燬翰林院，以攻使館之背，舊所儲藏，均付一炬，大典遂一册不存。②

雷震亦云："庚子（一九〇〇）拳亂後，四庫藏書，散佚過半，都人傳言：英、法、德、日四國運去者不少。又言洋兵入城時，曾取該書之厚二寸許、長尺許者，以代磚，支墊軍用等物。武進劉葆真太史拾得數册，閱之則《永樂大典》也，此真斯文掃地矣。"③據張忱石統計，目前尚存國外的《永樂大典》，日本東洋文庫等共有一百零八卷，美國國會圖書館等共有一百零二卷，英國大英博物館等共有八十卷，德國柏林人種博物館等共有十三卷。④ 從中約略可見八國聯軍掠奪《永樂大典》的情況。

戰争也給清代私家藏書造成了巨大的損失。首先是清初戰争。黄宗羲嘗云："江右陳士業，頗好藏書。自然所積不甚寂寞。乙巳（一六六五）寄弔其家，其子陳澎書來，言兵火之後，故書之存者，惟熊勿軒一集而已。"⑤黄宗羲還談到了自己藏書損失的情況：

---

① 《藏書紀事詩》卷六《朱澂子清》。

② 《國粹學報》一九〇八年四卷第十八期。

③ 《新燕語》卷上。

④ 《永樂大典史話》附録二《現存〈永樂大典〉卷目表》。

⑤ 《南雷文約》卷四《天一閣藏書記》。熊勿軒一集指宋熊禾《熊勿軒先生文集》。

> 乙酉(一六四五)入山,輦載所藏書不下數萬卷。鐵騎一來,屯札於敝居石河,一勺一粒一絲一縷俱盡。而所藏書悉被割剥掃扯,裂作紙甲數千,煤痕丹點,離離駃騠之背,餘以支枕藉地。數萬縹緗,淪於一旦。平生所輯,有《明文類鈔》一書,三十年訪求於南北,詩文羅網幾盡,今亦付之流水矣。①

其次是太平天國之役。如佚名《焚書論》云:"余生不幸,雖未坑儒,業已焚書,所見者洪逆之亂,所至之地,倘遇書籍,不投之於溷廁,即置之於水火。遂使東南藏書之家,蕩然無存。"②陳登原嘗記天一閣藏書被焚情況云:

> 嘉慶十三年(一八〇八)阮元爲《天一閣書目記》,尚致其故家喬木之敬,然至光緒己丑(一八八九),薛福成編《見存書目》時,其凡例第三條即言:"閣書經兵燹後,完善者鮮。今於全者注全,缺者注缺,以副命名之意。"細案所謂見存,不及舊目十之四矣。馮孟顓先生爲余言:"同治元年(一八六二),長髮軍之占領寧波也,閣中收藏,零落可憐。鄞縣南之奉化唐墺,舊有還魂紙廠,專收破碎無用之故紙,轉製粗糙之紙,以爲市物包裹之用。離亂之時,覬覦閣書者,即得書亦無所用其賣買,於是有議斤籍兩,以故紙之價,市之於唐澳紙廠者。"案此事亦載繆荃孫《天一閣始末記》,似所陳並無失實。③

徐時棟亦云:"古今藏書之家,無不厄於兵火……余自弱冠即好購書,二十餘年亦將十萬餘卷。咸豐十一年(一八六一)遭粵寇,在煙嶼樓者,盡爲人竊掠;其在城西草堂者,尚五六萬卷。同治二年(一八六三)十一月二十九日,草堂焚如,皆灰燼矣。而奉化人有於亂後出數千金,買天一閣書,别爲

---

① 《賴古堂尺牘新鈔·宏緒與櫟園書》。宏緒姓陳,櫟園爲周亮工。

② 《紀聞類編》卷四。

③ 《古今典籍聚散考》卷二《兵燹卷》第九章《清代中葉之亂與典籍聚散》—《天一閣海源閣與咸豐兵燹》。繆荃孫文載《藝風堂文漫存》卷三。

屋藏之；亦於十一月此旬中被火。”①

山東聊城楊氏海源閣爲晚清四大藏書家之一。有《海源閣書目》六册，計經史子集四部書三千二百三十六部，二十萬八千三百卷有奇；《宋元本書目》一册，計書四百六十四部，一萬一千三百二十八卷。② 海源閣書迭遭戰爭創傷，是私家藏書深受兵燹之禍的代表，今亦略述如下。

其書首先在咸豐辛酉年（一八六一）遭到了捻軍的損害，楊紹和跋宋本毛詩云：

> 辛酉皖寇擾及齊魯之交，烽火亘千里，所過之處，悉成焦土。二月初，犯肥城西境，據余華跗莊陶南山館一晝夜。自分珍藏圖籍，必已盡付劫灰，及寇退，收拾燼餘，幸猶十存五六，而宋元舊槧所焚獨多，且經本尤甚。此本只存卷十八至末三卷，監本只卷首至十一而已。③

民國十八年（一九二九）土匪王金發率兵占領海源閣，造成了楊氏藏書的第二次重大損失，王獻唐述其事云：

> 迨去年（一九二九）七月十日，王金發復陷縣城，其司令部即設在楊氏宅内。隨帶之書記官參謀，聞有蘭山樊天民、堂邑楊道南，均係前清生員，頗知書本。將海源閣宋元秘笈及金石書畫，擇優掠去。余抵海源閣時，見其書籍零落，積塵逾寸。宋本《史記》，殘餘一册，宋本咸淳《臨安志》，殘餘二册，均散置地上，與亂紙相雜，字畫碑帖，僅餘軸木夾板，中心多被撕去，藏硯數十方，只存硯盒，所有硯石，亦無一幸免。楊至堂畫像一軸，撕裂如麻，投置几下。黄蕘圃手校宋本《蔡中郎集》，爲海源閣刻原本，第四册後頁，亦以拭抹鴉片烟簽，涂污滿紙，以鎮庫之珍籍，損壞如此，可爲痛心！其家人並謂匪徒每以閣上

① 《煙嶼樓筆記》卷六。

② 參見王獻唐《聊城楊氏海源閣藏書之過去現在》六《藏書數目》。

③ 《楹書隅録》卷一。

書籍炊火，舊書不易燃燒，憤言：誰謂宋版本書可貴？此均以毛頭紙印之，並不爇火也。①

民國十九年（一九三〇），海源閣再次遭到匪劫，此次損失更加慘重，王獻唐《海源閣藏書之損失與善後處理》一文作了詳細介紹：

聊城楊氏海源閣藏書，近年迭遭匪亂，以前損失情形已於曩著《聊城楊氏海源閣藏書之過去現在》小册子中，略盡梗概。當時報告，均爲實際勘查情形，其事實亦截至勘查完畢時爲止。自此小册子刊布後，一年之間，楊氏藏書，又繼續遭受匪禍，損失益多，今以調查所得，備述於下。

當予勘查回濟後，政府當局對善後處置辦法，曾有一度之决議。正在辦理，該處附近土匪蜂起，道路阻斷。既而匪徒占據聊城，即盤踞海源閣内。土匪去後，又有招撫改編之軍隊入城，此去彼來，繼續不斷，亦不能一一詳其姓字，但知攫書最多者，爲一王冠軍而已。

……土匪占據聊城時，日常以楊氏書籍出售，購者隨意予價，略不計較。有時割裂包物煮飯，或帶出作枕頭使用。但仍不及百分之一，以楊氏藏書過多故也。及王冠軍以其新收編之軍隊入城，素稔楊氏藏書美富，價值又昂；既從天津請一書籍古玩專家號稱“九爺”者來聊，盡檢善本及一切有價值之書籍碑帖字畫，囊括而北。同時以窩匪名義，窮搜城内外居民，凡私家書帖古玩，亦爲之一網打盡。並聞楊氏宋本咸淳《臨安志》八册半篋，爲土匪帶入民家枕頭。後以王軍搜查，恐遭連累，即將《臨安志》火焚，並將書篋劈碎煮飯。余前往勘查，僅見《臨安志》二册，書篋尚存；此次忽又增出四册，頗不可解。要之海源閣藏書，當以此次爲過去唯一之浩劫矣。②

① 《聊城楊氏海源閣藏書之過去現在》七《海源閣藏書之損失及其現狀》。又見《山東省立圖書館叢刊第一種》。

② 《山東省立圖書館季刊》第一期。

一九三一年一月十六日《中央日報》載該報記者報道海源閣復遭匪劫的具體情況亦云：

> 去歲王匪冠軍入據聊城，司令部即設海源閣内，爲楊氏藏書最大破壞時期。王匪除將楊氏藏書運走大批外，焚燬者尤居多數，甚至做飯用書燒火，睡覺用書作褥，吸大烟用書，擦槍、拭燈、擦桌子、擦鼻子無不以書爲之，致價逾連城之古書，幾破壞浄盡，實爲摧殘中國文化之第一大罪人。

關於海源閣藏書的下落，劉文生供稿、政協文史組整理之《海源閣藏書概述》云：

> 海源閣收藏的主要宋、元珍本，於一九二七年經楊敬夫移藏天津。其所藏書，明、清板本後來移於濟南楊氏新居。其宋、元珍本若干種，一九三一年曾以八萬銀元抵押給天津某私人銀行，以後輾轉歸北京圖書館。濟南所藏明、清板本書籍，則歸山東圖書館。也有部分書籍流散到全國其他著名圖書館。①

第三節　變　賣

黄宗羲云："近來書籍之厄，不必兵火。無力者既不能聚，聚者亦以無力而散，故所在空虚。屈指大江以南以藏書名者，不過三四家。"②可見除禁燬、兵燹外，由藏書家本人及其子孫或其他人變賣，也是圖書亡佚的重

① 《聊城文史資料選輯》第一輯。欲知其詳可參見北平圖書館《本館收購海源閣遺書始末記》，載《圖書季刊》新七卷一、二合刊，及邵養軒《海源閣藏書聚散始末記》，藏《教育短波》(復刊)第一卷第六期。丁延峰《海源閣藏書研究》，商務印書館二〇一二年版。

② 《南雷文約》卷四《天一閣藏書記》。

要原因之一。出賣藏書最普遍的緣故是藏書家本人及其後人迫於經濟壓力不得已而爲之。也有藏書家身後，子孫未能充分認識藏書的價值，因而管理不善，而由自己或其他人將藏書輕易出售的，金孝章詩云："君不見東鄰老翁富田畝，日困催科容瘠黝，盡將珍玩售塗人，尚恐愆期遭吏毆。又不見西家主人書滿屋，高弆不觀供鼠宿，子孫持賣不論錢，蟫走塵封亂繩束。"①説的就是後一種情況。今亦略依時代舉例如下。

北宋初，江正藏書甚多，惜爲子孫所敗。王明清云："江氏名正，字元肅，江南人。太祖時，同樊若水獻策取李氏，至比部郎中。嘗爲越州刺史，越有錢氏書，正借本謄寫，遂併其本有之，及破江南，又得其逸書。兼吴越所得，殆數萬卷。老爲安陸刺史，遂家焉。盡輦其書，築室貯之。正既殁，子孫不能守，悉散落於人間。火燔水溺，鼠齧蠹棄，並奴僕盜去，市人裂之以藉物。有張氏者，所購最多；其買乃用以爲爨，凡一篋書，爲一炊飲。江氏書至此窮矣。"②

明代秀水藏書家蔣之翹因貧困而不得不售書，盛楓云："之翹少應郡邑試，爲奸人所誘，罣誤終身。乃致力古學，游焦竑之門，注釋《離騷》，復正《晉書》訛謬，注韓、柳集行世。國破時家漸貧，授徒自給，困益盛。變而爲賈，復大折閲。乃出所藏書，售之同里侍郎曹溶。閉户不問世事，採本郡人詩爲《檇李詩乘》四十六卷。"③

明末清初，錢謙益售宋本兩《漢書》也是一個突出例子。其《致李孟芳書》談到他在崇禎十年（一六三七）欲售書毛晉，略云："空囊歲莫，百費蝟集，欲將弇川家《漢書》絶賣與子晉，以應不時之需。"④該書後來賣給了四明（今寧波）謝象三，其《跋前後漢書》云：

> 趙文敏家藏前、後《漢書》，爲宋槧本之冠，前有文敏公小像，太倉王司寇（世貞）得之吴中陸太宰家，余以千金從徽人贖出，藏弆二十餘

① 《藏書紀事詩》卷三《王迺昭》引所藏鈔本《沈石田詩》黄丕烈跋中語。

② 《揮麈後録》卷五。

③ 《嘉禾徵獻録》卷一五。

④ 《錢牧齋先生尺牘》卷三。

年,今年鬻之四明謝象三,床頭黄金盡,生平第一殺風景事也。此書去我之日,殊難爲懷。李後主去國,聽教坊雜曲,揮淚對宫娥一段悽涼景色,約略相似。①

有一女子名陳坤維因厨下乏米而賣書題詩頗獲人同情。厲鶚有和女士陳坤維賣《元人百家詩》一篇,題云:“桑弢甫水部買得《元人百家詩》,後有小牋黏陳氏坤維詩。蓋故家才婦以貧鬻書者,惜不知其里居顛末爾。”陳坤維原作云:“典及琴書事可知,又從案上檢元詩。先人手澤飄零盡,世族生涯落魄悲。此去雞林求易得,他年鄴架借應癡。亦知長别無由見,珍重寒閨伴我時。”注云:“丁巳九月九日厨下乏米,手檢《元人百家詩》付賣,以供饘粥之事,手不忍釋,因賦一律賸之。陳氏坤維題。”②此事當亦發生在明末清初。

乾隆間江藩也曾以書易米,嘗云:“藩昔年聚書與太史相埒。乾隆乙亥(一七五五)、丙子(一七五六)間,頻遭喪荒,以之易米,書倉一空。自我得之,自我失之,夫復何恨?”③

清末江標,字建霞,也曾鬻書,葉昌熾稱:“建霞童時讀書外家,舅氏華笛秋先生,名翼綸,家富藏弆,耳濡目染,遂精鑒别。研精許學,酷嗜鼎彝文字,所作篆籀,皆有古法,書畫篆刻,旁逮天算格致,一見輒能深造,殆有宿慧。家本寒素,不善治生,起居服御如豪貴家,屢諷之而不能改也。京秩本清苦,長安又不易居,所得古器及宋元精槧名畫,輒以易米。”④王欣夫曾見到過他的售書目録,現照鈔如下:

昔年於懸橋老書賈楊馥堂處,見建霞手書目録一紙,係當時託爲代售者。靈鶼閣著録無考,得此可窺豹一斑,兹録於下:

宋刻《通鑑》殘本七十餘卷,即常熟瞿氏所藏之半,兩匣,二百兩。

---

① 《初學集》卷八五。

② 《樊榭山房續集》卷三。

③ 《石研齋書目序》。太史,指石研齋主人秦恩復。

④ 《藏書紀事詩》卷七《江標建霞》。

《讀史管見》，宋刻宋印，三十本，一百兩。《古文集成》，宋刻宋印，明袁潄六藏本，亦即《四庫(全書)》所收原本，此書天下無第二部，二十本，一百兩。寶祐本《晉書》，即九行十六字本，罕見，略缺數卷，六十本，二百兩。宋本《楊子》二本，一匣，四十兩。宋本《鹽鐵論》二本，一匣，八十兩。宋本《中説》三本，一匣，三十兩。宋巾箱本《論語注疏》，即廖瑩中刻本，罕見，廿四本，四函，一匣，二百四十兩。元本《李太白集》八本，一匣，七十兩。元本《王右丞集》六本，一匣，四十兩。《華陽國志》，陳仲魚校鈔，四本；《語林》，黄校、周校，一本。《山窗小□》，黄校，一本，共一千五百兩。屈翁山《崇禎宫詞》、顧雲美《三吴舊語》、元本《廣韻》、元本《禮記集説》，共四百兩。元刻巾箱本十六卷本《禮記集説》二十本，有缺頁，銀一百兩；此刻尚在未改十卷本之前，罕見之本，刻印精緻，無異宋槧。《疑年録》一本，趙鈔校本；《吴郡志》十本，《剡録》二本；《咸淳重修毘陵志》六本，黄校明鈔；《洛陽伽藍記》一本，毛、黄校本；《書鈔閣藏書跋語》一本，鈔《書鈔閣叢鈔》本；《西畇寓目編》六本，鈔；《西溪叢語》二本，黄校鴸鳴館本；《春渚紀聞》二本，黄校；《貴耳集》一本，鈔；《唐摭言》二本、《澠水燕談録》二本，黄、顧校；《詩品》一本，明鈔黄校；《張子野詞》一本，鈔校；《稼軒長短句》二本，明刊陸校；《樂府雅詞》四本，舊鈔；《三代詞綜》十八本，王評點本。①

現代鬻書現象也屢見不鮮，倫明《辛亥以來藏書紀事詩·鄧邦述》云：“江寧鄧孝先(邦述)得黄蕘圃藏《群玉》《碧雲》二集，因自名藏書之所曰‘群碧樓’。先編《群碧樓書目》九卷，重編《群碧樓善本書目》六卷、《寒瘦山房鬻存書目》七卷。蓋君曾以書之一部歸中央研究院，得值二萬金，所鬻余者，别爲之目也。君自序稱‘昔借債以買書，今鬻書以償債’，嗜書者有同慨焉。”周叔弢亦云：

曩者江都方無隅先生常戲稱：“買書一樂，有新獲也；賣書一樂，

① 《藏書紀事詩(附補正)》卷七《江標建霞》。

得錢可以濟急也；賣書不售一樂，書仍爲我有也。”余今續之曰：購書一樂，故友重逢，其情彌親也。此中消息，故難爲外人道，惜不能起無隅先生於九泉而一證之。①

最令人痛心疾首的是將圖書售予國外，影響最大的要算吴興陸氏皕宋樓藏書售予日本岩崎氏静嘉堂文庫。日人島田彦楨《皕宋樓藏書源流考並購獲本末》②言之甚詳，董康《刻〈皕宋樓藏書源流考〉題識》略云：

今春（一九〇七）彦楨馳書相告，岩崎文庫以日金十一萬八千圓購陸氏書有成議。余初謂陸氏爲吴興旺族，剛甫觀察逝世未久，何至貨及遺書？嗣彦楨寄示《皕宋樓藏書源流考》，並屬附梓《訪餘録》内（彦楨游中國，觀瞿、楊、丁、陸四藏書家所記），始信其事果實。按陸氏《藏書志》所收，俱江浙諸名家舊本，古芬未墜。異域言歸，反不如臺城之炬，絳雲之燼，魂魄猶長守故都也。爲太息者累日。③

盛昱，别號伯希，清初肅親王豪格之後，丁丑（一八七七），官至國子監祭酒，邸有意園，身後圖書字畫也輾轉賣給國外，鄧之誠云：

盛伯希祭酒，自謂所藏以宋本《禮記》《寒食帖》、刁光胤《牡丹圖》最精，爲三友，身後爲其養子善寶斥賣，至今意園已爲日人中山商會所有，蓋無餘物矣。三友以壬子（一九一二）夏歸於景樸孫，後《禮記》爲粤人潘明訓所得；《寒食帖》歸於日本人菊池惺堂；《牡丹圖》初歸蔣孟蘋，復賣於美國人。有得當時善寶與景所立契約，言“今將舊藏宋板《禮記》四十本，黄蘇合璧《寒食帖》一卷，元人字册一十頁；刁光胤《牡丹圖》一軸，及《禮堂圖》一軸，情願賣與景樸孫先生，價洋一萬二千元正，絶無反悔，日後倘有親友，欲收回各件，必須倍價，方能認可，

① 《暖翁藏書題識》，載《文獻》一九八〇年第三輯。

② 載《國粹學報》一九〇八年總第四十四期。

③ 《皕宋樓藏書源流考》卷末。

恐空口無憑,立此爲據。善寶押。舊曆壬子(一九一二)年五月二十日"。蓋祭酒爲肅宗,景慮後患,故要約爲此。①

陶湘也將其所藏叢書售給了日本京都文化研究所。雷夢水《書林瑣記·涉園藏書聚散考略》云:

陶氏藏書,其間聚散只三十年左右。清末開始購藏,當時生活豐裕,不惜重金滿足所好。適至民國二十年後,又爲生活所迫,故將全部藏書陸續散出。《輟耕録》與《程氏墨苑》兩書售歸鄭西諦。一九三三年,北京文友堂書店以四萬元購妥其所藏毛氏汲古閣刊書約一百二十種及明閔齊伋、凌濛初刊本書一百二十八種和殿本開花紙書一百餘種。陶氏所藏書皆係寬大初印,書品潔净,墨色十足,裝訂古雅美觀。此後陶氏以售價太廉則不售,文友堂與其興訟。經董授經先生調解,結果只將殿板開花紙書一百數十種以原價四萬元歸文友堂,其中包括平定各省的方略二十種。經易培基介紹售歸廣東中山大學圖書館十餘種,其餘十餘種係松筠閣由日人松村太郎介紹售歸日本東洋文庫。又叢書部分則由陶氏親自售於日本京都文化研究所。該所所編之《漢籍目録》叢書部分即陶氏舊藏。陶氏餘下之汲古閣刻書以及閔、凌二氏刻書售歸滿族榮厚。榮厚字叔章,僞滿銀行總裁。榮氏因得此一批精本,特辟一室儲藏,故名其室曰"萃閔室"。其後此批書經魏麗生以萬元轉售於溥儀。聞魏氏云:日本投降後,僞滿瓦解,溥儀被逮,這批珍貴的祖國文化遺産竟告失踪,疑燬於火,令人痛惜。②

造成圖書亡佚現象,還有失竊、借而不還以及自然災害如火災、水災、鼠嚙、蟲蝕、霉爛等原因,我們將在下一章結合圖書保護措施來談這個問題。

---

① 《骨董續記》卷一《盛伯希收藏》。
② 《學林漫録》第九集。

第五章　圖書保管

爲了充分發揮藏書的作用，防止散佚，各藏書單位自來都在努力做好圖書保管工作，今分入藏、保護、建築三部分概述之。

第一節　入　藏

由入藏到陳列，還有一系列不可或缺的工作要做：

一　修　補

新書當然不需要修補，入藏圖書非皆新刊，多收舊籍。時代愈古，價值往往愈高，而古舊圖書每多破損，於是藏書家普遍重視圖書修補工作。如葉德輝《藏書十約・裝潢》云："書不裝潢，則破葉斷綫，觸手可厭。余每得一書，則付匠人裝飾。今日得之，今日裝之，則不至積久意懶，聽其叢亂。"

書籍污損殘缺的現象是會經常發生的。有的書因閲讀時不慎，留下茶水、墨水、蠟油等痕迹，或爲兒童所塗污。有的書由於經常翻閲，以致書口裂開。有的書長期受到風吹日曬，紙張，特别是一些封面變得焦脆異常，觸手即破。有的書放在空氣不流暢、陽光不充足的地方，往往會被鼠咬蟲蛀。有的書長期放在潮濕的地方，以至霉變、腐朽，或書頁粘連，無法揭閲。有的書頁鈐印部分被截去。有的書序跋等能説明版本的内容被書賈裁去，以充古本。還有的書在流通的過程中失去了一些册葉。至於斷綫,掉了封皮,壞了書簽的現象更是常見。

此外,遇到特殊情況也會造成圖書的損壞,則其修復工作更爲艱巨。如一九七四年七月二十八日,國家文物局等單位在山西應縣佛宫寺木塔内釋迦塑像中,發現了一批遼代文獻和一具黄鼠狼尸體。有的經卷粘在一起,有的又被弄得粉碎,顯然是偶入塑像内的黄鼠狼所爲。這批文獻後來終於被國家圖書館的老技工修復。① 再如山西省趙城縣廣勝寺藏有一部金代刻的大藏經,由於害怕被日本侵略軍掠走,一九四二年四月二十七日夜,我趙城縣游擊大隊奉命將其輾轉移至山勢險峻的綿上縣,藏在一座廢棄的煤窑裏,指定專人負責保管,每年前往查看一次,並搬出晾曬,但由於礦洞内滲水潮濕,部分經卷受潮發霉,粘結成塊,抗戰勝利後,將其保存在通風乾燥的地方。一九四九年四月三十日運到北京,入藏國家圖書館善本部,直到一九六四年才修復。②

藏書家一般都非常重視圖書的修補工作,收到好書,往往親自或請匠人修補,陸游在藏書題跋中常談及此事,如其《跋尹耘師書劉隨州集》云:"傭書人韓文持束紙支頭而睡,偶取視之,《劉隨州集》也,乃以百錢易之,手加裝褫。紹興二十五年正月八日,陸某記。"③陸游不僅重視圖書的修補工作,自己會修補圖書,而且也希望自己的兒子惜書愛書,甚至能修補圖書。其父陸宰同樣重視圖書的修補工作。陸宰、陸游《跋京本家語》云:

> 予舊收此書,得自京師,中遭兵火之餘。一日於故篋中偶尋得之,而蟲齕鼠傷,殆無全幅,綴緝累日,僅能成帙,乃命工裁去四周所損者,别以紙裝背之,遂成全書,嗚呼,予老懶目昏,雖不復讀,然嗜書之心,固未衰也。後世子孫知此書得存之如此,則其餘諸書幸而存

---

① 詳見國家文物局文物保護科學技術研究所、山西省古代建築保護研究所、山西省雁北地區文物工作站、山西省應縣木塔文物保管所專家所撰《山西應縣佛宫寺木塔發現遼代珍貴文物》等六篇文章,均載《文物》一九八二年第六期。

② 詳見童瑋《〈趙城金藏〉與〈中華大藏經〉》—《關於〈趙城金藏〉之搶救、轉移和修復》。

③ 《渭南文集》卷二六。

者，爲予寶惜之。紹興戊午十月七日，雙清堂書。

後五十有七年，復脱壞不可挾，子聿亟裝緝之，持以相示。方先少保書此時，某年十四，今七十矣，不覺老淚之濡睫也。紹熙甲寅閏月四日第三男中大夫某謹識。①

先少保指陸游之父宰。雙清是其室名。聿是陸游之子，可見其祖孫三代惜書家風不輟。明代華亭徐縉、徐玄佐父子亦好藏書，徐玄佐尤喜爲書做搜亡補闕的工作，其《才調集跋》云：

蜀韋縠《才調集》十卷，本朝所未刊，諸名公所未睹者也。先君文敏公素有此書，蓋宋刻佳本，惜分授之時，匆忙失簡，逸去其半。後逾三十年，幸交符君望雲，獲聞其親錢復正氏有鈔本家藏，因而假歸，特浼知舊馬公佐照其款制摹以配之，共計一百十有六幅，凡二千七十三行。裝池甫畢，展卷焕然，頓還舊觀矣。後之人勿視爲尋常物也。萬曆甲申臘月十日，華亭徐玄佐記。②

有人借他人藏書，發現破損也代爲修補，如顔之推云："借人典籍皆須愛護，先有缺壞就爲補治，此亦士大夫百行之一也。濟陽江禄讀書未竟，雖有急速，必待卷束整齊然後得起，故無損敗，人不厭其求假焉。或有狼藉几案，分散部帙，多爲童幼婢妾之所點汙，風雨蟲鼠之所毁傷，實爲累德。吾每讀聖人之書，未嘗不肅敬對之，其故紙有五經詞義及賢達姓名，不敢穢用也。"③顔氏的這一觀點頗有影響，有人還將他的話刻入藏書印中，葉昌熾所見宋刻《春秋經傳集解》，有"性命可輕至寶是重"鐘式印，又一橢方印，其文云："《顔氏家訓》曰：借人册籍，皆須愛護，先有缺壞，就爲補治。此亦士大夫百行之一也。"④

---

① 《渭南文集》卷二八。
② 《藏書紀事詩(附補正)》卷二《徐文敏縉》。
③ 王利器《顔氏家訓集解》卷一《治家第五》。
④ 《藏書紀事詩》卷二《邵文莊寶》。

藏書家對修補圖書的方法也進行了不斷的探索,如黄丕烈就特别重視裝潢,並要求工匠在裝潢時整舊如舊,他在修補裝潢圖書方面花的錢比購書的錢還要多。如其於宋本《史載之方二卷》的題識云:

余重其書之秘,出白金三十兩易得,重加裝潢,遇上方切去原紙處,悉以宋紙補之。尾葉原填闕字,亦以宋紙易去,命工仍録其文,想前人必非無知妄作者也。上下卷通計一百單七翻,合裝潢費核之,幾幾乎白金三星一葉矣。余之惜書而不惜錢,其真佞宋耶?誠不失爲書魔云爾。①

如果遇到闕卷少頁現象,他也要調查清楚,以素紙如數裝潢之留其迹,以待他日補全。嘗云:

《文苑英華纂要》八册,絳雲、滄葦兩家如此云云,此時僅存七册,失其首矣。然就其所存者核之,言其分集則甲之半矣,言其列卷則失一至十六也,言其排葉則失一至四十三也,言其裝册則失第一也,余故以素紙空白者留其迹,安知後不遇其舊以補其闕乎?②

藏書家還對修補古書的點滴經驗加以總結,也可供參考,如清人陸烜注意到了修補圖書原料的防蠹性能,嘗云:

凡治定書,必用雌黄,其色久而不渝。余嘗見李獻吉評杜詩,錢牧翁手批《元遺山集》,皆手澤如新。修補古書,漿黏中必入白芨,則歲久不脱。近購得宋余靖《武溪集》、趙璘《因話録》、施彦執《北窗炙輠録》,皆汲古閣物,裝訂極精緻,而於破損接尾處皆脱,蓋不用白芨

① 《蕘圃藏書題識》卷四。

② 《蕘圃藏書題識》卷十《文苑英華纂要八十四卷》。絳雲,指錢謙益。滄葦,指季振宜。

之故，亦藏書家所當知也。①

孫慶增《藏書記要》第五則《裝訂》對圖書修補的具體工作，做了較爲系統的總結。略云：

> 至於修補舊書，襯紙平伏，接腦與天地頭，並補破貼欠口，用最薄綿紙熨平，俱照補舊畫法，摸去一平，不見痕迹，弗覺鬆厚，真妙手也。而宋元板有模糊之處，或字脚欠缺不清，俱用高手摹描如新，看去似刻，最爲精妙。書套不用爲佳，用套必蛀，雖放於紫檀香楠匣内藏之，亦終難免，惟毛氏汲古閣用伏天糊裱，厚襯料，壓平伏，裱面用灑金墨箋，或石青、石緑、棕色、紫箋，俱妙。内用科舉連裱裏，糊用小粉、川椒、白礬、百部草細末，庶可免蛀。然而偶不檢點，稍犯潮濕，亦即生蟲，終非佳事。糊裱宜夏，摺訂宜春。若夏天摺訂，汗手並頭汗滴於書上，日後泛潮，必致霉爛生蟲，不可不防。凡書頁少者宜襯，書頁多者不必。若舊書，宋元鈔刻本，恐紙舊易破，必須襯之，外用護頁方妙，書簽用深古色紙裱一層，簽要款貼，要正齊，不可長短闊狹，上下歪斜。斯爲上耳。

值得注意的是，孫慶增還提出了樸素、古雅、實用的古書裝幀修補的美學原則，指出："裝訂書籍不在華美飾觀，而要護帙有道，款式古雅，厚薄得宜，方爲第一。"而對錢曾的書籍裝幀却提出了批評，指出："錢遵王述古堂裝訂，書面用自造五色箋紙，或用洋箋書面，雖裝訂華美，却未盡善，不若毛斧季汲古閣裝訂，書面用宋箋、藏經紙、宣德紙、染雅色自製古色紙更佳。"②

北京圖書館專家肖振棠、丁瑜二人所撰《中國古籍裝訂修補技術》一書，對修補圖書問題作了全面而系統的介紹，今録其附録《裝修書籍操作

---

① 《梅谷十種書・梅谷偶筆》。

② 《藏書記要》第五則《裝訂》。

規程及成品檢查標準》如下：

甲　收書和送書的手續

收到或取到一批書籍時，須當面點清，及時填寫在登記簿上。詳細注明書名、册數、日期和裝修的内容，並交專人保管。

裝修完畢送還時，也須注明送還日期，並由原發書人點清後，在登記簿上簽收。

乙　裝修書籍操作程序

一、根據每種書籍不同的裝修要求，進行研究，訂出修整措施和完成時間。詳細寫在操作單上，操作單一式兩份，一份隨書交操作人按照執行，一份由負責人保存，以備考查。

二、一般書先根據收到先後，順序修裝。但爲了照顧閱覽和急需，可按輕重緩急靈活掌握裝修的先後順序。

丙　修補操作規程

一、修補書籍所用漿糊，必須用上等麵粉作原料，提出麵筋，在夏季摻入少量明礬，製成後泡在凉水盆内。稀漿糊要每日更换。修補書籍使用漿糊時，應根據書的不同紙性，選擇不同程度的稠稀漿糊。

二、衝水去髒要適當用碱，要用清水洗净；要用潔净紙作吸水紙，夏季要勤倒書葉勤换紙，以防書葉發霉。

三、補破書葉要根據書葉紙紋用紙，使書葉和配紙的紙紋横竪一致。鈔本書或印有紅藍格的書，修補時注意防止墨色或格的顔色不要烘散。補破葉時要用配紙的紙邊補書葉的四邊，使其顔色一致。

四、修補破葉的紙須根據書的紙性和顔色使用同樣的紙，寧可稍淺，不能過深。

五、開口書葉要將兩單葉對齊，兩單葉中間可稍稍離開，使有一綫之隔，不得重疊。溜口紙條要寬窄適當，一律用竪紋紙條。白紙書用白色紙條，竹紙書用仿舊色紙條。

六、糟朽書葉須用整張棉紙裱，裱時用排筆蘸稀漿糊横竪刷匀。

七、受水濕難揭的書葉，根據水濕輕重分别采用乾揭、濕揭或用籠屜蒸揭的辦法處理。

八、書葉修補後須噴水倒乾。書口如有河欄，須用沸水燙開，乾後再摺葉。爲防止夏日發霉，要勤换紙，勤倒書葉。

九、摺書葉時，一律按舊有的摺印摺齊。溜口書或曾經裱過的書葉，要將背面紙上的小疙瘩去掉。

丁　裝訂操作規程

一、捶書時，錘落在書葉上要平，書葉不宜過多過厚。捶書石的石面要平净。如捶白紙書葉須在石面上墊一層净紙，以免將書葉玷污。過老的書葉下錘要輕，書葉要晾乾後再捶，避免將書葉粘在一起。

二、襯紙書須根據書葉破損輕重程度，采用單葉襯紙或雙葉襯紙。白紙書襯白紙、竹紙書襯竹紙。一般襯紙須將紙裁的比書稍大一些；遇到書品過小，三面不裁切的書，可將襯紙裁切成和書葉一樣大小。書口過高（厚）無法捶平的書，須將襯紙錯開摺後倒襯。

三、壓書要上下墊平整的夾板，在壓書機内放書要端正。加壓力時先輕壓，然後徐徐加重。修補過多未能捶平的書，要適當掌握壓力，不能壓的過松或過緊。

四、齊欄要直，書口要頓齊，珍貴的書儘量少用齊欄的辦法，要多用齊書的辦法，以儘量少裁書爲原則。齊欄前先將書按次序順好，以免將書訂錯（包括操作中發生的錯誤和原來舊有的錯誤）。

五、訂本，厚本書用紙鋸訂；薄本書用紙釘訂；善本書一律用紙鋸訂。襯紙書和金鑲玉裝及原來厚本書可適當分本，但須根據卷數和段落來分。下紙捻時要注意訂在書腦適當的地方。

六、裁書前先檢查天頭下脚有無批注，用機刀裁書時先將刀盤塵土擦净，比好規格，然後將書放入刀内，開閘裁切，裁畢隨手關電門，注意操作安全。無論善本書和一般書均須注意少裁，以三面裁齊爲限，否則會影響書的質量。册數多的書，裁切時要上下對齊書口。

七、打磨書時先用木銼銼平，而後用砂紙打磨平整乾净。操作時要細銼細磨，不能用力過猛以至將書銼偏。

八、包書角要根據書本大小和書腦寬窄决定書角的大小。善本書要用舊絹包書角;白紙書用淺緑色或白色絹包;竹紙書用米色仿舊色絹包。一部書册數很多時,包角必須上下整齊一致。書角要求包緊、包平,角面無鼓包。

九、修裝書皮

〔一〕使用書皮要將質量好的用在正面。一部書的書皮要求顔色一致。

〔二〕原有書皮,如果是清代乾、嘉以前時代較早者,必須一律修裱整齊,依然在原書上使用。年代不足百年的書皮,又無收藏家題字者,可以更换新皮。

〔三〕一般書可采用單面上皮,或雙葉筒皮,善本書一律用四包邊扣皮。要求天頭、下脚、書背都平整無棱。

十、打眼要正。一般書打四個眼,較寬大的書打六個眼,長形書打五個眼,厚本書前後打對眼。不得將眼打歪打斜。要多利用原眼少打新眼,以免眼多傷腦。

十一、訂綫要訂緊,兩股綫要並列,綫在眼内要分清,不得有重疊或鬆緊不匀現象。結尾綫頭要卡在書背内。厚本書和大本書用粗綫,薄本書用細綫,本大而薄者用三股細綫,一般書可用棉綫,善本書用染色仿舊絲綫。

十二、粘書簽的地位一般粘在書皮左上角。如書簽不全或改本後,書簽上的卷數與書不符時,可粘在護葉上,只粘簽的四周,要粘正粘直,不皺而牢,用漿糊不要過多過稠。

十三、金鑲玉書要將書腦上的舊眼補好,使鑲後不露舊眼。鑲出的紙要天頭大,下脚小,一般是六與四的比例。儘量采用厚紙書用厚紙鑲,薄紙書用薄紙鑲,使鑲出部分要和書的中間一律平整。

十四、包背裝一律用紙鋸訂背,一般書訂三個紙鋸,大本書訂四個紙鋸。訂後在書背面雙頭捆結,或將雙頭盤回,粘牢捶平,用稠漿糊漿背,要求將書背裹緊裹嚴。裹背書要注意避免造成書口高、書背低現象。

戊

一、每一種書完成後，除由操作人隨做隨查外，並經專人檢查，符合質量標準，始得送還原發書單位。

二、成品檢查合格的標準

〔一〕漿糊使用適當，不稠不稀。

〔二〕配紙顏色深淺，厚薄均勻。

〔三〕補破葉要平整，糟朽書葉不傷字。

〔四〕摺葉不歪不斜，書口不偏。

〔五〕捶書平整勻稱，不傷書口。

〔六〕齊欄直而不斜，書口頓齊而平整。

〔七〕裁書要齊，不傷字；册數多時，各册上下顛倒也能整齊一致。

〔八〕打磨書不發油光，不起毛茬。

〔九〕包書角緊而嚴，不起包，上下一致，大小適合。

〔十〕扣皮要四面扣齊。

〔十一〕打眼正面反面都不歪不斜。

〔十二〕訂綫，綫的粗細和顏色要協調。

〔十三〕鑲書書口齊、書葉平。

〔十四〕包背書須包平包緊。

〔十五〕蝶裝書使用漿糊適當，書口既能掀口又要粘牢。

三、檢查成品發現有不合以上標準時，須由原操作人返工重修。

修補古書特别是善本書，要注意實行整舊如舊的原則，該書對這個問題論述得頗爲詳細而實用，今也摘述如下。在修補古籍善本時，要求不補字、不描欄、畫欄，儘量保持書的原貌。古書，特别是善本書的書根字、天頭地脚的批評要儘量保留，不能切掉或磨掉。“凡具有善本書特徵的書籍，其書皮和護葉不論是否殘破，只要是原書舊物，都要隨書保存，即是剩有半頁或幾個字也不得去掉。特别是經過藏書家題字的書皮更應重視。例如清代咸、同時期的李文田藏書多有善本，但是他的書很少蓋藏書印章，而書皮多有題識或署名，看其字迹即可辨認是李氏藏書。還有清末越縵堂李慈銘的藏書,都是一些清代普通刻本,裝潢一般。但書内多有李慈銘的批注,書皮上也多有他的題字,而字體又很普通,極易被人忽視,把書皮去掉。因此,爲保持書籍的舊觀,對書皮儘可能采用揭裱辦法,先揭、再補、後裱。……書皮殘缺不全者,可選配近似的書皮補裱,殘缺過多,無法選配齊全者,可將書皮粘在裏面,外面再加一層顔色古雅的新書皮。護葉不全時,可照原樣配齊。""書皮上貼有書簽時,無論完整或殘缺,都應補好。如果書簽只寫有書名不標卷數,應將整齊的書簽粘在前幾册上面,殘破的粘在後幾册上。書簽上如標明卷數册數,則按標明的順序粘在每册書上。"修補殘破書籍要儘量使用舊紙,舊紙的選用要考慮到書籍的紙性、顔色、厚薄、簾紋等特徵,儘可能保持一致。舊紙來源於修書時撤换的護葉、襯紙,以及一些無參考價值而又多復本的書。實在找不到舊紙,可用與書籍紙張厚薄相同的新紙,染成與書籍顔色深淺一致的仿舊紙來代替。①

修補技術也在不斷地改進,南京大學圖書館一九九二年研製成功的紙漿修補技術頗有實用價值。該技術利用成紙粉碎打漿,使纖維重新浸潤、分離,並經加助懸劑等復配,製成修補紙漿,用管狀修補筆將其均匀地分布在書頁破損處,乾燥後形成紙頁,從而完成修復工作。該技術具有修復强度好;耐老化;抗蟲、抗霉能力强;成紙形態逼真,整舊如舊;修復速度快;操作簡單等優點。② 此法頗有推廣價值。

二 鈐 印

在藏書上鈐印,是表示對書擁有所有權的一種簡便而有效的方法。唐張彦遠云:"前代御府自晉宋至周隋,收聚圖畫皆未行印記,但備列當時鑒識藝人押署。"③可見當時的藏書尚未曾鈐印。

到了唐代,公私藏書均出現了鈐印現象。如張彦遠云:"太宗皇帝自

① 《中國古籍裝訂修補技術》第五章《古舊書籍的各種不同裝修法》二《整舊如舊裝修法》。

② 參見《紙漿修補技術研究鑒定證書》,(九二)蘇文科鑒字〇〇五號。

③ 《歷代名畫記》卷三《叙自古跋尾押署》。

書'貞觀'二小字作二小印[貞][觀]，玄宗皇帝自書'開元'二小字成一印'開元'（原文竪排），又有集賢印、秘閣印、翰林印，又有弘文之印，恐是東觀舊印印書者。"①《新唐書·藝文志》經部小學類著録《二王、張芝、張昶等書一千五百一十卷》。注曰："太宗出御府金帛購天下古本，命魏徵、虞世南、褚遂良定真僞，凡得真行二百九十紙，爲八十卷，又得獻之、張昶等書，以'貞觀'字爲印。"《唐會要》卷六十五《秘書省》云："長慶三年四月，秘書少監李隨奏：當省請置秘書閣圖書印一面，伏以當省御書正本，開元天寶以來，前並有小印印縫。自兵難以來，書印失墜，今所寫經史都無記驗，伏請鑄造。敕旨依奏。"《唐會要》卷六十四《集賢院》亦云："開成元年四月，集賢殿御書院請鑄小印一面，以御書爲印文。從之。"王建《宫詞一百首》之十二亦云："集賢殿裏圖書滿，點勘頭邊御印同。"上行下效，唐代私家藏書也鈐印成風，如《歷代名畫記》卷三《叙古今公私印記》記録有"故相國鄴侯李泌印鄴侯圖書刻章"（原文分兩行竪排）、"僕射馬摠印馬氏圖書"（原文分兩行竪排）。皮日休《魯望戲題書印囊奉和次韻》一詩還描寫了私家藏書鈐印的具體情况："金篆方圓一寸餘，可憐銀艾未思渠。不知夫子將心印，印破人間萬卷書。"②一九八四年十一月一日，濤文在《北京晚報》上披露，考古工作者在河南偃師發掘唐墓時，出土了一顆銅質鑄造的陽文印章，印文爲"渤海圖書"四字。這是現存唐代私家藏書印的實物。③

五代時南唐烈祖李昪好藏書，亦有藏書印。陳師道云："澄心堂，南唐烈祖節度金陵之宴居也，世以爲元宗書殿誤矣。趙内翰彦若有《澄心堂書目》，才三千餘卷，有建業文房之印。"復云："建業文房，南唐烈祖節度金陵之别室也。趙元考家有《建業文房書目》，才三千餘卷，有金陵圖書院印焉。"④其後世藏書印則更多，如郭若虚云："李後主，才高議博，雅尚圖書，蓄聚既豐，尤精賞鑒。今内府所有圖軸暨人家所得書畫，多有印篆，曰：内

---

① 《歷代名畫記》卷三《叙古今公私印記》。

② 《全唐詩》卷六一五。

③④ 《後山談叢》卷二。

殿圖書、内合同印、建業文房之寶、内司文印、集賢殿書院印、集賢院御書印。”①

兩宋公私藏書用印風氣更盛。據《金史・禮志四》所載,宋代有内府圖書印三十八方,如“内府圖書之印”、“大觀中祕”、“政和”、“宣和御覽”、“常樂未央”等。據葉昌熾《藏書紀事詩》所載,宋代藏書家富弼、劉羲仲、樓鑰、史守之、賈似道、俞琰、俞貞木等都有一方或數方印章。如張丑云:

> 宋人小楷《史記》真本一部,原是松雪翁物。計十帙,紙高四寸,字類半黍。不惟筆精墨妙,中間絶無訛謬。……每帙用“舊學史氏”及“碧沚”二印……宋通直郎史守之所用。守之,越國公浩孫,禮部侍郎彌大子,衛王彌遠之侄。仕終朝奉大夫。中年避彌遠嫌,退處月湖,與慈湖諸公講肄爲樂,寧宗御書“碧沚”二字賜之。蓋清修好古之士也。②

元代公私藏書亦沿宋代風氣鈐有藏書印,元代秘書監還專門設有管理印章的官員,王士點、商企翁《秘書監志・職制》云:

> 設知印　元貞二年(一二九六)正月,都省准設知印一人。
> 添設知印　至大元年(一三〇八),都省准添設知印一人。

葉昌熾《藏書紀事詩》載,元代藏書家倪瓚、陸友、張雯、趙孟頫等都有藏書印,其中以趙孟頫的藏書印爲最多,計有“水晶宫道人”、“大雅”、“天水趙氏”、“趙文敏書”等。

任康云:“古印只有姓名與字,唐宋稍著齋室名,元時尚未闌入成語,至明代則某科進士某官職,無不羼入。”③

明清藏書印所鎸文字内容甚繁,主要目的是反映藏書家對藏書擁有

---

① 《圖畫見聞志》卷六《李主印篆》。
② 《清河書畫舫》卷十下《趙孟頫》。
③ 《前塵夢影録》卷下。

所有權,因此仍以藏書家的各種名稱與居室名稱居多。如《百宋一廛賦》注云:"《司馬公文集》八十卷,每半葉十二行,每行廿字,有朱書一行,云'洪武丁巳秋八月收'。鈐以小方章一文,云'徐達左印',又大方章一文,云'松雲道人徐良夫藏書'。"徐達左,字良夫,號松雲道人,爲明初藏書家。再如明文徵明的居室印特多,有玉蘭堂、辛夷館、翠竹齋、梅華屋、梅溪精舍、煙條館等。① 清代張蓉鏡字芙川,妻姚畹真號芙初女史,兩人都愛藏書讀書,刻一印曰"雙芙閣"。宋刊《後村詩集》殘本有芙初題詩:"墨林萬卷劫灰餘,古本流傳此絶希。八十詩翁高格調,《伊川》《擊壤》想依稀。""潑茗薰香繡懶拈,芸編珍重展瑶籤。好花明月原無主,自取猩紅小印鈐。"反映了她的生活情趣。②

有些藏書家在獲得珍本、善本後,每特製印章以作紀念。如錢曾《讀書敏求記》卷一《金石録三十卷》云:"昔者,吾友馮硯祥有不全宋槧本,刻一圖記,曰'金石録十卷人家'。長箋短札,貼尾書頭,每每用之。亦藝林中一美談也。"韓華亦稱:"《金石録》明以來多傳鈔,惟雅雨堂刻之。阮文達有宋槧本十卷,即《讀書敏求記》所載者。文達自撫浙至入閣,恒携以自隨。……一日書賈來售,驚喜欲狂,古色古香,真可寶貴。余得之,亦刻'金石録十卷人家'小印。"③錢泰吉記吴騫云:

> 嗜典籍,遇善本傾囊購之弗惜,或借讀手鈔,校勘精審,所得不下五萬卷,築拜經樓藏之……晨夕坐樓中展誦摩挲,非同志不得登也。同時吴門黄蕘圃丕烈多藏宋板書,顔所居曰百宋一廛。槎客欲以千元十架揭榜與之敵,得宋本咸淳《臨安志》,刻一印曰"臨安志百卷人家",所藏書卷中多用之,其風致如此。④

也有在印文中體現個人生平的。如《天禄琳琅書目》卷二著録之宋刻

---

① 《藏書紀事詩》卷二《文壁徵明》。

② 《藏書紀事詩》卷五《張燮子和》。

③ 《無事爲福齋隨筆》卷上。

④ (道光)《海昌備志》卷一八《吴騫》。

《新唐書糾繆》,原爲查慎行藏,有"南書房史官"、"海寧查慎行字夏重又曰悔餘"印記。全祖望《查先生墓表》云:"先生名嗣璉,字夏重,别署查田,改名慎行,字悔餘,别署初白,浙江杭州府海寧人。……康熙壬午,聖祖東巡守……召至行在賦詩,隨入京,詔直南書房。明年,特賜進士出身,改翰林院庶吉士,授編修。"①顯然,查慎行認爲入直南書房是他人生旅途中最關鍵、最榮耀的一段日子。故著之印記。還有一些紀年印,如陸心源《紫巖易傳跋》稱該書:"每册有'秀水朱彝尊錫鬯氏'朱文方印、'我生之年歲在屠維大荒落月在橘壯十四日癸酉時'朱文方印。"②葉昌熾案:"屠維爲己,大荒落爲巳;竹垞生於崇禎二年己巳,則此亦竹垞印也。"③

有些印文還反映了藏書家的門第。如葉昌熾談到顧千里有"陳黄門侍郎三十五代孫"一印,④南朝時顧野王曾任陳黄門侍郎,著有《玉篇》。葉書還載阮元繼配孔夫人有"孔子七十三代長孫女"一印。⑤

也有反映里居的印文,如阮元曾藏宋本《金石録》十卷,鈐"家住揚州文選樓隋曹憲故里"一印,阮元《南宋淳熙貴池尤氏本文選序》云:

> 昔但得元張伯顔、明晉府諸本,即以爲秘册。嘉慶丁卯,始從昭文吴氏易得南宋尤延之本,爲無上古册矣。……元家居揚州舊城文樓巷,即隋曹憲故里,李崇賢所由傳《文選》學而爲選注者也。元既構文選樓於家廟旁,繼得此册藏之樓中,别爲校勘記以貽學者。⑥

從明代開始,有不少印章主要目的不在於强調對藏書的所有權,而是表達藏書、讀書、校書的感受。其中絶大多數是强調藏書來之不易,要子孫妥善保存。如明代蘇州藏書家錢穀字叔寶,有印云:"百計尋書志亦迂,

---

① 《鮚埼亭集外編》卷七《翰林院編修初白查先生墓表》。
② 《儀顧堂續跋》卷一《明鈔紫巖易傳跋》。
③ 《藏書紀事詩》卷四《朱彝尊錫鬯》。
④ 《藏書紀事詩》卷六《顧廣圻千里》。
⑤ 《藏書紀事詩》卷五《阮文達元》。
⑥ 《揅經室三集》卷四。

愛護不異隨侯珠。有假不返遭神誅，子孫不寶真其愚。”①晁瑮，字君石，號春陵，開州（今濮陽市）人，北京藏書家，著有《寶文堂書目》，其藏書銘楷字章云：“曹誠廣舍，真廟賜名。丁顗聚書，子孫繇興。匪學胡成，非書胡學？蓄斯貽後，珍如渾璞。鼂蒙緝借，張公却鬻。咨我同志，遵此軌躅。鬻爲不孝，借亦一癡。咨我後昆，戒之敬之。春陵晁瑮藏書銘。”②明末祁承㸁，著有《澹生堂藏書目》《澹生堂藏書約》等，亦有藏書銘一印，其文曰：“澹生堂中儲經籍，主人手校無朝夕。讀之欣然忘飲食，典衣市書恒不給。後人但念阿翁癖，子孫益之守弗失。”③常熟大藏書家兼大出版家毛晉有一朱文大方印，其文曰：“趙文敏公書卷末云：吾家業儒，辛勤置書，以遺子孫，其志何如？後人不讀，將至於鬻，頽其家聲，不如禽犢！若歸他室，當念斯言。取非其有，無寧舍旃。”④清乾隆間藏書家王述庵亦有一印云：“二萬卷，書可貴；一千通，金石備。購且藏，劇勞勩。願後人，勤講肄。敷文章，明義理，習典故，兼游藝。時整齊，勿廢置。如不材，敢賣棄，是非人，犬豕類，屏出族，加鞭箠。述庵傳誡。”⑤清道光、同治間藏書家有一百九十四字長方巨印，述及藏書經過，要子孫能愛而守之，其文曰：

予席先世之澤，有田可耕，有書可讀，自少及長，嗜之彌篤。積歲所得，益以青箱舊蓄，插架充棟，無慮數十萬卷。暇日静念，差足自豪。顧書難聚而易散，即偶聚於所好，越一二傳，其不散佚殆盡者亦鮮矣。昔趙文敏有云：“聚書藏書，良非易事。善觀書者，澄神端慮，静几焚香，勿卷腦，勿折角，勿以爪侵字，勿以唾揭幅，勿以作枕，勿以夾刺。”予謂吴興數語，愛惜臻至，可云篤矣，而未能推而計之於其終，請更衍曰：“勿以鬻錢，勿以借人，勿以貽不肖子孫。”星鳳堂主人楊繼振手識，並以告後之得是書而能愛而守之者。⑥

① 《愛日精廬藏書志》卷二九《書上人集十卷》。

② 莫伯驥《五十萬卷樓群書跋文》史部二《大明實録殘本三十卷》。

③④⑤ 蔣光煦《東湖叢記》卷六《藏書印記》。

⑥ 《藏書紀事詩》卷六《楊繼振幼雲》。

當然,有的藏書家已經認識到藏書由子子孫孫永保是不可能的。這種觀點也反映在藏書印中,如《經籍訪古志》卷六云:"《文選》,袁褧刻本,卷首有'是書曾藏蔣絢臣家'印。"王欣夫案:"《静嘉堂秘籍志》卷十元刊《韋齋集》,又有'蔣絢臣曾經校藏'朱文長方印。"①蔣絢臣爲明末福建藏書家。孫從添,字慶增,是清代著名藏書家,著有《藏書記要》。黄丕烈《藏書記要跋》云:

> 孫慶增所藏書,余家收得不下數十種,其所著述,則未之聞也。此《藏書記要》言之甚詳且備,蓋亦真知篤好者。孫公去世未遠,周文香嚴幼年曾見之,時已七旬餘。兼善醫術。其所藏書,鈐尾一印曰"得者寶之",殆守人亡人得之訓耶。②

藏書的主要目的在於閲讀,因此不少藏書家在印文中談了讀書的感受,如毛晉有"開卷一樂"印,③葉昌熾云:"明刻《元豐類稿》有'得知千載外,正賴古人書'十字長印,與'季振宜藏書'印均在卷首,疑亦季氏所鈐也。"④《天禄琳琅書目續編》卷三宋版經部載《班馬字類》,有"學然後知不足"朱記。葉昌熾還記載了潘祖蔭藏書中有蕭蓼亭藏書銘,略云:"潘氏滂喜齋藏明刻《劉屏山集》,前有朱文大方印,刻藏書銘曰:'名山草堂,蕭然獨居。門無車馬,坐有圖書。沈酣枕籍,不知其餘。俯仰今昔,樂且宴如。蕭蓼亭銘。'"⑤當然不可能一天到晚埋頭讀書,清代海鹽藏書家張載華乾脆刻了枚"甚欲讀書奈嬾何"的藏書印,使人見之不禁會心一笑。⑥

還有人將治學箴言刻爲藏書印的。丁申稱勞格"藏書之所曰'丹鉛精舍',校書之印曰'實事求是,多聞闕疑'"。⑦ 勞格的這八字箴言,今天看

---

① 《藏書紀事詩(附補正)》卷四《蔣琦絢臣》。

② 《士禮居黄氏叢書》本《藏書記要》卷末。

③ (光緒)《常昭合志稿》卷三二《人物》。

④ 《藏書紀事詩》卷四《季振宜詵兮》。

⑤ 《藏書紀事詩》卷四《蕭夢松静君》。

⑥ 《藏書紀事詩》卷四《張載華》。

⑦ 《武林藏書録》卷下《丹鉛精舍》。

來，仍然正確，具有很强的現實意義。

近代圖書館也規定在藏書上鈐印。如一九一五年十一月二十九日《教育部飭京師圖書館所藏書籍蓋印編號妥爲辦理文》明確指出："書籍當蓋印編號也。該館所藏書籍，多係舊槧精刊，版本種類甚多，審認頗爲不易，自非悉加大字戳記，難免抽换。"[①]《直隸省立第二圖書館章程》第四章"圖書"第六條規定："凡館中所列圖書，均蓋本館圖記，以防遺失。"[②]《浙江公立圖書館章程》附《辦事細則》第三章《庋藏》第十七條也説："本館庋藏圖書，應均加蓋館鈐，編列號數，並黏貼書籤，標明門類。"[③]

藏書印一般鈐於卷端右下角空白處。卷末、空隙處也是鈐藏書印較多的地方，葉德輝曾探討過這個問題，今録之以供參考：

> 今爲言印記之法，曰去閑文，曰尋隙處。何謂去閑文？姓名表字，樓閣堂齋，於是二、三印，一印四、五字足矣。……何謂尋隙處？凡書流傳愈久者，其藏書印越多。朱紫縱横，幾無隙紙。是宜移於書眉卷尾，以免齟齬。亦或視各印之大小朱白，間别用之。小印朱文重疊，尚無不可。若白文與大印聚於一行，則令閲者生厭矣。凡書有字處，朱文、白文俱不相宜。[④]

藏書印如蓋得太多太亂有損書品，也會受到人們的批評。明代藏書家項元汴字子京，號墨林，即有濫鈐藏書印的癖好。姜紹書批評道："墨林生嘉、隆承平之世，資力雄贍。出其緒餘，購求法書名畫，三吴珍秘，歸之如流。每得名迹，以印鈐之，纍纍滿幅，譬如石衛尉以明珠精鏐聘得麗人，而虞其他適，則黥面記之。抑且遍黥其體無完膚，較蒙不潔之西子，更爲酷烈矣。"[⑤]後來清高宗對内府所藏歷代書籍字畫絶品動輒親題惡俗不堪

① 《中國古代藏書與近代圖書館史料》録自《教育公報》第二年第十期。

② 《中國古代藏書與近代圖書館史料》録自《教育公報》第五年第十五期。

③ 《中國古代藏書與近代圖書館史料》録自《浙江公立圖書館年報》第七期。

④ 《藏書十約·印記》。

⑤ 《韻石齋筆談》卷下。

的詩,加蓋匠氣十足的御寶印,也是中國藝術史的一厄。

三 編 目

公私藏書達到一定數量後,就需要編製藏書目録。藏書目録是對藏書加以整理的結果。我們在本書《目録編》第五章《綜合目録》第一節《國家藏書目録》、第五節《私人藏書目録》中,已經對藏書目録作了詳細介紹。這裏略作補充。

藏書目録的基本作用是能够反映某處有哪些藏書,以便檢索利用。明人高儒深有體會地説:

> 書無目猶兵無統馭,政無教令,聚散無稽矣。閒居啓先世之藏,發數年之積,不啻萬卷。各以類從,少著大意,條目昭明。一覽之餘,仰見千載聖賢用心之確,非擅虚名,實資自勵,庶慰先人教子之心,以逭聚散不常之誚也。①

關於對圖書入藏整理編目情况,他談到自己"鋭意訪求,或傳之士大夫,或易諸市肆,數年之間,連牀插架,經籍充藏,難於檢閲。閒中次第部帙,定立儲盛,又恐久常無據,淆亂逸志,故三年考索,三易成編,損益古志,大分四部,細列九十三門,裁訂二十卷"。②明代藏書家陳第也談到了書目的檢索作用,略云:

> 吾性無他嗜,惟書是癖,雖幸承世業,頗有遺本,然不足以廣吾聞見也。自少至老,足迹遍天下。遇書輒買,若惟恐失,故不擇善本,亦不争價直。又在金陵焦太史、宣州沈刺史家得未曾見書,鈔而讀之。積三四十餘年,遂至萬有餘卷,縱未敢云汗牛充棟,然以資聞見,備采擇,足矣足矣。今歲閒居西郊,伏去凉生,課兒僕輩曬晾入簏,粗爲位

①② 《百川書志·自序》。

置,因成目録,得便查檢。①

祁承㸁在談到藏書目録的作用時也説:"架插七層,籍分四部,若卒旅漫野而什伍井然,如劍戟摩霄而旌旗不亂,此吾之部勒法也。目以類分,類由部統,暗中摸索,惟信手以探囊,造次取觀,若執鏡而照物,此吾之應卒法也。聯寡以成衆,積少以爲多,抽一卷而萬卷可窺,事一隅而三隅在目,此吾聯絡駕馭之法也。"②黄宗羲曾舉一例,談到了祁氏藏書目的作用:"祁氏曠園之書,初庋家中,不甚發視,余每借觀,惟德公知其首尾,按目録而取之,俄頃即得。"③

有了藏書目録就會對藏書瞭如指掌,這不僅對讀書治學,而且對藏書建設也是大有好處的。故顧千里序張金吾《愛日精廬藏書志》云:

> 夫書之有目,其塗每殊,凡流傳共見者,固無待論。若夫月霄之目,乃非猶夫人之目也。觀其某書,必列某本舊新之優劣,鈔刻之異同。展卷具在,若指諸掌,其開聚書之門徑也歟。備載各家之序跋,原委粲然,復略就自叙校讎、考證、訓詁、簿録彙萃之所得,各發解題,其標讀書之脈絡也歟,世之欲藏書讀書者,苟循是而求焉,不事半功倍歟。然則此一目也,豈非插架所不可無,而予樂爲之序者哉!④

藏書目録在記録版本方面的價值尤爲明顯,如《四庫全書總目》卷八十七《寶文堂書目》提要稱:"其著録極富,雖不能盡屬古本,而每書下間爲注明某刻,亦足以考見明人版本源流。"

有的藏書家藏書亡佚了,而藏書目録還在,這些藏書目録仍然具有史料價值。馬端臨在編《文獻通考·經籍考》時已預見到這一點,其《文獻通考·總序》云:"竊伏自念,業紹箕裘,家藏墳索,插架之收儲,趨庭之問答。

---

① 《世善堂藏書目録·題詞》。焦太史謂焦竑,沈刺史名待考。
② 南京大學圖書館藏鈔本《澹生堂書目》卷首《庚申整書小記》。
③ 《南雷文約》卷四《天一閣藏書記》。
④ 月霄,張金吾字。

其於文獻,蓋庶幾焉。嘗恐一旦散軼失墜,無以屬來哲,是以忘其固陋,輒加考評。"江藩爲秦恩復《石研齋書目》所作序也説了同樣的意思,並表達了自己未編藏書目録的遺憾之情:

> 太史……謂予曰:有聚必有散,吾子孫焉能世守勿替,暇日編《石研齋書目》上下二卷,以志雲煙之過眼云爾。藩昔年聚書與太史相埒,乾隆乙巳丙子間頻遭喪荒,以之易米,書倉一空。自我得之,自我失之,夫復何恨,然師丹未老,强半遺忘,所棄秘笈,至有不能舉其名者,惜未編目録以誌之也。①

因此,不少藏書家都十分重視編纂藏書目録,如祁承爜要求子孫:"書目視所益多寡,大較近以五年,遠以十年一編次,勿分析,勿覆瓿,勿歸商賈手。"②還有些藏書家相當自覺地在目録中記録有關資料,如傅增湘一九三九年致函張元濟云:"近得善本,擬補題記,勒爲一集,諸務紛集,殊少暇晷。而二十餘年手校群書凡千餘種,爲卷至萬二三千,亦欲編定藏園校書目録,授梓行世,俾後來好學之士可以按目而求,爲之移寫校記,庶螢窗雪案不爲徒勞。"③其《藏園群書題記》八卷、《藏園群書題記續集》六卷,其孫依據傅氏藏書、觀書記録手稿整理而成的《藏園群書經眼録》十九卷,均爲人們讀書治學提供了豐富的資料。

編製藏書目録要依據藏書目録的特點,注意著録稽核、版本兩項内容。就稽核項而言,卷軸裝圖書要注明卷數,蝴蝶裝、包背裝、綫裝圖書要注明册數。據《明史·藝文志》可知明文淵閣藏書爲蝴蝶裝,《文淵閣書目》共著録圖書七千多部,四萬餘册。朱彝尊批評道:"《文淵閣書目》有册而無卷,兼多不著撰人姓氏,至覽者茫然若失,其後藏書之家往往效之。"④其實著録册數是爲了便於清點,體現了藏書目録的基本功能。明

① 《炳燭室雜文·石研齋書目序》。
② 《澹生堂藏書約》。
③ 《張元濟傅增湘論書尺牘》第三七四頁。
④ 《經義考》卷二九四《明文淵閣書目》。

《文淵閣書目》詳載册數仍有稽檢之便。徐乾學的《傳是樓書目》也著録了本數，若係鈔本，再加一個鈔字，如："《周易舉正》三卷，一本"；"宋魏了翁《周易要義》十卷，鈔，二本。"①則更爲明晰。

藏書目録詳記版本，不僅是藏書的需要，也是讀書治學的需要。余嘉錫序傅增湘《藏園群書題記》云：

> 余謂欲著某書之爲何本，不當僅言宋刊本、明刊本已也。刻書之時有不同，地有不同，人有不同，則其書必不盡同，故時當記其紀元干支，地當記其州府坊肆，人當記其姓名别號。又不第此也，更當記其卷帙之分合，篇章之完闕，文字之同異，而後某書之爲某書與否，庶乎其有可考也。②

如何著録版本，我們在本書《版本編》第八章《對版本的記録和研究》第一節《目録著録》，以及《目録編》第三章《目録的著録事項》第三節《版本》，已經作了探討，可參看。不少藏書目録詳細記録版本的特徵與版本鑒定的成果，爲我們留下了豐富的版本資料。在這方面，錢曾的《讀書敏求記》産生了深遠的影響，《四庫全書總目》卷八十七存目提要稱其"述授受之源流，究繕刻之同異，見聞既博，辨别尤精，但以版本而論，亦可謂之賞鑒家矣"。其後，乾隆四十年（一七七五），于敏中等奉敕編昭仁殿所藏善本書成《天禄琳琅書目》十卷；嘉慶二年（一七九七），彭元瑞等奉敕編昭仁殿善本書成《天禄琳琅書目後編》二十卷。兩書皆在提要中詳載刊刻年月、雕印工拙、題識印記、授受源流等，又起了推波助瀾的作用。在提要中記述版本逐漸成了藏書目録的一大流派，昌彼得記其大略云：

> 是後藏書家撰藏書志更遞事踵華，嘉、道間海寧陳鱣的《經籍跋文》、吴縣黄丕烈撰《百宋一廛賦注》，又增録舊本書的版式行款，開後

① 《傳是樓書目》卷一。
② 《余嘉錫論學雜著·藏園群書題記序》。

來元和江標《宋元行格表》但記行格的一派。黄氏所撰寫的藏書題跋……爲書志題跋及於校勘與叙版本源流的濫觴。道光七年,虞山張金吾撰《愛日精廬藏書志》,除記版本及遞藏源流外,又仿朱彝尊《經義考》的體例抄録書中的序跋,不過僅録元代以前人所撰而且比較稀見者,至於前賢及時人手書的題跋,則備録其文。又,凡《四庫(全書)》未收的書,並介紹作者及書的内容。後來編著藏書志的,如同治、光緒間的吴縣潘祖蔭《滂喜齋藏書記》、常熟瞿鏞《鐵琴銅劍樓藏書目録》、聊城楊紹和《楹書隅録》、歸安陸心源《皕宋樓藏書志》及《儀顧堂題跋》、杭州丁丙《善本書室藏書志》、江陰繆荃孫《藝風藏書記》、豐順丁日昌《持静齋藏書記要》、宜都楊守敬《日本訪書記》、民國以來的江寧鄧邦述《群碧樓善本書録》、吴興張鈞衡《適園藏書志》、長沙葉德輝《郎園讀書志》、江安傅增湘《藏園群書題記》、東莞莫伯驥《五十萬卷樓藏書目録》等等,雖然是詳略或異,大抵皆師其法,而賞鑒之精,考訂之密,後來者居上。……清人所撰的題跋於版式不列載刻工及諱字,民國二十八年海鹽張元濟爲南海潘氏寶禮堂編撰《宋本書録》,始詳加記載。稍後北平文禄堂主人王文進《訪書記》,也沿用其例,而現代作題記圖録者,則無不詳載,體例愈臻精密。①

但昌氏也指出:這類藏書目録"在記録一書的版式、行款、刻工、避諱字、刻書牌記、裝訂、前後的序跋、收藏的印記及題識,以及紙墨字體與刊雕的工拙,如同叙録一樣。不過僅以書的版刻及外形爲記述的對象,而不以闡介書的内容爲主旨。雖有資於版刻的考訂鑒别,而無關於學術的本末源流"。②

孫從添對編製版本目録的具體方法作了系統介紹,略云:

藏書四庫編目最難,非明於典籍者,不能爲之。大凡收藏家編書

① 《中國目録學》第六一至六二頁。

② 《中國目録學》第六二至六三頁。

目有四則，不致錯混顛倒，遺漏草率，檢閲清楚，門類分晰，有條有理，乃爲善於編目者。

一、編大總目録，分經史子集，照古今收藏家書目行款。或照《經籍考》、連江陳氏書目，俱爲最好，可謂條分縷晰，精嚴者矣。前後用序跋，每一種書分一類寫，某書若干卷。某朝人作，該寫著者、編者、述者、撰者、録者、注者、解者、集者、纂者，各各寫清，不可混書，係宋板、元板、明板、時刻、宋元鈔、舊鈔、明人鈔本、新鈔本，一一記清，校過者寫某人校本，下寫幾本或幾册，有套無套，一種門類寫完後，存白頁，以備增寫新得之書，編成一部，末後記書若干部，共若干册總數於後，以便查閲有無，將來即爲流傳之本。其分年代不能全定，因得書先後不一，就其現在而録之可也。釋道二氏之經典、語録附於後，寫清裝成藏於家。

二、編宋元刻本鈔本目録，亦照前行款式寫，但要寫明北宋、南宋、宋印、元印、明印本，收藏跋記，圖章姓名，有缺無缺，校與未校，元板亦然，另貯一櫃，照式行款寫之，櫃用封鎖，不許擅開。精鈔、舊鈔、宋元人鈔本、秘本書目，亦照前行款式寫，但要寫明何人鈔本，記跋圖章姓名，有缺無缺，不借本，印宋鈔本，有板無板，校過者書某人校本，或底本臨本，録成一册，雖目録亦不可輕放，恐人借觀遺失，非常行書籍，皆罕有之至寶，收藏者慎之寶之。

三、編分類書櫃目録一部，以便檢查而易取閲，先將書櫃分編字號，櫃内分三隔，櫃門背左實貼書單三張，分上、中、下，各照櫃隔寫書目本數於上，以便查取，右門背貼書數目，亦分三張上、中、下，另寫一長條於傍，記書總數目，而所編之書目，照櫃字號亦分寫上中下三隔，先寫經部某字號櫃内上隔某一部若干卷，某人作，某板，共幾册，上隔共書若干部，共若干本，二三隔照寫，一櫃則結總數。都寫完，則寫大總結數於末行後頁。如有人取閲借鈔，即填明書目上，某年某月某日某人借或取閲。一月一查，取討原書，即入原櫃，銷去前注，借者更要留心。若一月不還，當使催歸原櫃，不致遺失。此本書目，最爲要緊，須託誠實君子經管，庶可無弊。

四、編書房架上書籍目録，及未訂之書，在外裝訂之書，鈔補批閲之書，各另立一目，俟有可入收藏者，即歸入櫃，增上前行各款書目内可也。

寫書根用長方桌一隻，坐身處桌面中挖一塊板，中空五本書厚縫一條，挾書於中，紮緊。書與桌平，照書名行款卷數，要簡而明，細楷書寫之，用墨筆畫匀細清朗，乃爲第一。虞山孫姓行二者，寫書根最精，一手持書，一手寫小楷極工，今亦罕有能者，書上挂簽，用磬紙或細絹，摺一寸闊，照書長短，夾簽於首册内，挂下一二寸，依書厚薄爲之，上寫書卷名數，角用小圖章，已上書目，如此編寫，可以無遺而有條目矣。①

到了清末，繆荃孫又進一步將版本目録的著録方式加以程式化：

××××幾卷

××××撰（撰人上有籍貫或官銜，須照原書卷首抄寫），××刊本（何時刊本，須略具鑒别力），每半葉×行，行××字，白（或黑）口，單（或雙）邊，中縫魚尾下有××幾字，卷尾題××××（此記校刻人姓名或牌子），前有××幾年×××序，××幾年×××重刻序，後有××幾年×××跋。××字××，××人，××幾年進士，官至××××（撰人小傳可檢本書序跋或四庫提要節抄），書爲×××所編集（或子侄所編或自編），初刻於××幾年，此則據××刻本重刻者。××氏××齋舊藏，有××印。②

此外，王重民的《中國善本書提要》，以及《中國古籍善本書目》都明確地規定了著録條例，我們在本書《目録編》《版本編》的有關章節均已作過介紹，兹不贅述。

---

① 《藏書記要》第六則《編目》。

② 陳乃乾《上海書林夢憶録》，載《中國現代出版史料》甲編。

按照統一的格式對各種藏書的内容與形式特徵著録完畢，還要按照一定的綫索編成目録。我國古代藏書一般都分類編目，這可先製分類表，然後按表將書依類編入即可。分類表可參考已有的公私藏書目録或其他目録，再結合自己的藏書特點來製訂。如明徐𤊹在《徐氏紅雨樓書目序》介紹自己典藏與編目情況云：

> 或即類以求，或因人而乞，或有朋舊見貽，或借故家鈔録，積之十年，合先君子、先伯兄所儲，可盈五萬三千餘卷，存之小樓，堆林充棟，頗有甲乙次第。銘槧暇日，遂倣鄭氏《藝文略》、馬氏《經籍考》之例，分經史子集四部，部分衆類，著爲書目四卷，以備稽覽。

《紅雨樓書目》雖按經史子集四部分類，但是在子目的設置上却考慮到藏書的實際情况作了一些變動。例如卷二史部專門設了本朝世史彙，收録了八十五種有關明代的史書，同卷還設了總志、分省二目，收了約三百五十種明代方志。卷三子部設傳奇類，收元明雜劇和傳奇一百四十種。特别可貴的是作者在卷四集部設“明詩選姓氏”類，共著録了三百一十五位明代詩人，其中二百七十位皆注明了生平簡歷，是研究明代文學的寶貴資料。

《四庫全書總目》編成後，對私家藏書目録産生了深遠影響，許多藏書目録都是依據《四庫全書總目》編製而成的，如羅槃《八千卷樓書目二十卷・叙》云：“其編目之例，頂格者爲文淵閣著録，低一格者，爲《四庫（全書）》附存，低二格者，爲《四庫（全書）》未收。每書若干卷，及某朝某人撰，一準諸家之例，其板本不同者則備載之，由此而讀善本藏書志，不翅尋落葉於故根，導渤海於黄河也。”

也有不少藏書目録突破了四部分類法的模式，我們在《目録編》第四章《目録的分類沿革》第三節《不守四部成規的分類法》已作了論述，可參看。再如現存明代晁瑮父子的《寶文堂書目》，就突破了四部分類法的傳統體系，以御製爲首，分三卷三十三目。卷上分諸經總類、易、書、詩經、春秋、禮、四書、性理、史、子、文集、詩詞等十二目。卷中分類書、子雜、樂府、四六、經濟、舉業等六目。卷下分韻書、政書、兵書、刑書、陰陽、醫書、農圃、藝譜、算法、圖誌、年譜、姓氏、佛藏、道藏、法帖等十五目。《四庫全書總目》提要稱其"編次無法,類目叢雜",但是它確實反映了曹氏父子藏書的實際情況,也在一定程度上反映了明代文獻的出版與傳播情況。

清代不少公私藏書目録是先按版本類别,再按内容類别進行編製的。如《天禄琳琅書目·凡例》云:"宋元明版書各從其代,每代各以經史子集爲次。"私家藏書目録如孫星衍的《平津館鑒藏記》,該目分三卷,卷一爲宋版、元版,卷二爲明版,卷三爲舊影寫本、影寫本、外藩本。各卷圖書再依内容分類排列。

公私藏書都是依照學科内容或版本,依次排列在書橱中或書架上。爲了便於存貯與檢索,有的藏書目録依書橱順序來編排,當然如前所述書橱裹的書也是按學科内容排列的,如明代的《文淵閣書目》,依千字文爲序,從天字到往字共分二十卷五十橱。按橱登録藏書,某橱某號(即某種),每號幾册。其優點是給每種書配上一個號碼,頗類現代圖書館所使用的排架號,該目共七千二百九十七號,也即著録了七千二百九十七種圖書,這給查找與歸還圖書帶來了方便。其後一些私家藏書目録也照此辦理,如清汪憲的《振綺堂書目》共分四卷,卷一含十橱,卷二含十橱,卷三含十五橱,卷四含八橱。各橱除用數字編號外,選用一首五言詩及振綺堂三字編號,略云:"東壁圖書府,西園翰墨林。誦詩聞國政,講易見天心。位列和羹重,恩叨醉酒深。載歌春興曲,情暢爲知音。振綺堂。"然後標明各橱在藏書樓中的位置,以及每橱每格藏些什麽書。其書橱裹的書,大體上先按版本,再按學科内容排列。所以按書橱編排的目録,實際上仍然是按學科内容或按版本再按學科内容編排的目録,其優點是鮮明地顯示了藏書位置,頗便於保管與查閲。

四　陳　列

圖書在修補、鈐印、編目後就應上架或入橱陳列。書不陳列則散漫無稽,難以保管,也難以尋檢。

甲　陳列的方法

爲便於保管與尋檢，書籍通常依藏書目録分類陳列，而分類通常是按書籍的學科内容來加以區分的。魏晉以後，國家藏書基本上都按經、史、子、集四大類來典藏的。如《隋書・經籍志》序云："煬帝即位，秘閣之書限寫五十副本，分爲三品：上品紅琉璃軸、中品紺琉璃軸、下品漆軸。於東都觀文殿東西廂構屋以貯之，東屋藏甲乙，西屋藏丙丁。又聚魏已來古迹名畫，於殿後起二臺，東曰妙楷臺，藏古迹；西曰寶迹臺，藏古畫。又於内道場集道、佛經，别撰目録。"《新唐書・藝文志》序稱唐代"兩都各聚書四部，以甲、乙、丙、丁爲次，列經、史、子、集四庫。其本有正有副，軸帶帙簽，皆異色以别之"。《麟臺故事・省舍》稱北宋秘書省，有"五間，爲子庫，内設緑厨七，藏書。次五間，爲經庫，内設緑厨七，藏書"。"五間，爲集庫，内設緑厨七，藏書。次五間，爲史庫，内設緑厨七，藏書。"

私家藏書自然也分類陳列，如明宗室朱睦㮮《萬卷堂家藏藝文自記》云：

> 余宅西乃游息之所，建堂五楹，以所儲書環列其中，倣唐人法分經史子集，用各色牙簽識别。經類凡十一：易、書、詩、春秋、禮、樂、孝經、論語、孟子、經解、小學，凡六百八十部，凡六千一百二十卷。史類凡十二：正史、編年、雜史、制書、傳記、職官、儀注、刑法、譜牒、目録、地志、雜志，凡九百三十部，凡一萬八千卷。子類凡十：儒、道、釋、農、兵、醫、卜藝、小説、五行家，凡一千二百部，凡六千七十卷。集類凡三：楚辭、别集、總集，凡一千五百部，凡一萬二千五百六十卷，編爲四部，人代姓名，各具撰述之下。①

再如清唐仲冕《此静坐齋書目序》云：

> 彭桐橋先生見善本書，必傾囊典衣購之，當幕游數千里外，必挾

① 《萬卷堂書目》卷首。

書以出，所得幕俸，必購書以歸。於是陸則汗牛馬，水則滯舟楫，行旅之費，倍於他人，比抵家而游囊無幾矣。如是三十餘年，積書數萬册，乃築此静坐齋以藏之。齋三楹南向，北向者亦三楹。齋之後層樓三楹，以國朝御製、欽定、御批諸書藏於樓之中央。樓之東西兩楹，凡各家校刊之《十三經》與夫歷代經解、五經總義、四書、小學之類，皆附焉。樓之下，凡正史、别史、編年、紀事，與夫詔令、奏議、時令、地理、職官、政事之類皆附焉。齋之中，則歷代諸子，凡儒家、墨家、醫家、兵農家、刑法家，與夫天文、算法、術數、譜録、小説之類皆附焉。北向三楹，則歷代正集、别集、總集，與夫詩文評選、詞曲評選之類皆附焉。①

《四庫全書總目》編成後，有些藏書家乾脆依《四庫全書總目》的順序陳列圖書，而將善本書、有特定意義的書，另闢專室，單獨陳列。如李宗蓮稱陸心源“十餘年來凡得書十五萬卷，而坊刻不與焉。其宋元刊及名人手鈔手校者，儲之皕宋樓中，若守先閣則皆明以後刊及尋常鈔帙，按《四庫書目》編序，而以近人著述之善者附益之”。② 再如丁丙《八千卷樓自記》言其分類藏書云：

光緒十有四年（一八八八），拓基於正修堂之西北隅，地凡二畝有奇，築嘉惠堂五楹之上，爲八千卷樓。堂之後室五楹，額曰“其書滿家”。上爲後八千卷樓，後闢一室於西，曰善本書室，樓曰小八千卷樓，樓三楹，中藏宋元刊本約二百種有奇，擇明刊之精者，舊鈔之佳者，及著述稿本、校讎秘册合計二千餘種，附儲左右。著四庫著録之書，則藏諸八千卷樓，分排次第，悉遵欽定簡明目録，綜三千五百部，内待補者一百餘部，復以欽定《圖書集成》、欽定《全唐文》附其後，遵定制也。凡四庫之附存者已得一千五百餘種，分藏於樓之兩廂。至後八千卷樓所藏之書，皆四庫所未收採者也，以甲乙丙丁標其目，共

① 《聽鸞居文鈔·此静坐齋書目序》。亦見《藏書紀事詩》卷六《彭桐橋》。
② 《皕宋樓藏書志序》。

> 得八千種有奇。如制藝、釋道書，下及傳奇小説悉附藏之。計前後二樓書厨凡一百六十，分類藏儲，以後歷年所得之書，皆因類而編入矣。[1]

葉德輝曾對分類藏書情况作過簡單明瞭而又極富實用價值的總結，略云："編列書籍，經爲一類，史爲一類，子爲一類，集爲一類，叢書爲一類，其餘宋元舊刻、精校名抄别爲一類。單本一、二卷者，袖珍巾箱長不及五寸，大本過尺許者，以别橱庋之。"[2]

乙　陳列的工具

用來陳列圖書的工具，就書的總體言，則有書架、書橱、書几等，就每書的保護言，則有函套、夾板等。

在書本式圖書盛行以前，我國圖書長期采用卷軸裝的形式，簡策在不閲讀時也要卷起來放置，因此書架是古代陳列圖書常用的一種工具，所以還出現了插架一詞。如唐韓愈《送諸葛覺往隨州讀書詩》："鄴侯家多書，插架三萬軸。"[3]宋陳師道《絶句四首》之二云："三兩作鄰堪共話，五千插架未爲貧。"[4]直到清代宫廷藏書，其書雖已易卷軸爲平裝，仍用書架，施廷鏞《故宫圖書記》述及文淵閣藏書情况稱：

> 閣内上下，均儲書籍。下層中三楹，兩旁儲《圖書集成》十二架。左右二楹，儲經部二十架。中層儲史部三十三架。上層中儲子部二十二架，兩旁儲集部二十八架。經、史架高七尺四寸，寬四尺，深二尺；每架四槅，各十二函。子、集架高十尺八寸，每架則爲六槅，亦各十二函。總百有三架，六千一百十四函，三萬六千二百七十五册，二百二十九萬九百十六頁。[5]

---

① 《善本書室藏書志》卷末附録。
② 《藏書十約・陳列》。
③ 《全唐詩》卷三四二。
④ 《後山集》卷八。
⑤ 載《圖書館學季刊》第一卷第一期。

書架的特點是開放式,存取方便,通氣,缺點是易落灰塵,難加局鑰,保管不够謹慎。

書橱也是經常采用的一種陳列工具。宋代秘閣已用書櫃藏書,陳騤等嘗云:"舊制:秘閣書用蘗黄紙欄界書寫,用黄綾一樣裝背,碧綾面簽、黄絹垂簽,編排成帙,及用黄羅夾複檀香字號牌子入櫃安頓。"①元代秘書監也用書櫃藏書,王士點、商企翁《秘書監志》卷五《秘書庫》云:"至元十一年(一二七四)正月,照得本監欽奉聖旨,見收陰陽禁書並一切回回文字,除欽依外,即目多有收到文書,未曾製造書櫃,恐經夏潤蟲鼠損壞,今擬用紅油大竪櫃六個,内各置抽匣。三層鎖簽,全常川收頓,秘書相應。"明代文淵閣也是用書橱陳列圖書的,如彭時嘗云:"文淵閣在午門内之東文華殿南面磚城,凡十間,皆覆以黄瓦,西五間,中揭文淵閣三大字牌。扁牌下置紅櫃藏三朝實録副本。前楹設凳東西坐,餘四間背後列書櫃,隔前楹爲退休所。"②

私家藏書也普遍采用書橱陳列,如白居易《題文集櫃》云:"破柏作書櫃,櫃牢柏復堅,收貯誰家集?題云白樂天。我生業文字,自幼及老年。前後七十卷,大小三千篇。誠知終散失,未忍遽棄捐。自開自鎖閉,置在書帷前。身是鄧伯道,世無王仲宣。只應分付女,留與外孫看。"③天一閣藏書也用書橱,乾隆三十九年(一七七四)寅著所見爲:"居中三間排列大橱十口,内六橱前後有門,兩面貯書,取其透風。後列中橱二口,小橱二口。又西一間排列中橱十二口。"④明末祁承㸁甚至采用了壁橱的形式藏書,他曾描寫過自己的藏書情況,略云:"藏之見壁不見書,啓而闢之,見書不見壁。方蝶舞之栩栩,何知蠹魚之爲適。"⑤清李文田也用書橱藏書,葉昌熾云:"其邸舍在北半截胡同,几榻之外惟圖籍,列櫝數十,皆啓其鐍。

① 《中興館閣録》卷三《儲藏》。

② 《紀録匯編》卷一二六《彭文獻公筆記》。

③ 《白氏長慶集》卷三〇。

④ 《乾隆東華録》卷三〇。

⑤ 《澹生堂集》卷一一《行園略》。

手題書籤，長至尺許，下垂如簾，甲乙縱橫，密於櫛比。”[①]還有將書鎖在箱子中的，如徐中云：

吴興劉翰怡先生，世席豐華，雅嗜儒素。蒐羅書籍，約六十萬卷。於南潯鎮之鷓鴣溪上，建嘉業藏書樓，占地二十畝。與第宅小蓮莊毗連，四周有水，環之如帶。面南向池，池中及四圍，疊石爲小山，有亭臺花木之勝。由池而上，有樓七楹，中一楹爲大門。東三楹，爲四史齋，以置宋槧四史。西三楹曰詩萃齋，以置翰怡父子所編之《清朝正續詩萃》。齋室均北向，齋樓多舊鈔精鈔各本，室樓皆宋元槧本，再進亦有樓七楹，左右繞以兩廡，廡各六楹，樓下爲廳事，三楹分列甲乙兩部，上爲希古樓，庋殿本官印，而内府秘籍，亦在其中。樓東西上下，各兩楹，雜置書五百七十餘箱。左右廡，則各省郡縣志，廡樓均爲叢書，約二百餘種，縹緗滿架，美不勝收。[②]

用書橱、書箱的優點是圖書不易散亂挪動，不易沾灰，不易受到鼠嚙，缺點是在檢閱時難以收到直觀的效果。

少數藏書家也曾將藏書置放在書几上，祁承㸁之子祁忠敏即如此，全祖望云：“忠敏亦喜聚書，嘗以硃紅小榻數十張，頓放縹碧諸函。牙籤如玉，風過有聲鏗然。”[③]將書放在書几上的優點是便於閱讀，缺點是數量不能過大，容易散亂，容易沾染灰塵，只能算作一種臨時措置方式。

孫慶增《藏書記要》第七則《收藏》還談到了書櫃的製作要求與安置辦法，略云：

書櫃須用江西杉木或川柏銀杏木爲之，紫檀花梨小木易於泛潮，不可用。做一封書式，樸素精雅，兼備爲妙，請名手集唐句刻於櫃門

① 《藏書紀事詩》卷七《李文田仲約》。

② 《宋會要研究》卷三《嘉業堂藏書樓游記》。亦見《古今典籍聚散考》卷三《藏弆卷》第八章《清季之收藏家》。

③ 《鮚埼亭集外編》卷二〇《曠亭記》。

上,用白銅包角裝訂,不用花紋,以雅爲主,可分可並,趁屋高下,置於樓上,四面窗櫺須要透風,窗小櫺大,樓門堅實,鎖要緊密,式要精工,鎖匙上挂小方牌,或牙或香,將經史子集釋道字刻於正面,字外用圓綫,嵌紅色,字嵌藍色,傍刻某字號第某書櫃,嵌緑色,下刻小圈中,反面寫宋刻、元刻、明刻、舊鈔、精鈔、新鈔等名色爲記。

葉德輝《藏書十約·陳列》還談到了書橱尺寸及内部構造,以及橱内圖書陳列方法,今亦録之如下:

單本、小本之橱,其中間以直格寬窄不一,再間以横格,高二、三寸或四、五寸不等。横格皆用活板,以便隨時抽放。叢書類少者,一部占一橱,多者一部占二橱、三橱不等,由上至下,以三橱爲一連。橱寬工部尺一尺八寸、高二尺,每橱列書三行,合三橱爲一連,高六尺,並坐架一尺二寸,共七尺二寸,取閲時不至有伸手之勞,列書依撰人時代,亦以門户相聚,如十子、七子、五子、三家、四家、八家之類,皆銜接相承,則易於查閲。……陳列既定,按橱編一草目,載明某書在某橱,遇有增省,隨時注改。體例視正目有殊,明《文淵閣書目》蓋已先爲之矣。

爲了保護圖書,同時也爲了便於陳列、取閲,綫裝書往往盛以紙糊布匣,考究一點的用木匣盛之,或者用夾板夾之,函套裝之。葉德輝《藏書十約·陳列》云:

北方多用紙糊布匣,南方則易含潮,用夾板夾之最妥。夾板以梓木、楠木爲貴,不生蟲,不走性,其質堅而輕。花梨、棗木次之,微嫌其重。其他皆不可用。二十年前,余書夾多用樟木,至今生粉蟲,無一部不更换,始悔當時考究之未精。宋、元舊刻及精鈔、精校,以檀木、楠木爲匣襲之。匣頭鐫刻書名、撰人,宜於篆隸二體。夾板繫帶,邊孔須離邊二分,其上下則準書之大小。如書長一尺,帶離上下約二寸，以此類推，指示匠人遵守勿失。

函套的製作方法是先量一部書的長、寬、厚度，再根據相應尺寸將硬紙板切成九塊，表面用布糊之，裏面用紙裱之，再裝上紐絆即可。特别厚的書，可做兩個以上函套裝之。特别貴重的書，當然要提高用料的質地。

第二節　保　管

圖書入藏以後，還要采取一系列的保護措施，以防止人爲的散佚和各種自然災害。

一　防散佚

甲　散佚的原因

除禁燬、兵燹、變賣外，失竊與借而不還也是導致藏書散佚的重要原因。

由於管理不善，國家藏書與私家藏書均有失竊現象。就前者而言，宋代即有記載，如江少虞云："今三館秘閣凡四處藏書，然同在崇文院，其間官書多爲人盗竊去，士大夫往往得之。"①明代宫廷藏書失竊現象更爲嚴重，如劉若愚云：

> 凡司禮監經廠庫内所藏祖宗累朝傳遺秘書典籍，皆提督總其事，而掌司監工分其細也。自神廟（神宗）静攝年久，講幄塵封，右文不終；官如傳舍，遂多被匠人厨役偷出貨賣。柘黄之帖，公然羅列於市肆中，而有寶圖書，再無人敢語其來自何處者。②

而有些官員也趁工作之便盗竊國家藏書，楊昇庵、李繼光就是其代表人

① 《皇（宋）朝事實類苑》卷三一《藏書之府》之二十九。
② 《酌中志》卷一八《内板經書紀略》。

物,楊家驎稱:

> 明司禮監大藏經廠,貯列朝書籍甚富。新都楊昇庵太史挾父勢,屢至閣翻書,多所攘取。其後主事李繼光奉命查對,又復盜易宋刻精本。至熹廟(熹宗)時,已寥寥矣。嘗於六月六日奏請曬晾,玉音卒問曰:"嘉靖間,一偷書的楊姓官兒,何處人?"左右莫能對,蓋上在青宫,時與聞於光廟(光宗)也。①

清代國家藏書失竊現象也非常嚴重。如《永樂大典》共二萬二千八百七十七卷,目録六十卷,分裝成一萬九十五册,約三億七千萬字。而現存於世的《永樂大典》僅爲八百一十卷,約三百七十餘册,可謂損失慘重,而原因之一是被官員盜竊。考《辦理四庫全書檔案》,乾隆三十九年(一七七四)六月二十六日,曾奉旨查辦《四庫全書》館纂修黄壽齡携出並遺失《永樂大典》六册一事,而這六册書復於同年七月十五日夜在御河橋河沿上檢得。可見官員將國家藏書携入私門是較爲普遍的事,晚清猶爲嚴重。劉聲木云:

> 繆筱珊太史荃孫《藝風堂文集》所載,太史到翰林院時,已只存三百餘本,復爲同院諸公盜出,陸續售去。其盜書之法,早間入院,帶一包袱,包一棉馬褂,約如《永樂大典》兩本大小。晚間出院,將馬褂穿於身上,偷《永樂大典》兩本,包於包袱内,如早間帶來樣式。典守者見其早挾一包入,暮挾一包出,大小如一,不虞其將馬褂加穿於身,偷去《永樂大典》二本,包於包袱内而出也。久而久之,《永樂大典》三百餘本,又掃地無餘。②

秉衡居士《荷香館瑣言》也記載了類似情況,雖然册數與劉文有出入,所記

① 《勝國文徵》卷三。
② 《萇楚齋隨筆》卷三。繆荃孫《永樂大典考》,載《藝風堂文續集》卷四。

《永樂大典》被盗售則是一致的。其文略云：

> (《永樂大典》)原書本萬餘册,陸續散出,光緒乙亥(一八七五)檢此書,不及五千册;至癸巳(一八九三)僅存六百餘册。相傳翰林入院時,使僕預携衣一包,出時盡穿其衣,而包書以出,人不覺也。又密邇各國使館,聞每大典一册,外人輒以銀十兩購之。館人秘密盗售,不可究詰,致散亡益速。及庚子(一九〇〇)大劫,翰林院劃入使館,大典尚存三百餘册,劫灰之後,散落廠肆,多爲好古者購去。[①]

《四庫全書》完成後,藏在翰林院裹的《四庫全書》底本,不少也爲翰林學士們所竊,趙萬里《重整范氏天一閣藏書記略》云：

> 《四庫全書》完成後,庫本所據之底本,並未發還范氏,仍舊藏在翰林院裹,日久爲翰林學士拿還家去的,爲數不少。前有法梧門,後有錢犀盦,都是不告而取的健者。轉輾流入廠肆,爲公私藏書家所得,我見過的此類天一閣書,約有五十餘種。[②]

傅增湘專門述及過錢辛盦的竊書情況,其於《元音十二卷》書録云：

> 此書舊爲翰林院所藏,蓋當日四庫發還之書留於院中者也。卷首有浙江巡撫三寶採進朱記可證。昔時翰林前輩充清秘堂差者得觀藏書,然往往私携官書出。泰州錢辛盦在館最久,精於鑒别,故所携多善本。宣統庚戌(一九一〇)津估張蘭亭至泰州,在錢氏家中捆載十餘笈以還,其中鈐院印者十有九,人往往争持以去,余惟得此書前六卷及方蛟峰集而已。後又自王鴻甫手得後六卷,遂爲完帙。[③]

---

① 載《人文雜志》一卷七期。
② 載《國立北平圖書館館刊》八卷一號。
③ 《藏園群書經眼録》卷一八。

除翰林院外，清内閣大庫的書甚至也被竊賣，傅增湘《南齊書五十九卷》書録云：

> 此書余壬子（一九一二）夏獲之宏遠堂書肆，詢書之所出，堅不肯言。然余見其連車入肆時，有聚珍版書多種，皆有穆彰阿印，而此書敗篋亦在焉，則此書出其家殆無疑矣。全書桑皮厚紙印，幅高至一尺二寸，字體方嚴，元補則趨圓軟，每卷首尾皆鈐"禮部官書"朱文大長印，間有鈐中縫上者，知原係蝶裝。余因疑此書必爲内閣大庫所藏，不知何時流出，改裝而歸穆氏。今北京圖書館藏内閣大庫之書所謂眉山七史者，皆厚皮紙鈐禮部官書印，與此無一不合，而獨於《南齊》乃無一册之存，疑自嘉道以來庫書盜出者當不止此一帙矣。癸丑（一九一三）春，友人章君式之（鈺）借校，爲發現志第七卷第三葉及傳第十六卷第十葉爲明以來傳本所無。蓋此書明以來缺四葉，此得其二，亦可謂孤本秘籍矣。①

私家藏書失竊現象當然更加普遍，今亦略舉數例。如魏了翁跋《遂初堂書目》云："江元叔合江南吴越之藏凡數萬卷，爲臧僕竊去市人，裂之以藉物，其入於安陸張氏者，傳之未幾，一篋之富，僅供一炊。"②李清照《金石録後序》談及她家的藏品遭到戰爭洗劫後，"惟有書、畫、硯、墨，可五七簏，更不忍置他所。常在卧榻下，手自開闔。在會稽，卜居土民鍾氏舍。忽一夕，穴壁負五簏去。余悲慟不已，重立賞收贖。後二日，鄰人鍾復皓出十八軸求賞。故知其盜不遠矣。萬計求之，其餘遂不可出。今知盡爲吴説運使賤價得之"。③ 元代藏書家袁桷，字伯長，宋知樞密院事韶之曾孫，少爲麗澤書院山長，後任翰林國史院檢閲官，累遷侍講學士，④去世後，藏書爲僕人竊賣。元孔齊云："袁伯長學士，承祖父之業，廣蓄書卷。

---

① 《藏園群書經眼録》卷三。

② 《鶴山集》卷六三《跋尤氏遂初堂藏書目録序後》。

③ 《李清照集校注》卷二《金石録後序》。

④ 參見《四庫全書總目》卷六八《延祐四明志》提要。

國朝以來，甲於浙東。伯長没後，子孫不肖，盡爲僕幹竊去，轉賣他人，或爲婢妾所燬者過半。”①明天一閣藏書傳至民國年間被竊，要算私家藏書影響最大的一次失竊事件。繆荃孫《天一閣失竊書目·序》云：

天一閣藏書，自明嘉靖間至今，幾四百年。吾國藏書家當以此閣爲最久矣。民國三年（一九一四），有賊雇木工數人，夜登閣頂，去瓦與椽，縋而下，潛入閣中，爲大規模之盗書。將書藏入皮箱中，至夜間運出。如是者數十日，將閣中藏書盗出約十分之八，售於上海各藏書家。其後范氏子孫獲竊書賊根究，各書賈之買此書者，涉訟經年，一無所得。

趙萬里指出：“由於民國初年爲巨盗薛某竊去的，這一次是天一閣空前的損失，至少總有一千餘種書散落到閣外。閣中集部書，無論宋元明，損失最多。即明季雜史一項，所失亦不在少。《登科録》和地方志，去了約有一百餘部。輾轉由上海幾個舊書店，陸續售歸南方藏書家。”②陳登原《天一閣藏書考》八《天一閣之散佚》叙此事頗詳，今亦録之如下：

薛繼位竊天一閣書事，已不能確記歲月。大約發生於民國紀元之初，據鄞縣律師朱酇卿先生言：鼎革以後，諸遺老隱迹滬濱，頗思以摩挲古物，排遣其日薄崦嵫之短景。有某君者，③精於鑒别，迎合風氣，時至甬上，向天一閣後裔，商購藏書，格於范家故事，以致終不成議，某君期在必得，因擇薛編《天一閣見存書目》④中名貴圖書，注明卷數册數，以油印本餌鉅竊薛繼位，令其設法盗取。繼位以夜入閣

① 《至正直記》卷二《别業蓄書》。

② 《重整范氏天一閣藏書記略》，載《國立北平圖書館館刊》八卷一號。

③ 原注：某君姓名，瓚卿謂尚有秘密之必要。蓋瓚卿所得知者，本之於前任鄞縣地方法院録事范挺武君之口。范君者，即以是案刑事被害人資格，到堂對簿者。某君曾在申杭一帶設古書店有年，且有書目刊行。其書目序中亦述及其事，第頗閃爍其詞云。

④ 薛謂薛福成。其於光緒十五年刻《天一閣見存書目》四卷。

下,穴屏後一閣板登,挾書目稟實以伏其中者旬日,晝則鼾睡,夜則燒燭,按目索藏。范氏後人之居於閣後,牆垣隔絶,然竟未之知焉。事後登閣,則燭淚滿地,遺失狼藉。薛氏存目以後之珍秘,其不翼而飛者,殆十之七八。而繼位早挾書東走上海矣。范氏後人尋出綫迹,後亦延某律師投訴於上海會審公廨,拘薛賊到案究訊。薛以受餌,終不言造意何人。某君遂以逍遥事外,案既結,薛賊判處徒刑九年,其後瘐死獄中。然范氏所失書,或爲遺老瓜分;或以無范氏藏書印記,無法鉤稽。其由公庭判還者,則御賜《平定回部得勝圖》《歷代帝皇名臣圖》《范忠宣公遺像》,及少數不甚重要之舊册而已。

讀者借而不還也是圖書亡佚的原因之一,公私藏書均有這種現象。如程俱云:

嘉祐四年(一〇五九)正月,右正言、秘閣校理吴及言:祖宗更五代之弊,設文館以待四方之士,而公相率由此而進,故號令風采,不減漢唐。近年用内臣監館閣書庫,借出書籍,亡失已多;又簡編脱落,書吏補寫不精,非國家崇鄉儒學之意。請選館職三兩人,分館閣吏人編寫書籍。其私借出與借之者,並以法坐之,仍請求訪所遺之書。①

南宋館閣仍然存在着讀者借書不還的現象,佚名《中興館閣續録》卷三《儲藏》記載秘書監葉禾言:

曩者,監臣有請嚴書之禁,以防篇帙之散失,詳印記之文,以爲圖書之辯證;模式樣於册,以虞器物之换易,條束具存,足爲永便。然人情積翫,欺僞易生,自非明示檢防,以時稽察,則前日之所申明,殆爲文具,近之士夫至有借出館書,携而去國者,是久假不歸,惡知其非有也,有人所未見之書,私印其本,刊售於外者,是以秘府之文爲市井貨

① 《十萬卷樓叢書》本《麟臺故事》卷二《書籍》。

鬻之利也。

借私家藏書不還的現象更多,宋趙令畤云:"比來士大夫借人之書,不録不讀不還,便爲己有,又欲使人之無本。潁川一士子,'九經'各有數十部,皆有題記,是爲借諸人之書不還者。每炫本多。余不欲言,未嘗不歸戒兒曹也。"①有的書借出後屢索不得,自己需要還得向人借回摹寫,如錢曾於《考古圖十卷續考古圖五卷釋文一卷》提要云:

此係北宋鏤板,予得之梁溪顧修遠,洵縹囊中異物也。後爲季滄葦借去,屢索不還,耿耿掛胸臆者數年。滄葦殁,此書歸之徐健庵。予復從健庵借來,躬自摹寫,其圖象,命良工繪畫,不失毫髮。楮墨更精於槧本,閲之沾沾自喜。②

有的書借出後屢索不得,出借者需付款方能取回的。如吴騫跋《明史稿列傳》云:

此書余藏之久,姚江邵予桐編修見而極愛之,以爲此《舊唐書》也。在西湖書局中,借閲累年,後竟携以入都,屢索不還,屬武陵友人往取之,酬以二十金,始得。昔人以借書還書等爲一癡,殆是之謂歟!然予實一片苦心,終不以是爲悔,亦可云"文章紹編槧"矣。③

有的書借出後雖然還了,但是已非原本,或者顛倒裝訂致使原書起了變化。如錢功甫《影宋鈔猗覺寮雜記跋》云:

此書乃丙辰(一六七六)九月十日借張千里本連日夜鈔完。丁巳

① 《侯鯖録》卷七。

② 《讀書敏求記》卷二。

③ 《拜經樓藏書題跋記》卷二。予桐,邵晉涵字。"文章紹編槧"爲韓愈《贈張籍》詩句,載《全唐詩》卷三四〇。

> (一六七七)六月十三日,江陰李貫之借歸,至十月十二日,留住真本,以此册見還。十二月二十一日,常熟錢受之借,拆散影抄,顛倒訂。今年戊午(一六七八)閏四月初六日始還,一向怕看。七月初九日始復拆散,理清草訂如右,然其中多訛,不知無算也。借與人書,不可不慎。裝完,因書於後,七十八翁記。①

此外,還有因爲藏書家的家人、婢僕不認識書的價值,用來覆醬瓿、褙鞋幫、引火做飯,而導致藏書損失的。如元孔齊云:

> 吾家自先人寓溧陽,分沈氏居之,半以爲别業。多蓄書卷,平昔愛護尤謹,雖子孫未輕易檢閱。必告於先人,得所請,乃可置於外館。晚年子弟分職,任於他所,惟婢輩幾人在侍。予一日自外家歸省,見一婢執《選詩演》半卷,又國初名公柬牘數幅,皆翦裁之餘者。急叩其故,但云:某婢已將幾卷褙鞋幫,某婢已將幾卷覆醬瓿。予奔告先人,先人曰:"吾老矣,不暇及此,爾等居外,幼者又不曉事,婢妮無知,宜有此哉!"不覺嘆恨,亦無如之何矣。②

乙　防散佚損壞

防止圖書散佚的主要措施就是要有專人管理。國家、學校、寺觀、近代圖書館等單位的藏書均有專人管理,我們在本編第二章《典藏單位》中已作了介紹。其實私家藏書也常由藏書家本人,或委派他人專門負責保管。如明王世貞藏書由一老僕管理。朱國禎云:"王弇州書室中一老僕,能解公意,公欲取某書某卷某葉某字,一脱聲即檢出待用,若有夙因。余官南雍,常熟陳抱冲禹謨爲助教。其書滿家,亦有一僕如弇州。"③清代常熟的鐵琴銅劍樓也有專人管理,覺迷記之云:

---

① 《藏書紀事詩(附補正)》卷三《錢允治功甫》。

② 《至正直記》卷三。

③ 《湧幢小品》卷二〇《書僕書傭》。弇州,王世貞號。

> 平日有人管理，每歲必取出一曝，而曝書有一定時日，故所藏書因保存與曝書之得法，能歷久不蠹，又因管理有人，歷久不失；即宋元舊槧，視之一如新裝，而無一部散佚。此爲海内藏書家所未見者也。至嗜書之人，有欲觀珍秘者，瞿氏亦許入樓參閲；但不許假出，而於閲書之人，闢有專室，供人飽覽，且供茶水膳食。①

唐宋時期，國家藏書的管理人員已有明確的分工，如程俱云："直史館謝泌上言：'國家圖書未有次序。唐朝嘗分經、史、子、集爲四庫，命薛稷、沈佺期、武平一、馬懷素人掌一庫，望遵故事。'上嘉之，遂命泌與館職四人分領四庫，泌領集庫。"②他們還建立了輪流值班制度。程俱復云：

> 祖、宗朝，三館宿官或被夜召，故宿直惟謹。秘書省監、丞以下，日輪一員省宿。當宿官請急，即輪以次官、參假日補填。内長、貳五日一員，正旦、寒食、冬至節假，並入伏不輪。其後宿官請急不報，以次官止關皇城司照會。至元祐遂引例立爲法，宿官請假，更不輪以次官。政和六年（一一一六）措置秘書省官請，當宿官告假即輪以次官，候參假補填。月具直宿請假官員數、職位、姓名，報御史臺，官、吏各爲歷，長、貳點檢覺察。即吏告假，報以次人及補填，如宿官法。日輪職掌二人，孔目官、專副，至守當官通輪；楷書二人，正名、楷書，至守闕通輪。庫子二人、裝界作、翰林司厨子各一人，親事官四人，剩員五人。③

北宋館閣值班輪宿制度也爲南宋館閣所繼承，陳騤云："紹興元年（一一三一）十一月，詔秘書省依舊制日輪官一員止宿。遇請假驗實，即輪以次官止宿，長、貳五日一次點宿。"④佚名亦云："經史子集四庫，續搜訪經史子

① 《談鐵琴銅劍樓》，載《中國新書月報》一卷四號。

② 《麟臺故事》卷二《書籍》。"上"指宋太宗。

③ 《麟臺故事》卷二《職掌》。

④ 《中興館閣録》卷六《故實》。

集四庫，秘閣上下庫，御製、御札、名賢墨迹、圖畫庫、印板書庫、印板庫、碑石庫，各以省吏分掌。公使庫，於本省有官職掌，内選差一名兼充監庫。每日輪差庫子、軍員各一人，在庫宿直。”①

值班人員承擔着清點、出納、曝曬圖書等任務。《中興館閣録》卷十《職掌》云：“諸庫關書簿，省官取索書籍簽押，庫子掌之。”《中興館閣續録》卷三《儲藏》亦云：

慶元六年（一二〇〇）……三月，詔每月輪本省官一員上閣檢點。秘書丞邵文炳等札子：“契勘本省秘閣上見安奉聖政日曆、會要、寶藏、御前圖畫、御製、御札等，事體至重，欲每月輪本省官一員上閣檢點，周而復始。”詔從之。

元代國家藏書的管理人員也承擔着提調、點視、曝曬等工作。元王士點、商企翁《秘書監志》卷六《秘書庫》云：

延祐五年（一三一八）三月初九日，監官議得：秘書庫所藏御覽圖籍、禁秘、天文、歷代法書名畫，諒爲不輕。近年以來，凡遇出納、秘書郎等，自行開封。倘蒙上位不測取索書畫，失誤未便。今後移請監官一員，不妨本職，逐月輪流提調。如遇陰雨，點視疏漏，常例舒展曝曬，及出納書畫不測之事，直日秘書郎等計會提調府，親詣府庫，用心監視，一同開封，毋致似前違錯。仰移關監丞王奉訓依上提調，仍下秘書郎依上施行。

明代内府藏書機構由於用人不當、管理不善，給藏書造成了很大損失，謝肇淛云：

内府秘閣所藏，書甚寥寥，然宋人諸集，十九皆宋板也，書皆倒

① 《中興館閣續録》卷三《儲藏》。

摺，四周外向，故雖遭蟲鼠嚙，而中未損，但文淵閣制既庳狹，而牖復暗黑，抽閲者必秉炬以登，内閣老臣，無暇留心及此，徒付筦鑰於中翰涓人之手，漸以汩没，良可嘆也。①

清代内府藏書管理工作一度鬆弛，後來皇帝親自過問，並委派專人負責，方有改進，如乾隆五十三年（一七八八）詔曰：

向來文淵閣藏庋《四庫全書》，設有領閣提舉、直閣校理、檢閲等官。原未詳立條規，以專責成。所有司事收發，不免彼此推諉。是以内閣、翰林院、内務庫、奉宸院各衙門經理，即曝曬書籍，插架歸函，竟未能順叙，殊非慎重秘書之道。因思文淵閣提舉閣事一員，係由總管内務府大臣兼充。其司員以及看守掃除之人，皆其所轄，呼應較靈，即着交提舉閣事一人，專爲管理。②

國家藏書機構爲防止借而不還導致圖書散佚的一個消極而有效的方法是書不外借，如南宋嘉泰四年（一二〇四）十月，著作佐郎曾從龍奏曰：

紹興初，嘗因儒臣奏請，嚴借書之禁。紹興間又嘗申訓之，今具存也。然循習既久，士大夫視爲文具，宛轉而求借者甚衆，久假不歸，惡知非有，或遭遺漏，書不復存。此其事若緩而不切，然所關於國家文物者甚大，不可不爲之慮也。蓋今館閣之所藏，較之《崇文總目》雖亦粗備，而昔之所有，今之所無者，亦什二三，縱未暇下求遺書之詔，獨可不嚴藏書之禁乎？臣愚欲望聖慈申嚴舊制，除本省官關就省中校勘外，並不許借出；如輒借出，以違制論。仍令本省長、貳每月輪委以次官不時點視，如點閣之法，庶幾册府崇嚴，典籍森備，其於聖世右文之治，誠非小補。詔從之。③

---

① 《五雜俎》卷一三。

② 《乾隆東華録》卷四三。

③ 《中興館閣續録》卷三《儲藏》。

不少藏書家也采取了這一策略，如天一閣閣門左方高懸禁牌一方云："子孫無故開門入閣者，罰不與祭三次，私領親友入閣及擅開書厨者，罰不與祭一年，擅將藏書借出外房及他姓者，罰不與祭三年，因而典押事故者，除追懲外，永行擯逐，不得與祭。"這方禁牌收效明顯，吴翌鳳稱："其書不借人，不出閣，子孫有志者，就閣讀之，故無散佚之患。"①祁承㸁《澹生堂藏書約》也規定："子孫取讀者，就堂檢閲，閲竟即入架，不得入私室。親友借觀者，有副本則以應，無副本則以辭。正本不得出密園外。"葉德輝《藏書十約・收藏》對防止圖書散佚問題説得更具體、更細緻，其説云：

非有書可以互鈔之友，不輕借鈔。非真同志著書之人，不輕借閲。舟車行笥，其書無副本者，不得輕携。遠客來觀，一主一賓，一書童相隨，僕從不得叢入藏書之室。不設寒具，不著衣冠，清茗相酬。久談則邀入廳事。錢振笵注《義山文集》，每竊供用之書，京師書坊至今言之疾首。魏源借友人書，則裁割其應鈔者，以原書見還，日久始覺。不獨太傷雅道，抑亦心術不正之一端。凡此防範之嚴，所以去煩勞、消悔吝，正非"借書一癡，還書一癡"也。

積極的方法是預備複本，將副本借人閲讀。《隋書・經籍志》稱："煬帝即位，秘閣之書限寫五十副本，分爲三品：上品紅琉璃軸，中品紺琉璃軸，下品漆軸。"副本五十，似乎太多，不知有無訛誤？這或許是一個突出例子。唐代秘書省藏書皆有三本。王應麟在述及唐秘書省四部圖籍管理時云："秘書省：監一人、少監二人、丞一人，監掌經籍圖書之事。郎三人掌四部圖籍，以甲乙丙丁爲次。皆有三本，曰正曰副曰貯。校書郎、正字掌讎校典籍。"②直到乾隆皇帝辦理《四庫全書》時，共鈔成正本七份，另有底本一份。其中文淵閣本允許大臣、翰林、官員中嗜古勤學者赴閣觀覽。③

---

① 《東齋脞語》卷二四。

② 《玉海》卷五二《藝文》。

③ 詳見《辦理四庫全書檔案》上册載乾隆四十一年六月初一日上諭。

江浙三閣本允許士子到閣鈔閱。[①] 翰林院底本亦許士子鈔録。[②]

一些藏書家也采用複本來保護圖書，如錢易稱唐憲宗時之柳公綽，"家藏書萬卷，經史子集皆有三本：色彩尤華麗者，鎮庫；又一本次者，長行披覽；又一本又次者，後生子弟爲業。皆有厨格部分，不相參錯"。[③] 北宋王欽臣，字仲至，藏書數萬卷，頗多複本，宋徐度云：

予所見藏書之富者，莫如南都王仲至侍郎家，其目至四萬三千卷，而類書之卷帙浩博，如《太平廣記》之類，皆不在其間，雖秘府之盛無以逾之。聞之其子彦朝云，其先人每得一書，必以廢紙草傳之，又求别本參校，至無參誤，乃繕寫之，必以鄂州蒲圻縣紙爲册，以其緊慢厚薄得中也。每册不過三四十葉，恐其厚而易壞也，此本專以借人及子弟觀之。又别寫一本，尤精好，以絹素背之，號鎮庫書，非己不得見也，鎮庫書不能盡有，纔五千餘卷。蓋嘗與宋次道相約傳書，互置目録一本，遇所闕則寫寄，故能致多如此。宣和中，御前置局求書，時彦朝已卒，其子問以鎮庫書獻，詔特補承務郎，然其副本具在。[④]

南宋劉儀鳳字韶美，性喜藏書，愛置複本，陸游嘗云："劉韶美在都下累年，不以家行。得奉專以藏書，書必三本，雖數百卷爲一部者亦然。出局則杜門校讎，不與客接。既歸蜀，亦分作三船，以備失壞。已而行至秭歸新灘，一舟爲灘石所敗，餘二舟無他，遂以歸普慈，築閣藏之。"[⑤]上述例子説明，複本在藏書出借、捐贈、遇到偶然事故後，均起到了保存圖書的作用。

爲了防止圖書身後散佚，藏書家往往立下規矩，不准子孫分割，不准出售。陳振孫《直齋書録解題》卷八著録《秦氏書目一卷》，並載："濡須秦氏，元祐二年(一〇八七)，有爲金部員外郎者，聞於朝，請以宅舍及文籍不許子孫分割。"葉昌熾案："今世俗衰薄，祖父遺書，子孫攘奪，往往各私扃

①② 詳見《辦理四庫全書檔案》下册載乾隆五十五年六月初一日上諭。

③ 《南部新書》卷丁。

④ 《却掃編》卷下。

⑤ 《老學庵筆記》卷二。

鑰,不容互觀。鉅册不能分者,甚至各據其半,其後卒不能爲延津之合,良可慨嘆。秦氏此舉,法良意美,實爲藏書者百世之師。"①明范欽天一閣藏書得以長期保存,原因之一也是不許子孫分割,全祖望稱范欽"二子析産時,以爲書不可分,乃别出萬金,欲書者受書,欲金者受金。其次子忻然受金而去"。② 藏書家不准子孫出售藏書的告誡往往見於藏書印中,我們在本章第一節《入藏》二《鈐印》中已作了介紹,兹不贅述。

爲了使圖書不受損傷,不少藏書家在讀書時都非常愛惜並逐步形成了一些規章制度。宋費袞在談到司馬光讀書情況時説:

> 温公獨樂園之讀書堂,文史萬餘卷。而公晨夕所常閲者,雖累數十年,皆新若手未觸者。嘗謂其子公休曰:"賈豎藏貨貝,儒家惟此耳,然當知寶惜。吾每歲以上伏及重陽間,視天氣晴明日,即設几案於當日所,側群書其上,以暴其腦,所以年月雖深,終不損動。至於啓卷,必先視几案潔净,藉以茵褥,然後端坐看之。或欲行看,即承以方版,未嘗敢空手捧之。非惟手汗漬及,亦慮觸動其腦。每至看竟一板,即側右手大指,而襯其沿,而覆以次指,撚而挾過,故得不至揉熟其紙。每見汝輩多以指爪撮起,甚非吾意。今浮圖、老氏猶知尊敬其書,豈以吾儒反不如乎?汝當誌之。"③

明陳繼儒記趙孟頫書跋云:"聚書藏書,良非易事。善觀書者,澄神端慮,静几焚香,勿卷腦,勿折角,勿以爪侵字,勿以唾揭幅,勿以作枕,勿以夾刺,隨損隨修,隨開隨掩。後之得吾書者,並奉贈此法。"④司馬光、趙孟頫的觀點與做法産生了深遠的影響,一些藏書家還將他們的話刻在藏書印上,以督促自己與他人繼承這一優良傳統。近代許多圖書館還作出了要求讀者愛護圖書的規定,如《江蘇省立第一圖書館保存善本規則》第八條

---

① 《藏書紀事詩》卷一《濡須秦氏》。

② 《鮚埼亭集》卷一七《天一閣藏書記》。

③ 《梁溪漫志》卷三。

④ 《説郛續》卷四六《讀書十六觀》。

規定:"展視善本須加珍護,不得用手把握書腦,汗漬卷帙,亦不得用指爪揭書,觸損邊口,有違越者,得由館員隨時將原書收回。"①

二　防水火

除禁燬、兵燹、變賣、借而不還、失竊等人爲因素外,自然災害也是造成藏書亡佚的重要原因,現將各類自然災害情況及防範措施略述如下。

甲　火災

在自然災害中,以火災對圖書造成的損失最爲嚴重。國家藏書燬於火災史不絶書,可以上溯到春秋時代,《左傳》哀公三年(前四九二),"夏五月辛卯,司鐸火,火逾公宫,桓僖災,救火者皆曰'顧府'。南宫敬叔至,命周人出御書。……子服景伯至,命宰人出禮書。……季桓子至……命藏象魏,曰:'舊章不可亡也。'"這是在火災中搶救國家藏書的最早事例。

《太平御覽》卷六一九引《三國典略》叙述梁朝東宫圖書遭焚事云:"初,侯景來,既送東宫妓女,尚有數百人,景乃分給軍士,夜於宫中置酒奏樂。忽聞火起,衆遂驚散,東宫圖籍數百厨焚之皆盡。"

兩宋國家藏書也屢遭火厄,程俱云:大中祥符八年(一〇一五)"夏,榮王宫火,延燔崇文院,秘閣所存無幾"。② 馬端臨稱:"自紹興至紹定,承平百載,遺書十出八九。著書立言之士又益衆,往往多充秘府。紹定辛卯(一二三一),火災,書多闕焉。"③

明代南、北二京的國家藏書均發生過火災。姚福記南内文淵閣藏書被焚情況云:

> 前代藏書之富,無逾本朝。永樂辛丑(一四二一)北京大内新成,敕翰林院:凡南内文淵閣所貯古今一切書籍,自有一部至有百部,各取一部送至北京,餘悉封識收貯如故。時修撰陳循,如數取進,得一

① 《中國古代藏書與近代圖書館史料》録自《浙江公立圖書館年報》第七期。

② 《十萬卷樓叢書》本《麟臺故事》卷二《書籍》。

③ 《文獻通考》卷一七四《經籍考一》。

百櫃,督舟十艘,載以赴京。至正統己巳(一四四九),南内火災,文淵閣向所藏之書,悉爲灰燼。①

孫承澤談北京史館藏書遭災情况云:"萬曆間,閣臣陳於陛,請修正史,詔從之。於是開館分局,集累世之實録,採朝野之見聞。紀傳書志,頗有成緒。忽遭天災,化爲煨燼。史事益屬茫然矣!"②

清代國家藏書被焚,當以江寧藩庫所藏宋元明書板在嘉慶年間燬於一旦爲最突出,葉德輝《書林清話》卷六《宋蜀刻七史》記其事云:

宋以來藏書家稱爲蜀大字本,元時板印模糊,遂稱之爲九行邋遢本。蓋其書半葉九行,每行十八字,元以來遞有修板。明洪武時,取天下書板實之南京。此板遂入國子監,世遂稱爲南監本。洪武至嘉靖、萬曆、崇禎又疊經補修,原板所存無幾矣,入國朝,順、康、雍、乾四朝,尚存江寧藩庫,間亦出以印行。嘉慶藩庫火,與吴天發神讖碑同付祝融一炬。計自紹興刻板至嘉慶火,幾七百年。木板之存於世者,未有久於此者也。

私家藏書遭受火災則更多。如晉葛洪《抱朴子》自序即稱其家"累遭火,典籍蕩盡"。隨着時代的進步,雕版印刷術的興盛,私家藏書量大增,若不幸被火焚,則損失更大。

北宋宋綬父子以藏書聞名,《宋史·宋綬傳》云:"綬字公垂……博通經史百家,文章爲時所尚。……子敏求,字次道……家藏書三萬卷,皆略誦習,熟於朝廷掌故,士大夫疑議,必就正焉。"後來這些藏書均化爲灰燼。晁説之《劉氏藏書記》有云:"宋宣獻家四世以名德相繼,而兼有畢丞相、楊文莊二家之書,其富蓋有王府不及者,元符中,一夕災爲灰燼矣。"③

---

① 《紀録匯編》卷一二八姚福《清溪暇筆》。

② 《春明夢餘録》卷一三。

③ 《鶴山集》卷四一。

南宋藏書家遭到火焚，見於記載者頗多，如王明清云："南渡以來，惟葉少藴夢得少年貴盛，平生好收書，逾十萬卷，置之霅川弁山山居，建書樓以貯之，極爲華焕，丁卯（一一四七）冬，其宅與書俱蕩一燎。"①陳振孫云："錫山尤氏尚書袤，延之，淳熙名臣，藏書至多，法書尤富。嘗燼於火，今其存亡幾矣。"②

明胡應麟嘗記一事，説明火災往往不時發生，讓人難以預料，猝不及防。此次損失雖然不大，但是作者仍引以爲憾，難以忘懷。今亦録之如下：

> 張文潛《柯山集》一百卷，余所得僅十三，蓋鈔合類書以刻，非其舊也。余嘗於臨安僻巷中，見鈔本書一十六帙，閱之，乃文潛集，卷數正同，書紙半已漶滅，而印記奇古，裝飾都雅，蓋必名流所藏，子孫以鬻市人。余目之驚喜，時方報謁臯長，不持一錢，顧奚囊有緑羅二匹代羔雁者，私計不足償，並解所衣烏絲直裰青蜀錦半臂罄歸之。其人亦苦於書之不售，得直慨然。適官中以他事勾唤，因約明旦，余返寓，通夕不寐，黎明不巾櫛訪之，則夜來鄰火延燒，此書倏煨燼矣。余大悵惋彌月。③

明末藏書家祁承㸁則因不戒於火而損失慘重，嘗自稱："凡試事過武林，遍問坊肆所刻，便向委巷深衢，覓有異本，即鼠餘蠹剩，無不珍重市歸，手爲補綴，十餘年來，館穀之所得，館粥之所餘，無不歸之書者。合之先世，頗逾萬卷，藏載羽堂中，丁酉（一五九七）冬夕，小奴不戒於火。先世所遺及半生所購，無片楮存者。因嘆造物善幻，故欲鍛煉人性情乃爾。"④

清代藏書家不慎於火而使我國文獻造成巨大損失的，當推錢謙益。曹溶《絳雲樓書目題辭》談到了錢氏絳雲樓被焚的具體情況：

---

① 《揮麈後録》卷七。

② 《直齋書録解題》卷八《遂初堂書目一卷》。

③ 《少室山房筆叢》卷四《經籍會通三》。

④ 《澹生堂藏書約》。

> 虞山宗伯，生神廟（神宗）盛時，早歲科名，交游滿天下，盡得劉子威、錢功父、楊五川、趙汝師四家書。更不惜重資購古本，書賈聞風奔赴，捆載無虚日。用是所積充牣，幾埒内府，視葉文莊、吴文定及西亭王孫或過之。中年，構拂水山房，鑿壁爲架，庋置其中。……入北未久，稱疾告歸，居紅豆山莊，出所藏書，重加繕治，區分類聚，棲絳雲樓上，大櫝七十有三，顧之自喜，曰：我晚而貧，書則可云富矣。甫十餘日，其幼女中夜與乳媪嬉樓上，剪燭灺，誤落紙堆中，遂燃。宗伯樓下驚起，焰已彌天，不及救，倉皇走出。俄頃，樓與書俱盡。①

錢謙益自題宋本《漢書》後，也談到了這次火災所造成的重大損失：

> 庚寅（一六五〇）之冬，吾家藏書盡爲六丁下取……嗚呼！甲申（一六四四）之亂，天下書史圖籍之大劫也；吾家庚寅之火，江左書史圖籍一小劫也。今吴中一二藏書家，零星掇拾，不得當吾家一毛片羽。見者誇詡，比於酉陽羽陵、書生餓眼，但見錢在紙裹中，可爲捧腹。②

藏書遭焚，不僅使文獻文物造成重大損失，而且也使藏書家的精神受到重大創傷。如錢謙益《賴古堂文選序》就談到了他藏書被焚後的悲哀心情："己丑（一六四九）之春，余歸南囚返里，盡發本朝藏書，裒集史乘，得數百帙，次選古文，得六十餘帙，州次部居，遺蒐闕補，忘食廢寢，窮歲月而告成。庚寅孟冬，不戒於火，爲新宫三月之哭，知天之不假我以斯文也。息心棲神，皈依内典。世間文字，渺然如塵沙積劫矣。"③

乙　水災

就藏書而言，水災不像火災那麽頻繁嚴重，但在我國歷史上，其給公私藏書造成的重大損失，也史不絶書。如《隋書·經籍志》云："大唐武德

---

① 《絳雲樓書目》卷首。文莊爲葉盛謚號，文定爲吴寬謚號，西亭爲朱睦㮮號。

② 《天禄琳琅書目》卷二。

③ 《有學集》卷一七。

五年(六二二),克平僞鄭,盡收其圖書及古迹焉。命司農少卿宋遵貴載之以船,泝河西上,將至京師,行經底柱,多被漂没,其所存者,十不一二。”北宋富弼,嘗被英宗封爲鄭國公。黄伯思跋《元和姓纂》云:“富鄭公家書,甲子歲(一〇八四)洛陽大水,公第書無慮萬卷,率漂没放失,市人時得而鬻之,鎮海節度印章猶存。是書尚軼數卷,以鄭公物故致而藏之。”①明朱睦㮮,字灌甫,富藏書,惜於明末被河水淹没,錢謙益記其事云:“海内藏書之富,近推江都葛氏、章丘李氏,灌甫傾貲購之,竭四十年之力,倣唐人四部法,用各色牙籤識别,凡一萬二千五百六十卷,起萬卷堂,諷誦其中。……汴亡之後,漂蕩於洪流怒濤,可勝嘆哉。”②

黄宗羲,字太冲,清初著名學者,其藏書也曾遭水厄,全祖望《二老閣藏書記》云:“太冲先生最喜收書,其搜羅大江以南諸家殆遍。所得最多者,前則澹生堂祁氏,後則傳是樓徐氏,然未及編次爲目也。垂老遭大水,卷軸盡壞,身後一火,失去大半。”③乾隆間藏書家孫星衍也曾遭覆舟之禍。葉昌熾見元本《顔氏家訓》有孫氏跋云:“過南陽湖,舟覆,書數十簏,盡沈濕。顧千里告予,何義門家藏書亦皆沈水;此有義門跋,蓋兩經水厄矣。”④除決堤、覆舟外,連綿大雨導致房屋倒塌,也會使藏書受損。如徐湯殷叙其父徐紹棨南州書樓云:“我樓書籍來源除得吾粵各故家外,北自平、津,以逮南京、上海、杭州等地各書,均靡不采購。最盛時,藏籍達六百餘萬卷,民國壬申(一九三二)淫雨爲災,小北大水,住宅後座傾塌,内藏典籍四百餘箱悉化爲紙漿。公以此卧病累月。”⑤

丙　防水火

火能使寶貴的藏書轉眼化爲灰燼,所以防火是人們必須認真對待的

---

① 《東觀餘論》卷下。

② 《列朝詩集小傳》閏集《周藩宗正中尉睦㮮》。江都葛氏指葛欽、葛澗父子,章丘李氏指李開先。

③ 《鮚埼亭集外編》卷一七。

④ 《藏書紀事詩》卷五《孫星衍伯淵》。

⑤ 《近代中國史料叢刊續編》本《廣東藏書紀事詩·自題南州書樓》。

事。首先應當在思想上高度重視,范欽取天一生水,地六成之①之意,將藏書樓命名爲天一閣就説明這一點。清國家藏書樓有文淵、文津、文源、文溯諸閣,高宗《文溯閣記》云:"四閣之名,皆冠以文,而若淵、若源、若津、若溯,皆從水以立義者,蓋取范氏天一閣之爲。"②這也反映了清政府對防火工作的重視。

其次,斷絶火源是最重要的防火措施。天一閣之所以未遭火厄,這是根本原因。在天一閣的禁牌中有一方即是"煙酒切忌登樓"。范氏嚴格地執行了這條禁規。光緒三十五年(一九〇九),繆荃孫嘗同寧波太守夏閏枝登天一閣,"范氏派二庠生,衣冠迎於太守,茶畢登閣,約不携星火。閣甚庳隘,然樸實堅固,明制宛然"。③ 所以,吴翌鳳稱:"明季藏書,浙中爲盛,而鄞縣范氏天一閣尤富,立法亦盡善……讀者不許夜登、不嗜煙草,故永無火厄。"④阮元《天一閣書目序》亦云:"不使持煙火者入其中,其能久一也。"⑤

再次,要準備救火的器材與水源以防萬一。如陳騤談到秘書省專門設有潛火司。"東西偏門外設潛火大桶二十、小桶三十八、椁栳杓百柄,鐵搭鈎二、麻索二,藏於潛火司。"秘閣前有拜閣臺,"臺左右有踏道磚路通東西廊,皆有欄楯。臺東西各有冬青四株,秘書監陳騤植;柏八株,舊有。左右列水缸八"。國史院"廳堂前後皆有瓦凉棚三間。棚前植冬青九,水缸七環之"。並有水井。⑥

此外,江少虞稱:"前世藏書分隸數處,蓋防水火散亡也,今三館秘閣凡四處藏書。"⑦將藏書分散保管也是一種防水火散佚措施,但不便圖書的保管與使用。

---

① 《周易・繫辭》鄭玄注:"天一生水於北,地二生火於南,天三生木於東,地四生金於西,天五生土於中……地六成水於北,與天一並。"

② 《御製文二集》卷一四。

③ 《藝風堂文漫存》卷三《天一閣始末記》。

④ 《東齋脞語》卷二四。

⑤ 《揅經室二集》卷七。

⑥ 《中興館閣録》卷二《省舍》。

⑦ 《皇(宋)朝事實類苑》卷三一之二十九條。

就藏書而言，水災要比火災少得多。如果有可能決堤被水淹，應預先將藏書轉移到安全的地方去。如果用船裝運藏書，如前所説，應當像南宋劉儀鳳那樣采取預防措施，儘量避免或減少損失。如何防止房屋遭雨水冲刷倒塌，涉及藏書樓建築問題，略見下節。

三　防鼠嚙蟲蝕霉爛

鼠嚙、蟲蝕、霉爛雖然使藏書逐漸受到損壞，時間久了，其損壞程度也是非常嚴重的，所以人們都普遍重視防鼠嚙、蟲蝕、霉爛工作。

甲　受損壞情况

由於管理不善、圖書保管條件差等原因，公私藏書受到鼠嚙、蟲蝕、霉爛的事是經常發生的。如葉夢得云："吾家舊藏書三萬餘卷，喪亂以來，所亡幾半。山居狹隘，餘地置書囊無幾。雨漏鼠嚙，日復蠹敗，今歲出曝之，閲二旬纔畢，其間往往多余手鈔，覽之如隔世事。"[①]劉若愚談到了明宫廷藏書由於長期無人過問而受損的情况："庫中現貯之書，屋漏浥損，鼠嚙蟲巢，有蛀如玲瓏板者，有塵黴如泥板者，放缺虧失，日甚一日。若以萬曆初年較之，蓋已十減六七矣。"[②]天一閣雖管理稱善，但是所藏金石搨本却未加整理，全祖望於乾隆三年（一七三八）登閣閲碑，發現這些搨本"未及裝爲軸，如棼絲之難理，抑亦鼠傷蟲蝕，幾十之五"。[③] 汪師韓仕宦在外，故居藏書長期無人過問，至晚年還故居"放塵篋，檢故籍，則其爲鼠嚙梅黴者十之三四"。[④] 倫明《辛亥以來藏書紀事詩・易學清》亦舉一例："番禺陳椿軒翰林（之鼒）家世清貴。原居鄉間，後亦買宅城西關。移書就之，大樓上列架盈百，但書被蠹食，中如蜂巢，幾不可揭視。"

乙　防損壞措施

古代公私藏書防損壞最常用的方法就是曝曬。這種方法起源甚早，如《穆天子傳》卷六云："□蠹書於羽陵。"郭璞注："謂曝書中蠹蟲。"這一記

① 《避暑録話》卷上。

② 《酌中志》卷一八《内板經書紀略》。

③ 《鮚埼亭集外編》卷一七《天一閣碑目記》。

④ 《上湖文編》卷中《敬行軒記》。

載表明,可能早在西周就已用曝曬的方法來保護圖書了。

兩宋館閣曝書已形成制度,並有專門的曝書會,如紹興十四年(一一四四)五月七日,秘書郎張闡言:"本省年例入夏曝曬書籍,自五月一日爲始,縋七月一日止。"①陳騤還介紹了曝書會的具體情況:

> 紹興十三年(一一四三)七月,詔秘書省依《麟臺故事》,每歲暴書會令臨安府排辦,侍從、臺諫、正言以上及前館職、貼職皆赴。每歲降錢三百貫,付臨安府排辦,從知府王㬇之請也。二十九年(一一五九)閏六月,詔歲賜錢一千貫付本省,自行排辦。……是日,秘閣下設方桌,列御書圖畫。東壁第一行古器,第二、第三行圖畫,第四行名賢墨迹,西壁亦如之;東南壁設祖宗御書,西南壁亦如之。御屏後設古器琴硯,道山堂並後軒,著庭皆設圖畫,開經史子集庫、續搜訪庫,分吏人守視。②

錢穆父《和人曝書會詩》云:"天禄圖書府,芸籤歲曝頻。幡經窮藏室,賜會集儒紳。顧陸高標好,鍾王妙入神。可無丹槧吏,來預石渠賓。"③顯然,曝書會不僅曝曬了圖書,也開闊了與會者的眼界。

元代秘書監曝書特别强調需要官員監視,如王士點、商企翁云:"至元十五年(一二七八)五月十一日,秘書監照得:本監應有書畫圖籍等物,須要依時正官監視,仔細點檢曝曬,不致蟲傷浥變損壞外,據回回文書就便北臺内,令兀都蠻一同檢覷曝曬。"④

藏書家非常重視圖書的曝曬工作,孫慶增《藏書記要》第八則《曝書》總結了私家曝書經驗,頗實用,略謂:

> 曝書須在伏天,照櫃數目挨次曬,一櫃一日。曬書用板四塊,二

① 《中興館閣録》卷三《儲藏》。

② 《中興館閣續録》卷六《故實》。

③ 《宋詩紀事》卷二四。

④ 《秘書監志》卷六《秘書庫》。

尺闊，一丈五六尺長，高櫈擱起，放日中。將書腦放上面，兩面翻曬，不用收起，連板櫈風口凉透，方可上樓。遇雨櫈板連書入屋内擱起最便。攤書板上須要早凉，恐汗手拏書，沾有痕迹，收放入櫃亦然。入櫃亦須早，照櫃門書單點進，不致錯混。倘有該裝訂之書，即記出書名，以便檢點收拾。曝書秋初亦可。漢唐時有曝書會，後鮮有繼其事者，余每慕之，而更望同志者之效法前人也。

葉德輝《藏書十約·收藏》根據南方氣候的特點，對曝書時間問題作了較爲深入的探討，今亦録之如下：

古人以七夕曝書，其法亦未盡善。南方七月正值炎薰，烈日曝書，一嫌過於枯燥，一恐暴雨時致，驟不及防；且朝曝夕收，其熱非隔宿不退，若竟收放橱内，數日熱力不消。不如八、九月秋高氣清，時正收斂，且有西風應節，藉可殺蟲。南北地氣不同，是不可不辨者也。春夏之交，宜時時清理，以防潮濕。四、五月黄霉，或四時久雨不晴，則宜封閉。六、七月以後至冬盡春初，又宜敞開。

曝曬圖書不僅可以防霉去蠹，發現問題，及時處理，而且一邊曬書，一邊瀏覽，往往會有預想不到的收獲。如錢謙益跋汪水雲詩集云："錢塘汪元量，字大有……其詩見鄭明德、陶九成、瞿宗吉所載，僅三四首。夏日曬書，理雲間人鈔書舊册，得其詩二百二十餘首，手寫爲一帙。"①

藏書量大，曝曬圖書任務繁重，且容易造成混亂，所以也有人不主張曝曬圖書。如清高宗於乾隆五十三年（一七八八）曾指示："各書裝訂匣頁用木，並非紙褙之物，本可無虞蠹蛀。且卷帙浩繁，非一時所能翻閲。而多人抽看曝曬，易致損污；入匣時復未能詳整安儲，其弊更甚於蠹，嗣後祇須慎爲珍藏，竟可毋庸曝曬。"②

---

① 《初學集》卷八四。

② 《乾隆東華録》卷五三。

使用藥物也是防止鼠嚙、蟲蝕、霉爛的一種方法。今人多用樟腦丸、樟腦精、煙葉等。古人也嘗試着用過多種藥品。如沈括云:"古人藏書辟蠹用芸。芸,香草也。今人謂之七里香者是也。葉類豌豆,作小叢生,其葉極芬香,秋間葉間微白如粉污,辟蠹殊驗。南人採置席下能去蚤虱。"① 周密云:"黏經縫用生糊,乃是用生豆研極細,以水生調黏之,此是金蓀壁所傳,背書用小粉,熟作糊,爲熟鑞用,既不霉,又堅牢。且不爲蝸蟲所傷,極佳。"②屠隆云:"藏書於未梅雨之前,曬取極燥,入櫃中,以紙糊門外及小縫,令不通風,蓋蒸氣自外而入也。納芸香、麝香、樟腦可以辟蠹。"③孫慶增《藏書記要》第七則《收藏》也談到防蟲避蠹問題,略云:

藏書斷不可用套,常開看則不蛀,櫃頂用皂角炒爲末,研細,鋪一層,永無鼠耗。恐有白蟻,用炭屑、石灰、鍋鏽鋪地,則無蟻。櫃内置春畫辟蠹石,可辟蠹魚。供血經於中,以辟火,書放櫃中或架上,俱不可並。宜分開寸許,放後亦不可放足。書要透風,則不蛀不霉。

光緒十四年(一八八八),廣雅書院山長梁鼎芬作《豐湖書藏四約》,其三爲藏書約,言防損壞措施甚詳:

書箱布列,不可太密。宜疏行以通氣。箱脚宜用瓦器盛之,中藏石灰,可辟濕,可去蟻。每日清晨,看守書藏之人,開樓窗,開箱門。日落時,一一關閉完密,不得誤忽……院内墻壁,每生白蟻,最宜小心。(凡安放書架,切勿近墻)箱内書頭處,有空地,易招鼠耗。小書本尤宜留心。箱内易生蠹魚,用辟蠹散最好。否則香烈之品,亦可防禦。然終以人力爲主,能勤檢理,所勝多矣!④

---

① 《夢溪筆談》卷三。

② 《志雅堂雜鈔》卷下。

③ 《考槃餘事》卷一《書箋》。

④ 《豐湖書藏四約·藏書約》。

勤於翻書也是防蠹去濕的一種方法，謝肇淛云："書中蠹蛀，無物可辟，惟逐日翻閱而已。"①近代四川成都藏書家嚴雁峰即采用過這種方法防濕去蠹。孫恭《西南書庫——賁園》記之云：

書架和書櫃全是楠木、檀木、香樟，又經常用皂角水盥洗，没有遭過蟲蛀。珍貴的大部頭套書，都是固定的箱櫃裝置，小部頭書或單行善本，也都有木夾板和硬殼綢面、皮面封套，箱櫃内放有樟腦。負責管理的人都是專任熟手。庫外有敞房三大間，屋中端坐七、八人用手不停的把書一頁一頁的翻動，側面書籍堆如小山，一年四季都是這個單純動作。這是保護書的方法，可以防止蟲蛀和霉變。②

第三節　建　築

房屋是公私藏書不可缺少的條件。房屋的多少、大小、好壞，直接影響着藏書的安全與利用。我國古代在典藏方面卓有成就者，都十分重視房物建築。

一　建築原則

藏書房屋的建築應當注意防火、防盗、通風、采光、便於保管、利於使用諸原則。前人已探討過這個問題，如孫慶增云：

古有石倉藏書最好，可無火患，而且堅久，今亦鮮能爲之。惟造書樓藏書，四圍石砌風牆，照徽州庫樓式乃善。不能如此，須另置一宅，將書分新舊鈔刻，各置一室封鎖，匙鑰歸一經管。每一書室，一人經理。小心火燭，不致遺失，亦可收藏。若來往多門，曠野之所，或近

① 《五雜俎》卷九。
② 見《金牛文史資料選輯》一九六六年第三輯。

城市而又無空地,接連内室、厨竈、衙署之地,則不可藏書。而卑濕之地,不待言矣。①

葉德輝所言尤爲簡明扼要:"藏書之所,宜高樓,宜寬敞之净室,宜高牆别院、與居宅相遠。室則宜近池水,引濕就下,潮不入書樓;宜四方開窗通風,兼引朝陽入室。遇東風生蟲之候,閉其東窗。窗橱俱宜常開,樓居尤貴高敞。蓋天雨瓦濕,其潮氣更甚於室中也。"②

古人在建造藏書房屋時,也考慮並體現了這些原則。例如爲了安全,人們曾用石室藏書,《史記·太史公自序》云:"紬史記石室金匱之書。"《索隱》:"石室、金匱,皆國家藏書之處。"明代嘉靖年間曾建造了石室式的檔案庫皇史宬,並爲清代所延用。阮葵生稱:"皇史宬爲明季藏本之地,則石室磚檐,穴壁爲窗。蓋以本章要區,防火爲宜。今内閣大庫之穴壁爲窗,磚檐暗室,皇史宬尤爲晦悶。則爲當日藏書之所,正與史宬制度相合。"③利用石室藏書在防火、防盗方面效果明顯;而在采光、通風方面則較差,易保管而難流通,所以未能廣泛采用。

人們在設計藏書房舍時,也每考慮防火問題。如陳騤云:

紹興十三年(一一四三)十二月,詔兩浙轉運司建秘書省。十四年六月二十二日遷新省。省在清河坊糯米倉西懷慶坊,北通浙坊東地,東西三十八步,南北二百步。是年四月二十九日本省札子:"新省圍牆外,見今各有空地,竊慮官私亂有侵占,欲各量留空地五步,充巡道以禦火災。"從之。④

古代藏書房舍的建築還充分地考慮到了避濕、采光、通風諸問題。如《三輔黄圖·閣》云:"石渠閣,蕭何造,其下礲石爲渠以導水,若今御溝,因

① 《藏書記要》第七則《收藏》。

② 《藏書十約·收藏》。

③ 《茶餘客話》卷二。

④ 《中興館閣録》卷二《省舍》。

爲閣名。至於成帝，又於此藏秘書焉。”葉夢得《紬書閣記》云：“廳事西北隅有隙地三丈有奇，作别室，上爲重屋，以遠卑濕，爲之藏而著其籍，於有司退食之暇，素習未忘，或時以展誦，因取太史公金匱石室之意，名之曰‘紬書閣’。”①王世貞《二酉山房記》稱胡應麟的藏書樓，“屋凡三楹，上固而下隆其阯，使避濕，而四敞之，可就日。爲庋二十又四，高皆麗棟，尺度若一”。② 祁承㸁稱其密閣“就日爲庋，而四敞之，以貯古籍”。③ 他在寫給兒子鳳佳、駿佳的信中，還談了建築藏書樓的具體設想：

必須另構一樓，迥然與住房、書室不相接聯，自爲一境，方好。但地僻且遠，則照管又難，只可在密園之内外截度其地。汝輩可從長酌定一處來。我意若起樓五間，便覺太費，而三間又不能容蓄。今欲分作兩層，下一層離基地三尺許，用閣栅地板，濕蒸或不能上，只三閣便有六間之用矣。前面只用透地風窗，以便受日之曬，惟後用翻軒一帶，可爲别室檢書之處，然亦永不許在此歇宿，恐有燈燭之入也。④

有趣的是爲了防盗，有的藏書家甚至將藏書之所建築在水中小島上。謝肇淛云：

胡元瑞書蓋得之金華虞參政家。虞藏書數萬卷，貯之一樓，在池中央，小木爲杓，夜則去之。榜其門曰：“樓不延客，書不借人。”其後子孫不能守，元瑞啖以重價，紿令盡室載至，凡數鉅艦。及至則曰：吾貧不能償也，復令載歸。虞氏子既失所望，又急於得金，反託親戚居間減價售之，計所得不什之一也。元瑞遂以書雄海内。⑤

---

① 《建康集》卷四。
② 《弇州續稿》卷六三。
③ 《澹生堂集》卷一一《行園略》。
④ 《祁承㸁家書跋》第二百六十五頁。
⑤ 《五雜俎》卷一二。虞參政指虞守愚。

此外,王士禛亦稱:"杭州孝廉高式青,説其鄉張氏藏書甚富,造樓水中庋置,甲乙悉有次第。以小舟通之,晡後即禁往來。"①將藏書房舍建在水中央,對防盜或許會有所幫助,但是不便利用,絶大多數藏書家也不具備這樣的條件,因此不可能推廣。

二　藏書樓建築

由於藏書樓基本符合藏書房屋建築的原則,因此爲中國古代公私藏書單位普遍采用,成了我國古代藏書房屋建築的主流。

西漢國家藏書之所有延閣、天禄閣、石渠閣、麒麟閣等,唐慧琳《一切經音義》卷三十八引《倉頡篇》云:"閣,樓也。"看來已普遍采用了藏書樓的形式。此後歷代相沿不改,國家藏書普遍用藏書樓。

我們在本編第二章《典藏單位》第二節《私家藏書》中談到私家用樓藏書見於記載的,最早爲漢代東海李谿,並且舉例談到唐代藏書家已普遍用藏書樓藏書了。至宋,藏書樓已見於偏遠地區,如宋王得臣云:"(姚)鉉謫居連州(今廣東省連州市)嘗寫所著《文粹》一百卷,好事者於縣建樓貯之。"②蘇軾《犍爲王氏書樓》詩云:"樹木幽翠滿山谷,樓觀突兀起江濱。云是昔人藏書處,磊落萬卷今生塵。"③犍爲,在今四川。

影響最大而又流傳至今的中國古代藏書樓,當首推明范欽建於嘉靖末年的天一閣。天一閣在今"寧波市中山區中山西路之南,月湖西岸中營巷裏"。④ 乾隆三十九年(一七七四)六月,高宗曾令杭州織造寅著至天一閣調查過,今記其略:

丁未,諭軍機大臣等:浙江寧波府范懋柱家所進之書最多,因加恩賞給《古今圖書集成》一部,以示嘉獎。聞其家藏書處曰天一閣,純用磚甃,不畏火燭,自前明相傳至今,並無損壞,其法甚精。著傳諭寅

① 《居易録》卷二九。
② 《麈史》卷中。
③ 《東坡全集》卷二六。
④ 紀思《浙江寧波天一閣》,載《文物》一九五九年第十一期。

著親往該處，看其房間製造之法若何？是否專用磚石不用木植？並其書架款式若何？詳細詢察，燙具準樣，開明丈尺呈覽。……

尋奏：天一閣在范氏宅東，坐北向南，左右磚甃爲垣，前後檐上下俱設窗門。其梁柱俱用松杉等木。共六間。西偏一間，安設樓梯。東偏一間，以近牆壁恐受濕氣，並不貯書。惟居中三間排列大橱十口，内六橱前後有門，兩面貯書，取其透風。後列中橱二口、小橱二口。又西一間，排列中橱十二口。橱下各置英石一塊，以收潮濕。閣前鑿池。其東北隅又爲曲池。①

今人則作了更爲具體的記述：全閣面闊六間，除最西一間外，東邊五間作對稱式處理。樓下明次三間爲敞廳，未加以任何間隔。最西一間爲樓梯間。正門設在門間南向，由六抹格扇構成，北設屏壁。明稍間南北面皆設檻窗二扇，窗欞式樣與門之槅心相同。窗欞上部另有冰紋欞窗一槽。在明間柱上有對聯多幅。上設天花板，下鋪方磚。明次間敞廳外二稍間，則以木板間隔。最西的樓梯間設有二門，以通前廊與鄰間。閣門前懸有“天一閣”匾額一方，閣門西首，另挂范氏禁牌一方。②

天一閣對清代公私藏書樓建築産生了很大的影響，如清代國家藏書樓南北七閣即仿其制而建。高宗《文源閣記》云：

藏書之家頗多，而必以浙之范氏天一閣爲巨擘，因輯《四庫全書》，命取其閣式，以構庋貯之所。既圖以來，乃知其閣建自明嘉靖末，至於今二百一十餘年，雖時修葺，而未曾改移。閣之間數及梁柱寬長尺寸，皆有精義，蓋取“天一生水，地六成之”之意。於是就御園中隙地，一倣其制爲之，名之曰文源閣。③

① 《乾隆東華録》卷七九。

② 參見蔡佩玲《范氏天一閣研究》第五章《天一閣的建築與管理》第三節《天一閣與其園林建築形制》。

③ 《御製文二集》卷一三。

天一閣對私家藏書樓建築的影響,可以盧址的抱經樓爲例。錢大昕《抱經樓記》云:“兹樓之構,修廣間架,皆摹天一閣。”①其同郡黄家鼎云:

先生懸重價以求善本,以故葉氏菉竹堂、豐氏萬卷樓、毛氏汲古閣、祁氏澹生堂、汪氏古香樓、金氏文瑞樓諸舊藏,如水歸壑。聞親知有異書,輾轉索借,鈔而後已。嘗以未得内府《圖書集成》爲憾,乃破産遣群從入都市購求。書到,衣冠迎於門,其結癖之深如此。歷三十年,得書之富,與范氏天一閣埒。乃於居旁隙地構樓,修廣間架,悉仿范氏,帷厨稍高,若取最上層,須駕短梯。四面有圃。圃外環以垣牆,略植花木以障風日。用韓昌黎贈玉川子詩語,名其樓曰抱經。②

今人還介紹了抱經樓的結構與陳設:“其書樓設於盧址宅之東:朝南六間,上下兩層,樓下中間爲大廳,靠西邊一間有步樓可登樓,步樓横裝,與天一閣稍異。樓上貯書,以書厨分間。據清末抱經樓排架草圖,可知東西兩邊靠牆處,各有單面大橱兩隻,當中是五排十隻大橱,前後可開門。朝南空隙的地方,分别放置十隻小橱。書樓前面築假山,並鑿一方池,環植竹木。”③

當然,大多數的藏書樓都因地制宜,各具特色,在建築方面達到相當高的水平,劉承幹的嘉業堂就是一個例子。周子美介紹道:

嘉業堂藏書樓是一九二四年落成的,在劉氏宗祠旁,地方二十畝,四周開河,有房屋七、八十間,費銀十二萬元,是七開間的樓廳兩進,正廳是嘉業堂,樓上爲希古樓,還有宋四史齋、詩萃室,旁邊員工

① 《潛研堂文集》卷二一。

② 《藏書紀事詩(附補正)》卷五。《全唐詩》卷三四〇韓愈《寄盧仝》詩有云:“春秋三傳束高閣,獨抱遺經究終始。”菉竹堂爲葉盛藏書處,萬卷樓爲豐坊藏書處,汲古閣爲毛晉藏書處,澹生堂爲祁承㸁藏書處,古香樓爲汪文柏藏書處,文瑞樓爲金檀藏書處。

③ 駱兆平、洪可堯《盧址和抱經樓》,載《圖書館雜志》一九八三年總第六期。

宿舍名抗昔居，後面有約二十間書板間，四周種植花木，前面有三個亭子，風景優美，可以説是在園林中的。①

一九五一年，樓主劉承幹爲順應時代潮流，寫信給浙江圖書館："願將書樓與四周空地並藏書、書板，連同各項設備等，悉以捐獻與貴館永久保存。"②其書遂歸國家所有。

三　藏書樓命名

西漢以後，國家藏書樓多有名稱。私家藏書樓，東漢時有李氏書樓，唐五代時有孫氏書樓，但這些名稱都不是藏書家本人取的。宋以後，藏書家多喜歡給自己的藏書處所取名，如趙明誠、李清照夫婦的藏書處名歸來堂。有的藏書處名稱還會因情事遷移而有所變化。清乾嘉時期海寧藏書家周春（字芚兮，號松靄）即一例，黄丕烈題《陶靖節先生詩注四卷》云："湯伯紀注宋刻本真本，在海寧周松靄家，相傳與宋刻禮書並儲一室，顔之曰禮陶齋。其書之得近於豪奪，故秘不示人，欲以殉葬。……賈人吴東白……談及周公先去禮書，改顔其室曰寶陶齋。今又售去，改顔其室曰夢陶齋。余聞此言，益嘆周公之好書，惓惓於心而不能去矣。並聞諸他估……去書之日，泣下數行。余雖未面詢諸吴，然屢易顔室之名，亦可想見其情矣。"③有的藏書家有好幾處藏書之所，當然要分别賜以嘉名。如張金吾嘗自稱：

詒經堂凡三楹，古今詁經之書藏焉。堂之西曰愛日精廬，則金吾讀書之所，而僅以藏先君子手澤者也。廬之南曰世德齋，則曾大父、大父詩集暨十世祖端巖公、從父若雲公校刊各書在焉。又其南曰青藜仙館，毛子晉、何義門、陸敕先諸先輩手校諸書在焉。廬之西有閣

① 《嘉業堂藏書聚散考》，載《文獻》第十二輯。

② 見黄建國《嘉業堂藏書樓全盛時期的藏書》，載《中國典籍與文化》一九九三年第三期。

③ 《蕘圃藏書題識》卷七。

> 曰詩史,以藏元刊《中州集》。金吾集金源一代之文,成《金文最》一百二十卷,凡金人著述及當時碑版足資采集者咸附焉。閣之南曰巽軒,昔年從錫山得活字十萬有奇,排印《長編》二百分,於焉貯之。堂之東曰求舊書莊,宋元明初刊本藏焉。莊之南曰墨香小艇,元明舊寫本藏焉。循莊而北,長廊數十步,有精舍三楹,榜曰積書,則先君子創建以貯書者,凡史子集三部通行之本咸在焉。此詒經堂藏書之大凡也。①

藏書樓的名稱往往能集中反映藏書家的藏書目的與特點,所以在此也略作分析。

有反映讀書志趣的。如北宋揚州文樓巷劉氏藏書處名墨莊、司馬光藏書處名讀書堂、南宋陸游藏書處名書巢、元孫道明藏書處名映雪齋、明楊循吉藏書處名卧讀齋、陸文裕藏書處名書窟、文徵明藏書處名惜陰齋、明末毛晉藏書處名目耕樓、清鮑廷博藏書處名知不足齋、張月霄藏書處名愛日精廬等都體現了這一點。試以陸游爲例,其《書巢記》生動地反映了他的藏書、讀書活動:

> 陸子既老且病,猶不置讀書,名其室曰"書巢"。客有問曰:"今子幸有屋以居,而謂之巢,何邪?"應之曰:"吾室之内,或棲於櫝,或陳於前,或枕藉於牀。俯仰四顧,無非書者。吾飲食起居,疾痛呻吟,悲憂憤嘆,未嘗不與書俱。賓客不至,妻子不覿,而風雨雷雹之變,有不知也。間有意欲起,而亂書圍之,如積槁枝。或至不得行,則輒自笑曰:'此非吾所謂巢者邪?'"乃引客就觀之,客始不能入,既入,又不能出。乃亦大笑曰:"信乎其似巢也。"②

有反映藏書數量與特點的。如宋代張竑藏書處名萬卷樓、明代鄭灦藏書處名八萬卷樓。清代藏書家特别重視版本,這也每從藏書處的名稱

① 《藏書紀事詩(附補正)》卷六《張海鵬若雲、侄金吾月霄》引《愛日精廬文稿·詒經堂記》。

② 《渭南文集》卷一八。

上反映了出來。如清初顧湄得宋刻《陶淵明集》，遂名其處曰陶廬。其後，黄丕烈購得宋刻百餘種，遂顔其室曰百宋一廛。吴騫有元槧千部，即自題其居曰千元十架。楊以增得宋本《詩經》《尚書》《春秋》《儀禮》《史記》、兩《漢書》《三國志》，即自稱其室四經四史之齋。

有反映藏書環境的。如明徐源藏書樓名襟帶江湖，其弟澄藏書樓名望洋書堂。明王鏊《襟帶江湖樓詩爲仲山都憲作》描寫道："三江東去五湖西，特起高樓枕碧溪。桐里波光天外小，洞庭山色雨中迷。"①吴寬《望洋書堂記》記述道："徐君季止，鄉校士之良者。家夾浦之南、瓜涇之上，而松江、陳湖皆在其目睫間。蓋將聚書數千卷，築室而藏之，因題曰望洋書堂。"②清初惠周惕藏書處名紅豆書屋，李富孫稱："硯溪所居曰紅豆書屋，在吴城東冷香溪之北。吴郡東禪寺有紅豆樹，相傳白鴿禪師所種。硯溪移一枝植階前，因自號紅豆主人。"③

有反映藏書家生活情調的。如明王履吉藏書處名小隱閣，文徵明云：君"於書無所不窺，而尤詳於群經，手寫經書，皆一再過。……少學於蔡羽先生，居洞庭三年。既而讀書石湖之上二十年，非歲時省侍不數數入城"。④ 清張敦仁字古餘，有藏書處名六一堂。彭兆蓀撰《揚州郡齋雜詩》，自注："古餘太守藏書最富，於郡廨東偏葺六一堂，奉歐陽公像，而儲圖籍其中，設小史掌之。"⑤

有反映所藏文物的。如清瞿鏞嘗得鐵琴銅劍，遂以名其藏書之樓。再如張鑑《二田齋記》："聞溪計氏曦伯，既以詩鳴於時，而又多積書籍以培其基，閒好畫以陶鑄其性靈，舊藏多沈石田、惲南田真迹，因以二田自號，並名其所居之齋。"⑥凡此種種，都從某個側面反映了許多藏書家的文心、涵養、志尚與興趣。藏書樓命名的角度是多種多樣的，我們就不再一一列舉了。

---

① 《王文恪公集》卷六。
② 《家藏集》卷三二。
③ 《鶴徵録》卷三。
④ 《甫田集》卷三一。
⑤ 《小謨觴館詩集》卷八。
⑥ 《冬青館乙集》卷四。

第六章　圖書流通

典藏的目的在於利用，藏書除供自己讀書治學外，還應利及他人。我國古代藏書家一直存在着主張流通與反對流通兩種思想。總的看來，主張圖書流通的思想起主導作用。

第一節　圖書流通思想的形成與發展

一　反對圖書流通的思想

在古代，一個人的知識與其藏書密切相關，知識分子通常擁有一定數量的藏書。他們在相互競争時，如果把書借給對方，就等於向對方提供戰勝自己的武器。在這種情況下，各自的藏書往往是難以互借的。如《三國志・蜀書・許慈傳》稱："先主定蜀，承喪亂歷紀，學業衰廢，乃鳩合典籍，沙汰衆學，慈、潛[①]並爲學士，與孟光、來敏等典掌舊文。值庶事草創，動多疑議，慈、潛更相克伐，謗讟忿争，形於聲色；書籍有無，不相通借，時尋楚撻，以相震攇。其矜己妒彼，乃至於此。"這盡管是一個很特殊的事例，但是也説明掌握書籍的重要。

在古代，藏書多屬私有財産，藏書家不願外借，也無可厚非。如宋周煇稱："唐杜暹家聚書萬卷，書末自題云：'清俸寫來手自校，子孫讀之知聖

① 潛，指胡潛。

教。鬻及借人爲不孝。'"①杜暹的題識影響頗大,明萬曆間上海施大經刻一藏書印云:"古人以借鬻爲不孝。"②張瑛《鐵琴銅劍樓藏書目録後序》亦稱:"昔唐杜暹好藏書,卷後題曰:'清俸買來手自校,子孫讀之知聖教。鬻及借人爲不孝。'舅氏每援此語爲兒輩諄諄告誡。瑛少時,往來母家。舅氏之訓,猶能略記一二。其於古書愛護之深若是。"③

某些藏書家不肯借書予人也有客觀原因,錢大昕分析道:"借爲不孝,過矣。然世固有三等人不可借:不還,一也;污損,二也;妄改,三也。守先人之手澤,擇其人而借之,則賢子孫之事也。"④黄丕烈是主張圖書流通的,但是也不輕易借書予人,他在一篇題識中談到了個中原因:

> 昔人不輕借書與人,恐其秘本流傳之廣也,此鄙陋之見,何足語於藏書之道。余平生愛書如護頭目,却不輕借人,非恐秘本流傳之廣也。人心難測,有借而不還者,有借去輕視之而或致損污遺失者,故不輕假也。同好如張君訒庵,雖交不過十年,而愛書之專,校書之勤,余自愧不及,故敝藏多有借去手校者。⑤

姚士粦《尚白齋秘笈序》也系統總結了書不流通的原因,指出:"不知傳布之説有四,大抵先正立言,有一時怒而百世與者,則子孫爲門户計,而不敢傳。鬥奇炫博,樂於我知人不知,則寶秘自好而不肯傳。卷軸相假,無復補壞刊謬,而獨踵還癡一諺,則慮借鈔而不樂傳。舊刻精整,或手書妍妙,則懼翻摹致損而不忍傳。"⑥

明清不少著名藏書家都對圖書嚴格管理,不准外借,如聊城楊氏海源閣,王獻唐談道:

---

① 《清波雜志》卷四。

② 《藏書紀事詩》卷二《施大經天卿》。

③ 《鐵琴銅劍樓藏書目録》卷末。

④ 《十駕齋養新録》卷一九。

⑤ 《蕘圃藏書題識》卷十《辛稼軒長短句十二卷》。

⑥ 《藏書紀事詩》卷三《姚士粦叔祥》引。

> 楊氏藏書，於匪亂之後，曷以不加整理，而任其凌亂？據聞楊氏舊例，其家中僕役，向不准其登樓。每有服役數十年不得一瞻閣上書籍作如何形狀者。現其家主楊敬夫，寓居津門，匪亂之後，從未旋里。海源閣長日封鎖，家中僕役，仍沿向不登樓之例，不敢一除積塵也。①

需要説明的是有的藏書家藏書秘不示人，有的藏書家藏書雖不外借，但是可以在藏書處閲覽。前者才是真正的圖書流通反對者。如張金吾云：

> 余友陳君子準藏唐以前書略備，然秘不肯示人，唐劉賡《稽瑞》者，其尤秘者也。《稽瑞》世無傳本，子準得之吴興書舶，蓋明嘉萬時刊本也。以其絶無僅有，即以名其所藏書樓，秘之十年，且要約不得借鈔，始出示金吾，蓋一見之難如此。未幾子準死，書盡散，《稽瑞》以值昂無過問者。子準嘗曰："書貴緘秘，則流布廣而視之必輕，使是書由我而輕，我之罪實甚。"②

珍秘過甚，不但不能很好地保護藏書，反之却會因此導致湮滅，繆荃孫曾舉例云：

> 荃孫官京師，一鉅公藏父執手稿，珍重而篋藏之。有叩之者，則曰書固存也，欲刻久矣。有借録者，則曰刻必貽君，何不省此一鈔乎？有欲爲之刻者，則曰我之責不能諉諸人也。迨鉅公殁而書卒不傳。其心非不知寶愛，而無計流通，終至湮滅。③

後者如前所述，范氏天一閣爲了防止圖書散佚損壞，作出了書不借人的嚴

① 《聊城楊氏海源閣藏書之過去現在》七《海源閣藏書之損失及其現狀》，《山東省立圖書館叢刊》第一種本，又載曹景英、馬明琴主編《海源閣研究資料》。

② 《藏書紀事詩(附補正)》卷六《陳揆子準》引《稽瑞》跋。

③ 《藕香零拾》本《流通古書約》卷末跋。

格規定，但是正如沈叔埏《書天一閣書目》所説："其家奉司馬公遺訓，代不分書，書不出閣。有借，主人延入，日資給之。如鄞侯公承休聚書三萬餘卷，戒子孫，世間有求讀者，别院具饌是也。"①如全祖望云："是閣之書，明時無人過而問者。康熙初，黄先生太初始破例登之，于是昆山徐尚書健庵聞而來鈔。其後登斯閣者萬徵君季野。又其後則馮處士南耕。而海寧陳詹事廣陵纂《賦匯》，亦嘗求之閣中。"②之後登斯閣者當然更多。看來天一閣藏書也可借閲，只是書不出閣而已。事實上，黄宗羲、萬斯同、李杲堂、朱彝尊、袁枚、全祖望、錢大昕、汪炤、張燕昌、阮元等許多學者都赴閣讀過書、鈔過書。③

二　主張圖書流通的思想

魏晉以降，藏書家借書供人閲讀蔚然成風，史不絶書。《晉書・范平傳》稱平"家世好學，有書七千餘卷，遠近來讀者恒有百餘人，蔚爲辦衣食"。《南史・崔慰祖傳》稱南齊人崔慰祖"聚書至萬卷"，"鄰里年少好事者來從假借，日數十帙，慰祖親自取與，未嘗爲辭"。《隋書・劉焯傳》稱"劉喜海家素多墳籍，(劉)焯與(劉)炫就之讀書，向經十載，遂以儒學知名"。

北宋李公擇將自己的書藏於僧舍，供大家閲讀，並請蘇軾著文宣傳這種做法。蘇軾《李氏山房藏書記》云：

> 余友李公擇，少時讀書於廬山五老峰下白石庵之僧舍。公擇既去，而山中之人思之，指其所居爲李氏山房。藏書凡九千餘卷，公擇既已涉其流，探其源，採剥其華實而咀嚼其膏味，以爲己有，發於文詞，見於行事，以聞名於當世矣。而書固自如也，未嘗少損，將以遺來者，供其無窮之求，而各足其才分之所當得。是以不藏於家，而藏於

---

① 《頤綵堂文集》卷三。

② 《天一閣碑目記》，載薛福成《天一閣見存書目》卷首。

③ 參見蔡佩玲《范氏天一閣研究》第五章《天一閣的建築與管理》第四節《天一閣之管理制度》。

其所故居之僧舍。此仁者之心也。①

同時人王闢之也指出李公擇的做法是"思以遺後之讀者,不欲獨有其書。"②顯然,李公擇將藏書留給讀者閲覽的想法與做法深受歡迎,並且産生了較大影響。北宋末年,金華潘景憲築室藏書,"名其後之室曰共學,左則曰庶齋,右則曰省齋,二齋儲書且萬卷,以待朋友之習,市良田百畝以爲講習聚食之資"。③ 其共學二字爲點睛之筆,充分反映了室主的流通思想。

南宋藏書家主張圖書流通者則更多,如紹興年間周煇云:

借書一瓻,還書一瓻,後訛爲癡,殊失忠厚氣象。書非天降地出,必因人得之;得而秘之,自示不廣,人亦豈肯以未見者相假?唐杜暹家書末自題云:"清俸買來手自校,子孫讀之知聖道,鬻及借人爲不孝。"鬻爲不孝,可也;借爲不孝,過矣。④

《廣韻》卷一《脂第六》稱:"瓻,酒器。大者一石,小者五斗。古之借書,盛酒瓶。""借書一瓻,還書一瓻",反映了借書風氣;"借書一癡,還書一癡",則反映了不願借書的心理。周煇旗幟鮮明地贊揚了借書風氣,批評了不願借書的心理,並分析了不願借書的弊病。

特别值得一提的是在非漢族政權統治下的金朝,也有人建起了旨在供人讀書的藏書樓。如孔天監云:

(洪洞縣)雖家置書樓,人畜文庫,尚慮夫草萊貧乏之士,有志而無書,或未免借觀手録之勤,不足于採覽,無以盡發後生之才分。吾友承慶先輩,奮爲倡首,以贖書是任。邑中之豪,從而和之,歡喜施

① 《東坡全集》卷三六。
② 《澠水燕談録》卷十。
③ 韓元吉《南澗甲乙稿》卷一五《潘叔度可庵記》。
④ 《清波雜志》卷四。

捨,各出金錢,於是得爲經之書有若干,史之書有若干,諸子之書有若干,以至類書字學,凡係於文運者,粲然畢修。噫！是舉也,不但便於己,蓋以便於衆；不特用於今,亦將傳於後也。顧不偉哉！將見濡沫涸轍者,游泳於西江之水；糊口四方者,厭飫乎太倉之粟。書林學海,覽華實而探源流,給其無窮之取,而能讀其所未見之書,各足其才分之所當得,莫不推本於此。①

作者還希望他邑"視而仿之,慕而效之"。此文不僅充分地闡述了圖書流通的目的和意義,而且也説明了在南宋與金南北對峙時期,圖書流通思想已經深入人心,産生了廣泛的共識與影響。

明代部分藏書家惜秘矜奇,然主張圖書流通者也不乏其人。如葉盛於《菉竹堂書目序》後附《書厨銘》云:"讀必謹,鎖必牢,收必審,閣必高。子孫子,惟學斆,借非其人亦不孝。"②這段話肯定了藏書可以借給人,但要看對象。明末馮舒還提到他與朋友相約互借圖書一事,聲稱何君立"與余最善,得一書必相通假,約日還,風雨不誤"。③ 這種做法實際上開了清人訂立流通古書約風氣之先。萬曆時期人姚士粦對圖書流通問題作過深入探討,嘗云:"吾郡未嘗無藏書家,卒無有以藏書聞者,蓋知以秘惜爲藏,不知以傳布同好爲藏耳。何者？秘惜則箱橐中有不可知之秦劫,傳布則毫楮間有遞相傳之神理。此傳不傳之分,不可不察者。"他還强調指出:"以傳布爲藏,真能藏書者。"④應當説他的見解道出了問題的實質,是相當深刻的。明人閔元衢《貴耳集·跋》亦稱:"潘昭度中丞嘗語余曰:'古人恐無表見而著書,使不傳,何假於著？吾輩愛書,擁而不使之傳,亦豈真愛？今而後,宜以郡之藏書而不一借者爲戒。'"⑤

在圖書流通理論與實踐方面特别受到人們稱道的是明末人李如一。

---

① 《金文最》卷二八《藏書記》。
② 見《拜經樓藏書題跋記》卷三《菉竹堂書目》。
③ 《懷舊集》卷上《何大成》。
④ 《藏書紀事詩》卷三《姚士粦叔祥》引。
⑤ 《藏書紀事詩》卷三《潘曾紘昭度》引。

他將《草莽私乘》欣然借給錢謙益，錢謙益特地在上面寫了篇題識，略云：

> 如一好古嗜書，收買圖籍盡減先人之産。嘗從事三禮，從余假宋賢《禮記集説》，焚香肅拜而後啓視，其鄭重如此！每得一遺書秘册，必貽書相聞，有所求假，則朝發而夕至。嘗曰："天下好書當與天下讀書人共之。古人以匹夫懷璧爲罪，况書之爲寶尤重於尺璧，敢懷之以賈罪乎？"①

李如一認爲好書當與天下讀書人共之，不出借内心有一種負罪感，並且將流通思想付諸實踐，應當説已經達到了相當高的思想境界。李如一的觀點與做法産生了一定影響，黄丕烈見到明鈔本《草莽私乘》，亦題識云："此等心腸斷非外人所能曉其一二，余特爲拈出，知古人之好書有如是者，安得世之儲藏家盡如之，俾讀書種子緜緜不絶邪！"②

清代藏書理論發展到了一個新階段，呈現出了一些新特點。首先是對圖書流通問題進行了廣泛而深入的討論。不少人都旗幟鮮明地闡述了自己主張圖書流通的觀點。如乾嘉時期的黄丕烈《辛稼軒長短句》題識云："昔人不輕借書與人，恐其秘本流傳之廣也，此鄙陋之見，何足語藏書之道。"③又在《孟東野集》題識中説："古人藏書最重通假，非特利人，抑且利己，如予與香巖居士爲忘年交，所藏書必通假。"④

嘉慶時宋咸熙《思茗齋集》有《借書詩》，序云："藏書家每得秘册，不輕示人，傳之子孫未盡能守；或守而鼠傷蟲蝕，往往殘缺，無怪古本日就湮没也。先君子藏書甚富，生時借鈔不吝。熙遵先志，願借於人。有博雅好古者竟持贈之，作此以示同志。"詩云："金石之物亦易泐，况兹柔翰歷多年。能鈔副本亟流播，劫火來時庶不湮。""緊予老病子猶癡，過眼雲煙看幾時。

---

① 載《抱經樓藏書志》卷二二《草莽私乘》。
② 《蕘圃藏書題識》卷二。
③ 《蕘圃藏書題識》卷十。
④ 《蕘圃藏書題識》卷七。

濁酒一瓻何用報，先公泉下亦怡怡。"[1]作者不僅繼承了父親的藏書，而且繼承了父親的藏書思想；不僅願意借鈔，而且願意持贈；不僅遵守先志，而且還加以宣傳，使圖書流通思想能够發揚光大，可謂青出於藍而勝於藍了。

道光時張金吾也是竭力主張流通圖書的。有人向他借鈔包希魯的《説文解字補義》，他説：

> 希魯著述甚富……今皆散佚無傳，唯是書僅存。今既幸歸余手，若不公諸同好，廣爲流布，則雖寶如球璧，什襲而藏，於是書何裨？於余又何裨？且余喜藏書，不能令子孫亦喜藏書，聚散無常，世守難必。即使能守，或童僕狼藉，或水火告災，一有不慎，遂成斷種，則余且爲包氏之罪人，用倩善書者録副本以贈。余之不敢自秘，正余之寶愛是書也。

他還强調指出："書貴通假，不通假則扃鐍固而傳本絶。使是書由我而絶，我之罪更甚。"[2]作者以流傳古書爲己任，認爲流傳古書正是爲了寶愛古書，若書不流傳導致亡佚，乃是犯罪。這種見解可以説是相當透徹、相當精辟的。

晚清繆荃孫《平湖葛氏書目・序》云："昔孫承澤侍郎有喜借人書之譽；朱竹君學士亦與人借鈔，以廣流傳，前哲流風，令人嚮往。咸同以來，京師鉅公，以深藏爲旨，以獨得爲奇，不留一目，不跋一言。聞其名，已在若存若亡之間，述其事，亦在疑是疑非之列。顧千里所謂似與古人有深仇夙怨者。"[3]吴愷也曾引《鴻臚寺野談》痛斥藏書不流通之危害云："關中非無積書之家，往往束置庋閣，以飽蠹魚。既不假人，又不觸目，至畀諸灶下，以代蒸薪。余每恨蠹魚之不若也。"[4]以上兩家對藏書秘不示人現象

---

① 《武林藏書録》卷下。
② 繆荃孫《藝風藏書續記》卷一《説文解字補義》。
③ 《藝風堂文漫存》辛壬稿卷二。
④ 《説郛續》卷三二《讀書十六觀》。

的批評可謂痛快淋漓，對其危害性的分析，也足以發人深省。

醞釀並建立私家圖書館爲廣大讀者服務，是清代藏書家的圖書流通思想發展到了最高階段的表現。在這方面影響最大的當推乾隆年間周永年的《儒藏説》。桂馥《周先生傳》云："先生見收藏家易散，有感於曹石倉及釋、道藏，作《儒藏説》。約予買田築借書園，祀漢經師伏生等，聚書其中，招致來學。"①這借書園三字充分説明了他們所醞釀成立的是旨在流通的私家圖書館。關於這一點，周氏《儒藏説》寫得更具體、更明顯：

> 至於窮鄉僻壤，寒門窶士，往往負超群之姿，抱好古之心，欲購書而無從，故雖矻矻窮年而限於聞見，所學迄不能自廣。果使千里之内有儒藏數處，而異敏之士或裹糧而至，或假館以讀，數年之間，可以略窺古人之大全，其才之成也，豈不事半而功倍哉？②

其《儒藏條約》復云："書籍收藏之宜，及每歲田租所入，須共推一方老成三五人，經理其事。凡四方來讀書者，如自能供給，即可不取諸此，寒士則供其食欲。須略立規條，如叢林故事。極寒者並量給束脩，免其内顧之憂。"③可見其讀者對象爲四方能讀書之人，特别是寒士，其宗旨是充分發揮儒藏的教育職能，將讀者培養成才，對於寒士還給予經濟上的援助。

道光三十年（一八五〇），孫依言築玉海樓已具有私家圖書館性質，其《玉海樓藏書記》談到他"取古人讀書之法，及就今日藏書之意，具爲條約，揭之堂壁。鄉里後生，有讀書之才，讀書之志，而能無謬我約，皆可以就我廬，讀我書，天下之寶，我固不欲爲一家之儲也"。④

晚清主張辦私家圖書館並付諸實踐的是國英。其《共讀樓書目序》云：

---

① 《晚學集》卷七《周先生傳》。

② 《松鄰叢書》甲編《儒藏説》。

③ 《松鄰叢書》甲編《儒藏條約三則》。

④ 《遜學齋文續鈔》卷三。

余早有購藏書籍之志,同治甲子(一八六四)勸同志諸君子共立崇正義塾。嗣屢蒙恩擢,廉俸所餘,獨以購書。光緒丙子(一八七六),於家塾構藏書樓五楹,顔曰共讀。其所以不自秘者,誠念子孫未必能讀,即使能讀,亦何妨與人共讀。成己成人,無二道也。①

徐樹蘭私家創辦的古越藏書樓實質上已是一座近代公共圖書館。他於光緒三十年(一九〇四)寫的《爲捐建紹郡古越藏書樓懇請奏諮立案文》云:

紹興統轄八縣,綴學之士,實繁有徒。當此科舉更章之際,講求實學,每苦無書。職不揣棉薄,謹捐銀八千六百餘兩,於郡城西偏購地一畝六分,鳩工營造,名曰古越藏書樓,以爲藏書之所。參酌東西各國規制,擬議章程,以家藏經史大部及一切有用之書,悉數捐入,延聘通人,分門排比,所有近來譯本新書,以及圖書標本,雅訓報章,亦復購備,共用銀二萬三千五百六十餘兩。大凡藏書七萬餘千卷,編目三十五卷。建屋凡四層,前三層皆係高樓,分藏書籍,以中層之聽事爲閲書所,桌椅器物皆備,綜共用銀三萬二千九百六十餘兩。又每年助洋一千元,禮延監督一人,總督其事,司事三人,分司其書。規模初具,以備闔郡人士之觀摩,以爲府縣學堂之輔翼。所需開辦經費銀三萬二千九百六十餘兩,及常年經費每年捐洋一千元,均由職自行捐備。②

不難看出,以上數例都是以廣大讀者爲服務對象的,都已具有近代圖書館的性質,是對古代圖書典藏事業發展的巨大貢獻。

① 《共讀樓書目》卷首。
② 《古越藏書樓書目》卷首。

第二節　流通方式

圖書流通的方式主要有出借、贈送、出版與出售等形式，今分別述之如下：

一　出　借

出借是圖書流通的最基本方式。如前所述，我國有着出借圖書的優良傳統。就讀者借書的目的而言，又有借閱、借鈔、借刻與借以治學等類型。

甲　借閱

借閱最爲普遍。借閱國家藏書見於記載的，如《後漢書・黄香傳》稱黄香詣東觀讀所未嘗見書。《舊唐書・李敬玄傳》稱敬玄博覽群書，特善三禮。初，高宗在東宫，馬周薦之，召入崇賢館侍讀，借御書令讀之。

至宋，館閣藏書外借的更多，如程俱云："咸平二年（九九九）三月，點檢三館秘閣書籍。司封郎中、知制誥朱昂等言：'四部書散失頗多，今點勘爲朝臣所借者，凡四百六十卷。'"①復云：

> 政和四年（一一一四）措置點檢秘書省官言："三館秘閣，自崇寧四年（一一〇五）借出書籍未還者四千三百二十八册卷，久不拘收。"詔："自今省官取借書籍，並申本省長、貳判狀權借，依限拘收。"②

則宋代館閣不但出借圖書，而且還訂有借還書籍的規章制度。《宋史・儒林傳》稱王應麟"閉門發憤，誓以博學鴻辭科自見，假館閣書讀之"。孔齊亦稱王應麟"每以小册納袖中入秘府，凡見書籍異聞則筆録之，復藏袖中而出"。③ 這也許是《玉海》《困學紀聞》諸書準備工作的一部分。

---

①② 《十萬卷樓叢書》本《麟臺故事》卷二《書籍》。

③ 《至正直記》卷四《四明厚齋》。

明代館閣也出借藏書，只是管理不善，李開先《積書省悟》詩云“借抄先館閣”，自注：“内書原陳芳洲奏請，自南都移來，共八十橱，掌以典籍。後遷代不常，因而攘竊抵换，存者無幾。例許抄覽，必先具領狀，以時繳納，世所謂讀中秘書者是也。今館中諸君，不得如前，聞只市書而已。”①

清高宗也主張國家藏書應開放流通，如乾隆四十一年（一七七六）六月初一日詔曰：

> 四庫所集多人間未見之書，朕勤加採訪，非徒廣金匱石室之藏，將以嘉惠藝林、啓牖後學，公天下之好也。惟是鐫刊流傳，僅什之一，而鈔録儲藏者，外間仍無由窺睹，豈朕右文本意乎？翰林原許讀中秘書，即大臣官員中有嗜古勤學者，並許告之所司，赴閣觀覽，第不得携取出外，致有損失。②

高宗還允許普通士子赴南方三閣閱讀與傳鈔，乾隆四十九年（一七八四）二月二十一日詔云：

> 前因江浙爲人文淵藪，特降諭旨發給内帑，繕寫《四庫全書》三分，於揚州文匯閣、鎮江文宗閣、杭州文瀾閣各藏庋一分，原以嘉惠士林，俾得就近抄録傳觀，用光文治。第恐地方大吏過於珍護，讀書嗜古之士無由得窺美富，廣布流傳，是千緗萬帙徒爲插架之供，無裨觀摩之實，非朕崇文典學、傳示無窮之意。將來全書繕竣，分貯三閣後，如有願讀中秘書者，許其陸續領出，廣爲傳寫。全書本有總目，易於檢查，祇須委派妥員，董司其事，設立收發檔案，登注明晰，並曉喻借鈔士子，加意珍惜，毋致遺失污損，俾藝林多士，均得殫見洽聞，以副朕樂育人才、稽古右文之至意。③

---

① 《山東藏書家史略》附《李開先有關藏書詩》。
② 《辦理四庫全書檔案》上册四一頁。
③ 《辦理四庫全書檔案》上册九七頁。

高宗對此事始終關心,乾隆五十五年(一七九〇)六月初一日復詔云:

> 江浙兩省,文宗、文匯、文瀾三閣應貯全書,現在陸續頒發藏庋。該處爲人文淵藪,嗜古好學之士,自必群思博覽,藉廣見聞,從前曾經降旨,准其赴閣檢視鈔録,以資搜討,但地方有司恐士子等翻閲污損,或至過爲珍秘,阻其争先快睹之忱,則所頒三分全書,亦僅束之高閣,轉非朕搜輯群書津逮譽髦之意。即武英殿聚珍版諸書,排印無多,恐士子等亦未能全行購覓。著該督撫等諄飭所屬,俟貯閣全書排架齊集後,諭令該省士子有願讀中秘書者,許其呈明到閣鈔閲,但不得任其私自携歸,以致稍有遺失。至文淵閣禁地森嚴,士人等固不便進内鈔閲,但翰林院現有存貯底本,如有情殷誦習者,亦許其就近檢録,掌院不得勒阻留難,如此廣爲傳播,茹古者得睹生平未見之書,互爲鈔録,傳之日久,使石渠、天禄之藏,無不家絃户誦,益昭右文稽古、嘉惠士林盛事,不亦善乎。①

乾隆的指示似也實行過,如謝啓昆整理《史籍考》就曾借用過杭州文瀾閣的《四庫全書》,他在寫給孫星衍的信中説:"畢宫保《史籍考》之稿,將以零散,僕爲重加整理,更益以文瀾閣《四庫全書》,取材頗富,視舊稿不啻四倍之。"②

乾隆皇帝流通圖書的思想對後世也産生了深遠影響,在醖釀與建立近代圖書館時,人們往往引以爲據。如鄭觀應一八九二年云:"乾隆時,特開四庫,建文宗、文匯、文瀾三閣,准海内稽古之士就近觀覽,淹通博洽,蔚爲有用人才。作人養士之心,至爲優厚。"③李端棻一八九六年亦稱:"好學之士,半屬寒畯,購書既苦無力,借書又難,其人坐此孤陋寡聞無所成就者,不知凡幾。高宗純皇帝知其然也,特於江南設文宗、文匯、文瀾三閣,備庋秘籍,恣人借觀。嘉慶間,大學士阮元推廣此意,在焦山、靈隱起立書

---

① 《辦理四庫全書檔案》下册二八頁。

② 《樹經堂文集》卷四。

③ 《盛世危言增訂新編》卷四《藏書》。

藏，津逮後學。自此以往，江浙文風甲於天下，作人之盛，成效可睹也。”①一八九八年《京師大學堂章程》復云：

乾隆間，高宗純皇帝於江浙等省設三閣，盡藏四庫所有之書，俾士子借讀，嘉惠士林，法良意美。泰西各國於都城、省會，皆設有藏書樓，亦是此意。近張之洞任廣東，設廣雅書院，陳寶箴任湖南，所設時務學堂，亦皆有藏書。京師大學堂爲各省表率，體制尤當崇閎，今設一大藏書樓，廣集中西要籍，以供士林流覽而廣天下風氣。②

如前所述，私家出借圖書的現象更加普遍，今再舉數例。宋朱弁云：“宋次道藏書皆校三五遍，世之蓄書，以宋爲善本。居春明坊時，士大夫喜讀書者多居其側，以便於借置故也。當時春明宅子比他處僦直常高一倍。”③元許有壬談道：“許下馮夢周士可，買書千卷，構堂蓄之，以待里之不能有書者，爲之約曰：凡假者恣所取，記其名，若書目讀竟，則歸而銷其籍。損者不責償，不歸者遂與之，以激其後，缺者隨補足。”④明常熟藏書家何大成亦好流通圖書，馮舒稱其“與余最善，得一書必相通假，約日還，風雨不誤”。⑤ 清代借書風氣更盛，如顧蒓《先考桐井府君行述》云：

受業師張白華生告不肖曰：“東莊先生遺書極富，皆善本。有借讀者絶不吝，曰：‘吾父嘗言，我有書不能讀，得他人讀之，我書庶不徒具。吾今何敢吝爲？’其善承先志如此！”⑥

（民國）《鄞縣通志》卷四《人物編・歷代人物表第三文學》稱：“盧鎬執贄全

① 《變法自强奏議彙編》卷三《請推廣學校摺》。
② 載光緒二十四年（一八九八）五月二十三日《國聞報》第二百九十一號。
③ 《曲洧舊聞》卷四。
④ 《至正集》卷三八《馮氏書堂記》。
⑤ 《懷舊集》卷上《何大成》。
⑥ 《藏書紀事詩（附補正）》卷四《顧階升步巖、子應昌桐井》引《思無邪室遺集》。

祖望門下。祖望每歲客游,假大江南北藏書家鈔本,捆載數百册而返,鎬與諸同學遞閱之。"從中可見當時借書的風氣與規模。

清代借閲圖書還有一個特點是藏書家之間互通有無,相互通假。爲此,清初南京的丁雄飛與黄俞邰甚至訂了《古歡社約》,其文曰:

> 每月十三日,丁至黄;二十六日,黄至丁。爲日已訂,先期不約。要務有妨,則預辭。不入他友,恐涉應酬,兼妨檢閲。到時果核六器,茶不計。午後飯,一葷一蔬,不及酒。逾額者,奪異書示罰。與徒每名給錢三十文,不過三人。借書不得逾半月,還書不得托人轉致。①

藏書家之間有無通假的風氣也促進了私家典藏事業的發展,常熟黄廷鑑云:吾邑藏書,絳雲之後,"尚有汲古毛氏、述古錢氏兩家鼎峙。羽翼之者,有葉石君、馮己蒼、陸敕先諸君子。互相搜訪、有亡通假,故當時數儲藏家,莫不以海虞爲首"。②

乙 借鈔

印刷術發明前後,借鈔都是聚書的重要方法,因此將書借給人鈔録也是藏書流通的重要形式。如北宋汝陰(今合肥市)人王莘藏書甚富,其孫王明清云:"先祖早歲登科,游宦四方,留心典籍,經營收拾。所藏書逮數萬卷,皆手自校讎,貯之於鄉里,汝陰士大夫多從而借傳。"③《宋史·文苑傳》還寫了劉恕在宋次道家鈔書並受到熱情接待的情況,略云:"宋次道知亳州,家多書,枉道借覽,次道日具饌爲主人禮。恕曰:'此非吾所爲來也,殊廢吾事,悉去之。'獨閉閣,晝夜口誦手鈔。留旬日,盡其書而去,目爲之翳。"陳振孫還通過鈔録而成了著名的藏書家。如周密云:"近年惟直齋陳氏書最多,蓋嘗仕於莆,傳録夾漈鄭氏、方氏、林氏、吴氏舊書至五萬一千一百八十餘卷。"④

① 此書有《藕香零拾》本。

② 《第六絃溪文鈔》卷二《愛日精廬藏書志序》。

③ 《揮麈後録》卷七。

④ 《齊東野語》卷一二《書籍之厄》。鄭氏名樵、方氏名審權、林氏名隱、吴氏名權。

明末錢謙益也好向人借鈔圖書，一般都獲得允許，如曹溶《絳雲樓書目後序》云："昔予游長安，堂上列書六、七千册，宗伯閒日必來，來則遍翻架上，遇所乏，恒借鈔寫，如是數昔。"①胡震亨也稱："吾家舊藏《玉山名勝集》《草堂雅集》二書，爲友人錢受之、王淑士借去，各鈔一部，善本稍稍流傳於外矣……崇禎七年甲戌(一六三四)二月受之見還，因記。"②

清代藏書家也是樂於借書供人傳鈔的，如顧千里云："往者吾友袁君廷壽有鈔書癖，與盧學士文弨、錢少詹大昕諸先生往還，每聞秘册，必請傳其副，間邀予過五硯樓品題商榷，以爲樂事。"③錢曾記《夢粱録二十卷》云：

> 斧季從輦下還，解裝出書二百餘帙，邀予往視，皆秘本也。……嘆曰："浪迹兩年，未嘗遇一真好書人，歸而求之於子，有余師矣。當悉索以供繕寫，毋煩借書一瓻。但視世之夢夢粥粥，假牧兒之蓋，而乞鄰女之光者，我兩人好尚之異同，爲何如耶。"予因次第借歸，自春徂秋，十鈔五六。《夢粱録》亦其一焉。④

清代著名藏書家鮑廷博的許多書亦來自借抄，宋文藻云：鮑氏"三十年來，近自嘉禾、吴興，遠而大江南北，客有異書來售武林者，必先過君門。或遠不可致，則郵書求之。浙東西藏書家若趙氏小山堂、廬氏抱經堂、汪氏振綺堂、吴氏瓶花齋、孫氏壽松堂、郁氏東嘯軒、吴氏拜經樓、鄭氏二老閣、金氏桐花館，參合有無，互爲借抄，至先哲後人家藏手澤，亦多假録。一編在手，廢寢忘食，丹鉛無已時。一字之疑，一行之缺，必博徵以證之，廣詢以求之"。⑤

特別值得一提的是，爲了保證藏書得以流通，明清的一些藏書家達成

① 《絳雲樓書目》卷末。

② 《楹書隅録續編》卷四《元音遺響三卷》。

③ 《思適齋集》卷一二《雲間志跋》。

④ 《讀書敏求記》卷二《夢粱録二十卷》。

⑤ 《知不足齋叢書》第一集卷首《知不足齋叢書序》。

了互相借鈔的默契，甚至訂了一些口頭或書面的條約。祁承㸁曾探討過這個問題，嘗云："苦於僻居海濱，聞見有限，必須相結同志者五六人，各相物色。而又定之以互易之法，開之以借録之門，嚴匿書之條，峻稽延之罰，秘本不踵而集。"①而最有名的當推明末曹溶的《流通古書約》。其文略云：

自宋以來，書目十有餘種，燦然可觀。按實求之，其書十不存四五。非盡久遠散佚也。不善藏者護惜所有，以獨得爲可矜，以公諸世爲失策也，故入常人手猶有傳觀之望，一歸藏書家無不綈錦爲衣、旃檀作室，扃鑰以爲常。有問焉，則答無有。舉世曾不得寓目，雖使人致疑於散佚，不足怪矣。

近來雕板盛行，煙煤塞眼，挾資入賈肆可立致數萬卷。於中求未見籍，如採玉深崖、旦夕莫覯。當念古人竭一生心力辛苦成書，大不易事。渺渺千百歲，崎嶇兵攘劫奪之餘，僅而獲免，可稱至幸。又幸而遇賞音者，知蓄之珍之，謂當繡梓通行，否，亦廣諸好事。何計不出此，使單行之本寄篋笥爲命，稍不致慎，形蹤永絶，祇以空名挂目録中。自非與古人深仇重怨，不應若爾。然其間有不當專罪吝惜者，時賢解借書，不解還書，改"一瓻"爲"一癡"，見之往記。即不乏忠信自秉、然諾不欺之流，書既出門，舟車道路摇摇莫定，或僮僕狼藉，或水火告災，時出意料之外。不借未可盡非，特我不借人，人亦决不借我，封己守株，縱累歲月無所增益，收藏者何取焉？

予今酌一簡便法：彼此藏書家各就觀目録，標出所缺者，先經注，次史逸，次文集，次雜説，視所著門類同，時代先後同，卷帙多寡同，約定有無相易，則主人自命門下之役，精工繕寫，校對無誤，一兩月間，各齎所鈔互换。此法有數善：好書不出户庭也，有功於古人也，己所藏日以富也，楚南燕北皆可行也。敬告同志，鑒而聽許。②

---

① 《澹生堂集》卷一八《與徐季鷹》。

② 《知不足齋叢書》本《澹生堂藏書約》附刻。

此外,曹溶還在《絳雲樓書目·題辭》中,於批評錢謙益矜嗇藏書,不肯出借,燬於火災後重申道:"予深以爲鑒戒,偕同志申借書約,以書不出門爲期,第兩人各列其所欲得,時代先後、卷帙多寡相敵者,彼此各自覓工寫之,寫畢各以奉歸。崑山徐氏、四明范氏、金陵黄氏,皆謂書流通而無藏匿不返之患,法最便。"①錢大昕云:"予嘗讀《弇州續稿》中《答范司馬小簡》,有書籍互借互抄之約。今檢《圉令趙君碑》北面,有侍郎手書'鳳洲送'三字,風流好事如此。"②

清代藏書家相互借鈔圖書確也蔚然成風,如錢曾云:"吾友葉林宗,篤好奇書古帖,搜訪不遺餘力。每見友朋案頭一帙,必假歸躬自繕寫,篝燈命筆,夜分不休。我兩人購得秘册,即互相傳録,雖昏夜扣門,兩家童子聞聲知之,好事極矣。"③黄廷鑑《藏書二友記》還介紹了道光間常熟藏書家陳子準、張月霄二人相互通假的情况:"張居西闕,陳居稍南,相去不半里,皆面城臨水。暇則過從,各出所獲,賞奇辨疑,有無通假,相善也。"④浙江地區的藏書家也同常熟地區的藏書家一樣,樂於相互借鈔,如朱文藻稱乾隆時期,"浙東西藏書家,若趙氏小山堂、盧氏抱經堂、汪氏振綺堂、吴氏瓶花齋、孫氏壽松堂、郁氏東嘯軒、吴氏拜經樓、鄭氏二老閣、金氏桐花館,參合有無,互爲借鈔"。⑤ 顯然,借鈔是傳播知識、保存文獻、豐富藏書的一種好形式。

丙　借校

讀書必求其文字無誤,始能獲正解,而書必校勘,始能定其正訛,所以認真讀書者,没有不從事校書的。而個人藏書有限,自然需要向人借校,因此允許人借校也是圖書流通的一種方式。

清周世敬《〈小通津山房文稿〉跋》云:"清浦王司寇述庵、嘉定錢詹事竹汀、南匯吴稷堂侍郎、陽湖孫淵如觀察及同里吴中翰竹嶼、江徵君艮庭、

---

① 《絳雲樓書目》卷首。徐氏指徐乾學,范氏指范欽,黄氏指黄虞稷。

② 《嘉定錢大昕全集》册四《范氏天一閣碑目序》。

③ 《讀書敏求記》卷一《陸德明經典釋文三十卷》。

④ 《第六絃溪文鈔》卷二。

⑤ 《知不足齋叢書》第一集卷首《知不足齋叢書序》。

陳孝廉簡莊、黄主事蕘圃、鈕布衣匪石、顧茂才抱沖,先後與先君子訂交,出藏書互相考證,咸以博聞强識推之。故尚書秋帆畢公編《史籍考》,今制府芸臺阮公輯《十三經校勘記》,每寓書以疑義諮訪,兼假諸善本藉資採擇。蓋素稔插之富甲於吴中,所求無不備也。"①

在藏書題跋與書目提要中,常有借校的記載,如黄丕烈《蕘圃藏書題識》卷六《抱朴子内篇二十卷外篇五十卷》:"末有'吴岫'小方印,及'姑蘇吴岫塵外軒讀一過'小長方印。余藏《李文饒集》,爲嘉靖時人沈與文所藏,有云:'壬戌(一五六二)五月,借方山吴上舍本校勘。'則吴亦嘉靖時人矣。"黄丕烈《蕘圃藏書題識》卷三《職官分紀五十卷》題識云:"余郡周丈香巖藏書最富,與余最爲莫逆,每請假觀,必出書相示,或假歸傳録校讎,無有不遂余所請者。"而黄丕烈本人也不吝借書與人校勘,特別是對陳鱣晚年的校勘工作幫助較大,管庭芬叙其事云:

> 吾鄉陳簡莊徵君,生平專心訓詁之學,閉户勘經,著述不倦。中年需次公車,嘗與錢竹汀宫詹、翁覃溪閣學、段懋堂大令,抽申庫之秘,質疑問難以爲樂。如綴文所載,校勘宋刻《周易本義·跋》之類,考證異同,有竹垞《經義考》所未及者。晚客吴門,聞黄蕘圃主政百宋一廛,九經三傳,各藏異本。於是欣然定交,互携宋鈔元刻,往復易校,互繫跋語,以疏其異同,兼誌刊板之歲月,册籍之款式,收藏之印記,莫不精審確鑿,俾經生家如見原書,不至爲俗刻所誤。其功與考定石經無以異!②

倫明《辛亥以來藏書紀事詩·章鈺》云:"長洲章式之(鈺)近歲居津門,以校書遣日。自言假人舊校、舊鈔本移録新本,一歲得六百餘卷。"

可見借校這種流通方式,不僅使藏書家所藏善本得以廣泛流傳,而且也提高了借校者藏書的文獻價值。

---

① 《清代詩文集彙編》本《小通津山房文稿》卷末。

② 見《經籍跋文·宋本周易集解》。

丁　借以治學

治學必須詳細占有資料，而古代又没有現代意義的圖書館，學者單靠自家有限的藏書來著書立説顯然是不够的，因此還需要向别人借自己所需要的書，藏書家將書借給人做學問，當然也是圖書流通的一種重要形式。在我國藏書史上有不少這樣的例子。

錢謙益在編《列朝詩集》的過程中，曾廣泛向藏書家們搜集過有關資料，如其與陸貽典書云：

> 選詩已及嘉隆間，近代文集繁富，放失尤多，見聞固陋，不得不求助於博雅君子，聞仁兄收藏甚富，口吟手鈔，有數十大册，何不出以見示，省弟搜訪之勞，共成此勝事，若屠赤水、胡元瑞二公集，知已評點，至再惠教，待采録過，即日完璧，不致少稽滯，有借書一癡之嘆也。①

事實上也有不少藏書家將書借給他做編著工作，如《皕宋樓藏書志》卷一百零八《九靈山房集》提要鉏菜翁題識云："我里蔣之翹隱廛市間，有藏書之癖，虞山錢宗伯編《國朝詩集》，嘗就其家借書。此卷首甲乙題字，宗伯迹也。壬戌（一六二二）上元前二日，鉏菜翁記。"②錢謙益嘗自稱："戊子（一六四八）之秋，余頌繫金陵，方有采詩之役，從人借書。林古度曰：'晉江黄明立先生之仲子守其父書甚富，賢而有文，盍假諸？'余於是從仲子借書，得閲本朝詩文之未見者。於是嘆仲子之賢，而幸明立之有後也。"③孫楷第認爲趙琦美曾將所藏部分《明實録》借給了錢謙益，其《述也是園舊藏古今雜劇》云：

> 今玉簡齋本《脈望館書目》黄字號有明太祖至武宗九朝實録一百五十本。注云："自太祖至此，並錢受之借去。"又世宗實録、穆宗實録共六十二本，注云："亦受之借去。"此注當出琦美手。《脈望館目》吕

---

① 《錢牧齋先生尺牘》卷三。

② 鉏菜翁爲曹溶號。

③ 《有學集》卷二六《千頃齋藏書記》。

> 字號以前,皆萬曆四十一年或四十六年前舊簿,似謙益借此書已久,至編吕字號書目時尚未歸還。今《絳雲樓書目》本朝制書類全録之。不知是書已還而復得之,抑竟未歸還。①

清初鄭元慶依靠朱彝尊藏書撰成《湖録》百廿卷,范鍇記其事云:"考鄭氏名元慶,少貧力學,多識前言往行。康熙庚午(一六九〇)撤闈後,有志四方,足經萬里,卒無所遇,歸自金臺,遂閒居奉母,扃户著書,世所傳《廿一史約篇》,此其一斑也。嗣以生長吴興,惋惜唐宋圖經亡逸殆盡,擬萃一郡之山川文獻,著爲一書,復苦貧無書籍足徵也。朱竹垞太史聞而招之,下榻於曝書亭側,盡出其藏書,以佐采擇,以是山川之故迹,文獻之遺謨,莫不泝源探本,條目井然,閲數寒暑,得百廿卷,名曰《湖録》。"②

現代天津藏書家任振采在支持瞿宣穎撰《方志考稿》方面也起了巨大作用,瞿氏《方志考稿序》云:

> 今歲之春,謁宜興任振采先生於天津。任公世富藏書,近更十許年力,聚方志千五百種,分别部居,釐然不雜,且蓄志所集,久而不懈。往往有瓌異之本,爲北平圖書館所未有者。且側重近著而不虚慕好古之稱,切於實用,尤非尋常藏書家所及。聞余欲撰提要之説而躍然韙之。遂盡出其所藏,恣余檢閲,相約成書,刻日爲程,然膏不輟。余每至天津則適館授餐,隨義商榷。家居則輦書相就,郵問稠疊,雖縻金費日不惜,惟以促書之成。烏乎!懷此有年,得賢主人傾心相助而後克舉,文人相知之感,何可無也。③

這些事例表明,藏書家爲我國學術研究與文化事業的發展作出了自己的貢獻。

---

① 《述也是園舊藏古今雜劇》上篇《錢謙益》。
② 《吴興藏書録序》。
③ 《方志考序》。

二　贈送

贈送也是圖書流通的一種重要方式。在封建社會，皇帝經常向臣民頒賜圖書，以示褒獎與恩惠。如《後漢書・竇融傳》稱光武帝賜竇融“以外屬圖及太史公《五宗》《外戚世家》《魏其侯列傳》”。《王景傳》稱明帝賜王景《山海經》《河渠書》《禹貢圖》。《劉蒼傳》稱章帝賜東平憲王劉蒼“以秘書、列仙圖、道術秘方”。王隱《晉書》稱：“皇甫謐表從武帝借書，上送一車與之。謐羸病，手不釋卷，歷觀古今，無不皆綜。”①吴均《齊春秋》稱：“蕭晉，字元卿，蘭陵人，家有賜書，志學不倦也。”②《陳書・江總傳》稱江總“家傳賜書數千卷”。

唐代皇帝還賜書國外，如“垂拱三年（六八七），（新羅王金）政明遣使來朝，因上表請《唐禮》一部，並雜文章，則天令所司寫吉凶要禮，並於文館詞林採其詞涉規誡者，勒成五十卷以賜之”。③ 景龍四年（七一〇），金城公主與吐蕃贊普棄隸縮贊聯姻，開元十九年（七三一），“吐蕃使奏云：‘公主請《毛詩》《禮記》《左傳》《文選》各一部。’制令秘書省寫與之”。④ 顯然，這樣做對促進漢族與少數民族、中國與周邊地區的文化交流是有積極意義的。

宋以後，書易得，故賜書事相對減少，但也不乏其例。如《宋史・宗室傳》云：宗室“宗晟好古學，藏書數萬卷。仁宗嘉之，益以國子監書”。洪邁亦稱：“榮王蓄書七萬卷，始與英宗偕學於邸，每得異書，必轉以相付。”⑤明代統治者頗好頒賜圖書，相傳洪武初年，“親王之國，必以詞曲一千七百本賜之”。⑥ 永樂十五年（一四一七）“頒五經四書、《性理大全》於兩京六部、國子監及天下府、州、縣學”。⑦ 嘉靖十年（一五三一）沈憲王朱胤栘

①② 《太平御覽》卷六一九引。

③ 《舊唐書》卷一九九《東夷列傳》。

④ 《舊唐書》卷一九六《吐蕃列傳》。

⑤ 《容齋隨筆》卷一三。

⑥ 《張小山小令》卷末李開先《張小山小令後序》。

⑦ 《明會要》卷二六。

"上疏乞内府諸書,詔以五經四書賜之"。[①] 清代前期賜書活動也較多,如雍正七年(一七二九)正月,"著大學士等將應行頒發之書奏聞,頒賜衍聖公藏之闕里,昭示來兹"。[②] 乾隆皇帝修《四庫全書》時,對獻書五百種以上的鮑士恭、范懋柱、汪啓淑、馬裕四人,各賜《古今圖書集成》一部;對於獻書百種以上的周厚堉、蔣曾瑩、吴玉墀、孫仰曾、汪汝瑮、黄登賢、紀昀、勵守謙、汪如藻等人,各賜《佩文韻府》一部。[③] 翁廣平爲鮑廷博撰《賜書堂記》云:"高宗純皇帝賜《古今圖書集成》,先生既拜受是書,闢堂三楹,分貯四大厨,顔其堂之額曰'賜書'。"[④]

私家贈書的現象也比較多,《漢書·杜鄴傳》云:"鄴少孤,其母張敞女。鄴壯,從敞子吉學問,得其家書。"《三國志·魏書·王粲傳》寫漢末蔡邕"聞粲在門,倒屣迎之。粲至,年既幼弱,容狀短小,一坐盡驚。邕曰:'此王公孫也,有異才,吾不如也。吾家書籍文章,盡當與之。'"此話果然實現了,《太平御覽》卷六一九引《博物志》曰:"蔡邕有書萬卷,漢末年載數車與王粲。粲亡後,相國掾魏諷謀反,粲子預焉,既被誅,邕所與粲書,悉入粲族。"當然,蔡邕也給女兒蔡琰留下了不少書,蔡琰嘗云:"昔亡父賜書四千許卷,流離塗炭,罔有存者,今所誦憶,裁四百餘篇耳。"[⑤]《太平御覽》卷六一九引《後周書》曰:"梁蔡文寶字敬仁,嘗以書干僕射徐勉,大爲勉所賞異,乃令與其子游處,所有墳籍盡以給之,遂博覽群書,學無不綜。"《陳書·孔奂傳》稱:孔奂"好學,善屬文,經史百家莫不通涉。沛國劉顯時稱學府,每共奂討論深相嘆服,乃執奂手曰:'昔伯喈墳素悉與仲宣,吾當希彼蔡君,足下無愧王氏。'所保書籍,尋以相付"。

宋人贈書事例頗有,元陸友云:"宋宣獻公綬,楊徽之外甥。徽之無子,盡付以家所藏書。後與父皋同在館閣,每賜書,必得二本。子敏求、敏

---

① 《列朝詩集小傳》乾集下。

② 《世宗實録》卷七七。

③ 《辦理四庫全書檔案》上册二六頁。

④ 《藏書紀事詩》卷五引。

⑤ 《後漢書》卷八四《董祀妻》。

脩，並以文學見稱於世。其藏書之盛有以也。”①而晁公武本人的不少藏書也爲井孟憲所贈。其《郡齋讀書志序》云：

南陽公天資好書，自知興元府至領四川轉運使，常以俸之半傳録。時巴蜀獨不被兵，人間多有異本。聞之未嘗不力求，必得而後已。歷二十年，所有甚富。既罷，載以舟，即廬山之下居焉。宿與公武厚，一日貽書曰：“某老且死，有平生所藏書，甚秘惜之。顧子孫稚弱，不自樹立。若其心愛名，則爲貴者所奪；若其心好利，則爲富者所售，恐不能保也，今舉以付子。他日，其間有好學者，歸焉。不然，則子自取之。”公武惕然從其命。書凡五十篋，合吾家舊藏，除其複重，得二萬四千五百卷有奇。②

明胡應麟曾采用互换的方式來豐富自己的藏書品種，嘗云：“龍丘童子鳴家藏書二萬五千卷，余嘗得其目，頗多秘帙。余篋筴所藏往往與互易。”③

明末清初的錢謙益既接受過他人贈書，也曾贈書給他人。如其於崇禎辛未（一六三一）七月跋《左傳》云：“宋建安余仁仲校刊《左傳》，故少保嚴文靖公所藏，其少子中翰道普見贈者……此書藏文靖家可六十年，其歸於我亦二十年矣。”④再如祁彪佳崇禎十二年（一六三九）三月十八日日記云：“先是錢牧齋向予借書，予以先人之命不令借出，但可録以相贈，因托德公兄（祁鳳佳）簡出諸書。”同年五月初九日日記復云：“作書致錢牧齋，以鈔書十種應其所索。”⑤而錢謙益爲了幫助朱長孺箋注唐詩，曾以書相贈，嘗云：“吴江朱長孺苦學强記，冥搜有年，請爲余摭遺决滯，補其未逮，余忻然舉元本畀之。”⑥復稱：“往吾友石林源師，好義山詩，窮老盡氣，注

① 《研北雜志》卷下。
② 衢本《郡齋讀書志序》。南陽公謂井孟憲。
③ 《少室山房筆叢》卷四《經籍會通四》。
④ 《初學集》卷八五。
⑤ 《祁忠敏公日記》。
⑥ 《有學集》卷一五《草堂詩箋元本序》。

釋不少休。乙酉歲(一六四五),朱子長孺訂補於杜詩箋。輟簡,將有事於義山,余取源師遺本,以畀長孺。”①

隨着時代的進步,人們的觀念也發生了很大的變化,中國近代許多藏書家都將豐富的藏書捐贈給圖書館,以期長期保存,並讓更多的人充分地利用它們,梁啓超便是一個突出例子。民國十八年(一九二九)七月至八月《國立北平圖書館館務報告》云:

> 去年春,前館長梁任公先生去世未久,其遺族仲策、思成、思永、思忠諸先生,曾有將梁先生全部藏書,寄存於本館之建議。本年二月,經天津黄宗法律師,代表梁氏親族會,具函證明,正式移交。兹將其經過録左:
>
> 逕啓者,關於梁任公先生口頭遺囑,願將生平所藏書籍借與貴圖書館一事,前荷惠寄善本閲覽室規則、普通閲覽室規則、借書規則,暨收受寄存圖書簡章各一份。比即鈔送任公先生之繼承人。兹承該繼承人之委託,正式函達貴圖書館,對於前述章程表示同意。並按貴館收受寄存圖書簡章第十條,内開各項,聲明如下
>
> 一　藏書人之姓氏爲梁啓超,廣東新會人。其代表人爲該氏之連續繼承人所組織之梁氏親族會。
>
> 二　關於寄存圖書之卷數,擬俟點交接受時,確定之。
>
> 三　永遠寄存,以供衆覽。
>
> 四　關於公開閲覽,及出貸之辦法,悉願遵照前述各項章則辦理。但上述之梁氏親族會,對於寄存書籍,願保留自行借用之優先權利,並願遵守一切有關係之規則。
>
> 五　關於庋藏之條件:(一)所有寄存書籍,擬請圖書館代爲保險。各項保險費,亦請圖書館代爲擔任。(二)除去前項所開之請求,五十年内,梁氏親族會,不另請求其他任何條件。五十年以後,遇有必要時,梁氏親族會,得向圖書館提相當條件。

---

① 《有學集》卷一五《朱長孺箋注李義山詩序》。

以上所開各節，即請查照見覆。如荷贊許，並希尅日派員來津點收，至紉公誼。此致國立北平圖書館，律師黄宗法敬啓，十九年二月二十四日。

本館當即派定館員四人，赴津點收，運送來平。除飲冰室全部藏書，共二千八百三十一種，四萬一千四百七十四册，新書一百零九種，一百四十五册外，尚有墨迹未刊稿本，及私人信札，均爲重要史料，至可寶貴。本館以事關學術，曾由委員會議决，在新建築中，另闢一室，以其書藏置於其中，藉誌永遠紀念。梁氏之建議，在國中實爲創舉，非特學術界之盛事，亦可供國人之模範者也。①

在梁氏捐書活動的影響下，瞿氏（宣穎）補書堂、朱氏（啓鈐）存素堂、王氏（孝箴）洗心精舍等，也都將豐富的藏書捐給了當時的北平圖書館。

中華人民共和國建立後，“許多收藏家自願向政府捐獻自己的珍藏，以圖書而論，如鐵琴銅劍樓瞿氏、常熟翁氏、江安傅氏、建德周氏、寶禮堂潘氏等著名的藏書家，通過文物局向北京圖書館捐贈了不少名貴的孤本秘笈”。②

三　出版與銷售

清張海鵬嘗云：“藏書不如讀書，讀書不如刻書。讀書衹以爲己，刻書可以澤人。上以壽作者之精神，下以惠後學之沾溉，其道不更廣耶？”③不少藏書單位與藏書家都非常重視采用出版與銷售的方式來傳播藏書，我們在《版本編》與本編的第一、二、三章的有關部分已經論及，現僅從圖書

① 亦見陳登原《古今典籍聚散考》卷末《芻言》。

② 冀淑英《憶念趙萬里先生》，載《文獻》第十二輯。李致忠《略談建國以來北京圖書館入藏的善本書》亦稱：“傅氏捐書倡議於前，鐵琴銅劍樓瞿濟伯仲、周叔弢、翁之熹、劉少山、刑之襄、趙世暹、趙遠方、高君箴、許廣平、郭沫若、吴梅、張芝聯、齊如山、徐祖正、聞家駟諸先生暨潘氏寶禮堂等繼之於後，紛紛以深切的愛國熱忱，慨然捐贈珍本善本圖書、手稿及藏書。……使北京圖書館的善本書不但在數量上大大增加，在質量上也大大提高。”載《文獻》第二十一輯。

③ 《第六絃溪文鈔》卷四《朝議大夫張君行狀》。

流通的角度作些補充説明。

公私刻書的目的都是爲了流通，我們在《版本編》中已經詳細介紹了五代與北宋國子監的出版成就，南宋國家藏書機構也十分重視圖書的編輯出版工作，如陳騤云：

> 紹興二十七年（一一五七）八月十五日，昭慶軍承宣使致仕王繼先上《校定大觀證類本草》。有旨令秘書省官修潤訖，付國子監刊行。至十一月進呈。一至三卷（秘書郎王佐）；四至六卷（著作佐郎楊幫弼）；七至九卷（著作佐郎陳俊卿）；十至十二卷（校書郎季南壽）；十三至十五卷（校書郎陳祖言）；十六至十九卷（校書郎胡沂）；二十至二十二卷（校書郎葉謙亨）；二十三至二十五卷（校書郎張孝祥）；二十六至二十九卷（正字汪澈）；三十至三十二卷並釋音（正字林之奇）。①

宋代國子監所出版銷售的圖書，不僅校勘認真，而且充分地考慮到讀者的購買能力，儘量降低成本，賣得相當便宜，如哲宗元祐初年，陳師道《論國子賣書狀》云：

> 伏見國子監所賣書，向用越紙而價小，今用襄紙而價高。紙既不迨，而價增於舊，甚非聖朝章明古訓以教後學之意。臣愚欲乞計工紙之費以爲之價，務廣其傳，不以求利，亦聖教之一助。……諸州學所買監書係用官錢買充官物。價之高下，何所損益。而外學常苦無錢，而書價貴，以是在所不能有國子之書，而學者聞見亦寡，今乞止計工紙，别爲之價，所冀學者益廣見聞，以稱朝廷教養之意。②

明萬曆己亥（一五九九）趙開美翻宋本《仲景全書四種》，卷首附元祐三年（一〇八八）國子監牒文云：

① 《中興館閣録》卷五《撰述》。

② 《後山居士文集》卷一一。案：這和今天教材定價特低用意相似。

> 中書省勘會：下項醫書册數重大，紙墨價高，民間難以買置。八月一日奉聖旨：令國子監别作小字雕印，内有浙路小字本者，令所屬官司校對，别無差錯，即摹印雕版，並候了日，廣行印造，只收官紙工墨本價，許民間請買。奉敕如右，牒到奉行。①

也有郡學刻書宣傳傳統文化制度的，如葉夢得《紬書閣記》："建康承平時，號文物都會。紹興初，余爲守，當大兵之後，屯戍連營，城郭鬱爲榛莽，無復儒衣冠。蓋嘗求《周易》，無所得。于是凜然懼俎豆之將墜，勉營理學校，延集諸生，得軍賦餘緡六百萬，以授學官，使刊六經。"②各地官府爲了流傳善本，也刻了不少書。淳熙十三年（一一八六），秘書郎莫叔光上言："今承平滋久，四方之人益以典籍爲重，凡縉紳家世所藏善本，外之監司郡守搜訪得之，往往鋟板，以爲官書，所在各自板行。"③

明代統治者也十分重視利用出版工作來傳布藏書。如洪武十五年（一三八二），太祖命禮部官修治國子監舊藏書版，並且説：

> 古先聖賢立言以教後世，所存者書而已。朕每觀書，自覺有益，嘗以諭徐達。達亦好學，親儒生，囊書自隨。蓋讀書窮理於日用事物之間，自然見得道理分明，所以不至差謬。書之所以有益於人也如此。今國子監所藏書板多殘缺，其令諸儒考補，命工部督修治之，庶有資於學者。④

永樂二年（一四〇四），成祖"命工部修補國子監經籍版"。宣德六年（一四三一），宣宗"命南京工部修補國子監書籍闕板"。⑤ 嘉靖七年（一五二八），世宗"命南京禮、工二部將南京國子監所存舊板用心翻閲修補，以便

① 《藏園群書經眼録》卷七。

② 《建康集》卷四。

③ 《南雍志》卷一《世紀》。

④ 《南雍志》卷二《世紀》。

⑤ 《宣宗實録》卷八三。

傳布”。[①]

清代統治者爲了流通那些有利於鞏固封建統治的圖書，也十分重視出版工作。如乾隆三十八年（一七七三）三月二十八日，高宗指示：“以翰林院舊藏《永樂大典》詳加別擇校勘其世不經見之書，多至三四百種。將擇其醇備者付梓流傳，餘亦録存彙輯，與各省所採及武英殿所有官刻諸書，統按經史子集編定目録，命爲《四庫全書》。”[②]並“特詔詞臣詳爲勘覈，釐其應刊應抄應存者，繫以提要，輯成總目”。[③] 除《四庫全書》鈔成七份外，還要求“擇其應行刊刻，皆令鐫版通行”。[④] 後來金簡奉旨用木活字排印了《武英殿聚珍版叢書》一百三十四種。與《四庫全書》並行於世，這是清代最著名的例子。清政府印書甚多，其餘就不再列舉了。

私家刻書，明清爲盛。明末清初的毛晉，是借出版來傳播藏書的代表人物。據毛晉自編的《汲古閣校刻書目》統計，他校刻《十三經注疏》《十七史》等書的書版達十餘萬片，此外據滎陽悔道人輯、顧湘校《汲古閣校刻書目補遺》尚有六十一種。近人王文進《明毛氏寫本書目》還著録了毛晉、毛扆父子兩代鈔書二百四十二種。毛晉出版圖書的目的主要是傳布秘册善本。錢謙益稱其“於經史全書，勘讎流布，務使學者窮其源流，審其津涉。其他訪佚異，搜秘文，皆用以裨輔其正學”。[⑤]

毛晉的藏書、刻書、鈔書事業産生了深遠的影響，也獲得了崇高的評價。潘承弼、顧廷龍纂《明代版本圖録初編》卷七專有毛刻一類，其評價已見本編第二章《典藏單位》第二節《私家藏書》九《清》所引。毛晉的鈔本，特别是他創造的影鈔本，也産生了巨大影響，我們在本書《版本編》第六章《非雕印本的區分與鑒定》第二節《鈔本》中已作了介紹，可參看。

清代乾嘉時期的黄丕烈也刻過不少書，嘗云：“余喜藏書而兼喜刻書，

① 《續南雍志》卷二《世紀》。
② 《辦理四庫全書檔案》上册一二頁。
③ 《辦理四庫全書檔案》上册一五頁。
④ 《辦理四庫全書檔案》上册二一頁。
⑤ 《牧齋有學集》卷三一《隱湖毛君墓志銘》。

欲舉所藏而次第刻之，力有所不能也。”①結果他刻了一套《士禮居黄氏叢書》，共計三十種。此外，據《蕘圃刻書題識》記載，他還幫助朋友刻過《郡齋讀書志》《墨表》《梅花喜神譜》《寒石上人倚杖吟》《普濟本事方釋義》等書。黄氏自己刻書並幫助他人刻書的主要目的在於流傳舊本、傳播知識。如孫慶增的《藏書記要》是總結我國古代藏書經驗的重要著作，最初就是由黄丕烈刊印的。黄氏跋云：“余因是書所記藏書之要，皆先我而言之者，遂付梓以行……其所藏書，鈐尾一印曰‘得者寶之’，殆守人亡人得之訓者邪。秘本不敢自私，當公諸同好，吾刻此書，亦猶斯意云爾。”②黄丕烈的刻書事業當然也受到了讀者的稱贊，王欣夫云：“他自己和代友人所刻的書籍，一向被學者們認爲最標準、最正確的善本，稱爲‘清朝宋版’而不止一次的翻刻，至今還是盛行着。凡是經過他收藏或校勘的書籍，又一致認爲比較可靠而多據來付印出版。這都説明對科學研究具有重大的價值。”③

清末黎庶昌將出使日本期間所獲古籍善本二十六種刻成《古逸叢書》傳世，其中二十四種是國内久已亡佚而見存於日本的。其出版工作始於光緒八年(一八八二)，成於光緒十年，此後，商務印書館影印了《續古逸叢書》，從一九一九年至一九四九年共印出四十六種。八十年代初，國務院古籍整理出版規劃小組計劃出版《古逸叢書二編》，選目有五十餘種，現已由中華書局陸續影印出版。《古逸叢書》及續編、三編，使珍藏於國内外的稀見善本古籍得到了流通與利用。

近代圖書館對采取出版的方式流通古籍善本，也采取了積極支持的態度。如一九一九年，《京師圖書館教育部謹擬與商務印書館訂立印書免費契約文》所附《印書免費契約》云：

第一條　京師圖書館爲亟欲流布藏書，以期提倡學術，促進國家文化起見，故特許商務印書館免納藏書流布暫行規則第三條之費額，

---

① 《蕘圃刻書題識·重雕曝書亭藏宋刻初本輿地廣記緣起》。
② 《士禮居黄氏叢書》本《藏書記要》卷末。
③ 《大藏書家黄蕘圃》，載《復旦大學學報》一九六二年第一期。

得隨時請求印行所藏之書籍卷軸。

第二條　商務印書館爲酬答京師圖書館優免納費之特惠，亦願將所發行之中外圖書雜志小説，無論鉅帙小册、新書舊籍、高價廉值，凡屬有版權者，均贈送一部於京師圖書館。但發行在訂約以前者，選擇贈送，其久經斷版者，得於選擇時聲明。①

《浙江公立圖書館年報》第十五期《浙江公立圖書館章程》所附《辦事細則》第八章《印行》云：

第四十三條　本館附屬印行所，除印售前浙江官書局及本館已刻各書外，凡海内孤本，或有關學術之私家著述，經著述人允許刊印者，得呈准主管長官，酌量木刻或鉛印。

第四十四條　凡有關學術之私家版片，得呈主管長官購置印行，或代爲寄存印售。

第四十五條　印售書籍價目，由館長酌定揭示，不得折扣。但本省教育機關，經備具正式公文請購者，得照成本計算。各省圖書館得以相當圖書交换，坊間或私人購買，價在十元以上者，得照原價減十分之一。

這些條規對於珍稀古書的傳播用意極好，改革開放以來，各大圖書館都印行了大量的古籍善本，爲讀者閱讀利用提供了方便。

第三節　流通的規章制度

流通是發揮藏書作用的主要途徑，也是藏書散佚的重要原因，爲了更好地利用藏書、防止散佚，古代藏書單位通常製訂一些規章制度，以便遵照執行。

① 《中國古代藏書與近代圖書館史料》録自《教育公報》第六年第三期。

早期的規章制度往往通過限制流通的辦法來達到妥爲保管藏書的目的。據陳騤記載：

> 紹興元年（一一三一）四月十四日詔："秘閣書除供禁中外，並不許本省官及諸處關借，雖奉特旨，亦不許關借。"……二十七年（一一五七）十一月二十九日詔："秘書省書籍，除本省官關請就省校勘外，依舊制並不許諸處借出，長、貳常切覺察。"①

再如紹定元年（一二二八）三月，宋理宗詔秘書省："書籍非係省官毋得借書。許從監少置簿，有欲關文籍爲檢閱、校正等用，即先批簿，以憑請取，俟還本庫，隨與點收，或借出已久，亦須檢舉，以察隱遺。"②

王士點、商企翁云："至元十六年（一二七九）三月二十四日，奉監官圓議得：本監見收書畫，非奉聖旨及上位不得出監。"③則元代秘書監書不得外借，但國子監崇文閣藏書却有明文規定可以出借，如葉德輝云：

> 《天禄琳琅後編》二：宋版《大易粹言》册末，紙背印記云："國子監崇文閣官書，借讀者必須愛護，損壞闕污，典掌者不許收受。"《天禄琳琅後編》三：宋版陸德明《經典釋文》三十卷云："每册有蒙古篆官印及紙背國子監崇文閣印記，與《大易粹言》同。"考皇慶二年（一三一三）六月建崇文閣於國子監，見《元史·仁宗本紀》，此蓋當時舊藏，亦即《天禄琳琅後編》所著録之物也。（所載印文，"官書"誤作"書籍"）張《志》宋刻《經典釋文》殘本，黄《賦注》淳熙臺州公使庫本《顔氏家訓》，錢《記》宋版《黄氏補千家注紀年杜工部詩史》，均有此印記，但以"闕污"爲"闕失"。此因印文篆字不明晰之故，然《顔氏家訓》今見繆《續

---

① 《中興館閣録》卷三《儲藏》。
② 《中興館閣續録》卷三《儲藏》。
③ 《秘書監志》卷六《秘書庫》。

記》,正作"闕失",則《天禄琳琅》誤矣。①

藏書家也訂有嚴格的規章制度,我們在本編第五章《圖書保管》第二節《保管》—《防散佚》中,引用過范氏天一閣禁例與祁氏《澹生堂藏書約》,可參看。此外如湯文正要求子孫云:"家中書籍用心收著,一本不可遺失。有人借,當定限取來。近來積書家,如浙之天一閣、崑山徐氏斷不肯借與人書。欲觀者,至其家觀之。欲鈔者,至其家鈔之。"②

從上述規定中可以看出,我國古代公私藏書單位有關圖書流通的規章制度,多采用聖旨與家訓的方式發布,因而是零星的不規範的,其内容偏重保管而輕視流通。

清末書院藏書機構已具有近代圖書館的性質,多訂有相應的規章制度。這些規章制度的宗旨在於做好圖書流通工作,對於如何借書與還書,一般都作了具體規定,並且公之於衆,因此顯得系統而規範,頗便執行。

如廣雅書院山長梁鼎芬訂《豐湖書藏四約》,其《借書約》云:

> 有書而不借,謂之鄙吝;借書而不還,謂之無恥。今之書藏,乃一府之公物,非一人之私有。(與藏書家不同)不借不如不藏,不讀不如不借。務使人人發憤,歷時既久,沾溉斯多,若許慈、胡潛莫相通借,是何人與?作借書約。借書之期:以每月以初二日、十二日、二十二日,三日爲限。借書者是日清晨,親到書藏携取,用潔净布巾包好,徒手者不借。繳時放回原處,勿凌亂,勿皺摺。借書之期,限以十日。如過期不繳,記其姓名,後不復借。借書不得全帙携取,五本爲一部者,許借一本,第一本讀畢,再借第二本。若一本爲一部者,許在書藏桌中翻閲,不得借出。凡書五本以上者,以四本爲限,不得多借。凡借書不得過三種,污損卷面,罰令重訂。破爛遺失,罰令賠償,後不復借。院長借書繳書,均以期限;地方官長,不得借書。公門轉折,事繁

① 《書林清話》卷八《宋元明官書許士子借讀》。張《志》指張金吾《愛日精廬藏書志》,黄《賦注》指黄丕烈《百宋一廛賦注》,錢《記》指錢曾《讀書敏求記》。

② 《曝書雜記》卷中《子弟保守先世藏書》。湯文正,即湯斌。

弊雜，防不勝防。各衙署幕友官親，不得借書；各學校教授等官，不得借書；監院不得借書；管理書藏之紳士及董事許其借書，此外不借。如有好學紳士，未經管理書藏者，欲借某種，可由見年董事轉借。有遺失等弊，惟董事是問。①

再如大梁書院《藏書閱書規則》云：

各項書籍，均存院長院内西偏精舍。用司書吏一人經管用，司閽役一名典守鎖鑰。

書院置一閱書簿，交司書吏收執。凡肄業生欲閱書者，必邀同齋長一人告司書吏檢取，於簿内記明某月某日取某書幾卷幾本，某生閱，齋長某人，各於名下書押。

每次取書，每人只許一種，不得過五卷。至遲十日交還，不得逾期。交還後再取。

肄業生欲閱書，如不邀同齋長於簿内分書名押，司書吏勿擅給。

取出各書交還後，司書吏即於閱書簿内注明某日交還。並查明原書有無損壞，無則歸架，有則詢明呈監院官核辦。

每月給司書吏銀三兩，司閽役銀一兩，俾資照管，如書籍損失，必分别責賠。

肄業生取閱各書，均當加意護惜，如有損失，勢須購補，否則累及齋長。

每届一季，司書吏將閱書簿呈監院官閱，年終送院長閱。

所存各書，每至伏日，酌量抖晾一次。由司書吏呈明監院官遴派數人，細心經理，勿使凌亂。

書籍年久函綫損敝，司書吏呈明監院官，酌易重裝。

每届一年，監院官將所存各書抽查一次，損失則着賠。

以上所訂規則，如有未周及日久應變通處，盡可增損更訂，惟以

① 《豐湖書藏四約·借書約》。

行之久遠,絶去弊端爲斷。①

從上述規定中可以看出,晚清書院藏書重在流通,但是借閱手續比較繁難,而近代之公共圖書館、學校圖書館所製訂的規章制度則簡明扼要,便於操作。前者如一九一七年《浙江公立圖書館章程》,後者如一九一九年清華學校之《圖書館借書規則》。今録後者爲例:

第一條　借書時間每日上午八時至下午四時。

第二條　職教員及學生向本館借書一次以二册爲限。在未經繳還以前,不得再借。惟教員爲教授上課取用參考書籍,不在此例。

第三條　借書須填寫借書卷,寫明書名、册數、閲者姓名,俟本館職員注明後,方可取去。

第四條　借書期限兩星期繳還,如逾期不繳,則每册每日罰大洋一分。

第五條　借出之書,如值校中需用時,由本館知會,應即繳還。

第六條　借出之書,如有損壞等情事,酌量輕重,須議罰或議賠。如有遺失,應按原價賠償。

第七條　最近雜志、各種課本、百科全書、參考書、各種報告及裝訂成册之雜志、教員指定備考之圖書,僅能在閲覽室内看。檢閲畢,須仍置原處,概不出借。

第八條　凡教員指定備考之圖書,如得本館主任之特別允許,可於晚間閉室後借出,但須於次晨九時前歸還,如此項圖書不克及時歸還,每小時應罰大洋一分。如違章至三次者,得於本學期内停止其借閲備考圖書之權利。

第九條　關於借書事項,如本章程未詳者,應向本館主任核商。②

① 《大梁書院藏書目》附二。

② 《中國古代藏書與近代圖書館史料》録自《清華學校一覽》。

圖書流通的規章制度也是隨着整個圖書典藏事業的發展而日益合理,便於保存和閱讀。前人在這方面所作的探索,雖或存慮未周,但篳路藍縷之功是不可没的。典藏的目的在於流通和利用,隨着信息傳播技術的不斷發展,信息資源共享的理想一定會實現。

參考書目舉要

《澹生堂藏書約》 祁承㸁 古典文學出版社 一九五七年
《藏書記要》 孫慶增 古典文學出版社 一九五七年
《藏書紀事詩(附補正)》 葉昌熾 王欣夫 上海古籍出版社 一九八九年
《藏書十約》 葉德輝 古典文學出版社 一九五七年
《天一閣藏書考》 陳登原 金陵大學中國文化研究所 一九三二年
《明清蟫林輯傳》 汪誾 《圖書館學季刊》七卷一期、八卷四期
《清代圖書館發展史》(原名 *The Development of Chinese Libraries under the Ching Dynasty, 1644－1911*) 譚卓垣 商務印書館 一九三五年
《古今典籍聚散考》 陳登原 商務印書館 一九三六年
《中國古籍裝訂修補技術》 肖振棠 丁瑜 書目文獻出版社 一九八〇年
《中國古代藏書與近代圖書館史料》(春秋至五四前後) 李希泌 張椒華 中華書局 一九八二年
《中國圖書館發展史:自清末至抗戰勝利》 嚴文鬱 中國圖書館學會 一九八三年
《中國圖書和圖書館史》 謝灼華主編 武漢大學出版社 一九八七年
《續補藏書紀事詩傳》 倫明 徐紹棨 王謇 遼寧人民出版社 一九八八年

《中國古代圖書事業史》　來新夏等　上海人民出版社　一九九〇年
《中國藏書通史》　傅璇琮　謝灼華　寧波出版社　二〇〇一年
《中國私家藏書史》　范鳳書　大象出版社　二〇〇一年